**Die Bonus-Seite**

Ihr Vorteil als Käufer dieses Buches

Auf der Bonus-Webseite zu diesem Buch finden Sie zusätzliche Informationen und Services. Dazu gehört auch ein kostenloser **Testzugang** zur Online-Fassung Ihres Buches. Und der besondere Vorteil: Wenn Sie Ihr **Online-Buch** auch weiterhin nutzen wollen, erhalten Sie den vollen Zugang zum **Vorzugspreis**.

So nutzen Sie Ihren Vorteil

Halten Sie den unten abgedruckten Zugangscode bereit und gehen Sie auf **www.galileodesign.de**. Dort finden Sie den Kasten **Die Bonus-Seite für Buchkäufer**. Klicken Sie auf **Zur Bonus-Seite/Buch registrieren**, und geben Sie Ihren **Zugangscode** ein. Schon stehen Ihnen die Bonus-Angebote zur Verfügung.

Ihr persönlicher **Zugangscode**: xqgf-4a7d-whk2-sub9

Maike Jarsetz

Das Photoshop-Buch
People & Porträt

Aktuell zu Photoshop CS 5

Liebe Leserin, lieber Leser,

ein Porträt zu retuschieren ist manchmal eine echte Gratwanderung: Falten entfernen? Ja bitte, aber bloß nicht zu stark! Das Zahnweiß aufhübschen? Unbedingt, aber bitte kein Zahnpastalächeln! Und die Augen sollen auch noch strahlen!

Eine ausgewogene Porträtretusche erfordert also einiges Know-how und viel Fingerspitzengefühl. Ich freue mich deshalb besonders, dass die Fotografin und Photoshop-Expertin Maike Jarsetz sich berufen fühlte, Ihnen mit diesem Buch bei der Porträtretusche mit Photoshop zur Seite zu stehen.

Die Autorin zeigt Ihnen detailliert alle Handgriffe, die nötig sind, um aus Ihren Porträtaufnahmen das Beste zu machen – indem Sie denjenigen Menschen betonen und ins Bild holen, den Sie beim Fotografieren gesehen haben.

Sie erlernen aber nicht nur Schritt für Schritt die Basistechniken. Maike Jarsetz zeigt Ihnen auch die kniffligeren Techniken wie das professionelle Freistellen von Haaren oder das Erzeugen eines ganz besonderen Looks. Der Clou aber sind die Porträt-Projekte am Ende des Buches. Spätestens hier können Sie nachfühlen, wie aufwendig es sein kann, ein Modell für ein Titelblatt »herzurichten«. So oder so werden Sie einen anderen Blick entwickeln, wenn Sie in Zukunft Porträts von Menschen betrachten …

Falls Sie Fragen, Anregungen oder Kritik zu diesem Buch haben sollten, so freue ich mich, wenn Sie mir schreiben. Ich wünsche Ihnen viel Erfolg beim Lernen mit diesem Buch und viel Freude beim Bearbeiten Ihrer eigenen Porträtaufnahmen.

Ihre Alexandra Rauhut
Lektorat Galileo Design

alexandra.rauhut@galileo-press.de
www.galileodesign.de

Galileo Press • Rheinwerkallee 4 • 53227 Bonn

Inhalt

Teil I Die Basiskorrekturen 12

EXKURS: Werkzeuge der Porträtretusche 14
Von der Stempel- bis zur Pinselretusche

1 Basisretusche

Erste Hilfe 22
Störende Kleinigkeiten retuschieren

Besser als Botox 24
Radikale Faltenretusche mit dem Ausbessern-Werkzeug

Flächenretusche 26
Hautflecken und Blitzreflexe ausbessern

Licht setzen 30
Der Abwedler setzt Lichtakzente

Hautschatten aufhellen 32
Hauttöne aufklaren und Bildwichtiges betonen

Sanfte Faltenkorrektur 36
Falten aufhellen und Persönlichkeit bewahren

Hautstruktur glätten 40
Sanfte und punktuelle Weichzeichnung der Hauttöne

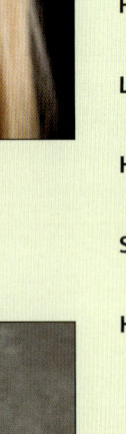

2 Basiskorrekturen: Haut

Farbstich ausgleichen 48
Ein Weißabgleich an Gesichtsdetails

Haut aufklaren 50
Farbkorrektur im Lab-Modus

Hautrötungen mindern **54**
   Entsättigen Sie empfindliche Rottöne

Hauttöne angleichen **56**
   Harmonisieren Sie die Hautfarben im Bild

Hautfarben sammeln **60**
   Farbmuster mit Pipettenring und HUD-Farbwähler

Musterarbeit **62**
   Eine Hauttonreferenz erstellen und nutzen

Hautfarben übertragen **68**
   Hautfarben mit der Funktion GLEICHE FARBE ERNEUERN

Sensible Kontrastkorrektur **72**
   Steigern Sie den Hautkontrast, und bleiben Sie farbstabil

Teil II Der Fokus 74

EXKURS: A & O der Bildbearbeitung **76**
   Vom Histogramm zur Masken-Palette

3   Fokus: Körper

Proportionen ändern **84**
   Strecken Sie eine Körperhälfte

Körperhaltung aufrichten **88**
   Begradigen Sie die Schulterlinie

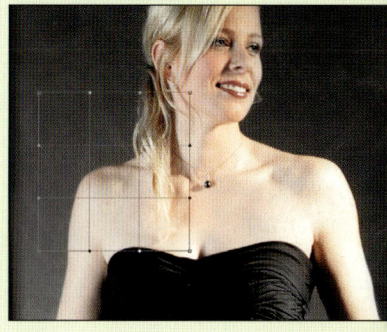

Personen schlanker machen **92**
   Der kleine Trick beim Transformieren

Körperteile neu formen **96**
   Eine Einführung in den VERFLÜSSIGEN-Filter

Digitales Bodybuilding **100**
   Körperformen durch Transformation und Retusche modellieren

Dekolleté verschönern **106**
   Die Oberweite in Form bringen

Den Bauch einziehen **110**
   Retuschieren und verschlanken Sie die Bauchpartie

Körperkonturen formen **114**
   Mit Licht und Schatten malen

4 Fokus: Gesicht

Gesichtsform ändern 122
 Wangen und Kinnpartie modellieren

Nase verschönern 126
 Verkleinern und begradigen Sie die Nase in feiner Dosierung

Proportionen ausgleichen 130
 Perspektiv-Verzeichnungen und andere Proportionen verändern

Gesichtshälften harmonisieren 136
 Erzeugen Sie ein spiegelsymmetrisches Porträt

Doppelkinn verstecken 140
 Kinnfalten ausbessern und Gesichtskontur anheben

Rouge auftragen 146
 Nachträgliches Make-up in drei kleinen Schritten

Gesicht zum Leuchten bringen 148
 Legen Sie ein weiches Licht auf die Gesichtszüge

Durchscheinende Hauttöne 152
 Nutzen Sie transparente Weichzeichnungen

5 Fokus: Augen

Augen vergrößern I 160
 Eyecatching mit ein paar Klicks

Augen vergrößern II 164
 Kontrollierte Vergrößerung und Steuerung der Augenform

Augenbrauen formen 168
 Nachträgliches Anheben der Augenbraue durch Verkrümmung

Augenschatten aufhellen 172
 Selektive Aufhellung dunkler Schattenbereiche

Augenringe retuschieren 176
 Tiefe Schatten mit transparentem »Make-up« abdecken

Strahlende Augen 178
 Schnelle Glanzbehandlung mit dem Abwedler und Nachbelichter

Augenkontrast verstärken 180
 Kontrast der Iris durch eine lokale Gradationskurve steigern

Augenfarbe ändern 184
 Am schnellsten geht's mit dem Farbe-ersetzen-Werkzeug

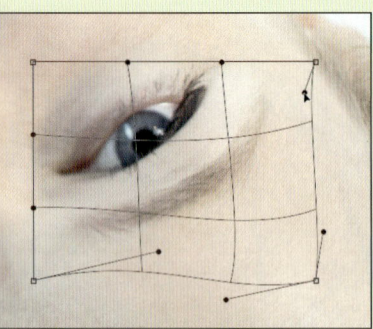

Wimpern und Eyeliner **186**
   Dezentes Abdunkeln mit dem Nachbelichter-Werkzeug

Lidschatten auftragen **188**
   Augenkosmetik in mehreren Schichten

6   Fokus: Mund und Lippen

Bitte lächeln **196**
   Eine leichte Korrektur der Mundwinkel zum Lächeln

Mundproportionen verändern **200**
   Ändern Sie Größe und Form durch Transformieren

Zähne weißen **204**
   Strahlende Zähne durch gezielte Aufhellung und Entfärbung

Lippenbewegung **208**
   Korrigieren Sie einen schiefen Mund

Perfekter Glanz **212**
   Reflexe auf den Lippen perfektionieren

Lipgloss auftragen **215**
   Modulation und Kontrast verstärken

Schimmernde Lippen **218**
   Bringen Sie den Lippenreflex zum Funkeln

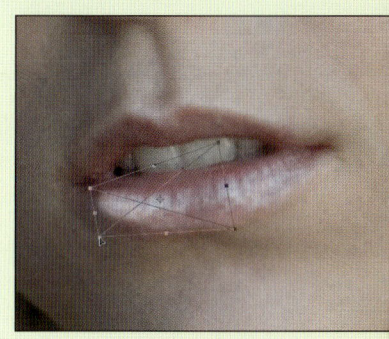

7   Fokus: Haare

Digitale Haartönung **226**
   Haarfarbe per Pinselauftrag intensivieren

Vornehm ergrauen **230**
   Haare entfärben und natürlich einmontieren

Geheimratsecken verstecken **234**
   Digitale Haarverpflanzung

Haarsträhne entfernen **238**
   Fleißarbeit mit Retuschewerkzeugen und Ebenen

Haarfall ändern **244**
   Haare verdichten und formen

Blickpunkt Haare **248**
   Der Hochpass-Filter hebt die Haarstruktur hervor

Teil III Das Finishing 250

EXKURS: Nicht-destruktive Techniken 252
Bildbearbeitung mit Smart-Objekten und Smartfiltern

8 Freistellen

Homogenen Hintergrund freistellen 258
Einen Farbbereich auswählen und verfeinern

Freistellungskanten optimieren 262
Die Maskenkante verfeinern und partiell weichzeichnen

Die smarte Kantenerkennung 266
Die Rückkehr des Extrahieren-Filters

Farbsäume manuell überarbeiten 270
Farbige Freistellungskanten umfärben

Farben dekontaminieren 272
Neue Strategien gegen Farbsäume

Kontrast der Farbkanäle nutzen 276
Die Kür der Freistellungsarbeiten

Kanalberechnungen 280
Ein schwieriges Wort für eine tolle Technik

Halbtransparentes Freistellen 284
Mit den Fülloptionen gelingt die fließende Überblendung

Auswahlen kombinieren 288
Verschiedene Auswahltechniken durch Kanäle kombinieren

Lichtkanten einpassen 294
Helle Freistellungskanten mit dem Hintergrund verrechnen

Tückisches Blond 298
Bei blonden Haaren ist alles noch schwieriger – oder doch nicht?

9 Der besondere Look

Kontrolliertes High-Key 306
Lichtdurchflutete Aufnahmen ohne ausfressende Lichter

Der Porzellanhauteffekt 310
Zarte, durchscheinende Haut mit Smartfiltern erzeugen

Zwischen Kontrast und Farbe 314
    Ein schneller Weg zum besonderen Bild

Glamouröser Schein 316
    Ein kühler Schimmer für den Diva-Look

Schwarzweiß: Die alte Schule 320
    Ein Schwarzweißbild aus den Helligkeitsinformationen entwickeln

Von Farbe zu Schwarzweiß 324
    Mit der SCHWARZWEISS-Funktion filtern Sie nach Wahl

Sepiatonung nach Wunsch 328
    Eine Tonung über Ebenen-Farbbereiche steuern

Coole Teiltonung 332
    Vergilbungseffekt durch partielle Einfärbung

Gestreutes Licht 336
    Lichtstrahlen und Körnung simulieren

10 Scharf- und Weichzeichnung

Aller guten Dinge sind drei 344
    Die Bedeutung der drei Regler im UNSCHARF-MASKIEREN-Filter

Halbe Scharfzeichnung 346
    Der SELEKTIVE SCHARFZEICHNER schärft nur eine Tonwerthälfte

Weiche Haut pudern 348
    Tragen Sie die Weichzeichnung mit dem Pinsel auf

Hauttöne weichzeichnen 350
    Der SELEKTIVE WEICHZEICHNER schützt Detailkontraste

Detailkontraste schärfen 354
    Mit dem HOCHPASS-Filter die Detailschärfe erhöhen

Konturen betonen 358
    Eine Konturenmaske hilft bei der sanften Scharfzeichnung

Hautdetails bewahren 362
    Wie Sie Haut weichzeichnen und Poren bewahren

Smarte Kombi 366
    Kombinieren Sie Weich- und Scharfzeichnungen

Teil IV Beauty-Projekte von A bis Z 370

Beauty-Porträt 372
Titelbildreife 382
»Und ... Action!« 396
Hochzeits-Serie 406
Pro-Aging 418
»Maske, bitte« 428

Bildnachweis und Dank 436
Die DVD zum Buch 438
Index 440

Video-Lektionen auf DVD

Perfekte Glamour-Retusche

1. Gesichtsform anpassen
2. Augen verschönern
3. Augenbrauenform korrigieren
4. Kleine Mängel entfernen
5. Augenbrauenfarbe ändern
6. Mund und Augen korrigieren
7. Schimmernde Haut erzeugen
8. Porzellan-Look erzielen
9. Smart aufzeichnen

VORWORT

Das »Bildmaterial Mensch« …

…verlangt eine besonders sensible Bearbeitung. Und auch wenn die Werkzeuge von Photoshop für die Porträtretusche dieselben sind, wie für die Bearbeitung von Natur- oder Studioaufnahmen, so sind die Prioritäten hier doch deutlich andere. Nach dem Erscheinen meines ersten Photoshop-Buchs für digitale Fotografie haben mich unzählige Porträtfotografen mit dem Wunsch nach einem Buch speziell für die People-Bildbearbeitung angesprochen. Dieses halten Sie nun in Händen!

Bei der Auswahl der Themen und der Ausarbeitung der Workshops lag mir Einiges am Herzen: Natürlich wollte ich Ihnen ein vollständiges Portfolio aller relevanten Aufgaben der Porträtbildbearbeitung von der ersten Retusche über die fokussierte Bearbeitung von Körper, Gesicht, Augen, Haut und Haaren bis zum Finishing durch Scharf- und Weichzeichnung und spezielle Looks aufzeigen. Aber besonders wichtig war mir auch, Ihnen an mehreren Fallbeispielen den kompletten Workflow der Bildbearbeitung von A–Z aufzuzeigen. Deshalb finden Sie im vierten Teil des Buches komplette Projekte mit Aufgaben wie Beauty- oder Glamour-Retusche, atmosphärische Sport-aufnahmen, maskenbildnerische Arbeiten oder dem Optimieren ganzer Hochzeitsserien.

Wie ein roter Faden zieht sich durch das Buch das Bestreben, diese Aufgaben immer nichtdestruktiv zu erfüllen, so dass Ihnen niemals das Original abhanden kommt und Sie jederzeit feine Nuancen ändern können, ohne dass die Bildqualität des sensiblen »Bildmaterials Mensch« leiden muss.

Deshalb greife ich teilweise tief in die Trickkiste von Photoshop und nutze die aktuellsten Techniken aus. Diese Ausgabe liegt aktuell zu Photoshop CS 5 vor. Wenn Sie Anwender einer früheren Version sind, sind Sie trotzdem mit im Boot: In den Grundlagenexkursen, die ich jedem der vier Buchabschnitte vorangestellt habe, stelle ich grundlegende Werkzeuge und Techniken vor, die ich immer wieder benutze und weise dort auf alternative Wege in den früheren Photoshop-Versionen hin. Sofern sie notwendig sind, denn viele Techniken der Porträtretusche sind schon seit einigen Versionen manifestiert und haben sich in erster Linie in der Finesse der Bearbeitung, aber nicht in der grundsätzlichen Herangehensweise geändert. Auch die Video-Lektionen, die auf der Buch-DVD beigelegt sind helfen Ihnen, schnell den Zugang zu ausgewählten Techniken zu finden.

Zum Schluss noch eine Bemerkung: Dieses Buch ist durch sein Workshop-Konzept ein Praxisbuch, das Ihnen Zugang zu allen wichtigen Techniken geben soll. Nicht alle dieser Techniken würde ich persönlich in der Realität so stark einsetzen, wie sie im Buch zur Verdeutlichung benutzt wurden. Gerade bei »chirurgischen« Techniken, sollte man doch stark darauf achten, die porträtierte Persönlichkeit zu bewahren und nicht auf Kosten eines pauschalen Schönheitsideals zu verfremden. Setzen Sie die gezeigten Techniken also immer nur so weit ein, wie es Ihrem Bild gut tut. Der oder die Porträtierte wird es Ihnen danken!

Maike Jarsetz

Foto: Oana Szekely, Modell: Katja Mathes

TEIL I

Die Basiskorrekturen

Fast jedes authentische Porträt benötigt eine Basiskorrektur. Dazu gehören die Detail- und Flächenretusche genauso wie das Erzeugen eines frischen und angenehmen Hauttons. Für all dies gibt es verschiedenste Techniken, die Ihnen in den folgenden Kapiteln gezeigt werden und deren Dosis Sie je nach Porträt variieren können.
    Wenn Sie zunächst einmal die Retuschewerkzeuge kennenlernen wollen, widmen Sie sich erst dem entsprechenden Grundlagenexkurs auf den nächsten Seiten.

GRUNDLAGENEXKURS

Werkzeuge der Porträtretusche
Von der Stempel- bis zur Pinselretusche

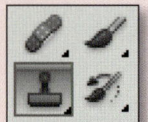
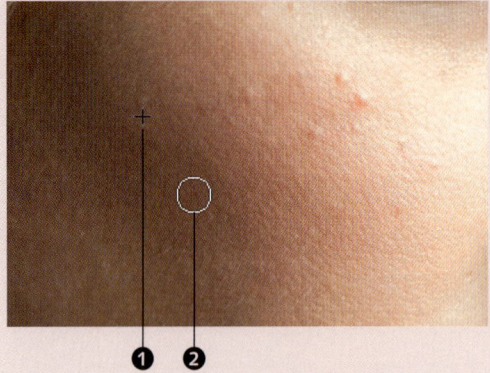

Das **Kopierstempel-Werkzeug** ist das klassische Retuschewerkzeug und verfügt über die meisten Steuerungsmöglichkeiten.

Ein Klick mit der ⌐Alt¬-Taste ❶ nimmt einen heilen Quellbereich auf und legt ihn durch Pinselauftrag auf die Reparaturstelle ❷. Über die Modusverrechnungen ❸ bestimmen Sie, wie der kopierte Bereich mit dem Original verrechnet wird. Die DECKKRAFT ❹ wird bei der Hautretusche meist reduziert, um transparente Reparaturen zu erhalten, und der FLUSS ❺ kann zusätzlich den Auftrag in Etappen vornehmen.

Mit der Option AUSGER.(ICHTET) ❻ können Sie immer das Verhältnis zum Quellbereich beibehalten und so zusammenhängende Bereiche auch bei wiederholtem Ansatz des Werkzeugs kopieren.

Das Popup-Menü ❼ für den Aufnahmebereich steuert, welche Ebenen beim Kopieren des Quellbereichs mit berücksichtigt werden. Die Schaltfläche ganz rechts ❽ gibt Ihnen die Möglichkeit, beim Arbeiten über mehrere Ebenen die Einstellungsebenen aus dem Aufnahmebereich auszugrenzen.

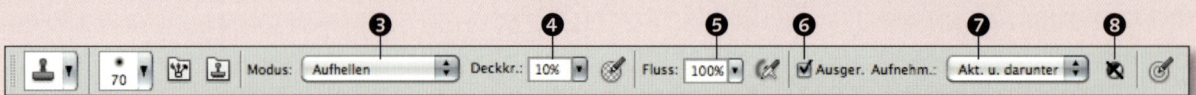

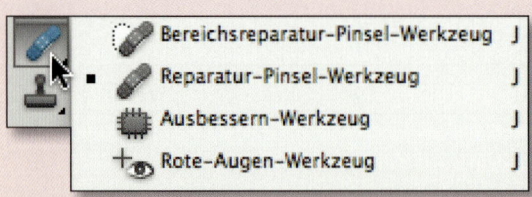

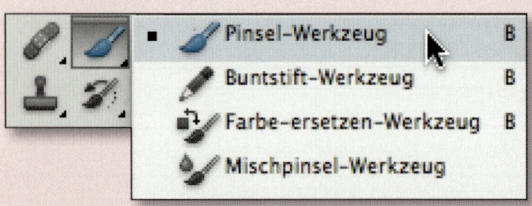

Die Gruppe der Retuschewerkzeuge befindet sich oberhalb des Stempelwerkzeugs. Relevant für die Hautretusche sind das **Bereichsreparatur-Pinsel-Werkzeug** und das **Reparaturpinsel-Werkzeug**, die beide auf Retusche-Ebenen anwendbar sind. Das **Ausbessern-Werkzeug** wird in erster Linie für die Flächenretusche verwendet. Weitere Retuschewerkzeuge sind das **Pinsel-Werkzeug**, mit dem Sie in erster Linie die Bearbeitung der Ebenenmasken durchführen, und das **Farbe-ersetzen-Werkzeug,** das bestens zum Ein- und Umfärben geeignet ist.

Das **Reparatur-Pinsel-Werkzeug** ist das jüngere Geschwisterkind des Stempels.

Die Handhabung ist die gleiche, allerdings wird der kopierte Bereich in Farb- und Helligkeitswerten nachträglich an den Umgebungsbereich angepasst.

Für Retuscheaufgaben muss die Option QUELLE: AUFGEN.(OMMEN) ❿ aktiviert sein, denn mit Musterüberlagerungen kommt man bei der Retusche nicht weiter. Beim Reparaturpinsel haben Sie keine Deckkrafteinstellung, können aber mit den wichtigsten Überlagerungs-Modi ❾ wie AUFHELLEN oder ABDUNKLEN arbeiten. Die Optionen AUSGER.(ICHTET) ⓫, AUFNEHM.(en) ⓬ und die Einbeziehung bzw. Ausgrenzung der Einstellungsebenen ⓭ entsprechen in der Funktionsweise dem Kopierstempel.

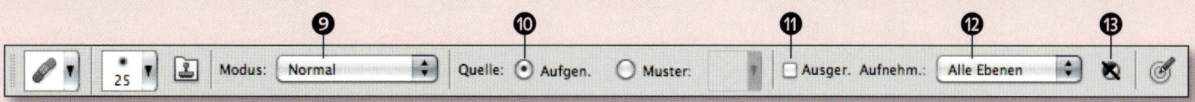

Das **Bereichsreparatur-Pinsel-Werkzeug** macht alles noch einfacher: Sie markieren nur den zu reparierenden Bildbereich ⓮, der von einem NÄHERUNGSWERT ⓰ aus durchschnittlichen Farb- und Helligkeitswerten aus der Umgebung überlagert wird. Die Einstellung INHALTSSENSITIV ⓱ setzt bestehende Strukturen des umgebenden Bildbereichs fort. Über die Option MODUS ⓯ stellen Sie die Art der Verrechnung der Bildpixel ein und können auch mit diesem Werkzeug Retuschebereiche über ALLE EBENEN AUFNEHMEN ⓲.

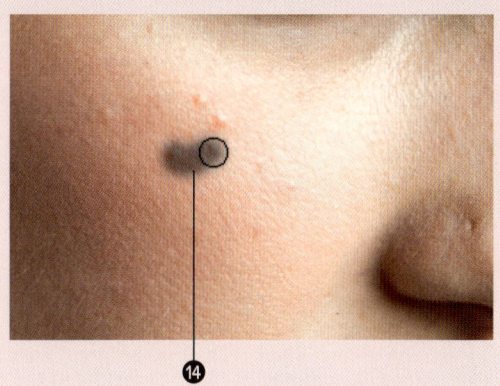

Das **Ausbessern-Werkzeug** arbeitet wie der Reparatur-Pinsel, verrechnet aber ganze Flächen in den Helligkeitswerten. Deshalb ist es wohl auch nicht auf einer separaten Ebene zu nutzen. Mit dem Werkzeug ziehen Sie eine Auswahl um die QUELLE ⓳, also den Reparaturbereich, oder das ZIEL ⓴, also die heile Hautfläche. Dann ziehen Sie die aktive Auswahl – je nach gewählter Option ㉑ oder ㉒ – auf einen neuen Bereich, der sich dann verrechnet.

Grundlagenexkurs | Retuschewerkzeuge

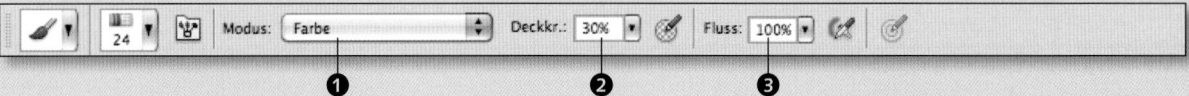

Das **Pinsel-Werkzeug** kann in Deckkraft ❷ und Überlagerungs-Modus ❶ variiert und so jeder Aufgabe angepasst werden. Mit dem Fluss ❸ können Sie die eingestellte maximale Deckkraft noch weiter differenzieren und stückweise auftragen. Idealerweise sollten Sie ein Stifttablett nutzen, das Deckkraft und Fluss vom Zeichendruck abhängig macht.

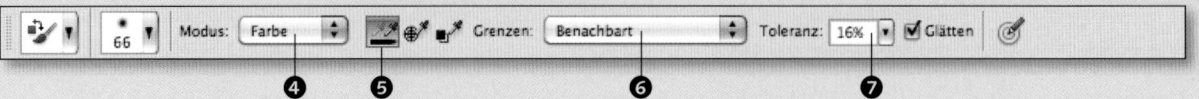

Das **Farbe-ersetzen-Werkzeug** färbt, wie ein Pinsel im Modus: Farbe ❹, um und bewahrt gleichzeitig die Zeichnung. Er bearbeitet nur die Farbbereiche, die in der Werkzeugmitte aufgenommen werden.

Die Option Kontinuierlich ❺ sorgt für eine dauernde Aufnahme der Farbe.

Der Toleranz-Wert ❼ bestimmt, wie viele ähnliche benachbarte ❻ Farben mit bearbeitet werden.

Über die Optionsleiste gelangen Sie in die Kopierquelle-Palette ❾ und in die Pinseleinstellungen ❽.

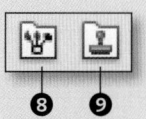

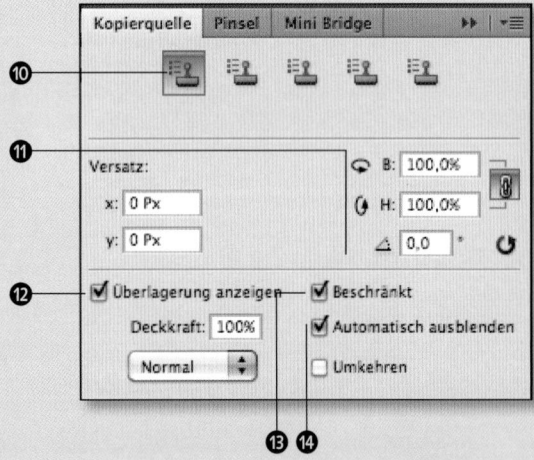

nur noch in der Werkzeugspitze sichtbar. So können Sie den kopierten Bereich besser in die Reparaturfläche einfügen. Die Option Automatisch ausblenden ⓮ sorgt dafür, dass die Überlagerung nicht mehr sichtbar ist, sobald Sie mit gedrückter Maustaste die Reparatur durchführen. Sie können den kopierten Bereich bei der Retusche auch in Breite und Höhe skalieren ⓫, per Gradzahl drehen oder spiegeln. Dazu müssen Sie entsprechende Werte in die Transformationsfenster eingeben oder auf die Schaltflächen für horizontal oder vertikal spiegeln klicken. Die Vorschau in der Werkzeugspitze zeigt diese Transformationen mit an.

Bis zu fünf verschiedene Kopierquellen können Sie gleichzeitig verwalten. Aktivieren Sie eines der fünf Quellsymbole ❿, und wählen Sie dann mit gedrückter Alt -Taste die Quelle der Retusche. Diese Quellen können auch in anderen Dateien liegen.

Die **Kopierquelle-Palette** ist seit der Version CS 3 verfügbar und steuert in erster Linie die Überlagerung ⓬ der kopierten Bereiche von Reparatur-Pinsel-Werkzeug und Kopierstempel-Werkzeug – seit der Version CS 4 ist diese Überlagerung durch die Option beschränkt ⓭

Mit der **Pinsel-Palette** können Sie die Werkzeugspitze und das Malverhalten des Pinsels, aber auch des Kopierstempel-Werkzeugs noch weiter modifizieren.

Neu hinzugekommen in Photoshop CS 5 sind die Borstenpinsel, die realistisch anmutende Pinselformen nachahmen. Über PINSEL-FORM ❶❹ erreichen Sie die grundlegenden Einstellungsmöglichkeiten, wie die Auswahl der Werkzeugspitze ❶❺ und eine Veränderung der Pinsel-GRÖSSE ❶❻. Unter BORSTENEIGENSCHAFTEN ❶❼ können Sie weiter auf die Pinselform einwirken, indem Sie z. B. die Anzahl der BORSTEN ❶❽ oder deren LÄNGE ❶❾ bestimmen. Allerdings sind dieser neuen Pinselform zusammen mit der Maus Grenzen gesetzt. Um wirklich realistische Ergebnisse zu erzielen, ist ein Stifttablett Voraussetzung, das die Option STEIFHEIT oder WINKEL dynamisch anwenden kann.

Die Pinsel-GRÖSSE ❷❶ aller Werkzeuge können Sie, genau wie die HÄRTE ❷❷ der Kante, nach einem Klick auf das entsprechende Icon ❷❶ in der Optionsleiste bestimmen. Genauso gut können Sie dieses Fenster während der Arbeit mit rechter Maustaste (Win) oder Ctrl + linker Maustaste (Mac) aufrufen.

Noch schneller geht es direkt im Bild ❷❸ über den Shortcut Alt + rechte Maustaste (Win) oder Ctrl + ⌥ (Mac) und Ziehen mit der Maus. Durch Ziehen nach links bzw. rechts ändern Sie die Pinselgröße, durch Ziehen nach oben oder unten die Pinselhärte.

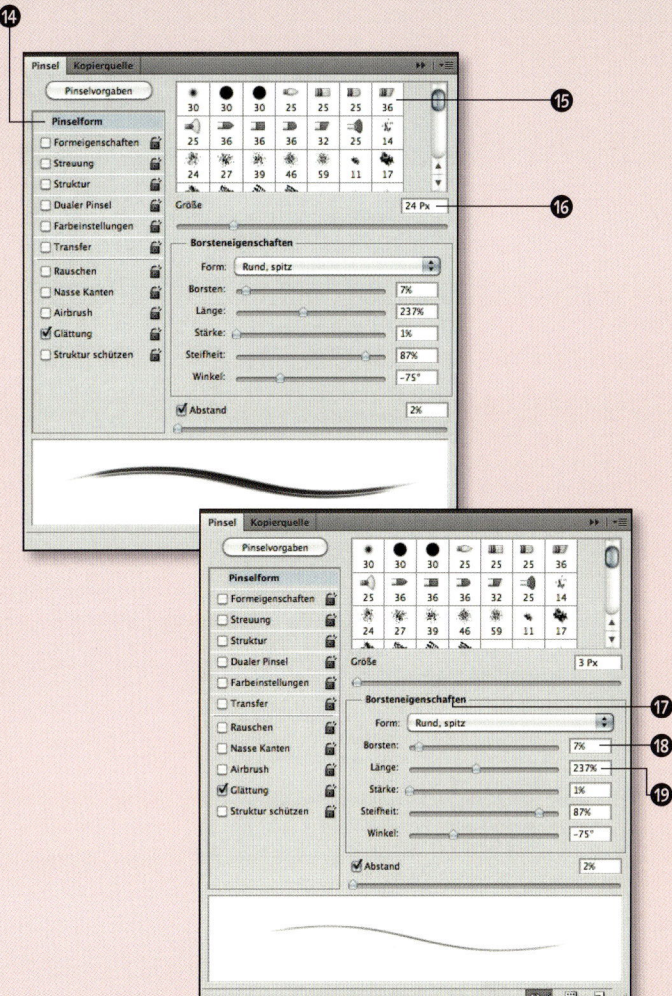

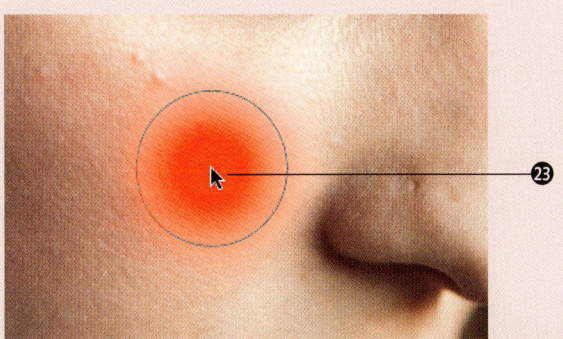

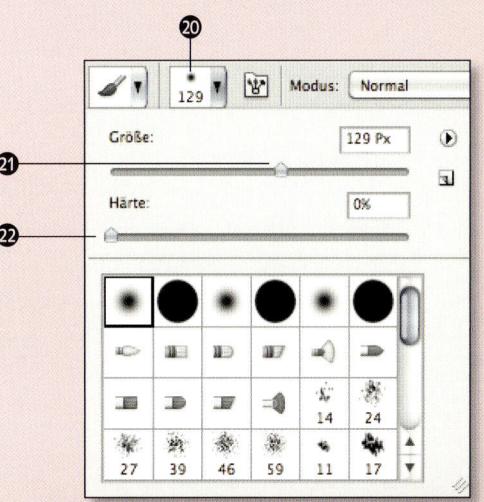

Grundlagenexkurs | Retuschewerkzeuge 17

Basisretusche

Nach der Aufnahme folgt die Pflichtretusche. Egal wie perfekt das Modell, das Make-up, die Ausleuchtung und letztendlich das Foto sind – es gibt immer kleine Details, die stören, oder einen Schatten, der nicht ganz perfekt ist. Um diese Erstkorrektur – und die passenden Werkzeuge dafür – geht es in diesem Kapitel.

Lassen Sie uns einen prüfenden Blick auf Haut, Augen, Falten und Fältchen werfen und erste Korrekturansätze ausprobieren, bevor wir diese dann in den folgenden Kapiteln vertiefen. Natürlich wird dabei auch schon auf den Abgleich zwischen schneller Korrektur und Beibehaltung der Bildqualität geachtet.

Foto: Phillipp Jeker, Modell: Katja Mathes

Basisretusche

Erste Hilfe 22
 Störende Kleinigkeiten retuschieren

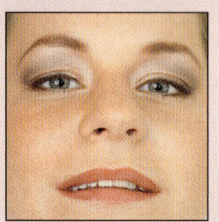

Besser als Botox 24
 Radikale Faltenretusche mit dem Ausbessern-Werkzeug

Flächenretusche 26
 Hautflecken und Blitzreflexe ausbessern

Licht setzen 30
 Der Abwedler setzt Lichtakzente

Hautschatten aufhellen 32
  Hauttöne aufklaren und Bildwichtiges betonen

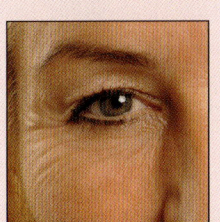

Sanfte Faltenkorrektur 36
  Falten aufhellen und Persönlichkeit bewahren

Hautstruktur glätten 40
  Sanfte und punktuelle Weichzeichnung der Hauttöne

Erste Hilfe

Störende Kleinigkeiten retuschieren

Aufgaben:
Hautunreinheiten retuschieren
Retusche-Ebene vorbereiten
[Hautunreinheit.jpg]

Meist sind es die Kleinigkeiten, die uns besonders auffallen, weil sie unseren Blick vom eigentlichen Bildfokus ablenken. Deshalb ist es legitim, kleine Pickelchen und andere – auch größere – Störfaktoren zu beseitigen. Der Bereichsreparatur-Pinsel erledigt diese Aufgabe denkbar einfach und schnell. Trotzdem sollten Sie nicht auf eine Retusche-Ebene verzichten, denn mit dieser »Ersten Hilfe« erledigen Sie meist den ersten Schritt einer umfangreicheren Beauty-Retusche, bei der Sie später noch von der Ebenenarbeit profitieren können.

Foto: Oana Szekely, Modell: Katja Mathes

1 Arbeit vorbereiten

Starten Sie mit dem Anlegen einer leeren Retusche-Ebene durch einen Klick auf das Seitensymbol ❷ in der EBENEN-Palette. Diese können Sie gleich mit einem Doppelklick umbenennen. Wählen Sie dann den Bereichsreparatur-Pinsel, und aktivieren Sie die Option ALLE EBENEN AUFNEHMEN ❶. Um die Werkzeuggröße anzupassen, halten Sie ⌈Alt⌉+rechte Maustaste (Win) bzw. die ⌈Ctrl⌉+⌈⌥⌉-Taste (Mac) gedrückt, und ändern Sie durch Ziehen nach links bzw. rechts die Pinselgröße, die Härte der Pinselkante durch Ziehen nach oben oder unten ❸.

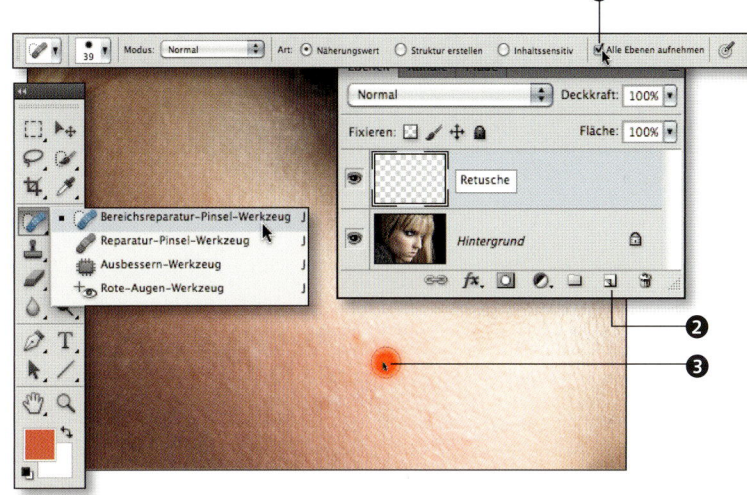

2 Detailarbeit

Wählen Sie den Werkzeugdurchmesser nur etwas größer als die zu retuschierenden Stellen – so vermeiden Sie fleckige Retuschestellen. Auf eine besonders weiche Werkzeugspitze können Sie verzichten, denn der Bereichsreparatur-Pinsel sorgt selbsttätig dafür, dass die Retuschestellen sich am Rand durch Tonwert- und Farbanpassung in die Umgebung einfügen. Markieren Sie einfach auf der aktiven Retusche-Ebene mit dem Werkzeug die Reparaturstellen – die Retusche erfolgt automatisch.

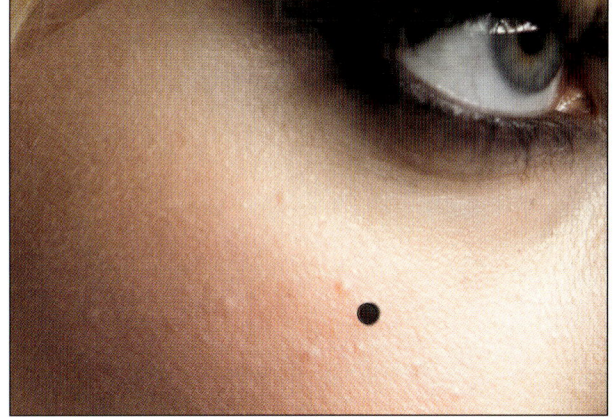

3 Flexible Retusche-Ebene

Nach der Feinarbeit können Sie durch einen Klick auf das Augensymbol ❹ die Retusche-Ebene ein- und ausblenden.

So beurteilen Sie Ihre Retusche und können eventuelle »Schnitzer« einfach wieder wegradieren.

Nutzen von Retusche-Ebenen:
Lesen Sie dazu mehr im Projekt »Beauty-Porträt« auf Seite 372.

Besser als Botox

Radikale Faltenretusche mit dem Ausbessern-Werkzeug

Um Falten vollständig zu eliminieren, bietet sich das Ausbessern-Werkzeug an. Denn hiermit können Sie ganze Hautstrukturen übertragen und damit Hautvertiefungen und Falten »ausbügeln«. Mit dieser Technik reduzieren Sie die optischen Lebensjahre des Porträtierten deutlich. Ob dies dann noch der Persönlichkeit der Person zuträglich ist, müssen Sie – und der oder die Porträtierte – entscheiden.

Aufgaben:
Falten verschwinden lassen
Übergänge kaschieren
[Botox.jpg]

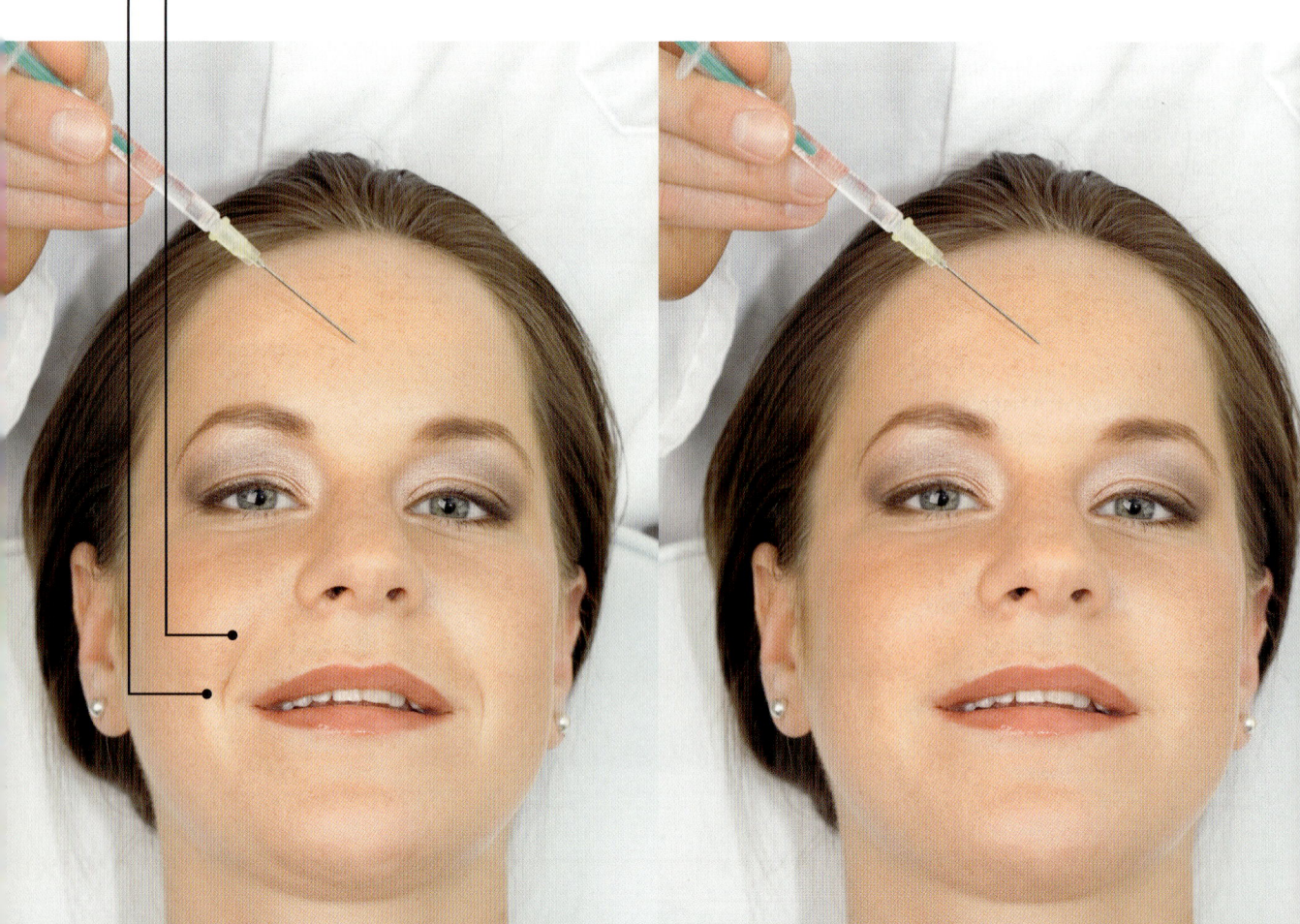

1 Ausbessern-Quelle definieren

Wählen Sie das Ausbessern-Werkzeug aus der Werkzeugpalette, und definieren Sie gleich in der Optionsleiste die Quelle ❶ als Ausbessern-Bereich.

Die Quelle bezeichnet schlicht und einfach die Auswahl, die Sie sogleich mit dem Ausbessern-Werkzeug um die zu eliminierende Falte ziehen. So definieren Sie zuerst die genaue Form des Reparaturbereichs.

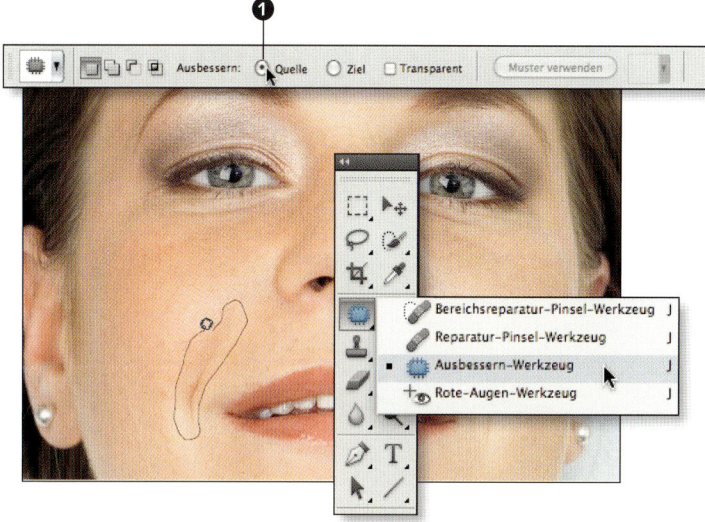

2 »Quelle« durch »Ziel« ausbessern

Ziehen Sie dann – immer noch mit dem Ausbessern-Werkzeug – aus der Mitte der erstellten Auswahl auf einen heilen Zielbereich.

Dieser repariert den Quellbereich und ersetzt ihn durch neue Hautstrukturen. Auch wenn das auf den ersten Blick nicht so passend aussieht, wird das Werkzeug, sobald Sie die Maus loslassen, diesen neuen Bildbereich in Farbe und Helligkeit an die Umgebung anpassen – und so sehr schnell glatt bügeln.

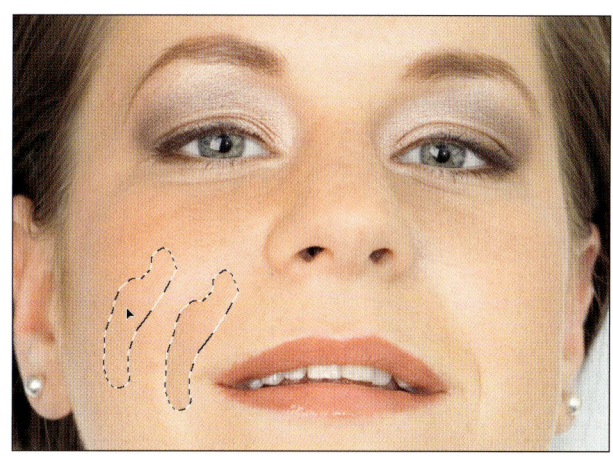

3 Übergänge bearbeiten

Oft zeigt sich nach dem ersten Ausbessern noch ein leichter Absatz zwischen dem reparierten und dem umgebenden Hautbereich. Umrahmen Sie dafür diese kleinen Kanten nochmals mit dem Ausbessern-Werkzeug, und führen Sie so oft eine Ausbesserung durch, bis alle Übergänge geglättet sind. So gehen Sie dann auch bei allen weiteren Falten vor.

Für Fortgeschrittene: Lesen Sie im folgenden Workshop »Flächenretusche«, wie Sie dieses Werkzeug noch weiter steuern können.

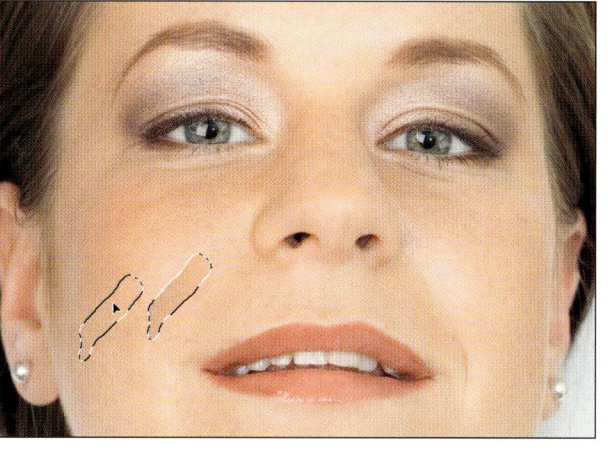

Flächenretusche

Hautflecken und Blitzreflexe ausbessern

Aufgaben:
- Blitzreflex mindern
- Fleckige Haut ausbessern

[Hautflecken.jpg]

Störende Flächen, wie beispielsweise Blitzreflexe oder überbelichtete Hautbereiche, sind tückisch bei der Bearbeitung. Denn es scheint gar nicht so einfach zu sein, die Hautstruktur über so große Bereiche zu rekonstruieren. Hier hat sich ein Werkzeug einen besonderen Namen gemacht: Das Ausbessern-Werkzeug arbeitet nach dem gleichen Prinzip wie der Reparatur- und Bereichsreparatur-Pinsel und passt retuschierte Bereiche in die Umgebung ein. Und dabei kann es auch noch detaillierte Strukturen übertragen.

Foto: Phillipp Jeker, Modell: Katja Mathes

1 Ebenenkopie nutzen

Das Ausbessern-Werkzeug arbeitet leider nicht – wie andere Retuschewerkzeuge – ebenenübergreifend.

Kopieren Sie daher die Hintergrundebene, indem Sie sie auf das Symbol für eine neue Ebene ❶ ziehen. Die Originalebene werden Sie später für die Feinarbeit noch benötigen.

Wählen Sie dann das Ausbessern-Werkzeug aus der Gruppe der Retuschewerkzeuge.

2 »Quelle« auswählen

Bevor Sie das Ausbessern-Werkzeug benutzen, können Sie gleich seine Arbeitsweise vordefinieren: Aktivieren Sie in der Optionsleiste die AUSBESSERN-Option QUELLE ❷. So legen Sie die gleich folgende Auswahl als Reparaturbereich fest.

Ziehen Sie nun eine großzügige Auswahl über dem fleckigen Hautbereich auf. Diese Auswahl ist die »Quelle«. Achten Sie dabei darauf, dass sich die Auswahlkanten in einem homogenen Übergangsbereich befinden.

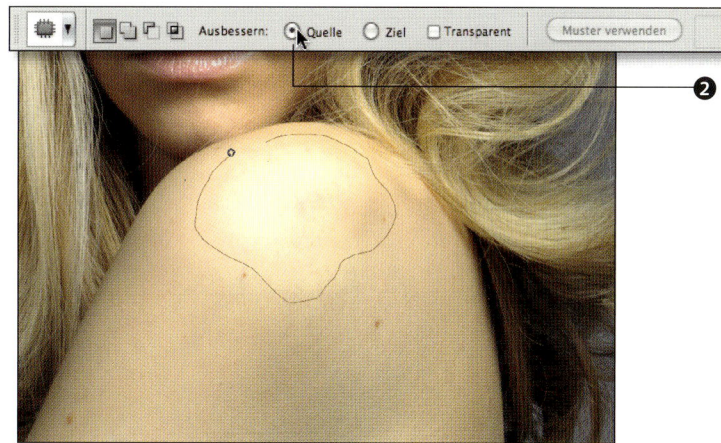

3 Retuscheziel festlegen

Bewegen Sie jetzt den ausgewählten Bereich auf ein passendes »Retuscheziel«. Durch die eingestellten Werkzeugoptionen soll dieses Ziel – also ein heiler Hautbereich – die vorher ausgewählte »Quelle« ausbessern.

Wählen Sie das Ziel sorgfältig aus. Es sollte eine homogene Hautstruktur haben. Die Helligkeitsunterschiede von Quelle und Ziel können Sie vernachlässigen. Hierin zeigt sich gleich die Stärke des Werkzeugs.

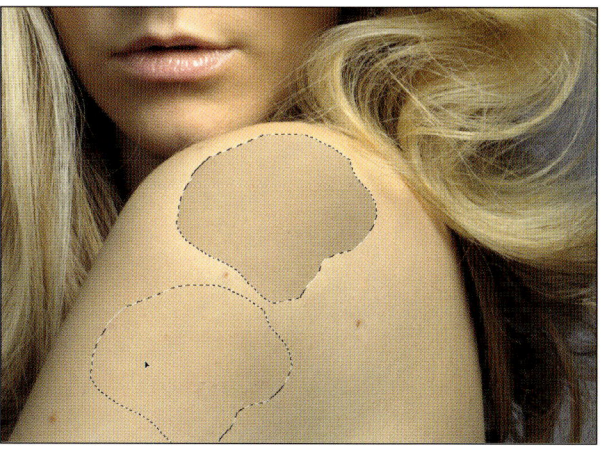

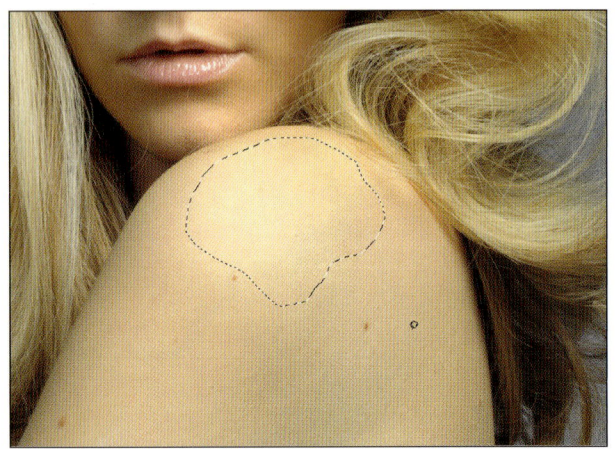

4 Neue Haut

Sobald Sie den Mauszeiger loslassen, wird der Quellbereich durch die neue Hautstruktur ausgebessert – und zwar erstaunlich perfekt.

Sowohl der vorherige Lichtverlauf an der Schulter als auch die Übergangsbereiche des ausgewählten Reparaturbereichs werden in die neuen Pixel eingerechnet. Es wird ein fließender Übergang in Tonwert und Farbe hergestellt.

Mit dem Tastaturbefehl [Strg]/[⌘] + [D] heben Sie die aktive Auswahl auf.

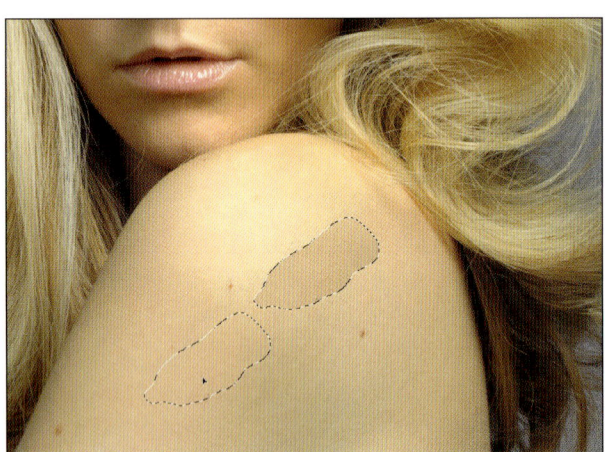

5 Feinarbeit an den Rändern

Nicht immer passt sich – trotz der selbstständigen Arbeit des Ausbessern-Werkzeugs – der reparierte Bereich hundertprozentig in die Struktur der Umgebung ein.

Aber das können Sie leicht nachbessern: Ziehen Sie einfach an den Rändern kleinere Auswahlbereiche mit dem Ausbessern-Werkzeug auf, und gehen Sie wie eben beschrieben vor. So schaffen Sie auch für diese Strukturen passende Übergangsbereiche.

6 Blitzreflex ausbessern

Auf die gleiche Art und Weise können Sie auch hartnäckige Blitzreflexe und glänzende Stellen entfernen.

In Gesichtern fällt es oft schwer, einen durchgehenden Zielbereich für die Ausbesserung zu finden. Wählen Sie dann ruhig einen anderen Hautbereich, zum Beispiel an der Schulter, aus. Durch die im vorigen Schritt beschriebene Randbearbeitung gleichen Sie die Übergänge verschiedener Hautstrukturen aus. Um die realistische Einpassung kümmern wir uns später.

7 Ergebnis beurteilen

Auch mit überarbeiteten Randübergängen zeigt das Beispiel der Nase, dass Retusche auch schnell über das Ziel hinausschießen kann:

Eine Nase ohne Lichtreflex sieht aus wie eine Schaumstoffattrappe. Der Reflex muss also wieder her – allerdings in abgemilderter Form.

8 Deckkraft der Korrektur vermindern

Zum Glück haben Sie vorausschauend die Ausbesserungsarbeiten auf einer Ebenenkopie durchgeführt.

Reduzieren Sie die Deckkraft dieser Ebene über den entsprechenden Regler ❸ in der EBENEN-Palette. So können die Lichtreflexe des Originalbildes wieder leicht durchschimmern.

Tipp: Duplizieren Sie die Ebene erneut für jeden eigenen Reparaturbereich, und steuern Sie so individuell die Deckkraft jeder Reparaturebene.

9 Alternativ: Protokollpinsel nutzen

Auch wenn Sie nur mit einer Retusche-Ebene arbeiten, haben Sie die Möglichkeit, die Ausbesserung unterschiedlich zu nutzen. Öffnen Sie über das FENSTER-Menü die PROTOKOLL-Palette, und klicken Sie auf verschiedene Protokollschritte, bis Sie einen unkorrigierten Zustand gefunden haben. Klicken Sie vor diesen ❺, um ihn als Protokollziel festzulegen, und aktivieren Sie dann wieder den aktuellen Bildstatus ❻. Mit dem Protokollpinsel und einer geringen DECKKRAFT ❹ definieren Sie dann einen Zwischenstatus.

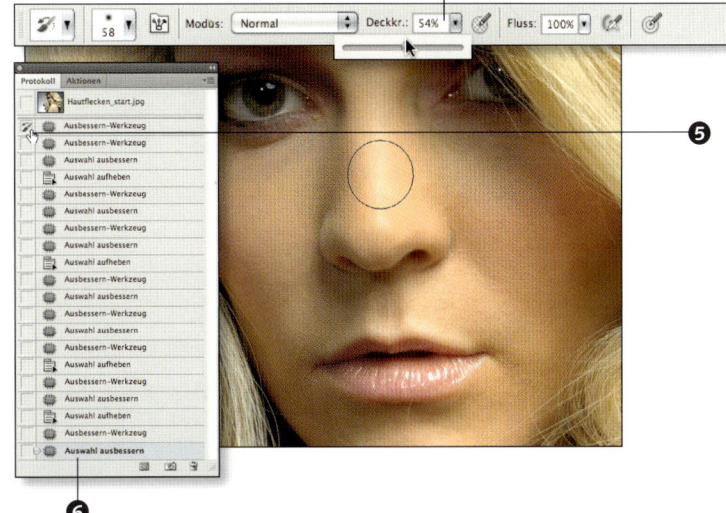

Kapitel 1 | Basisretusche

Licht setzen

Der Abwedler setzt Lichtakzente

Aufgaben:
Augen zum Leuchten bringen
Mitteltöne und Lichter aufhellen
Farbsättigung erhalten
[Lichtblick.jpg]

Still-life- und Studio-Aufnahmen können bis ins Detail in stundenlanger Feinarbeit ausgeleuchtet werden – bei People-Aufnahmen gestaltet sich das schon schwieriger. Der Blickpunkt eines jeden Porträts sind die Augen. Sind sie nicht ausreichend ausgeleuchtet, ist es durchaus legitim, nachträglich ein Licht darauf zu setzen. Das Abwedler-Werkzeug lässt Sie dabei gezielt nur Lichter oder Mitteltöne weiter aufhellen, ohne dabei die Farbsättigung zu verlieren.

Foto: Stefan Koch, Modell: Ursula Jenderko

1 **Der Abwedler**

Wählen Sie das Abwedler-Werkzeug aus der Werkzeugpalette. Zusammen mit dem Nachbelichter, der Bilder partiell abdunkelt, stellt es traditionelle Dunkelkammertechniken nach und kann dabei gezielt Teilbereiche der Tonwerte bearbeiten.

Wählen Sie aus den Werkzeugoptionen zunächst die MITTELTÖNE ❶ aus, und stellen Sie eine sehr geringe DECKKRAFT von ca. 5 % ein. Mit diesen Werkzeugen sollten Sie sanft und in kleinen Schritten arbeiten.

2 **Mitteltöne aufhellen**

Bevor Sie jetzt anfangen, die mittleren Tonwerte um die Augen herum aufzuhellen, aktivieren Sie die Option TONWERTE SCHÜTZEN ❷. Diese sorgt dafür, dass die Sättigung stückweise mit angehoben wird. Wählen Sie dann eine weiche Werkzeugspitze, indem Sie die [Alt] + rechte Maustaste (Win) bzw. [Ctrl] + [⌥]-Taste (Mac) gedrückt halten und durch Ziehen nach links bzw. rechts die Größe ändern sowie die Härte mit einer Bewegung nach unten oder – bevorzugt hier – nach oben, um eine weiche Pinselkante zu erhalten.

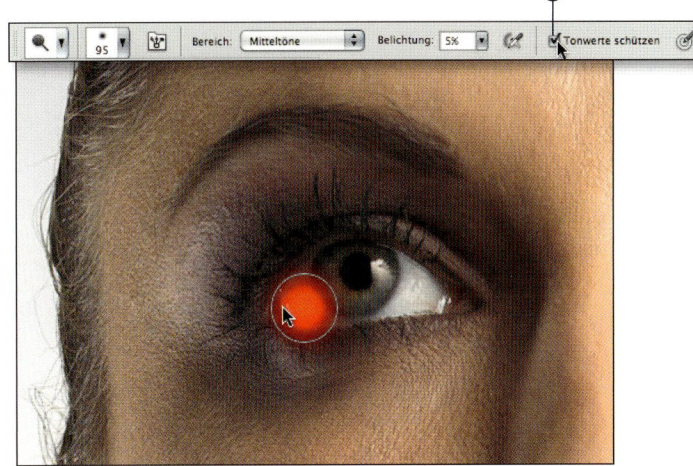

3 **Lichter nacharbeiten**

Sie werden feststellen, dass die Schattenbereiche langsam heller werden, allerdings bleiben das Weiß der Augen und die Reflexe auf dem Lidschatten noch verhältnismäßig dunkel.

Schalten Sie daher bei BEREICH auf LICHTER um. Arbeiten Sie die erwähnten Stellen nach, um eine homogene Aufhellung zu erzielen.

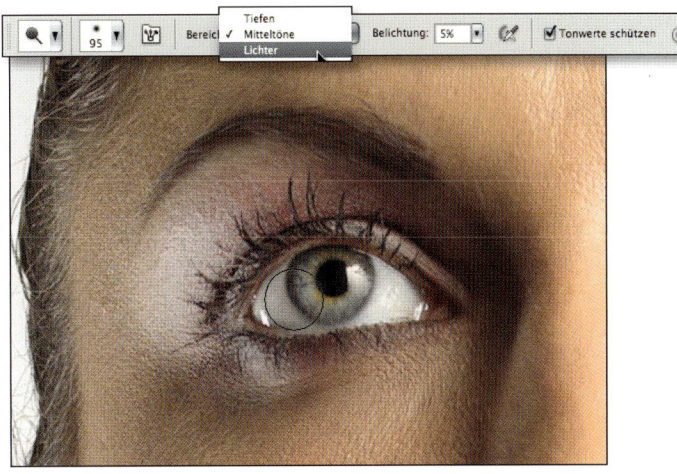

Hautschatten aufhellen

Hauttöne aufklaren und Bildwichtiges betonen

Aufgaben:
Augen ins Licht rücken
Schatten öffnen
[Haut.jpg]

Licht und Schatten modellieren die Gesichtsformen. Ein formender Schatten kann aber gleichzeitig auch Bildwichtiges abschatten oder Gesichtstöne leicht vergrauen. Die TIEFEN/LICHTER-Funktion lässt Sie genau steuern, welche Tonwerte Sie in welchem Wirkungsradius öffnen wollen. Der kombinierte Einsatz als Smartfilter ermöglicht weitere Maskierungen und die nachträgliche Verfeinerung Ihrer Einstellungen. So bleibt der Schatten ein Schatten, aber Hauttöne und andere Details rücken wieder ins Licht.

Foto: Phillipp Jeker, Modell: Katja Mathes

1 **Für Smartfilter konvertieren**
Um die folgende Funktion flexibel und nicht-destruktiv handhaben zu können, wandeln Sie zunächst Ihre Bildebene in ein Smart-Objekt um, beispielsweise durch den Befehl FILTER • FÜR SMARTFILTER KONVERTIEREN.

So werden Ihre Originaldaten »konserviert« und können auch nachträglich wieder rekonstruiert werden.

In der EBENEN-Palette erkennen Sie das Smart-Objekt an dem kleinen Symbol ❶ an der Ebenenminiatur.

2 **Tiefen/Lichter**
Wählen Sie jetzt aus dem Menü BILD • KORREKTUREN die Funktion TIEFEN/LICHTER aus. Die meisten anderen Bildkorrekturen sind ausgegraut, weil diese nur noch als Einstellungsebene auf ein Smart-Objekt anzuwenden sind.

Die TIEFEN/LICHTER-Funktion ist in ihrer Basis ein Filter und wird daher später als Filterebene bei dem Smart-Objekt auftauchen – sie arbeitet also nicht auf den Originaldaten.

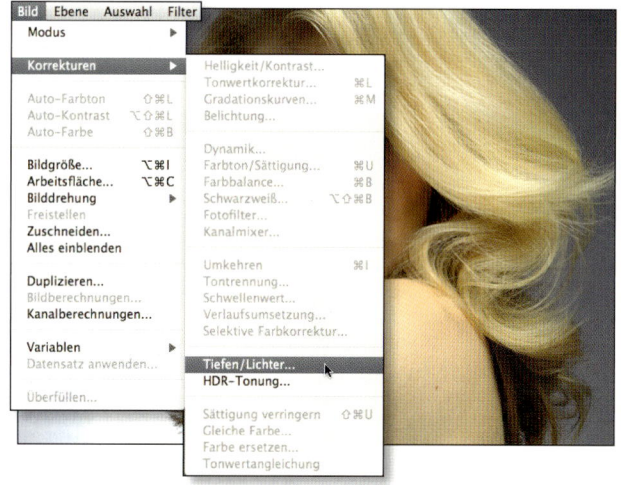

3 **Optionen nutzen**
Falls Ihre TIEFEN/LICHTER-Funktion sich noch klein und überschaubar darstellt, aktivieren Sie WEITERE OPTIONEN EINBLENDEN ❷. Nur so haben Sie Zugriff auf den vollen Umfang dieser Funktion.

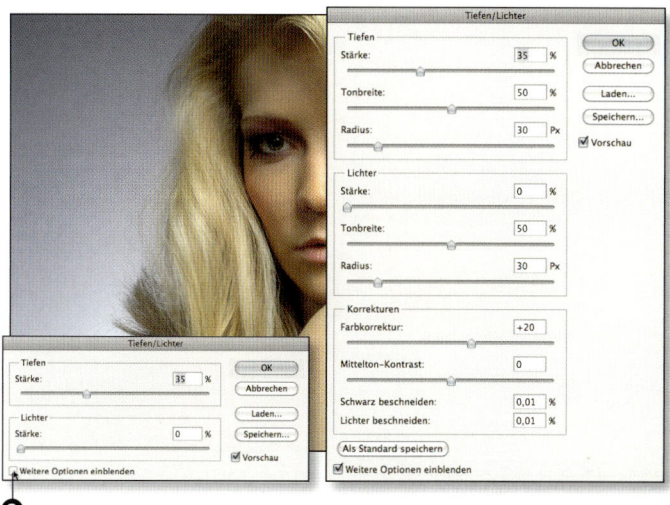

Kapitel 1 | Basisretusche **33**

4 Tonbreite festlegen

Unsere Korrekturen beschränken sich auf die Schatten. Setzen Sie deshalb alle Werte für die LICHTER-Korrektur auf 0, genauso wie die Werte für FARBKORREKTUR und MITTELTON-KONTRAST, die erst zum Finetuning benutzt werden.

Bei einer vordefinierten STÄRKE von 5 % schieben Sie den TONBREITE-Regler, von 0 % startend, langsam höher. Beurteilen Sie im Vorschaubild, wann die gewünschten Schatten geöffnet werden, aber die Mitteltöne noch nicht beeinflusst werden.

5 Stärke definieren

Jetzt justieren Sie die Stärke. Schieben Sie auch diesen Regler erst auf 0 %, bevor Sie die Stärke langsam erhöhen und die Wirkung auf das Bild beurteilen. Die Schattenaufhellung wirkt nur in den Tonwerten, die Sie vorher durch den TONBREITE-Regler definiert haben.

Beurteilen Sie durch wiederholte Klicks auf die VORSCHAU-Option ❸, wie stark Sie korrigieren wollen. In unserem Beispiel sind die Werte vergleichsweise hoch, da wir in den Hauttönen auch stark die Mitteltöne bearbeiten.

6 Radius herausfinden

Die kombinierte Wirkung von Stärke und Tonbreite können Sie noch weiter verfeinern: Mit dem RADIUS-Regler legen Sie einen Mindestdurchmesser für die Schattenbereiche fest, die korrigiert werden dürfen.

Durch Anheben des RADIUS-Wertes nehmen Sie Tiefendetails von der Korrektur aus und verhindern so, dass das Bild durch die Schattenaufhellung verflacht.

7 Smartfilter-Ebene

Nach dem Klick auf OK erkennen Sie, dass durch die Korrektur eine sogenannte Smartfilter-Ebene entstanden ist.

Diese kann wie eine Einstellungsebene durch einen Klick auf das Augensymbol ❹ ein- und ausgeblendet werden und mit der gleich verfügbaren Maske ❺ auf den gewünschten Wirkungsbereich eingeschränkt werden.

Aktivieren Sie die Maske durch einen Klick auf die Miniatur ❺, und kehren Sie sie durch [Strg]/[⌘] + [I] um – die schwarze Maske schaltet die Korrektur vorerst wieder aus.

8 Korrekturzonen bestimmen

Mit einem weichen Pinsel und weißer Vordergrundfarbe können Sie jetzt die Bereiche bestimmen, in denen die Korrektur wirken soll. So können Sie die Aufhellung der Schattenbereiche auf das Gesicht beschränken, aber im restlichen Bild die Licht-Schatten-Wirkung unverändert lassen.

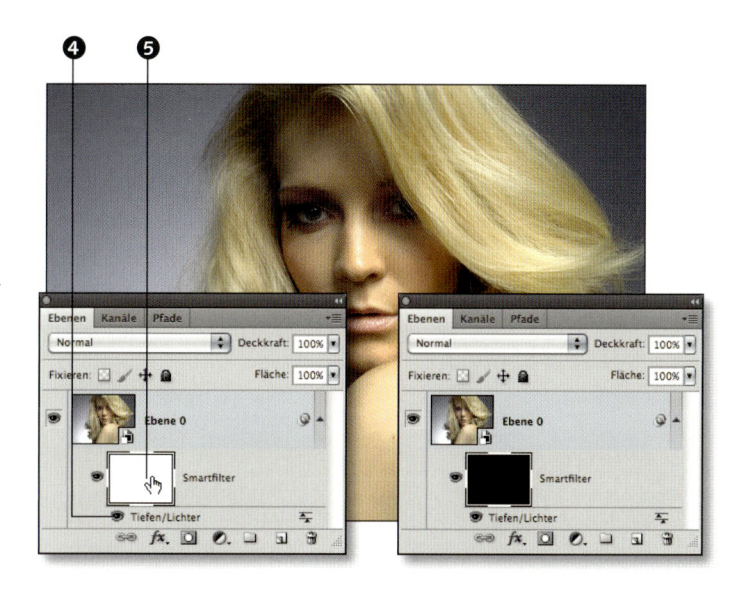

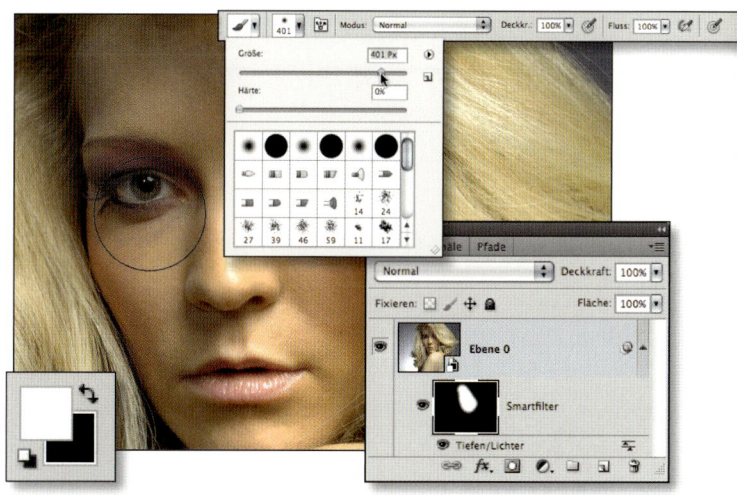

9 Korrektur der Korrektur

Erst mit der finalen Maske können Sie das Bild samt Korrektur beurteilen – und in jedem Aspekt noch bearbeiten.

Um noch etwas mehr Sättigung in die korrigierten Schattenbereiche hineinzuarbeiten, doppelklicken Sie auf den Funktionsnamen ❻ in der Filterebene. So gelangen Sie erneut in das Tiefen/Lichter-Menü und können (durch eine nachträgliche Anhebung des Wertes für die Farbkorrektur) den korrigierten Schattenbereichen nachträglich Sättigung zugeben.

Kapitel 1 | Basisretusche **35**

Sanfte Faltenkorrektur

Falten aufhellen und Persönlichkeit bewahren

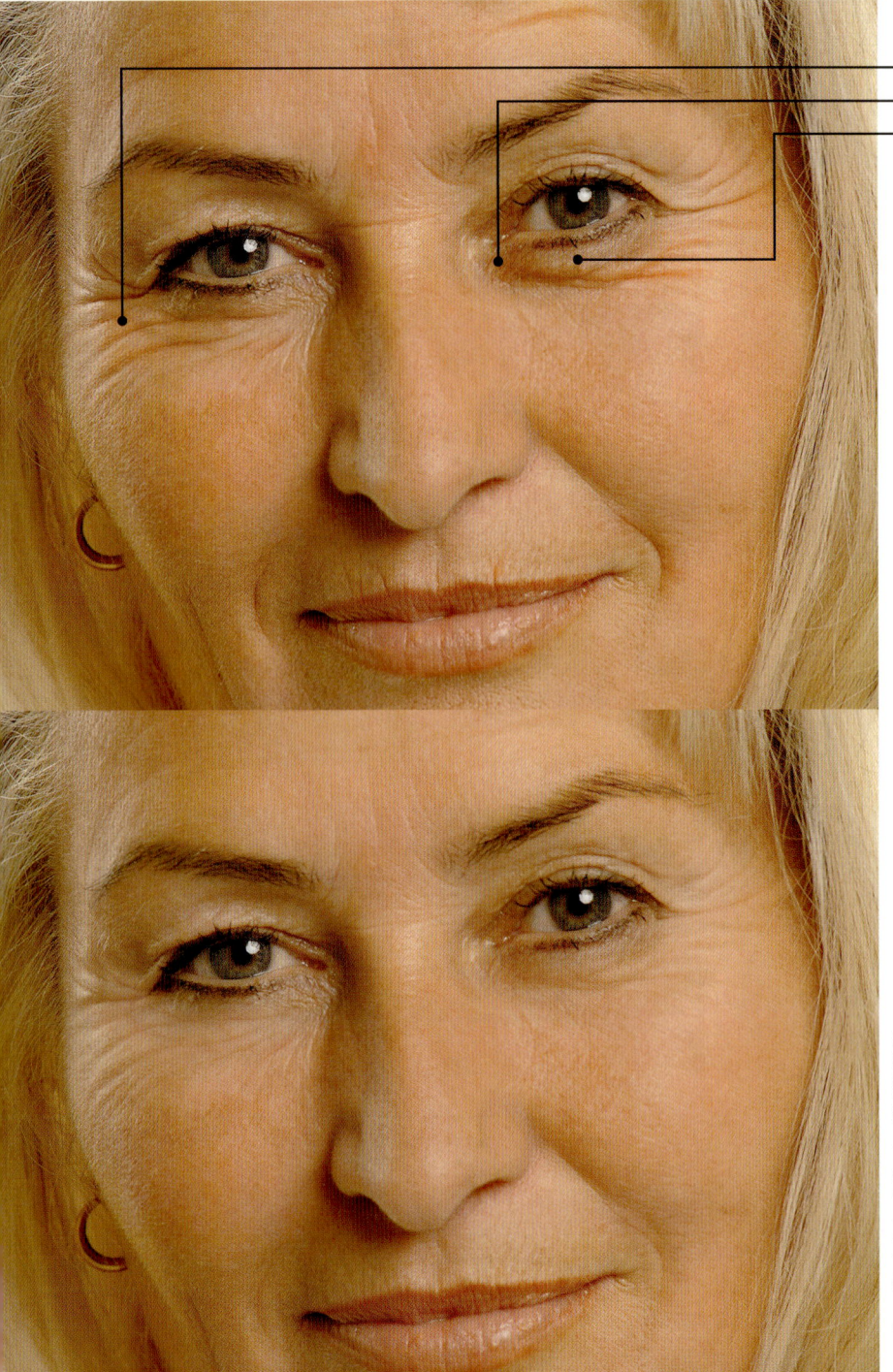

Aufgaben:
Faltenschatten aufhellen
Haut aufhellend überlagern
Unebenheiten retuschieren

[Falten.jpg]

Der Anti-Aging-Wahn ufert auch in der Porträtretusche oft aus: Da werden Enddreißigerinnen auf Fünfundzwanzig gedrillt und Mittfünfziger auf Anfang Dreißig glatt gebügelt. Dabei geht es bei einem Porträt doch um die Abbildung der Persönlichkeit, und dazu gehören nun auch einmal die Falten, die das Leben hinterlassen hat. Bei der moderaten Faltenbearbeitung geht es daher in erster Linie darum, die tiefe Schattenbildung in den Falten zu mindern. Diese Art von nachträglicher Aufhellung können Sie auch mit Retuschewerkzeugen vornehmen.

Foto: iStockphoto, © Kemter, Bild 3541094

1 Retusche-Ebene anlegen

Für diese Art der sanften Retusche ist eine eigene Retusche-Ebene unabdingbar. Denn nur so können Sie Ihre Retusche später noch modifizieren.

Klicken Sie auf das Seitensymbol ❶ in der EBENEN-Palette, um eine neue Ebene für die Retusche anzulegen.

2 Aufhellend kopieren

Wählen Sie dann den Kopierstempel aus der Werkzeugpalette. Achten Sie darauf, dass die Option ALLE EBENEN ❷ aktiviert ist – nur so kann die Originalebene auf der leeren Ebene retuschiert werden.

Wählen Sie dann – ebenfalls in der Werkzeugoptionsleiste – den MODUS: AUFHELLEN aus. Dieser sorgt dafür, dass die gleich kopierten Bildpixel sich nur aufhellend über die Falten legen. Sie müssen also keine Angst vor kopierten dunklen Pixeln haben, die Flecken bilden könnten.

3 Werkzeug anpassen

Ganz wichtig bei dieser Korrektur ist das Arbeiten mit geringer DECKKRAFT ❸. Mit einem Stifttablett würde die eingestellte DECKKRAFT zum Maximalwert. Durch unterschiedlichen Stiftandruck und wiederholtes Auftragen könnten Sie diese dann fein abstufen. Passen Sie dann noch die Werkzeugspitze an. Mit [Alt] + rechter Maustaste (Win) oder [Ctrl] + [Alt] (Mac) können Sie die Spitze direkt im Bild einstellen: Durch Ziehen nach links bzw. rechts ändern Sie die Pinselgröße, durch Ziehen nach oben oder unten die Pinselhärte.

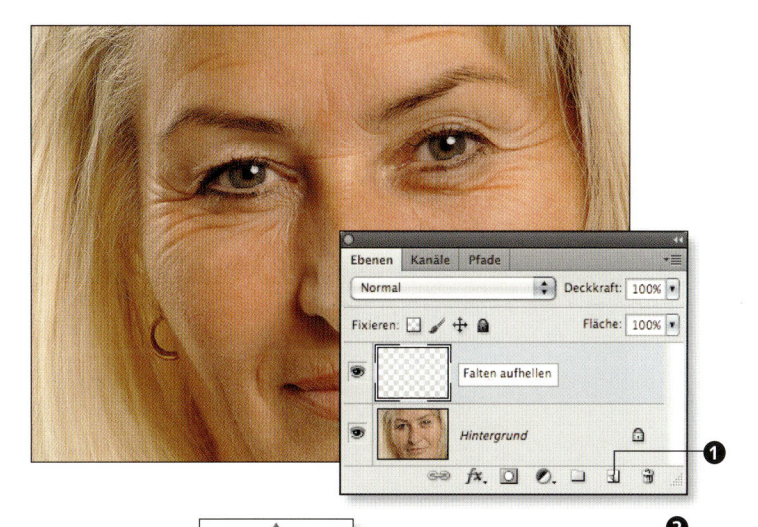

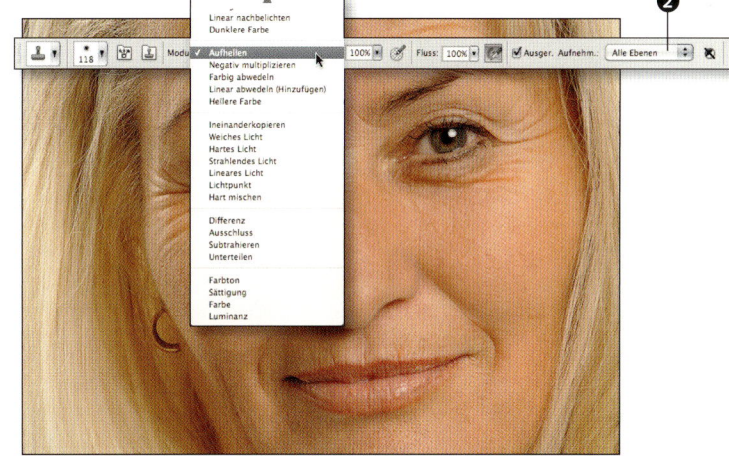

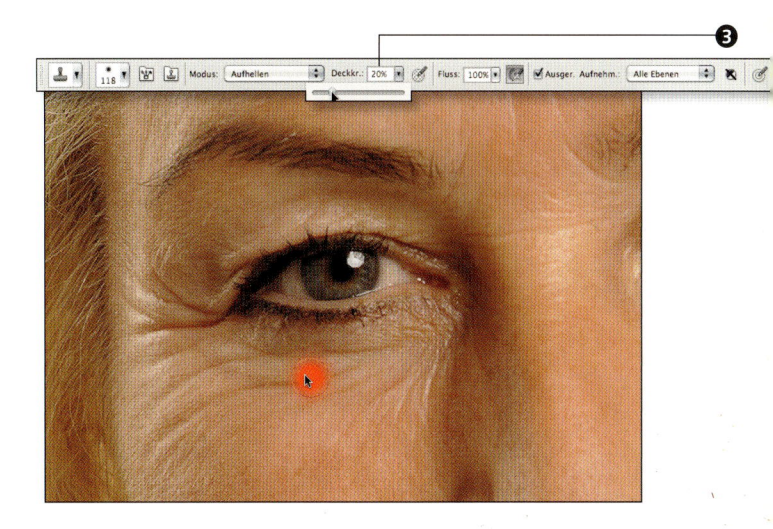

Kapitel 1 | Basisretusche **37**

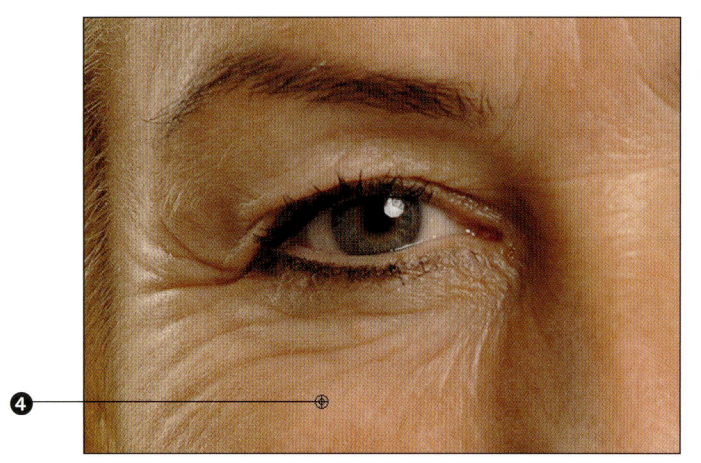

4 Kopierquelle festlegen

Suchen Sie sich ein »heiles« Hautstück in der Umgebung der Falten, das farblich zu der Faltenumgebung passt, und klicken Sie mit gedrückter [Alt]-Taste darauf. So wird die Kopierquelle ❹ festgelegt, die Sie gleich mit dem Kopierstempel übertragen können.

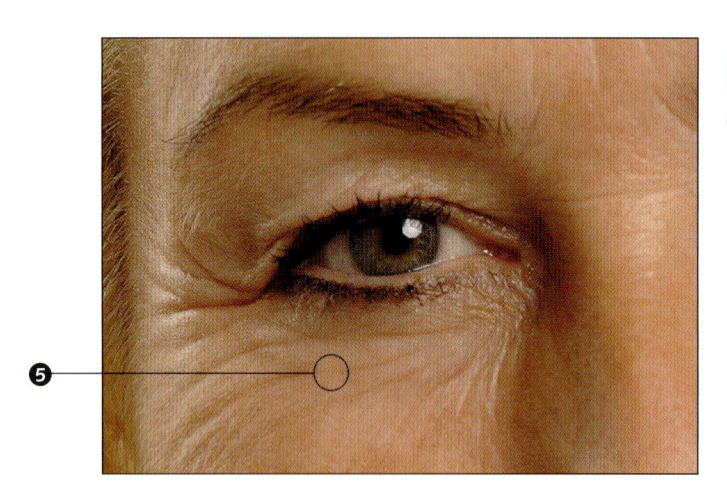

5 Falten aufhellen

In der Werkzeugspitze ❺ wird jetzt der Quellbereich angezeigt, was Ihnen bei der Einpassung hilft. Ziehen Sie mehrfach mit gedrückter Maustaste über die Falten, bis sie ausreichend überlagert sind.

Der MODUS: AUFHELLEN und die geringe Deckkraft sorgen für eine sanfte Aufhellung der Schatten.

6 Quelle anpassen

Nehmen Sie auch immer wieder andere Quellbereiche mit gedrückter [Alt]-Taste auf. Insbesondere wenn Sie neue Hautzonen mit anderer Farbgewichtung korrigieren, sollten Sie die Kopierquelle aus Bereichen mit ähnlicher Farbanmutung aufnehmen.

7 Hautstellen reparieren

Für wirklich störende Stellen, wie die kleine Delle unter dem rechten Lid, können Sie kurzzeitig den Reparatur-Pinsel nutzen. Auch diesen können Sie auf den Modus: Aufhellen stellen und so eine hellere Korrektur erzwingen.

Lassen Sie sich nicht durch die erste unelegante Einpassung ❻ verwirren: Auch wenn Sie beim Reparatur-Pinsel nicht die Deckkraft verringern können, passt sich das Retusche-Ergebnis nach dem Loslassen der Maus automatisch an die Umgebung an.

8 Vorteil: Retusche-Ebene

Blenden Sie zwischendurch auch einmal über einen Klick auf das Augensymbol ❼ die Hintergrundebene aus. Hier erkennen Sie die kleinen transparenten Helfer, die die Falten im besseren Licht erscheinen lassen.

Je nach Auftrag ergibt sich eine andere Stärke oder Deckkraft – und diese können Sie natürlich auch noch nachträglich korrigieren.

9 Deckkraft partiell verringern

Um bestimmte Teile der Korrektur etwas in ihrer Wirkung zu verringern – wie beispielsweise den Augenschatten rechts, der zu stark korrigiert wurde –, benutzen Sie einfach das Radiergummi-Werkzeug auf der oberen Korrekturebene mit einer sehr geringen Deckkraft ❽.

Mit diesem können Sie einzelne Korrekturen langsam transparenter machen und so die Feinabstimmung vornehmen.

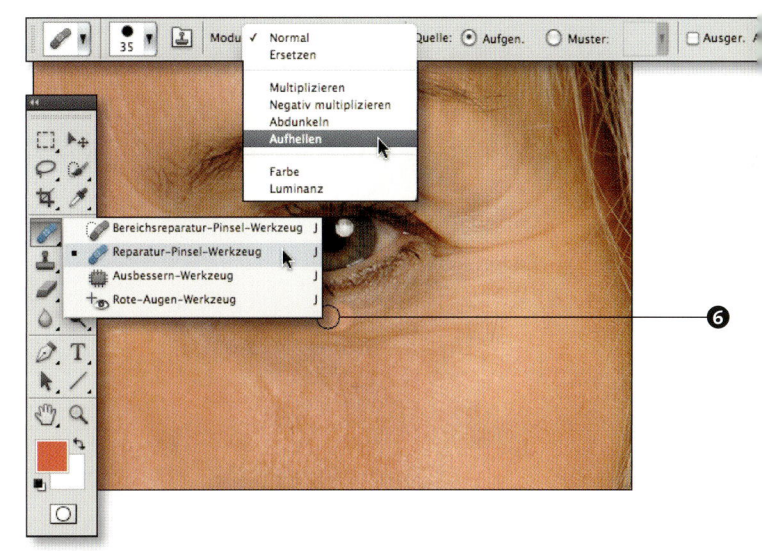

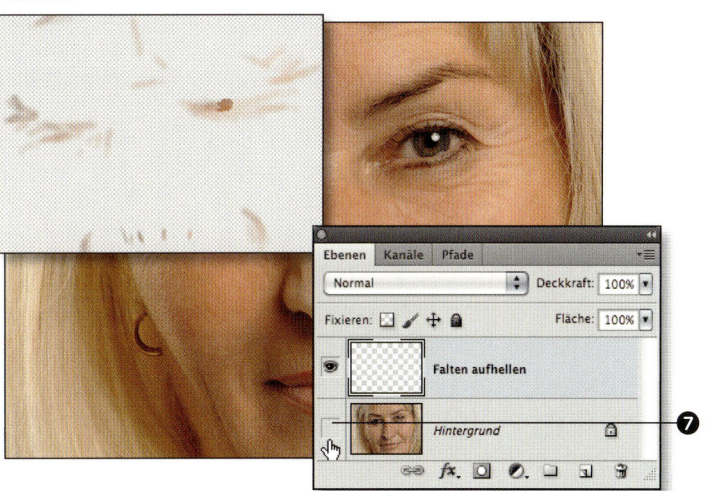

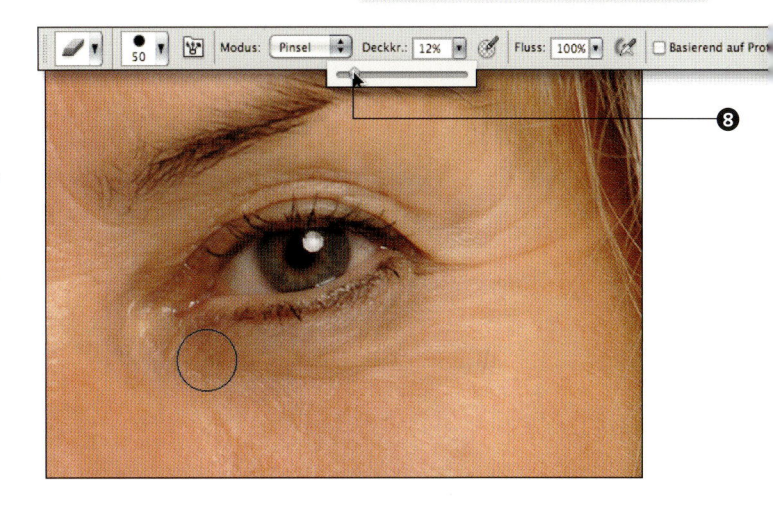

Kapitel 1 | Basisretusche 39

Hautstruktur glätten
Sanfte und punktuelle Weichzeichnung der Hauttöne

Aufgaben:
- Haut weichzeichnen
- Korrektur partiell auftragen

[Falten.jpg]

Um einen Teint glatter darzustellen, können Sie so vorgehen wie in der Make-up-Schule: Bereiten Sie erst eine richtige Grundierung vor, die Sie dann je nach Bedarf auftragen. Da Sie die Stärke dieses »Puders« mithilfe eines Smartfilters und des Pinsel-Werkzeugs abstimmen können, geht die Glättung immer nur so weit, wie Sie es wollen. Empfehlenswert ist immer ein moderates Auftragen, das die Hautstruktur noch durchscheinen lässt.

Foto: iStockphoto, © Kemter, Bild 3541094

1 **Smart-Objekt vorbereiten**
Die Weichzeichnung setzt nicht immer am unkorrigierten Bild an. Um den folgenden Filter auf einer einzelnen Ebene oder ebenenübergreifend anwenden zu können, aktivieren Sie mit gedrückter ⇧-Taste ggf. alle Ebenen der Datei bzw. die Hintergrundebene, wenn Sie mit einem unbearbeiteten Bild starten. Wandeln Sie diese Ebene(n) über das FILTER-Menü in ein Smart-Objekt um.

Smart-Objekte: Lesen Sie mehr dazu im Grundlagenexkurs auf Seite 252 und in den Projekten ab Seite 370.

2 **Smartfilter anwenden**
Das entstandene Smart-Objekt ist in der EBENEN-Palette durch ein kleines Symbol ❶ erkennbar. Alle jetzt folgenden Filter werden nicht-destruktiv angewendet. So können Sie auch im Nachhinein deren Wirkung noch verändern.
Wählen Sie jetzt einen Weichzeichnungsfilter aus dem FILTER-Menü.

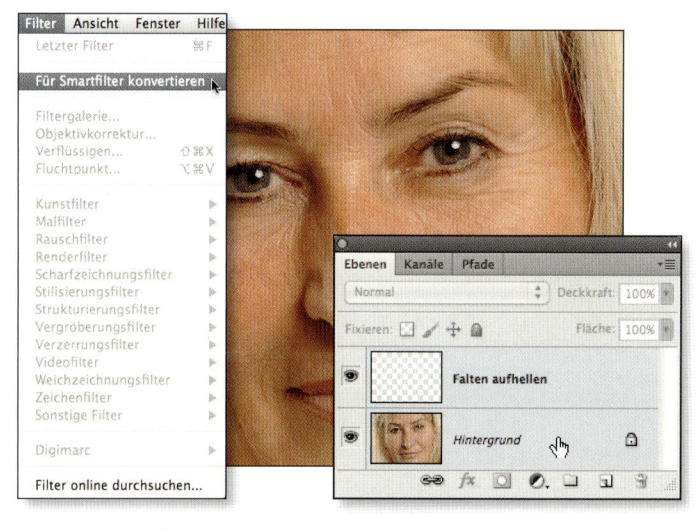

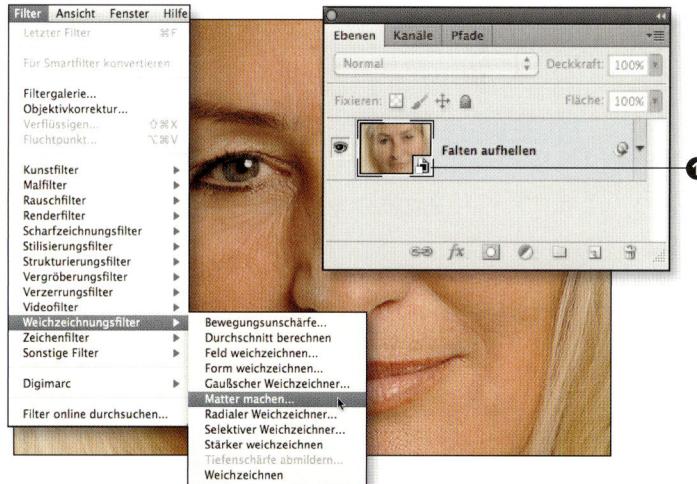

3 **Matter machen**
Ich bevorzuge bei der Hautglättung den Filter MATTER MACHEN, da dieser nicht nur weichzeichnet, sondern in erster Linie Helligkeitsdifferenzen ausgleicht und damit grobe Strukturen in der Haut beruhigt.
Erschrecken Sie nicht über die anfangs radikale Wirkung – Sie werden den Filter gleich noch bändigen.

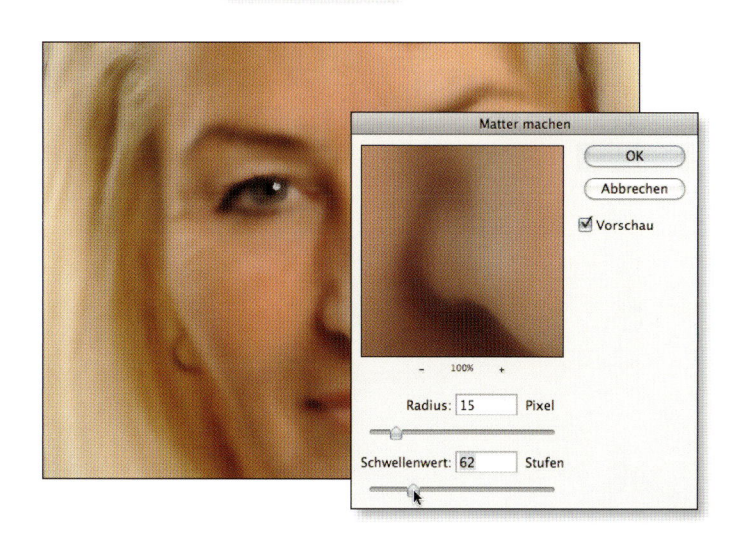

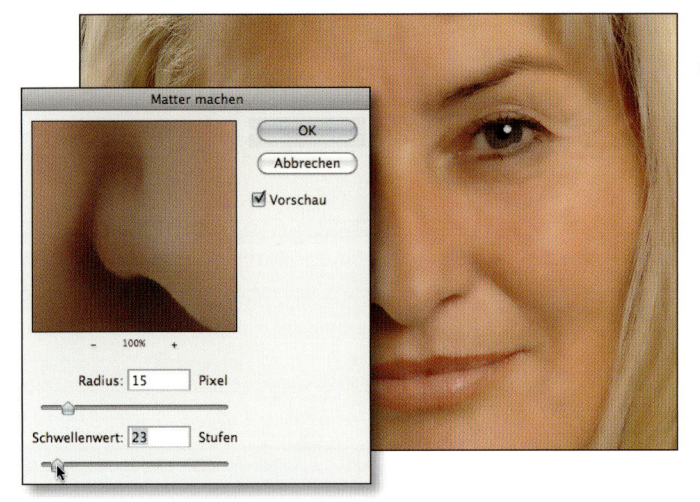

4 Radius und Schwellenwert

Über den RADIUS-Regler des Filters bestimmen Sie, wie stark die Glättung – also der Ausgleich der Helligkeitswerte – stattfinden soll. Je weiter Sie ihn hochziehen, umso glatter wird das Ergebnis.

Mit dem SCHWELLENWERT-Regler legen Sie fest, wie ähnlich sich Tonwerte sein müssen, um geglättet zu werden. Ein geringerer Wert schließt kontrastreiche Details von der Weichzeichnung aus. Aber im Regelfall wird dies genauer mit einer Maske eingeschränkt.

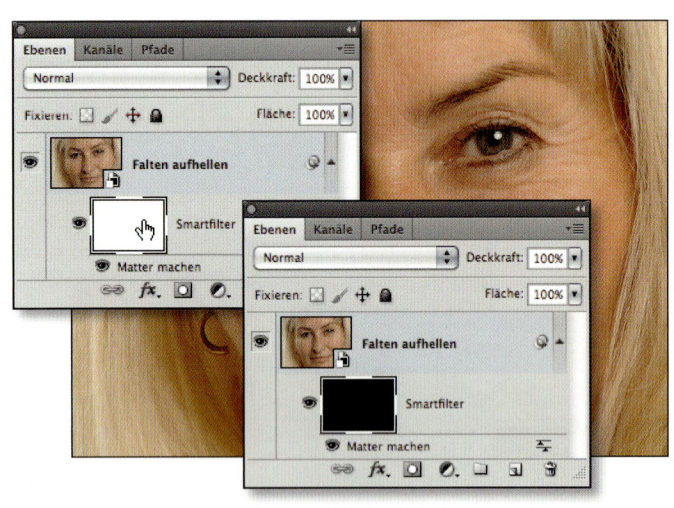

5 Maske nutzen

Nachdem Sie Ihre Filtereinstellung an die Haut angepasst haben, bestätigen Sie diese mit OK. In der EBENEN-Palette erhalten Sie so eine Smartfilter-Ebene inklusive einer Ebenenmaske.

Um den Filter partiell anzuwenden, maskieren Sie diesen zunächst komplett. Klicken Sie auf das Maskensymbol, und kehren Sie es über [Strg]/[⌘] + [I] um. Die Maske wird schwarz, und die Filterwirkung auf das Bild wird zunächst blockiert.

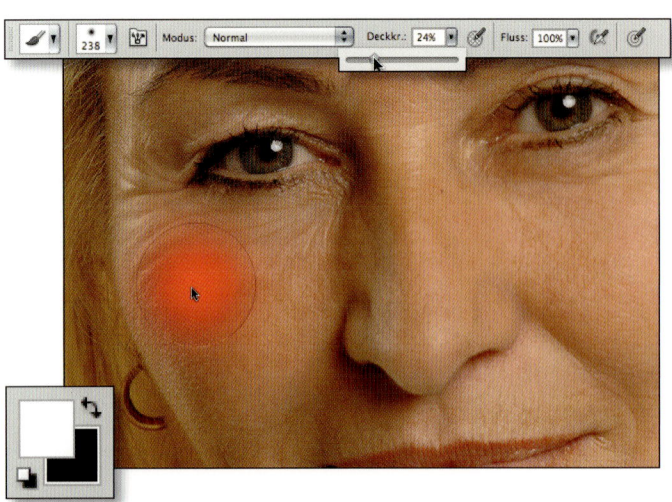

6 Der Make-up-Pinsel

Wählen Sie jetzt das Pinsel-Werkzeug, und stellen Sie es für Ihre Arbeit ein. Verringern Sie zunächst die DECKKRAFT des Pinsels auf einen Wert unter 30, und passen Sie dann die Größe des Pinsels an Ihr Motiv an: Halten Sie dazu die [Alt] +rechte Maustaste (Win) bzw. [Ctrl] + [Alt]-Taste (Mac) gedrückt, und ändern Sie durch Ziehen nach links bzw. rechts die Pinselgröße sowie die Härte mit Ziehen nach oben oder unten.

Wählen Sie dazu eine weiße Vordergrundfarbe.

7 Sanfte Glättung

Malen Sie jetzt über die Bildstellen, die geglättet werden sollen. Sie tragen die Filterwirkung wie einen Puder auf die Haut auf. Mehrmaliges Auftragen addiert die Deckkraft und verstärkt die Wirkung.

Bei Bedarf können Sie die Größe des Pinsels schnell durch den in Schritt 6 genannten Shortcut ändern.

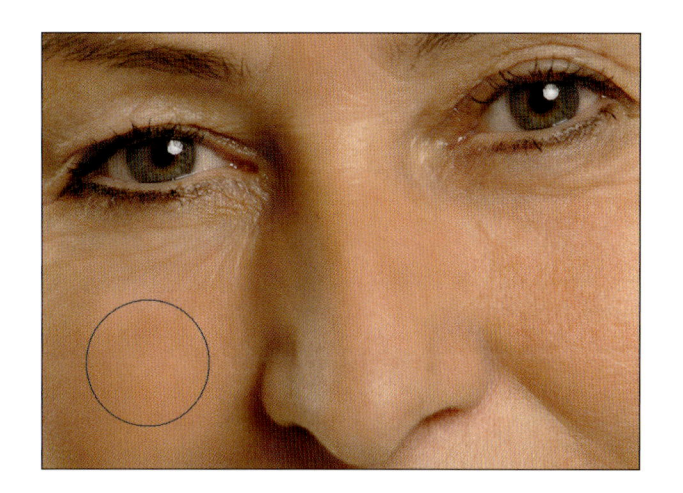

8 Make-up-Maske

Durch die weiße Pinselfarbe sind auf der Maske hellere bis weiße Bereiche entstanden. Dem Helligkeitswert entsprechend wirkt sich der Filter an diesen Stellen mehr oder weniger aus.

Tipp: Klicken Sie mit gedrückter Alt-Taste auf die Filtermaske ❷, um sie temporär sichtbar zu machen. Ein weiterer Alt-Klick blendet das Gesamtbild wieder ein.

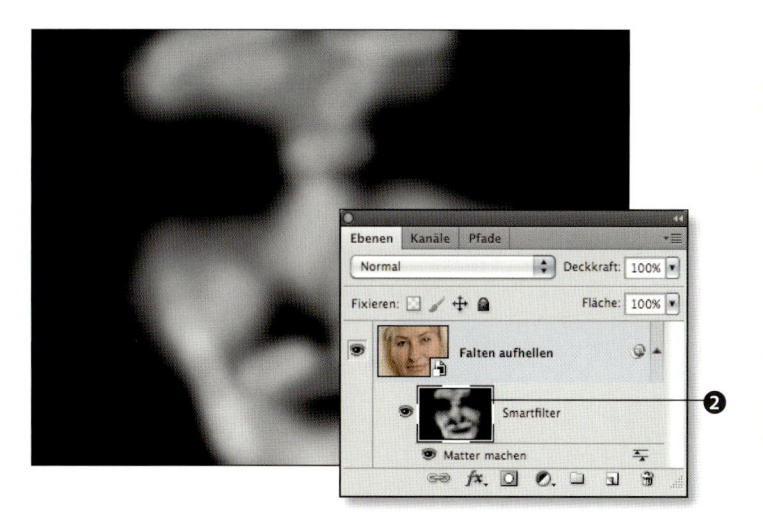

9 Gesamtwirkung variieren

Wie eingangs erwähnt, stehen Ihnen durch den gewählten Smartfilter alle Optionen offen. Wollen Sie beispielsweise den Filter noch bearbeiten, doppelklicken Sie einfach auf den Filternamen ❸, und Sie gelangen zurück in die Filtereinstellungen.

Die Änderungen der Filterparameter sehen Sie dann nur an den von Ihnen durch die Maske freigelegten Bildstellen.

Kapitel 1 | Basisretusche

Basiskorrekturen: Haut

Nach der ersten Retusche folgt die Steuerung der Hauttöne. In diesem Kapitel geht es in erster Linie darum, den richtigen Hautton zu finden. Neben Erste-Hilfe-Einsätzen, wie einer Farbstichkorrektur oder dem Mindern von Hautrötungen, werden Sie sehen, wie die Hauttöne innerhalb eines Bildes angeglichen werden oder wie Sie einen optimalen Hautton als Korrekturreferenz erstellen können. Auch bei Kontrastkorrekturen spricht der Hautton überproportional an, weshalb Sie hier auch Techniken kennenlernen, mit denen Sie den Belichtungskontrast anheben, ohne dass Ihnen die wertvollen Hauttöne entgleisen können.

Foto: Phillipp Jeker, Modell: Ursula Jenderko

Basiskorrekturen: Haut

Farbstich ausgleichen 48
　Ein Weißabgleich an Gesichtsdetails

Haut aufklaren 50
　Farbkorrektur im Lab-Modus

Hautrötungen mindern 54
　Entsättigen Sie empfindliche Rottöne

Hauttöne angleichen 56
　Harmonisieren Sie die Hautfarben im Bild

Hautfarben sammeln **60**
  Farbmuster mit Pipettenring und HUD-Farbwähler

Musterarbeit **62**
  Eine Hauttonreferenz erstellen und nutzen

Hautfarben übertragen **68**
  Hautfarben mit der Funktion GLEICHE FARBE erneuern

Sensible Kontrastkorrektur **72**
  Steigern Sie den Hautkontrast, und bleiben Sie farbstabil

Farbstich ausgleichen

Ein Weißabgleich an Gesichtsdetails

Gerade Hauttöne werden durch einen vorherrschenden Farbstich stark beeinträchtigt. Auch wenn man ohne Graukarte fotografiert hat, finden sich meist noch Details, an denen ein nachträglicher Weißabgleich durchgeführt werden kann. Nutzen Sie dazu die Mittelwertpipette der Gradationskurven oder der Tonwertkorrektur. So braucht es kaum mehr als einen Klick zum klaren Hautton.

Aufgaben:
- Weißabgleich über Mittelwertpipette
- Farbstich aus der Haut entfernen

[Farbstich.jpg]

1 Korrektur starten

Beginnen Sie in der KORREKTUREN-Palette, und wählen Sie entweder die GRADATIONSKURVEN oder die TONWERTKORREKTUR durch einen Klick auf das jeweilige Symbol.

Beide Funktionen halten die Mittelwertpipette bereit, die wir im nächsten Schritt nutzen wollen. Ich entscheide mich hier für die TONWERTKORREKTUR ❶.

2 Weißabgleich vorbereiten

Die mittlere ❷ der drei zugänglichen Pipetten ist für den farblichen Ausgleich verantwortlich. Prüfen Sie zunächst durch einen Doppelklick auf die Pipette, ob die dahinter definierte Farbe noch das standardmäßig vordefinierte Grau ist.

Ansonsten setzen Sie die Werte für R, G und B auf jeweils 128 zurück ❸. Bestätigen Sie dies mit OK, bevor Sie zum eigentlichen Weißabgleich übergehen.

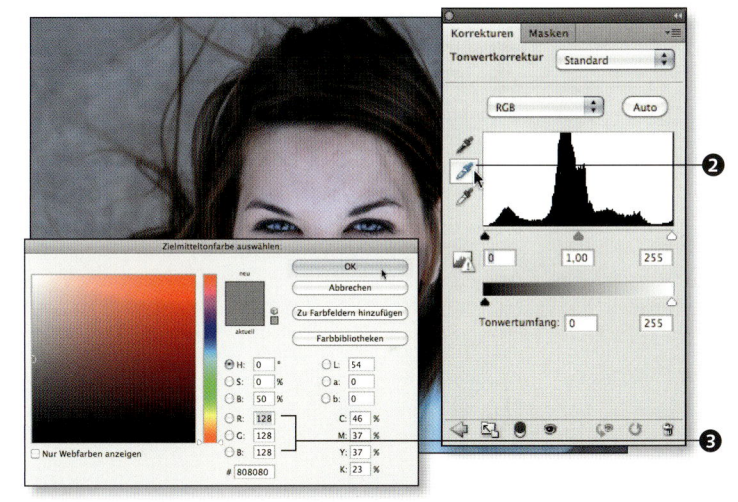

3 Neutrale Bildstelle nutzen

Fast in jedem Porträt findet sich ein vermeintlich neutraler Punkt: ein Schatten auf einem weißen Kleidungsstück, das Augenweiß oder ein nicht zu blendend weißer Zahn. Wichtig ist, dass sich dieser Punkt im Graubereich befindet, also Zeichnung aufweist. Klicken Sie mit der Mittelwertpipette auf diesen Neutralpunkt – sofort ändert sich der gesamte Weißabgleich des Bildes. Falls das Ergebnis einmal zu extrem ausfällt, klicken Sie einfach mit der Pipette auf andere neutrale Punkte – z. B. auf den grauen Hintergrund – bis der Weißabgleich stimmt.

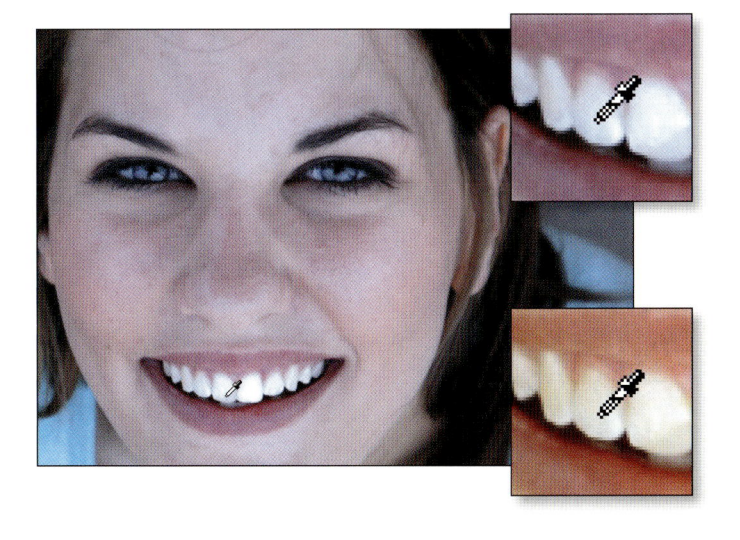

Kapitel 2 | Basiskorrekturen: Haut

Haut aufklaren

Farbkorrektur im Lab-Modus

Wenn Sie sich nicht sicher sind, wie Sie eine Hauttonkorrektur angehen sollen, probieren Sie einmal den Weg über den Lab-Modus. Dieser hat mehrere Vorteile: Die Farbkorrektur hat keinen Einfluss auf den Kontrast oder die Helligkeitswerte, und vor allem können Sie bei der Korrektur auch gleich erkennen, welche Farbe ein Übergewicht hat.

Aufgaben:
Hautfarbe korrigieren
Hintergrundfarbe neutral halten
Helligkeit anpassen
[Haut_I.jpg]

1 Wechsel in Lab

Am Anfang der Korrektur wechseln Sie in den Lab-Modus. Wählen Sie aus dem Menü BILD • MODUS • LAB-FARBE.

Blenden Sie gleich die KANÄLE-Palette ein. Dort erkennen Sie, dass Ihr Bild jetzt aus zwei »dubiosen« Farbkanälen a und b sowie einem Helligkeitskanal (L) besteht.

Von dieser Trennung von Farb- und Helligkeitskanal profitieren Sie bei der Korrektur.

2 Farbkorrektur in den Kanälen

Die beiden Farbkanäle sind jeweils für eine Farbbalance verantwortlich: Der a-Kanal gibt die Farbwerte von Magenta zu Grün an, der b-Kanal die Farbwerte von Blau zu Gelb.

Um den offensichtlichen Gelbstich im Bild zu korrigieren, klicken Sie erst in der KORREKTUREN-Palette auf die Funktion GRADATIONSKURVEN ❶ und wählen dann in dem erscheinenden Funktionsfenster aus dem Popup-Menü ❷ den Kanal b.

3 Der b-Kanal

Werfen Sie erst einmal einen Blick auf die Tonwerte im b-Kanal: Die große Spitze in der Mitte der Kurve ❺ zeigt, dass sehr viele neutrale Farben im Bild vorherrschen. Alle Tonwerte links davon haben einen zunehmend stärkeren Blauanteil, nach rechts nimmt der Gelbanteil zu. Da in Photoshop CS 5 das Hand-Werkzeug ❸ automatisch ausgewählt wird, nachdem Sie die GRADATIONSKURVEN aufgerufen haben (Option ZIELGERICHTET-KORRIGIEREN-WERKZEUG AUTOMATISCH AUSWÄHLEN ❹), können Sie gleich loslegen und direkt im Bild die Farbbalance analysieren und korrigieren.

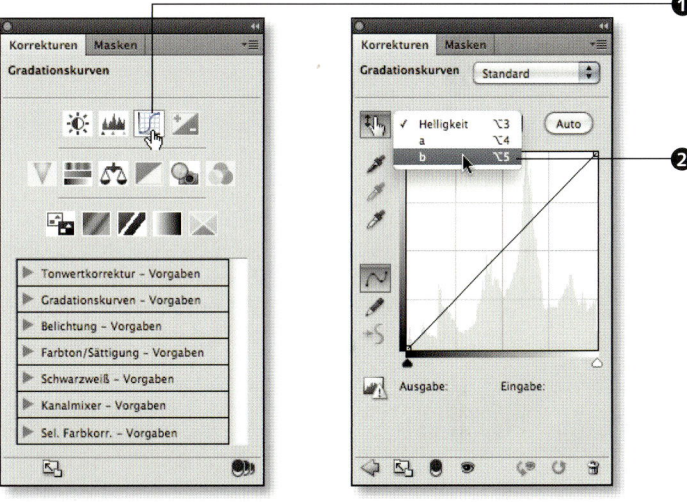

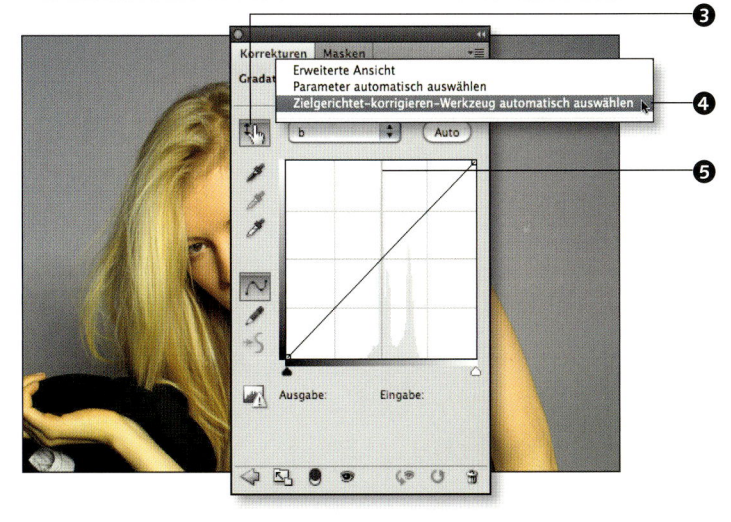

Kapitel 2 | Basiskorrekturen: Haut 51

Hautton analysieren

Wenn Sie die Werkzeugspitze über den Hautton bewegen ❻, sehen Sie, dass ein kleiner Kreis ❼ über die Gradationsdiagonale wandert, der Ihnen den Farbanteil in der b-Achse anzeigt.

Die Hauttöne liegen also genau über der rechten Tonwertspitze, die einen hohen Gelbanteil verrät und damit der Ansatzpunkt für die Korrektur ist.

Hautton korrigieren

Anstatt jetzt Werte zu korrigieren, klicken Sie einfach auf den Hautton ❻ und ziehen gleichzeitig mit gedrückter Maustaste ❽ die Gradationskurve nach unten.

So verringern Sie den Gelbanteil, und der Blauanteil erhöht sich. Arbeiten Sie vorsichtig, da sich jede Gradationskurvenkorrektur in diesem Kanal ausschließlich auf die Farben auswirkt und entsprechend sensibel reagiert.

Neutral wiederherstellen

Da eine Gradationskurve immer über die ganze Tonwertbreite »mitschwingt«, sind auch die neutralen Farbtöne in die blaue, kühlere Richtung korrigiert worden.

Das können Sie aber ganz einfach gegenkorrigieren: Ziehen Sie die Gradationskurve in der Mitte wieder bis auf die ursprüngliche Position hoch ❾, um die Mitteltöne zu neutralisieren.

7 L-Kanal nachkorrigieren

Auf die gleiche Art und Weise können Sie jetzt die Hauttöne noch ein wenig aufhellen, was auch besser zu der kühleren Farbe passt.

Wechseln Sie über das Popup-Menü auf den Kanal Helligkeit ❿, und ziehen Sie wieder mit dem Hand-Werkzeug die Helligkeit der Hauttöne etwas höher. Auch hier sollten Sie anschließend die Mitteltöne wieder etwas zurückkorrigieren.

8 Smart-Objekt erstellen

Die Korrektur ist abgeschlossen. In der Ebenen-Palette sehen Sie, dass für die Korrektur eine Einstellungsebene ⓫ angelegt wurde.

Um nach dem Wechsel zurück in den RGB-Modus trotzdem noch Zugriff auf Ihre Lab-Korrektur zu haben und diese später editieren zu können, schützen Sie den aktuellen Status in einem Smart-Objekt. Aktivieren Sie bei gedrückter ⇧-Taste beide Ebenen, und wählen Sie aus den Optionen ⓬ der Ebenen-Palette In Smart-Objekt konvertieren.

9 Zurück in RGB

Ändern Sie dann wieder über Bild • Modus • RGB-Farbe den Arbeitsfarbraum. Wichtig: Bei der Nachfrage nach der Rasterung klicken Sie auf Nicht rastern, sonst würden Sie sowohl das Smart-Objekt als auch Ihre Arbeitsebenen aus dem Lab-Modus verlieren.

Jetzt haben Sie jederzeit die Möglichkeit, über einen Doppelklick auf die Smart-Objekt-Ebene ⓭ zur Ebenendatei in Lab zurückzukehren und Ihre Korrekturen zu überarbeiten.

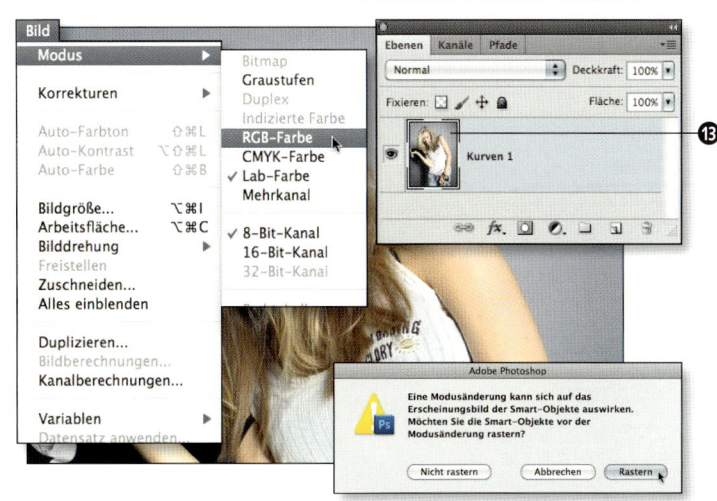

Kapitel 2 | Basiskorrekturen: Haut

Hauträtungen mindern

Entsättigen Sie empfindliche Rottöne

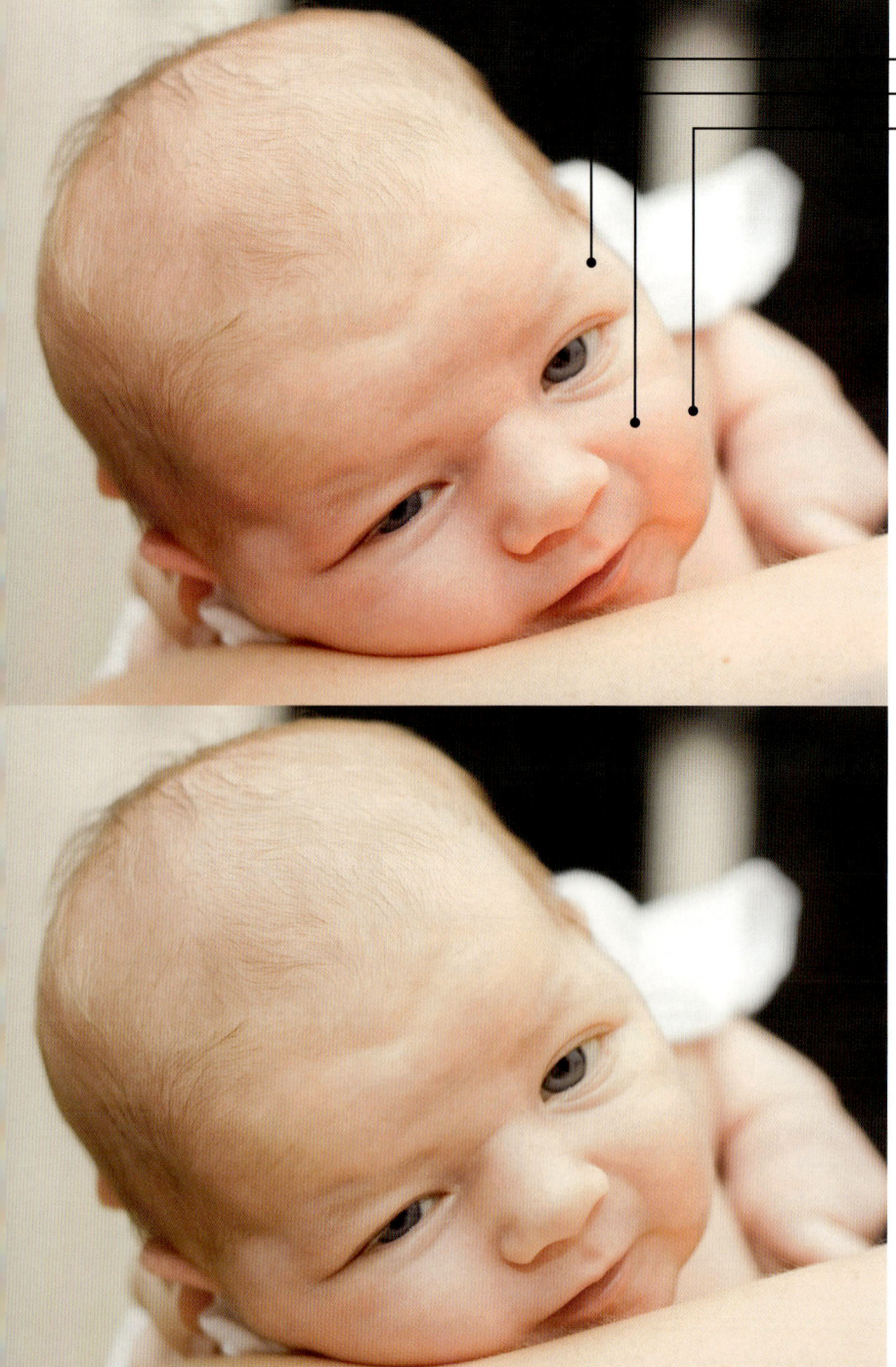

Aufgaben:
Selektive Farbkorrektur
Rotton entsättigen
Hautfarbton verändern

[Babyrot.jpg]

Nicht nur bei Babys dominiert oft eine rosige Hautfarbe im Gesicht oder an den Händen. Um die Hautfarbe farblich an die übrige Haut anzupassen, können Sie mit dem Befehl FARBTON/SÄTTIGUNG selektiv die Rottöne bearbeiten. Diese Funktion macht außerdem eine Korrektur direkt an den dominanten Bildstellen möglich und erlaubt zudem die getrennte Steuerung von Sättigung und Farbton.

Foto: iStockphoto, © Robert Hadfield, Bild 8575597

1 Farbton und Sättigung

Wählen Sie zunächst aus der KORREKTUREN-Palette die Funktion FARBTON/SÄTTIGUNG, und achten Sie im erscheinenden Funktionsfenster darauf, dass das Handsymbol ❷ automatisch ausgewählt wurde. Falls nicht, können Sie es per Klick auswählen oder über das Paletten-Menü ❶ die Option ZIELGERICHTET-KORRIGIEREN-WERKZEUG AUTOMATISCH AUSWÄHLEN. Im nächsten Schritt führen Sie damit die Korrektur direkt im Bild durch.

2 Rottöne auswählen

Klicken Sie jetzt auf eine sehr rote Hautstelle ❸, und ziehen Sie die Maus mit gedrückter Maustaste leicht nach links.

Dabei passieren mehrere Dinge gleichzeitig: Als Arbeitsbereich – Sie sehen ihn im unteren Farbbalken ❻ – werden die Rottöne ausgewählt. Der Rotton wird dabei automatisch auf den Bereich des von Ihnen im Bild ausgewählten eingegrenzt, wie Sie an der grauen Markierung ❺ erkennen. Zugleich wird der Sättigungswert dieser Farbtöne verringert ❹.

3 Farbton ändern

Übertreiben Sie die Sättigungsreduzierung nicht, sonst kann die Haut leicht vergrauen. Eine bessere Alternative ist es, die ausgewählten Rottöne in Richtung Gelb zu korrigieren.

Dazu schieben Sie den FARBTON-Regler nach rechts. Im unteren Farbbalken ❼ erkennen Sie, dass sich das Gelb rechts vom Rot befindet. Auch das können Sie direkt im Bild machen. Halten Sie diesmal beim Ziehen mit der Maustaste aber die [Strg]/[⌘]-Taste gedrückt. So wird der FARBTON-Regler gewählt.

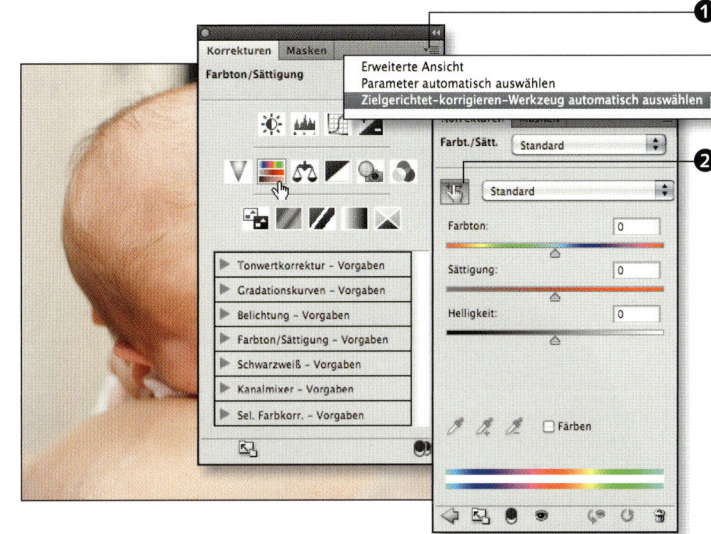

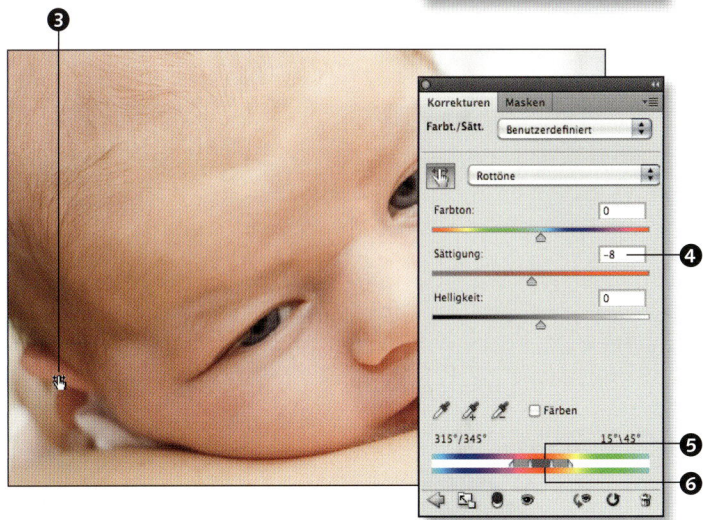

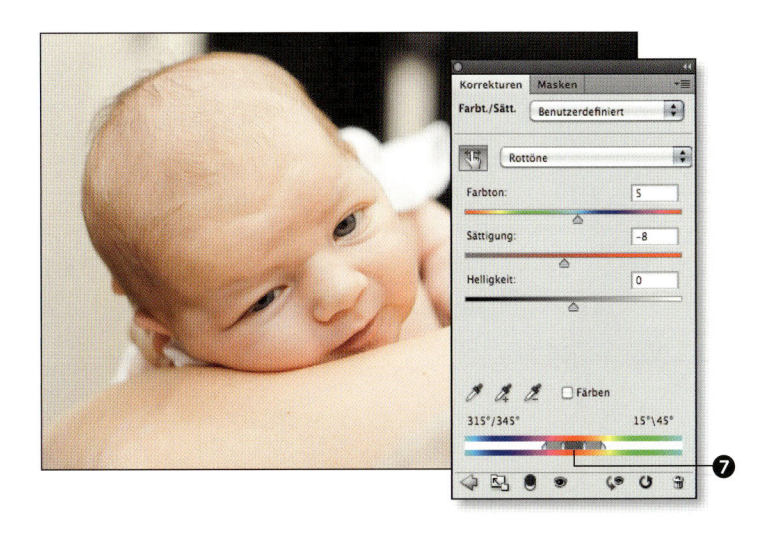

Kapitel 2 | Basiskorrekturen: Haut

Hauttöne angleichen

Harmonisieren Sie die Hautfarben im Bild

Aufgaben:
Zielfarbton bestimmen
Hautfarbe nach Referenz ändern
Auswahlränder und Details verfeinern

[Referenz.jpg]

Sehr oft haben Gruppen oder Paare nicht die gleiche, natürliche Gesichtsfarbe. Das fällt bei der Aufnahme oft nicht auf, ist bei der Betrachtung der Einzelbilder dann aber gravierend. Anstatt den »unpassenden« Hautton willkürlich zu korrigieren, können Sie einen bestehenden Hautton aus der Aufnahme als Referenzhautton nutzen und diesen über die Mittelwertpipette der Tonwertkorrektur oder der Gradationskurven anwenden. Mit ein paar weiteren Klicks haben Sie eine passende Auswahl und Maske erstellt.

Foto: iStockphoto, © Kemter, Bild 4104590

1 Arbeitsbereich auswählen

Wählen Sie das Schnellauswahlwerkzeug aus der Werkzeugpalette, um eine erste grobe Auswahl zu erstellen. Wählen Sie dazu in den Werkzeugoptionen eine passende, nicht zu große Werkzeugspitze, und fahren Sie mit dem Werkzeug über das Gesicht, das im Hautton geändert werden soll. So wird automatisch eine Auswahl zusammenhängender Farb- und Tonwerte erstellt.

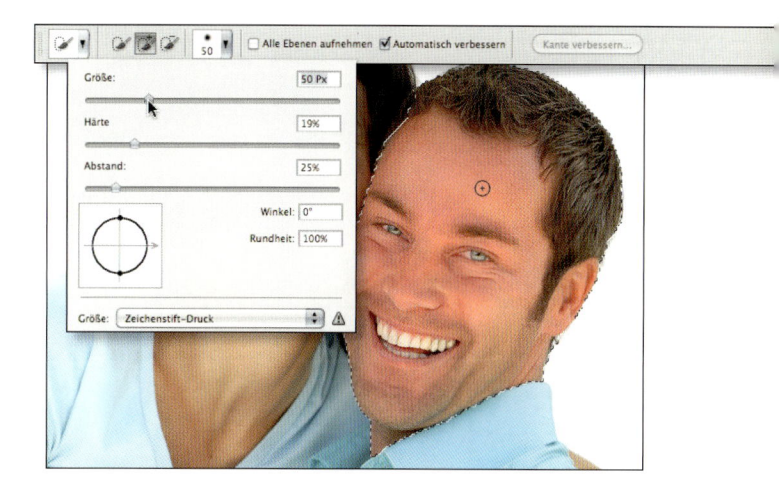

2 Schnellkorrektur

Wenn die Schnellauswahl etwas zu großzügig arbeitet, können Sie diese ebenso schnell korrigieren: Drücken Sie die [Alt]-Taste, so dass in der Werkzeugmitte ein Minus ❶ erscheint, und fahren Sie wieder über den Bereich, der nicht mit korrigiert werden soll, z. B. die Haare.

In der Optionsleiste ist jetzt die Schaltfläche KANTE VERBESSERN sichtbar. Klicken Sie auf diese, um Ihre Auswahl zu verfeinern.

3 Kante verbessern

Wählen Sie im Funktionsfenster KANTE VERBESSERN zunächst eine passende Auswahlvorschau ❷, damit Sie die Auswahlkante besser beurteilen können.

Erhöhen Sie dann den Wert für die WEICHE KANTE ❸, um einen fließenden Auswahlbereich zu erzeugen. Beschränken Sie die Auswahl außerdem auf das Gesicht, und verkleinern Sie sie, indem Sie den Regler KANTE VERSCHIEBEN ❹ in den negativen Bereich ziehen. Bestätigen Sie die veränderte Auswahl mit OK.

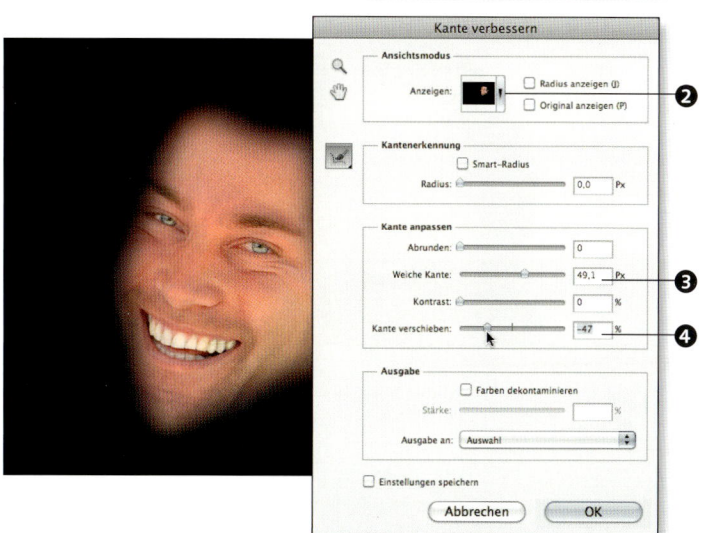

Kapitel 2 | Basiskorrekturen: Haut

4 Bildkorrektur wählen

Wählen Sie über die KORREKTUREN-Palette die Funktion TONWERTKORREKTUR ❺ oder GRADATIONSKURVEN aus.

Beide Funktionen beinhalten die Pipettenfunktionen für den Schwarz- und Weißpunkt sowie die Mittelwertpipette, die wir im nächsten Schritt nutzen werden.

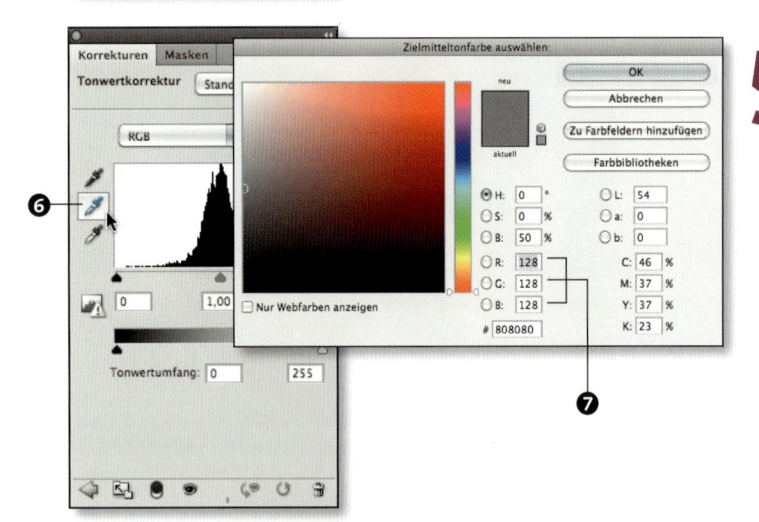

5 Mittelwertpipette nutzen

Im Funktionsfenster können Sie gleich einen Doppelklick auf die Mittelwertpipette ❻ machen, wodurch sich der Farbwähler öffnet. Die Mittelwertpipette speichert im Normalfall einen neutralen Grauwert – zu erkennen an den gleichen R-, G- und B-Werten ❼.

Die Mittelwertpipette dient in den meisten Fällen einem nachträglichen Weißabgleich, hier werden wir sie aber mit einer anderen Zielfarbe benutzen.

6 Referenzfarbton festlegen

Dazu nehmen Sie mit einem Klick eine Farbe aus einem angenehmen Hautton im Bild auf. Allerdings müssen Sie gleichzeitig die [Strg]/[⌘]-Taste gedrückt halten, denn nur so wird die sichtbare Farbe aufgenommen und nicht die Farbe der im Hintergrund entstehenden Ebenenmaske. Am geeignetsten sind leicht schattierte Bereiche mit einem gewissen Schwarzanteil.

Klicken Sie dann auf OK, und speichern Sie diese Farbe NICHT als neue Standard-Zielfarbe – Sie benötigen sie nur temporär.

7 Hautfarbe korrigieren

Nun ist für diese Korrektur die Zielfarbe für den Mittelwert im Pipette-Werkzeug gespeichert, und Sie können Ihren ausgewählten Bereich zu dieser Farbe hin korrigieren.

Klicken Sie dazu mit der Pipette auf den Gesichtston des Mannes. Wählen Sie auch hier einen Bereich, der leicht schattiert ist. Durch einen Klick ändert sich sofort die Farbbalance. Das Ergebnis variiert je nachdem, wo die Pipette angewendet wurde. Klicken Sie also gerne mehrfach, bis das Ergebnis für Sie stimmt.

8 Maske anpassen

Je stärker die Korrektur ist, umso mehr zeigt sich, wie gut Ihre Auswahl vorbereitet war. Diese können Sie aber auch jetzt noch korrigieren: Öffnen Sie die EBENEN-Palette. Dort sehen Sie die durch Ihre Korrektur entstandene Einstellungsebene samt der Maske. Klicken Sie auf die Maske ❽, um sie zu aktivieren, und wählen Sie dann mit der rechten Maustaste aus dem Popup-Menü den Befehl MASKE VERBESSERN. Dort können Sie die Auswahl nochmals über die Regler KANTE VERSCHIEBEN oder KONTRAST ❾ anpassen.

9 Korrekturebene verfeinern

Wenn die Wirkung der Farbkorrektur noch etwas zu stark oder auch flächig wirkt, haben Sie noch viele Einflussmöglichkeiten: Ändern Sie über das Popup-Menü ❿ der EBENEN-Palette den MODUS auf FARBE, um Lichter und Schatten wieder neutraler zu setzen. Verringern Sie die DECKKRAFT ⓫ der Einstellungsebenen und damit die Stärke der Korrektur. Und malen Sie auf der Ebenenmaske ⓬ mit schwarzer Vordergrundfarbe Bereiche frei, die nicht korrigiert werden sollen.

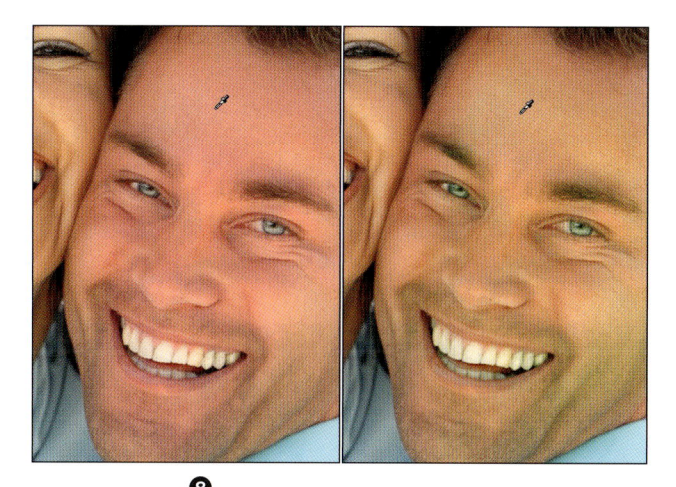

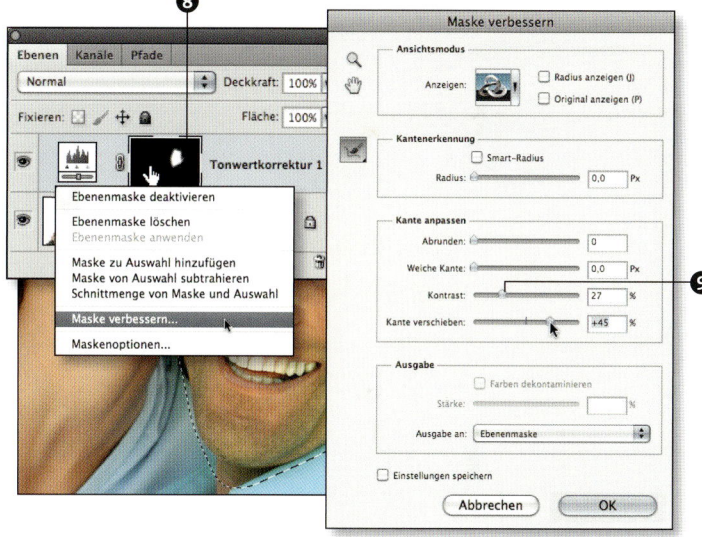

Kapitel 2 | Basiskorrekturen: Haut

Hautfarben sammeln

Farbmuster mit Pipettenring und HUD-Farbwähler

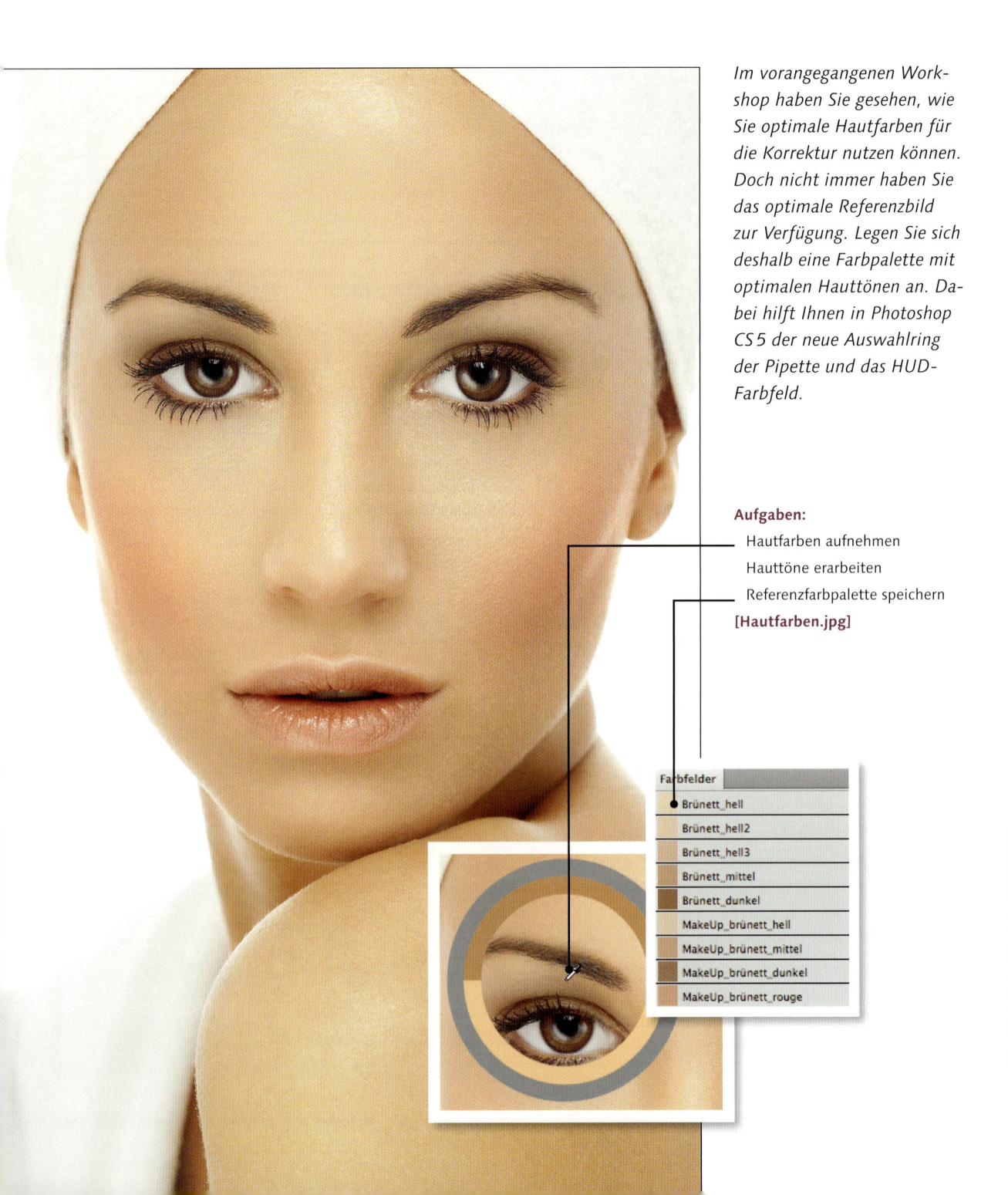

Im vorangegangenen Workshop haben Sie gesehen, wie Sie optimale Hautfarben für die Korrektur nutzen können. Doch nicht immer haben Sie das optimale Referenzbild zur Verfügung. Legen Sie sich deshalb eine Farbpalette mit optimalen Hauttönen an. Dabei hilft Ihnen in Photoshop CS 5 der neue Auswahlring der Pipette und das HUD-Farbfeld.

Aufgaben:
Hautfarben aufnehmen
Hauttöne erarbeiten
Referenzfarbpalette speichern
[Hautfarben.jpg]

1 Der Vorgaben-Manager

Öffnen Sie über das Menü FENSTER die Farbfelder, und wählen Sie aus dem Popup-Menü der FARBFELDER-Palette ❶ den VORGABEN-MANAGER. Hier können Sie eine leere Farbpalette vorbereiten. Klicken Sie mit gedrückter ⇧-Taste auf das erste und letzte Farbfeld, anschließend auf die Schaltfläche LÖSCHEN ❷ und dann auf FERTIG.

Nutzen Sie jetzt das Pipette-Werkzeug aus der Werkzeugpalette, und aktivieren Sie die Option AUSWAHLRING ANZEIGEN ❸.

2 Referenzfarbe aufnehmen

Mit der Pipette klicken Sie auf einen Hautton, den Sie aufnehmen wollen. Die aufgenommene Farbe wird in der oberen Hälfte des inneren Farbrings ❹ angezeigt. Die untere Hälfte stellt zum Vergleich die vorherige Vordergrundfarbe gegenüber. Bewegen Sie die Pipette mit gedrückter Maustaste über das Bild, um die Auswahlfarbe zu variieren.

Wählen Sie aus den Optionen der FARBFELDER-Palette ❺ NEUES FARBFELD, um diese Farbe zu speichern. Sie müssen sie dazu nur noch benennen.

3 Hauttöne variieren

So können Sie mehrere exemplarische Hauttöne auswählen und speichern.

Auf Basis der ausgewählten Farben können Sie auch eigene Schattierungen erstellen. Halten Sie dafür ⇧ + Alt + rechte Maustaste (Win) bzw. Ctrl + Alt + ⌘ (Mac) gedrückt. So öffnet sich der HUD-FARBWÄHLER ❻, der ein Farbfeld auf Basis der aktuell ausgewählten Farbe anzeigt. Durch Bewegen der Pipette können Sie Dunkelstufe und Sättigung frei variieren. Die modifizierte Farbe speichern Sie dann wieder wie in Schritt 2 beschrieben.

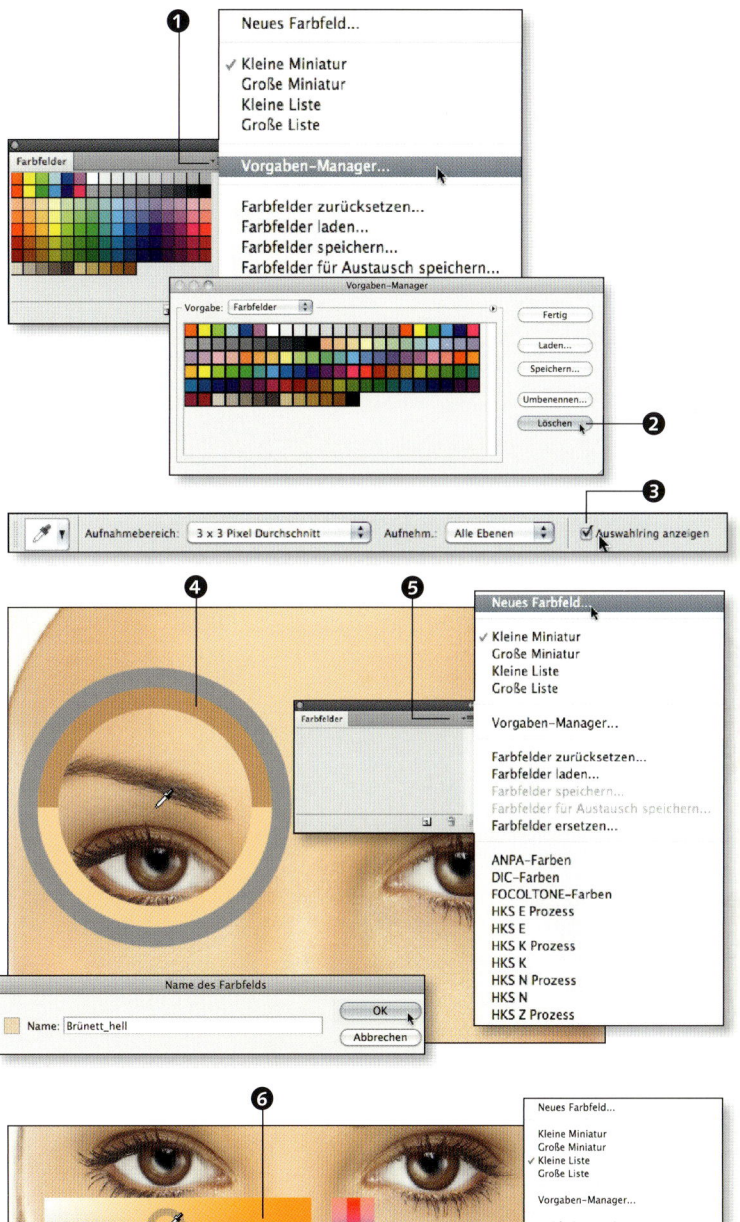

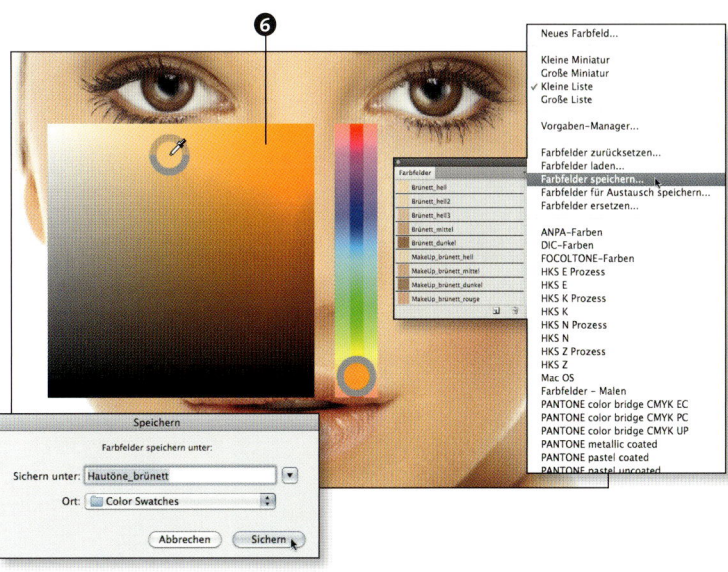

Kapitel 2 | Basiskorrekturen: Haut 61

Musterarbeit

Eine Hauttonreferenz erstellen und nutzen

Im Workshop »Hauttöne angleichen« haben Sie gesehen, wie Sie Hauttöne innerhalb eines Bildes per Mittelwertpipette übertragen können. Diese Technik können Sie auch zwischen verschiedenen Dateien anwenden. Sehen Sie in diesem Workshop, wie Sie eine eigene Hauttonreferenz erstellen und diese immer wieder zur Korrektur nutzen können.

Aufgaben:
Hauttonreferenz erstellen
Farbbalance aus Referenz übertragen
Details ausarbeiten

[Referenz-Hautton.jpg und Haut_II.jpg]

1 Hauttonmuster wählen

Starten Sie mit der Erstellung der Hauttonreferenz. Wählen Sie dazu ein Bild, das einen idealen Hautton inklusive Schattierungen vorweist. Ich habe hier das Beispielbild »Referenz-Hautton.jpg« benutzt.

Natürlich benötigen Sie für verschiedene Hauttontypen, wie beispielsweise nord- oder südeuropäische, verschiedene Referenzen.

Diese wählen Sie am besten nicht willkürlich, sondern aus dem Musterbild als Vorder- und Hintergrundfarbe über das Pipette-Werkzeug.

2 Erste Hautfarbe aufnehmen

Achten Sie darauf, dass in den Werkzeug-Optionen AUSWAHLRING ANZEIGEN ❶ markiert ist.

Klicken Sie zunächst auf einen hellen Hautton im Bild ❷. Es erscheint um die Pipette ein Farbring, der in der oberen Hälfte die Farbe an der Pipettenspitze zeigt. Achten Sie darauf, dass an der Stelle im Bild ein gewisser Schwarzanteil – und damit Zeichnung – vorhanden ist.

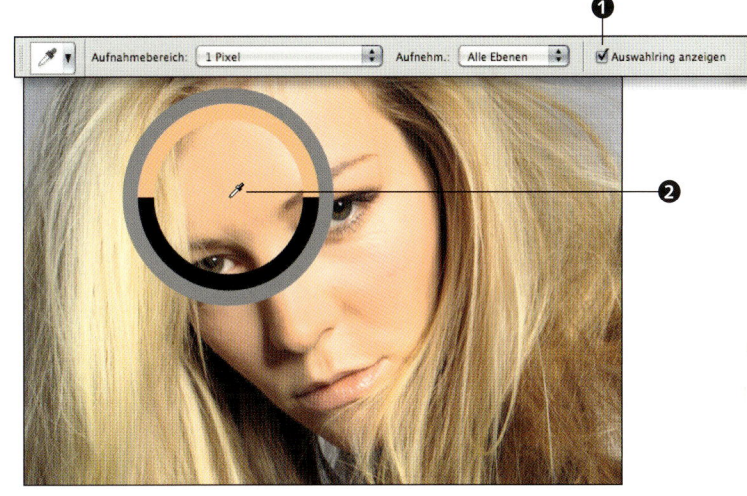

3 Hautschatten aufnehmen

Bevor Sie als Nächstes einen dunklen Hautton auswählen, müssen Sie Vorder- und Hintergrundfarbe tauschen ❸.

Klicken Sie ein zweites Mal mit der Pipette auf das Referenzbild, diesmal auf einen Schattenbereich ❹, und wechseln Sie anschließend wieder Vorder- und Hintergrundfarbe.

Kapitel 2 | Basiskorrekturen: Haut **63**

4 Farben variieren

Um die Hauttöne auf schnellstem Weg noch zu korrigieren, können Sie im Bild über das Tastenkürzel ⇧ + Alt + rechte Maustaste (Win) bzw. Ctrl + Alt + ⌘ (Mac) den HUD-FARBWÄHLER aufrufen und die Farbe frei in Dunkelstufe und Sättigung variieren.

5 Verlauf anlegen

Wählen Sie nun das Verlaufswerkzeug ▣. Der Verlauf wird standardmäßig mit Ihren Eckfarben aus Vorder- und Hintergrundfarbe eingestellt. Klicken Sie dann auf das Verlaufssymbol ❹, um den neuen Verlauf zu sichern. Falls bei Ihnen ein anderer Verlauf aus einer vorherigen Bearbeitung eingestellt ist, klicken Sie einfach auf den kleinen Pfeil ❻ und wählen Sie den ersten Verlauf »Vorder- zu Hintergrundfarbe« ❺ per Klick aus.

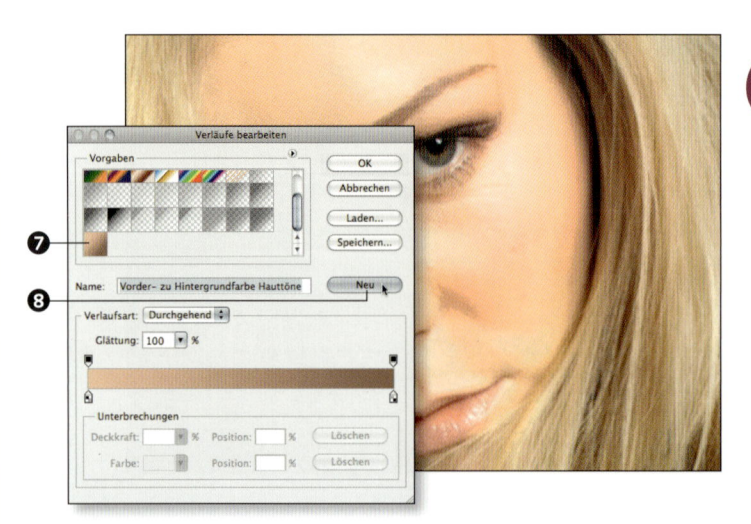

6 Verlaufsvorgabe speichern

Diesen Grundverlauf mit Abstufungen von hellen zu dunklen Hauttönen speichern Sie jetzt als Vorgabe, um ihn jederzeit und auch in anderen Dateien nutzen zu können.

Benennen Sie den neuen Verlauf, und klicken Sie anschließend auf die NEU-Schaltfläche ❽. Automatisch erscheint Ihr aktueller Verlauf als Musterfeld in der Liste ❼.

7 Referenzdatei anlegen

Jetzt legen Sie eine neue Datei an, die Sie jederzeit als Hauttonreferenz nutzen können.

Wählen Sie dazu DATEI • NEU. Geben Sie als FARBMODUS RGB an, alle anderen Einstellungen sind variabel.

Mit einer Breite von 400 bis 800 Pixeln haben Sie Platz genug, um alle Abstufungen des Verlaufs abzubilden.

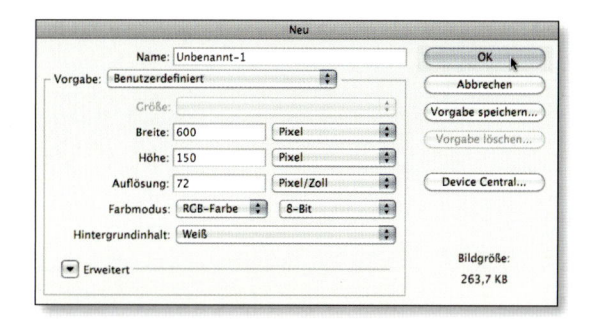

8 Verlauf aufziehen

Ihr Verlaufswerkzeug ist immer noch aktiv. Ziehen Sie jetzt vom äußersten linken zum rechten Rand den Verlauf auf.

Sie können die ⇧-Taste gedrückt halten, um den Verlauf ganz horizontal abzubilden.

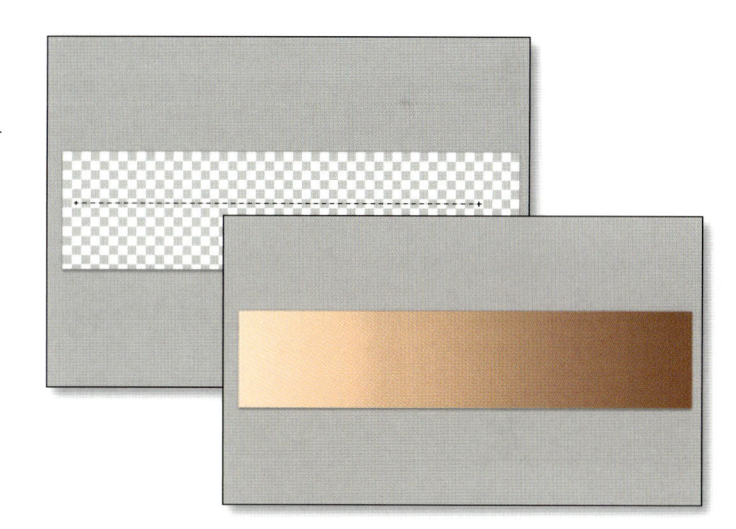

9 Sättigungsvariante vorbereiten

Je nach Vorlagenbild sind die Verlaufsfarben jetzt mehr oder weniger stark gesättigt.

Um eine Referenzdatei für möglichst viele Einsatzzwecke bereitzustellen, sollten Sie auch die Sättigung noch variieren.

Öffnen Sie die KORREKTUREN-Palette, und klicken Sie auf das Symbol FARBTON/SÄTTIGUNG.

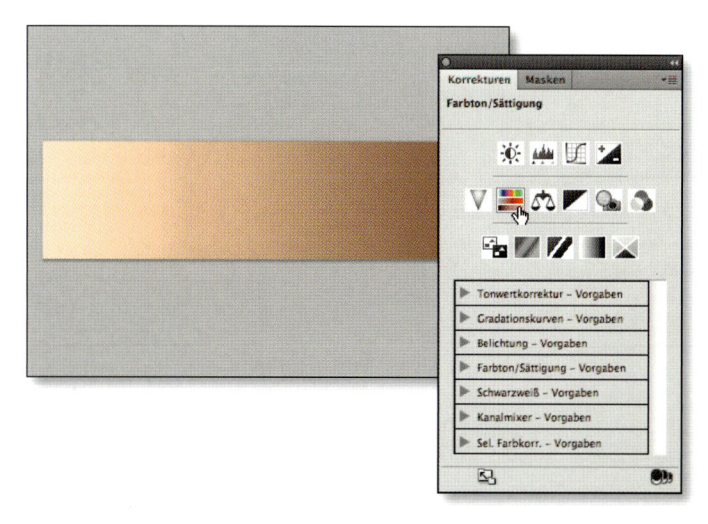

Kapitel 2 | Basiskorrekturen: Haut

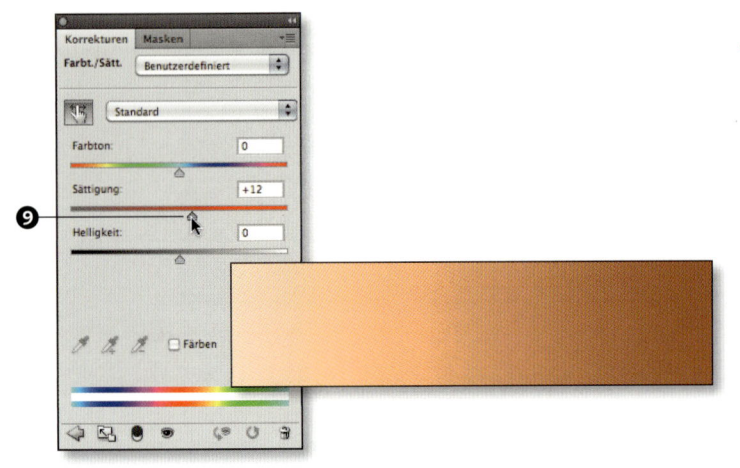

10 Farbton/Sättigung

Je nach vorliegendem Sättigungsgrad können Sie die Sättigung hier über den gleichnamigen Regler ❾ varrieren.

Für die einzustellenden Werte gibt es keine festen Regeln. Korrigieren Sie in dem Rahmen, den Sie sich als natürliche Hauttöne noch vorstellen können.

In diesem Fall habe ich die aufgenommenen Farben noch um 12% in der Sättigung angehoben.

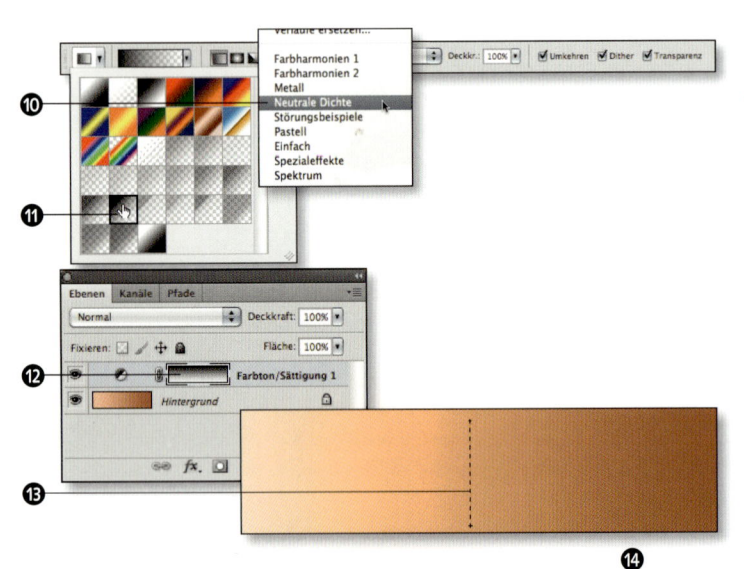

11 Sättigung abstufen

Diese Korrektur wird in der Ebenenmaske ⓬ in der EBENEN-Palette abgestuft. Wählen Sie aus den Optionen des Verlaufswerkzeugs die »Neutrale Dichte«-Verlaufsvorgaben ❿, die Sie an Ihre bestehenden Verläufe ANFÜGEN. Wählen Sie aus diesen Vorgaben den Verlauf »Schwarz zu transparent« ⓫, und ziehen Sie ihn senkrecht ⓭ mit gedrückter ⇧-Taste über das Bild. So entsteht eine Verlaufsmaske für Ihre Korrektur, und die Referenztöne sind zusätzlich von oben nach unten in der Sättigung abgestuft.

12 Arbeitsdatei öffnen

Diesen Verlauf können Sie auch als eigene Datei speichern. Dabei dürfen Sie ausnahmsweise die Ebenen über das Menü EBENE • AUF HINTERGRUNDEBENE REDUZIEREN.

Öffnen Sie dann die Datei, deren Hautfarben an Ihre Referenz angepasst werden sollen, hier die Datei »Haut_II.jpg«. Sorgen Sie dafür, dass Ihr Referenzverlauf als eigenes Fenster neben der Arbeitsdatei sichtbar ist. Klicken Sie dann in der KORREKTUREN-Palette auf das Symbol GRADATIONSKURVEN ⓮.

66 Kapitel 2 | Basiskorrekturen: Haut

13 Zielfarbe aufnehmen

Im Fenster GRADATIONSKURVEN machen Sie einen Doppelklick auf die Mittelwertpipette ⓯ und nehmen anschließend eine neue Mittelwertzielfarbe aus dem Verlauf auf ⓰, wie im Workshop »Hauttöne angleichen« auf Seite 58 in Schritt 6 beschrieben.

Klicken Sie dann im FARBWÄHLER auf OK, aber speichern Sie diese neue Zielfarbe auch hier nicht als Standard-Zielfarbe.

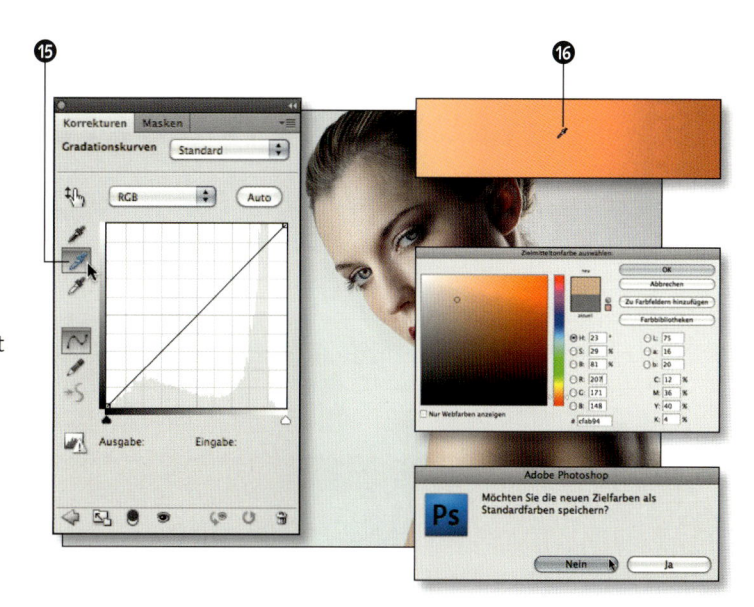

14 Hauttonreferenz anwenden

Mit einem Klick auf Ihr Korrekturbild wenden Sie die neue Farbbalance an. Klicken Sie dazu auf einen Hautbereich ⓱, der in der Schattierung Ihrer aufgenommenen Mittelwertfarbe entspricht. Sie können auch mehrfach auf die Hauttöne klicken und verschiedene Ergebnisse ausprobieren. ❹

In den GRADATIONSKURVEN können Sie dabei erkennen, welche Korrekturen in den Rot-, Grün- und Blau-Kurven ⓲ durchgeführt wurden.

15 Ebenenmaske verfeinern

Nach dieser groben Korrektur in Richtung Ihrer Referenztöne folgt jetzt das Feintuning.

Wählen Sie den Hintergrund z.B. mit dem Schnellauswahlwerkzeug aus, um ihn auf der Ebenenmaske ⓴ mit Schwarz zu füllen und von der Korrektur auszugrenzen. Verringern Sie gegebenenfalls die DECKKRAFT ⓳ der entstandenen Einstellungsebene, um die Korrekturintensität abzustufen. Mehr zu den Verfeinerungsmöglichkeiten Ihrer Korrektur finden Sie auch im Workshop »Hauttöne angleichen«.

Kapitel 2 | Basiskorrekturen: Haut

Hautfarben übertragen

Hautfarben mit der Funktion GLEICHE FARBE erneuern

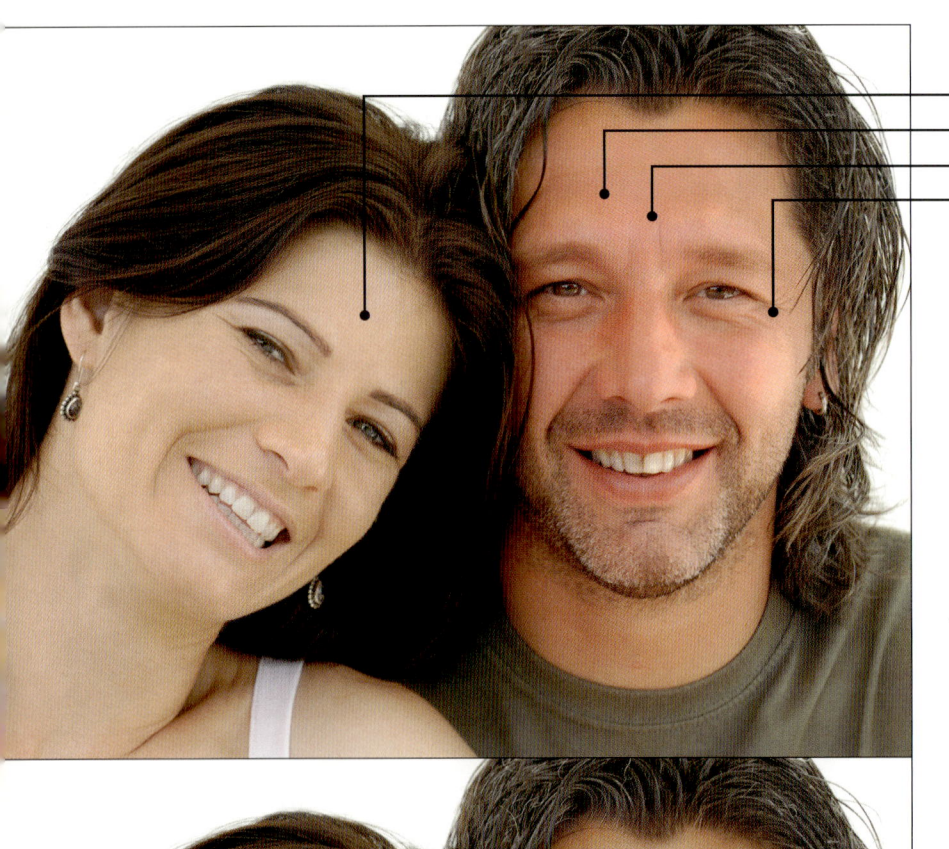

Aufgaben:
Farbstatistik übernehmen
Hauttöne durch andere ersetzen
Farbintensität bestimmen
Licht und Schatten erhalten

[GleicheFarbe.jpg]

Die Funktion GLEICHE FARBE gehört nicht zu den Standardbildkorrekturen – nicht zuletzt deswegen, weil diese Funktion nicht als Einstellungsebene und deshalb nicht gewohnt flexibel zu handhaben ist. Streng genommen ist es auch keine Bildkorrektur, da hier die vorhandenen Farben nicht korrigiert, sondern durch neue ersetzt werden. Und genau hierin liegt die Stärke dieser Funktion: Denn durch eine neue Farbstatistik erzeugen Sie auch ganz neue Hauttöne, ohne bestehende Farben über die Tonwertgrenzen hinaus korrigieren zu müssen.

Foto: iStockphoto, © Kemter, Bild 4353827

1 **Auswahl treffen**
Treffen Sie zunächst die Auswahl des Arbeitsbereichs, also der Hauttöne im rechten Gesicht. Dazu können Sie beispielsweise das Schnellauswahlwerkzeug benutzen, wie im Workshop »Hauttöne angleichen« auf Seite 57 beschrieben, oder Sie benutzen einfach das Lasso-Werkzeug.

Definieren Sie in den Werkzeugoptionen (hier nicht zu sehen) eine WEICHE KANTE von 25 Pixeln, und wählen Sie nun Gesicht und Hals mit etwas Abstand zu Haaren und T-Shirt aus.

2 **Auswahlkante verändern**
Diese Kante sollten Sie noch einmal überprüfen. Klicken Sie auf die erst jetzt verfügbare Schaltfläche KANTE VERBESSERN ❶ in der Optionsleiste.

Im folgenden Funktionsfenster können Sie zunächst eine passende Auswahlvorschau ❷ wählen, um die Auswahlkante besser zu beurteilen, die Sie dann über die Reglergruppe unter KANTE ANPASSEN ❸ beeinflussen.

Achten Sie darauf, dass die Hauttöne so vollständig wie möglich und mit einer WEICHEN KANTE ausgewählt sind.

3 **Ausgabe auf neue Ebene**
Haben Sie die Auswahl so weit zum Besseren gebracht, können Sie nun im gleichen Fenster unter AUSGABE und AUSGABE AN im erscheinenden Popup-Fenster eine NEUE EBENE wählen, so dass nicht nur die Auswahl, sondern gleich der ausgewählte Bildteil zum weiteren Bearbeiten auf einer separaten Ebene erstellt wird.

Benennen Sie die neue Ebene nach einem Doppelklick auf den Ebenennamen ❹ um. So kommen Sie bei der späteren Bearbeitung nicht durcheinander.

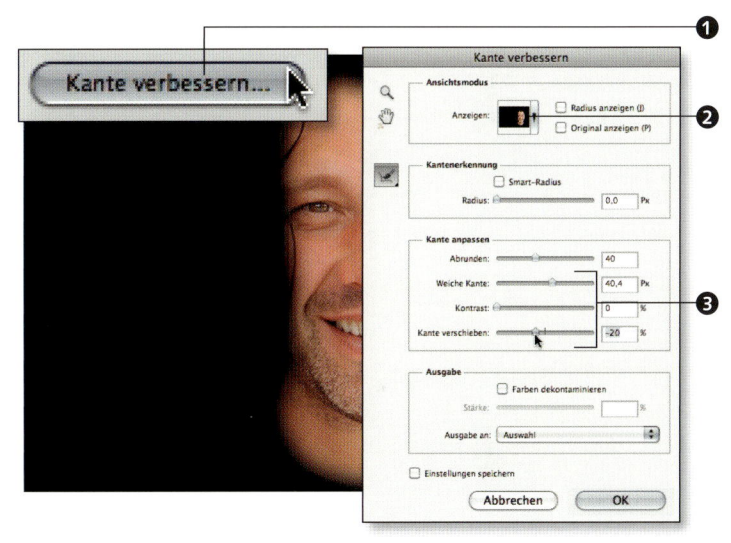

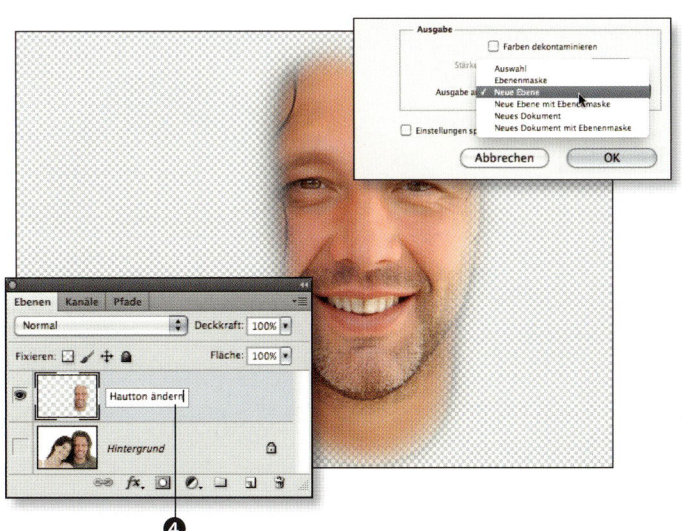

Kapitel 2 | Basiskorrekturen: Haut **69**

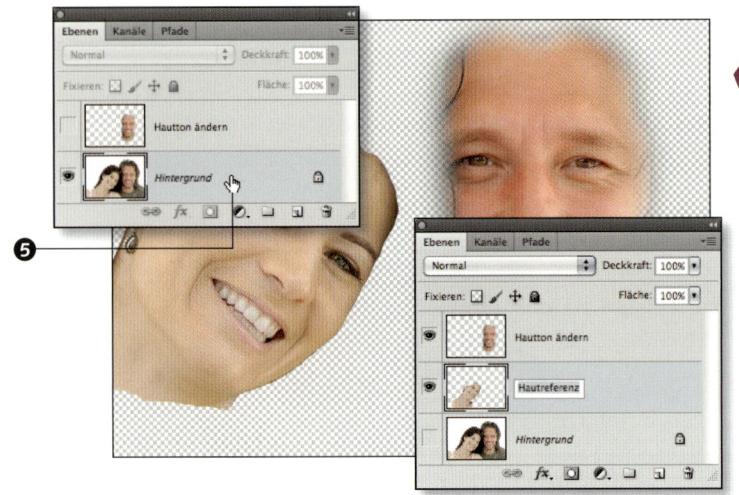

4 Quellbereich auswählen

Klicken Sie jetzt wieder auf die Hintergrundebene ❺, bevor Sie dann den Quellbereich auswählen – also den Bildbereich, der die Farben für die Korrektur liefern soll.

Hierbei müssen Sie nicht sehr akkurat vorgehen – Sie definieren einfach nur einen Bildbereich, dessen Farben gleich auf unseren Arbeitsbereich übertragen werden sollen.

Auch aus dieser Auswahl erstellen Sie über [Strg]/[⌘] + [J] eine neue Ebene und benennen diese.

5 Korrekturebene aktivieren

Bevor Sie die folgende Bearbeitung durchführen, müssen Sie sicherstellen, dass Sie von der richtigen Ebene aus starten.

Klicken Sie in der EBENEN-Palette auf die oben liegende Korrekturebene ❻, und wählen Sie dann aus dem Menü den Eintrag BILD • KORREKTUREN • GLEICHE FARBE.

6 Farbstatistik wählen

Das Fenster GLEICHE FARBE erscheint zunächst komplex, aber im Prinzip tun Sie hier erst einmal nichts anderes, als Ihrer Ebene neue Farben zuzuweisen. Dafür müssen Sie die QUELLE der Farben festlegen, was im entsprechenden Popup-Menü ❼ passiert. Wählen Sie hier Ihre Arbeitsdatei.

Übrigens: Sie können die Farben auch aus einer anderen geöffneten Datei aufnehmen, indem Sie diese als Quelle wählen.

7 Quellebene angeben

Die Quelle können Sie noch weiter eingrenzen. Wählen Sie aus dem Popup-Menü EBENE ❽ Ihre in Schritt 4 erstellte Ebene.

Sogleich sehen Sie die Wirkung im Vorschaubild: Die Gesichtstöne werden durch die Farben im Quellbereich neu kalkuliert und erscheinen deutlich heller, fast blass, aber farblich passend zur linken Person.

Dieses erste Ergebnis wird jetzt noch weiter verfeinert.

8 Bildoptionen anpassen

Unsere rechte Person hat jetzt zwar eine farblich passende, aber nicht wirklich natürliche Hautfarbe. Nutzen Sie deshalb die Optionen, die Ihnen diese Funktion noch bietet. Über den Regler FARBINTENSITÄT ❿ können Sie die Sättigung der neuen Hautfarbe anheben und damit etwas die natürliche Gesichtstönung wiederherstellen. Der Regler VERBLASSEN ❾ verringert die Wirkung der Korrektur und lässt das Ursprungsbild wieder etwas durchscheinen.

Klicken Sie jetzt auf OK.

9 Farbebene erstellen

Der wirkliche Trick aber, der den Gesichtstönen die natürlichen Schattierungen zurückgibt, ist eine nachträgliche Änderung des Ebenenmodus. Ändern Sie im Popup-Menü der EBENEN-Palette ⓫ den Modus der aktuellen Ebene auf FARBE: Sofort kehrt die ursprüngliche Licht- und Schattenwirkung zurück, aber die Farbänderung bleibt erhalten.

Tipp: Wenn Sie die Korrekturebene von vornherein auf den MODUS: FARBE setzen, können Sie die GLEICHE FARBE-Funktion besser steuern.

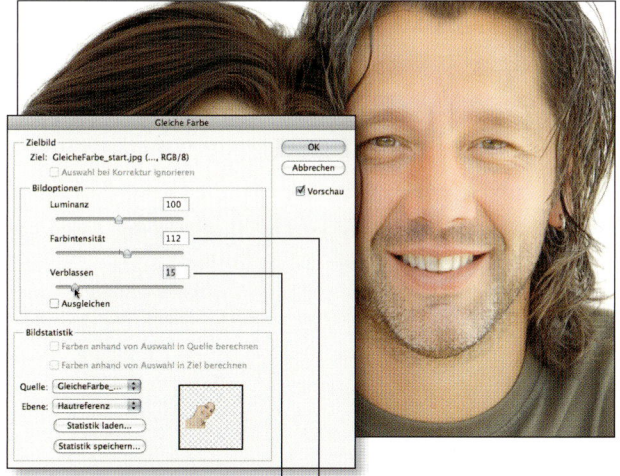

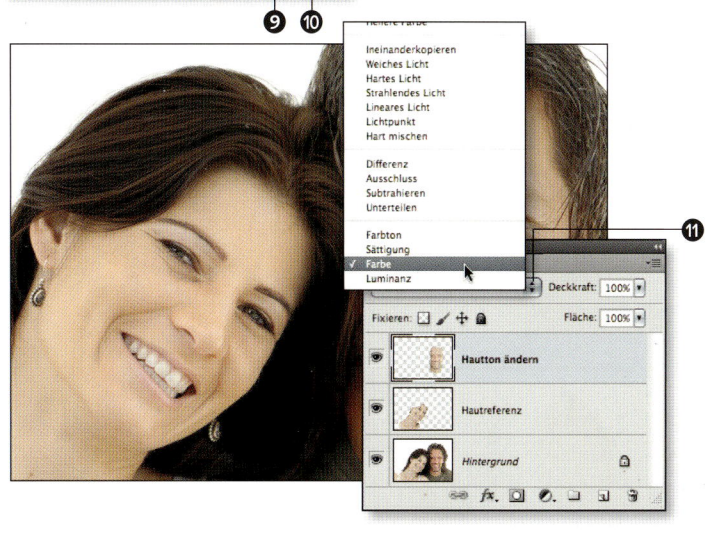

Kapitel 2 | Basiskorrekturen: Haut **71**

Sensible Kontrastkorrektur

Steigern Sie den Hautkontrast, und bleiben Sie farbstabil

Gern wird der Grundkontrast von Hauttönen bei People- und Modeaufnahmen »angezogen«, um einen besonderen oder »härteren« Look zu erzeugen. Diese Kontraststeigerung hat aber immer auch einen eklatanten Einfluss auf die Farben. Damit diese nicht ausbrechen, können Sie einen Ebenenmodus nutzen, der die Korrektur auf die Licht-Schatten-Zeichnung beschränkt.

Aufgaben:
Belichtungskontrast steigern
Farbliches »Ausbrechen« verhindern
[Hautkontrast.jpg]

1 Kontrastkorrektur starten

Wählen Sie aus der KORREKTUREN-Palette die GRADATIONSKURVEN, indem Sie auf das entsprechende Symbol ❶ klicken.

Die KORREKTUREN-Palette wird gleich, quasi im Verborgenen, eine Einstellungsebene anlegen, deren Modifikationsmöglichkeiten Sie später nutzen werden.

Tipp: Falls noch nicht geschehen, sollten Sie im Paletten-Menü die Option ZIELGERICHTET-KORRIGIEREN-WERKZEUG AUTOMATISCH AUSWÄHLEN aktivieren, um gleich nach dem Aufruf der Palette mit dem Hand-Werkzeug zu arbeiten.

2 Hautkontrast steigern

Achten Sie darauf, dass nach dem Aufruf der GRADATIONSKURVEN das Hand-Werkzeug ❷ aktiv ist. Bewegen Sie dann die Hand über das Bild, und klicken Sie auf eine Bildstelle, um direkt im Bild zu korrigieren. Ziehen Sie mit gedrückter Maustaste nach oben, um aufzuhellen, und nach unten, um abzudunkeln. So erstellen Sie an jeweils einer hellen und dunklen Bildstelle schnell einen bildgerechten Kontrast.

Sie arbeiten noch mit einer früheren Version? Dann lesen Sie auch Seite 76.

3 Farbkontrast wiederherstellen

Das Ergebnis der Korrektur hat zwar wie gewünscht den Belichtungskontrast gesteigert, hat aber auch unangenehme Nebenwirkungen auf die Farbe, die uns förmlich entgegenspringt. Wechseln Sie deshalb jetzt in die EBENEN-Palette. Dort sehen Sie die eben erzeugte Einstellungsebene ❹ und können deren Wirkung noch verändern. Wählen Sie aus dem Popup-Menü ❸ den Ebenenmodus LUMINANZ. Sofort wirkt sich die Kontrastkorrektur nur noch auf die Helligkeit aus, und die Hautfarben wirken wieder natürlich.

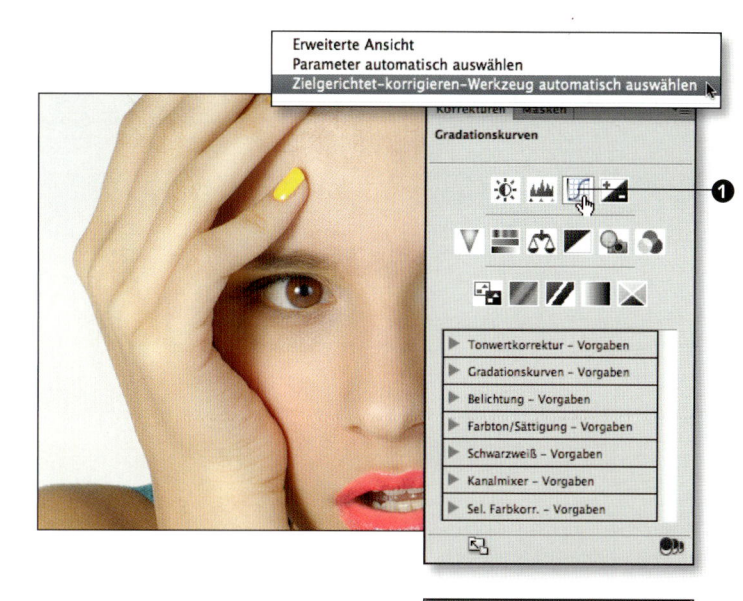

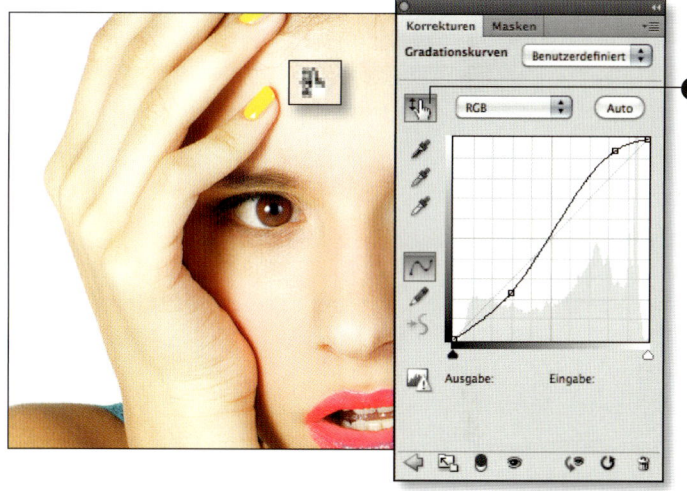

Kapitel 2 | Basiskorrekturen: Haut

Foto: iStockphoto, © fmbackx, Bild 7557866

TEIL II

Der Fokus

Nach der Pflicht folgt die Kür. Konzentrieren Sie sich nach den Basiskorrekturen auf die Bildteile, die dem Porträt weiteren Ausdruck verleihen sollen. Modellieren Sie Körper, verschönern Sie Gesichtsformen und Hautstruktur, und widmen Sie sich nacheinander den Augen, Lippen und Haaren.

In den nächsten Kapiteln wird die Retusche komplexer, deshalb sollten Sie auch den Grundlagenexkurs nicht versäumen, der Ihnen noch einmal die Grundlagen der nicht-destruktiven Bildbearbeitung aufzeigt.

GRUNDLAGENEXKURS

A & O der Bildbearbeitung

Von der HISTOGRAMM- zur MASKEN-Palette

Die wichtigsten Paletten der Bildkorrektur sind die EBENEN-Palette und die HISTOGRAMM-Palette. In der zweiten kontrollieren Sie die wertvollen Tonwerte Ihre Bildes, und in der ersten sammeln Sie Ebenen, Einstellungsebenen und Ebenenmasken zur aktuellen Arbeitsdatei. Hierin liegt die Basis der nicht-destruktiven Bildkorrektur, denn Sie können jede Ebene, Einstellungsebene oder Maske jederzeit überarbeiten.

In Photoshop CS5 erleichtert die KORREKTUREN-Palette den Zugriff auf alle wichtigen Bildkorrekturen. Und praktisch im Verborgenen wird bei jeder Korrektur eine Einstellungsebene angelegt. Später bei der Feinarbeit haben Sie in der EBENEN-Palette über die Einstellungsebenen Zugriff auf Ihre vorgenommenen Korrekturen.

Masken verfeinern die Korrektur noch mehr. Indem Sie Teile der Einstellungsebene maskieren, werden die darunterliegenden Bildanteile nicht korrigiert. Da eine Maske faktisch ein Graustufenbild ist, sind über Graustufen auch Abstufungen in der Korrektur möglich.

Die MASKEN-Palette vereint Maskenverfeinerungen wie Farbauswahlen, Kantenverbesserungen oder Dichteänderungen der Maske.

Kanäle anzeigen
Über dieses Popup-Menü wählen Sie die Anzeige des Histogramms. Sie können sich die Tonwertstatistik nur für einzelne Kanäle, für den RGB-Composite-Kanal oder für alle Farben anzeigen lassen, was die beiden erstgenannten Optionen vereint.

Histogramm aktualisieren
Sobald ein Warndreieck im Histogramm erscheint, sollten Sie auf dieses klicken, um das Histogramm anhand der aktuellen Bilddaten neu aufzubauen.

Lichter und Tiefen prüfen
Vermeiden Sie bei einer Korrektur beschnittene Lichter oder Tiefen, also Bildbereiche, die in den Schatten oder hellsten Bereichen keine Zeichnung mehr aufweisen. Erkennen würden Sie das daran, dass das Histogramm links oder rechts aus der Anzeige hinausläuft – also »beschnitten« wird.

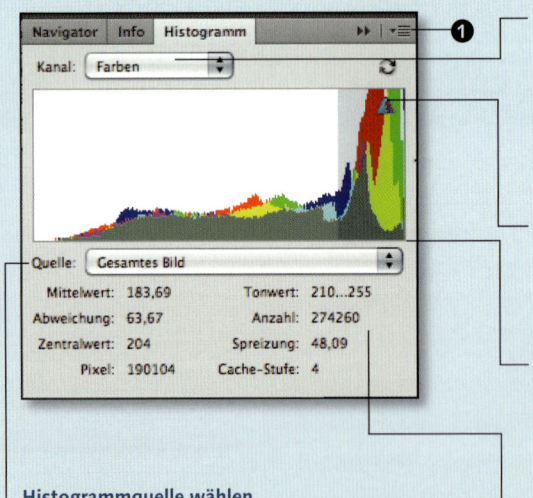

Histogrammquelle wählen
Das Popup-Menü QUELLE gibt Ihnen die Option, sich das Histogramm auch nur für eine aktuelle Ebene oder Korrektur anzeigen zu lassen.

Statistik anzeigen
Die Statistik blenden Sie über die Optionen ❶ der HISTOGRAMM-Palette ein. Sie übersetzt das visuelle Histogramm in Zahlen.

Überlagerungsmodus einstellen

Der Ebenenmodus definiert, wie sich die Korrektur mit dem Bild verrechnet.

Einstellungsebene bearbeiten

Um die Einstellungen zu ändern, doppelklicken Sie auf das Symbol einer Einstellungsebene und verändern die Korrekturen im folgenden Arbeitsfenster.

Einstellungsebene anlegen vor CS 4

Mit einem Klick auf das Symbol für die Einstellungsebene wählen Sie die vorzunehmende Bildanpassung aus.

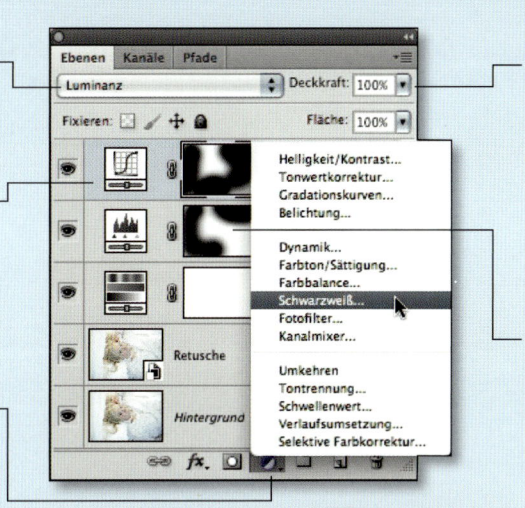

Wirkung abschwächen

Nutzen Sie zur Änderung der Deckkraft einer Einstellungsebene den Regler oben rechts in der EBENEN-Palette. Die gewählte Bildanpassung wirkt sich dann entsprechend geringer auf die Ebene aus.

Ebenenmasken nutzen

Einstellungsebenen werden automatisch mit Ebenenmasken angelegt, die Sie mit dem Pinsel bearbeiten können, um dadurch die Korrektur dort abzuschwächen.

Einstellungsebene anlegen ab CS 4

Durch einen Klick auf diese Symbole wählen Sie Ihre Bildkorrektur aus. Alle gängigen Bildkorrekturen, die auch als Einstellungsebene verfügbar sind, stehen hier bereit.

Aktuelle Einstellungen bearbeiten

Über diesen Pfeil gelangen Sie in bereits vorgenommene Bildkorrekturen und können diese überarbeiten.

Vorgaben

Durch einen Klick auf das Dreieck haben Sie Zugriff auf Standardvorgaben und benutzerdefinierte Einstellungen, die Sie mit einem Klick anwenden können.

Ebenenbeschränkung

Dieses Symbol aktivieren Sie, wenn die folgende Korrektur nur auf die aktiven Ebenen angewendet werden soll und darunterliegende Ebenen nicht beeinflusst werden sollen.

Ebenenoptionen vordefinieren

Halten Sie die [Alt]-Taste gedrückt, während Sie eine Einstellungsebene über die KORREKTUREN- oder EBENEN-Palette erstellen. So können Sie im Voraus den ÜBERLAGERUNGSMODUS ❸ der Ebene bestimmen, die DECKKRAFT ❹ angeben oder eine SCHNITTMASKE AUS VORHERIGER EBENE ERSTELLEN ❷, um die Korrektur auf die unten liegenden Ebenenbereiche einzugrenzen.

Grundlagenexkurs | A & O der Bildbearbeitung 77

Nach der Auswahl der Bildkorrektur aus der Korrekturen-Palette oder dem Popup-Menü der Ebenen-Palette öffnet sich das gewählte Arbeitsfenster. Dieses Fenster bietet, wie die Masken-Palette auch, eine Menge Kontrollmöglichkeiten.

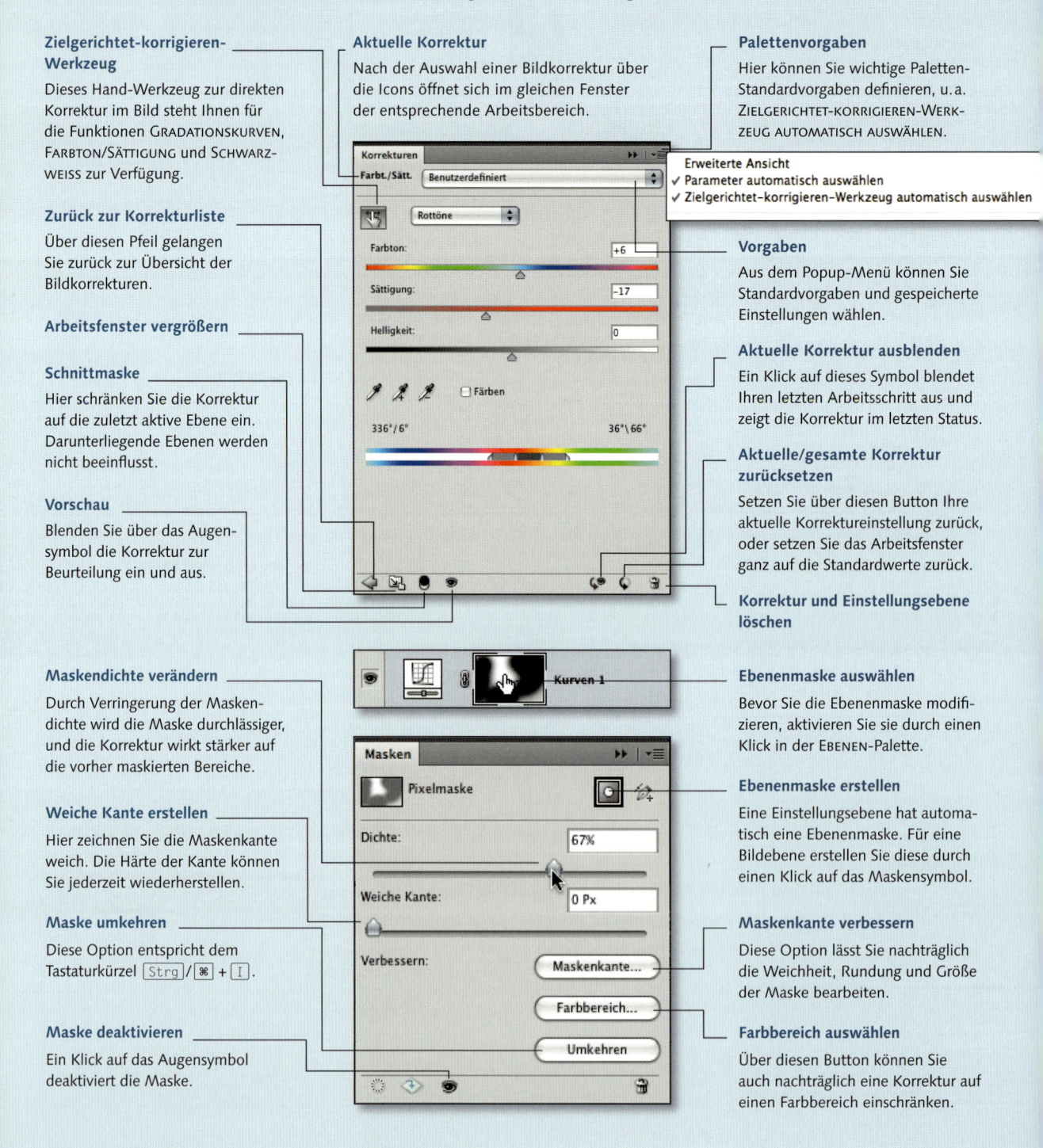

Zielgerichtet-korrigieren-Werkzeug
Dieses Hand-Werkzeug zur direkten Korrektur im Bild steht Ihnen für die Funktionen Gradationskurven, Farbton/Sättigung und Schwarzweiss zur Verfügung.

Zurück zur Korrekturliste
Über diesen Pfeil gelangen Sie zurück zur Übersicht der Bildkorrekturen.

Arbeitsfenster vergrößern

Schnittmaske
Hier schränken Sie die Korrektur auf die zuletzt aktive Ebene ein. Darunterliegende Ebenen werden nicht beeinflusst.

Vorschau
Blenden Sie über das Augensymbol die Korrektur zur Beurteilung ein und aus.

Aktuelle Korrektur
Nach der Auswahl einer Bildkorrektur über die Icons öffnet sich im gleichen Fenster der entsprechende Arbeitsbereich.

Palettenvorgaben
Hier können Sie wichtige Paletten-Standardvorgaben definieren, u.a. Zielgerichtet-korrigieren-Werkzeug automatisch auswählen.

Vorgaben
Aus dem Popup-Menü können Sie Standardvorgaben und gespeicherte Einstellungen wählen.

Aktuelle Korrektur ausblenden
Ein Klick auf dieses Symbol blendet Ihren letzten Arbeitsschritt aus und zeigt die Korrektur im letzten Status.

Aktuelle/gesamte Korrektur zurücksetzen
Setzen Sie über diesen Button Ihre aktuelle Korrektureinstellung zurück, oder setzen Sie das Arbeitsfenster ganz auf die Standardwerte zurück.

Korrektur und Einstellungsebene löschen

Maskendichte verändern
Durch Verringerung der Maskendichte wird die Maske durchlässiger, und die Korrektur wirkt stärker auf die vorher maskierten Bereiche.

Weiche Kante erstellen
Hier zeichnen Sie die Maskenkante weich. Die Härte der Kante können Sie jederzeit wiederherstellen.

Maske umkehren
Diese Option entspricht dem Tastaturkürzel [Strg]/[⌘] + [I].

Maske deaktivieren
Ein Klick auf das Augensymbol deaktiviert die Maske.

Ebenenmaske auswählen
Bevor Sie die Ebenenmaske modifizieren, aktivieren Sie sie durch einen Klick in der Ebenen-Palette.

Ebenenmaske erstellen
Eine Einstellungsebene hat automatisch eine Ebenenmaske. Für eine Bildebene erstellen Sie diese durch einen Klick auf das Maskensymbol.

Maskenkante verbessern
Diese Option lässt Sie nachträglich die Weichheit, Rundung und Größe der Maske bearbeiten.

Farbbereich auswählen
Über diesen Button können Sie auch nachträglich eine Korrektur auf einen Farbbereich einschränken.

Die Masken-Palette in Photoshop CS 5 (verfügbar seit CS 4) fasst für den ständigen Zugriff alle wichtigen Funktionen zusammen, die zur weiteren Bearbeitung einer Ebenenmaske hilfreich sein können. Hier die drei wichtigsten Optionen und ihre Alternativen in CS 3 und CS 2:

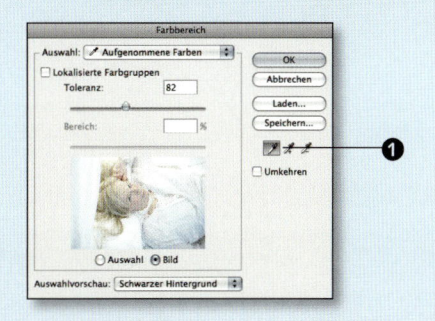

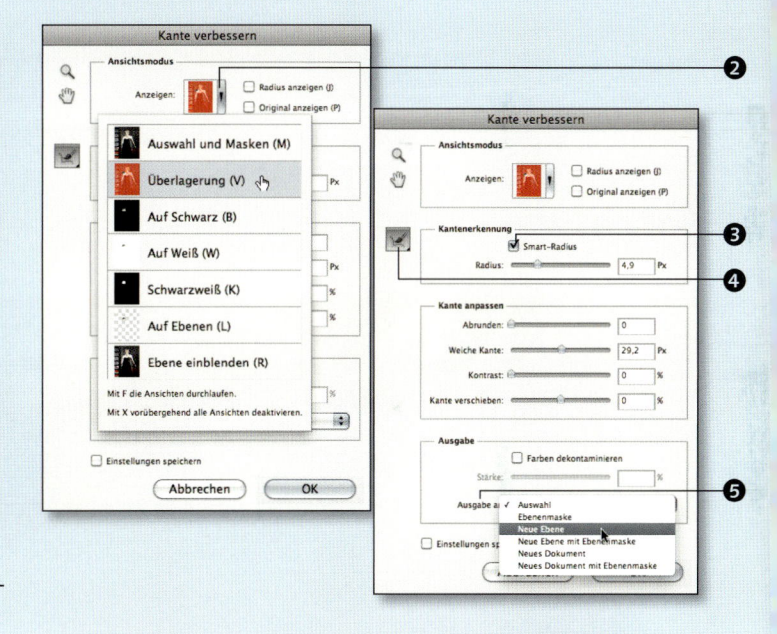

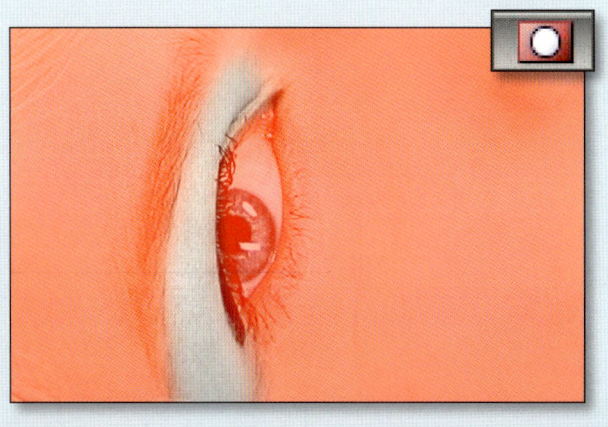

Farbbereich auswählen | Dieser Befehl aus der Masken-Palette entspricht in den vorangegangenen Versionen dem aus dem Auswahl-Menü. Mit der Pipette ❶ wählen Sie Farben aus dem Bild aus, die – innerhalb einer Toleranz – direkt in eine Auswahl umgesetzt werden. Vorteil der Masken-Palette ist, dass gleich die neue Ebenenmaske erstellt wird.

Die Auswahlkante verbessern | Der Button Maskenkante in der Masken-Palette entspricht dem Befehl Kante verbessern aus dem Auswahl-Menü. Hier stehen Ihnen Varianten für eine Auswahlvorschau ❷ zur Verfügung, und die verfügbaren Schieberegler verfeinern die Auswahl. Neu in der Version CS 5 ist der Smart-Radius ❸, der in dem angegebenen Radius eigenständig die kontrastreichste Freistellungskante sucht. Ein Pinsel ❹ kann diesen Radius individuell anpassen. Über das Popup-Menü Ausgabe ❺ geben Sie die editierte Auswahl gleich als Ebenenmaske oder neue Ebene aus. In CS 2 oder früheren Versionen waren einige dieser Befehle unter dem Menüpunkt Auswahl verändern verfügbar – allerdings mussten deren Ergebnisse nachträglich im Maskierungsmodus (Taste Q) kontrolliert werden.

Weiche Auswahl erstellen | Eine weiche Auswahl – also einen fließenden Übergang von ausgewählten zu nicht ausgewählten Bereichen – definieren Sie ab CS 4 über den Schieberegler der Masken-Palette, ab CS 3 über die Funktion Kante verbessern und vor diesen Versionen entweder über den Befehl Weiche Kante aus dem Auswahl-Menü, oder Sie wechseln über die Taste Q in den Maskierungsmodus und zeichnen dort die Maske über einen Weichzeichnungsfilter weich.

Grundlagenexkurs | A & O der Bildbearbeitung

Fokus: Körper

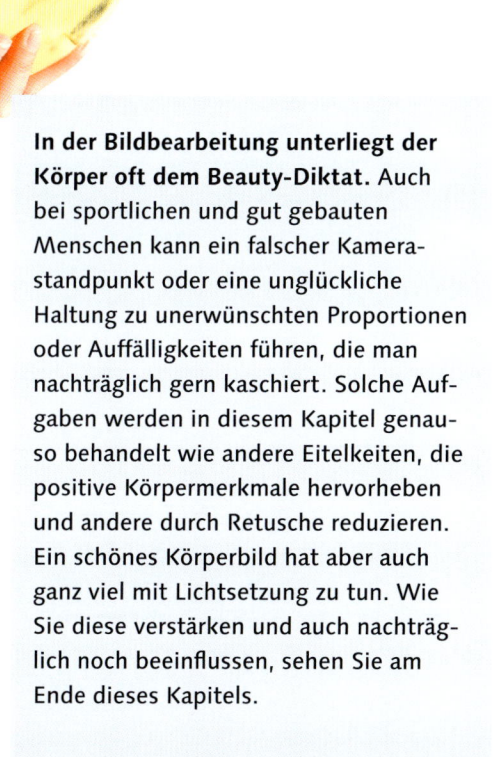

In der Bildbearbeitung unterliegt der Körper oft dem Beauty-Diktat. Auch bei sportlichen und gut gebauten Menschen kann ein falscher Kamerastandpunkt oder eine unglückliche Haltung zu unerwünschten Proportionen oder Auffälligkeiten führen, die man nachträglich gern kaschiert. Solche Aufgaben werden in diesem Kapitel genauso behandelt wie andere Eitelkeiten, die positive Körpermerkmale hervorheben und andere durch Retusche reduzieren. Ein schönes Körperbild hat aber auch ganz viel mit Lichtsetzung zu tun. Wie Sie diese verstärken und auch nachträglich noch beeinflussen, sehen Sie am Ende dieses Kapitels.

Foto: iStockphoto, © Vasko Miokovic, Bild 8688163

Fokus: Körper

Proportionen ändern 84
  Strecken Sie eine Körperhälfte

Körperhaltung aufrichten 88
  Begradigen Sie die Schulterlinie

Personen schlanker machen 92
  Der kleine Trick beim Transformieren

Körperteile neu formen 96
  Eine Einführung in den VERFLÜSSIGEN-Filter

Digitales Bodybuilding **100**
Körperformen durch Transformation und Retusche modellieren

Dekolleté verschönern **106**
Die Oberweite in Form bringen

Den Bauch einziehen **110**
Retuschieren und verschlanken Sie die Bauchpartie

Körperkonturen formen **114**
Mit Licht und Schatten malen

Proportionen ändern

Strecken Sie eine Körperhälfte

Durch einen erhöhten Kamerastandpunkt erscheinen die Beine und der gesamte Unterkörper schnell verkürzt. Wenn Sie diese Problemstellen unabhängig vom Oberkörper strecken wollen, müssen Sie sie lediglich unproportional skalieren. Durch eine gute Vorauswahl schaffen Sie auch mit wenigen Schritten einen perfekten Übergang zu den unskalierten Körperteilen.

Aufgaben:
Beine verlängern
Auswahl im Maskierungsmodus vorbereiten
Auswahlübergänge bearbeiten
[Proportionen.jpg]

1 Arbeitsebene erstellen

Lösen Sie das Bild zunächst von der Hintergrundebene. So haben Sie später den Vorteil, vor transparentem Hintergrund skalieren zu können und auch eine Ebenenmaske für die Feinretusche einfacher anlegen zu können.

Doppelklicken Sie einfach auf den Ebenennamen der Hintergrundebene, und bestätigen Sie das daraufhin erscheinende Fenster mit OK. So wird die Hintergrundebene zur Arbeitsebene.

2 Arbeitsfläche vergrößern

Jetzt werden Sie als Erstes Platz für die Beinverlängerung schaffen. Wählen Sie aus dem Menü BILD • ARBEITSFLÄCHE.

Aktivieren Sie im folgenden Fenster die Option RELATIV ❶. So werden die Eingabewerte für Höhe und Breite zu der jeweiligen Bildgröße dazuaddiert. Geben Sie einen Wert von 3 cm für die HÖHE ein, und verankern Sie das Bild oben und mittig ❷, damit sich die Arbeitsfläche nur nach unten verlängert. Klicken Sie dann auf OK.

3 Maskierungsmodus auswählen

Wechseln Sie über das Symbol ❹ in der Werkzeugpalette in den Maskierungsmodus, oder drücken Sie die Taste Q. Hier können Sie eine feine Auswahl vorarbeiten.

Wählen Sie das Verlaufswerkzeug, und stellen Sie in den Werkzeugoptionen einen Standardverlauf von Schwarz zu Weiß ❸ ein.

Ziehen Sie mit dem Werkzeug senkrecht über den Bauchbereich, an dem die weiche Auswahlkante liegen soll.

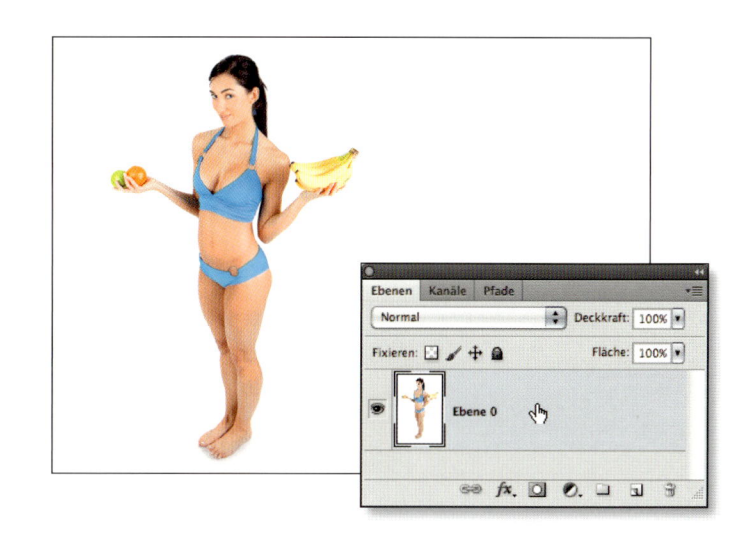

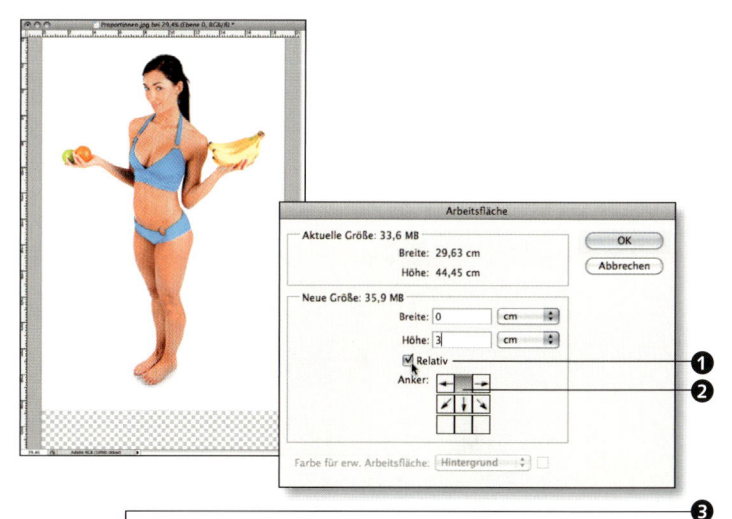

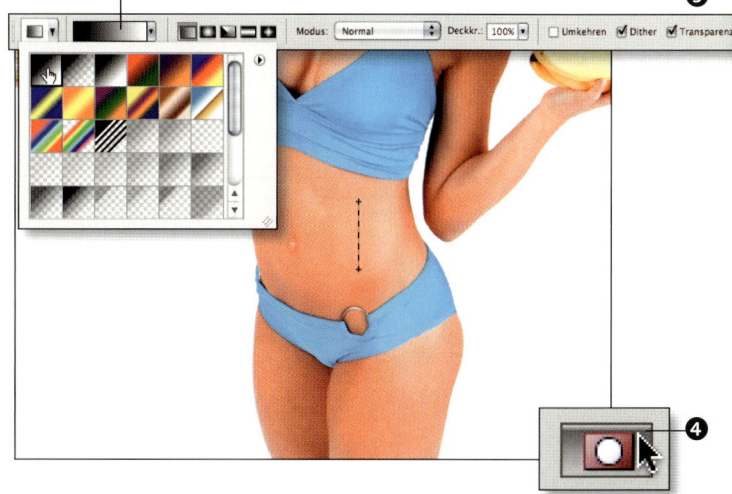

Kapitel 3 | Fokus: Körper

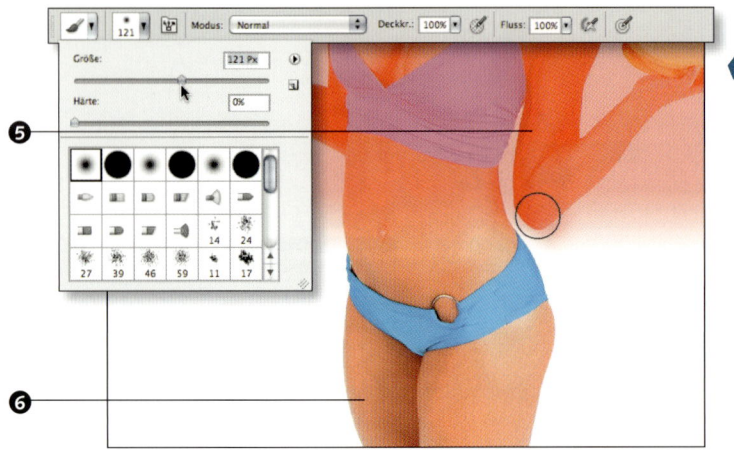

4 Maskierung nachbearbeiten

Der Verlauf definiert jetzt die ausgewählten ❻ (transparenten) und die maskierten ❺ (roten) Bereiche. An kritischen Stellen können Sie nun mit dem Pinsel-Werkzeug nacharbeiten.

Malen Sie mit kleiner, aber weicher Werkzeugspitze und schwarzer Vordergrundfarbe über den Ellenbogen, um diesen aus der Auswahl auszuschließen. Wechseln Sie mit der Taste X auf die weiße Vordergrundfarbe, und übermalen Sie alle Bereiche der Bikinihose, um sie in die Auswahl mit aufzunehmen.

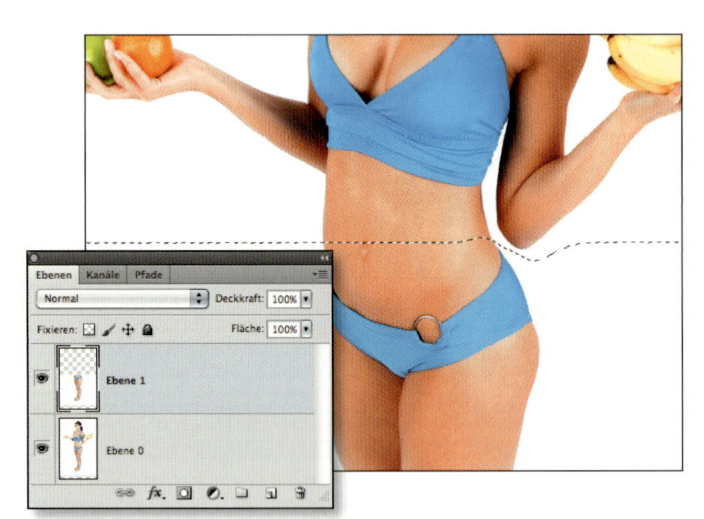

5 Auswahl auf Ebene kopieren

Wechseln Sie jetzt wieder mit der Taste Q in den Standard-Auswahlmodus. Hier ist nur noch die Auswahlkante zu erkennen.

Den ausgewählten unteren Bereich kopieren Sie jetzt über das Menü EBENE • NEU • EBENE DURCH KOPIE oder mit dem Tastenkürzel Strg/⌘ + J auf eine eigene Ebene.

So erhalten Sie eine eigene Ebene für die Transformation.

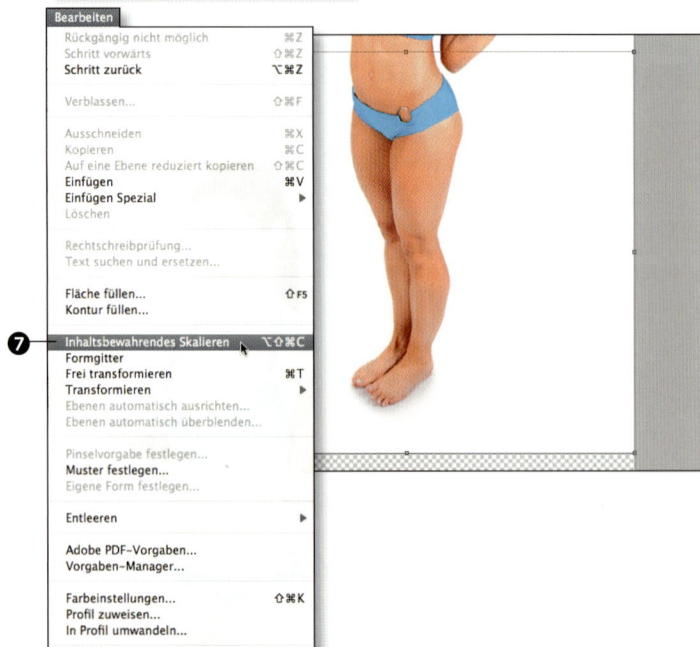

6 Skalieren auswählen

Wählen Sie aus dem Menü BEARBEITEN • INHALTSBEWAHRENDES SKALIEREN ❼. Der Vorteil dieser Skalierfunktion gegenüber der freien Transformation ist die variable Einstellungsstärke. Somit können Sie, wie im nächsten Schritt gut zu sehen, fast stufenlos eine optimierte Einstellung wählen, die sowohl inhaltsbewahrend als auch über den gesamten Bereich skaliert.

7 Unproportional skalieren

Sie haben nun um die Pixel der aktuellen Ebene einen Transformationsrahmen für Skalierung, Verschiebung und Rotation erhalten. Ziehen Sie am unteren, mittleren Anfasser ❾, um die Beine zu strecken.

Wie im vorigen Schritt schon angedeutet, können Sie jetzt über den Regler STÄRKE ❽ die inhaltsbewahrende Skaliermethode so weit zurücknehmen, bis Sie harmonische Proportionen erzeugt haben. Bei 0 % erhalten Sie die Wirkung einer freien Transformation.

8 Übergangsbereich anpassen

Durch die recht starke Transformation sind auch die weichen Übergangsbereiche unserer Auswahl verzerrt worden. Man erkennt dies an den Doppelkonturen ⓫ des Ellenbogens und der Bikinihose.

Ziehen Sie also zum Ausgleich den oberen, mittleren Anfasser ❿, bis sich keine Doppelbilder mehr ergeben.

Bestätigen Sie dann die Transformation mit der ↵-Taste.

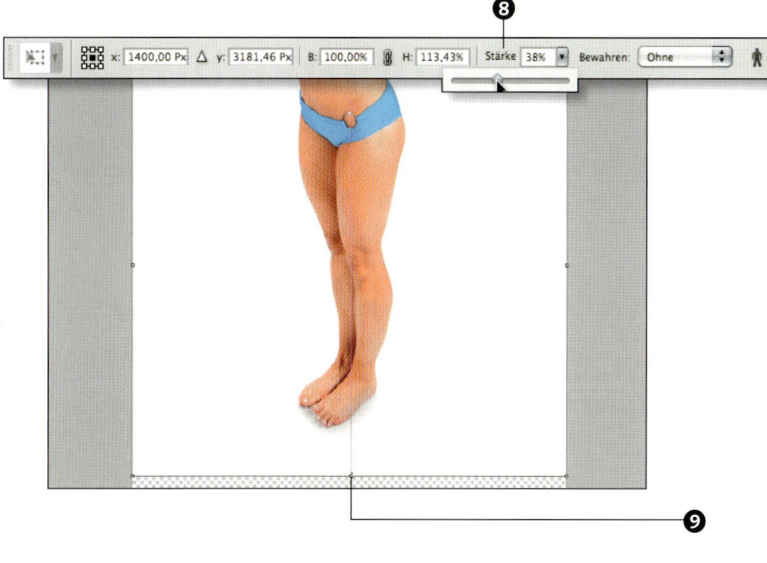

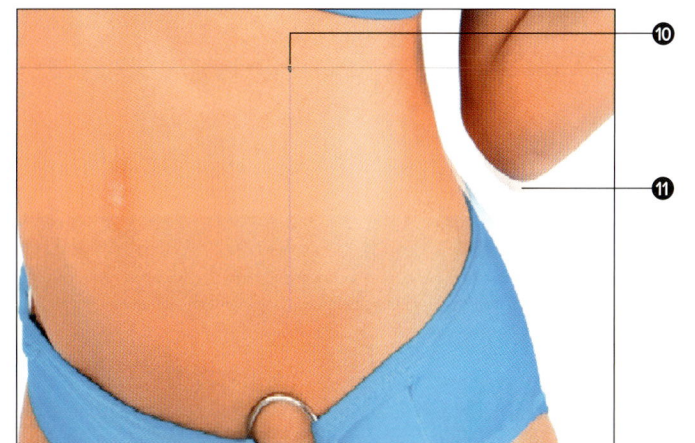

9 Letzte Maskenkorrektur

Im Übergangsbereich wird es immer noch ein paar Stellen geben, die nicht perfekt sind. So ist zum Beispiel der Bauchnabel unschön gestreckt worden.

Retuschieren Sie solche Stellen über eine Ebenenmaske, die Sie durch einen Klick auf das Maskensymbol ⓬ in der EBENEN-Palette erstellen. Mit dem Pinselwerkzeug, kleiner Werkzeugspitze, weicher Kante und schwarzer Vordergrundfarbe maskieren Sie den oberen Teil des Bauchnabels, und der untere wird sichtbar.

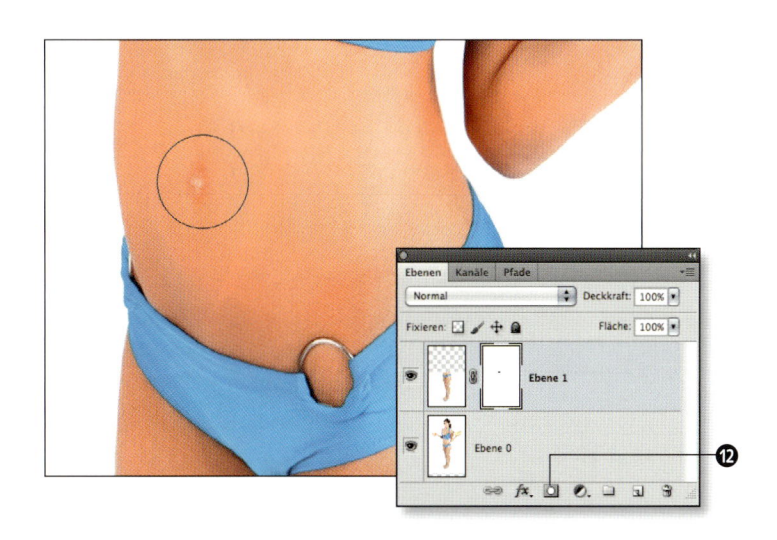

Körperhaltung aufrichten
Begradigen Sie die Schulterlinie

Manchmal ist es die Perspektive, manchmal nur eine zu entspannte Haltung beim Fotografieren – und schon hängt eine Schulter mehr als die andere. Das auszugleichen ist keine große Sache. Im Prinzip müssen Sie die Schulter nur in die Höhe verlängern. Zusammen mit einer gut vorbereiteten Auswahl und einer nachträglichen Formung der Schulterlinie sind Sie schnell am Ziel.

Aufgaben:
- Schulter anheben und begradigen

[Haltung.jpg]

1 Schulter auswählen

Wählen Sie das Lasso-Werkzeug, und ziehen Sie eine großzügige Auswahl ❶ um die linke Schulter.

Achten Sie darauf, dass die Auswahlkante auf Bereichen liegt, die sich gut zum Verlängern eignen und die recht gleichmäßig, also nicht strukturiert sind.

2 Übergänge bearbeiten

Um die Weichheit der Übergänge genau zu bestimmen, wählen Sie den Befehl KANTE VERBESSERN. Diesen finden Sie direkt in der Werkzeug-Optionsleiste ❷.

3 Auswahlvorschau nutzen

Wählen Sie jetzt aus dem Popup-Menü unter ANZEIGEN im Bereich ANSICHTSMODUS eine geeignete Vorschau für Ihre Auswahl. Sie können sie zum Beispiel als ÜBERLAGERUNG (V) ❸ oder mit schwarzem (B) oder weißem (W) Hintergrund anzeigen. Diese Vorschauen können Sie schnell über die Buchstaben in Klammern auswählen oder über die Taste F wechseln.

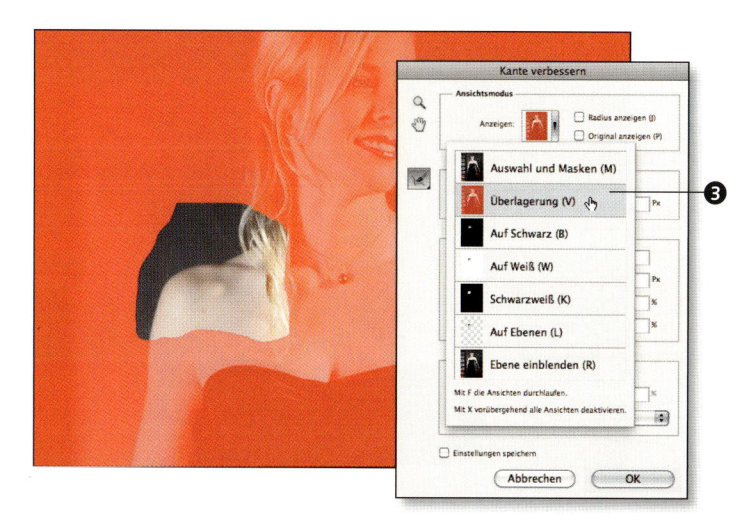

Kapitel 3 | Fokus: Körper **89**

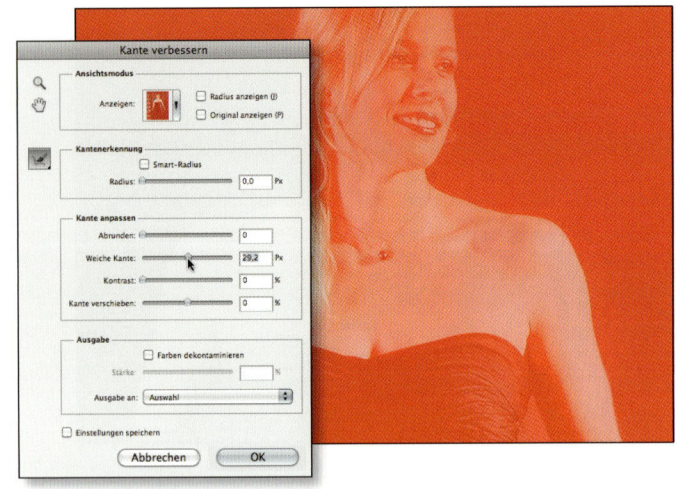

4 Weiche Kante erzeugen

Steuern Sie jetzt den weichen Übergang Ihrer Auswahlkante. Da die Kante auf unstrukturierten Bereichen liegt, können Sie dort einen weichen Übergang einstellen.

Stellen Sie den Regler WEICHE KANTE auf einen Wert von ca. 30 Pixel. Dabei achten Sie darauf, dass die weiche Kante nicht zu sehr in andere Bildbereiche hineinragt.

5 Arbeitsebene erstellen

Sichern Sie die Auswahl auf einer eigenen Ebene. Wählen Sie dazu im Bereich AUSGABE, im Popup-Fenster unter AUSGABE AN ❹, eine NEUE EBENE.

Durch einen Doppelklick auf den Ebenennamen der neuen Ebene können Sie diesen umbenennen.

Sie sollten außerdem diese Ebene über die Optionen der EBENEN-Palette in ein Smart-Objekt konvertieren, um Ihre folgenden Transformationen später noch editieren zu können.

6 Auswahl skalieren

Jetzt werden Sie die Schulter zuerst in der Höhe skalieren.

Über [Strg]/[⌘]+[T] wählen Sie den Befehl FREI TRANSFORMIEREN und erhalten einen Transformationsrahmen ❺ um die Pixel der Ebene.

Ziehen Sie diesen am oberen, mittleren Anfasser in die Höhe, um die Schulter anzuheben.

90 Kapitel 3 | Fokus: Körper

7 Option: Verkrümmen

Nutzen Sie eine weitere Option des FREI TRANSFORMIEREN-Befehls, und klicken Sie auf das Verkrümmensymbol ❻ in der Optionsleiste.

Hierdurch wird ein überlagerndes Raster eingeblendet, das es Ihnen ermöglicht, die Pixel bei der Transformation auch zu formen.

8 Schulter formen

Lassen Sie die äußeren Rasterpunkte unberührt, um die Übergänge zum Originalbild nicht zu verändern – jetzt formen Sie nur noch im Innenbereich des Rasters.

Ziehen Sie den Rasterpunkt, der der Schulter am nächsten ist ❼, nach oben und nach links. So wird die Schulter nochmals innerhalb des Arbeitsbereichs geformt.

Mit einem Klick auf die ⏎-Taste bestätigen Sie die Transformation.

9 Kontrolle

Blenden Sie in der EBENEN-Palette die Schulterebene über einen Klick auf das Augensymbol an und aus, um Ihre Korrektur mit der Ursprungsversion zu vergleichen.

Über das Smart-Objekt können Sie die Transformation auch nachträglich noch verlustfrei korrigieren. Wählen Sie dazu einfach erneut den TRANSFORMIEREN-Befehl.

Kapitel 3 | Fokus: Körper

Personen schlanker machen
Der kleine Trick beim Transformieren

Aufgaben:
Proportionen verschlanken
Gesichtsproportionen beibehalten
Übergänge kaschieren
[Transformieren.jpg]

Manchmal ist es nur die Pose des Porträtierten, die die Körperproportionen unglücklich betont. Und es gibt immer bestimmte Körperteile, die dann besonders wuchtig wirken. Durch eine Transformation nur dieses Bereichs können Sie schnell den Gesamteindruck verschlanken, ohne die ganze Person zu verzerren. Mit der VERKRÜMMEN-Option des Transformationsbefehls haben Sie die zusätzliche Option, nicht nur zu verschlanken, sondern auch zu formen.

Foto: iStockphoto, © Vicki Reid, Bild 4587714

1 Bereich auswählen

Wählen Sie das Lasso-Werkzeug, um damit den Transformationsbereich frei auszuwählen. In den Werkzeugoptionen können Sie von vornherein eine WEICHE KANTE ❶ vordefinieren, um den Auswahlbereich weicher zu gestalten. Ziehen Sie dann eine großzügige Auswahl um den linken Arm- und Schulterbereich. Achten Sie dabei darauf, dass die Auswahlkante auf wenig strukturierten Bildbereichen, wie größeren Haut- oder Hintergrundflächen liegt. So sind die Übergänge später kaum sichtbar.

2 Auswahlkante bearbeiten

Klicken Sie, nachdem Sie die Auswahl erstellt haben, auf die Schaltfläche KANTE VERBESSERN in der Optionsleiste. Es öffnet sich ein Funktionsfenster, das übersichtlich und zusammenfassend alle wichtigen Funktionen zur Auswahlbearbeitung vereint. Seit Photoshop CS 5 erscheinen nun nach jedem Aufruf des Fensters die Einstellungen zurückgestellt auf 0. Somit lassen sich die nächsten Eingaben besser beurteilen.

3 Auswahlvorschau wählen

Wählen Sie jetzt zunächst die Auswahlvorschau. Im Bereich ANSICHTSMODUS können Sie aus dem Popup-Fenster ANZEIGEN die für Sie beste Vorschau auswählen. Schneller geht der Wechsel über die Buchstaben, die im Popup-Fenster angezeigt werden – z. B. mit W, um AUF WEISS (W) freizustellen ❷. Oder Sie durchlaufen mit der Taste F alle Ansichtsmodi.

Eine Auswahlvorschau mit schwarzem oder weißem Hintergrund eignet sich sehr gut, um die Übergänge an den Kanten zu beurteilen.

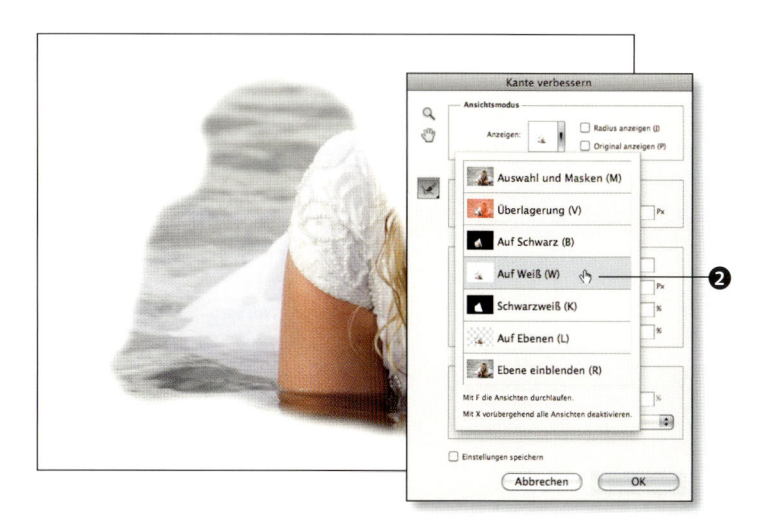

Kapitel 3 | Fokus: Körper 93

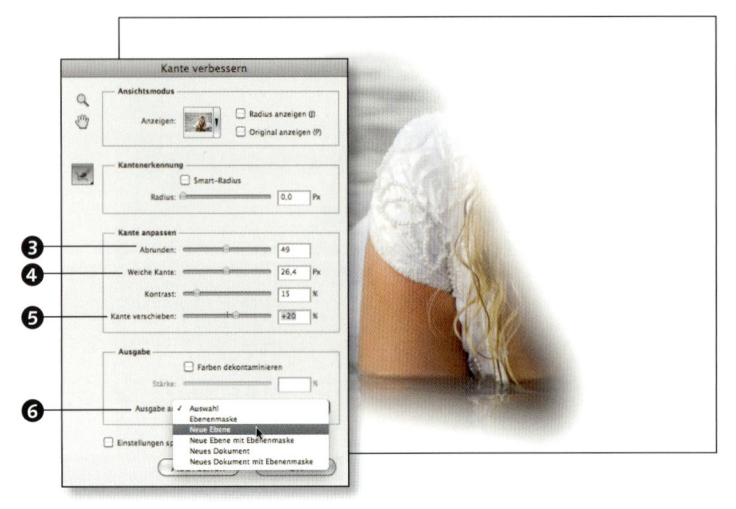

4 Auswahlkante optimieren

Sollte Ihre Auswahl zu »zackig« geraten sein, können Sie dies über den Regler ABRUNDEN ❸ mindern.

Mit WEICHE KANTE ❹ bestimmen Sie den Übergang der Auswahlkante. Ein Wert von ca. 25 Pixel ist hier angemessen, um einen weichen Übergang zu gestalten. Die weiche Kante wird gleichmäßig nach außen und innen aufgebaut, deshalb müssen Sie zusätzlich etwas die KANTE VERSCHIEBEN ❺, um den Auswahlbereich wieder auszugleichen.

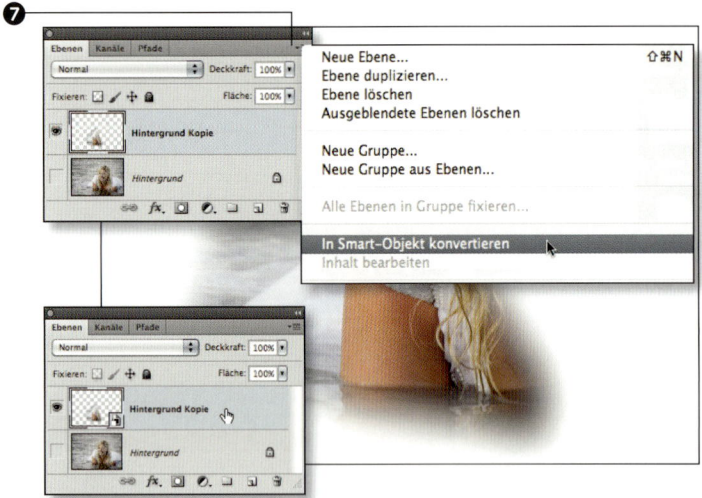

5 Ebenenkopie und Smart-Objekt

Wählen Sie zum Schluss im Popup-Fenster unter AUSGABE AN eine NEUE EBENE ❻, und schließen Sie das Fenster mit OK. Der ausgewählte Bereich wird jetzt auf eine neue Ebene kopiert, um ihn unabhängig vom Originalbild bearbeiten zu können.

Die neue Ebene wandeln Sie dann über die Optionen der EBENEN-Palette ❼ in ein Smart-Objekt um. So erhalten Sie sich die Möglichkeit, Ihre Transformation nachträglich zu überarbeiten.

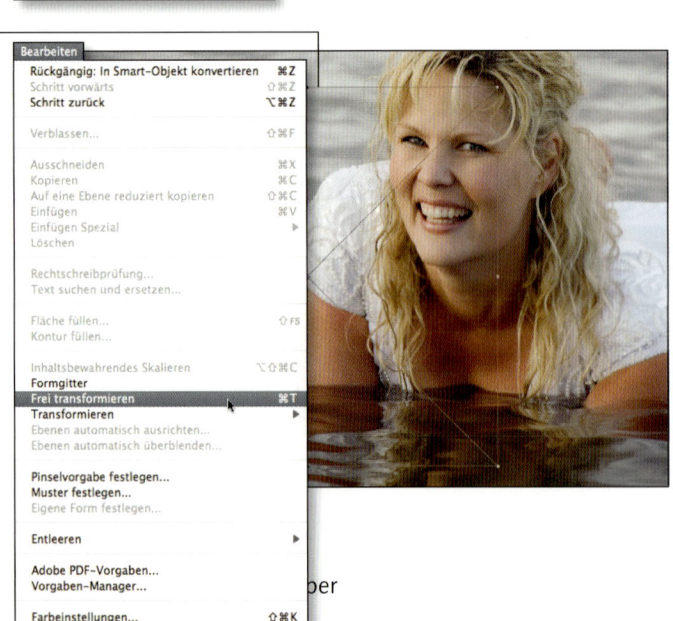

6 Smart-Objekt transformieren

Ihr Smart-Objekt wird jetzt für die Verschlankung vorbereitet.

Wählen Sie aus dem BEARBEITEN-Menü den Befehl FREI TRANSFORMIEREN, oder drücken Sie Strg/⌘ + T.

Über den entstehenden Auswahlrahmen ❽ können Sie jetzt vergrößern, verkleinern, verschieben und rotieren. Das ist aber nicht genug: Wir nutzen eine weitere Option.

7 Verkrümmen statt skalieren

Um die ausgewählten Bereiche richtig formen zu können, aktivieren Sie jetzt in der Optionsleiste die Verkrümmen-Option ❾.

Sofort entsteht anstelle des Transformationsrahmens ein überlagerndes Raster, mit dem Sie das Bild an jeder Stelle verformen können.

8 Proportionen formen

Jetzt können Sie an den mittleren, äußeren Anfassern ❿ und ⓫ das Verkrümmungsraster nach innen biegen. So werden die Bildanteile innen zusammengedrückt, und der Oberarm wird verschlankt.

Dies können Sie an den äußeren Anfassern stärker durchführen als an denen in der Bildmitte, denn dort müssen Sie darauf achten, noch einen passenden Übergang zum unten liegenden Originalbild zu behalten.

Wenn die Transformation abgeschlossen ist, drücken Sie die ⏎-Taste.

9 Schlank auf beiden Seiten

Den Vorgang von der Auswahl bis zur Verkrümmung wiederholen Sie jetzt auf der rechten Seite. So engen Sie die Person praktisch von beiden Seiten ein, aber der Kopf bleibt unangetastet.

Die Person wird schlanker, ohne dass sie gequetscht aussieht.

Tipp: Sie können Ihre Verkrümmung durch das Smart-Objekt jederzeit überarbeiten. Aktivieren Sie einfach erneut die Transformations- und Verkrümmungsbefehle.

Kapitel 3 | Fokus: Körper

Körperteile neu formen

Eine Einführung in den VERFLÜSSIGEN-Filter

Dicke Körperpartien kann man nicht immer gleichmäßig transformieren, um sie damit zu verschlanken. Gerade bei unvorteilhafter Körperhaltung oder wenn etwas durch Kleidungsstücke eingequetscht ist, arbeitet man oft gegen Beulen und Wülste an. Dafür ist der VERFLÜSSIGEN-Filter ein Segen. Denn mit ihm kann man nicht nur die Pixel nach Herzenslust verformen, sondern die Werkzeuge auch für ganz feine Arbeiten konfigurieren.

Aufgaben:
Oberarm verschlanken
Rundungen begradigen
Saubere Kanten rekonstruieren

[Arm.jpg]

1 Ebenenkopie filtern

Starten Sie mit einer Ebenenkopie. Bei »chirurgischen« Eingriffen neigt man oft dazu, etwas zu übertreiben. Deshalb ist es sehr hilfreich, die Rückzugsmöglichkeit auf das Original zu bewahren.

Da uns für den VERFLÜSSIGEN-Filter nicht die Smartfilter-Technik zur Verfügung steht, bleibt als Alternative nur ein Ebenenduplikat. Ziehen Sie die Hintergrundebene auf das Seitensymbol ❶, und wählen Sie dann aus dem FILTER-Menü den Eintrag VERFLÜSSIGEN.

2 Der Verflüssigen-Filter

Dieser Filter ist recht komplex und kann sehr differenziert eingesetzt werden.

Uns interessiert zunächst das Vorwärtskrümmen-Werkzeug mit dem Zeigefinger ❷. Mit diesem können Sie Pixel individuell verschieben. Sehr wichtig sind dabei die Werkzeugoptionen, die Sie in den nächsten Schritten einstellen werden.

3 Werkzeuggröße definieren

Zunächst stellen Sie die Werkzeuggröße ein. Zoomen Sie sich dafür in den Schulterbereich hinein, und wählen Sie eine Werkzeuggröße, die – wenn sie mittig auf der Hautkante liegt – nur in den Himmel ragt, aber nicht über das Gesicht.

So verhindern Sie, dass diese Pixel bei jedem Schritt mit bearbeitet werden. Stellen Sie für dieses Beispiel die PINSELGRÖSSE anfangs auf einen Wert zwischen 30 und 50.

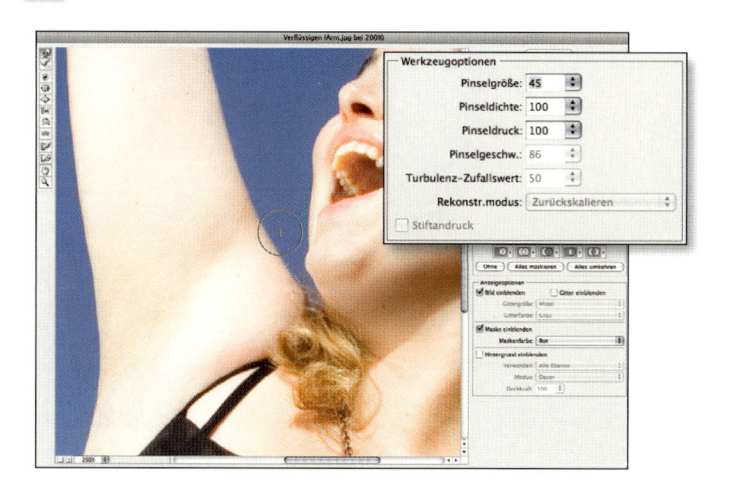

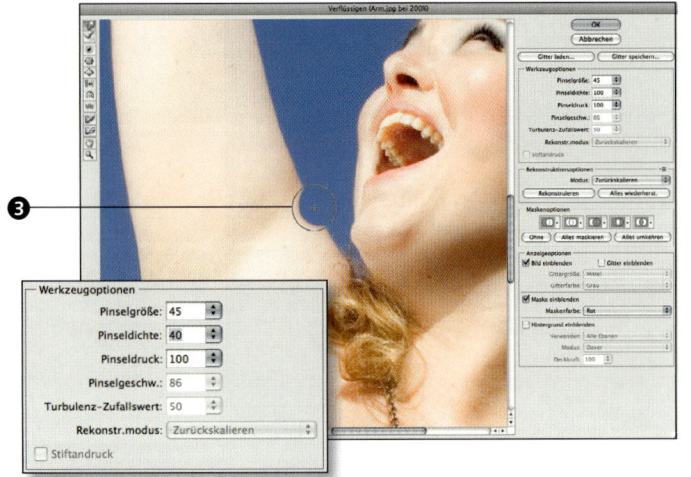

4 Werkzeugdichte einstellen

Die Dichte des Werkzeugs bestimmt, wie weit die Wirkung von der Mitte zum Rand hin abnimmt. Dieser Wert entspricht also einer Werkzeugspitze mit einer weichen Kante.

Je geringer der Wert ist, umso weniger Wirkung zeigt sich am Rand des Werkzeugs. Mit einer PINSELDICHTE unter 50 können Sie sanfter zu den Rändern hin arbeiten.

Wie sich eine Dichte von 100 schon beim ersten Werkzeugeinsatz auswirkt, sehen Sie im nebenstehenden Beispiel ❸.

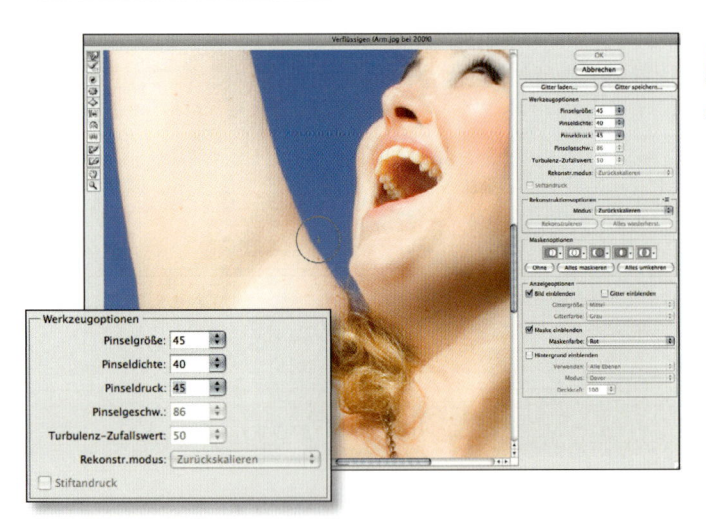

5 Werkzeugdruck zurücknehmen

Sehr wichtig ist auch der Druck des Werkzeugs, also die generelle Wirkungsstärke.

Setzen Sie diese immer auf einen geringen Wert – hier starte ich mit 45 –, so können Sie Ihre Korrektur besser in mehreren Schritten abstufen.

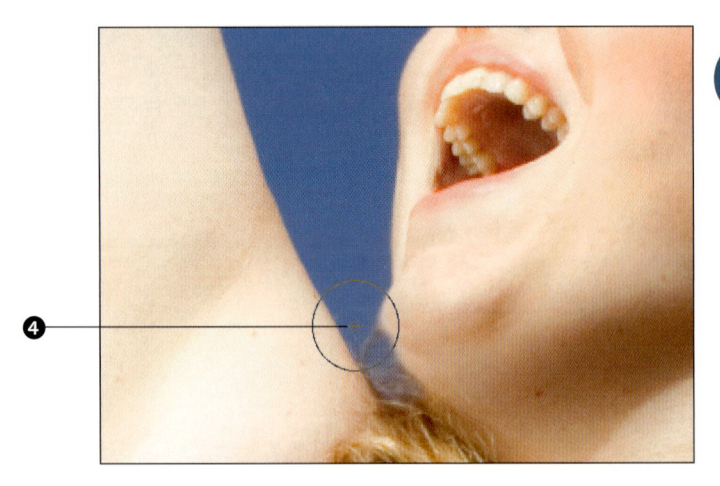

6 Verflüssigen

Setzen Sie dann die Mitte des Werkzeugs ❹ kurz vor der Kante des Oberarms an, und ziehen Sie die Pixel mit gedrückter Maustaste zum Arm hin. Das wiederholen Sie mehrfach und verlagern so stückweise die Armkante nach innen. Zum Kinn hin werden Sie es kaum vermeiden können, dass sich auch Pixel des Kinns verschieben. Nehmen Sie das erst einmal hin – Sie können es später rekonstruieren –, denn eine noch kleinere Werkzeugspitze ließe sich kaum vernünftig einsetzen, ohne Dellen zu produzieren.

7 Großflächig arbeiten

Verschlanken Sie den Arm auch auf der linken Seite. Hier können Sie beruhigt eine größere Werkzeugspitze einstellen, denn so können Sie die Konturen gleichmäßiger verschieben.

Auch die obere, rechte Seite können Sie mit dieser Werkzeugspitze noch nachbessern.

8 Kanten rekonstruieren

Nachdem Sie den Arm verschlankt haben, geht es um die Rekonstruktion der Bildbereiche, die unbeabsichtigt mit verflüssigt wurden, wie die Gesichtskante am Kinn.

Wählen Sie das Rekonstruktionswerkzeug ❺, und stellen Sie dort einen kleineren Durchmesser ein. Verringern Sie außerdem die Pinselgeschwindigkeit, bevor Sie dann direkt an der Kinnkante entlangfahren ❻, bis diese wieder im Original hergestellt ist.

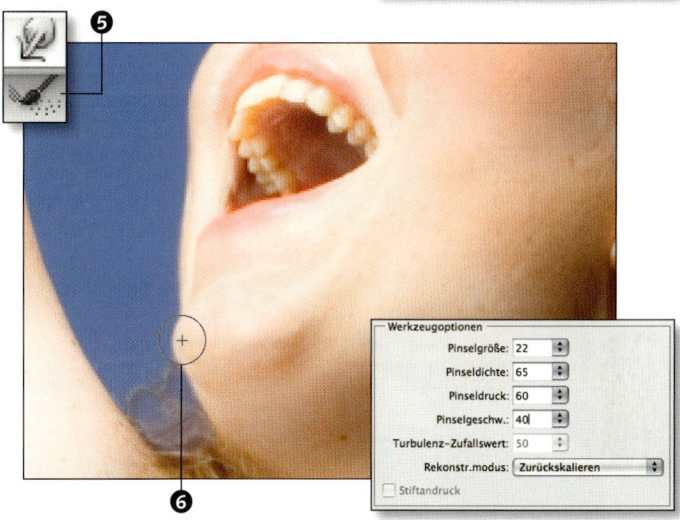

9 Hintergrund einblenden

Vergleichen Sie die veränderten Proportionen mit der vorangegangenen Version. Aktivieren Sie dafür die Option HINTERGRUND EINBLENDEN, mit der Sie das Original von der editierten Version überlagern lassen können. Durch ein Erhöhen der DECKKRAFT auf 100 % überlagern sich die Bilder nicht mehr, sondern werden durch An- und Abschalten der Option abwechselnd eingeblendet.

Vergleichen Sie, bessern Sie eventuell noch etwas nach, oder rekonstruieren Sie zu starke Eingriffe, bevor Sie auf OK klicken.

Kapitel 3 | Fokus: Körper

Digitales Bodybuilding
Körperformen durch Transformation und Retusche modellieren

Auch den Weg zur Traumfigur kann Photoshop immer noch ein Stück weiter beschreiten. Mit einer Modellierung über die Verkrümmen-Funktion können Sie eine gleichmäßige Idealform gestalten, und mit der richtigen Auswahl bestimmen Sie, welche Körperteile idealisiert werden sollen. Eine nachträgliche Retusche der Übergänge gehört natürlich auch dazu.

Aufgaben:
- Oberarmmuskel vergrößern
- Taille schmaler machen
- Oberkörper verbreitern
- Hintergrund retuschieren

[Oberkoerper.jpg]

1 Vordergrund auswählen

Um den Körper unabhängig vom Hintergrund modellieren zu können, müssen Sie ihn zunächst detailliert auswählen. Das ist bei diesem Motiv einfacher, als es zunächst scheint. Wählen Sie das Schnellauswahlwerkzeug, und fahren Sie mit angemessener Werkzeuggröße und der Option AUTOMATISCH VERBESSERN ❷ über den Oberkörper.

Die Auswahl können Sie auch stückweise vornehmen, da das Werkzeug automatisch auf die Option DER AUSWAHL HINZUFÜGEN ❶ eingestellt ist.

2 Auswahl verfeinern

Wählen Sie Details mit einer kleineren Werkzeuggröße aus, damit die Toleranz des Werkzeugs herabgesetzt wird und keine Hintergrundbereiche ausgewählt werden.

Falls Sie doch Teile von der Auswahl wieder abziehen müssen, wechseln Sie mit gedrückter ⌜Alt⌝-Taste auf den Subtrahierenmodus ❹ und fahren über die Bereiche, die nicht mit in die Auswahl gehören ❸.

3 Auswahlkante überprüfen

Überprüfen Sie die Auswahlkante überall, und nehmen Sie gegebenenfalls noch weitere Korrekturen vor.

Wenn die Auswahl vollständig ist, können Sie die Auswahlkante noch weiter optimieren: Aktivieren Sie die Option KANTE VERBESSERN in der Optionsleiste.

Kapitel 3 | Fokus: Körper

4 Details abrunden

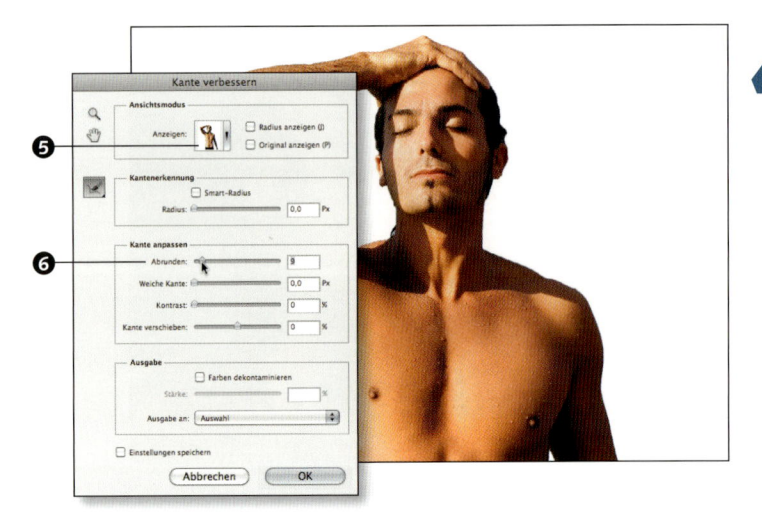

Aktivieren Sie die Auswahlvorschau mit weißem Hintergrund ❺, um die Kante besser beurteilen zu können. Am schnellsten geht dies mit der Taste W.

Da die Freistellung etwas »ausgefressen« aussieht, können Sie sie durch einen geringen ABRUNDEN-Wert ❻ glätten.

Stellen Sie hier jedoch keine stärkere Glättung als nötig oder eine weiche Kante ein, denn der Oberkörper muss für die folgenden Transformationen exakt ausgewählt sein.

5 Arbeitsebene erstellen

Da wir diese Freistellung wieder auf eine eigene Ebene kopieren wollen, stellen Sie AUSGABE AN ❼ auf NEUE EBENE und bestätigen die Einstellungen mit einem Klick auf die Schaltfläche OK.

6 Smart-Objekt erstellen

Um die folgenden Transformationen jederzeit wieder bearbeiten zu können, wandeln Sie die neue Ebene vorher in ein Smart-Objekt um.

Wählen Sie dazu für die aktive Ebene aus den Optionen ❽ der EBENEN-Palette den Befehl IN SMART-OBJEKT KONVERTIEREN. An dem kleinen Symbol ❾ auf der Ebenenminiatur erkennen Sie das Smart-Objekt.

Smart-Objekte: Lesen Sie mehr dazu im Grundlagenexkurs »Nicht-destruktive Techniken« auf Seite 252.

102 **Kapitel 3** | Fokus: Körper

7 Verkrümmen-Option wählen

Jetzt können Sie den Körper formen: Wählen Sie erst den Befehl FREI TRANSFORMIEREN über das Tastenkürzel [Strg]/[⌘]+[T] und dann aus der Optionsleiste die Verkrümmen-Option ❿.

Es entsteht ein neunzelliges Raster, das sich über den Arbeitsbereich legt und innerhalb dessen Sie den Körper modellieren können.

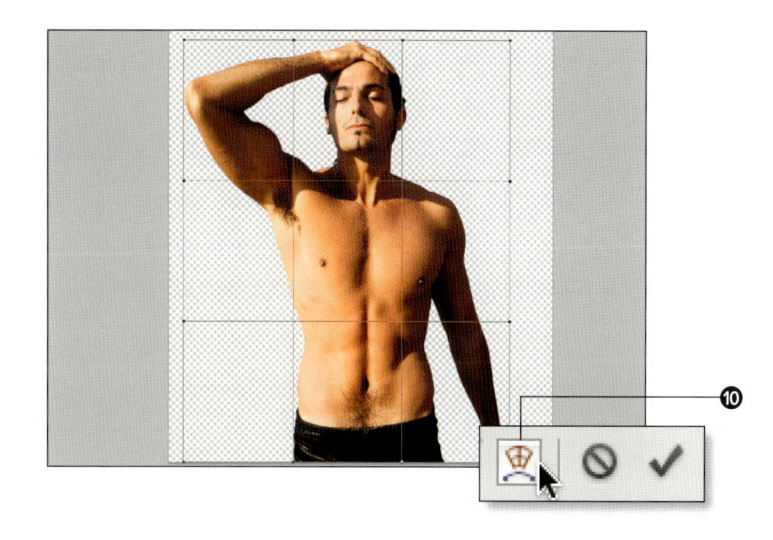

8 Körper formen

Ziehen Sie an den äußeren Anfassern, um die Rasterform zu verändern – der Inhalt passt sich an. So können Sie den Oberkörper in die Breite ziehen und die Taille schmaler machen.

Die Verkrümmung bestätigen Sie durch einen Druck auf die [↵]-Taste.

9 Im Raster korrigieren

Blenden Sie die Hintergrundebene über einen Klick auf das Augensymbol wieder ein, und überprüfen Sie, ob es doppelte Kanten gibt. Diese können Sie durch erneutes Anwählen des FREI TRANSFORMIEREN-Befehls und der Verkrümmen-Option überarbeiten.

Um beispielsweise den Oberarm auch nach rechts zu verbreitern, fassen Sie an einem inneren Schnittpunkt ⓫ des Rasters an und verziehen diesen.

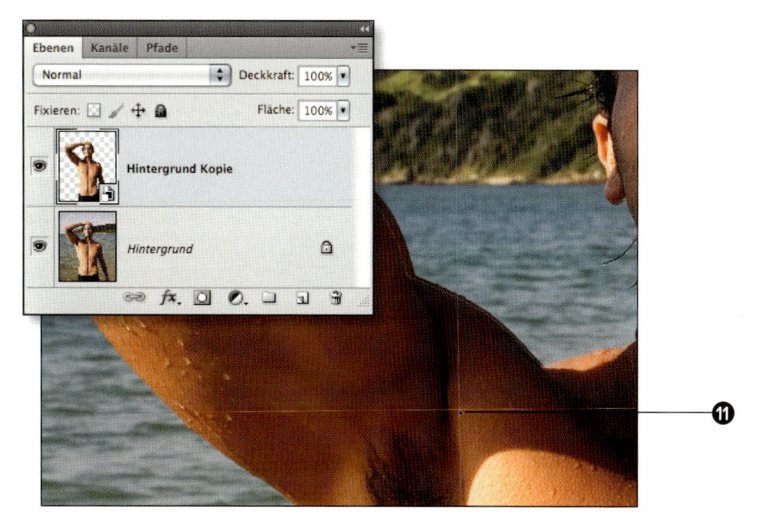

Kapitel 3 | Fokus: Körper **103**

10 Zwischenbilanz

Auch die Taille hat jetzt natürlich durch die Verschmälerung eine Doppelkontur ⓬.

Diese wird im nächsten Schritt durch Retusche des Hintergrundes beseitigt, genauso wie noch andere Störfaktoren.

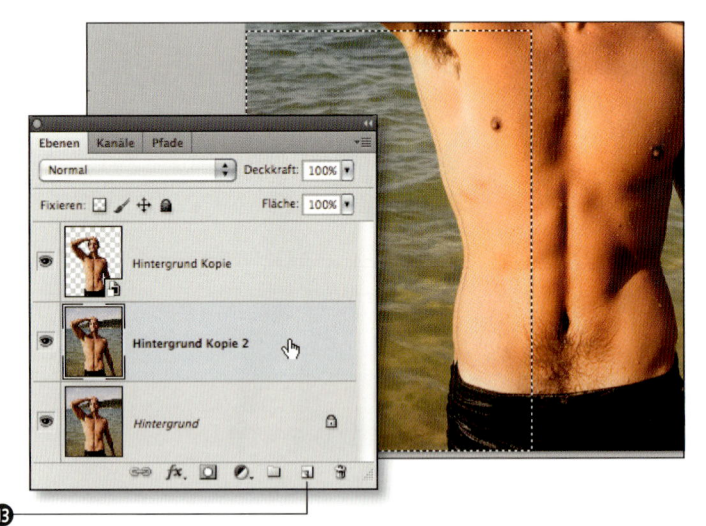

11 Hintergrund auswählen

Aktivieren Sie die Hintergrundebene, und duplizieren Sie sie durch Ziehen auf das Seitensymbol ⓭ der EBENEN-Palette, um das Original zu sichern. Sorgen Sie dafür, dass die neu erstellte Ebene aktiv ist, bevor Sie mit der Auswahl beginnen.

Ziehen Sie mit dem Auswahlrechteck einen Rahmen um den Hintergrundbereich, der hinter dem Rücken liegt. Starten Sie dabei links außerhalb des Bildes, und enden Sie »hinter« dem Rücken.

12 Hintergrund vergrößern

Optional können Sie wie in Schritt 4 die Auswahlkante noch bearbeiten und eine weiche Kante für den Übergang definieren. Aber bei diesem unkonkreten Hintergrund und der geringen Transformation ist das kaum nötig. Wechseln Sie mit ⌃Strg/⌘ + T auf den Transformationsrahmen. Ziehen Sie die Auswahl dann am rechten, mittleren Anfasser in die Breite, bis die Doppelkontur der Taille verschwindet.

Bestätigen Sie die Transformation mit der ↵-Taste.

104   Kapitel 3 | Fokus: Körper

13 Kritische Bereiche

Genauso verfahren Sie jetzt auch für den Hintergrund auf der rechten Bildhälfte. Dabei werden Sie feststellen, dass sich der Arm aus dem Hintergrund durch die Transformation in die Mitte schiebt ⓮.

Aber das macht nichts, denn das können Sie über eine Ebenenmaske leicht verbergen.

Durch Drücken der Taste Z (Zoom-Werkzeug) können Sie übrigens seit Version CS 5 nun stufenlos heranzoomen und kritische Bereiche besser beäugen.

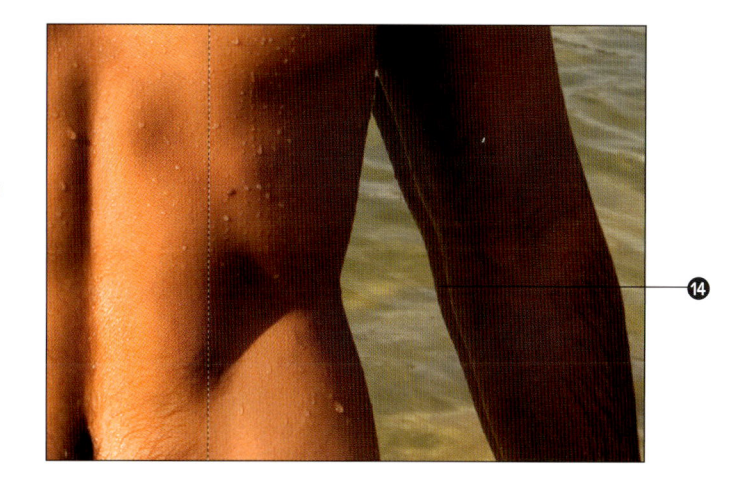

14 Maskenkorrektur

Klicken Sie in der EBENEN-Palette auf das Maskensymbol ⓯, um eine neue, leere Ebenenmaske zu erstellen.

Benutzen Sie dann das Pinsel-Werkzeug mit schwarzer Vordergrundfarbe und einer weichen Kante, und malen Sie über die störende Armkante.

An den maskierten Stellen wird die kopierte und korrigierte Hintergrundebene wieder ausgeblendet, und der originale Hintergrund mit der Wasserstruktur scheint durch.

15 Letzter Schliff

Überprüfen Sie die ganze Arbeit nochmals auf doppelte Kanten oder Unsauberheiten, und korrigieren Sie diese durch die eben gezeigte Maskierung. Aktivieren Sie die obere Ebene, und korrigieren Sie dort über eine neue Ebenenmaske eine doppelte Kontur des Oberarms.

Übrigens: Mit gedrückter Alt -Taste+rechter Maustaste (Win) bzw. Ctrl + Alt (Mac) und durch Ziehen nach links bzw. rechts ändern Sie sehr schnell die Pinselgröße, durch Ziehen nach oben oder unten die Pinselhärte ⓰.

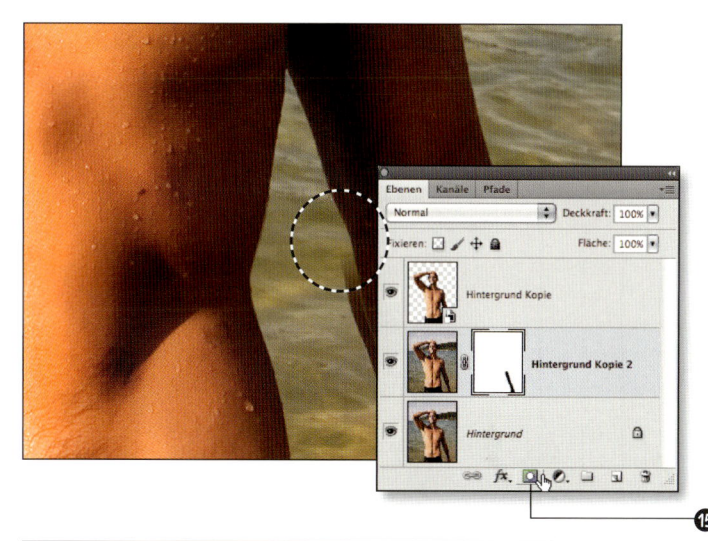

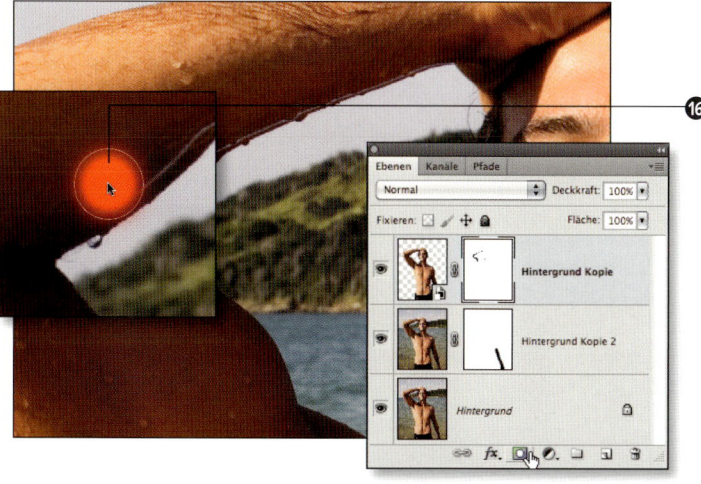

Kapitel 3 | Fokus: Körper

Dekolleté verschönern

Die Oberweite in Form bringen

Die Technik, die ich Ihnen in diesem Workshop zeige, ist nicht nur in der Katalogproduktion für Wäsche oder Bademoden beliebt. Mit ein paar wenigen Eingriffen können Sie die Oberweite durch den VERFLÜSSIGEN-Filter nachträglich anheben, vergrößern, verkleinern oder korrigieren. Dabei sollten Sie allerdings nicht über das Ziel hinausschießen und deshalb immer den Vergleich zum Original herstellen.

Aufgaben:
- Dekolleté anheben
- Kleidungsfalten verformen
- Oberweite vergrößern
- Proportionen anpassen

[Dekollete.jpg]

1 **Ebenenkopie vorbereiten**
Der VERFLÜSSIGEN-Filter greift stark in Ihr Bild ein, und Sie können ihn leider nicht als Smartfilter anwenden.

Deshalb sollten Sie als Erstes Ihre Bildebene kopieren – ziehen Sie dafür die Hintergrundebene auf das Seitensymbol ❶ in der EBENEN-Palette.

2 **Der Verflüssigen-Filter**
Aus dem FILTER-Menü wählen Sie dann den VERFLÜSSIGEN-Filter.
Im Funktionsfenster benötigen Sie zunächst das Vorwärts-krümmen-Werkzeug ❷. Damit können Sie Pixel frei in Form schieben, bevor Sie mit anderen Werkzeugen die Proportionen ändern.

3 **Wichtig: Die Werkzeugoptionen**
Die Werkzeuge des VERFLÜSSIGEN-Filters lassen sich sehr differenziert steuern.

Beginnen Sie mit der Einstellung der Werkzeuggröße auf einen Wert von ca. 280, und gleichen Sie diese am Bild ab.

Setzen Sie die PINSELDICHTE auf einen Wert von ca. 30 herunter: So konzentriert sich die Wirkung auf die Mitte der Werkzeugspitze.

Den PINSELDRUCK sollten Sie ebenfalls niedrig ansetzen. Mit einem Wert von ca. 30 arbeiten Sie stückweise und sehr sanft.

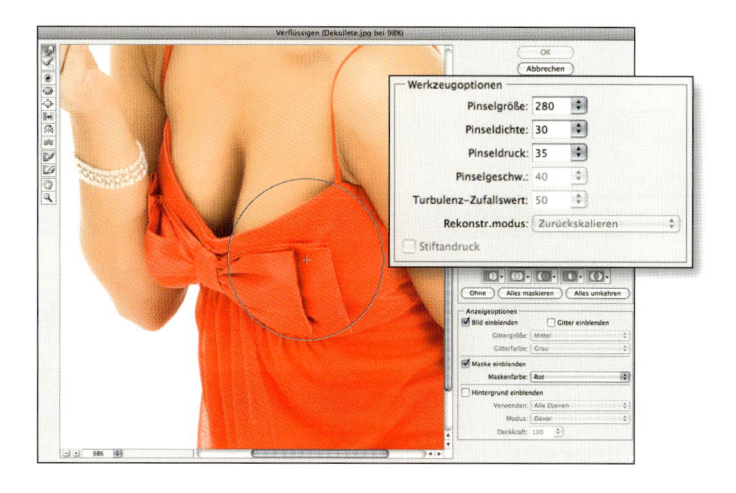

Kapitel 3 | Fokus: Körper 107

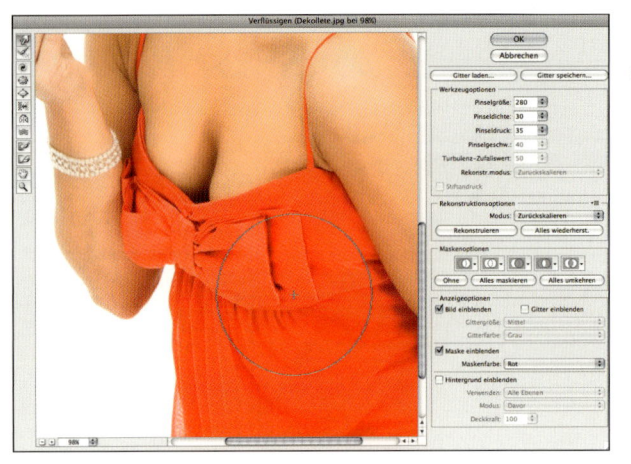

4 Formen korrigieren

Setzen Sie dann mit der Mitte des Werkzeugs zuerst unterhalb der Schleife an, um das Dekolleté von unten anzuheben.

Sie werden feststellen, dass die Pixel aufgrund der geringen Pinseldichte in der Mitte des Werkzeugs mehr verschoben werden und dass sie zum Rand hin kaum Wirkung haben.

Setzen Sie also an verschiedenen Stellen an. Der verringerte Pinseldruck erfordert viele Klicks, verhindert aber, dass sich die Pixel zu stark verschieben.

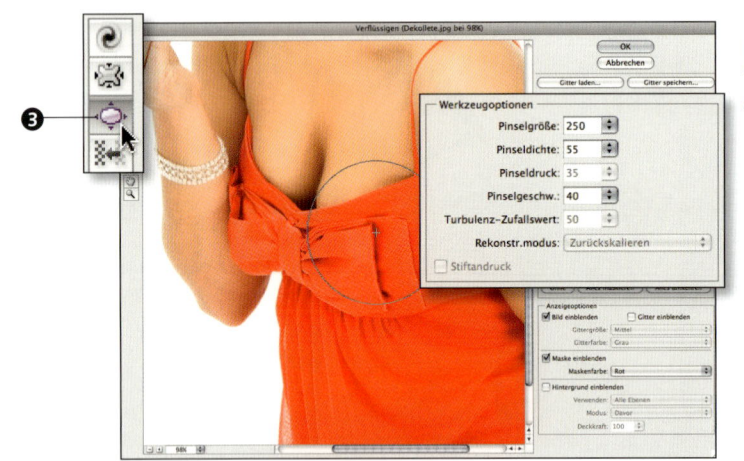

5 Das Aufblasen-Werkzeug

Wechseln Sie dann zum Aufblasen-Werkzeug ❸. Der Name klingt zwar etwas unprofessionell, es ist für diesen Zweck aber sehr gut einzusetzen, da es Bildbereiche konzentrisch aus der Mitte der Werkzeugspitze heraus vergrößert.

Auch hier ist die Feinabstufung des Werkzeugs wichtig: Verkleinern Sie zunächst die PINSELGRÖSSE auf etwa 250, und setzen Sie die PINSELDICHTE etwas höher, damit der Vergrößerungseffekt auch am Rand deutlich wird.

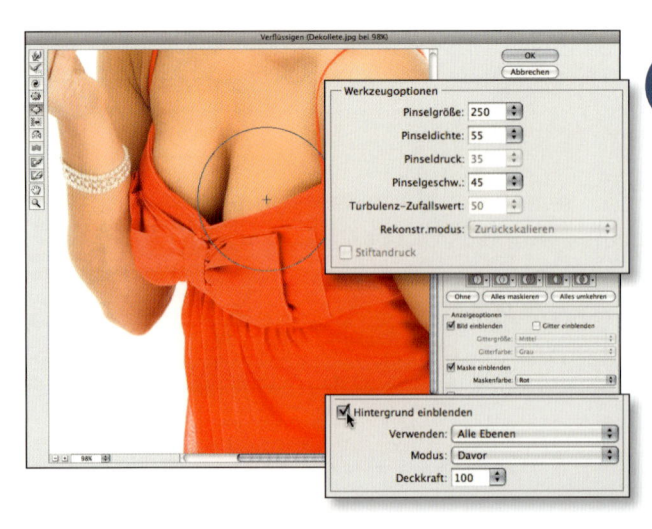

6 Pinselgeschwindigkeit nutzen

Mit dem Aufblasen-Werkzeug klicken Sie mit gedrückter Maustaste in das Zentrum des Arbeitsbereichs. Die Dauer des Drückens bestimmt die Wirkung genauso wie der Wert der PINSELGESCHWINDIGKEIT. Stellen Sie diese auf einen Wert unter 50, damit das »Aufblasen« kontrolliert vor sich gehen kann, und klicken Sie dann auf beide Brüste, um die Oberweite zu vergrößern.

Aktivieren Sie HINTERGRUND EINBLENDEN mit einer DECKKRAFT von 100 %, um den aktuellen Status mit dem Original zu vergleichen.

7 Korrekturen vornehmen

Sicher gibt es kleine Bereiche, die jetzt noch korrigiert werden müssen. Beispielsweise kann der Schatten zwischen den Brüsten verkürzt werden.

Wählen Sie dafür wieder das Vorwärtskrümmen-Werkzeug, aber stellen Sie eine deutlich kleinere Pinselgröße ein, bevor Sie Details durch Zusammenschieben korrigieren.

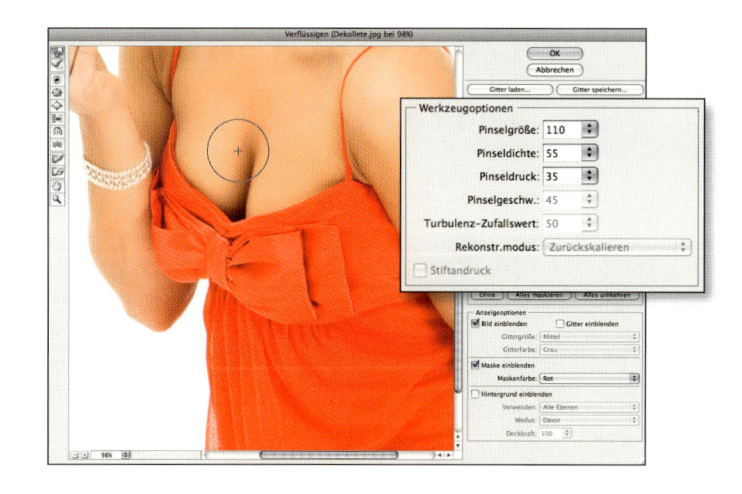

8 Das Zusammenziehen-Werkzeug

Dies ist das Gegenstück zum Aufblasen-Werkzeug. Es zieht die Pixel zur Mitte hin zusammen. Hiermit können Sie den Schatten noch schmaler machen und die Form in der Dekolleté-Mitte harmonisieren.

Stellen Sie diesmal eine höhere PINSELGESCHWINDIGKEIT von ca. 70 ein, um schneller eine Wirkung zu erzeugen. Die PINSELGRÖSSE sollten Sie wieder auf einen Wert von ca. 150 hochsetzen, bevor Sie in die Mitte des Dekolletés klicken, um den Schatten zusammenzuziehen.

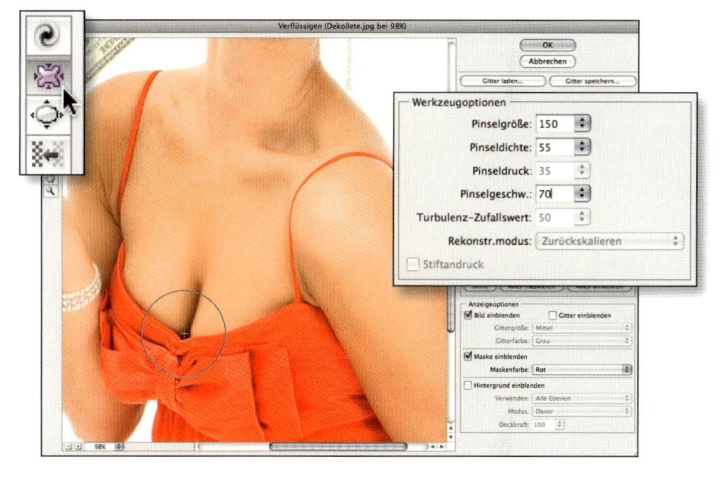

9 Fehler rekonstruieren

Manchmal lassen sich fehlerhafte Randerscheinungen nicht vermeiden. So ist die Schleife auf der rechten Seite durch die Vergrößerung sehr aus der Form geraten.

Solche Makel können Sie auch nachträglich mit dem Rekonstruktionswerkzeug korrigieren. Arbeiten Sie auch hier mit kleiner Pinselgröße und geringen Werten für Dichte, Druck und Geschwindigkeit.

Klicken Sie dann ein paarmal kurz auf die Kante der Schleife, um sie zu korrigieren. Abschließend klicken Sie auf OK.

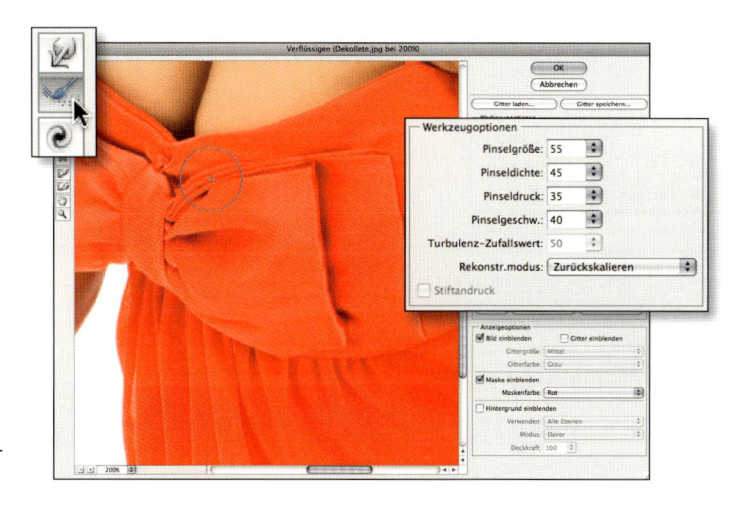

Den Bauch einziehen

Retuschieren und verschlanken Sie die Bauchpartie

Aufgaben:
Faltenschatten retuschieren
Bauchlinie verschlanken
Randbereiche kaschieren

[Bauch.jpg]

Die Sitzhaltung ist meist keine sehr gnädige Pose beim Fotografieren, denn leicht zeigen sich durch die geknickte Haltung Speckröllchen und Faltenwurf im Bauchbereich. Den Bauch können Sie leicht durch eine Transformation einziehen. Der erste Schritt ist jedoch die Flächenretusche, mit der Sie die ersten Bauchfalten verschwinden lassen, wodurch von vornherein ein besserer Gesamteindruck entsteht.

Foto: iStockphoto, © Kevin Russ, Bild 3600018

1 Flächenretusche

Beginnen Sie mit der Kleidungsretusche, um die Falten zu entfernen. Legen Sie dafür zunächst eine Kopie der Hintergrundebene an, auf der Sie arbeiten werden.

Anschließend wählen Sie für die erste Flächenretusche das Ausbessern-Werkzeug. In den Werkzeugoptionen definieren Sie QUELLE als AUSBESSERN-Bereich ❶. Als Quelle wählen Sie dann mit dem Werkzeug eine Bauchfalte großzügig aus. Sie können die Auswahl wie mit einem Lasso vornehmen.

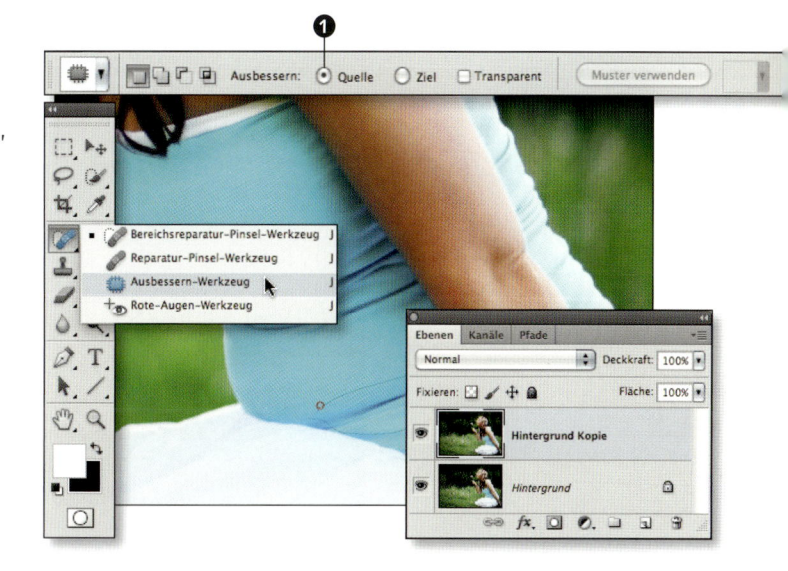

2 Falten ausbessern

Die ausgewählte Quelle ziehen Sie jetzt mit der Maus auf ein neues Ziel – also einen glatten Bereich auf dem T-Shirt. Sie erkennen, wie dieser in der ursprünglichen Auswahl erscheint. Nachdem Sie die Maustaste losgelassen haben, werden die neuen Pixel fließend in den Reparaturbereich eingefügt.

Wiederholen Sie dies mehrfach mit immer wieder neuen Auswahlbereichen unterschiedlicher Größe, bis Sie die Bauchfalten auf der Fläche geglättet haben.

3 Ränder retuschieren

Das Ausbessern-Werkzeug produziert immer weiche Übergangsbereiche an den Rändern, weshalb es für eine Randretusche nicht geeignet ist. Nutzen Sie dafür den Stempel.

Wählen Sie einen geeigneten HAUPTDURCHMESSER um 30 Pixel, und stellen Sie die HÄRTE auf ca. 20 Pixel.

Mit gedrückter Alt-Taste und einem Klick auf einen glatten Bereich ❷ nehmen Sie diesen als Kopierquelle auf.

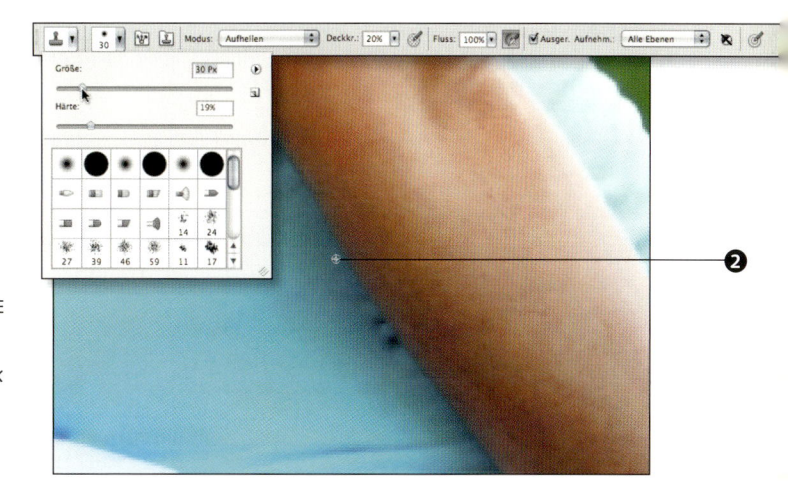

Kapitel 3 | Fokus: Körper

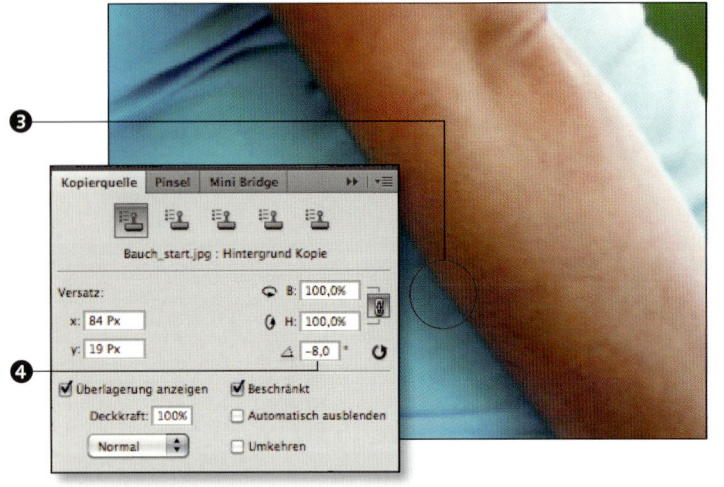

4 Kopierquelle bearbeiten

Seit der Version CS 4 ist der kopierte Bereich in der Werkzeugspitze des Stempels sichtbar.

In der KOPIERQUELLE-Palette können Sie jetzt für eine perfekte Einpassung sorgen. Wenn Sie einen niedrigen Wert für die Rotation ❹ eingeben (in meinem Fall –8°), passt sich der Winkel am Arm so an, dass Sie mit einem Klick passend stempeln können ❸.

Nehmen Sie mit der [Alt]-Taste noch andere Randbereiche auf, und passen Sie sie mit Hilfe der KOPIERQUELLE-Palette ein.

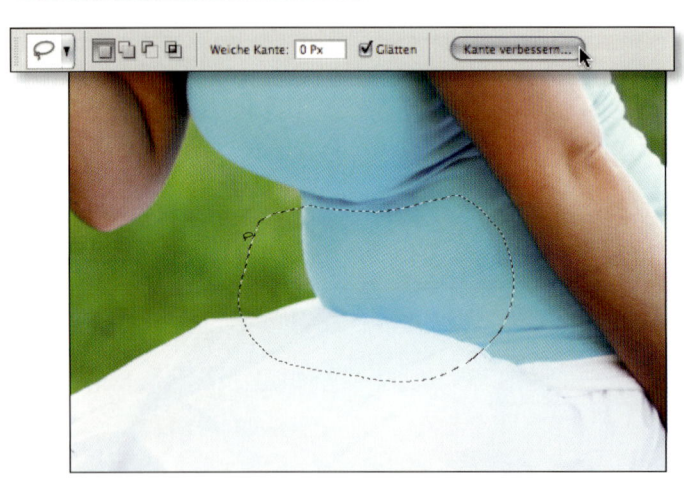

5 Bereich auswählen

Jetzt ist der Bauch geglättet und bereit für die Verschlankung.

Wählen Sie das Lasso-Werkzeug aus der Werkzeugpalette, und markieren Sie den Bauch so, dass sich die Auswahlkante in unstrukturierten Bereichen befindet. Diese kaschieren später am besten die Übergänge von den skalierten zu den originalen Bildbereichen.

Nach der Auswahl klicken Sie auf den Button KANTE VERBESSERN in der Optionsleiste.

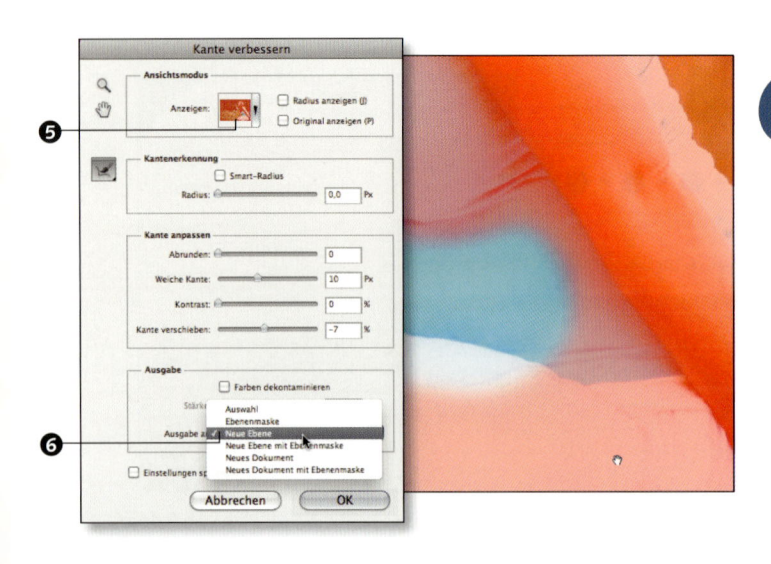

6 Kante verbessern

Jetzt können Sie die Auswahlkante feinsteuern: Entscheiden Sie sich zuerst eine geeignete Auswahlvorschau, wie beispielsweise die ÜBERLAGERUNG ❺ mit der Taste [V].

Stellen Sie dann eine WEICHE KANTE von ca. 10 Pixeln ein, und VERKLEINERN Sie eventuell die Auswahl ein wenig, falls die weiche Kante zu sehr in andere Zonen fällt.

Wählen Sie im Popup-Fenster unter AUSGABE AN eine NEUE EBENE ❻. Mit OK und dem Bestätigen der Einstellungen erhalten Sie eine neue Ebene mit dem ausgewählten Bereich.

7 Smart-Objekt-Ebene erstellen

Gewöhnen Sie sich an, bei Transformationen mit Smart-Objekten zu arbeiten. Nur so können Sie jederzeit wieder in die vorgenommene Transformation eingreifen.

Wählen Sie aus den Optionen ❼ der EBENEN-Palette den Befehl IN SMART-OBJEKT KONVERTIEREN.

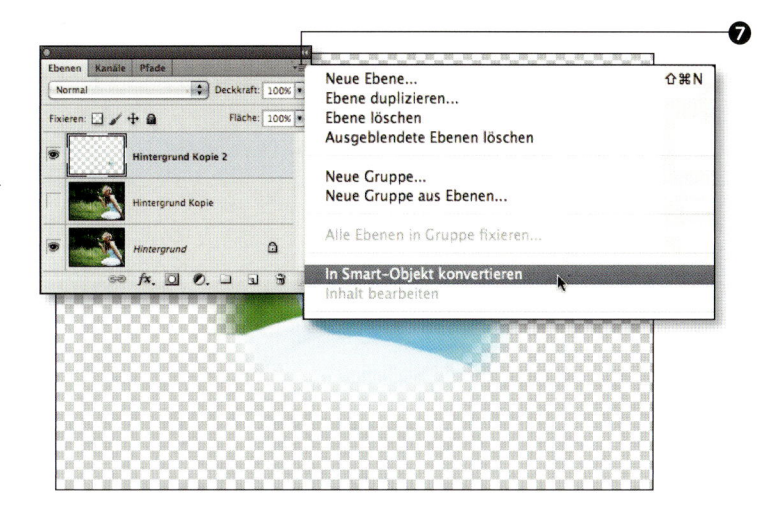

8 Bauch einziehen

Wählen Sie den Befehl FREI TRANSFORMIEREN aus dem BEARBEITEN-Menü oder über den Kurzbefehl [Strg]/[⌘] + [T].

Den erscheinenden Transformationsrahmen ändern Sie gleich in ein Transformationsraster, indem Sie in der Optionsleiste auf das Verkrümmensymbol ❽ klicken.

Ziehen Sie dann die äußeren und inneren, mittleren Anfasser ❾ und ❿ nach innen, und zwingen Sie so den Bauch, »die Luft rauszulassen«. Mit der [↵]-Taste bestätigen Sie die Verkrümmung.

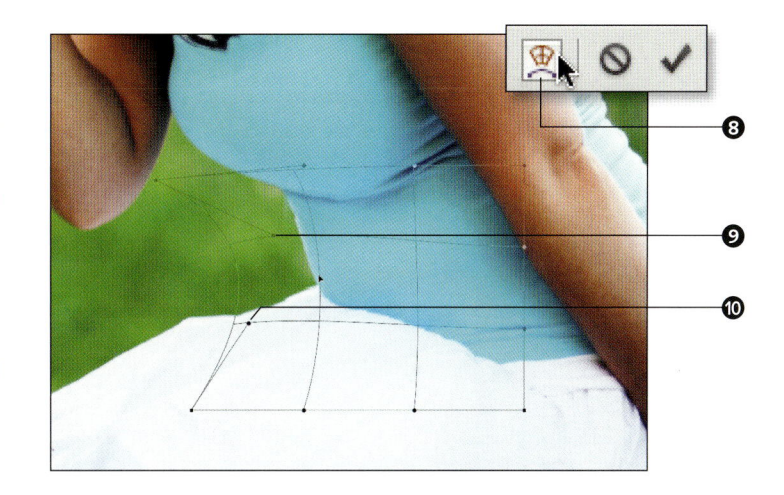

9 Übergänge retuschieren

Achten Sie bei der Verkrümmung darauf, dass die Übergänge zur unteren Ebene keinen Versatz zeigen.

Falls sich unschöne Überlagerungen nicht vermeiden lassen, legen Sie für die kritische Ebene eine Ebenenmaske an, indem Sie die Ebene aktivieren und auf das Maskensymbol ⓫ klicken.

Mit dem Pinsel-Werkzeug, weicher Werkzeugspitze und schwarzer Vordergrundfarbe maskieren Sie dann die Bereiche.

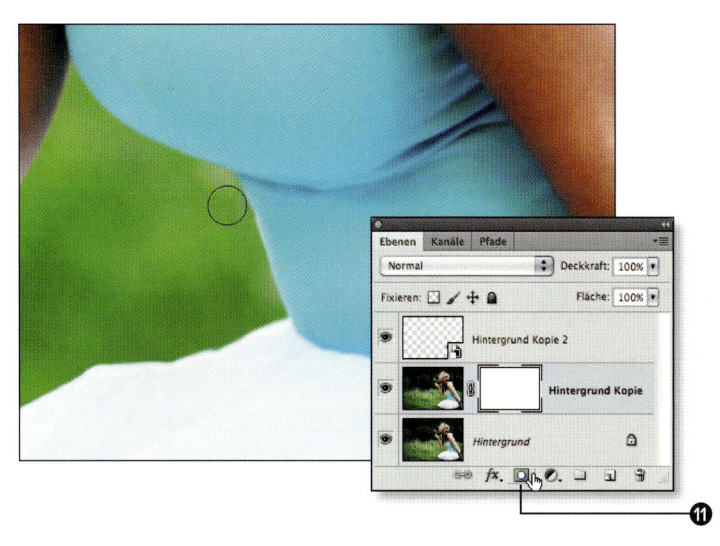

Kapitel 3 | Fokus: Körper

Körperkonturen formen

Mit Licht und Schatten malen

Auf glatter Haut malt eine gute Lichtführung schöne Reflexionen, die die Körperkonturen wunderbar herausarbeiten. Um diese weiter zu betonen, gibt es zwei Strategien: Sie können die Lichtführung in einem Schwarzweißbild abbilden und dieses als weiches Licht mit dem Original überlagern, oder Sie legen sich eine neutrale »Lichtebene« an, auf der Sie die Licht- und Schattenreflexe frei malen können.

Aufgaben:
- Lichtreflexionen verstärken
- Hautschatten herausarbeiten
- Wirkung abstufen

[Koerperkonturen.jpg]

1 Start in der Korrekturen-Palette

Öffnen Sie die KORREKTUREN-Palette, und klicken Sie dort auf das Symbol für SCHWARZWEISS ❶.

Schon zu Polaroid-Zeiten half eine Schwarzweißversion bei der Beurteilung von Licht und Schärfe. Hier wird sie uns als eigene Lichtebene dienen.

2 Schwarzweißversion anlegen

Im SCHWARZWEISS-Fenster interessiert uns nur die Abbildung der Hauttöne, die durch den Gelb- und Rotanteil bestimmt werden.

Setzen Sie deshalb alle anderen Farbanteile ❸ zurück – diese werden in der Schwarzweißumsetzung ganz dunkel dargestellt –, und ziehen Sie dann den Gelb- und Rotregler ❷ auseinander. So modellieren Sie die Graustufen in den Hauttönen und arbeiten den Lichtkontrast richtig heraus.

3 Weiches Licht

Wechseln Sie jetzt in die EBENEN-Palette. Dort sehen Sie die eben entstandene Einstellungsebene.

Um jetzt von der Lichtwirkung des aktuellen Schwarzweißbildes profitieren zu können, setzen Sie den MODUS der Einstellungsebene über das Popup-Menü ❹ auf WEICHES LICHT.

Sofort wird das Originalbild modelliert: Die Schatten werden tiefer und die Lichtreflexionen heller.

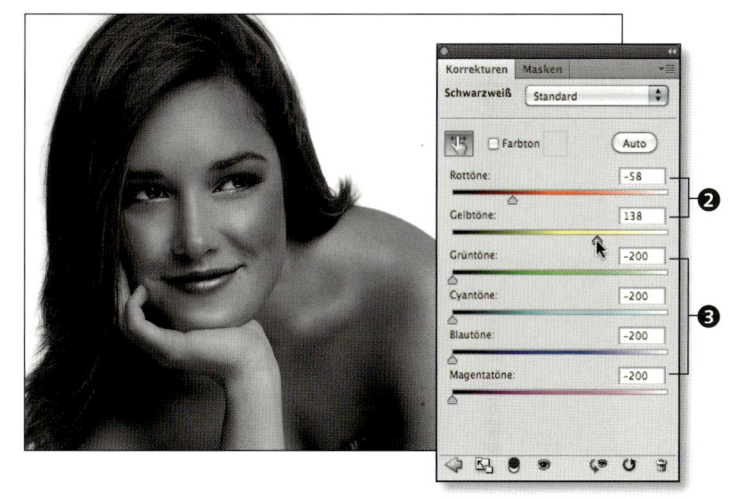

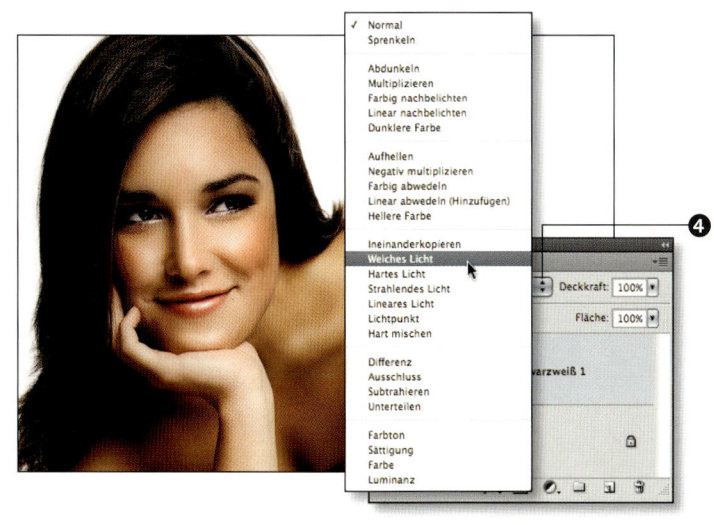

Kapitel 3 | Fokus: Körper

4 Lichtsetzung vorbereiten

Maskieren Sie nun die Einstellungsebene, indem Sie sie über ⌈Strg⌉/⌘ + ⌈I⌉ umkehren. Durch die schwarze Maske ❻ ist die Wirkung der Graustufenebene wieder ausgeblendet. Wählen Sie jetzt das Pinsel-Werkzeug mit weißer Vordergrundfarbe, und passen Sie die Pinselgröße ❺ an, indem Sie mit gedrückter ⌈Alt⌉-Taste + rechter Maustaste (Win) bzw. ⌈Ctrl⌉ + ⌈Alt⌉-Taste (Mac) nach links oder rechts ziehen. Durch Ziehen nach oben oder unten ändern Sie die Härte.

5 Mit Licht malen

Malen Sie jetzt über die Hautbereiche, die in Licht oder Schatten verstärkt werden sollen. Passen Sie dabei immer wieder die Pinselspitze an die gewünschte Reflexions- oder Schattenbreite an.

Auch die Stärke der Lichtebene können Sie partiell auftragen: Doppelklicken Sie auf den Farbwechsler ❼ in der Werkzeugpalette, und wählen Sie ein helles Grau, um die Wirkung – zum Beispiel bei den Lippenreflexionen – nicht ganz so stark aufzutragen.

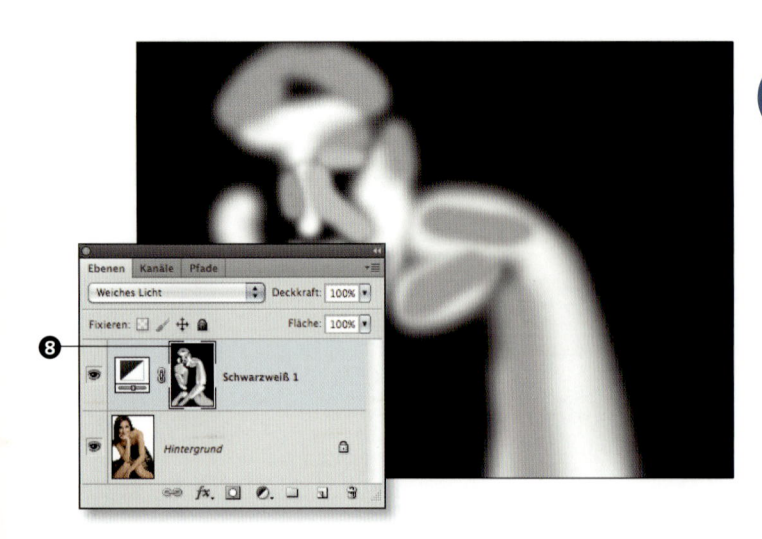

6 Maskenarbeit

Gönnen Sie sich den Spaß, und blenden Sie sich die Ebenenmaske ein – klicken Sie einfach mit gedrückter ⌈Alt⌉-Taste auf die Maskenminiatur ❽.

An den verschiedenen Graustufungen erkennen Sie die Intensität der Lichtebene. Die Übergänge müssen dabei nicht elegant sein, denn die abgestufte Wirkung ist in der Schwarzweißumsetzung schon vorhanden.

Klicken Sie nochmals mit gedrückter ⌈Alt⌉-Taste auf die Maskenminiatur, um das Bild wieder einzublenden.

116 Kapitel 3 | Fokus: Körper

7 Manuelle Lichtebene einrichten

Sie müssen nicht nur auf die Lichtzeichnung des bestehenden Bildes vertrauen, sondern können sich auch eine neutrale Lichtebene anlegen, auf der Sie manuell arbeiten.

Legen Sie durch einen Klick auf das Seitensymbol ❿ eine neue, leere Ebene an, und wählen Sie aus dem Menü BEARBEITEN • FLÄCHE FÜLLEN. Wählen Sie ein 50%iges Grau als INHALT, und bestätigen Sie mit OK.

Setzen Sie auch diese Ebene gleich auf den MODUS: WEICHES LICHT ❾.

8 Lichtreflexionen verstärken

Öffnen Sie die FARBFELDER-Palette, und wählen Sie ein helles Grau für eine moderate zusätzliche Lichtsetzung. (Natürlich können Sie die Farbe auch durch einen Doppelklick auf den Farbwechsler ändern.)

Malen Sie dann die Hautstellen nach, deren Lichtreflexionen Sie noch verstärken wollen. Je heller Sie die Vordergrundfarbe wählen, desto stärker ist die Aufhellung.

9 Schatten intensivieren

Zur weiteren Intensivierung der Schatten arbeiten Sie in umgekehrter Richtung: Sie wählen also eine dunkelgraue Vordergrundfarbe und malen mit angepasster Werkzeugspitze die Schatten intensiver.

So entsteht langsam eine weitere Ebene, die die Licht- und Schattenwirkung durchzeichnet.

Kapitel 3 | Fokus: Körper

Fokus: Gesicht

Das Gesicht steht im Mittelpunkt der Porträtretusche. Deshalb findet hier auch die meiste Arbeit statt. Neben der Basisretusche geht es bei der Bildbearbeitung im Gesicht um zwei Hauptaufgaben. Zunächst steht der Ausgleich von Formen und Proportionen im Mittelpunkt. Ob Gesichtsform, Nasenkorrektur, Doppelkinn oder eine künstliche Gesichtssymmetrie – all das sind Aufgaben der Porträtbildbearbeitung. Der zweite Schwerpunkt dieses Kapitels beinhaltet eine sensiblere Form der Bearbeitung – das Herausarbeiten und Verfeinern von Gesichtszügen durch Beleuchtungseffekte, Weichzeichnungen oder nachträgliches Make-up.

Foto: Oana Szekely, Modell: Lars Weber

Fokus: Gesicht

Gesichtsform ändern **122**
   Wangen und Kinnpartie modellieren

Nase verschönern **126**
   Verkleinern und begradigen Sie die Nase in feiner Dosierung

Proportionen ausgleichen **130**
   Perspektiv-Verzeichnungen und andere Proportionen verändern

Gesichtshälften harmonisieren **136**
   Erzeugen Sie ein spiegelsymmetrisches Porträt

Doppelkinn verstecken **140**
Kinnfalten ausbessern und Gesichtskontur anheben

Rouge auftragen **146**
Nachträgliches Make-up in drei kleinen Schritten

Gesicht zum Leuchten bringen **148**
Legen Sie ein weiches Licht auf die Gesichtszüge

Durchscheinende Hauttöne **152**
Nutzen Sie transparente Weichzeichnungen

Gesichtsform ändern
Wangen und Kinnpartie modellieren

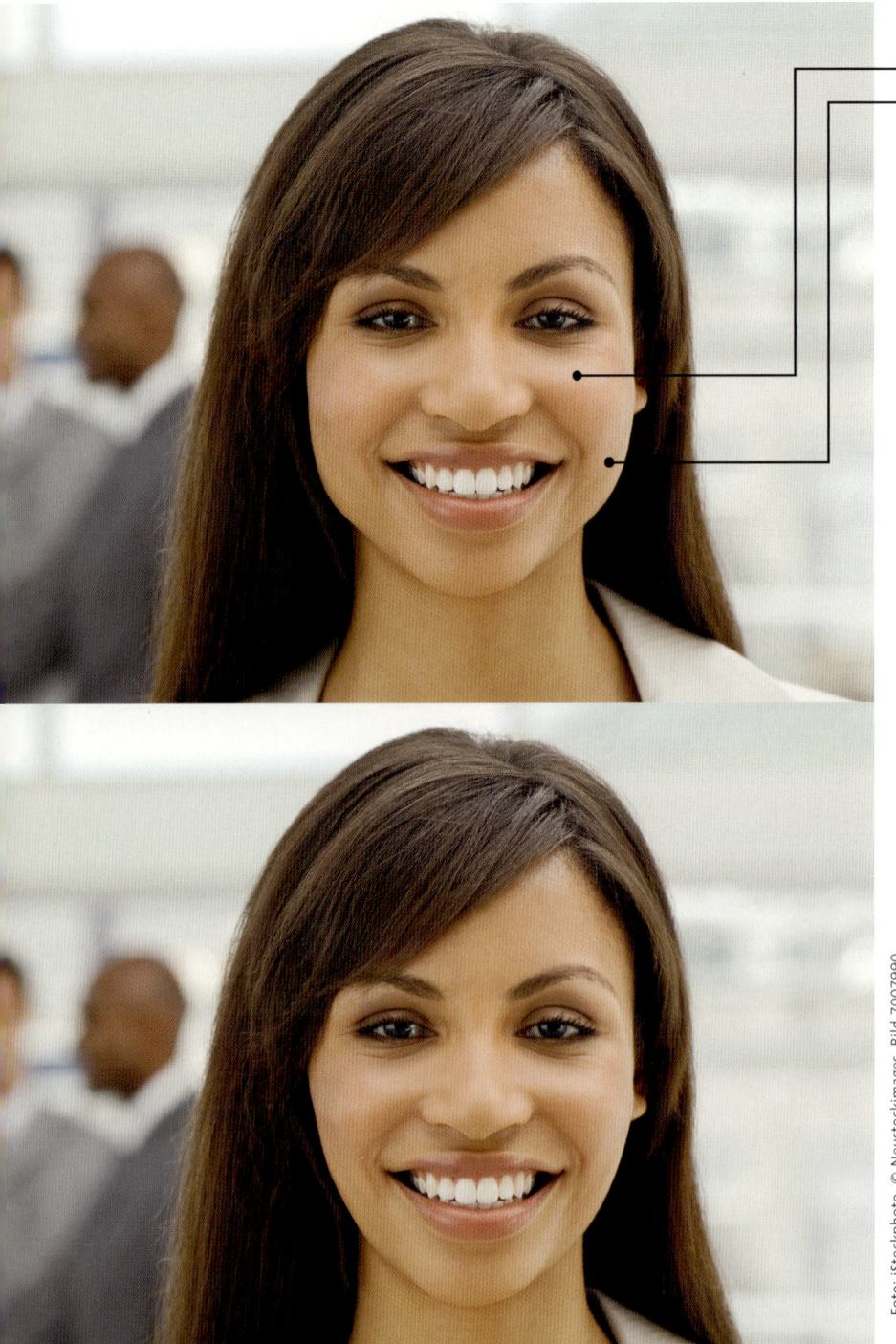

Aufgaben:
Wangenvolumen verringern
Wangenform ändern
[Gesicht.jpg]

Ob quadratisches, rundes, dreieckiges oder kantiges Gesicht, Pausbacken oder andere Gesichtsformen: Mit dem VERFLÜSSIGEN-Filter können Sie ein Gesicht wie Knetmasse formen und komplett verändern. Damit das Ergebnis noch natürlich aussieht, ist es aber wichtig, dass Sie Ihre Pixel eben nicht wie Knetmasse verbiegen, sondern alle Werkzeugoptionen wie Pinseldichte, -druck und -geschwindigkeit ausnutzen und den Filter sensibel einsetzen.

Foto: iStockphoto, © Neustockimages, Bild 7007990

1 Ebenenkopie erstellen

Sichern Sie – wie immer – zunächst das Original, indem Sie die Hintergrundebene durch Ziehen auf das Seitensymbol ❶ duplizieren. Die duplizierte Ebene wird zur Arbeitsebene.

2 Arbeit im Verflüssigen-Filter

Wählen Sie dann aus dem Menü FILTER • VERFLÜSSIGEN. Das Motiv erscheint dort im Vorschaufenster.

Zoomen Sie sich zunächst auf den Arbeitsbereich – also das Gesicht – heran. Genau wie im normalen Fenster geht das über das Lupenwerkzeug ❷ oder das Tastenkürzel [Strg]/ [⌘] + [+].

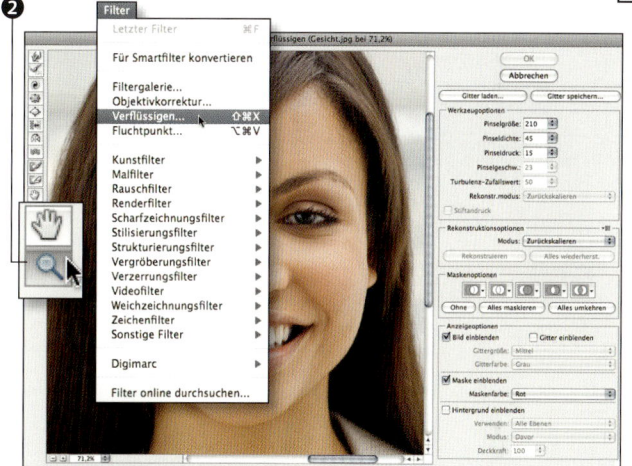

3 Werkzeugoptionen einstellen

Von den vielen verfügbaren Werkzeugen benutzen Sie zuerst das oberste – das Vorwärts-krümmen-Werkzeug ❸ mit dem Fingersymbol.

Bewegen Sie die Werkzeugspitze über das Bild, und passen Sie die PINSELGRÖSSE auf einen Wert von ca. 250 Pixel an, um großflächig an den Wangen arbeiten zu können.

Kapitel 4 | Fokus: Gesicht

4 Pinseldichte herabsetzen

Das Wichtigste beim Verformen von Porträts und Gesichtern ist das behutsame Vorgehen. Sorgen Sie deshalb zunächst dafür, dass die Verformungsintensität zum Rand hin abnimmt.

Dies steuern Sie über den Dichte-Wert. Im nebenstehenden Bild sehen Sie, wie das Werkzeug mit 100%iger PINSELDICHTE arbeitet. Für unseren Einsatz können wir das nicht gebrauchen und setzen den Dichte-Wert auf ca. 35 zurück.

5 Niedriger Pinseldruck

Die Stärke der Wirkung wird wiederum durch den PINSELDRUCK gesteuert. Auch diesen sollten Sie zurücksetzen, wenn Sie filigraner arbeiten wollen als im Beispiel links.

Setzen Sie den Druck sehr niedrig – auf einen Wert von ca. 25, um die Korrektur in kleinen Schritten vornehmen zu können.

6 Wangen modellieren

Beginnen Sie jetzt damit, die Wangen vorsichtig schmaler zu machen. Setzen Sie dafür mit dem Mittelpunkt des Werkzeugs außerhalb der Wange ❹ an, damit die Wirkung sanfter ist.

Wählen Sie auch verschiedene Ansatzpunkte zwischen Ohrläppchen und Kinn, um die Wange so stückweise nach innen zu verschieben.

7 Arbeitsstatus vergleichen

Wiederholen Sie den gleichen Vorgang mit der anderen Wange.
Vergessen Sie nicht, Ihren Arbeitsfortschritt immer mit der Originalversion zu vergleichen.

Aktivieren Sie dazu die Option HINTERGRUND EINBLENDEN, und stellen Sie gleichzeitig die DECKKRAFT dafür auf 100 % – so überlagert der Hintergrund Ihre Arbeitsversion, und Sie können besser vergleichen.

8 Die Pinselgeschwindigkeit

Um die Porportionen der Wangen der neuen, schmalen Form anzupassen, sollte an den Wangenknochen etwas »Luft abgelassen« werden. Nutzen Sie dazu das Zusammenziehen-Werkzeug ❺, mit dem die Pixel innerhalb des Werkzeugradius zur Mitte hin zusammengezogen werden.

Analog zum Pinseldruck setzen Sie hier die PINSELGESCHWINDIGKEIT herunter, denn eine hohe Geschwindigkeit produziert ein unkontrollierbares Ergebnis, wie Sie rechts sehen können.

9 Wangen zusammenziehen

Verringern Sie dann noch ein wenig die PINSELGRÖSSE, und klicken Sie jetzt mehrfach kurz auf das Zentrum der Wangenknochen. So verringert sich das verbleibende Pausbäckige in den Wangen, und der Bereich um die Wangenknochen passt besser zu der neuen Wangenform.

Prüfen Sie auch diese Korrektur über die Option HINTERGRUND EINBLENDEN.

Tipp: Alt + Strg / ⌘ + Z macht in diesem Filter mehrere Schritte rückgängig.

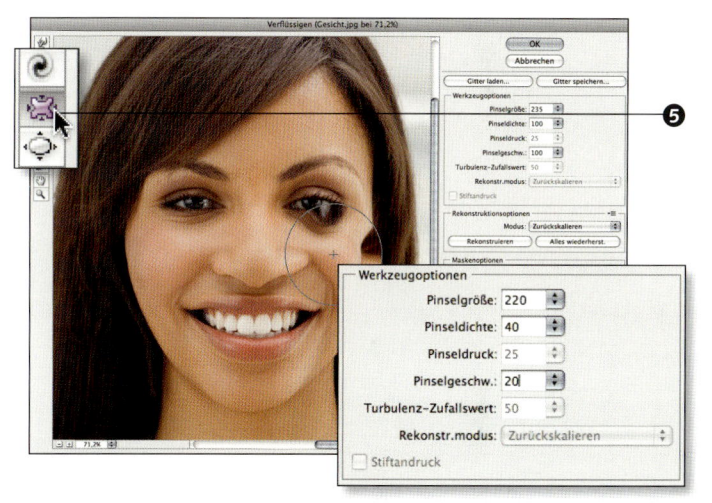

Kapitel 4 | Fokus: Gesicht

Nase verschönern

Verkleinern und begradigen Sie die Nase in feiner Dosierung

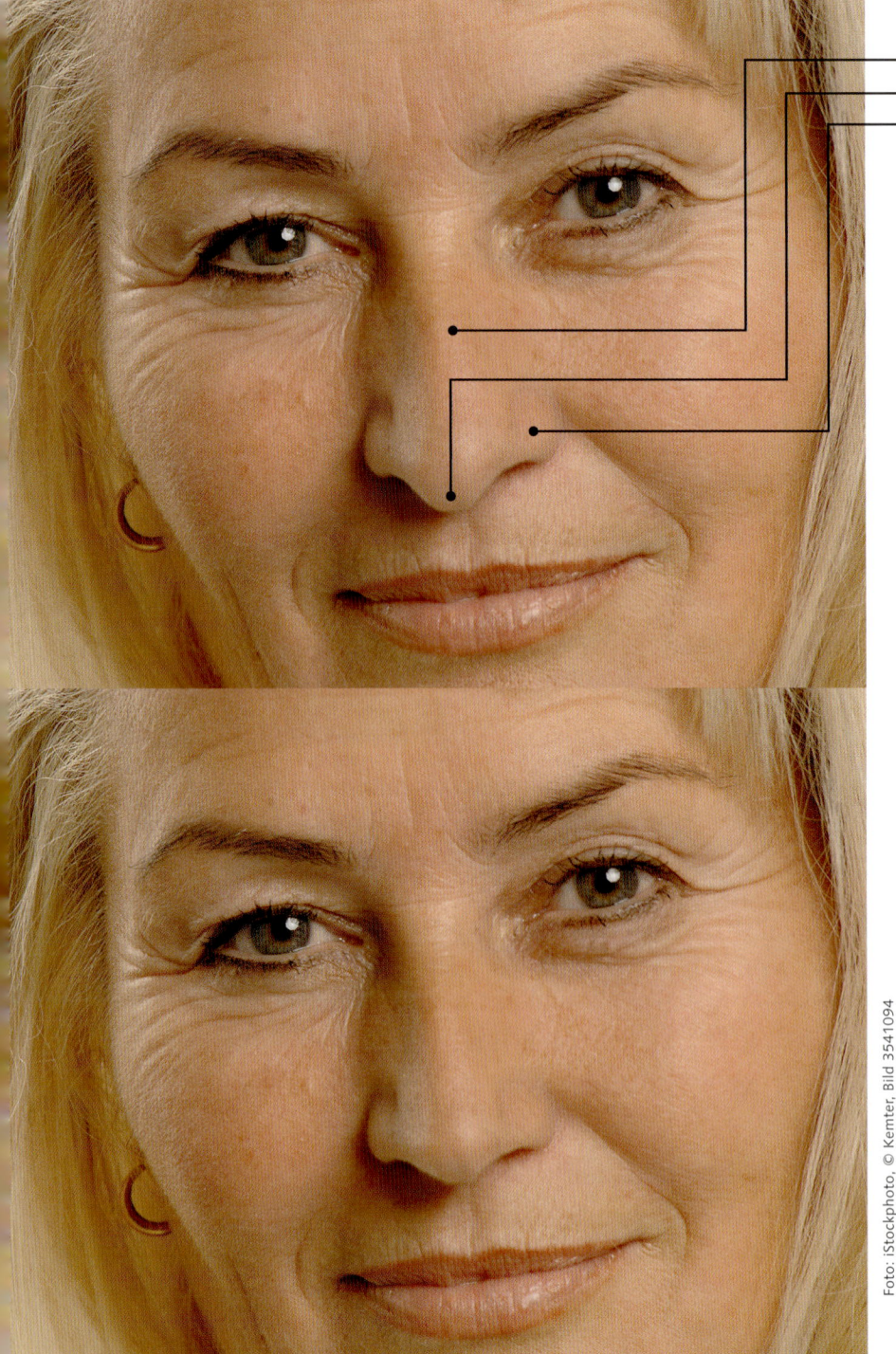

Aufgaben:
- Nasenrücken begradigen
- Nasenspitze anheben
- Nasenflügel verkleinern

[Nase.jpg]

Die Nase sitzt nun mal mitten im Gesicht und fällt daher schnell auf. Deshalb wird die Nase bei der Retusche gern optimiert. Je nach Nase oder auch nach Aufnahmesituation ist häufig eine Nasenverkleinerung, oft aber auch eine Begradigung oder eine Veränderung der Proportionen erforderlich. Auch das ist eine Aufgabe für den VERFLÜSSIGEN-Filter und erfordert eine genaue Abstimmung der verschiedenen Werkzeuge dieses Filters.

Foto: iStockphoto, © Kemter, Bild 3541094

1 Ebenenkopie erstellen

Auch diesmal wird die Hintergrundebene durch Ziehen auf das Seitensymbol dupliziert, um den VERFLÜSSIGEN-Filter auf dieser neuen Arbeitsebene anzuwenden.

Wählen Sie danach den VERFLÜSSIGEN-Filter aus dem FILTER-Menü.

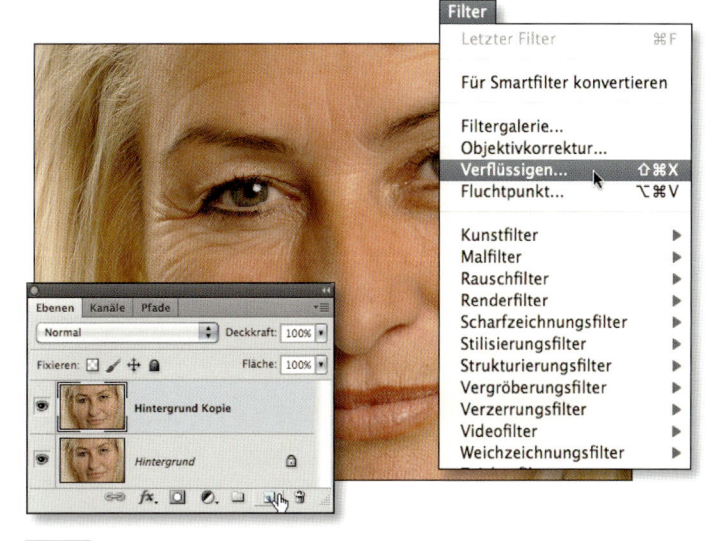

2 Pinselgröße abstimmen

Wählen Sie wieder als Erstes das Vorwärts-krümmen-Werkzeug ❶, und passen Sie die Werkzeuggröße zunächst so an, dass die Nasenspitze gut umfasst wird – hier ist das bei einem Wert von knapp über 200 Pixeln der Fall.

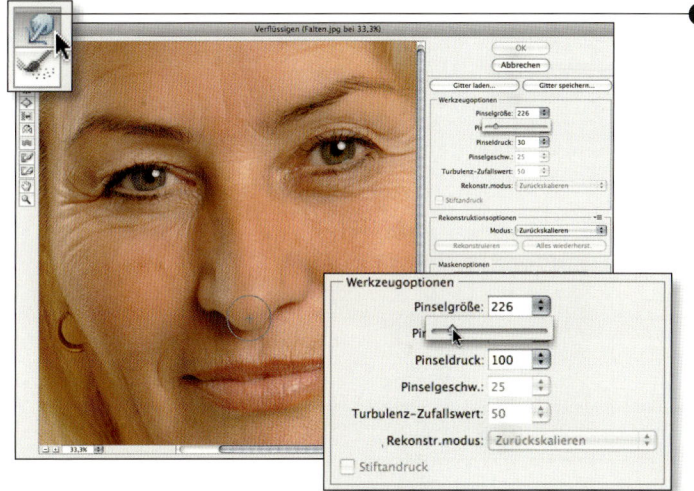

3 Dichte und Druck anpassen

Bei all diesen Pixelveränderungen sollten Sie behutsam vorgehen, damit Ihnen nicht nach einigen Bearbeitungsschritten jemand anderes aus dem Bild entgegenblickt.

Stellen Sie die PINSELDICHTE und den PINSELDRUCK, wie im vorangegangenen Workshop beschrieben, auf geringe Werte zwischen 35 und 45 ein, um schrittweise arbeiten zu können.

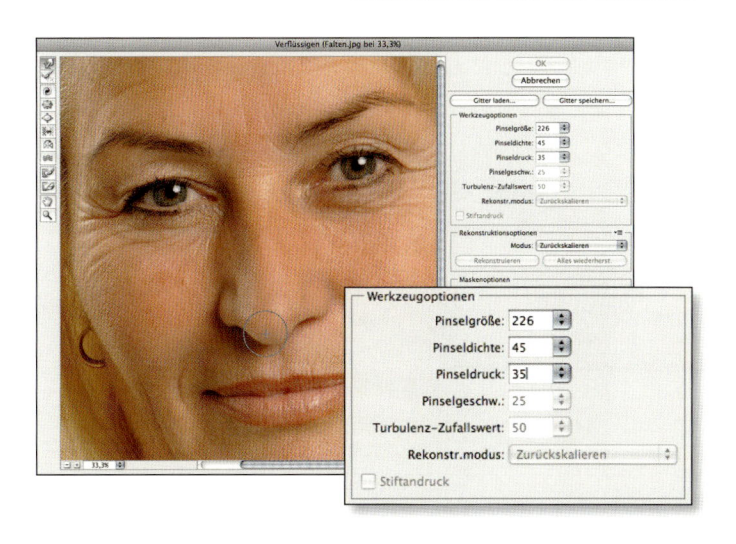

Kapitel 4 | Fokus: Gesicht

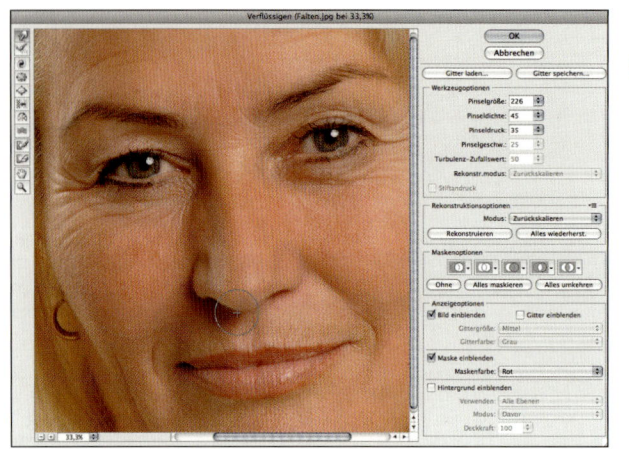

4 Nasenspitze anheben

Setzen Sie das Werkzeug so an, dass das Fadenkreuz knapp unter der Nasenspitze sitzt, und heben Sie so die Nasenspitze stückweise, von verschiedenen Seiten aus startend, an.

Zum Rand der Werkzeugspitze nimmt die Wirkung immer mehr ab, so dass die verschobenen Pixel gut in der Umgebung integriert bleiben.

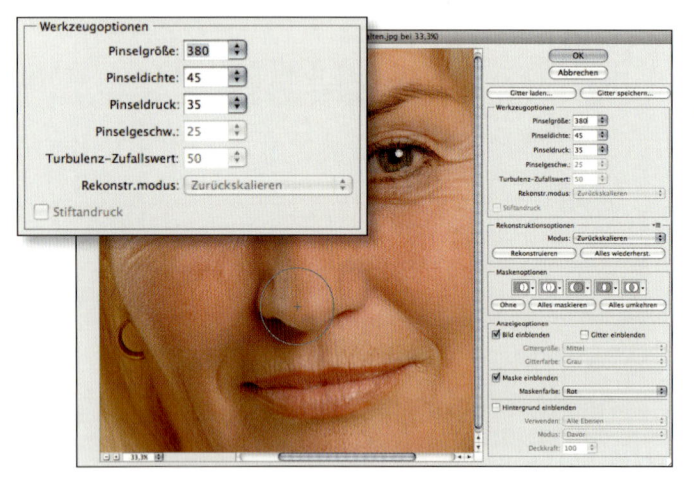

5 Werkzeugspitze anpassen

Als Nächstes wird der Nasenrücken begradigt. Stellen Sie dafür zunächst die PINSELGRÖSSE auf einen Wert von ca. 380.

Die größere Werkzeugspitze vermeidet jetzt eventuelle Beulen in der Bearbeitung.

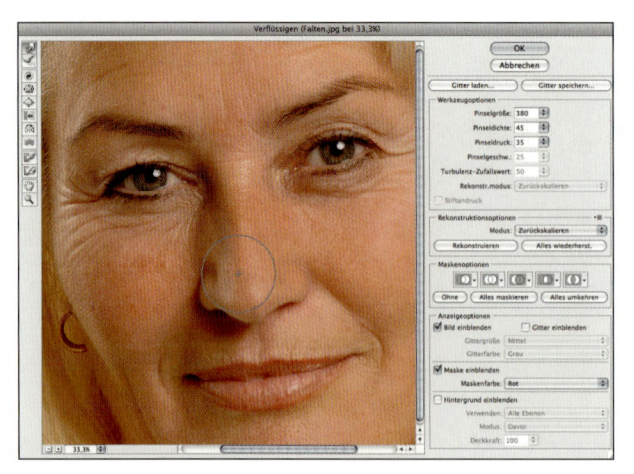

6 Nasenrücken begradigen

Setzen Sie diesmal das Werkzeug knapp neben dem Nasenrücken an, und begradigen Sie ihn zur Mitte hin in mehreren Schritten.

Durch den größeren Werkzeugdurchmesser werden auch die Seitenteile der Nase ein wenig mit verschoben.

7 Nasenflügel verkleinern

Der rechte Nasenflügel ist noch unproportional groß. Wechseln Sie deshalb auf das Zusammenziehen-Werkzeug ❷, das die Pixel zum Zentrum hin verkleinert.

Stellen Sie die PINSELGRÖSSE auf einen Durchmesser von ca. 500 Pixel, damit der Nasenflügel ganz überlagert ist, und arbeiten Sie hier mit geringer PINSELGESCHWINDIGKEIT von ca. 25.

Klicken Sie dann mehrfach kurz auf leicht veränderte Stellen, bis der Nasenflügel etwas zusammengezogen ist.

8 Werkzeugwechsel

Benutzen Sie anschließend noch einmal das Vorwärts-krümmen-Werkzeug mit leicht verkleinerter Werkzeugspitze, um den Nasenflügel auch ein wenig zur Mitte hin zu verschieben.

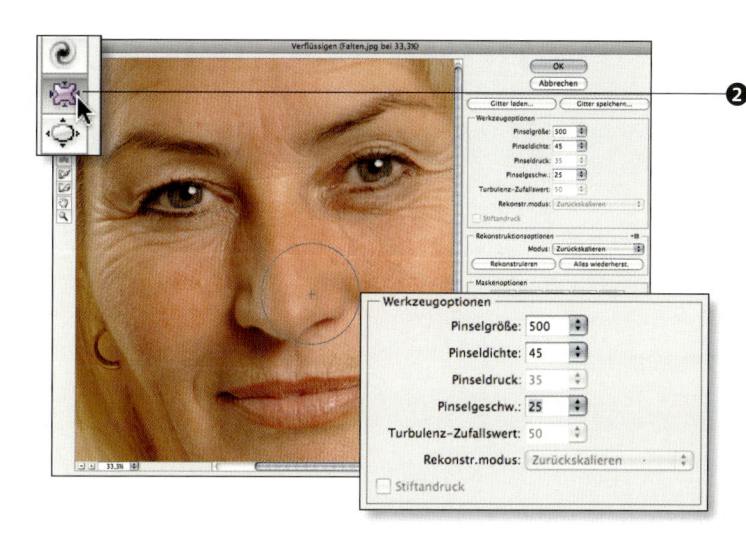

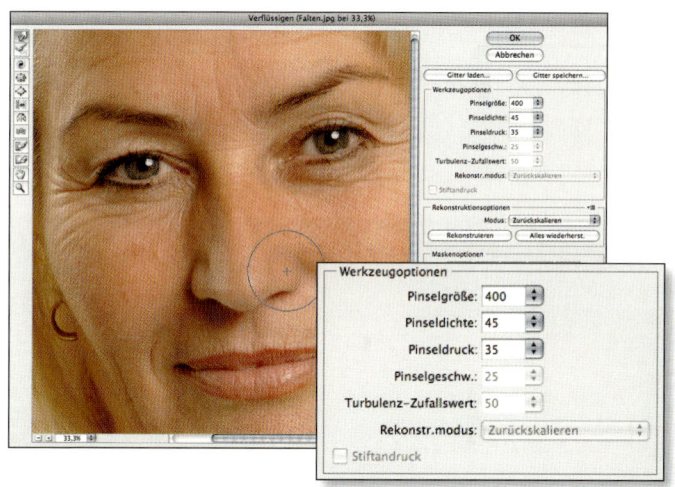

9 Kontrolle und Wiederherstellung

Blenden Sie den Hintergrund über die so benannte Option ein, und stellen Sie die DECKKRAFT auf 100%. So überlagern Sie den Hintergrund und können ihn mit Ihrer Arbeitsversion vergleichen.

Sind Sie über das Ziel hinausgeschossen, wählen Sie das Rekonstruktionswerkzeug ❸ – auch dieses mit geringen Werten für PINSELDICHTE, -GESCHWINDIGKEIT und -DRUCK –, und malen Sie kurz und behutsam über die Änderungen, um diese teilweise wieder zurückzunehmen.

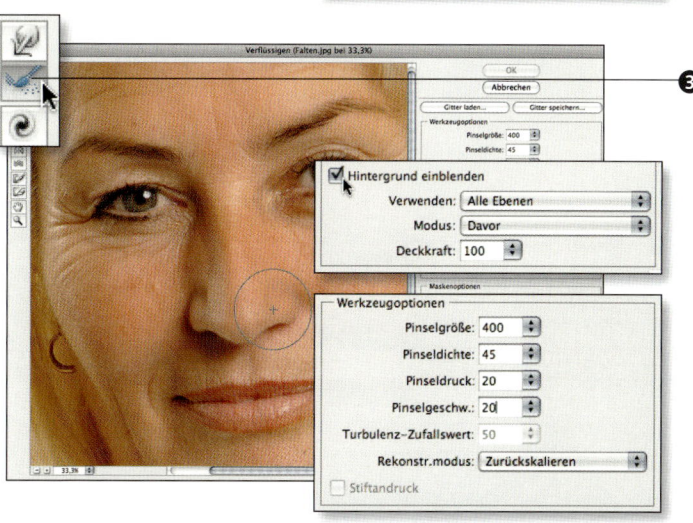

Kapitel 4 | Fokus: Gesicht   **129**

Proportionen ausgleichen

Perspektiv-Verzeichnungen und andere Proportionen verändern

Durch kurze Brennweiten verzeichnet ein Gesicht leicht. Bei einem gleichzeitig tiefer liegenden Kamerastandpunkt wird der untere Gesichtsteil oft unproportional vergrößert. Um dies auszugleichen, kombinieren Sie zwei Strategien: eine wechselseitige Nutzung verschiedenster Werkzeuge im VERFLÜSSIGEN-Filter und zusätzlich die Verkrümmen-Option des FREI TRANSFORMIEREN-Befehls.

Aufgaben:
- Untere Gesichtshälfte schmaler machen
- Wangen und Kinn formen
- Nasenproportionen anpassen
- Denkerstirn vergrößern

[Proportionen.jpg]

1 Ebenenkopie verflüssigen

Wie bei jedem Einsatz des VERFLÜSSI-GEN-Filters legen Sie auch hier zuerst eine Ebenenkopie ❷ an.

Dann wählen Sie aus dem FILTER-Menü den VERFLÜSSIGEN-Filter und starten mit dem Vorwärts-krümmen-Werkzeug ❶.

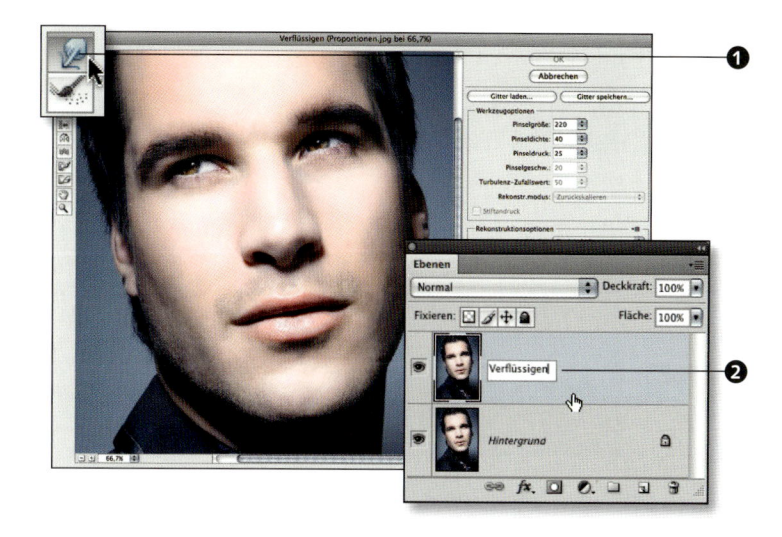

2 Wangen formen

Setzen Sie das Werkzeug an der Wangenpartie an, um eine PINSELGRÖSSE einzustellen, die den Großteil der Wange bearbeitet. Stellen Sie die PINSELDICHTE und den PINSELDRUCK wieder auf einen Wert deutlich unter 50 ein, bevor Sie damit beginnen, die Wangen in kleinen Schritten schmaler zu machen.

Pinseldruck und Pinseldichte: Mehr dazu lesen Sie im Workshop »Gesichtsform ändern«.

3 Kinn verkleinern

Nachdem die Wangen schmaler sind, erscheint das Kinn noch sehr gewaltig. Verkleinern Sie es mit dem Zusammenziehen-Werkzeug ❸.

Vergrößern Sie die PINSELGRÖSSE, so dass sich das Kinn vollständig im Werkzeugdurchmesser befindet, und setzen Sie die PINSELDICHTE noch weiter, auf einen Wert von ca. 30, zurück. So reduzieren Sie die Wirkung an den Randbereichen. Setzen Sie die PINSELGESCHWINDIGKEIT auf unter 50, und klicken Sie mehrfach kurz, um das Kinn »zusammenzuziehen«.

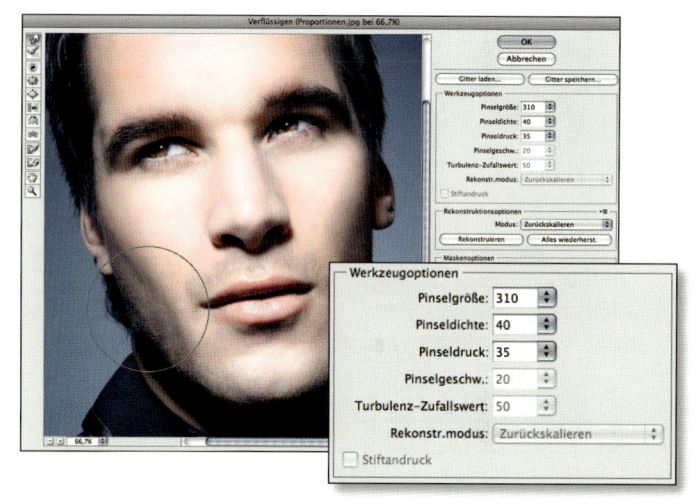

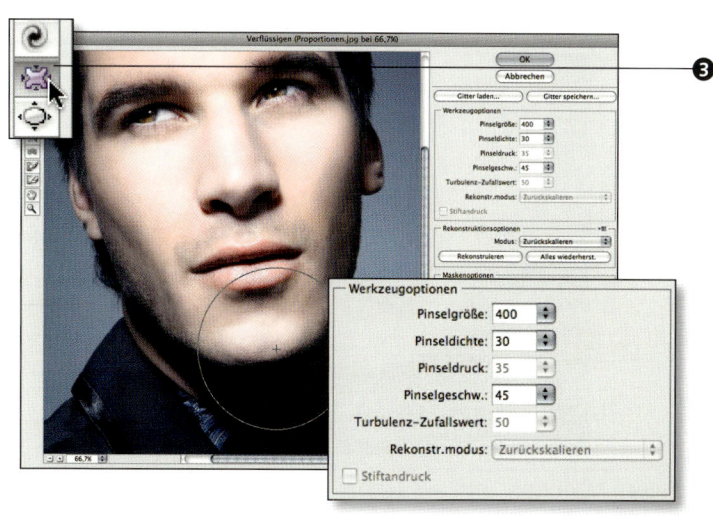

Kapitel 4 | Fokus: Gesicht

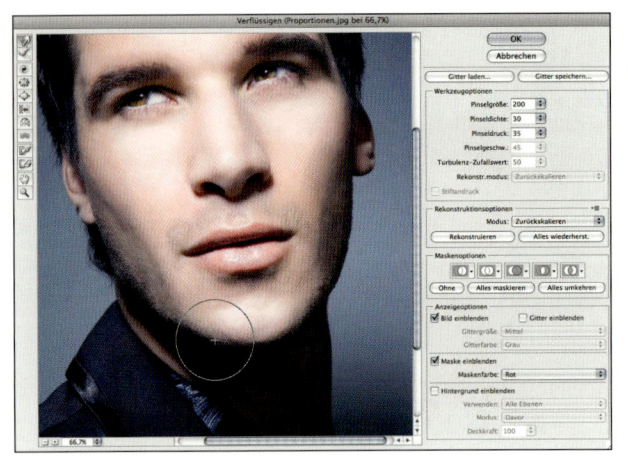

Form perfektionieren

4 Jetzt müssen Sie die beiden Werkzeuge miteinander abgleichen.

Wechseln Sie, nachdem das Kinn angemessen verkleinert ist, zurück zum Vorwärtskrümmen-Werkzeug, und passen Sie die Wangenform weiter an.

Wangen schmaler machen

5 Jetzt geht es um den Mittelteil des Gesichts. Der Bereich um die Wangenknochen ist zu flächig und groß.

Auch hier kommen Sie mit dem Zusammenziehen-Werkzeug weiter: Passen Sie die PINSELGRÖSSE an, und klicken Sie dann wieder mehrfach und kurz auf den linken und rechten Wangenknochen, bis beide angemessen verkleinert sind.

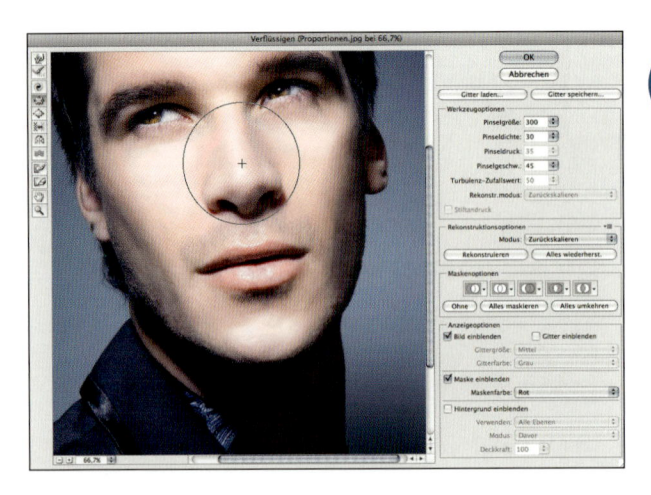

Nasenproportionen anpassen

6 Wenn Sie das Gefühl haben, dass Ihnen die Nase jetzt optisch entgegenspringt, ist das klar, denn es ist der einzige Teil im unteren Gesichtsbereich, der noch nicht verkleinert wurde.

Verkleinern Sie auch die Nase mit dem Zusammenziehen-Werkzeug. Falls das Werkzeug dabei zu stark arbeitet, verringern Sie nochmals die PINSELGESCHWINDIGKEIT.

7 Gesichtshälfte verkleinern

Nachdem Sie jetzt an vielen einzelnen Baustellen gearbeitet haben und die Proportionen aufeinander abgestimmt sind, können Sie die untere Gesichtshälfte nun insgesamt verkleinern.

Vergrößern Sie also den Pinseldurchmesser des Zusammenziehen-Werkzeugs, bis er alles von Kinn bis zu den Augenbrauen umfasst, und verringern Sie die PINSELGESCHWINDIGKEIT auf 25. Klicken Sie dann 2–3-mal kurz, bis Sie die untere Gesichtshälfte zum Zentrum hin leicht verkleinert haben.

8 Nase rekonstruieren

Die Nase wird im Zentrum verhältnismäßig stark zusammengezogen. Ihre Breite können Sie aber partiell wiederherstellen – und zwar mit dem Rekonstruktionswerkzeug ❹.

Dieses stellt schrittweise den Ursprungszustand der Pixel wieder her. Und auch hier gilt: Je geringer der Wert für die Geschwindigkeit, desto filigraner können Sie arbeiten. Belassen Sie zum Rekonstruieren also den Wert für die Geschwindigkeit auf 25, und verkleinern Sie den Pinseldurchmesser auf ca. 100.

9 Zwischenstand

Spätestens jetzt ist es an der Zeit, eine Zwischenbilanz zu ziehen. Aktivieren Sie die Option HINTERGRUND EINBLENDEN, und setzen Sie die DECKKRAFT auf 100 %, um das Vorher und Nachher miteinander zu vergleichen.

Arbeiten Sie gegebenenfalls noch etwas mit dem Vorwärts-krümmen-Werkzeug oder dem Zusammenziehen-Werkzeug nach, oder rekonstruieren Sie überzogene Stellen mit geringer Pinselgeschwindigkeit. Klicken Sie dann auf OK.

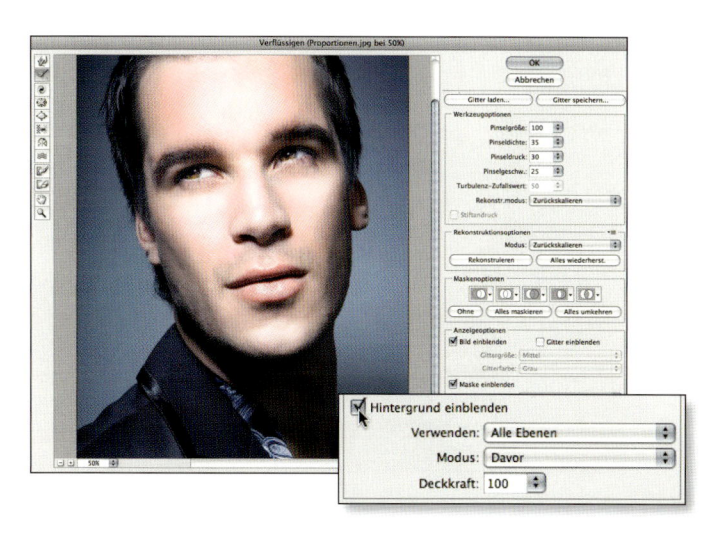

10 Kopf auswählen

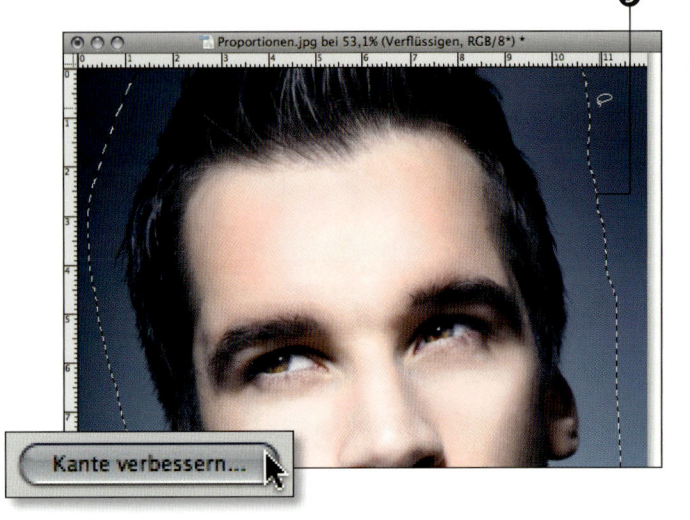

Jetzt geht es um den oberen Kopfteil, der im Verhältnis noch etwas vergrößert werden soll. Da dies nicht partiell geschehen soll, verwenden wir nicht den VERFLÜSSIGEN-Filter, sondern arbeiten mit einer Transformation.

Wählen Sie dazu den ganzen Kopf mit dem Lasso-Werkzeug aus, und achten Sie darauf, dass die Auswahlkante ❺ in Bereichen liegt, in denen eventuelle Übergänge später nicht auffallen. Klicken Sie dann in der Optionsleiste auf KANTE VERBESSERN.

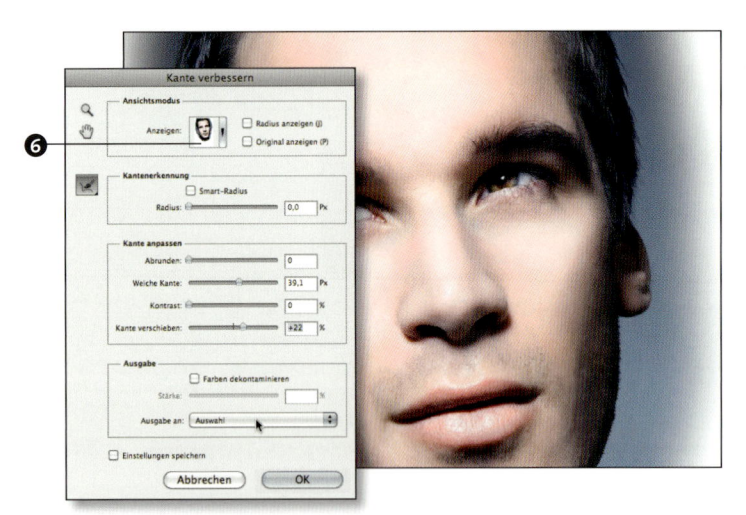

11 Übergangsbereich anlegen

Wählen Sie im Funktionsfenster KANTE VERBESSERN eine Auswahlvorschau ❻, die sich gut gegen den Motivhintergrund abgrenzt, wie z. B. einen weißen Hintergrund mit der Taste W.

Erhöhen Sie dann den Wert für die WEICHE KANTE stark, in diesem Beispiel auf ca. 40 Pixel. Wenn die weiche Auswahl jetzt zu eng an das Gesicht heranragt, korrigieren Sie dies mit einem positiven Wert für KANTE VERSCHIEBEN.

Klicken Sie dann auf OK.

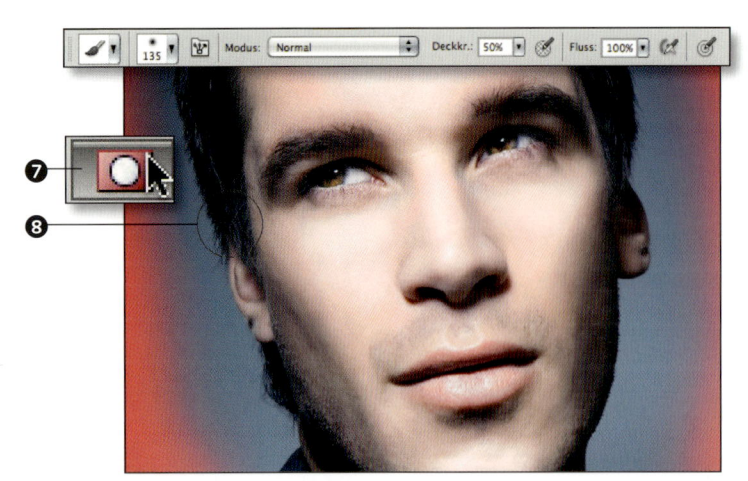

12 Maskierungsmodus

Nicht immer kann man diese weiche Kante pauschal bearbeiten. Hier ist sie auf der linken Seite kritisch. Damit die Haare jedoch zu 100 % ausgewählt sind, arbeiten Sie diese Kante im Maskierungsmodus nach. Wechseln Sie über das Maskensymbol ❼ in der Werkzeugpalette in den Maskierungsmodus. Wählen Sie das Pinsel-Werkzeug mit weißer Werkzeugspitze, und stellen Sie eine nicht zu weiche Kante ein. Malen Sie dann die kritischen Bereiche ❽ frei, und wechseln Sie mit Q wieder in den Auswahlmodus.

13 Transformationsebene

Die finale Auswahl wird jetzt auf eine eigene Ebene ⓫ kopiert – am schnellsten geht das mit dem Kurzbefehl Strg/⌘ + J.

Diese Ebene soll nun transformiert werden. Wählen Sie dazu aus dem Menü BEARBEITEN • FREI TRANSFORMIEREN, oder nutzen Sie die Tastenkombination Strg/⌘ + T. Sobald der Transformationsrahmen ❾ erscheint, wählen Sie aus der Optionsleiste die Verkrümmen-Option ❿, und ein Raster legt sich auf das Bild.

14 Kopfform verändern

Dieses Raster können Sie jetzt an allen Punkten verzerren. Das enthaltene Bild verformt sich dadurch unter der Verzerrungshülle.

Ziehen Sie das Raster an den oberen Anfassern ⓬ und ⓭ nach außen, um den oberen Kopfbereich zu vergrößern. Gleichzeitig können Sie das Raster unten nach innen ziehen, so machen Sie den schon vorgearbeiteten unteren Kopfbereich noch schmaler.

Durch Klick auf die ↵-Taste wird die letzte Transformation bestätigt.

15 Geänderte Proportionen

Jetzt haben Sie das Ziel erreicht. Den Vergleich von vorher zu nachher können Sie leicht in der EBENEN-Palette nachvollziehen:

Klicken Sie mit gedrückter Alt-Taste auf das Augensymbol vor der Hintergrundebene, um nur diese einzublenden. Ein weiterer Alt-Klick blendet die anderen Ebenen wieder ein.

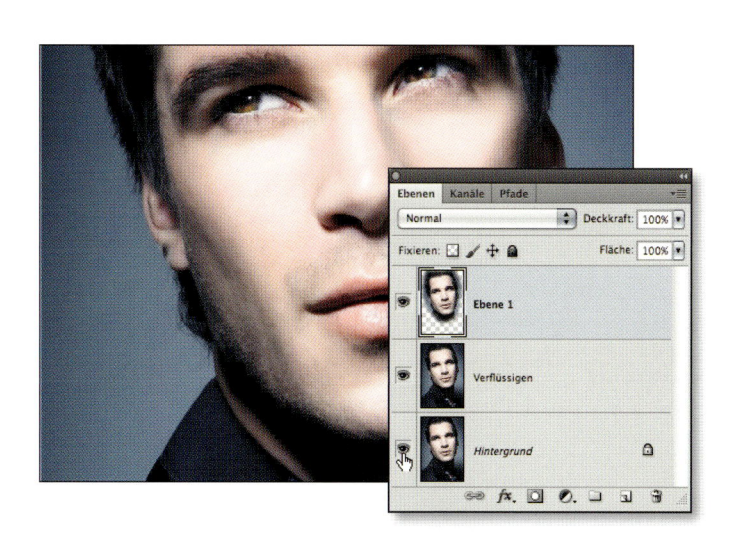

Kapitel 4 | Fokus: Gesicht

Gesichtshälften harmonisieren

Erzeugen Sie ein spiegelsymmetrisches Porträt

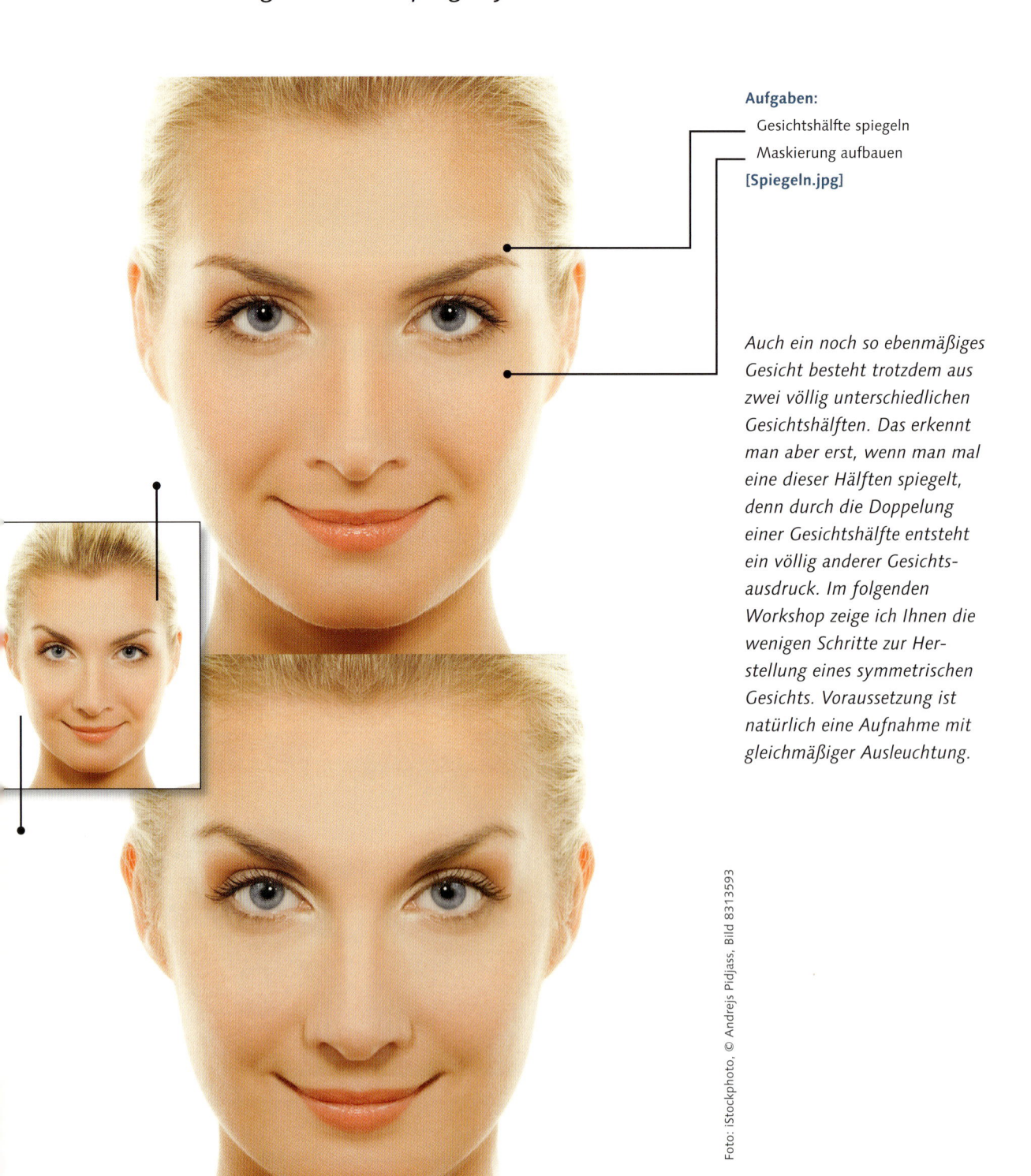

Aufgaben:
Gesichtshälfte spiegeln
Maskierung aufbauen
[Spiegeln.jpg]

Auch ein noch so ebenmäßiges Gesicht besteht trotzdem aus zwei völlig unterschiedlichen Gesichtshälften. Das erkennt man aber erst, wenn man mal eine dieser Hälften spiegelt, denn durch die Doppelung einer Gesichtshälfte entsteht ein völlig anderer Gesichtsausdruck. Im folgenden Workshop zeige ich Ihnen die wenigen Schritte zur Herstellung eines symmetrischen Gesichts. Voraussetzung ist natürlich eine Aufnahme mit gleichmäßiger Ausleuchtung.

1 Die Mitte finden

Blenden Sie zunächst über das Menü ANSICHT • LINEALE an den Fensterrändern ein, um dann mit gedrückter Maustaste aus dem linken Lineal ❶ eine senkrechte Hilfslinie zu ziehen.

Platzieren Sie diese über die Nasenmitte ❷, um die Spiegelachse festzulegen.

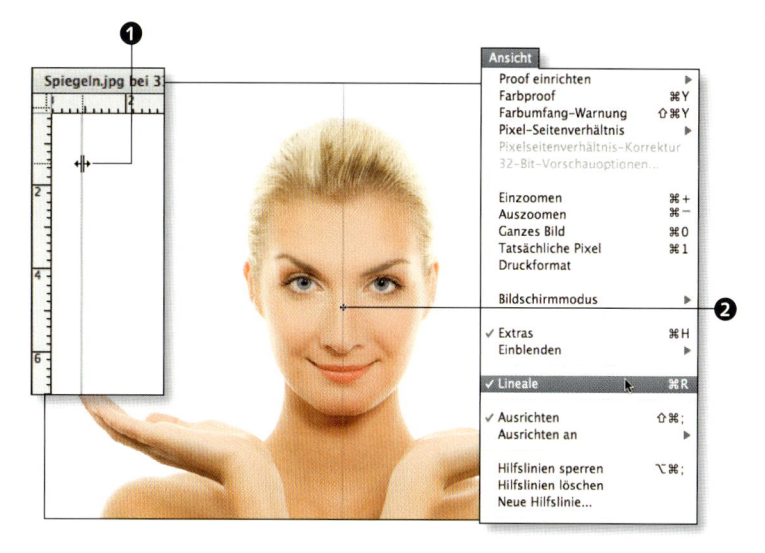

2 Gesichtshälfte auswählen

Wählen Sie jetzt das Auswahlrechteck-Werkzeug, achten Sie darauf, dass in den Werkzeugoptionen keine weiche Kante ❸ eingestellt ist, und ziehen Sie einen Auswahlrahmen von außen über eine Gesichtshälfte bis zur Hilfslinie.

Es stört an dieser Stelle nicht, wenn auch Teile der Hände und Schultern in der Auswahl enthalten sind. Diese werden später wegmaskiert.

3 Ebene erstellen

Aus der Auswahl wird jetzt eine unabhängige Ebene erstellt: Wählen Sie aus dem Menü EBENE • NEU • EBENE DURCH KOPIE, oder erstellen Sie die Ebene über den Shortcut [Strg]/[⌘] + [J].

Blenden Sie für die weitere Transformation die Hilfslinien über das Menü ANSICHT • EINBLENDEN • HILFSLINIEN wieder aus.

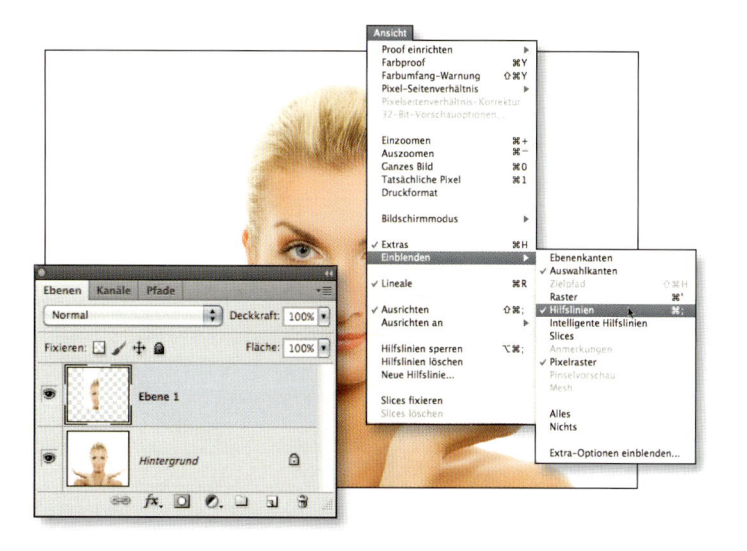

Kapitel 4 | Fokus: Gesicht

4 Transformieren mit Bezugspunkt

Über den Kurzbefehl ⌃Strg/⌘ + T oder über das Menü BEARBEITEN • FREI TRANSFORMIEREN erhalten Sie einen Transformationsrahmen um das Rechteck herum. In der Mitte des Rahmens erkennen Sie eine Art Fadenkreuz – den Fixpunkt der Transformation. Dieser Punkt bleibt bei jeder Transformation immer stehen. Setzen Sie den Fixpunkt nach rechts auf die Gesichtsmitte, indem Sie ihn mit der Maus ziehen ❺ oder den entsprechenden Punkt ❹ in der Optionsleiste festlegen.

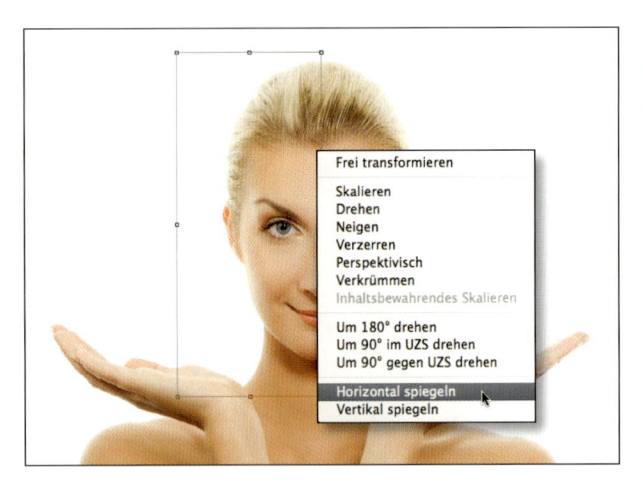

5 Horizontal spiegeln

Drücken Sie jetzt die rechte Maustaste oder die ⌃Ctrl-Taste (Mac), und klicken Sie irgendwo auf den Transformationsrahmen.

Wählen Sie aus dem Popup-Menü HORIZONTAL SPIEGELN, um die ausgewählte Gesichtshälfte einmal auf die andere Seite zu klappen. Bestätigen Sie die Transformation mit der ↵-Taste.

6 Fast perfekte Symmetrie

Schon haben Sie ein spiegelsymmetrisches Gesicht erzeugt. Klicken Sie mehrfach auf das Auge vor der gespiegelten Ebene, um den eklatanten Unterschied zwischen einem symmetrischen und einem natürlichen Gesicht zu sehen.

In der Gesichtsmitte ist der Übergang perfekt, da dort gleiche Pixel aufeinanderliegen, aber zum Rand hin muss in den nächsten Schritten noch korrigiert werden.

7 Ebenenmaske anlegen

Legen Sie eine Ebenenmaske für die Spiegelung an, um diese dann nur dort einzuarbeiten, wo Sie die symmetrischen Elemente wie Augen, Mund und Nase sehen wollen.

Klicken Sie in der EBENEN-Palette mit gedrückter [Alt]-Taste auf das Ebenenmaskensymbol ❻ – so entsteht für die Spiegelebene eine Ebenenmaske, die gleich schwarz gefüllt ist, also alle Ebenenteile maskiert.

Das Porträt sieht jetzt erst einmal wieder wie im Original aus.

8 Spiegelung einpassen

Jetzt benutzen Sie das Pinsel-Werkzeug , um die gewünschten gespiegelten Bildteile wieder freizumalen.

Stellen Sie in den Werkzeugoptionen eine HÄRTE von 0 ein und eine Werkzeuggröße ungefähr in Augengröße – also 250–300 Pixel.

Malen Sie dann mit weißer Vordergrundfarbe über die Bildteile, in denen die Spiegelung wieder erscheinen soll – also über das gesamte Gesicht bis hin zum Haaransatz.

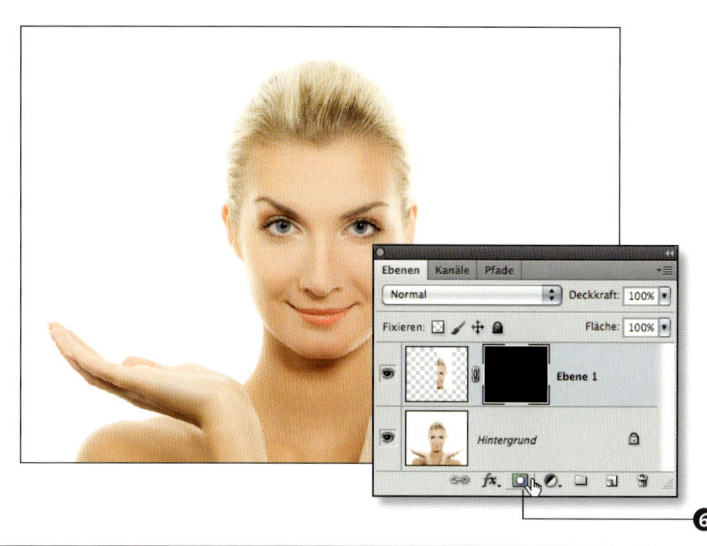

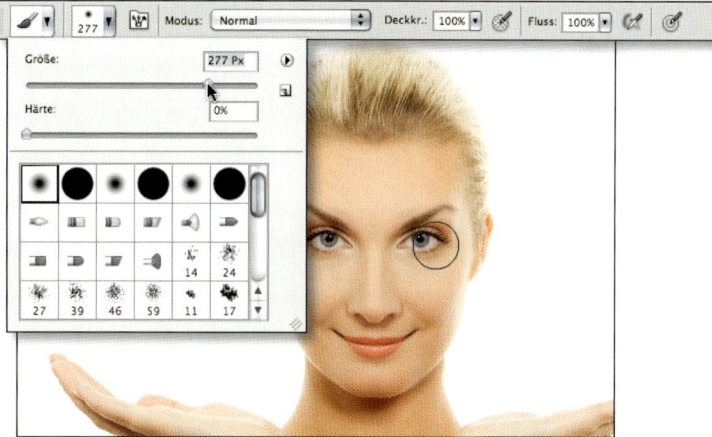

9 Perfekte Symmetrie

In der Ebenenmaske ❼ erkennen Sie ganz leicht, welche Bereiche des Gesichts jetzt freigelegt wurden. Die beiden gleichen Gesichtshälften gehen scheinbar nahtlos ineinander über und werden dort wieder unterschiedlich, wo eine Spiegelung absurd wäre, zum Beispiel in den Haaren.

Spielen Sie dieses Beispiel auch einmal für die andere Gesichtshälfte durch, und Sie erhalten die zwei Versionen, die am Anfang des Workshops gezeigt sind.

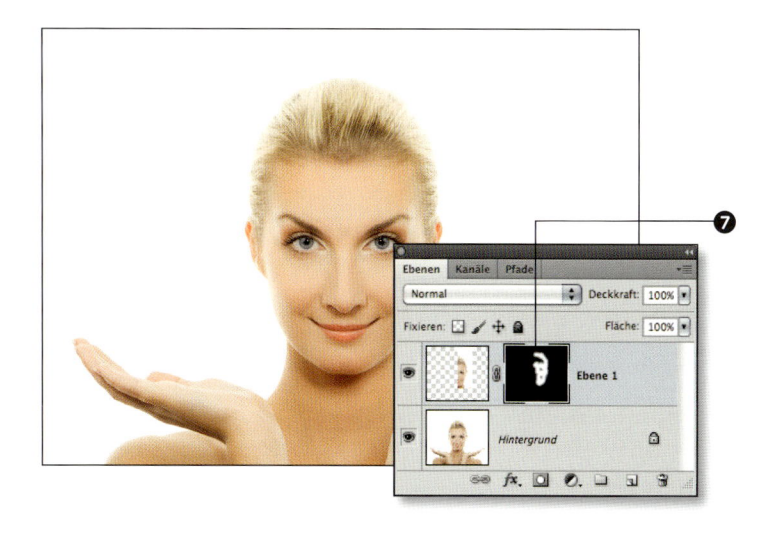

Doppelkinn verstecken

Kinnfalten ausbessern und Gesichtskontur anheben

Ein Doppelkinn zu retuschieren ist doppelt tückisch, denn die Aufgabe besteht nicht nur in der Verschiebung der Konturen, wie Sie es in den vorangegangenen Workshops schon oft üben konnten. Hier geht es auch um gleichzeitige Retusche der Faltenschatten und um eine möglichst perfekte Einpassung der Konturen, die eine weitere Retusche erspart.

Aufgaben:
- Kinnschatten ausbessern
- Kinnlinie und Wangenlinie zusammenführen
- Konturen formen

[Doppelkinn.jpg]

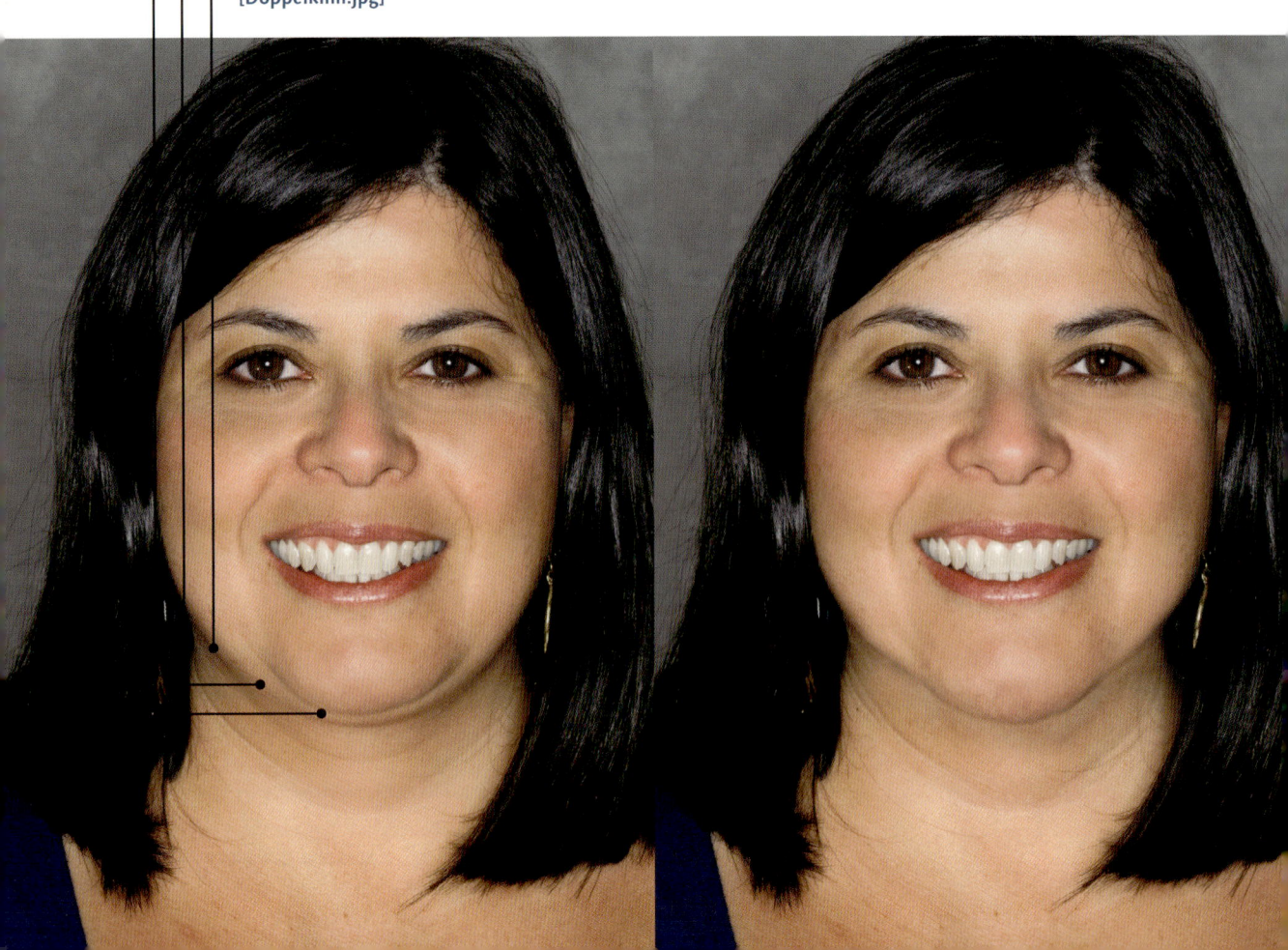

1 **Schatten ausbessern**
Am offensichtlichsten zeigt sich das Doppelkinn durch den Schatten, den es auf den Hals wirft. Deshalb wird dieser zuerst retuschiert, bevor es an die »chirurgischen« Eingriffe geht.

Kopieren Sie die Hintergrundebene, und wählen Sie dann das Ausbessern-Werkzeug aus der Werkzeugleiste.

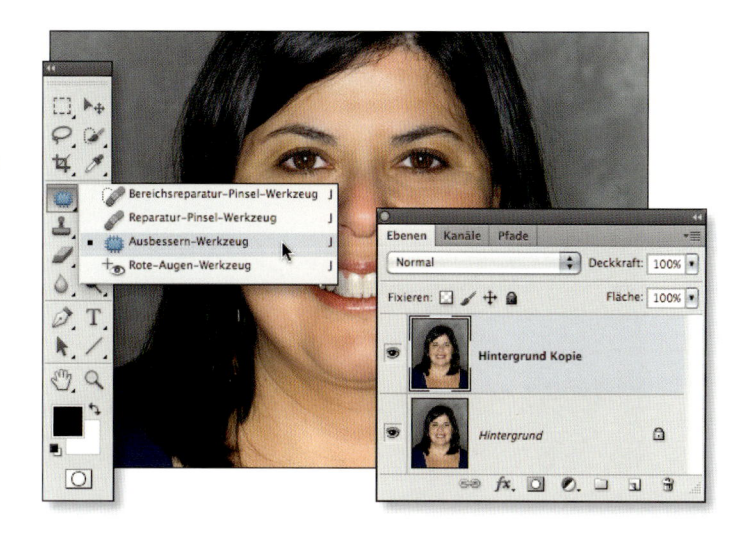

2 **Ausbesserungsquelle auswählen**
Das Ausbessern-Werkzeug benutzen Sie zunächst wie ein Auswahllasso. Umrahmen Sie den Schatten unter dem Kinn, aber achten Sie darauf, dass Sie noch genug Abstand ❶ von der eigentlichen Kinnunterlinie halten.

Wählen Sie dann in den Werkzeugoptionen die Option Quelle – also den jetzt ausgewählten Bereich – für die folgende Ausbesserung.

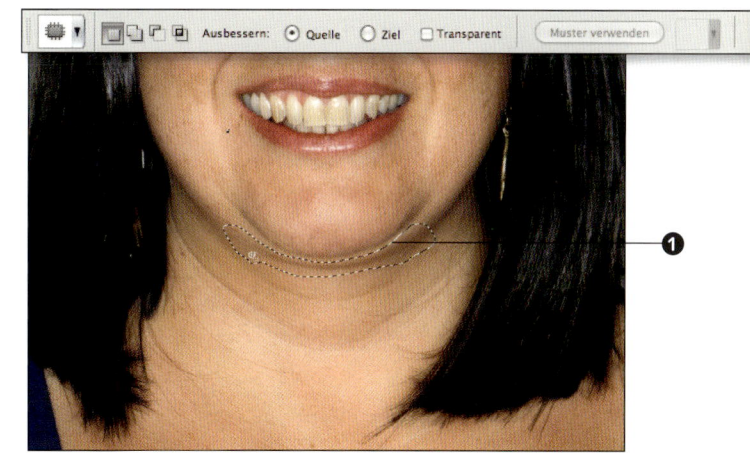

3 **Auswahl ausbessern**
Ziehen Sie nun die Auswahl auf einen »heilen« Bereich am Hals, der Ihre Quelle ersetzen soll.

Dabei spielt die Helligkeit oder Farbe keine Rolle. Beide werden automatisch mit den Originalpixeln verrechnet, sobald Sie die Maustaste loslassen.

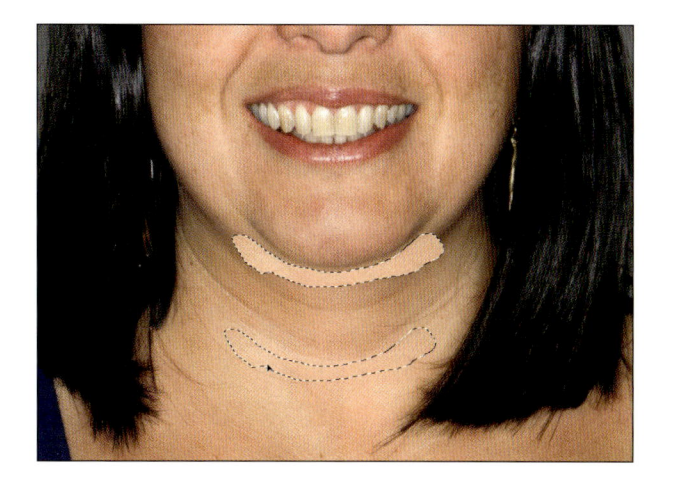

Kapitel 4 | Fokus: Gesicht

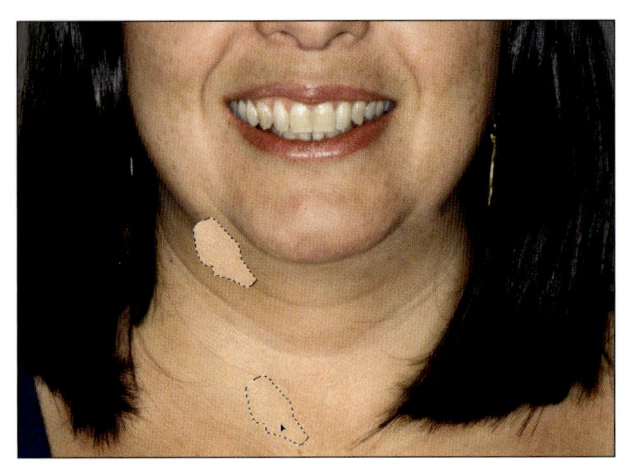

4 Übergänge anpassen

Sie werden feststellen, dass an den Rändern der Auswahl ein weicher Übergang entsteht. Deshalb ist es wichtig, nicht zu nah an konkrete Bildbereiche heranzugehen, die Sie bewahren wollen.

Wiederholen Sie jetzt den Ausbesserungsvorgang an den Randbereichen, um die Übergänge zu optimieren. Ziehen Sie dazu immer andere kleine Ausbesserungsbereiche auf, und bessern Sie diese durch andere Hautstellen aus.

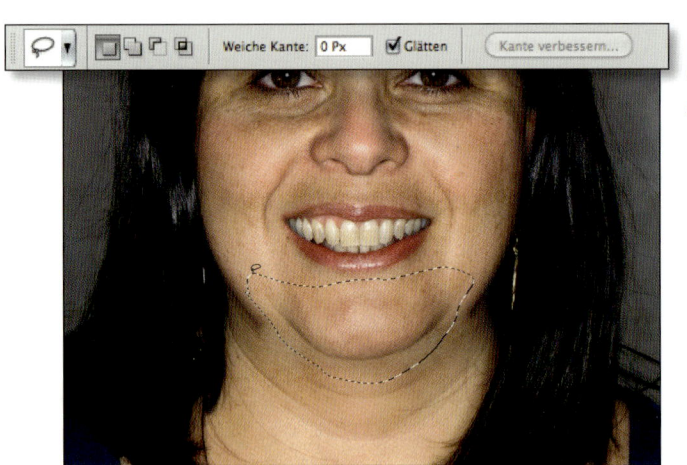

5 Kinn auswählen

Nachdem Sie den Halsschatten erfolgreich entfernt haben, wählen Sie jetzt das Kinn aus, um dessen Position anzugleichen.

Nutzen Sie dazu das Lasso-Werkzeug, und achten Sie darauf, dass in den Werkzeugoptionen eine WEICHE KANTE von 0 Pixeln eingestellt ist. Die Kante wird nämlich erst in den nächsten Schritten verbessert.

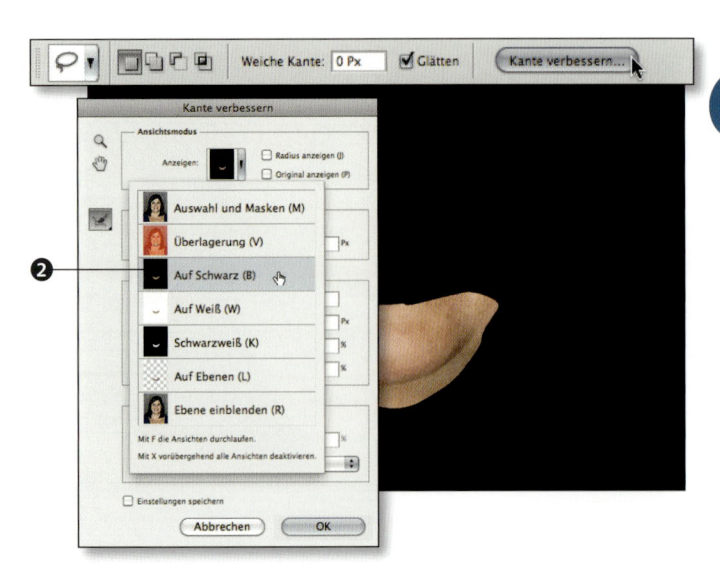

6 Auswahlvorschau wählen

Wählen Sie dann aus der Optionsleiste den Befehl KANTE VERBESSERN. Wählen Sie zuerst eine Auswahlvorschau, in der Sie die Kante gut beurteilen können, wie zum Beispiel mit einem schwarzen Hintergrund ❷. Diese Auswahlvorschau können Sie über das Popup-Menü unter ANZEIGEN auswählen oder einfach kurz über die Taste B.

7 Kante verbessern

Setzen Sie zunächst den ABRUNDEN-Wert deutlich nach oben, auf einen Betrag über 50, um die zackigen unruhigen Ränder zu glätten. Danach stellen Sie die WEICHE KANTE auf einen Wert im unteren Drittel ein, damit die Auswahlkanten weich auslaufen, aber nicht in andere Bereiche, wie z. B. die Nase oder die Kinnlinie hineinragen.

Sichern Sie als Nächstes den freigestellten Bereich auf einer eigenen Ebene. Wählen Sie dazu im Popup-Fenster unter AUSGABE AN eine NEUE EBENE ❸.

8 Kinn verschieben

Mit einem Klick auf OK und dem Bestätigen der Einstellungen erhalten Sie anschließend eine neue Ebene mit dem ausgewählten Bereich, der das Original überlagert. Benennen Sie die neue Ebene sinnvoll um, und schieben Sie diese Ebene anschließend so weit nach unten, dass die linken und rechten Kinnkanten mit der Wangenlinie fluchten.

Danach machen Sie über das Augensymbol ❹ die Ursprungsebene wieder sichtbar.

9 Transformation vorbereiten

Das Kinn passt jetzt weder in der Größe noch in der genauen Form zur Wangenlinie. Das muss also angepasst werden.

Natürlich könnten Sie jetzt auch schon die Wange formen, aber es bietet sich an, erst das Kinn auf seiner separaten Ebene zu transformieren.

Wählen Sie BEARBEITEN • FREI TRANSFORMIEREN, und aktivieren Sie danach die Verkrümmen-Option in der Optionsleiste, damit Ihnen das Transformationsraster zur Verfügung steht.

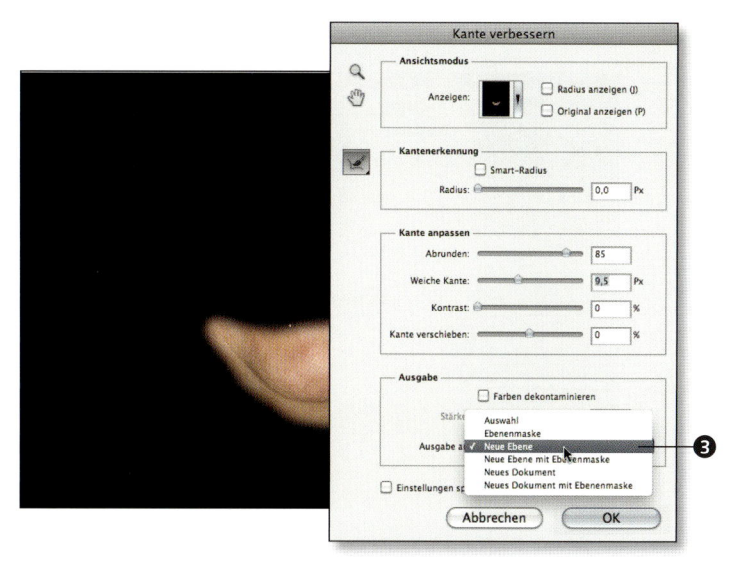

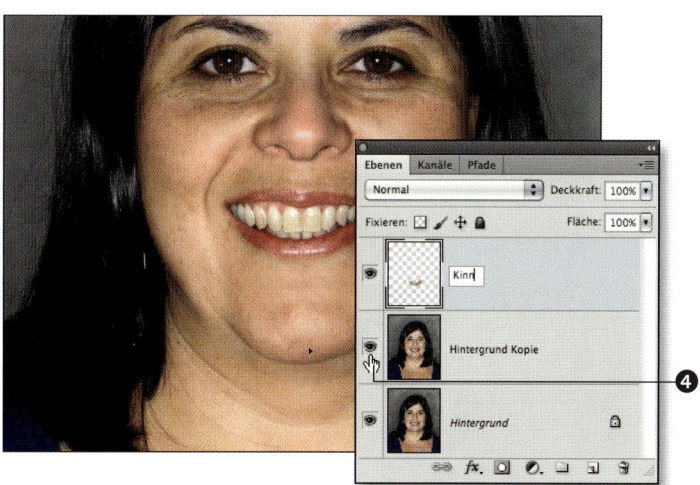

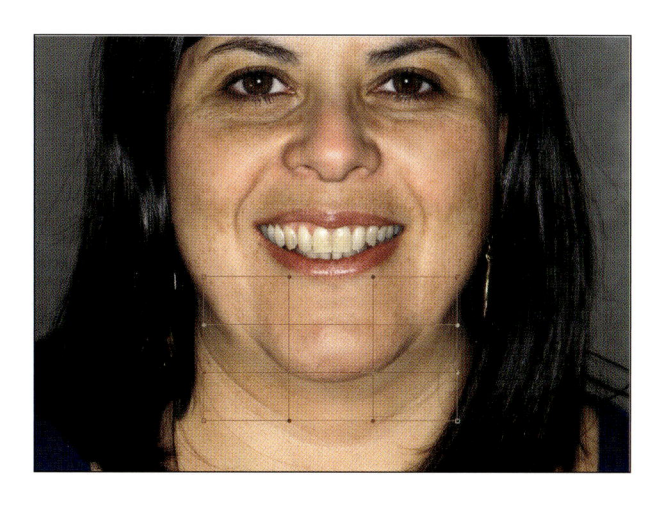

Kapitel 4 | Fokus: Gesicht

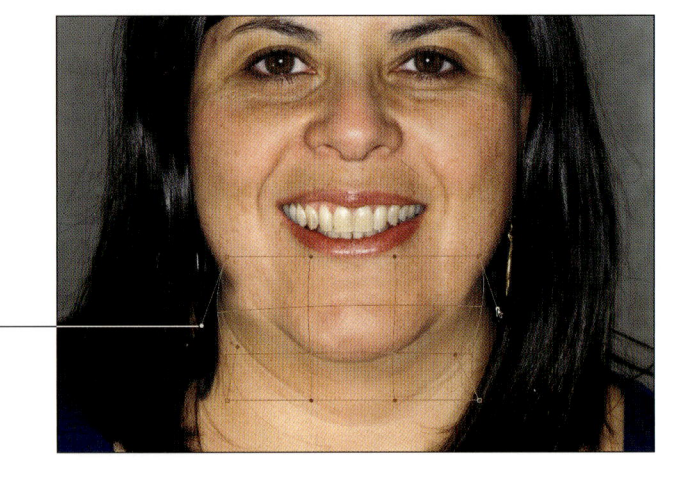

10 Kinnlinie anpassen

Nutzen Sie das Verkrümmungsraster, um an den linken und rechten mittleren Anfassern ❺ das Kinn zu formen.

Hier geht es jetzt in erster Linie um die Anpassung der Kinn- an die Wangenlinie, nicht um die Größe. Ziehen Sie das Kinn oben auseinander und unten zusammen, um die Form anzupassen.

Wenn Sie Schwierigkeiten haben, die Wange genau zu platzieren, setzen Sie vorher die Deckkraft der Ebene auf 65 %.

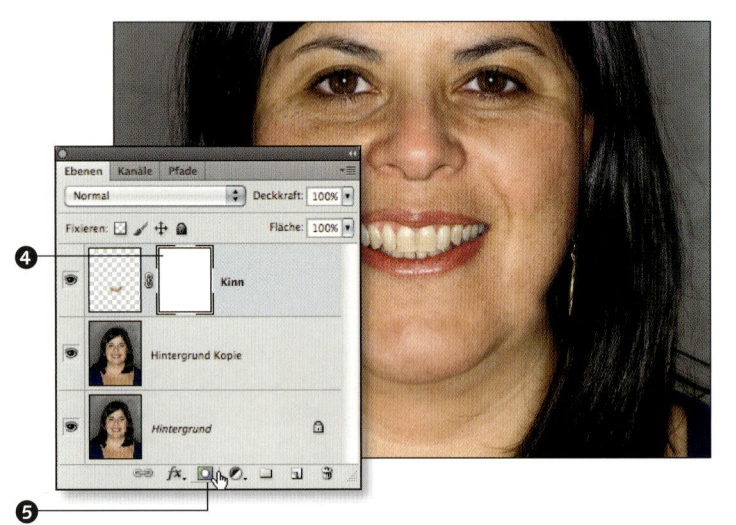

11 Übergänge bearbeiten

Wenn die Form passt, geht es darum, die Übergänge herzustellen. Dafür muss der überlappende Bereich der großzügigen Auswahl um das Kinn wegmaskiert werden.

Klicken Sie auf das Maskensymbol ❼ in der EBENEN-Palette, um eine Ebenenmaske ❻ zu erstellen.

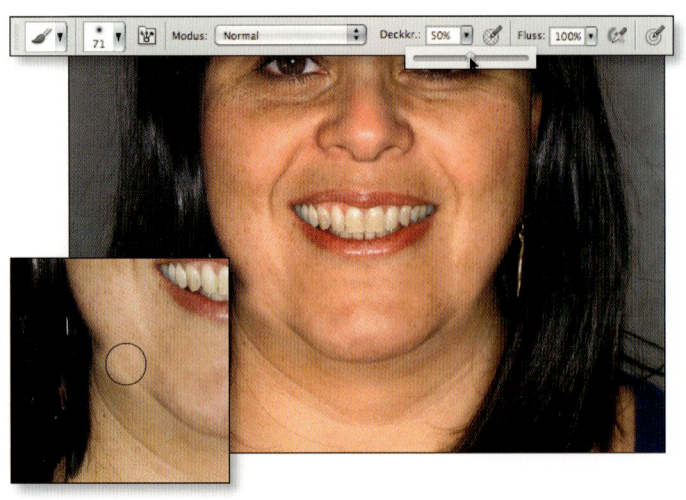

12 Randbereiche maskieren

Benutzen Sie nun das Pinsel-Werkzeug ✏ mit angemessener Pinselgröße, einer weichen Kante und schwarzer Vordergrundfarbe.

Malen Sie dann vorsichtig die störenden Ränder der Ebene weg.

Tipp: Sie können die DECKKRAFT des Pinsels auch auf 50 % reduzieren, um sich langsam an das Ergebnis heranzuarbeiten.

13 Ebenen zusammenfügen

Wenn das Kinn richtig sitzt, ist es immer noch sehr groß, deshalb werden Sie gleich noch die gesamte Kinn- und Wangenpartie in der Form und Größe verändern.

Aktivieren Sie dafür mit gedrückter ⇧-Taste die beiden oberen Ebenen, und wählen Sie aus den Optionen der EBENEN-Palette AUF EINE EBENE REDUZIEREN.

Auf eine Ebene reduzieren: Über ⌃Strg/⌘ + E geht das Reduzieren noch schneller.

14 Kinn zusammenziehen

Wählen Sie dann aus dem FILTER-Menü den VERFLÜSSIGEN-Filter. Dort benutzen Sie das Zusammenziehen-Werkzeug ❽, um das Kinn behutsam zu verkleinern.

Die PINSELGRÖSSE muss so groß eingestellt sein, dass sie das komplette Kinn umfasst. Die PINSELDICHTE und den PINSELDRUCK setzen Sie wieder wie in den vorangegangenen Workshops stark nach unten.

Klicken Sie ein paarmal kurz, um das Kinn zur Mitte hin zu verkleinern.

15 Wangen nachkorrigieren

Wenn die Größe stimmt, können Sie die gesamte Form des Kinns und der Wangenlinie noch mit dem Vorwärts-krümmen-Werkzeug nachkorrigieren.

Arbeiten Sie mit einer angemessenen, nicht zu kleinen PINSELGRÖSSE und geringen Werten für PINSELDICHTE und -DRUCK. Nach dieser letzten Korrektur bestätigen Sie mit OK.

Verflüssigen-Filter: Erfahren Sie mehr zu den Filtereinstellungen im Workshop »Gesichtsform ändern« auf Seite 122.

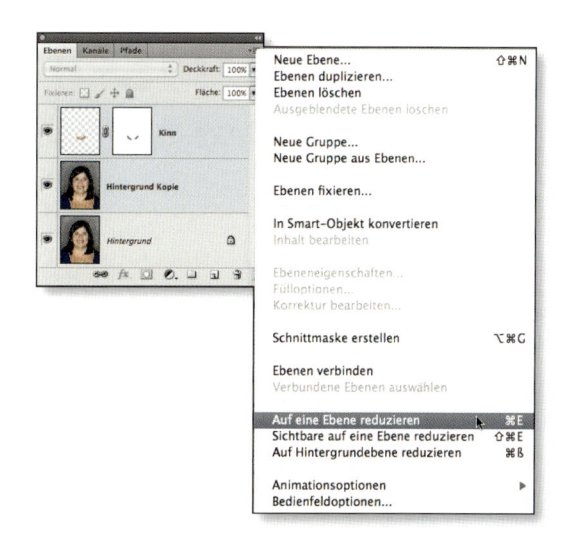

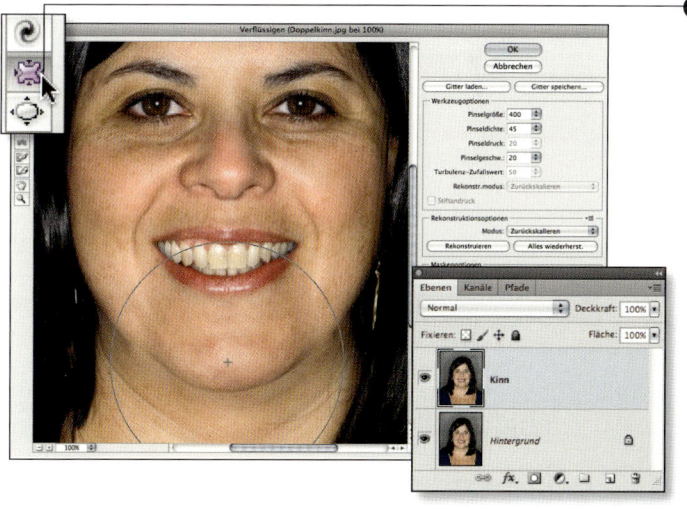

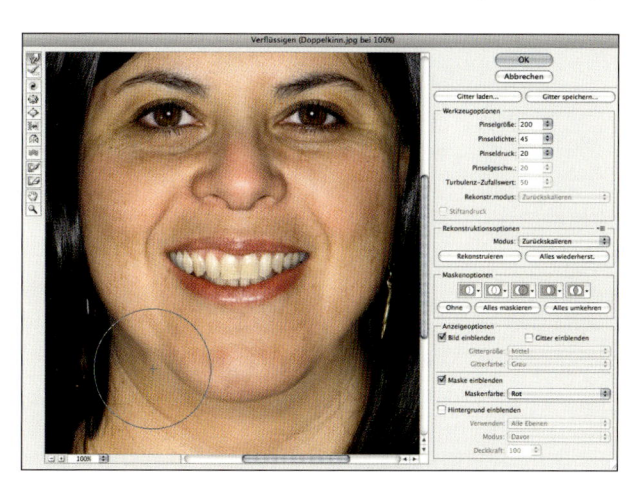

Kapitel 4 | Fokus: Gesicht

Rouge auftragen

Nachträgliches Make-up in drei kleinen Schritten

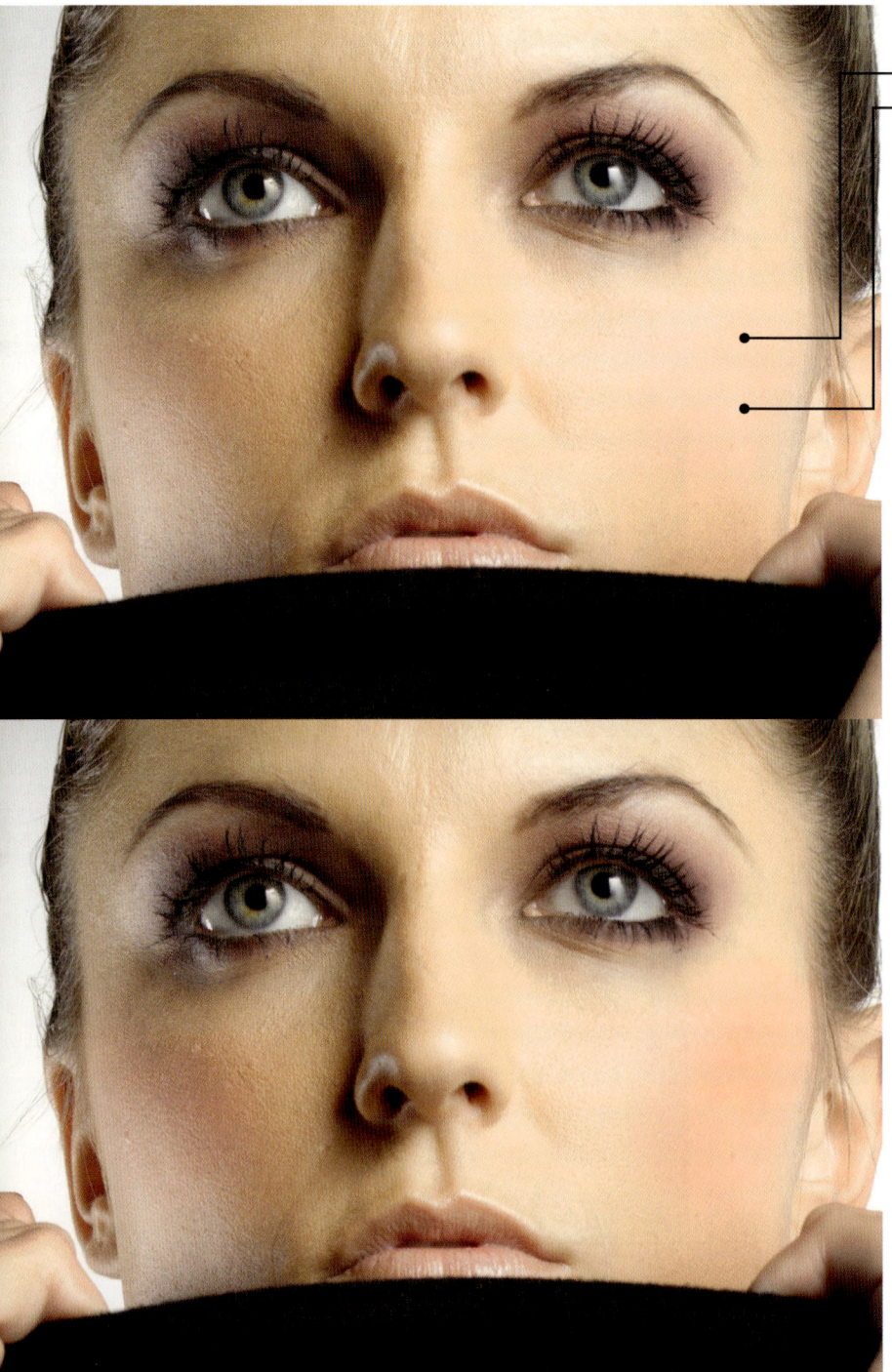

Aufgaben:
Wangenpartien schattieren
Farbton auftragen
[Rouge.jpg]

Nach der Aufnahme besteht oft der Wunsch nach einer Intensivierung von Details – egal ob dies die Lippenfarbe ist, der Lidschatten oder eben das Auftragen von Rouge. Wichtig hierbei ist, dass sich bei einem natürlichen Rouge nicht nur die Farbe verändert, sondern auch die Hauttöne abgedunkelt werden. Mit einer Kombination aus Nachbelichter-Werkzeug und differenziertem Pinseleinsatz können Sie dies naturgetreu nachbilden.

Foto: Stefan Koch, Modell: Ursula Jenderko

1 Wangen schattieren

Beginnen Sie mit dem Nachbelichter-Werkzeug, um die Wangen an den Wangenknochen abzudunkeln. Stellen Sie den zu bearbeitenden BEREICH auf die MITTELTÖNE, definieren Sie eine geringe BELICHTUNG, und aktivieren Sie die Option TONWERTE SCHÜTZEN. So wird mit zunehmender Dunkelstufe auch die Farbsättigung verstärkt, und die Schatten werden nicht grau. Malen Sie dann mit angemessener Werkzeuggröße mit weicher Kante über die Wangenknochen, um diese zu schattieren.

2 Farbton auftragen

Wechseln Sie jetzt auf das Pinsel-Werkzeug. Stellen Sie den MODUS auf FARBTON, und verringern Sie die DECKKRAFT für eine leichte Pinselwirkung auf ca. 40%.

Mit gedrückter [Alt]-Taste können Sie die Vordergrundfarbe aus dem Bild über die Pipette und den Farbring auswählen.

Der Farbkreis zeigt in der unteren Hälfte die zuletzt gewählte Farbe, in der oberen Hälfte die Farbe an der Pipettenspitze. Tragen Sie so in mehreren Schritten eine harmonische Farbe auf die Wangen auf.

3 Protokollpinsel

Sollte die Wirkung an irgendeiner Stelle zu intensiv geworden sein oder haben Sie schlichtweg zu viel übermalt, können Sie das mit dem Protokollpinsel partiell anpassen.

Öffnen Sie die PROTOKOLL-Palette, und legen Sie mit einem Klick vor dem letzten Nachbelichter-Schritt ❶ die Protokollquelle fest. Ändern Sie dann die DECKKRAFT des Werkzeugs auf höchstens 30%, und malen Sie vorsichtig die Zonen zurück, deren Wirkung abgemindert werden soll.

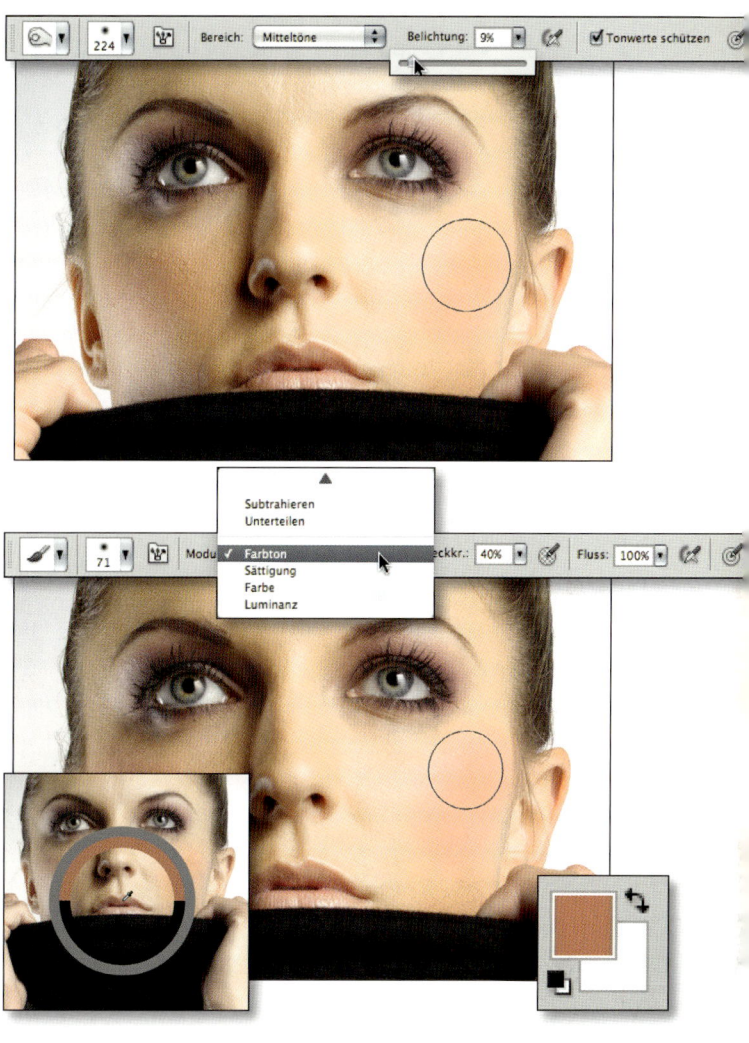

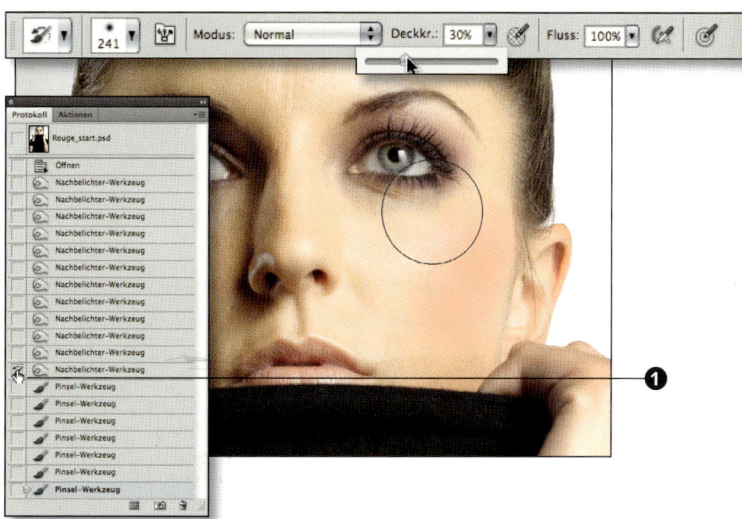

Kapitel 4 | Fokus: Gesicht

Gesicht zum Leuchten bringen

Legen Sie ein weiches Licht auf die Gesichtszüge

Stimmungsvolle People-Aufnahmen sind nicht bis in jede Pore ausgeleuchtet, sondern beziehen die Atmosphäre der Umgebung in die Lichtführung ein. Im folgenden Workshop sehen Sie, wie Sie eine düstere, maskuline Bildaussage beibehalten und trotzdem die Gesichtszüge durch zusätzliche Lichteffekte in den Mittelpunkt rücken.

Aufgaben:
- Licht-Schatten-Kontrast verstärken
- Reflexbereiche im Gesicht aufhellen
- Leichte Körnung auftragen
- Bildstimmung beibehalten

[Leuchten.jpg]

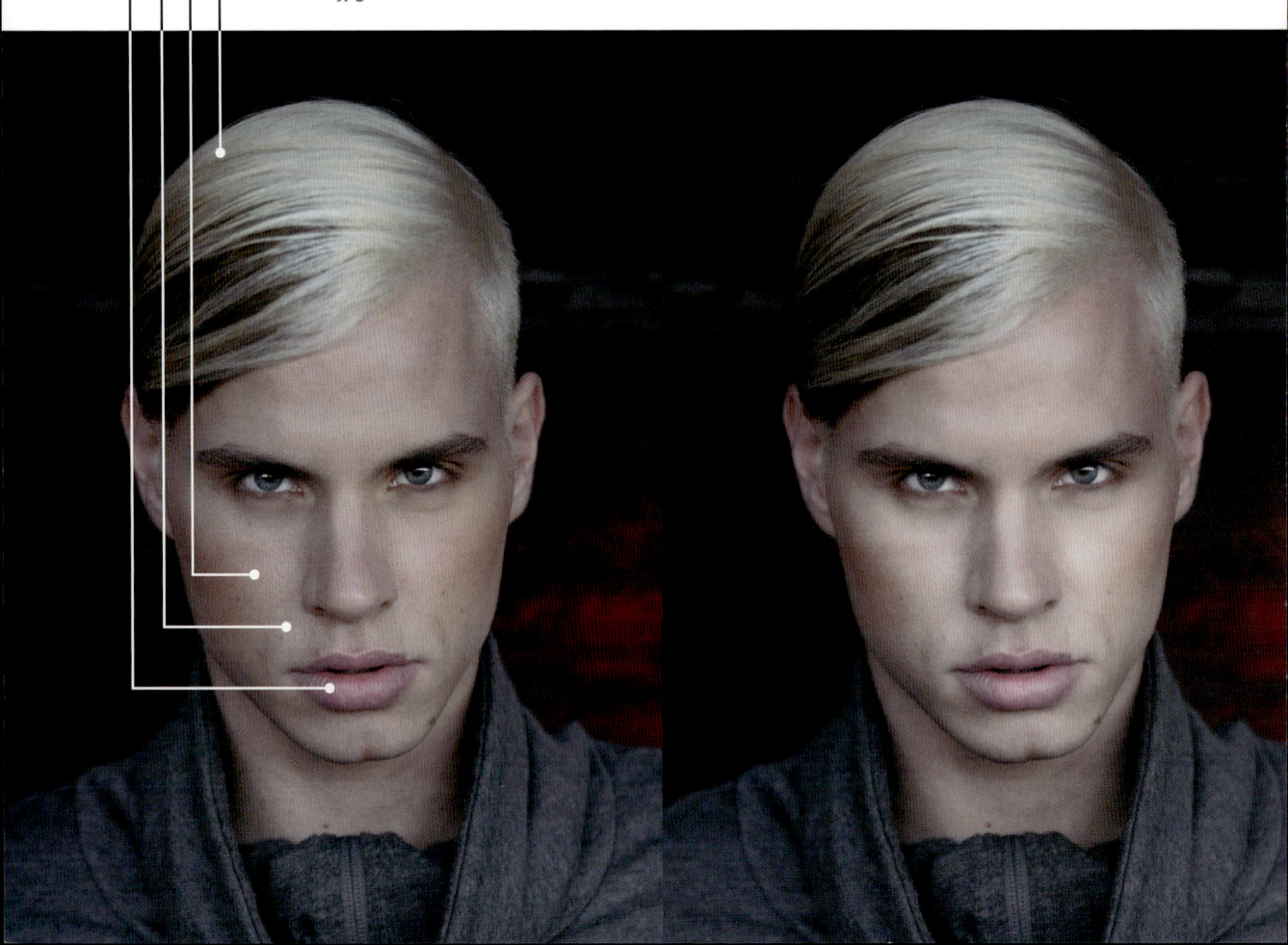

1 **Für Smartfilter vorbereiten**
Nutzen Sie – wann immer es möglich ist – die Möglichkeit, mit Smartfiltern zu arbeiten.

Gerade so filigrane Bearbeitungen wie die folgende profitieren davon, wenn man nachträglich ihre Parameter noch verfeinern kann.

Wählen Sie aus dem FILTER-Menü FÜR SMARTFILTER KONVERTIEREN. Das so entstandene Smart-Objekt erkennen Sie vorerst nur an dem kleinen Symbol ❶ in der EBENEN-Palette.

2 **Weiches Licht**
Stellen Sie jetzt sicher, dass Ihre Hintergrundfarbe Weiß ist, indem Sie auf das kleine schwarzweiße Symbol ❷ in der Werkzeugpalette klicken.

Das ist wichtig, da der folgende Filter die Hintergrundfarbe für die Beleuchtung nutzt. Wählen Sie aus dem FILTER-Menü die VERZERRUNGSFILTER und daraus WEICHES LICHT.

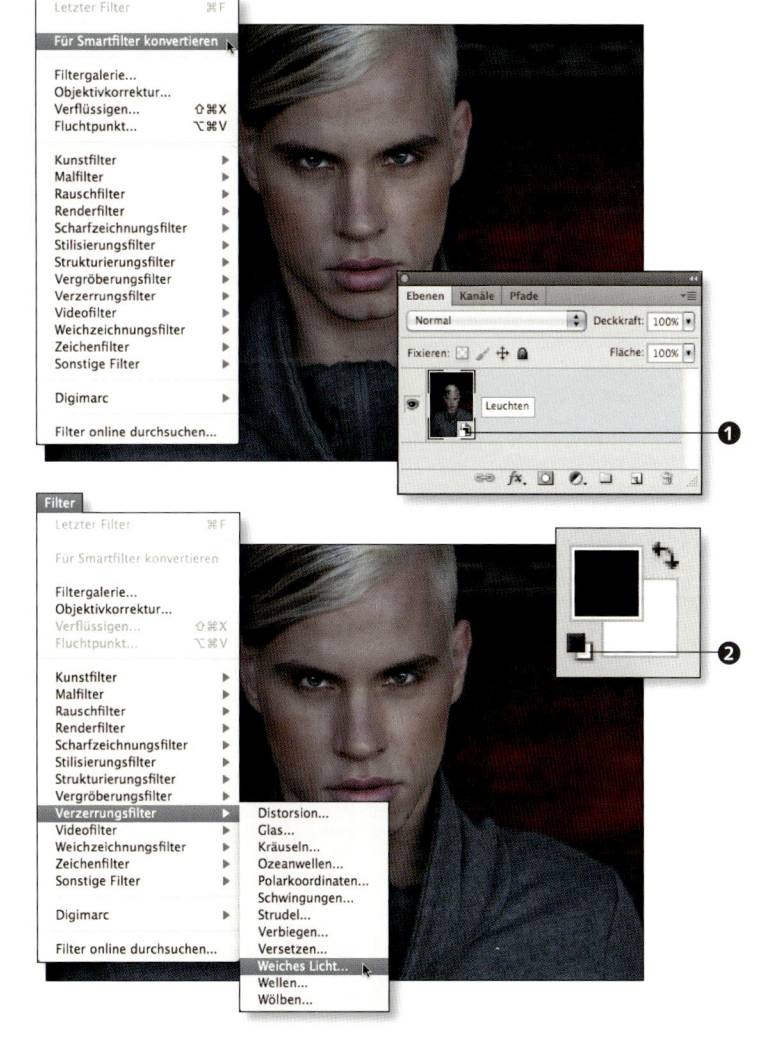

3 **Beleuchtungsfilter**
Die Zuordnung des Filters WEICHES LICHT zu den Verzerrungsfiltern ist sicher etwas irreführend, aber lassen Sie sich davon nicht verwirren: Hier geht es um einen Beleuchtungsfilter, den Sie in Lichtmenge und Kontrast steuern können und bei dem Sie als zusätzlichen Effekt eine Körnung hinzufügen können.

Das weiche Licht hellt nicht willkürlich auf, sondern benutzt die eingestellte Hintergrundfarbe für eine Überlagerung des Lichteffekts.

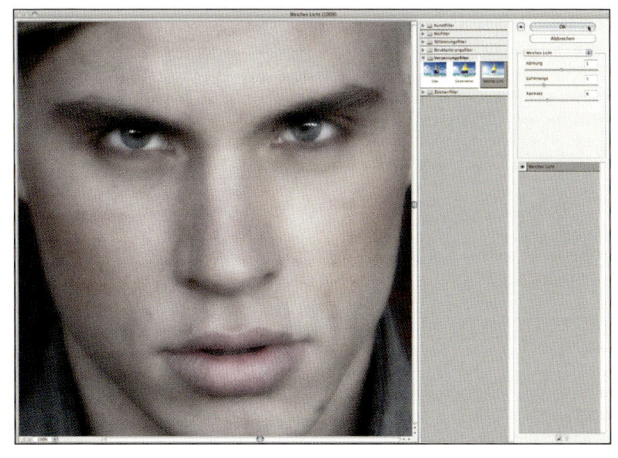

Kapitel 4 | Fokus: Gesicht **149**

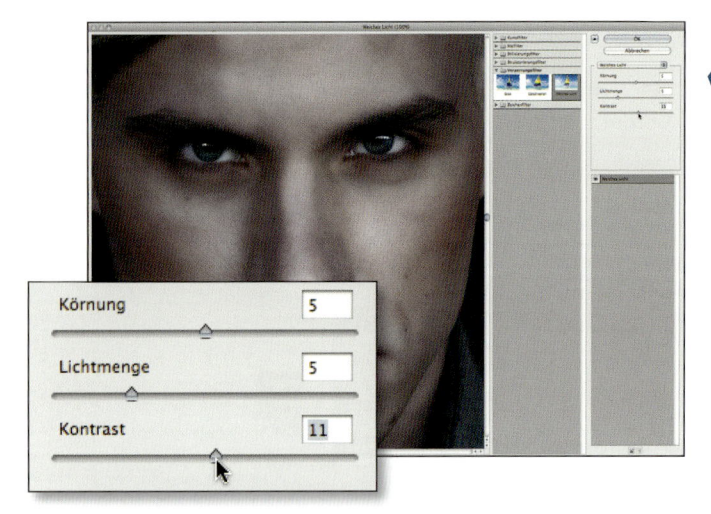

4 Kontrast einstellen

Stellen Sie zuerst den Grundkontrast des Bildes ein. Über den KONTRAST regeln Sie, wie stark sich das weiche Licht auch auf die Schatten auswirkt.

Mit einer Erhöhung des KONTRAST-Wertes auf über 10 reduzieren Sie das weiche Licht auf die hellen Bildbereiche und erhöhen zugleich den Kontrast zwischen Licht und Schatten.

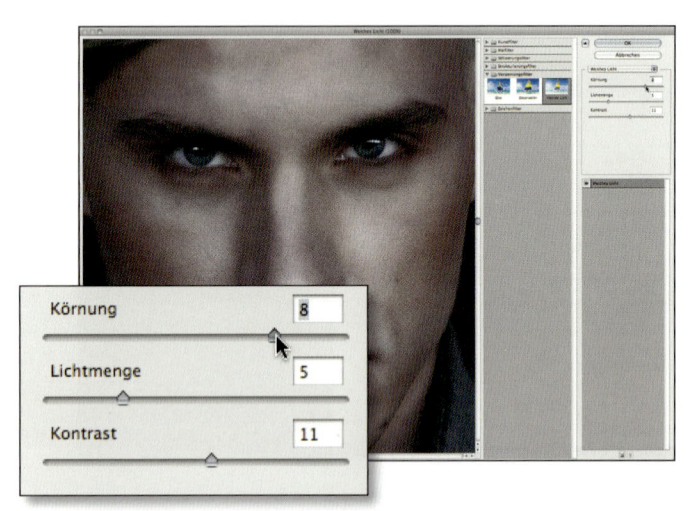

5 Körnungseffekt wählen

Mit der KÖRNUNG erhält das weiche Licht eine leicht glitzernde Wirkung – es wird praktisch mehr über das Bild gestreut.

Wählen Sie hier erst einmal einen Wert von ca. 8; die genaue Körnung können Sie später durch Nachbearbeitung des Smartfilters noch an die Gesamtstimmung anpassen.

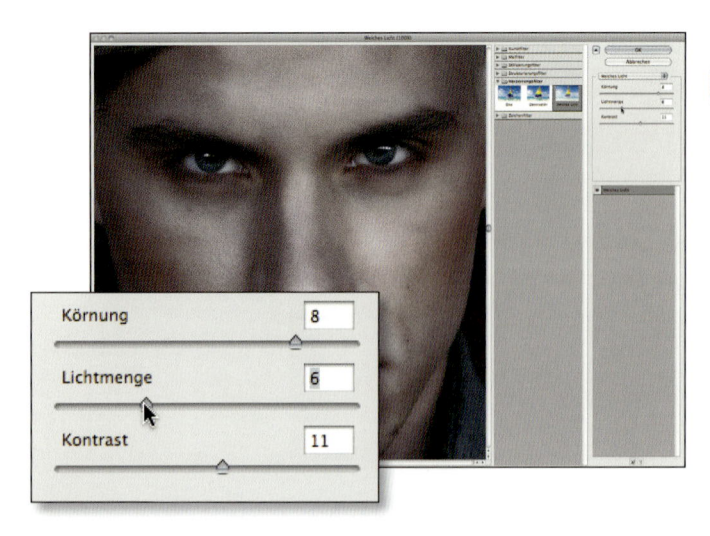

6 Lichtmenge steuern

Die LICHTMENGE ist entscheidend für die Wirkung des Filters. Je stärker Sie den KONTRAST eingestellt haben – also die Wirkung auf die hellen Bereiche eingeschränkt haben –, umso stärker können Sie auch die Lichtmenge nachjustieren.

In diesem Beispiel erreichen Sie mit einem Wert von ca. 6 eine ausgeglichene Wirkung.

7 Überlagerungsmodus bearbeiten

Nachdem Sie das FILTER-Fenster mit OK verlassen haben, geht es jetzt um die weitere Feinabstimmung des Filters.

Die Gesamtwirkung kann sich noch ein wenig sensibler über das Bild lagern. Doppelklicken Sie daher auf das Symbol für die FÜLLOPTIONEN des Filters ❸, und reduzieren Sie dort die DECKKRAFT auf ca. 60 %, nachdem Sie mit dem Überlagerungsmodus HELLERE FARBE die ganz hellen Reflexe reduziert haben.

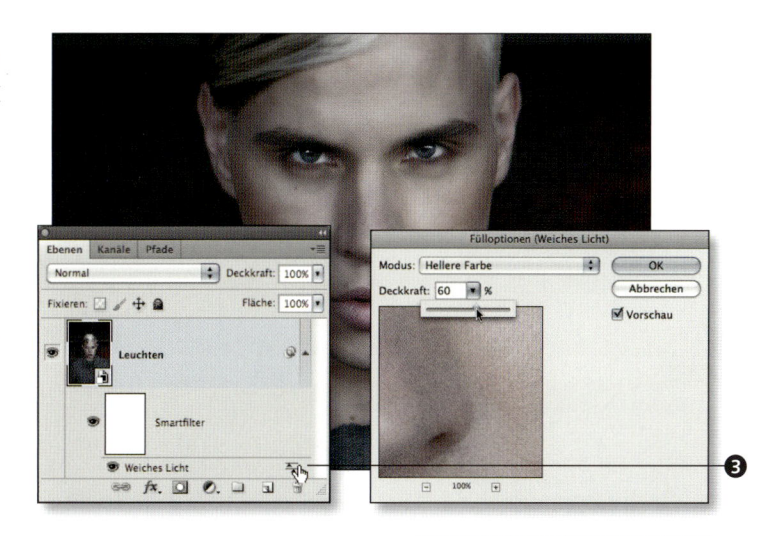

8 Filterwirkung maskieren

Jetzt können Sie die Wirkung noch auf den eigentlichen Bildbereich – das Gesicht – beschränken.

Klicken Sie auf das Maskensymbol ❹ der Filterebene, wählen Sie das Pinsel-Werkzeug, und wechseln Sie über den kleinen Pfeil ❺ zur weißen Vordergrundfarbe.

Wandeln Sie die Maske mit dem Tastenkürzel [Strg]/[⌘] + [I] erst in Schwarz um, und malen Sie dann mit großem Durchmesser (ca. 400 Pixel) und einer HÄRTE von 0 nur die hellen Gesichtszonen frei.

9 Filterparameter nacharbeiten

Erst jetzt können Sie die Gesamtwirkung des Filters beurteilen – und noch feinjustieren.

Doppelklicken Sie auf den Namen des Filters ❻ in der EBENEN-Palette, um nochmals in das FILTER-Fenster zu gelangen.

Dort können Sie die Filterparameter an den verminderten Gesamteindruck anpassen – erhöhen Sie die KÖRNUNG auf den Maximalwert, und steigern Sie auch die LICHTMENGE ein wenig.

So bringen Sie das Gesicht zum Leuchten.

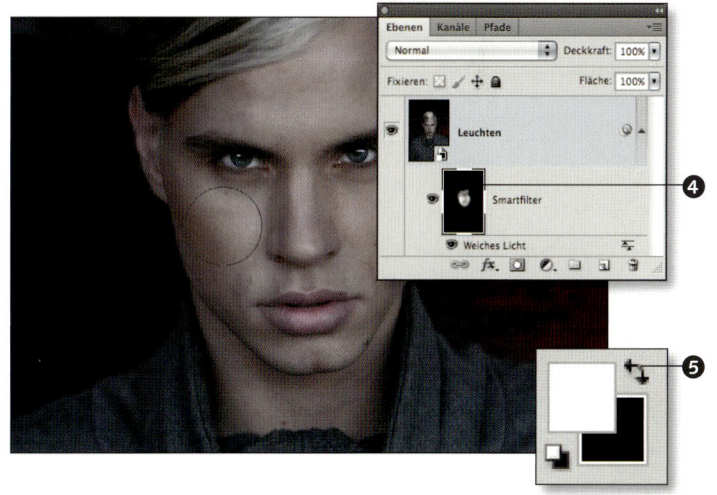

Kapitel 4 | Fokus: Gesicht **151**

Durchscheinende Hauttöne

Nutzen Sie transparente Weichzeichnungen

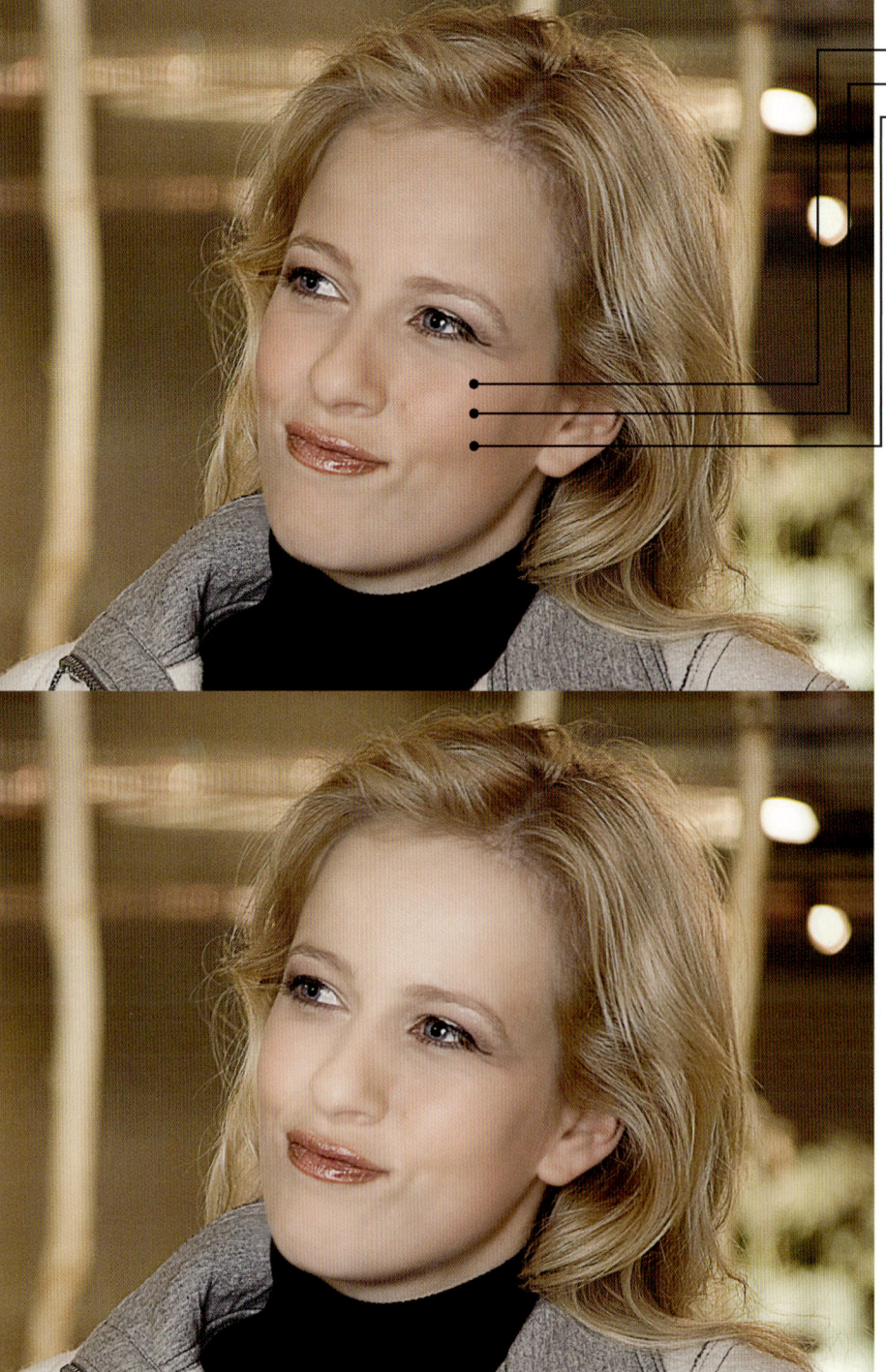

Aufgaben:
Gesicht aufhellen
Weichzeichnung überlagern
Schimmernde Wirkung
[Hautheller.jpg]

Schimmernde Hauttöne sind gerade bei Frauenporträts sehr beliebt. Sie lassen die Haut makellos erscheinen und geben dem Gesicht noch mehr Aufmerksamkeit als Bildmittelpunkt. Basis einer solchen schimmernden Wirkung ist ein Weichzeichner, den Sie einerseits stark übertreiben und andererseits nur sanft überlagern lassen. Die Kombination mehrerer solcher Ebenen und die Steuerung durch Ebenenmasken ermöglicht eine genaue Abstufung der Wirkung.

Foto: Hilla Südhaus, Modell: Cathrin Lange

1 Mit Smartfiltern arbeiten
Auch in diesem Beispiel arbeiten Sie nicht-destruktiv mit Smartfiltern. Wählen Sie FÜR SMARTFILTER KONVERTIEREN aus dem FILTER-Menü.

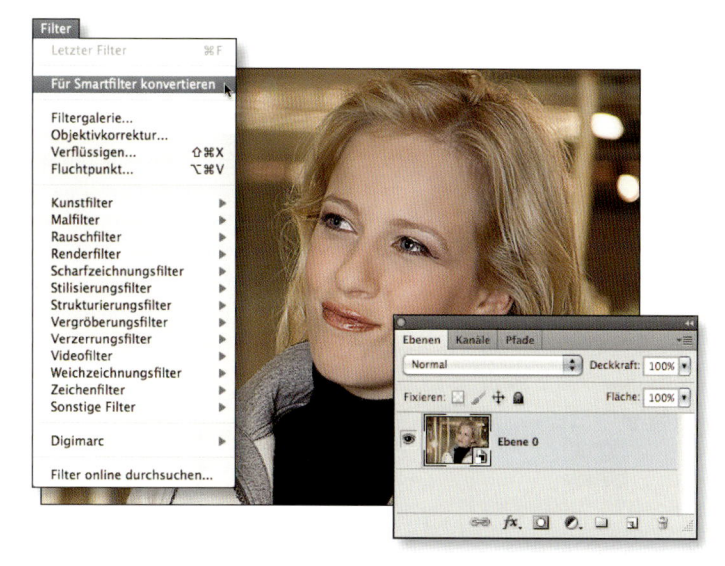

2 Gaußscher Weichzeichner
Starten Sie mit dem GAUSSSCHEN WEICHZEICHNER aus der Gruppe der WEICHZEICHNUNGSFILTER aus dem FILTER-Menü. Dieser Klassiker unter den Weichzeichnern hat ein Vorschaufenster, das Sie mit der Maus auf den gewünschten Ausschnitt verschieben können.

Wählen Sie eine sehr hohe Weichzeichnerwirkung – hier um 7 Pixel –, denn Sie wollen ja einen Schimmer erzeugen, der das Bild später überlagert.

3 Filter überlagern
Nachdem Sie das FILTER-Menü verlassen haben, ist die EBENEN-Palette um eine Smartfilter-Ebene reicher. In dieser können Sie jetzt die Wirkung der Weichzeichnung weiter bestimmen: Doppelklicken Sie auf das kleine Reglersymbol ❷ in der Filterebene, um in das Arbeitsfenster FÜLLOPTIONEN zu gelangen.

Stellen Sie den MODUS auf NEGATIV MULTIPLIZIEREN ❶ – so addieren sich die hellen Pixel der Filterebene und des Originals, und es entsteht ein stark schimmernder Effekt. Reduzieren Sie für diesen die DECKKRAFT auf ca 40 %.

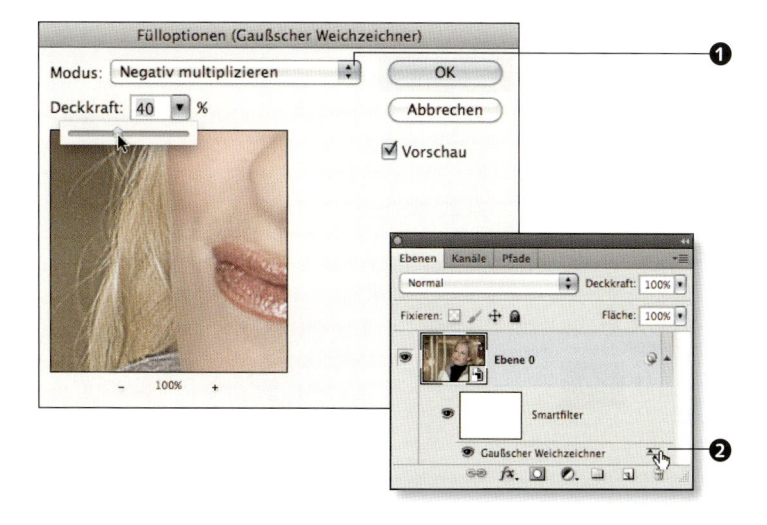

Kapitel 4 | Fokus: Gesicht 153

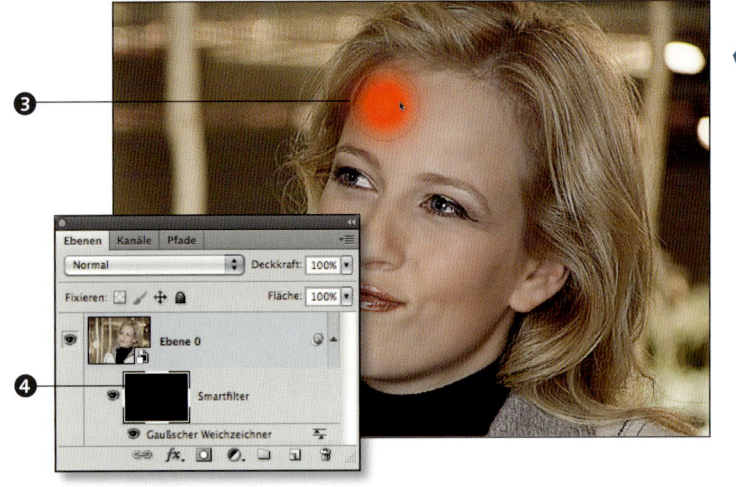

4 Maskierung vorbereiten

Die durchscheinende Wirkung des Filters werden Sie über eine Maske auf die Hautbereiche einschränken. Markieren Sie die Ebenenmaske des Smartfilters ❹, und kehren Sie die Füllung über [Strg]/[⌘] + [I] in Schwarz um. So wird die Wirkung vorerst wieder aufgehoben. Wählen Sie anschließend das Pinsel-Werkzeug. Mit gedrückter [Ctrl] + [Alt]-Taste (Mac) bzw. [Alt] + rechte Maustaste (Win) und gleichzeitigem Ziehen nach links bzw. rechts passen Sie die Pinselgröße an, durch Ziehen nach oben oder unten die Pinselhärte ❸.

5 Gesicht freilegen

Wählen Sie dann eine weiße Vordergrundfarbe, und reduzieren Sie in den Werkzeugoptionen die DECKKRAFT auf ca. 30 %.

Malen Sie mit diesem Pinsel über die hellen Gesichtsbereiche, die »scheinen« sollen. Gehen Sie mehrfach über die Bereiche, die heller wirken sollen. Steigern Sie die Wirkung durch mehrfaches Auftragen zur Gesichtsmitte hin.

Die Achse von der Stirnmitte über den Nasenrücken sollte am hellsten erscheinen.

6 Filter duplizieren

Verstärken Sie die Wirkung jetzt noch durch ein leichtes, zusätzliches Schimmern. Dazu duplizieren Sie den Filter. Ziehen Sie ihn in der EBENEN-Palette mit gedrückter [Alt]-Taste nach oben, bis eine dicke schwarze Linie ❺ entsteht und der Mauszeiger sich in zwei Pfeilspitzen verändert.

Sobald Sie die Maustaste loslassen, ist die Filterebene dupliziert.

7 Schimmernde Weichzeichnung

Die doppelte Filterwirkung wird zunächst noch weiter verstärkt. Doppelklicken Sie auf den oberen Filternamen ❻, um in dessen Filterparameter zu wechseln. Steigern Sie dann den Wert für den GAUSS-SCHEN WEICHZEICHNER extrem auf ca. 40 Pixel. Dieser Filter soll nicht mehr weichzeichnen, sondern nur noch einen zusätzlichen Schimmer über das Bild legen.

8 Deckkraft reduzieren

Zurück in der EBENEN-Palette, doppelklicken Sie auch noch auf das Reglersymbol ❼ des oberen Filters.

In den FÜLLOPTIONEN reduzieren Sie nun noch die DECKKRAFT des extremen Weichzeichners, damit die gewünschte filigran schimmernde Wirkung übrig bleibt.

9 Maske perfektionieren

Durch den großen Radius des oberen Filters können auch Details wie die Augen leicht von der Weichzeichnung überlagert werden.

Arbeiten Sie deshalb die Maske an diesen Stellen nach. Klicken Sie auf die Ebenenmaske ❽, um die Maske zu aktivieren, wählen Sie das Pinsel-Werkzeug mit einer schwarzen Vordergrundfarbe und angepasster Werkzeuggröße, und malen Sie die Details frei, die wieder klar erscheinen sollen.

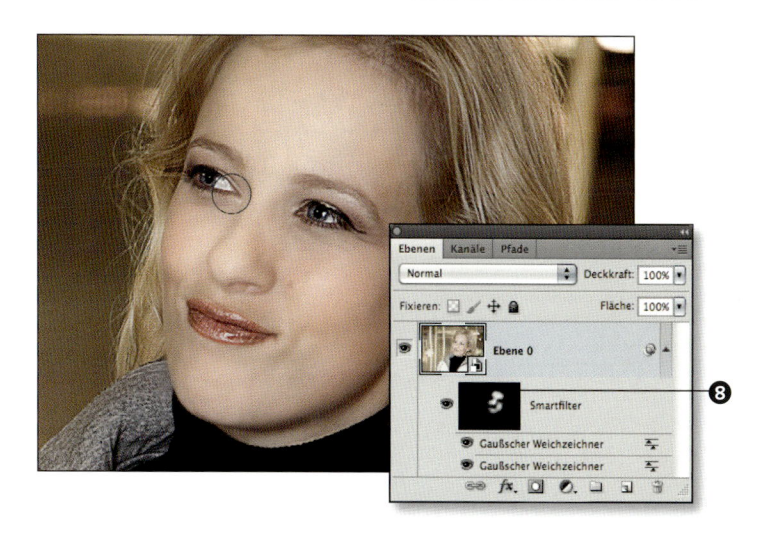

Kapitel 4 | Fokus: Gesicht **155**

Fokus: Augen

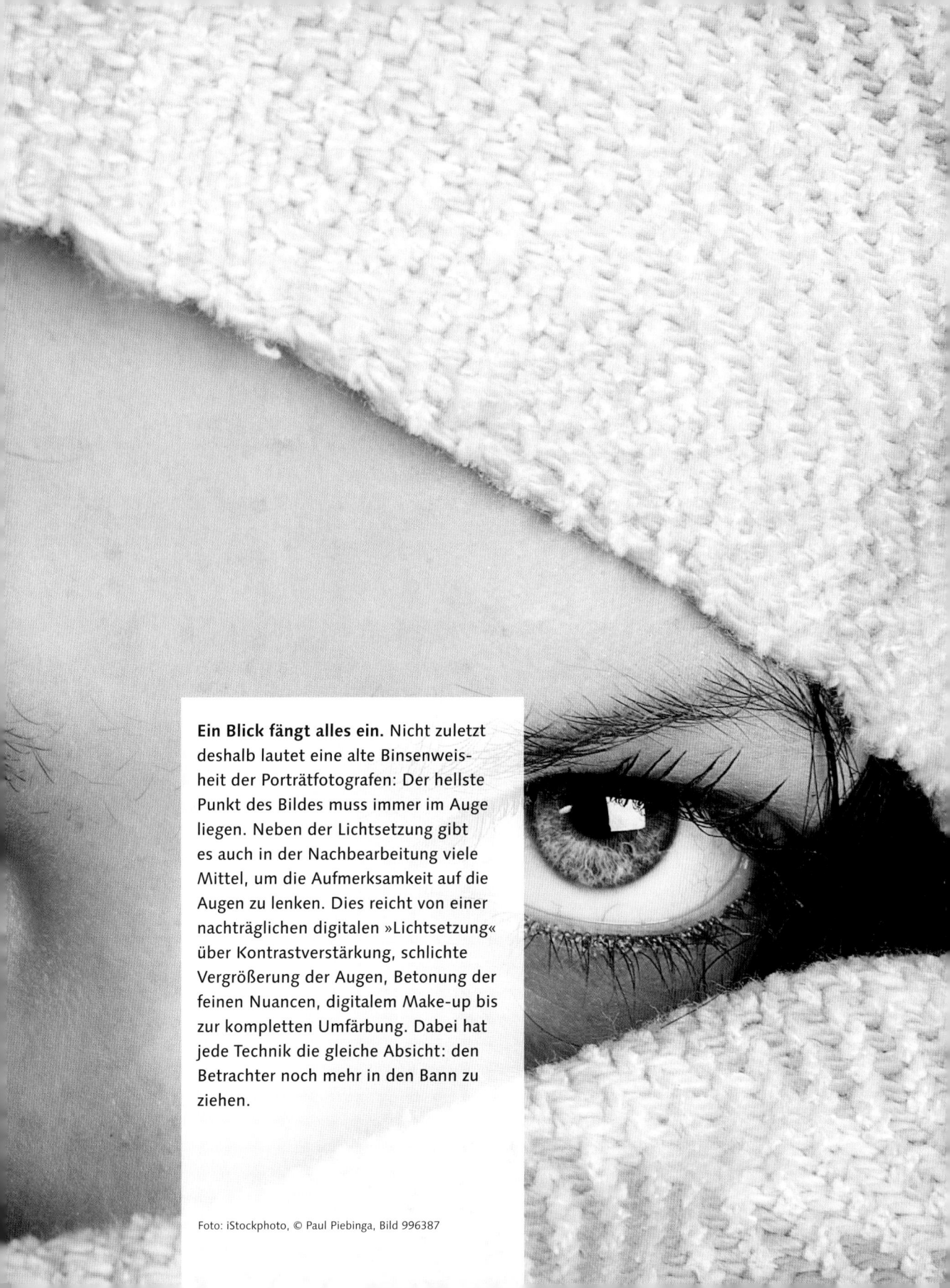

Ein Blick fängt alles ein. Nicht zuletzt deshalb lautet eine alte Binsenweisheit der Porträtfotografen: Der hellste Punkt des Bildes muss immer im Auge liegen. Neben der Lichtsetzung gibt es auch in der Nachbearbeitung viele Mittel, um die Aufmerksamkeit auf die Augen zu lenken. Dies reicht von einer nachträglichen digitalen »Lichtsetzung« über Kontrastverstärkung, schlichte Vergrößerung der Augen, Betonung der feinen Nuancen, digitalem Make-up bis zur kompletten Umfärbung. Dabei hat jede Technik die gleiche Absicht: den Betrachter noch mehr in den Bann zu ziehen.

Foto: iStockphoto, © Paul Piebinga, Bild 996387

Fokus: Augen

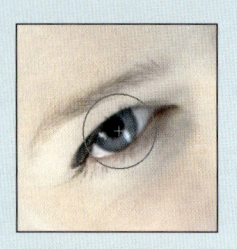

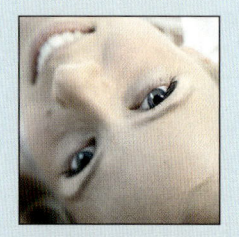

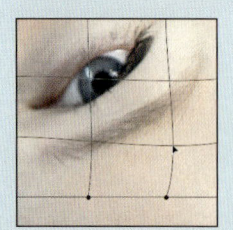

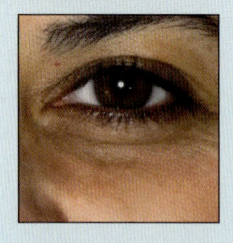

Augen vergrößern I **160**
   Eyecatching mit ein paar Klicks

Augen vergrößern II **164**
   Kontrollierte Vergrößerung und Steuerung der Augenform

Augenbrauen formen **168**
   Nachträgliches Anheben der Augenbraue durch Verkrümmung

Augenschatten aufhellen **172**
   Selektive Aufhellung dunkler Schattenbereiche

Augenringe retuschieren **176**
   Tiefe Schatten mit transparentem »Make-up« abdecken

Strahlende Augen **178**
Schnelle Glanzbehandlung mit dem Abwedler und Nachbelichter

Augenkontrast verstärken **180**
Kontrast der Iris durch eine lokale Gradationskurve steigern

Augenfarbe ändern **184**
Am schnellsten geht's mit dem Farbe-ersetzen-Werkzeug

Wimpern und Eyeliner **186**
Dezentes Abdunkeln mit dem Nachbelichter-Werkzeug

Lidschatten auftragen **188**
Augenkosmetik in mehreren Schichten

Kapitel 5 | Fokus: Augen 159

Augen vergrößern I

Eyecatching mit ein paar Klicks

Aufgaben:
Augen vergrößern
Proportionen ändern
[Augen.jpg]

Natürlich zieht jedes Porträt Sie noch mehr in den Bann, wenn die Augen einen Tick größer wirken. Mit dem VERFLÜSSIGEN-Filter ist dies schnell gemacht. Das Aufblasen-Werkzeug, das Sie schon in vorangegangenen Workshops gesehen haben, vergrößert die Augen konzentrisch aus der Mitte, so dass Pupille und Iris automatisch in den Vordergrund rücken. Um das Werkzeug allerdings gut steuern zu können, sollten Sie mit feinen Werkzeugeinstellungen arbeiten.

Foto: Peter Wattendorff, Modell: Cathrin Lange

1 Lassoauswahl

Nehmen Sie zuerst eine grobe Auswahl mit dem Lasso-Werkzeug vor. Setzen Sie dafür die Weiche Kante ❶ in den Werkzeugoptionen auf 0, denn die Kante können Sie gleich noch verfeinern.

Ziehen Sie dann eine großzügige Auswahl um das Auge. Achten Sie darauf, dass die Auswahlkanten auf glatter Haut liegen und keine Bilddetails (wie Augenbrauen) berühren.

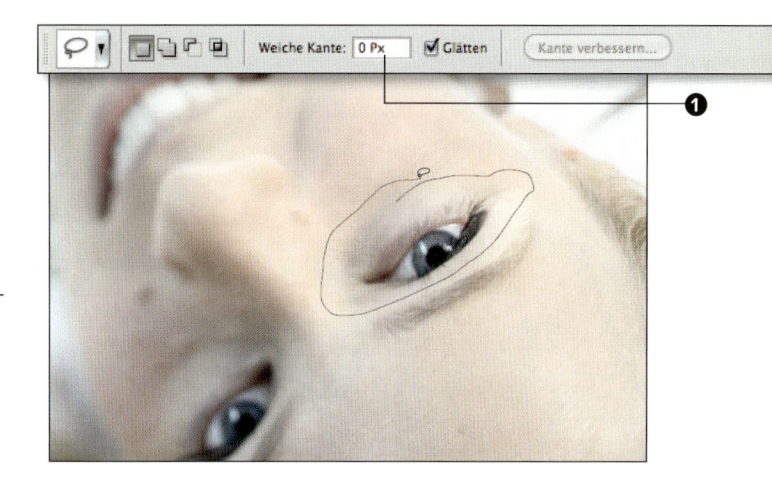

2 Auswahl bearbeiten

Klicken Sie nach erfolgter Auswahl auf die dann eingeblendete Schaltfläche Kante verbessern ❷.

Entscheiden Sie sich zuerst für eine Auswahlvorschau, die die Auswahl deutlich vom Hintergrund abgrenzt. Klicken Sie dazu im Popup-Menu unter Anzeigen auf eine geeignete Vorschau – in diesem Fall auf den Menupunkt Auf Schwarz (B) ❸. Noch schneller geht der Vorschauwechsel über die Buchstaben, die im Popup-Fenster in Klammern angezeigt werden – für Schwarz die Taste B.

3 Kante verfeinern

Erhöhen Sie jetzt zunächst den Abrunden-Wert, um die Auswahlkanten zu glätten. Danach stellen Sie über den Regler Weiche Kante und einen Wert um 8 Pixel einen weichen Auswahlübergang her.

Falls sich dadurch die Auswahl zu sehr nach innen verlagert, können Sie über einen entsprechenden Kante verschieben-Wert die Auswahl wieder nach außen verschieben.

Stellen Sie nun noch die Ausgabe auf Neue Ebene, um nur den ausgewählten Bereich gleich auf eine separate Ebene zu kopieren.

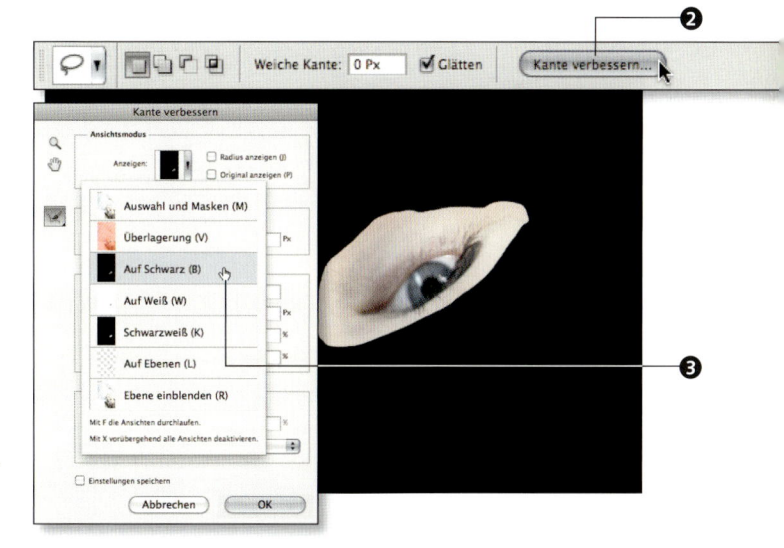

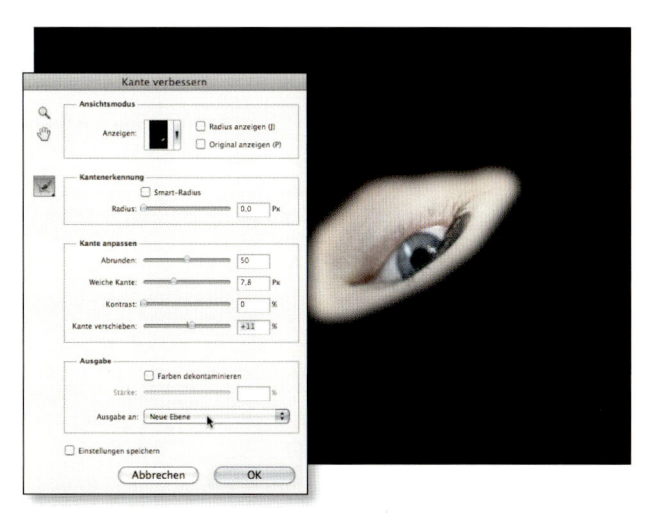

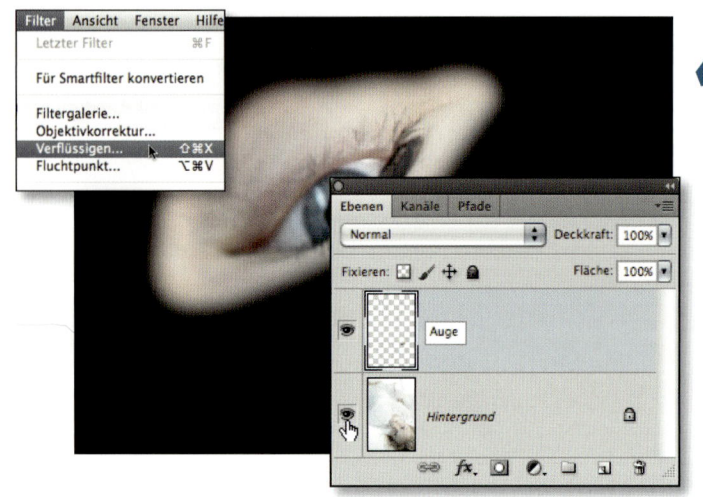

4 Arbeitsebene erstellen

Nach Klick auf OK im Kante verbessern-Fenster, können Sie jetzt in der Ebenen-Palette die neu angelegte Ebene nach einem Doppelklick sinnvoll umbennen. Klicken Sie dann auf das Augensymbol der HINTERGRUND-Ebene, um diese wieder sichtbar zu machen.

Wählen Sie als nächstes für die aktive AUGE-Ebene aus dem FILTER-Menü den VERFLÜSSIGEN-Filter.

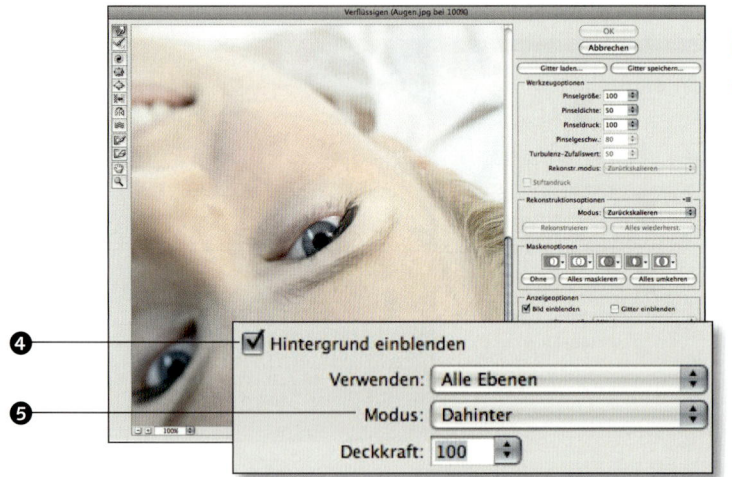

5 Ansicht im Verflüssigen-Filter

Damit Sie das ausgewählte Auge zusammen mit der Hintergrundebene bei der Bearbeitung beurteilen können, aktivieren Sie die Option HINTERGRUND EINBLENDEN ❹ und wählen den MODUS: DAHINTER ❺.

So wird der aktuelle Bearbeitungsstatus immer im Vordergrund angezeigt.

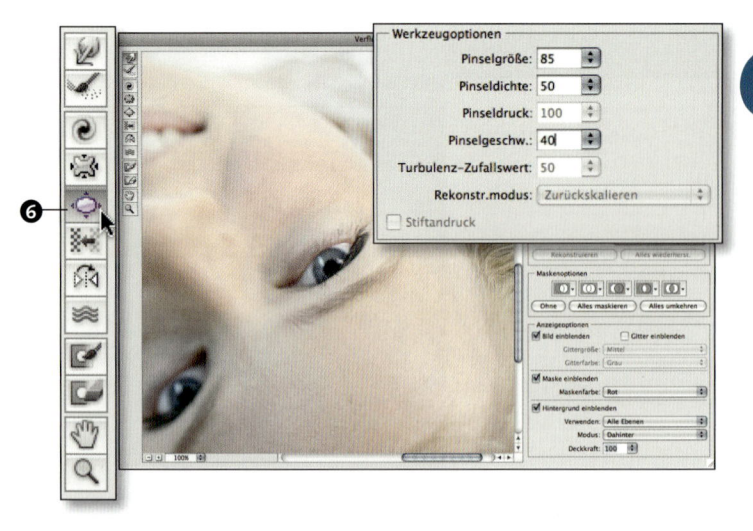

6 Aufblasen-Werkzeug einstellen

Mit dem Aufblasen-Werkzeug ❻ geht es weiter. Wie immer bei der sensiblen Porträtretusche arbeiten Sie mit moderaten Werkzeugeinstellungen. Setzen Sie deshalb die Werte für die PINSELDICHTE und PINSELGESCHWINDIGKEIT auf unter 50: So können Sie in kleinen Schritten und auf die Werkzeugmitte konzentriert arbeiten.

Die PINSELGRÖSSE setzen Sie auf knapp unter 100, so dass ein leicht größerer Arbeitsbereich als die Iris entsteht.

162 Kapitel 5 | Fokus: Augen

7 Iris und Pupillen vergrößern

Klicken Sie jetzt mehrfach kurz mit dem Werkzeug auf die Pupille. Sie werden feststellen, dass sich die Pupille von der Mitte aus »aufbläst«.

Durch die gering eingestellte PINSELDICHTE ist die Wirkung dabei in der Mitte stärker als am Rand.

Klicken Sie mit der Mitte der Werkzeugspitze auch ein paar mal in die Randbereiche der Iris, um den Umgebungsbereich zu vergrößern.

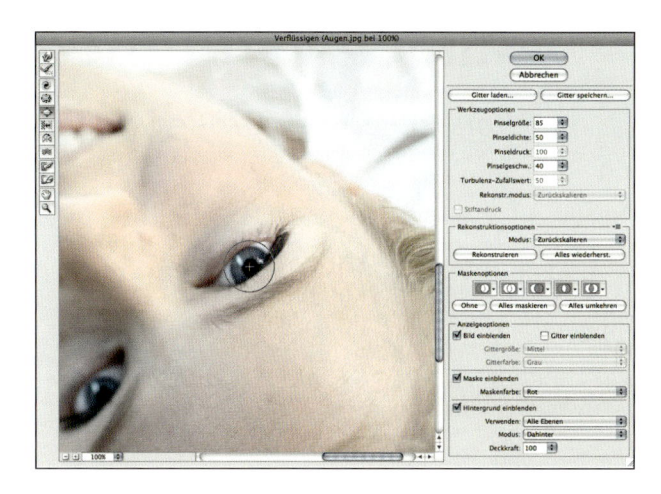

8 Arbeitsergebnis überprüfen

Da die PINSELGESCHWINDIGKEIT sehr schwach eingestellt ist, ist die Wirkung eines einzelnen Klicks sehr gering und Sie können sich stückweise an Ihr Ergebnis heranarbeiten.

Um nicht über das Ziel hinauszuschießen, sollten Sie immer das Arbeitsergebnis überprüfen. Wechseln Sie dafür den MODUS für HINTERGRUND EINBLENDEN auf DAVOR. So wird das unbearbeitete Hintergrundbild zum Vergleich in den Vordergrund gesetzt.

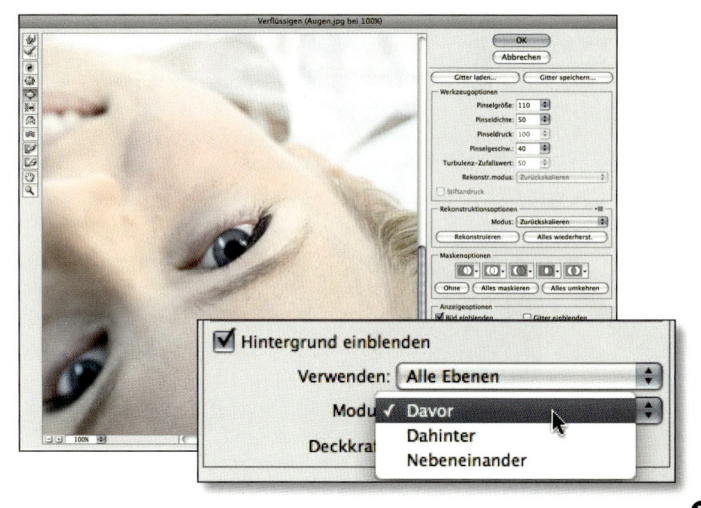

9 Form nachbessern

Neben der reinen Vergrößerung des Auges können Sie mit dem VERFLÜSSIGEN-Filter auch die Form verändern.

Benutzen Sie dazu das Vorwärts-krümmen-Werkzeug ❼ mit geringen Werten für PINSELDICHTE und -DRUCK. Schieben Sie das obere Lid aus der Mitte des Auges etwas höher, bevor Sie die Bearbeitung mit OK abschließen.

Das Vorwärts-krümmen-Werkzeug: Weitere Details finden Sie im Workshop »Gesichtsform ändern« auf Seite 122.

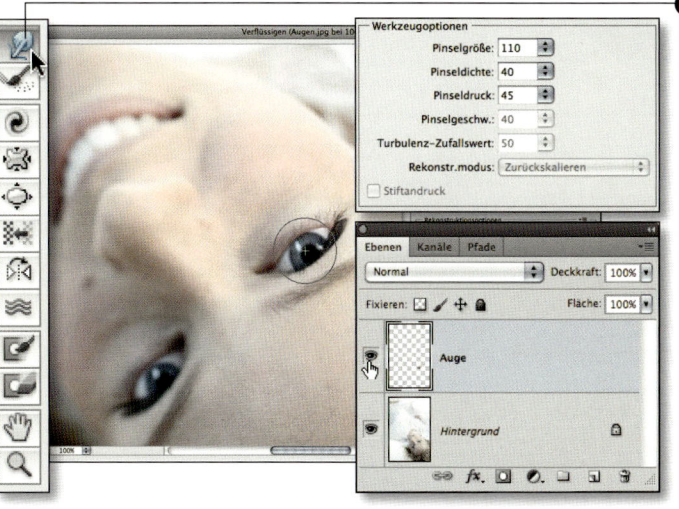

Augen vergrößern II
Kontrollierte Vergrößerung und Steuerung der Augenform

Aufgaben:
Augen von innen vergrößern
Randbereiche zurückhalten
Form korrigieren

[Augen.jpg]

Nicht immer sind die Klicks mit den Werkzeugen des VERFLÜSSIGEN-Filters einfach zu dosieren. In diesem Workshop sehen Sie eine Alternative und eine deutlich kontrolliertere Vorgehensweise mit der Verkrümmen-Option des FREI TRANSFORMIEREN-Befehls. Mit dieser können Sie die Form und Größe behutsam steuern. Die vorgegebenen Verkrümmungsstile erleichtern den ersten Korrekturansatz, von dem Sie jederzeit individuelle Anpassungen vornehmen können.

Foto: Peter Wattendorff, Modell: Cathrin Lange

1 Auge auswählen

Benutzen Sie das Lasso-Werkzeug, um das Auge großzügig auszuwählen. Setzen Sie die Auswahlkante auf einen unstrukturierten Hautbereich, so dass Sie später noch die Möglichkeit haben, eine weiche Auswahlkante einzustellen.

Definieren Sie keine WEICHE KANTE ❶ in den Lasso-Optionen, sondern klicken Sie nach der Auswahl-Erstellung auf den Button KANTE VERBESSERN ❷.

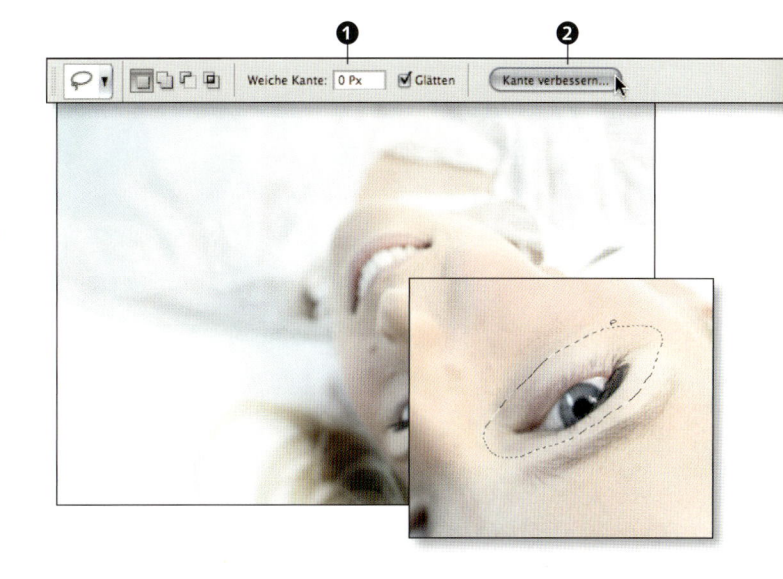

2 Auswahlkante anpassen

Im Funktionsfenster KANTE VERBESSERN wählen Sie eine geeignete Auswahlvorschau, wie beispielsweise eine schwarze Maskierung ❸, am schnellsten über die Taste B.

Stellen Sie dann eine WEICHE KANTE – hier von ca. 5 Pixeln – ein, um eine weiche Auswahl zu schaffen. Sollte die Auswahl dadurch zu klein werden, können Sie diese über den Wert für KANTE VERSCHIEBEN wiederherstellen.

Wählen Sie dann noch unter Ausgabe eine Neue Ebene und klicken Sie anschließend auf OK.

3 Smart-Objekt-Ebene erstellen

Aktivieren Sie die Hintergrund-Ebene und benennen Sie die neu angelegte Ebene wieder sinnvoll um.

Um alle folgenden Transformationen jederzeit wieder ohne Qualitätsverlust korrigieren zu können, wandeln Sie diese Ebene noch über das Palettenmenü ❹ der EBENEN-Palette in ein Smart-Objekt um.

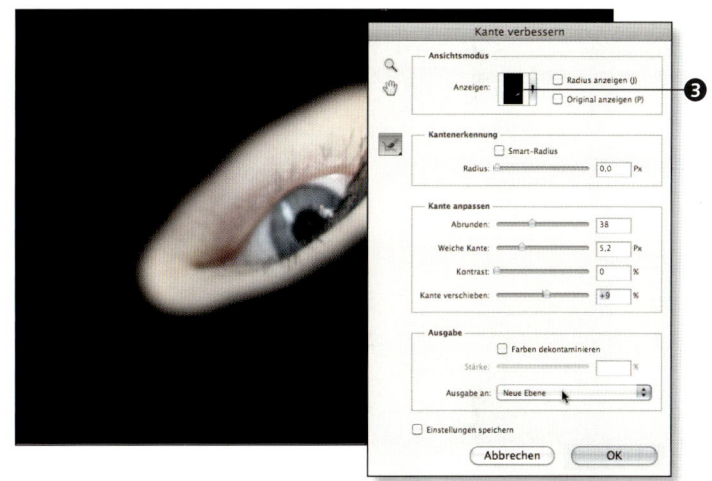

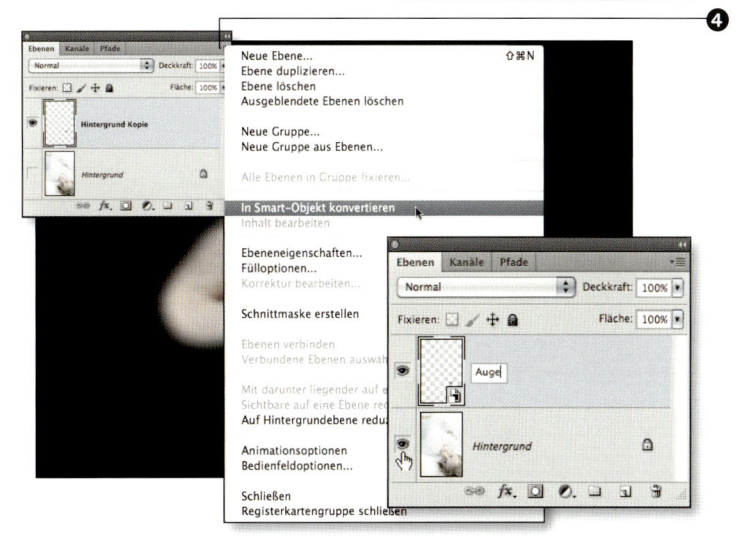

Kapitel 5 | Fokus: Augen

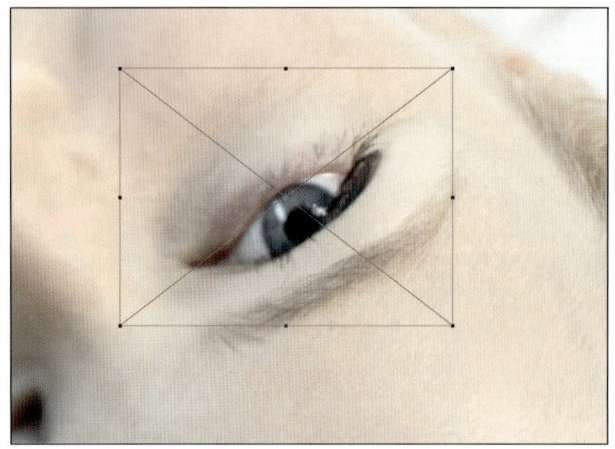

4 Smart-Objekt transformieren

Mit dem Kurzbefehl [Strg]/[⌘] + [T] erhalten Sie den Transformationsrahmen zum FREI TRANSFORMIEREN.

Dieser umfasst nur die für das Auge ausgewählten Pixel auf der aktiven, oberen Ebene.

Ein einfaches Skalieren des Auges bringt uns nicht weiter, denn die Ränder der Auswahl würden sich schwer in die Umgebung einfügen. Stattdessen wird das Auge in seiner Form verändert.

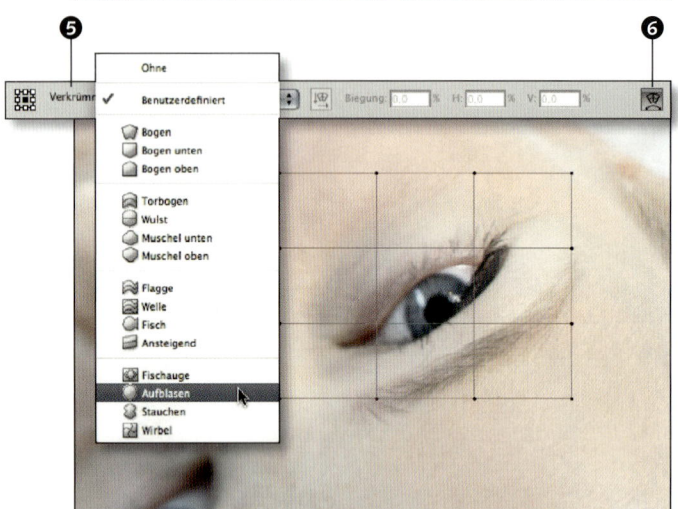

5 Die Verkrümmen-Option

Aktivieren Sie in der Optionsleiste den Button für die Verkrümmen-Option ❻. Daraufhin passieren zwei Dinge: Der Transformationsrahmen erhält ein neunzelliges Raster, an dessen Eck- und Schnittpunkten Sie die Bildauswahl verformen können. Außerdem steht Ihnen in der Optionsleiste ein Popup-Menü ❺ zur Verfügung, aus dem Sie Vorgaben für die Verkrümmung wählen können, wie in diesem Fall das AUFBLASEN.

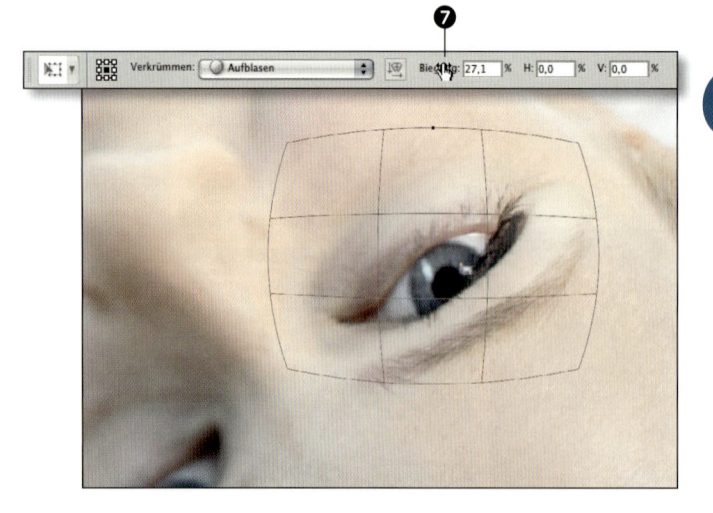

6 Vorgaben nutzen

Durch den AUFBLASEN-Befehl wird der Mittelpunkt der Auswahl vergrößert – zum Rand hin nimmt die Wirkung ab.

Die Stärke der Biegung können Sie in der Optionsleiste über Werte eingeben, oder Sie platzieren einfach die Maus über den Befehl BIEGUNG ❼ und ziehen mit gedrückter Maustaste nach rechts oder links, um die Stärke der Krümmung herauf- oder herabzusetzen.

Tipp: Diese Maussteuerungsmöglichkeit gilt für alle Eingabefelder in Photoshop.

7 **Benutzerdefinierte Verkrümmung**
Das reine Aufblasen arbeitet hier nicht fein genug – Sie müssen auch die Form des vergrößerten Auges nacharbeiten.

Wechseln Sie deshalb im Popup-Menü der Optionsleiste auf BENUTZERDEFINIERT.

So erhalten Sie Anfasser ❽ am Transformationsrahmen, an denen Sie mit der Maus individuell die Form steuern können.

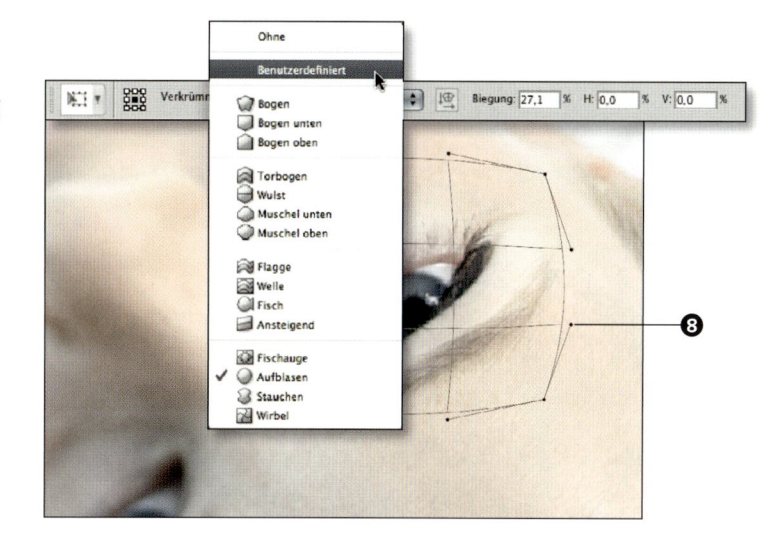

8 **Augenlid anpassen**
Ziehen Sie zuerst an der oberen linken Ecke des Transformationsrahmens ❾, um das untere Lid etwas zu öffnen.

Auch die Form des unteren Lids können Sie noch etwas runder gestalten. Ziehen Sie dazu an dem rechts liegenden Anfasser ❿ der Ecke ein wenig nach oben.

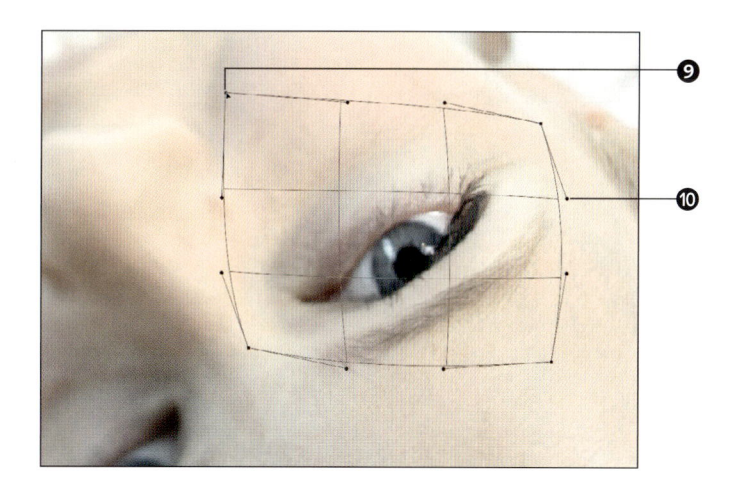

9 **Gesamtform korrigieren**
Auch das Oberlid kann noch in der Form korrigiert werden: Benutzen Sie dazu den linken Anfasser ⓫ der unteren rechten Ecke, und ziehen Sie ihn leicht nach unten.

Mit diesen Anfassern können Sie die Form an jeder Seite korrigieren.

Wenn Sie mit der Transformation zufrieden sind, betätigen Sie einfach die Zeilenschaltung.

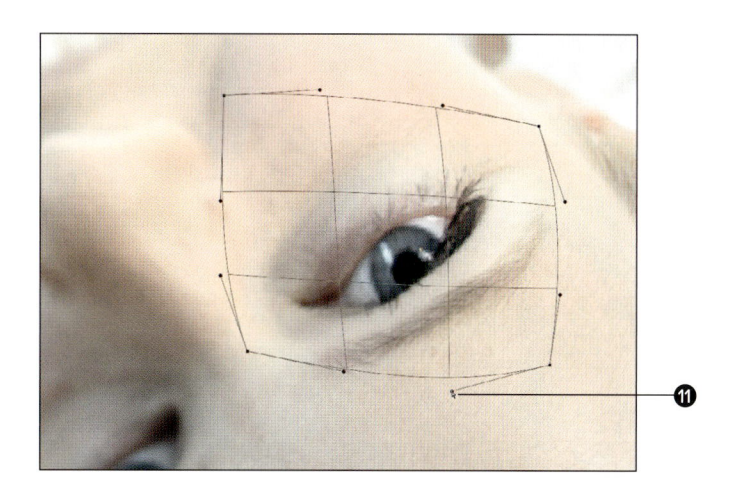

Kapitel 5 | Fokus: Augen

Augenbrauen formen

Nachträgliches Anheben der Augenbraue durch Verkrümmung

Auch die Augenbrauen können Sie mithilfe der Verkrümmen-Option des FREI TRANSFORMIEREN-Befehls in Form biegen. Allerdings müssen Sie hier sowohl bei der Auswahl als auch bei der Verkrümmung etwas feiner arbeiten. Und meistens lässt sich auch eine nachträgliche Retusche der Übergänge nicht vermeiden. Durch geschickte Ebenenaufteilung geht das aber schnell von der Hand und lässt das Original nicht aus dem Auge.

Aufgaben:
Augenbrauen anpassen
Übergänge kaschieren
[Augen.jpg]

1 Am Anfang steht die Auswahl

Aus den letzten beiden Workshops kennen Sie schon die ersten Schritte: Am Anfang wählen Sie mit dem Lasso-Werkzeug die Augenbraue großzügig aus, natürlich ohne zu nah an das Auge zu gelangen, und zwar bei einer weichen Kante von 0.

Bei aktiver Auswahl klicken Sie dann auf die Schaltfläche KANTE VERBESSERN ❶.

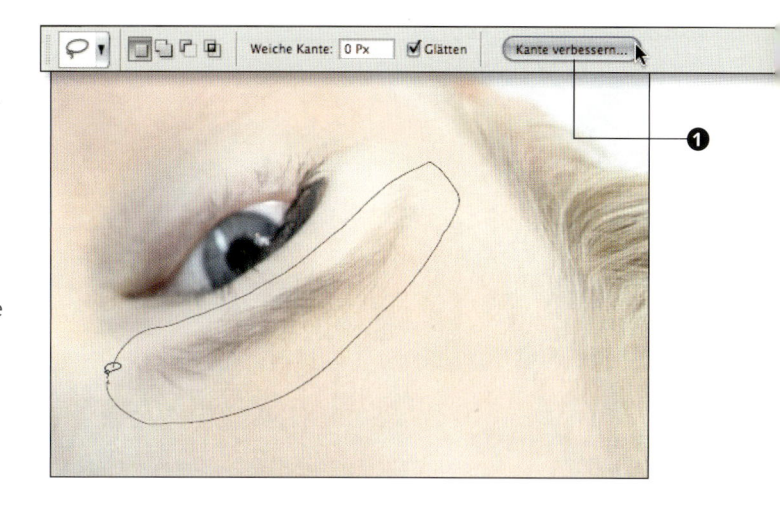

2 Kante verbessern

Wählen Sie in diesem Funktionsfenster zunächst wieder eine schwarze Auswahlvorschau ❷, und glätten Sie dann die Auswahl durch den ABRUNDEN-Regler, bevor Sie eine WEICHE KANTE erstellen.

Verschieben Sie danach entsprechend die Auswahl, damit die weiche Kante nicht zu nahe an der Augenbraue liegt.

Stellen AUSGABE AN wieder auf NEUE EBENE ❸ und verlassen Sie über OK das Arbeitsfenster.

3 Smart-Objekt-Ebene erstellen

Aktivieren Sie wieder die Hintergrund-Ebene und benennen Sie anschließend die neue Ebene um. Wählen Sie dann aus den Optionen der EBENEN-Palette ❹ den Befehl IN SMART-OBJEKT KONVERTIEREN. Nur so stellen Sie sicher, dass Sie die folgende Transformation jederzeit überarbeiten können, ohne dabei Qualitätsverluste hinnehmen zu müssen.

Grundlagen: Sie finden einen Exkurs zu nicht-destruktiver Bildbearbeitung auf Seite 252.

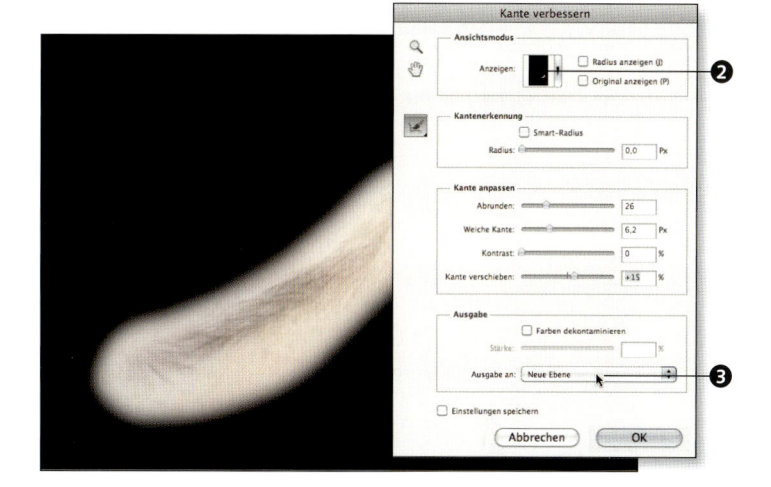

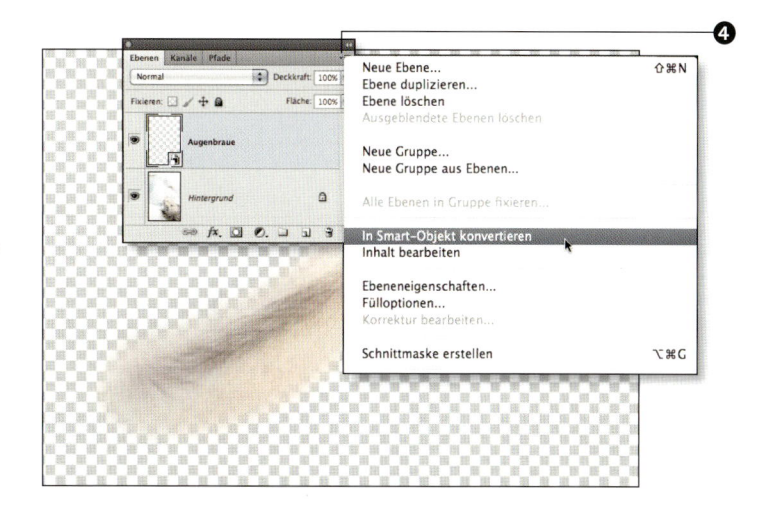

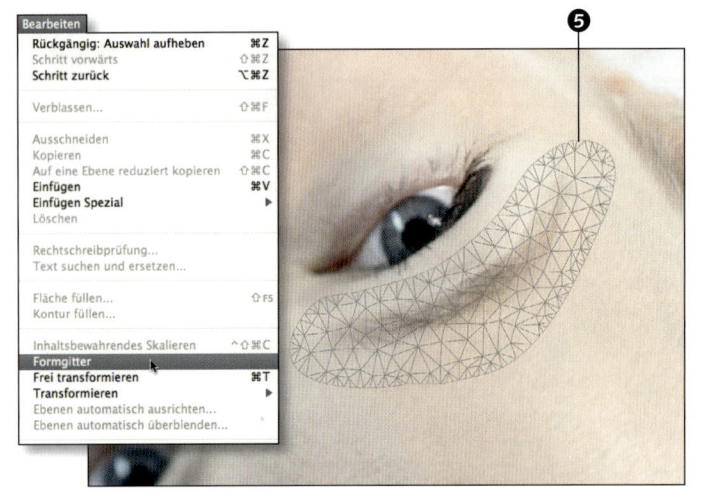

4 Die Formgitter-Funktion

Zoomen Sie sich an den Arbeitsbereich rund um die Augenbraue heran und wählen Sie aus dem Bearbeiten-Menü die Funktion Formgitter.

Über die Bildpixel der Ebene wird ein feines Gitter gelegt ❺, das Sie in den folgenden Schritten noch an Ihre Arbeitsweise anpassen können.

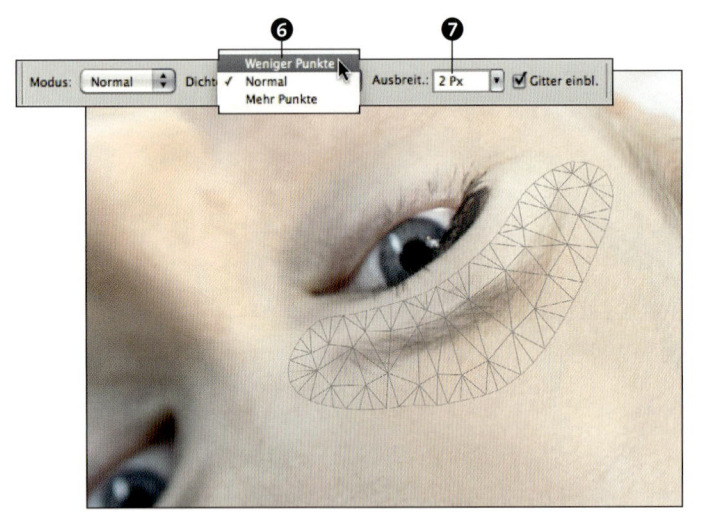

5 Gitter anpassen

Da Sie mit einem vergleichsweise kleinen Auswahlbereich arbeiten wirkt das Gitter sehr komplex. Sie können die Dichte des Gitters verkleinern, indem Sie aus dem gleichnamigen Popup-Menü WENIGER PUNKTE ❻ wählen. Die danebenstehende Pixelangabe ❼ bestimmt die Ausbreitung des Gitters über den Auswahlbereich. Sie können das Gitter auch ausblenden Gitters. Allerdings sollten Sie erst ein paar Versuche mit eingeblendetem Gitter unternehmen, um die Funktionsweise besser zu verstehen.

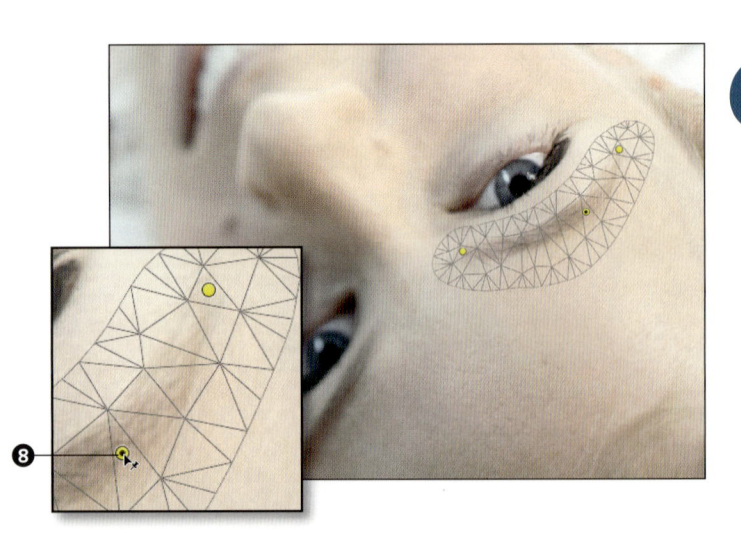

6 Nadeln setzen

Orientieren Sie sich bei der Bearbeitung an der Form der linken Augenbraue und verändern Sie gegebenenfalls den Ausschnitt.

Setzen Sie zunächst per einfachem Klick die sogenannten Nadeln, mit denen Sie Bildbereiche fixieren oder aber auch verformen können.

Setzen Sie jeweils eine Nadel auf das innere und äußere Ende der Augenbrauen und dann noch eine Weitere auf das äußere Drittel ❽, um dieses gleich – ähnlich wie auf der linken Seite – anzuheben.

7 Formgitter bearbeiten

Jetzt können Sie die Nadeln nacheinander per Klick auswählen und dann durch Ziehen den Bearbeitungsbereich verformen. Der restliche Bildbereich ist an den anderen Nadeln fixiert.

Ziehen Sie zuerst die mittlere Nadel nach unten, um die Augenbraue anzuheben, und nach rechts, um den Schwung zu verändern. Ziehen Sie die äußere Nadel ein wenig nach, um die Form zu perfektionieren.

Bestätigen Sie die Verformung mit der Return-Taste oder per Klick auf den Haken ❾.

8 Retusche-Ebene einfügen

Durch die starke Verformung der Augenbraue ergibt sich ein leichter Schatten am oben liegenden Rand, an dem die Augenbraue der Hintergrundebene durchscheint.

Legen Sie deshalb durch einen Klick auf das Ebenensymbol ⓫ eine leere Retusche-Ebene an, schieben Sie diese direkt über die Hintergrundebene, wählen Sie den Kopierstempel, und setzen Sie die AUFNEHMEN-Optionen auf AKT. UND DARUNTER. Stellen Sie außerdem die DECKKRAFT ❿ auf 20 %.

9 Übergänge kaschieren

Mit gedrückter Alt-Taste nehmen Sie jetzt einen sauberen Hautbereich aus der unmittelbaren Umgebung auf. Übermalen Sie danach die schmutzige Stelle in mehreren Phasen, gegebenenfalls mit neu aufgenommenen Retuschequellen.

Ein Alt-Klick auf das Augensymbol vor der Hintergrundebene ermöglicht Ihnen einen guten Vorher-nachher-Vergleich.

Mehr zu den Retuschetechniken: Lesen Sie im Kapitel »Basisretusche« nach.

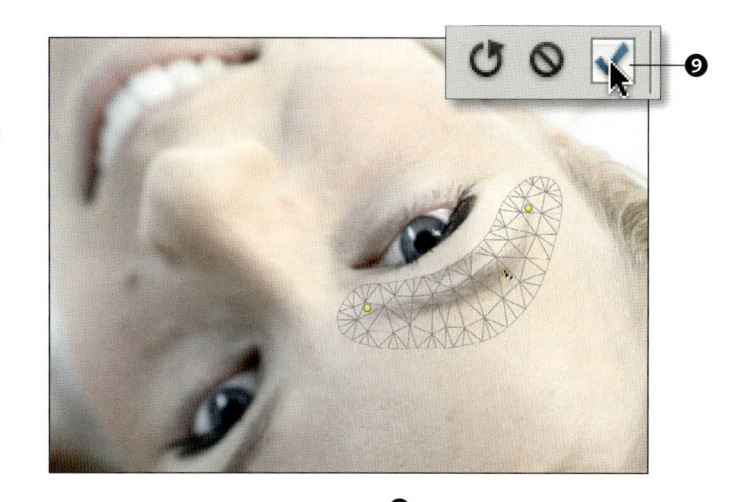

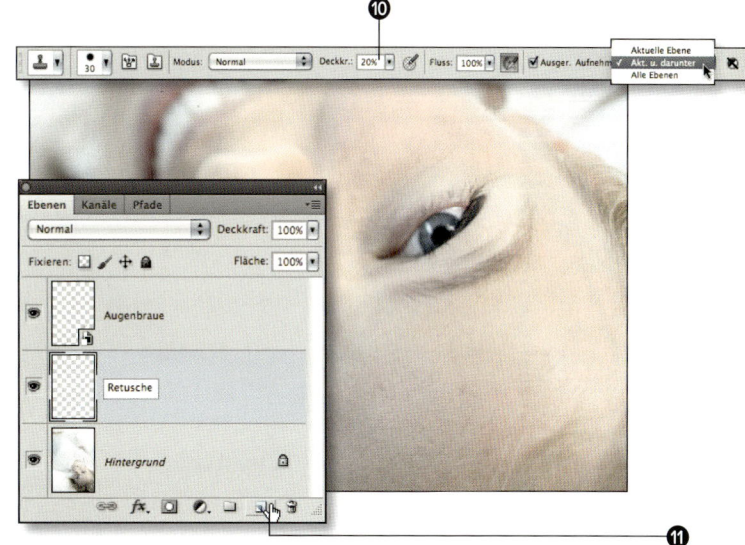

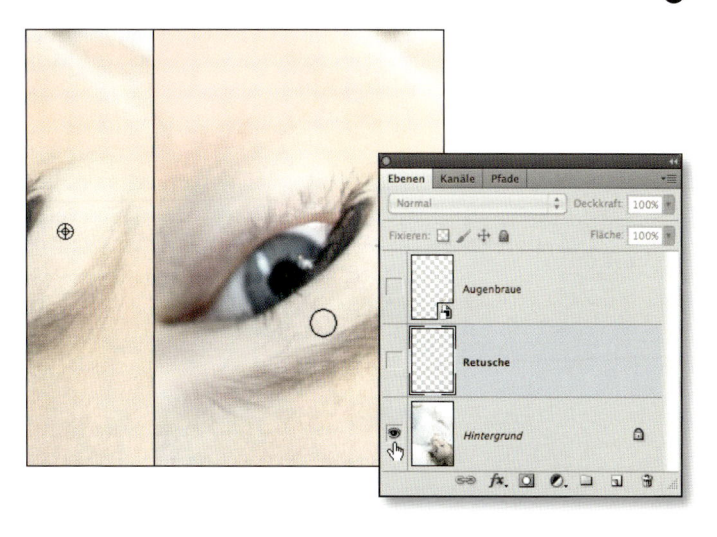

Kapitel 5 | Fokus: Augen **171**

Augenschatten aufhellen
Selektive Aufhellung dunkler Schattenbereiche

Aufgaben:
- Schattenbereiche aufhellen
- Tiefendetails bewahren
- Selektive Augenkorrektur

[Augenschatten.jpg]

Um einen Augenschatten zu verringern und so etwas mehr Licht auf zugeschattete Augen zu werfen, bieten sich zwar schon diverse Werkzeuge an. Die in diesem Workshop vorgestellte Technik der TIEFEN/LICHTER-Funktion in Kombination mit einem Smartfilter bietet aber nicht nur den Vorteil einer nicht-destruktiven Bearbeitung, sondern erhält zugleich Tiefendetails, deren Tonbreite Sie auch nachträglich noch steuern können.

Foto: Oana Szekely, Modell: Katja Mathes

1 Smart-Objekt erstellen

Auch wenn es auf den ersten Blick nicht so scheint: Eine Schattenaufhellung ist eine filigrane Arbeit.

Deshalb sollten Sie sich den Weg für Korrekturen offen lassen. Beginnen Sie mit einem Smart-Objekt, das Ihnen all diese Möglichkeiten bietet. Wählen Sie aus den Optionen der EBENEN-Palette den Befehl IN SMART OBJEKT KONVERTIEREN.

2 Die Funktion »Tiefen/Lichter«

Für die neu erzeugte Smart-Objekt-Ebene (zu erkennen an dem kleinen Symbol in der EBENEN-Palette ❶) wählen Sie jetzt einen Smartfilter aus, den Sie später immer noch editieren können. Die TIEFEN/LICHTER-Funktion verbirgt sich jedoch nicht im FILTER-Menü, sondern im Menü BILD • KORREKTUREN • TIEFEN/LICHTER.

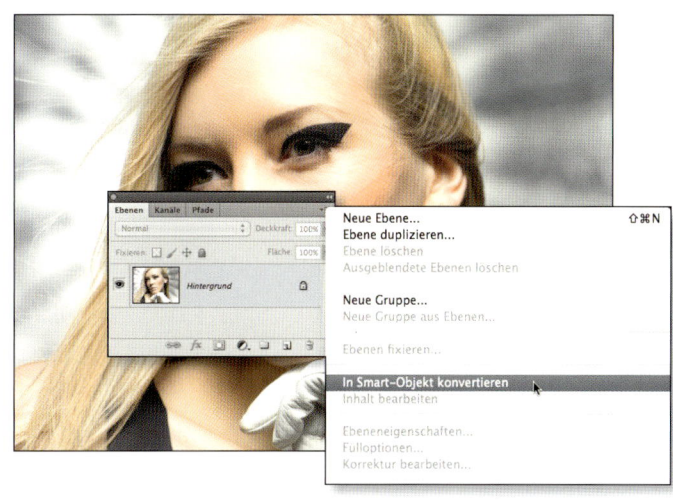

3 Optionen einblenden

Sollten Sie die TIEFEN/LICHTER-Funktion zum ersten Mal starten, sieht das Arbeitsfenster noch recht bescheiden aus.

Aktivieren Sie die Checkbox WEITERE OPTIONEN EINBLENDEN ❷, um die Funktion mit all ihren Möglichkeiten nutzen zu können.

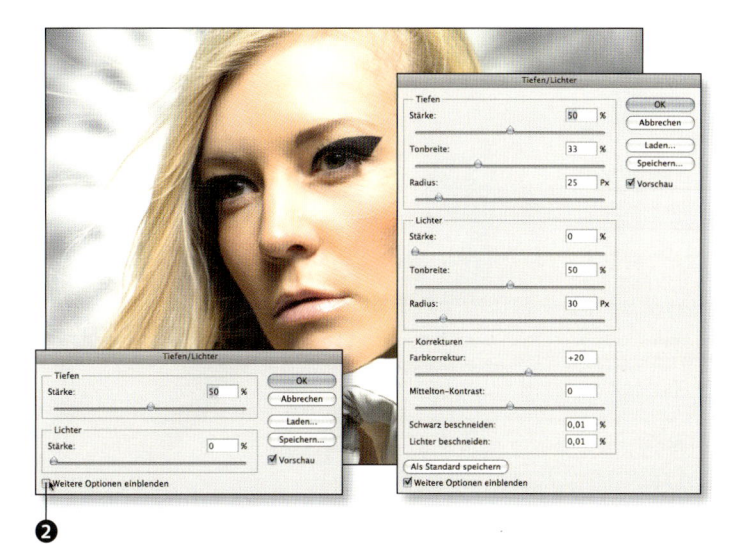

Kapitel 5 | Fokus: Augen **173**

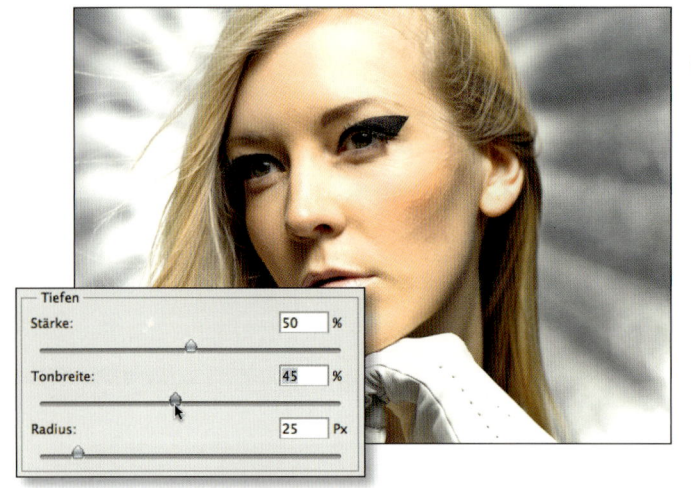

4 Tonbreite festlegen

Setzen Sie zunächst den Wert für die STÄRKE auf 50 %. Dies dient nur als erster Richtwert, um die Tonbreite – also den Umfang der Tonwerte, die von der Korrektur beeinflusst werden – einzugrenzen.

Schieben Sie dann den TONBREITE-Regler nach rechts. Sie werden erkennen, dass immer mehr Schattenbereiche, auch hellere, aufgehellt werden. Pendeln Sie den Regler dort ein, wo die relevanten Schatten im Auge eine Aufhellung erfahren – also bei ca. 45 %.

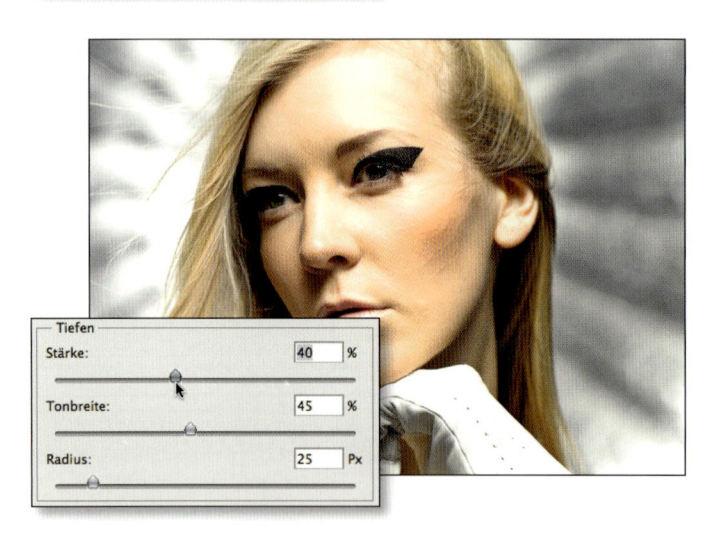

5 Stärke bestimmen

Nachdem Sie festgelegt haben, wo korrigiert werden soll, legen Sie die STÄRKE fest.

Schieben Sie dafür den entsprechenden Regler zunächst nach links und dann langsam wieder nach rechts, um den Grad der Korrektur richtig einschätzen zu können.

Achten Sie dabei nur auf die Augen. Die Aufhellungen im Gesicht werden später wieder maskiert.

6 Der Radius

Der RADIUS definiert, welchen Mindestdurchmesser – in Pixeln – Schattenbereiche haben müssen, um korrigiert zu werden.

Je kleiner die Pixelangabe ist, umso mehr Details werden auch aufgehellt. Den RADIUS-Regler sollte man nie ganz nach links schieben, da es sonst keine Detailzeichnung im Bild mehr gibt – in diesem Fall ist ein Wert um 10 Pixel angemessen.

7 Korrektur für Farbe und Schwarz

Jetzt kommt die wirkliche Feinarbeit und damit die Stärke der TIEFEN/LICHTER-Funktion gegenüber Werkzeugen wie zum Beispiel dem Abwedler: Im Segment KORREKTUREN können Sie alle korrigierten Bereiche noch in der Farbsättigung und dem Detailschwarz steuern. Der Wert für die FARBKORREKTUR von 20 bis 25 tut dabei meist gute Dienste und verhindert ein Ausgrauen der korrigierten Schatten. Ein Wert für SCHWARZ BESCHNEIDEN von 0,005 % sichert hier die tiefen Schwarztöne vor der Korrektur.

8 Maske erstellen

Verlassen Sie das Arbeitsfenster TIEFEN/LICHTER mit OK. In der EBENEN-Palette ist eine Smartfilter-Ebene inklusive Ebenenmaske entstanden. Aktivieren Sie diese mit einem Klick auf das Maskensymbol ❸, und kehren Sie sie über [Strg]/[⌘] + [I] um.

Die Maske ist jetzt schwarz und schaltet die Korrektur erst einmal wieder aus. Nutzen Sie jetzt einen weichen Pinsel mit weißer Vordergrundfarbe und einer DECKKRAFT um 50–70 %, um die Augenbereiche in ein oder zwei Arbeitsgängen wieder freizumalen.

9 Filterwerte überarbeiten

Ihre eingestellten Korrekturen wirken jetzt nur auf die Augenbereiche und zeigen so erstmals ihre genaue Wirkung im Porträt.

Die Parameter für die TIEFEN/LICHTER-Steuerung – wie auch für die Schwarzbeschneidung – können Sie dabei jederzeit überarbeiten.

Doppelklicken Sie einfach auf die Bezeichnung TIEFEN/LICHTER ❹ in der EBENEN-Palette – schon gelangen Sie zurück ins Arbeitsfenster und können Änderungen durchführen.

Kapitel 5 | Fokus: Augen

Augenringe retuschieren
Tiefe Schatten mit transparentem »Make-up« abdecken

Augenringe und tiefe Schatten unter den Augen sind nicht die Folge zu geringer Ausleuchtung, sondern vermutlich von zu wenig Schlaf. Eine einfache Aufhellung führt hier meist nicht zum Ziel. Gleichzeitig muss die ungesunde Hautstruktur wie mit einem guten, transparenten Make-up abgedeckt werden. Dies ist ein Einsatz für das klassische Stempelwerkzeug mit allen seinen Finessen.

Aufgaben:
Augenringe aufhellen
Tiefe Falten retuschieren
Hautfarbe überlagern
[Augenringe.jpg]

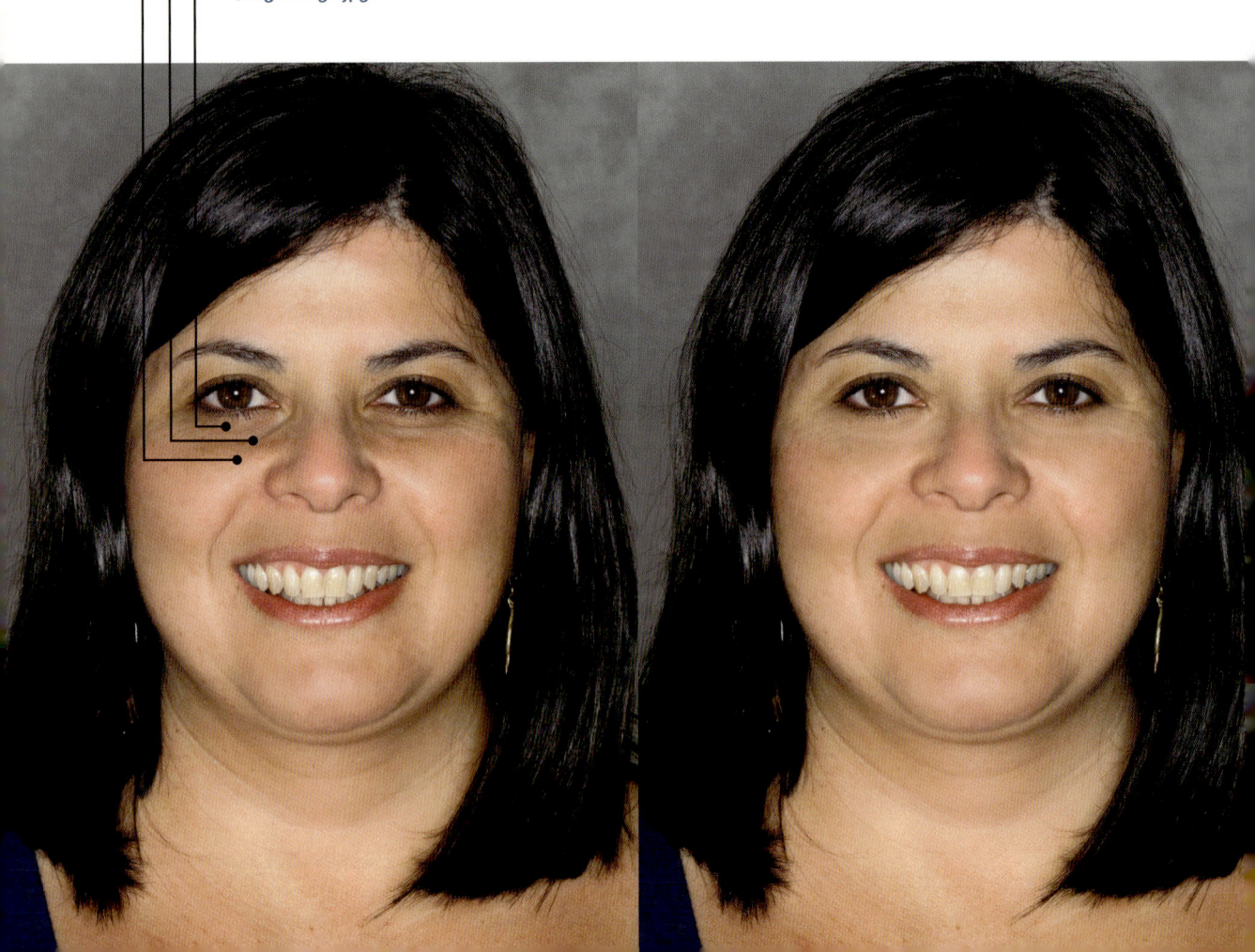

1 Stempeleinsatz vorbereiten

Die Augenringe werden gleich schrittweise abgedeckt. Legen Sie sich dafür zunächst eine neue leere Ebene an.

Wählen Sie dann den Kopierstempel aus der Werkzeugpalette, und aktivieren Sie aus dem Popup-Menü Aufnehmen die Option Akt. und darunter oder Alle Ebenen, um über beide Ebenen retuschieren zu können.

Verringern Sie außerdem die Deckkraft des Kopierstempels auf ca. 20 %, um eine transparente Überlagerung zu gewährleisten.

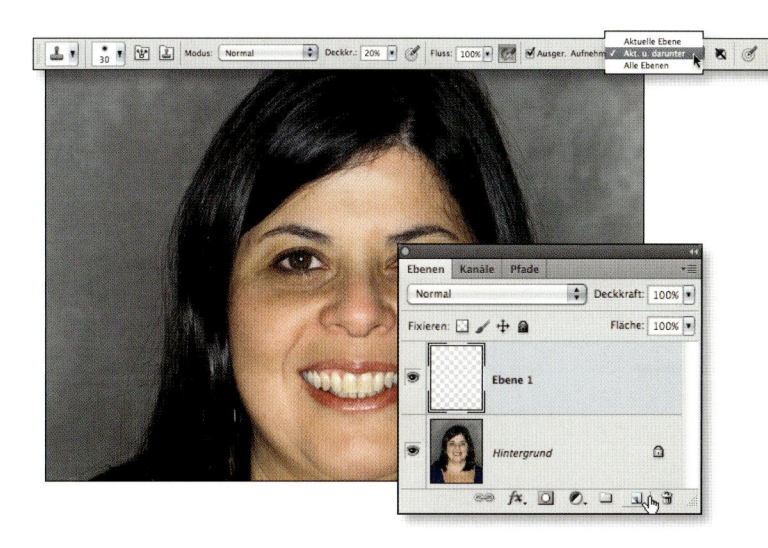

2 Genaue Retusche

Passen Sie jetzt die Werkzeuggröße auf den Retuschebereich an. Halten Sie dazu Alt + rechte Maustaste (Win) bzw. Ctrl + Alt -Taste (Mac) gedrückt und ändern Sie durch Ziehen nach links und rechts die Pinselgröße sowie die Härte mit einer Bewegung nach oben oder unten.

Suchen Sie sich einen homogenen Hautbereich (zum Beispiel in der Wange), und nehmen Sie diesen mit gedrückter Alt -Taste auf. Tragen Sie diesen in wiederholten Schritten auf die Augenringe auf.

3 Schatten und Falten aufhellen

Ein paar hartnäckige Spuren bleiben, wie die tiefen Falten, die Sie noch zusätzlich aufhellen müssen.

Ändern Sie dazu den Modus des Kopierstempels auf Aufhellen, und verkleinern Sie – wie im vorherigen Schritt gezeigt – den Pinseldurchmesser. Nehmen Sie immer neue Quellbereiche für die Retusche auf, und überlagern Sie Stück für Stück die tiefdunklen Falten. Der Modus Aufhellen sorgt dafür, dass sich die Retusche nur auf Pixel auswirkt, die dunkler sind als der aufgenommene Bereich.

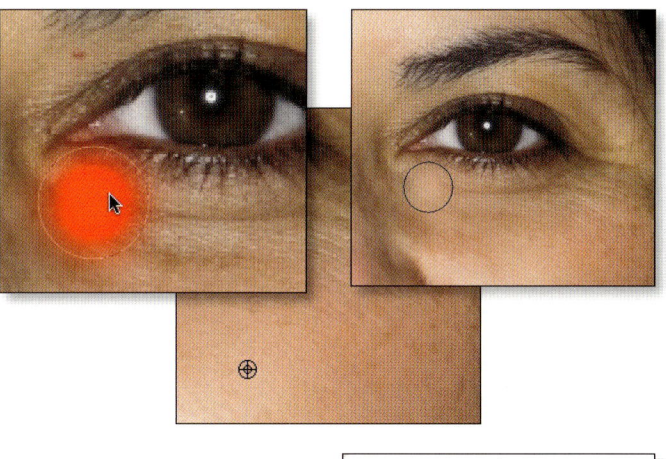

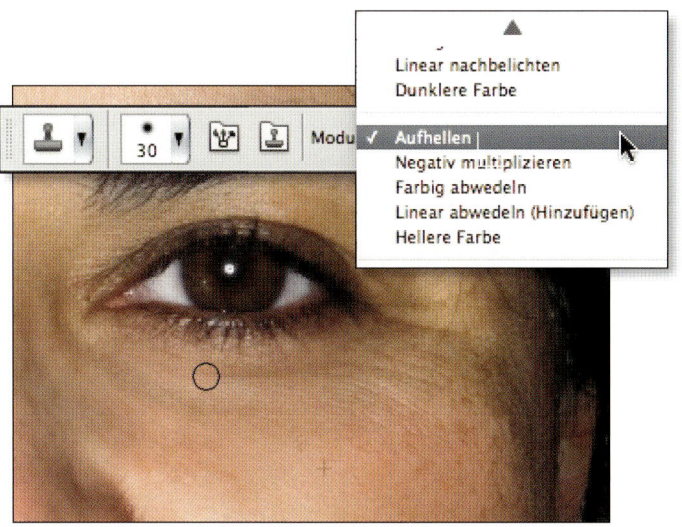

Strahlende Augen

Schnelle Glanzbehandlung mit dem Abwedler und Nachbelichter

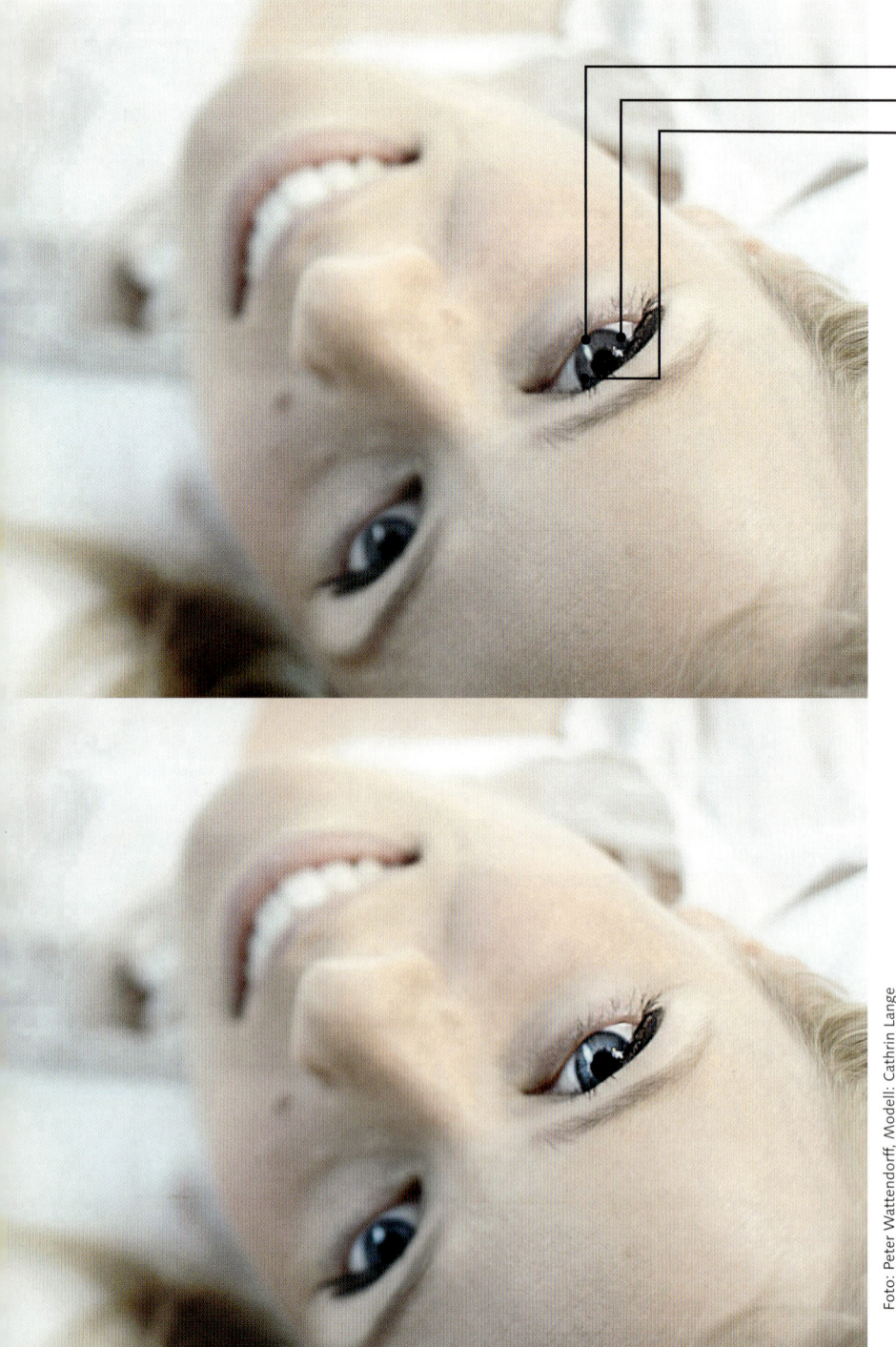

Aufgaben:
- Glanzlichter verstärken
- Irisfarbe aufhellen und verstärken
- Tiefendetails herausarbeiten

[Augen.jpg]

Gönnen Sie den Augen in der Nachbearbeitung noch ein kleines Funkeln. Für eine schnelle Erzeugung dieses Effekts benötigen Sie nur den Abwedler und den Nachbelichter. In den Optionen dieser Werkzeuge können Sie sowohl den Wirkungsbereich als auch die Wirkung auf Farben steuern. So lässt sich schnell ein Kontrast aufbauen, der für eine strahlende Iris und glänzende Augen sorgt.

Foto: Peter Wattendorff, Modell: Cathrin Lange

1 Lichter abwedeln

Wählen Sie das Abwedler-Werkzeug zur Aufhellung der Lichter und helleren Tonwerte. In der Optionsleiste wählen Sie die LICHTER als Bearbeitungsbereich ❶ aus. Stellen Sie die BELICHTUNG ❷ auf einen geringen Wert um die 10 %, um in feinen Schritten arbeiten zu können. Zuletzt aktivieren Sie noch die Option TONWERTE SCHÜTZEN ❸, die den Farbanteil bei der folgenden Aufhellung mit anpasst. Fahren Sie dann mit angemessener Werkzeuggröße mehrfach über den Irisbereich der Augen, bis diese deutlich leuchtender wirken.

2 Tiefen nachbelichten

Jetzt wird das Prinzip umgedreht: Mit dem Nachbelichter-Werkzeug wählen Sie die TIEFEN als BEREICH. Auch hier sollten Sie mit Belichtungswerten um 10 % arbeiten.

Mit etwas größerer Werkzeugspitze können Sie jetzt über alle Details der Augen malen. Diese zusätzlich abgedunkelten Tiefendetails stehen im Kontrast zu den eben aufgehellten, leuchtenden Bereichen und sorgen für das gewünschte Funkeln.

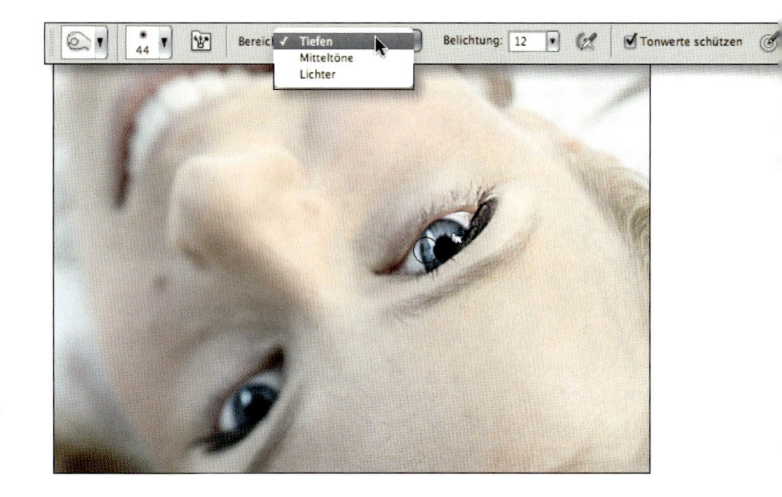

3 Protokoll überprüfen

Sowohl der Abwedler als auch der Nachbelichter sind »destruktive« Werkzeuge, das heißt, sie können nicht auf einer separaten Ebene angewendet werden.

Da man mit diesen Werkzeugen auch leicht über das Ziel hinaus schießt, sollten Sie den Verlauf Ihrer Arbeit noch einmal im Protokoll überprüfen. Öffnen Sie die PROTOKOLL-Palette über das FENSTER-Menü, und klicken Sie auf die Namen der einzelnen Arbeitsschritte, um diese zu vergleichen und gegebenenfalls dorthin zurückzukehren.

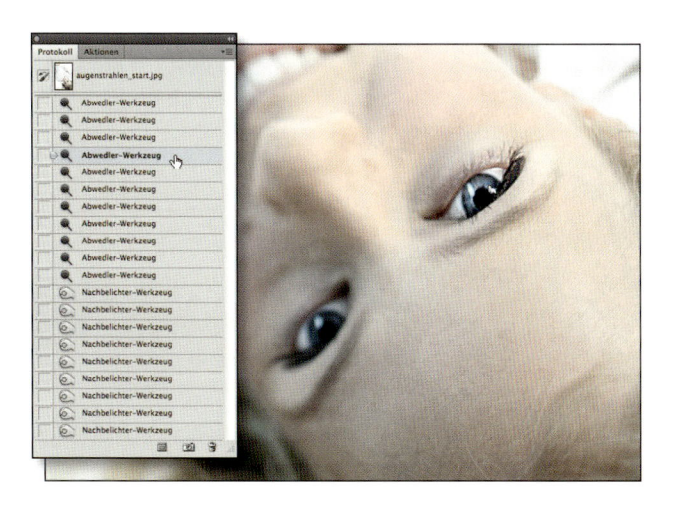

Kapitel 5 | Fokus: Augen

Augenkontrast verstärken
Kontrast der Iris durch eine lokale Gradationskurve steigern

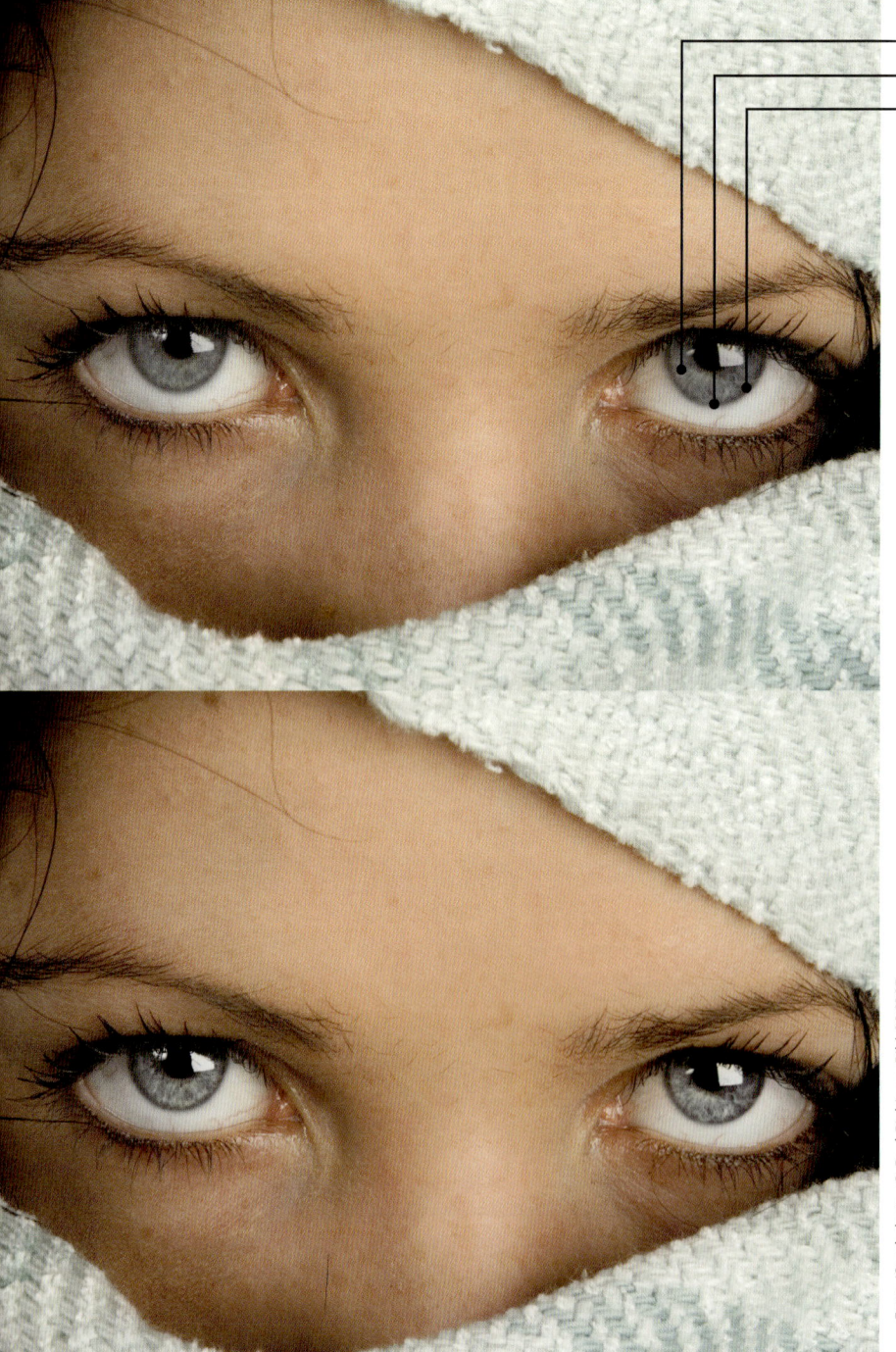

Aufgaben:
Kontrast der Iris verstärken
Maske anlegen und bearbeiten
Kontrastkorrektur auf Helligkeit beschränken

[Intensity.jpg]

Die Gradationskurven sind nicht nur das klassische Werkzeug für eine Kontrastkorrektur. Mit einer vorher getätigten Auswahl und der direkten Korrektur im Bild können Sie den Kontrast einer Iris genau auf deren Farben und Tonwerte abstimmen. So lassen Sie die Augen funkeln, ohne Gefahr zu laufen, Bilddetails durch übersteigerten Kontrast zu verlieren oder unnatürliche Farben zu produzieren.

Foto: iStockphoto, © Paul Piebinga, Bild 996387

1 Kreisförmige Auswahl
Um die Iris auszuwählen bietet sich das ellipsenförmige Auswahlwerkzeug an. In diesem Beispiel können Sie durch die gleichzeitig gedrückte ⇧-Taste gleich eine kreisförmige Auswahl aufziehen. Halten Sie von Anfang an auch die Alt-Taste gedrückt, um diese Auswahl mit gedrückter Maustaste aus der Mitte der Pupille aufzuziehen.

Wenn Sie die Auswahl nicht genau getroffen haben, können Sie diese mit der Maus noch nachträglich verschieben.

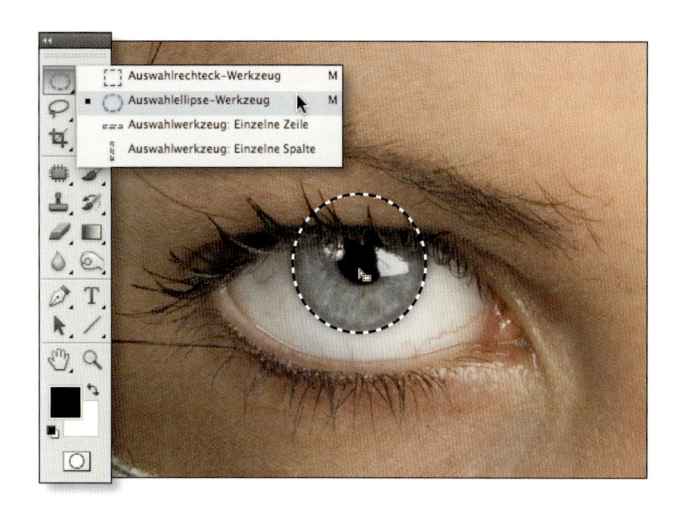

2 Die Korrekturen-Palette
Starten Sie jede nicht-destruktive Korrektur in der KORREKTUREN-Palette, die Sie sich über das FENSTER-Menü einblenden können.

Jede der von dort angesteuerten Funktionen erzeugt ungefragt und im Hintergrund eine neue Einstellungsebene, die Sie später jederzeit überarbeiten können.

Klicken Sie auf das Symbol der GRADATIONS-KURVEN ❶, um in das entsprechende Arbeitsfenster zu wechseln.

3 Individuelle Gradation
Die vorher getätigte Auswahl beschränkt die folgende Korrektur auf die ausgewählte Iris.

Damit Sie den Kontrast nun genau in den Tonwerten verstärken, die im Auge dominant sind, nutzen Sie das zur Verfügung stehende Hand-Werkzeug ❷, mit dem Sie die Korrektur per Maus direkt im Bild durchführen können. Das Werkzeug ist seit Photoshop CS 5 automatisch ausgewählt, sofern Sie die Option ZIELGERICHTET-KORRIGIEREN-WERKZEUG AUTO-MATISCH AUSWÄHLEN markiert haben.

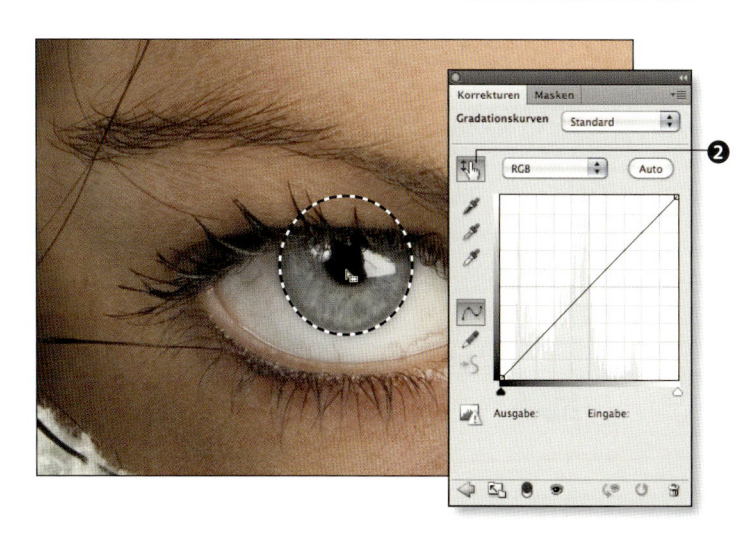

Kapitel 5 | Fokus: Augen

4 Tiefen absenken

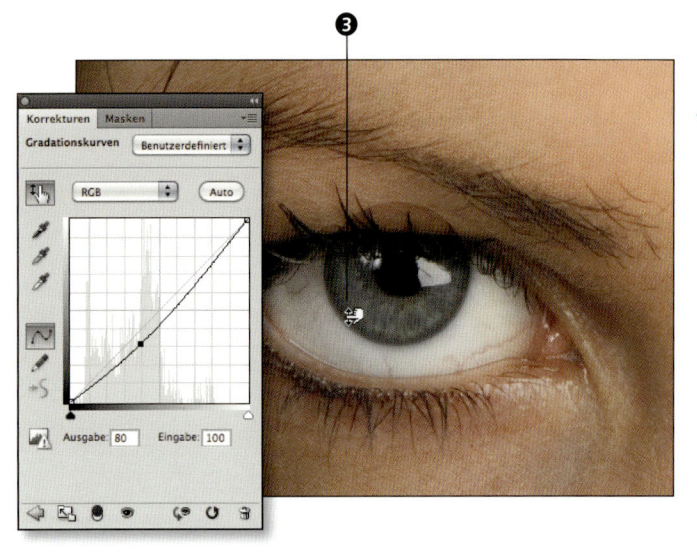

Setzen Sie jetzt die Maus in einer Stelle der Iris an, in der der Tonwert abgedunkelt werden soll – zum Beispiel am Rand.

Klicken Sie dort ❸, und halten Sie die Maustaste gedrückt: Den entstehenden Regler ziehen Sie nach unten. Parallel dazu wird auch die Gradationskurve an der entsprechenden Stelle abgesenkt.

Stören Sie sich nicht daran, dass auch ein Teil des Augenlids mit korrigiert wird: Diese Auswahl wird später verfeinert.

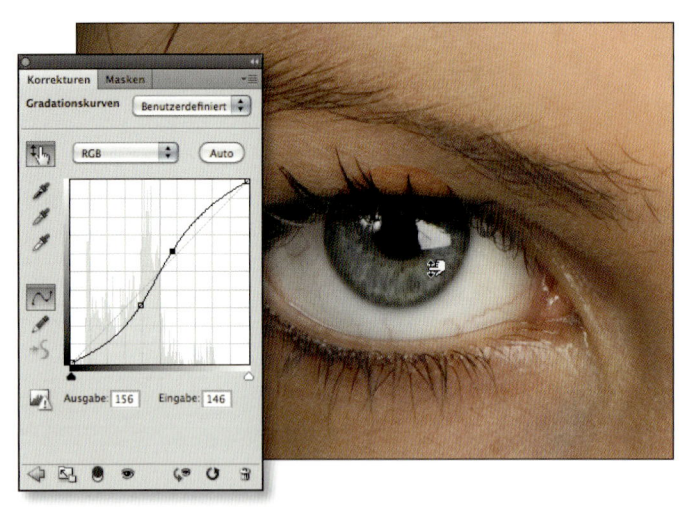

5 Lichter verstärken

Genauso gehen Sie jetzt für die Lichter vor: Ziehen Sie in einem der hellen Irisbereiche den Mauszeiger nach oben, um die hellen Bereiche zu verstärken und so die Gradation in den Mittelwerten anzuheben.

Der Kontrast wird so genau in den Farb- und Tonwerten gesteigert, die in der Iris vorkommen.

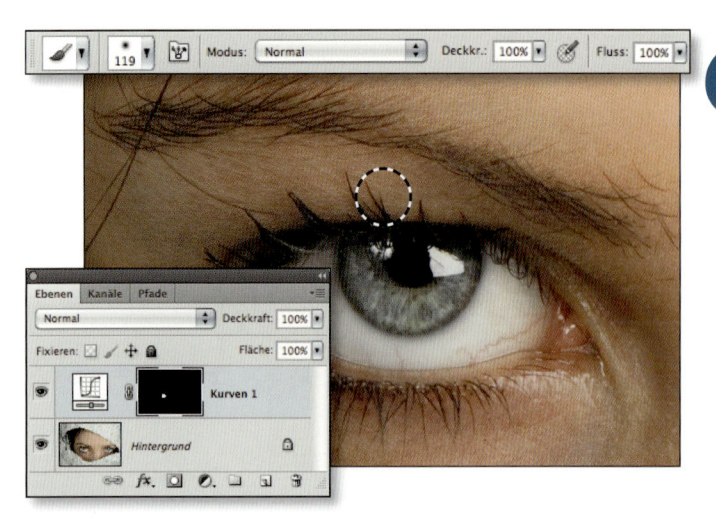

6 Korrekturbereich bearbeiten

Blenden Sie sich jetzt über das FENSTER-Menü die EBENEN-Palette ein. Sie erkennen darin die entstandene Einstellungsebene samt einer Ebenenmaske, die die am Anfang getätigte Auswahl in schwarze und weiße Maskenbereiche umgewandelt hat.

Um das Augenlid von der Korrektur auszunehmen, wählen Sie das Pinsel-Werkzeug mit einer Größe um 120 Pixel, einer weichen Kante und schwarzer Vordergrundfarbe.

Malen Sie dann das Augenlid von der Korrektur frei.

7 Maskenkante weichzeichnen

Die am Anfang getätigte Auswahl war noch klar abgegrenzt, was in der Korrektur durch einen harten Übergang sichtbar werden kann.

Diesen können Sie aber leicht kaschieren: Blenden Sie die MASKEN-Palette ein. Ihre momentan aktive Maske wird darin angezeigt ❹. Ziehen Sie jetzt den Regler für die WEICHE KANTE auf einen Wert um 10–15 Pixel hoch. Die Auswirkung können Sie direkt im Bild kontrollieren: Die Kante an der Bildkorrektur verschwindet.

8 Zweites Auge hinzufügen

Bisher wurde die Korrektur nur an einem Auge exemplarisch durchgeführt. Jetzt muss das zweite Auge noch in die Auswahl aufgenommen werden. Natürlich können Sie auch das zweite Auge mit der Ellipsenauswahl auswählen. Deutlich schneller und einfacher geht es diesmal aber, wenn Sie wieder das Pinsel-Werkzeug benutzen und diesmal eine weiße Vordergrundfarbe wählen, mit der Sie die Korrektur für das zweite Auge freilegen.

9 Feinarbeit

Eine Kontrastkorrektur wirkt sich immer sowohl auf den Helligkeitskontrast als auch auf den Farbkontrast aus. Das kann die Farben aber auch leicht übersteuern.

In dem Fall können Sie die Korrektur auch nachträglich auf die Helligkeitskorrektur beschränken: Wählen Sie im Popup-Menü ❺ der EBENEN-Palette den Modus LUMINANZ für die aktive Einstellungsebene aus.

Mit dieser Einschränkung können Sie die Gradationskorrektur in der KORREKTUREN-Palette auch noch weiter verstärken.

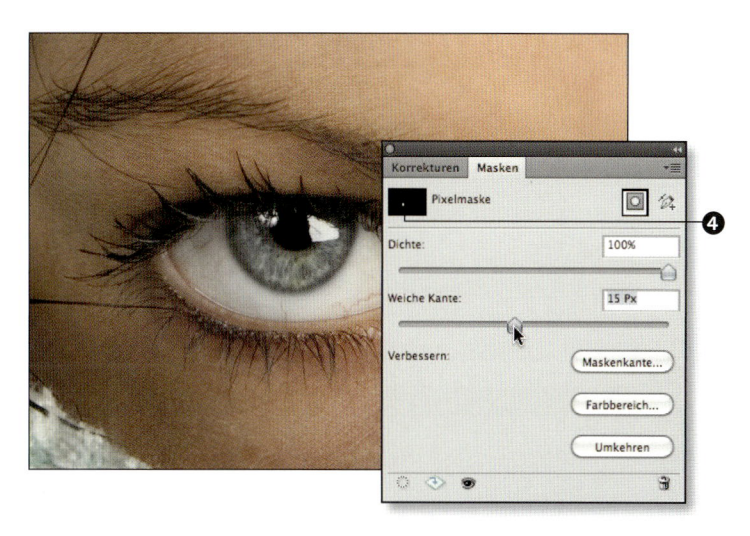

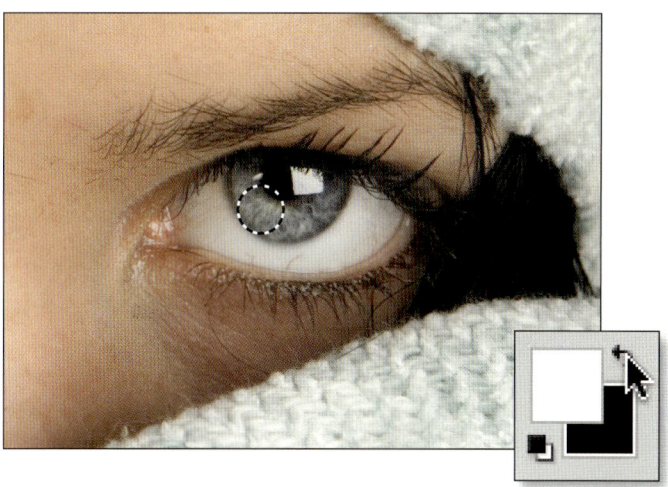

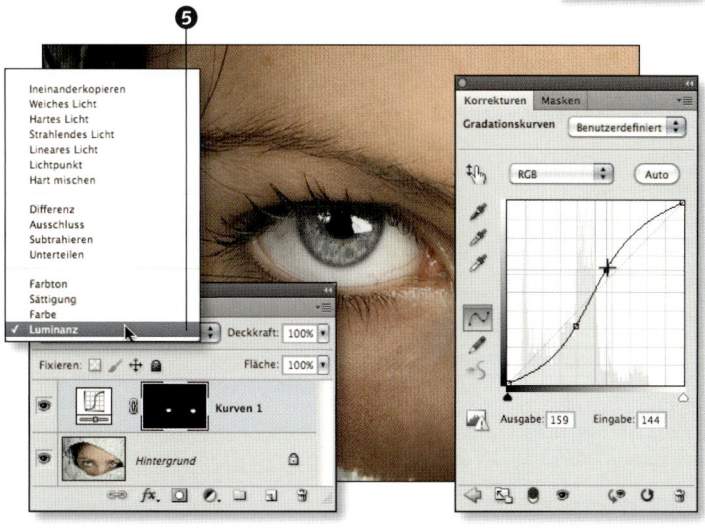

Kapitel 5 | Fokus: Augen

Augenfarbe ändern
Am schnellsten geht's mit dem Farbe-ersetzen-Werkzeug

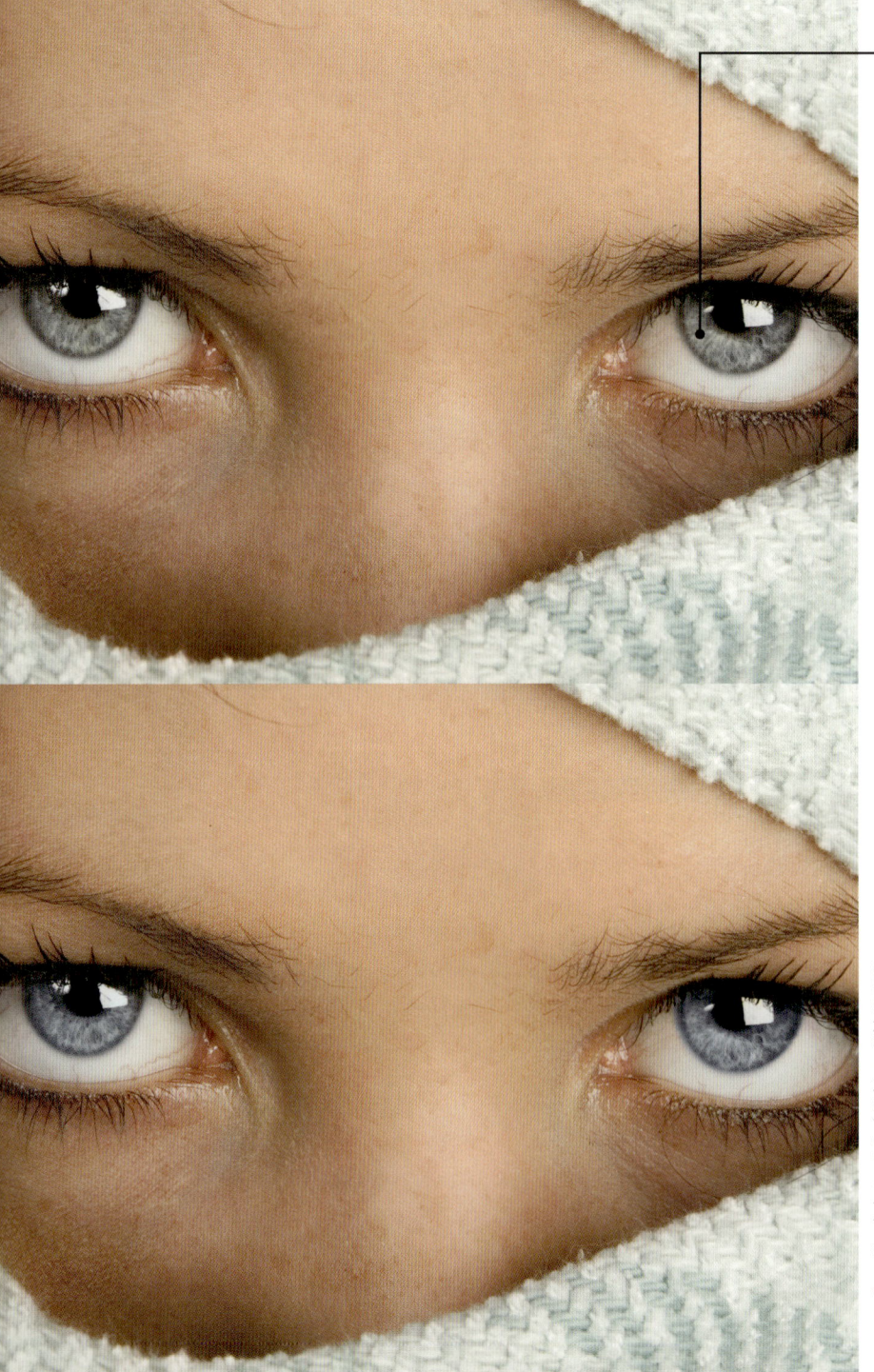

Aufgaben:
Irisfarbe ändern unter Beibehaltung der Helligkeitswerte
[Intensity.jpg]

In People- und Mode-Aufnahmen wird gern auch mal die Augenfarbe geändert. Das ist im Prinzip schnell gemacht, denn Werkzeuge wie das Farbe-ersetzen-Werkzeug können umfärben, ohne die Brillanz zu überdecken. Allerdings liegt die Kunst im Finden einer natürlichen neuen Augenfarbe. Denn auch die neue Farbe sollte sich in Sättigung und Schwarzanteil an der originalen Farbe orientieren.

1 Neue Augenfarbe wählen

Starten Sie mit dem Pipette-Werkzeug und halten Sie dabei die Ctrl + Alt + ⌘ (Mac) bzw. die ⇧ + Alt + rechte Maustaste (Win) gedrückt. Es öffnet sich der HUD-Farbwähler direkt über dem Bild. Nun können Sie – mit gehaltener Tastenkombination und ausgehend von der Ursprungsfarbe der Augen – rechts ❸ den Farbton und links ❷ die Dunkelstufe bzw. Sättigung auswählen. Der Farbkreis ❶ um die Pipette zeigt Ihnen im unteren Teil die Ursprungsfarbe und im oberen Teil die Farbe an der Pipettenspitze.

2 Das Farbe-ersetzen-Werkzeug

Verlassen Sie den Farbwähler mit OK, und wählen Sie das Farbe-ersetzen-Werkzeug.

Stellen Sie den MODUS im Popup-Menü auf FARBE, und wählen Sie eine Werkzeuggröße, die ungefähr den Radius der Iris umfasst.

Stellen Sie den TOLERANZ-Wert auf ca. 20–25 %. Dieser Wert steuert, welche Farben beim folgenden Umfärben in die Korrektur mit einbezogen werden.

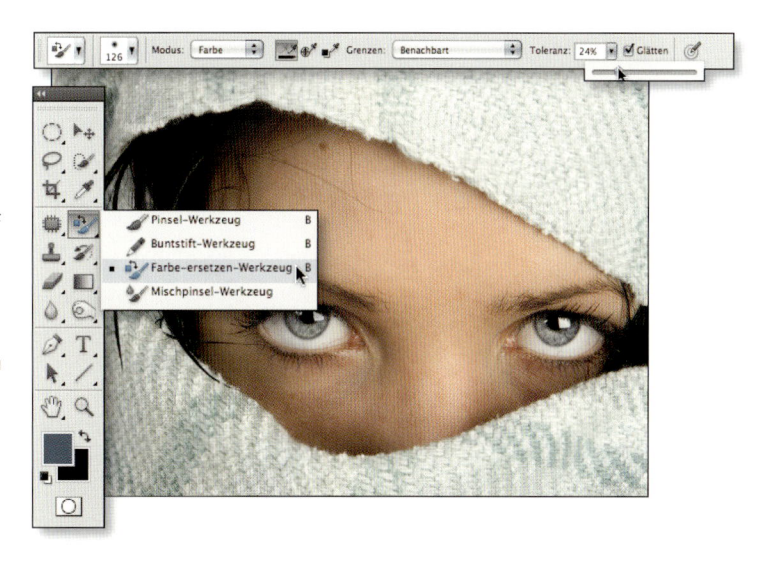

3 Augen umfärben

So, und nun können Sie mit dem Pinsel über die Iris fahren, um sie umzufärben.

Sie können dabei mit der Werkzeugspitze ruhig über die Iris hinausragen, dann der angegebene TOLERANZ-Wert sorgt dafür, dass nur Farben umgefärbt werden, die denen ähnlich sind, die sich unter dem Kreuz in der Werkzeugmitte ❹ befinden. Fahren Sie deshalb mit diesem Kreuz immer über die grüngraue Originalfarbe des Auges.

Das Auge wird umgefärbt, und Licht und Schatten bleiben erhalten.

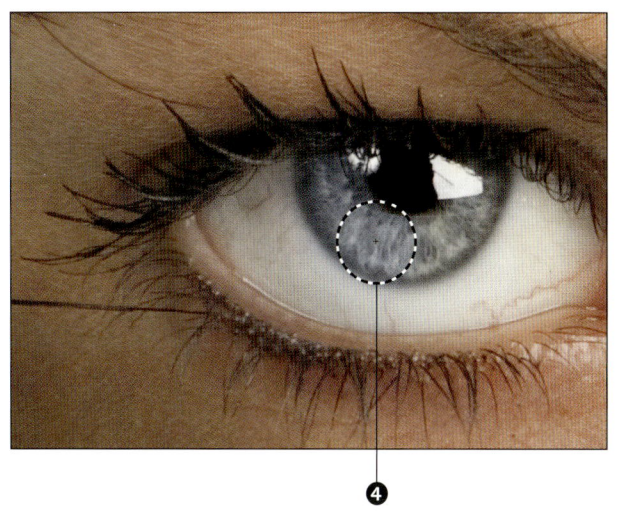

Kapitel 5 | Fokus: Augen

Wimpern und Eyeliner

Dezentes Abdunkeln mit dem Nachbelichter-Werkzeug

Eine leichte Abdunklung der Wimpern reicht oft schon aus, um Augen und Blick zu betonen. Deshalb hat nicht nur Wimperntusche ihre Daseinsberechtigung, sondern auch die entsprechende digitale Nachbearbeitung. Das Nachbelichter-Werkzeug eignet sich deshalb so gut für diese Aufgabe, weil Sie von vornherein den Wirkungsbereich auf die Tiefen beschränken können.

Aufgaben:
Abdunkeln der Wimpern
Lidstrich simulieren
[Lidschatten.jpg]

1. Die »Nachbelichtung«

Das Nachbelichter-Werkzeug dunkelt die Bildbereiche nach – entspricht dabei also einer Nachbelichtung im traditionellen Negativverfahren.

Stellen Sie als Erstes die Größe des Werkzeugs ein. Halten Sie dazu die `Ctrl` + `Alt`-Tasten (Mac) bzw. `Alt` +rechte Maustaste (Win) gedrückt und ändern Sie durch Ziehen nach links und rechts die Pinselgröße, die Pinselhärte mit einer Mausbewegung nach oben oder unten.

2. Wirkungsbereich einschränken

Werfen Sie jetzt einen Blick auf die Werkzeug-Optionen. Dort stellen Sie den BEREICH ❶ ein, der abgedunkelt werden soll. Wählen Sie hier die TIEFEN. So können Sie großzügig über alle Pixel fahren, aber nur die dunklen Tonwerte bearbeiten.

Stellen Sie außerdem die BELICHTUNG ❷ auf einen Wert unter 10 %. Bearbeiten Sie nun die Wimpern in mehreren Schritten und verschiedenen Intensitäten, bis sich diese deutlich abgedunkelt haben.

3. Lidstrich simulieren

Auf die gleiche Weise können Sie einen leichten Lidstrich simulieren. Verkleinern Sie dazu den Werkzeugdurchmesser, und stellen Sie den BEREICH auf die MITTELTÖNE, um auch die Haut unter den Wimpern abzudunkeln. Verstärken Sie die BELICHTUNG auf ca 25 %.

Malen Sie jetzt direkt am Lidrand (Make-up-Erfahrene sind hier klar im Vorteil). Das erfordert zwar ein exakteres Arbeiten als im vorangegangenen Schritt, dunkelt aber die Haut dort zu einem zarten Lidstrich ab.

Kapitel 5 | Fokus: Augen 187

Lidschatten auftragen

Augenkosmetik in mehreren Schichten

Um einen Lidschatten digital zu simulieren, bedarf es mehr als einfach nur eines farbigen Pinsels. Genauso muss der Abdunklung der Haut und dem veränderten Reflexverhalten durch die farbigen Pigmente Rechnung getragen werden. Die Kombination dieser verschiedenen Wirkungen muss dann sanft in unterschiedlichen Stärken aufgetragen werden.

Aufgaben:
- Haut abdunkeln
- Farbigen Lidschatten simulieren
- Reflexe verstärken
- Wirkung abstufen

[Lidschatten.jpg]

1 Musterfläche auswählen
Erproben Sie die Lidschatten-Wirkung erst an einem Musterstück. Dazu nutzen Sie nicht – wie im wahren Leben – den Handrücken, sondern eine grobe Auswahl der Lidfläche.

Wählen Sie dazu das Auswahlrechteck-Werkzeug [ ], und ziehen Sie einem Rahmen über eine repräsentative Auswahl des Oberlids.

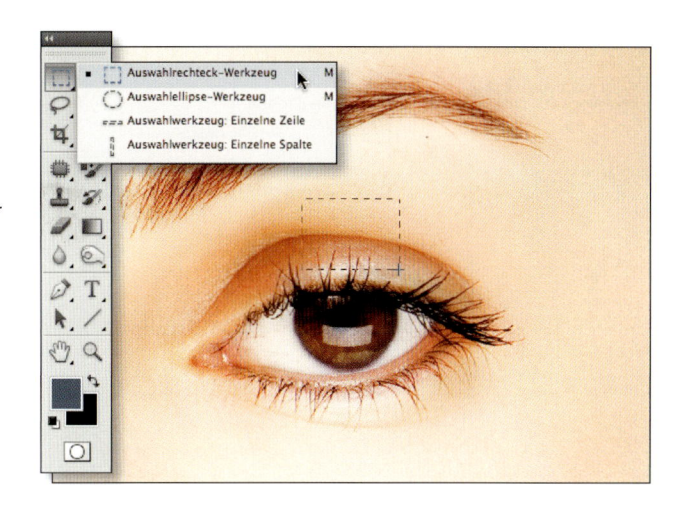

2 Erste Korrektur vorbereiten
Öffnen Sie dann über das Menü die Korrekturen-Palette.
Klicken Sie dort auf das Symbol der Tonwertkorrektur ❶, um die Haut zunächst abzudunkeln.

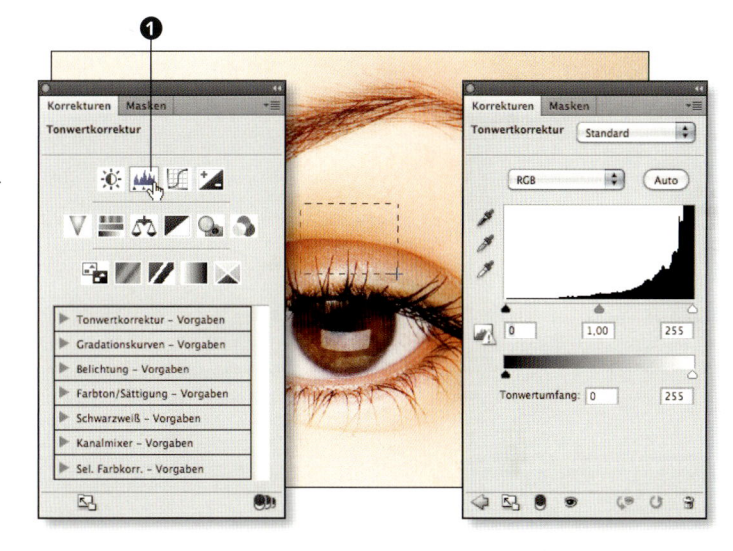

3 Hauttöne abdunkeln
Ziehen Sie den Regler für den Mittelwert ❷ nach rechts, um die ausgewählte Haut abzudunkeln.

Durch Verschiebung des Reglers in Richtung der hellen Tonwerte werden diese als neuer Mittelwert definiert, und es ergibt sich die gewünschte Abdunklung für die ausgewählten Tonwerte.

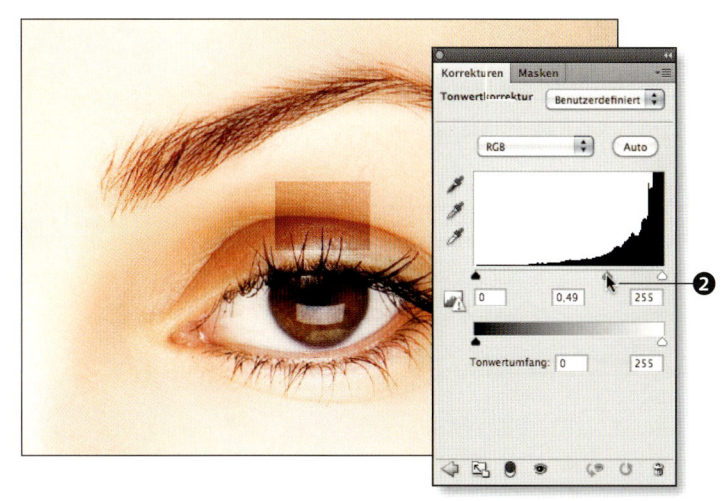

Kapitel 5 | Fokus: Augen

4 Farbton-Korrektur hinzufügen

Nun können Sie schon die zweite Korrektur folgen lassen. Klicken Sie auf das kleine Pfeilsymbol ❸ links unten, um wieder in die Übersicht der KORREKTUREN-Palette zu gelangen.

Klicken Sie dort auf das Symbol für die Funktion FARBTON/SÄTTIGUNG ❹, mit der Sie gleich die Einfärbung vornehmen werden.

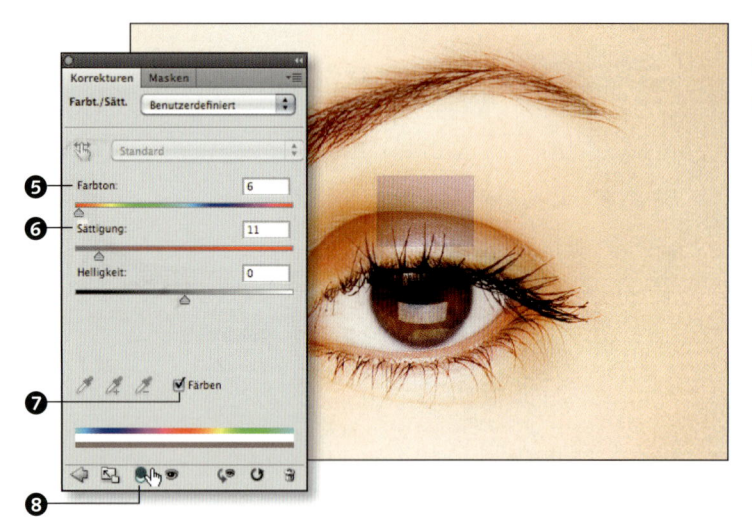

5 Monochrom einfärben

Im Arbeitsfenster FARBTON/SÄTTIGUNG führen Sie gleich vier Schritte durch: Zuerst aktivieren Sie die Option FÄRBEN ❼, um die Auswahl einzufärben. Falls Sie jetzt erschrecken, weil Ihr ganzes Bild eingefärbt ist, aktivieren Sie noch durch einen Klick das Schnittmaskensymbol ❽. Hier durch wirkt sich die Korrektur nur auf die bereits korrigierten Bereiche aus. Wählen Sie dann mit dem FARBTON-Regler ❻ eine gewünschte Zielfarbe aus, und reduzieren Sie die SÄTTIGUNG ❼ bis zu einer natürlichen Einfärbung.

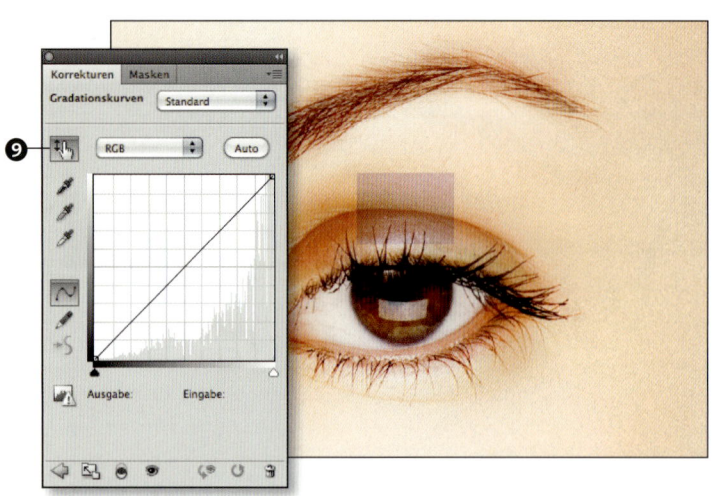

6 Kontrast steigern

Ein weiteres Mal geht es über den Pfeilbutton in die Übersicht der KORREKTUREN-Palette.

Als letzte Korrektur folgt noch eine Kontraststeigerung, denn ein Lidschattenpuder schluckt mehr Licht im Schatten und reflektiert in den Lichtern durch Reflexpartikelchen.

Wählen Sie also als nächste Funktion die GRADATIONSKURVEN, und nutzen Sie das automatisch ausgewählte Hand-Werkzeug ❾, mit dem Sie gleich direkt im Bild den Kontrast steigern können.

Kapitel 5 | Fokus: Augen

7 Licht und Schatten

Achten Sie auch bei dieser Korrektur darauf, dass das Schnittmaskensymbol ⓫ aktiviert ist, damit die folgende Kontraststeigerung nur in unserem »Musterstück« stattfindet. Ziehen Sie jetzt auf dem Bild im Schattenbereich den Mauszeiger mit gedrückter Maustaste nach unten – es entsteht ein Regler ❿, der die Gradationskurve an der entsprechenden Stelle herunterzieht. Auf die gleiche Art und Weise ziehen Sie den Mauszeiger an einer hellen Stelle nach oben, um diese aufzuhellen und so den Kontrast zu steigern.

8 Maske und Schnittmaske

Nach dieser Korrektur öffnen Sie die EBENEN-Palette und sehen, was Ihre Schritte dort produziert haben: Die erste Einstellungsebene enthält eine Ebenenmaske ⓭, die nur das ausgewählte Rechteck freihält. Die darüber liegenden Ebenen symbolisieren durch den eingerückten kleinen Pfeil ⓬, dass sie als Schnittmasken nur dort wirken, wo auch die darunterliegende Ebene sichtbar ist. Aktivieren Sie jetzt die untere Ebenenmaske, und füllen Sie sie über ⇧ + Löschtaste mit 100 % Schwarz.

9 Pinseleinsatz

Ihre Korrektur ist jetzt erst einmal versteckt und muss mit dem Pinsel wieder »hervorgepudert« werden. Wählen Sie dafür das Pinsel-Werkzeug und eine weiche Werkzeugspitze mit ca. 80 Pixeln Durchmesser. Malen Sie nun mit geringer DECKKRAFT von ca. 10 % und weißer Vordergrundfarbe den Lidschatten auf das Lid auf. Tragen Sie die Korrektur mehrfach übereinander auf, um sie zu intensivieren. Für eine geringere Wirkung zum Rand hin können Sie die Deckkraft verringern und die Pinselgröße heraufsetzen.

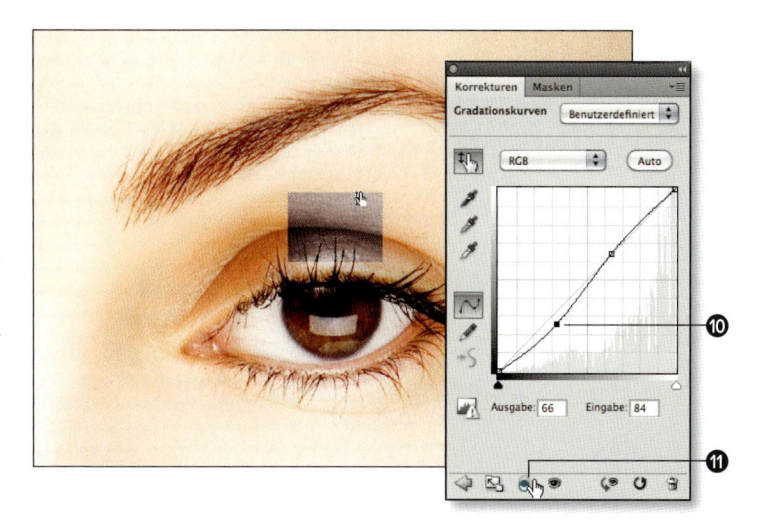

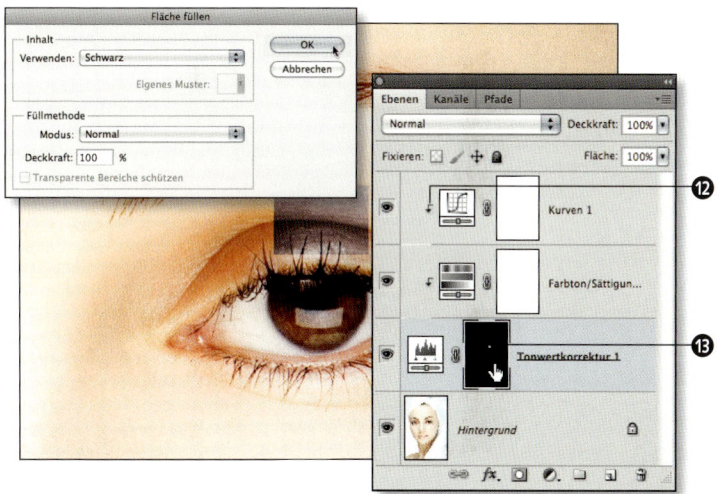

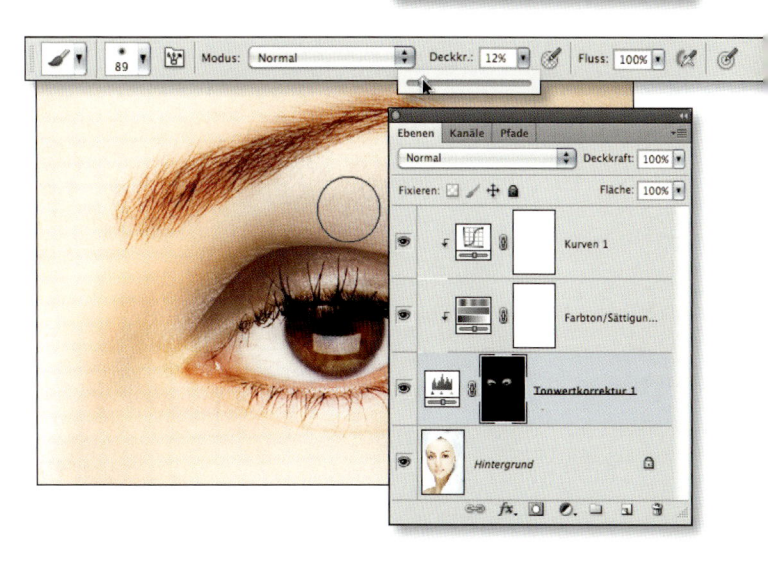

Kapitel 5 | Fokus: Augen

Fokus: Mund und Lippen

Ein Mund kann alles sein. Sinnlich oder verschlossen, positiv oder negativ, einladend oder abschreckend. Nach den Augen trägt der Mund wohl am meisten zur Persönlichkeit und zum Ausdruck eines Porträts bei. Schon leichte Unzulänglichkeiten, wie ein hängender Mundwinkel oder ein unschöner Zahn, machen dabei eine Menge aus.

Die Korrekturen dieser Unzulänglichkeiten sind – genauso wie das Herausarbeiten von Reflexen oder idealen Formen – vom Aufwand her Kleinigkeiten. Aber sie haben eine große Wirkung, wie Sie in diesem Kapitel sehen werden.

Foto: Michael Waldau, Modell: Katja Mathes

Fokus: Mund und Lippen

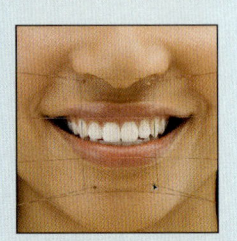

Bitte lächeln 196
Eine leichte Korrektur der Mundwinkel zum Lächeln

Mundproportionen verändern 200
Ändern Sie Größe und Form durch Transformieren

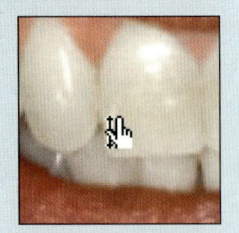

Zähne weißen 204
Strahlende Zähne durch gezielte Aufhellung und Entfärbung

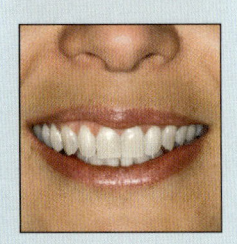

Lippenbewegung 208
Korrigieren Sie einen schiefen Mund

Perfekter Glanz **212**
Reflexe auf den Lippen perfektionieren

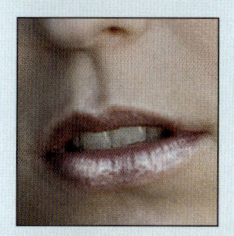

Lipgloss auftragen **215**
Modulation und Kontrast verstärken

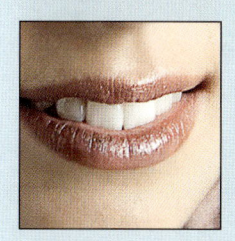

Schimmernde Lippen **218**
Bringen Sie den Lippenreflex zum Funkeln

Bitte lächeln...
Eine leichte Korrektur der Mundwinkel zum Lächeln

Ein Lächeln gewinnt immer. Bei einer längeren Aufnahmeserie ist der Gesichtsausdruck manchmal einen Hauch zu konzentriert – das Gesicht wirkt angespannt, obwohl der Rest des Bildes wie Haltung oder Licht stimmt. Helfen Sie in solchen Fällen einfach ein bisschen nach: Der VERFLÜSSIGEN-Filter bietet alle Werkzeuge, mit denen Sie einen Mundwinkel anheben und einen Gesichtsausdruck aufhellen können.

Aufgaben:
Mundwinkel anheben
Oberlippe voller machen
[Lächeln.jpg]

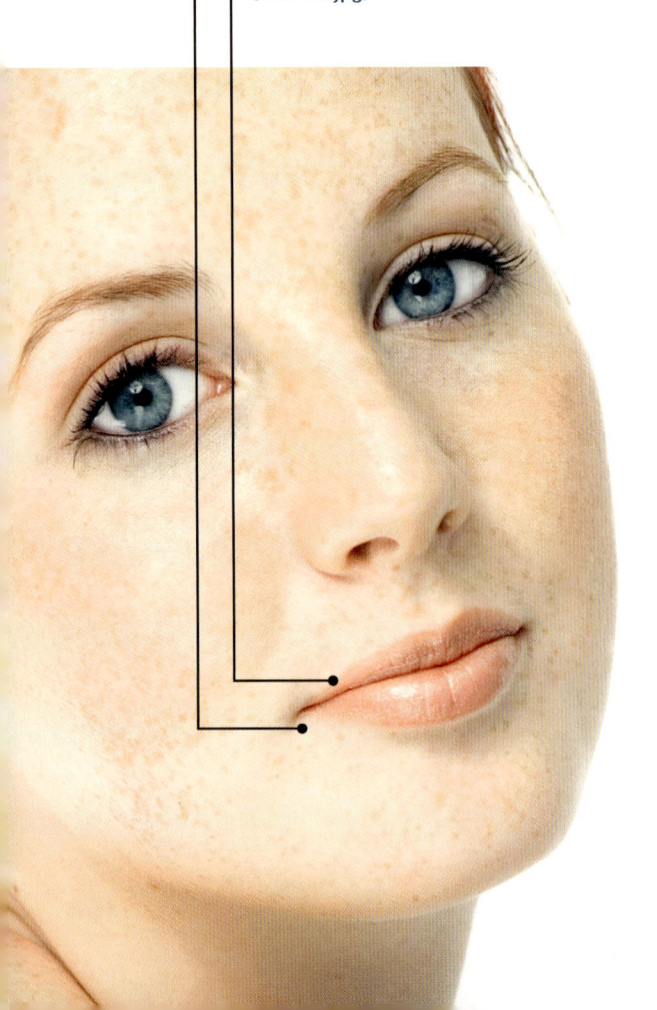

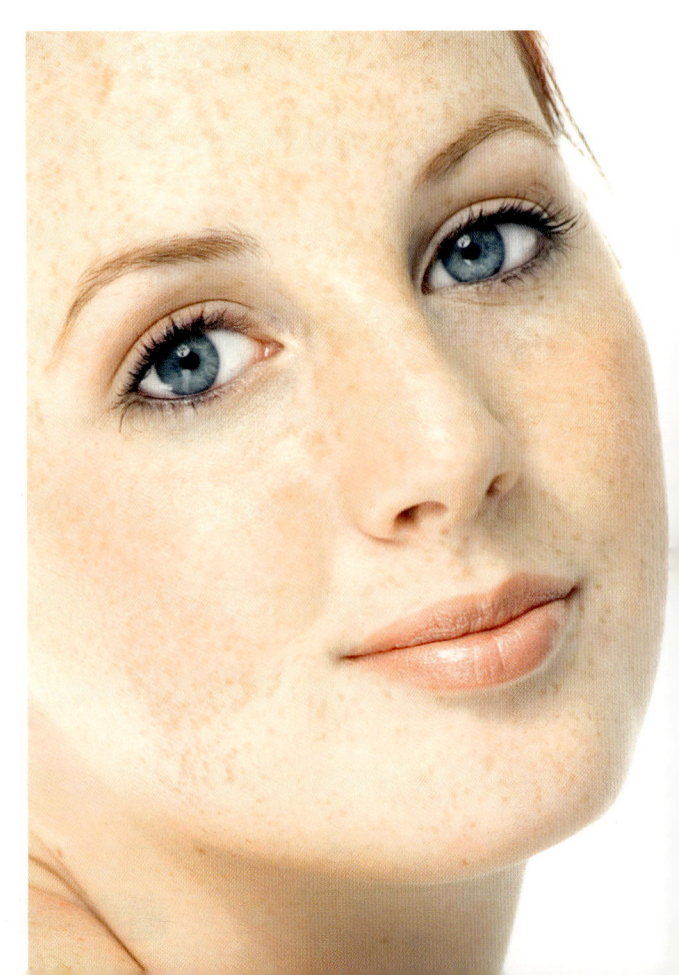

1 Ebene duplizieren

Das VERFLÜSSIGEN-Werkzeug, das gleich zum Einsatz kommt, können Sie nachträglich nicht mehr korrigieren – ein Einsatz über Smartfilter ist nicht möglich. Deshalb sollten Sie am Anfang der Bearbeitung die Hintergrundebene duplizieren.

Wählen Sie danach aus dem FILTER-Menü den Punkt VERFLÜSSIGEN.

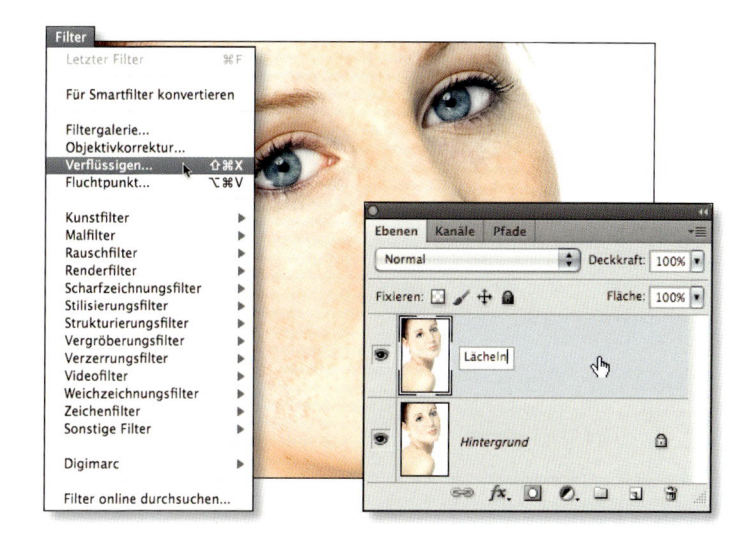

2 Vorwärts-krümmen-Werkzeug

Im VERFLÜSSIGEN-Filter steht Ihnen eine ganze Palette von Werkzeugen zur Pixelverformung zur Verfügung.

Wählen Sie das oberste Werkzeug mit dem Fingersymbol – das Vorwärts-krümmen-Werkzeug. Hiermit können Sie Pixel im Bild einfach wie Knetmasse hin- und herdrücken.

Stellen Sie in den Werkzeugoptionen eine PINSELGRÖSSE ein, die ungefähr so hoch ist wie der gesamte Mund, den Mundwinkel also großzügig umrahmt.

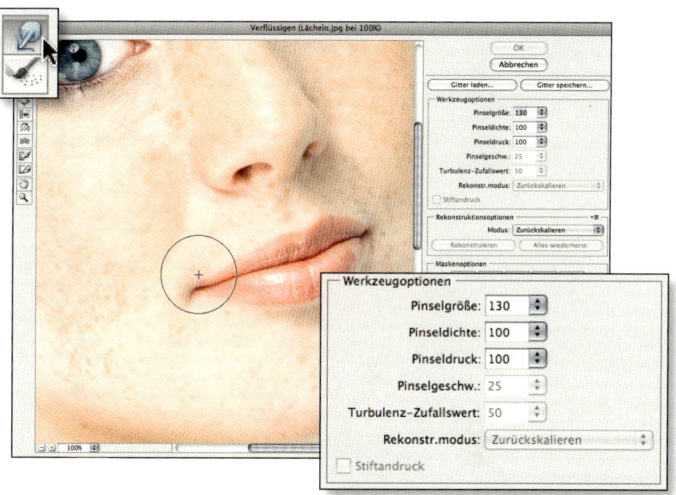

3 Werkzeugoptionen einstellen

Benutzen Sie die Werkzeuge des VERFLÜSSIGEN-Filters niemals mit Maximalwerten für PINSELDICHTE, -DRUCK oder -GESCHWINDIGKEIT. Die Änderungen würden zu schnell und zu massiv durchgeführt werden – ein Beispiel dafür sehen Sie rechts.

Reduzieren Sie die PINSELDICHTE auf einen Wert unter 50; das entspricht einer weichen Kante – also einer verminderten Wirkung zum Rand. Der PINSELDRUCK bestimmt die generelle Stärke des Werkzeugs, auch dieser sollte im unteren Drittel, bei ca. 35, liegen.

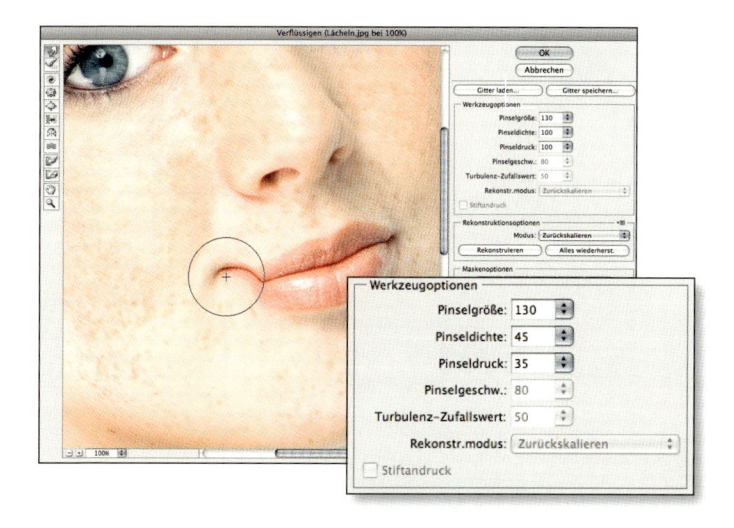

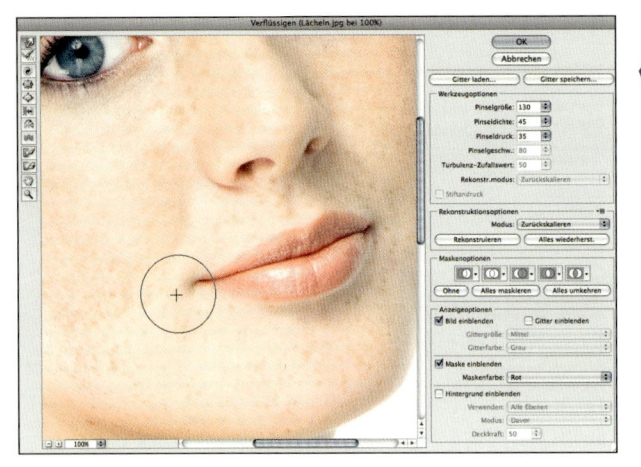

4 Mundwinkel anheben

Mit diesen Werkzeugeinstellungen setzen Sie jetzt etwas neben den Mundwinkeln an und ziehen das Werkzeug mit gedrückter Maustaste nach oben.

Genau wie der Gesichtsmuskel setzen Sie also außerhalb des Mundes an, um die Mundwinkel zu heben. Aufgrund der geringen Werkzeugeinstellungen vollzieht sich dies in kleinen Schritten. Setzen Sie daher mehrfach an, auch an anderen Punkten, bis sich ein erstes Lächeln abzeichnet.

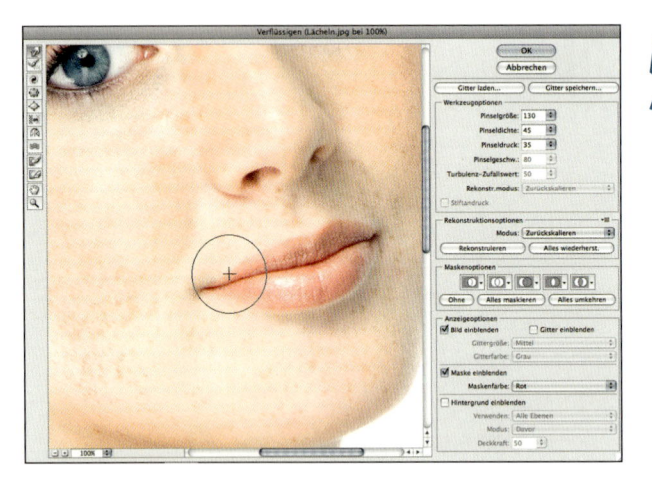

5 Mund anpassen

Jetzt bewegen Sie sich mit der Werkzeugmitte an die Seiten des Mundes – auch diese müssen Sie entsprechend nach oben korrigieren, bis wieder eine homogene Linie am Lippenrand entsteht.

Verändern müssen Sie die Werkzeugeinstellungen dafür nicht.

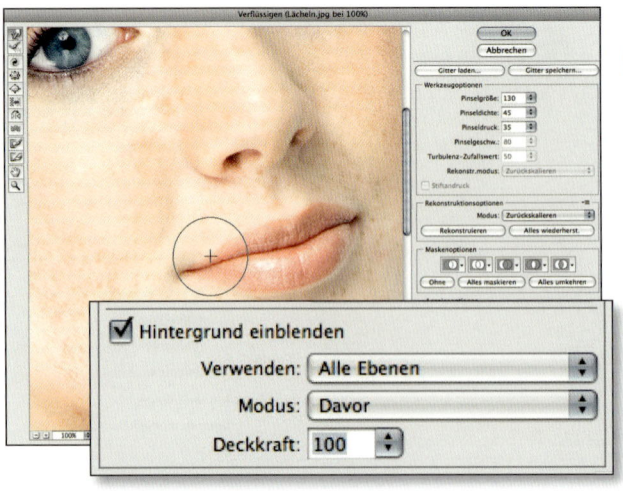

6 Arbeitsstatus überprüfen

Aktivieren Sie zwischendurch ab und zu die Option HINTERGRUND EINBLENDEN, und setzen Sie dafür die DECKKRAFT auf 100 %. So erhalten Sie einen guten Vorher-nachher-Vergleich.

Tipp: Im VERFLÜSSIGEN-Filter gelten die üblichen Tastaturkürzel, um Schritte rückgängig zu machen: Wählen Sie [Alt] + [Strg]/[⌘] + [Z], um einzelne Schritte zurückzugehen. Mit [⇧] + [Strg]/[⌘] + [Z] stellen Sie Schritte wieder her.

7 Das Aufblasen-Werkzeug

Ein heruntergezogener Mund erzeugt eine schmalere Oberlippe. Nach der Korrektur der Mundform sollten Sie diese voller machen.

Wählen Sie dazu das Aufblasen-Werkzeug ❶, mit dem Sie Pixelgruppen von der Mitte aus vergrößern können. Verkleinern Sie die PINSELGRÖSSE, bis diese ungefähr die doppelte Lippendicke hat. Die PINSELDICHTE belassen Sie auf einem Wert unter 50 – starten Sie mit einer PINSELGESCHWINDIGKEIT um die 50 %.

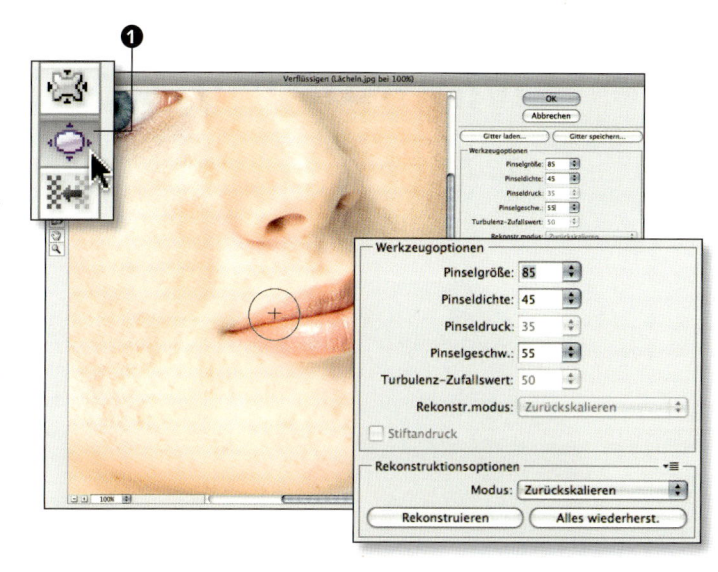

8 Lippen voller machen

Klicken Sie jetzt mehrfach kurz auf die Seiten der Oberlippe. Je länger Sie die Maustaste dabei gedrückt halten, umso stärker wird die Vergrößerung von innen nach außen.

So »blasen« Sie langsam die Lippe auf. Sollte die Wirkung zu abrupt und zu stark einsetzen, verringern Sie die PINSELGESCHWINDIGKEIT.

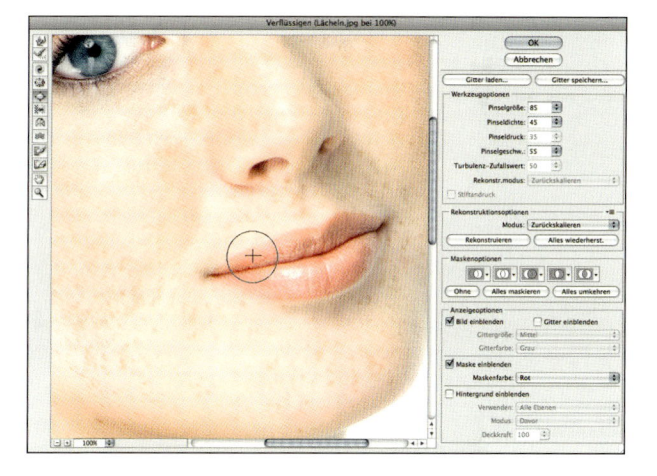

9 Lippen nachkorrigieren

Benutzen Sie als Letztes noch einmal das Vorwärts-krümmen-Werkzeug, diesmal aber mit deutlich kleinerer PINSELGRÖSSE, um die Lippenform an den Stellen zu korrigieren, wo sich durch das Aufblasen vielleicht leichte Dellen entwickelt haben.

Überprüfen Sie Ihr Ergebnis nochmals mit der Option HINTERGRUND EINBLENDEN, bevor Sie mit OK das Arbeitsfenster verlassen.

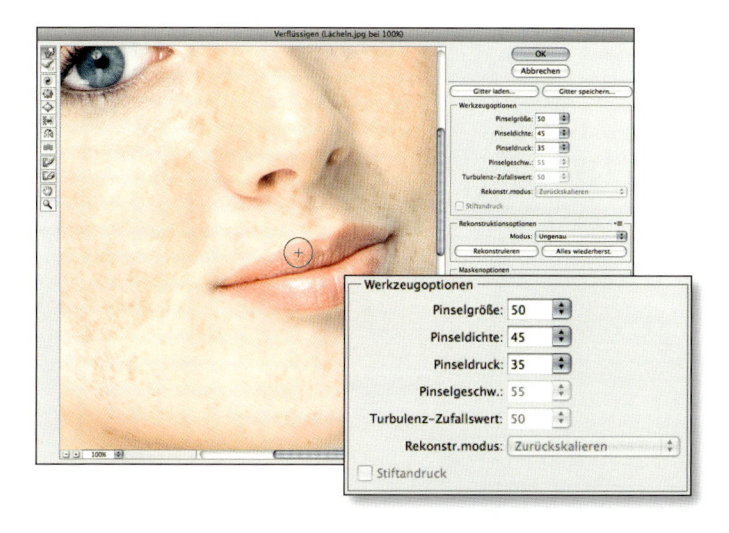

Kapitel 6 | Fokus: Mund und Lippen

Mundproportionen verändern
Ändern Sie Größe und Form durch Transformieren

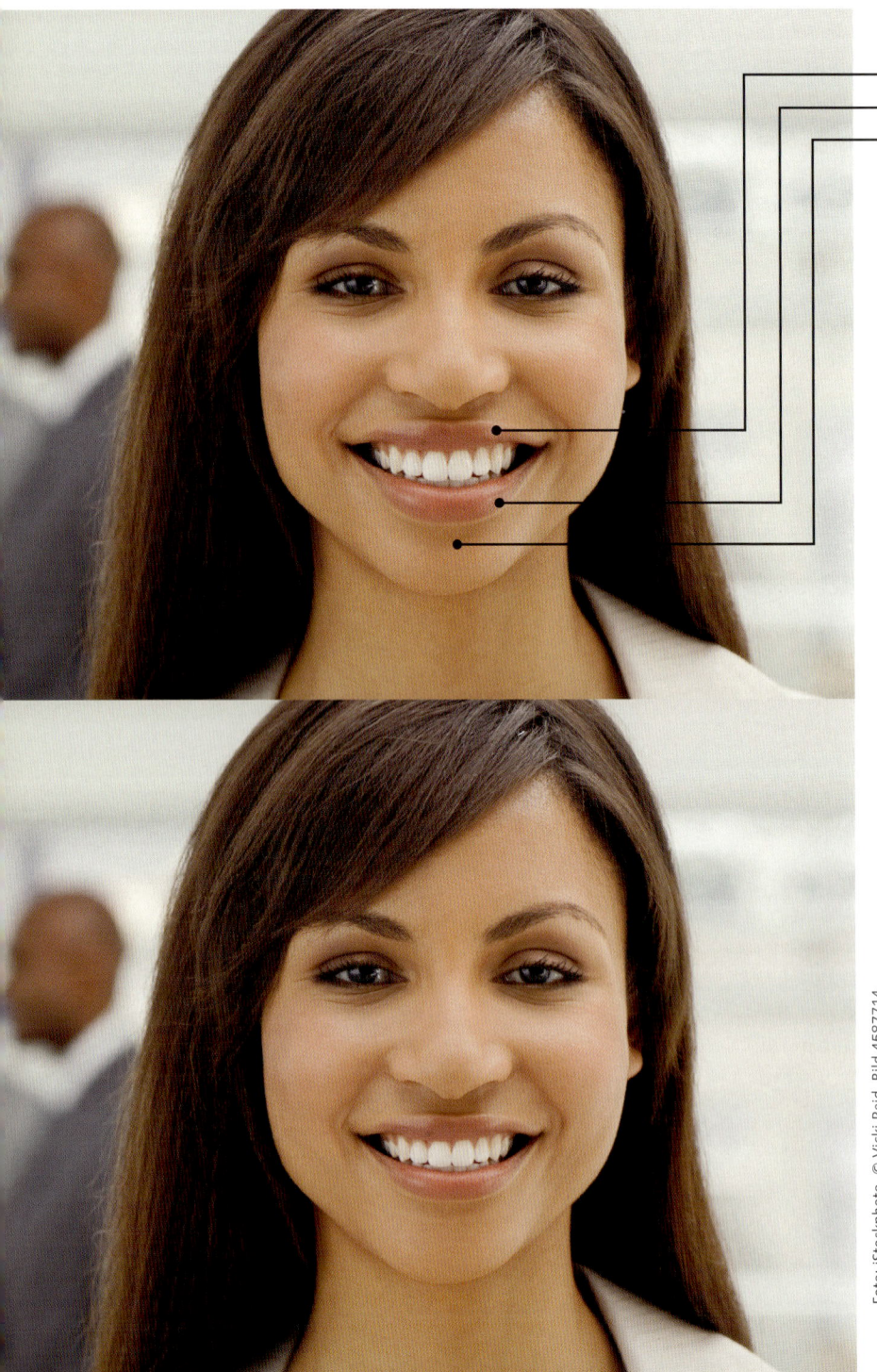

Aufgaben:
Mund verkleinern
Form und Proportionen anpassen
Übergänge retuschieren
[Mund.jpg]

Eine leichte Korrektur der Proportionen verändert weder den Gesichtsausdruck noch die Persönlichkeit. Jedoch können Sie Komponenten, die zu präsent sind und damit leicht aufdringlich wirken, wie ein zu großer lachender Mund oder eine zu große Nase, leicht in den Proportionen anpassen und damit für etwas mehr Harmonie und Ausgewogenheit sorgen.

Foto: iStockphoto, © Vicki Reid, Bild 4587714

1. Mund auswählen

Am Anfang steht eine großzügige Auswahl des Mundes. Nutzen Sie dazu das Lasso-Werkzeug, und legen Sie die Auswahlkante auf gleichmäßige Hautbereiche, damit die Übergänge später leichter kaschiert werden können.

Wenn Sie Ihre Auswahl fertiggestellt haben, wählen Sie aus der Optionsleiste KANTE VERBESSERN ❶, um die Auswahlkante zu perfektionieren.

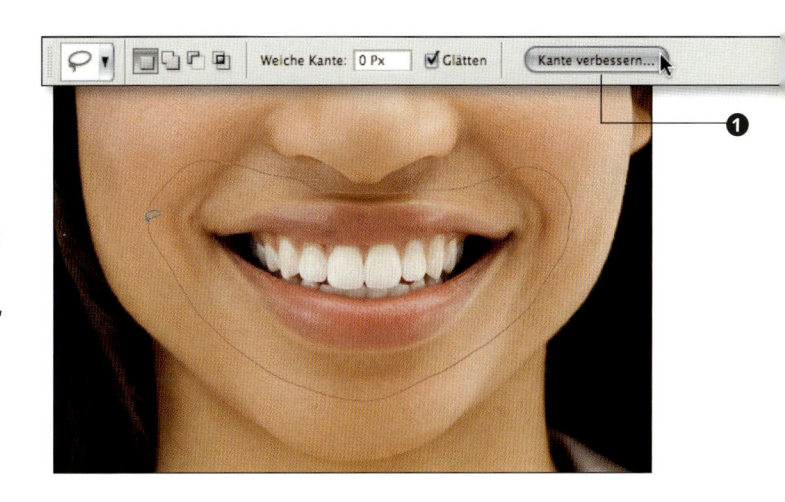

2. Auswahlkante abrunden

Aktivieren Sie zunächst eine schwarze Auswahlvorschau mit der Taste [B] oder über ANSICHTSMODUS und ANZEIGEN ❷. Runden Sie dann Ihre Auswahl über den ABRUNDEN-Wert so weit ab, bis die Kante einigermaßen geglättet ist.

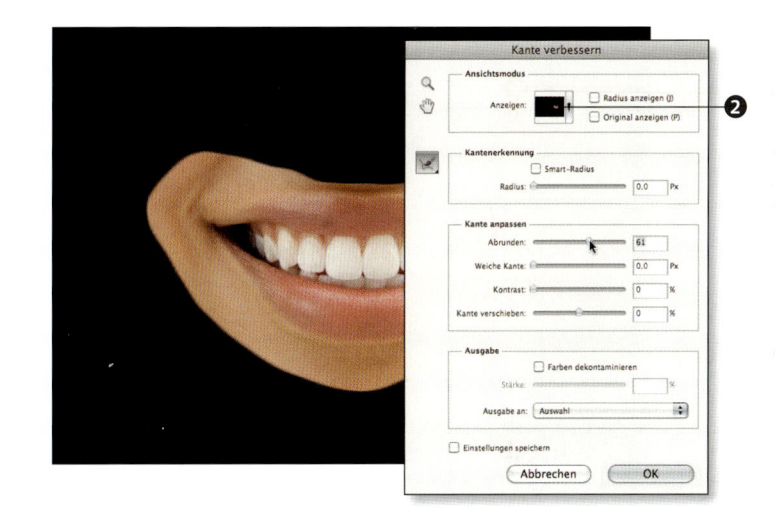

3. Weiche Kante erstellen

Erstellen Sie dann eine WEICHE KANTE von ca. 5 Pixeln. Die Kante sollte nicht zu weich ausfallen, um den Mund noch klar abzugrenzen.

Sollte die Auswahl zu nah an den Mund heranreichen, vergrößern Sie diese nachträglich über den Regler KANTE VERSCHIEBEN.

Bevor Sie die neue Auswahl mit OK bestätigen, stellen Sie noch unter AUSGABE AN eine NEUE EBENE ❸ ein, damit Sie den ausgewählten Bereich gleich auf eine separate Ebene kopieren.

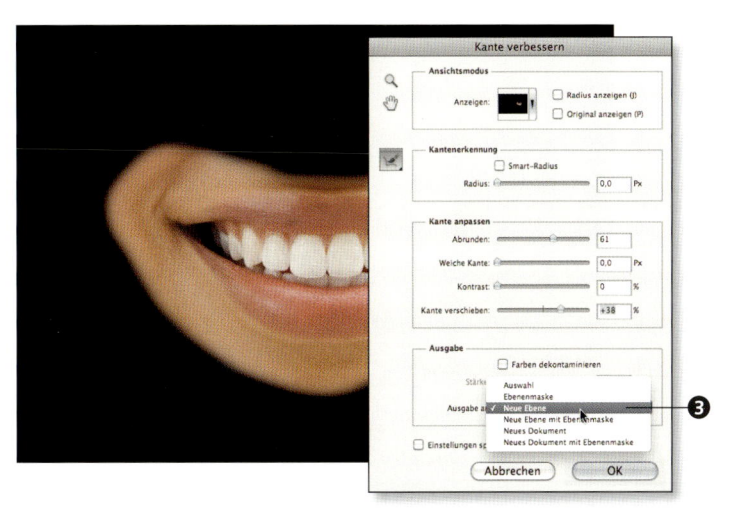

Kapitel 6 | Fokus: Mund und Lippen

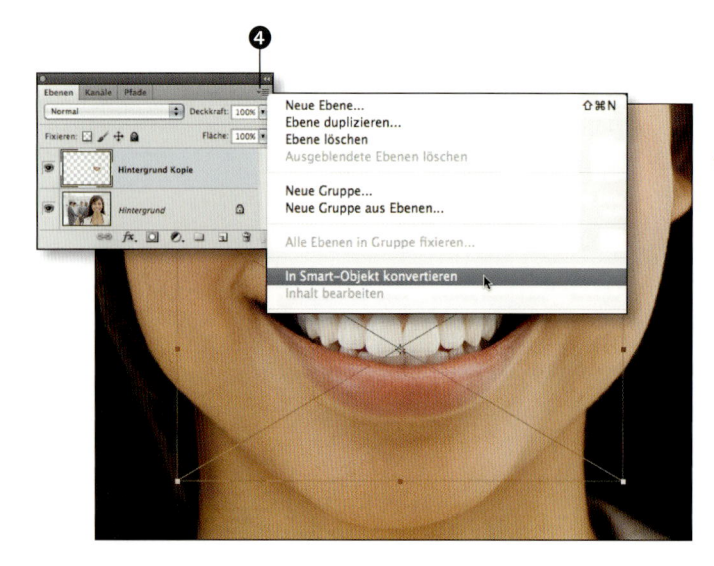

4 Smart-Objekt transformieren

Um die nachfolgenden Transformationen jederzeit wieder überarbeiten zu können, wandeln Sie die neue Ebene über die Optionen der EBENEN-Palette ❹ in ein Smart-Objekt um. Über das Augensymbol machen Sie zuvor wieder die Hintergrundebene sichtbar.

Wählen Sie danach den Befehl FREI TRANSFORMIEREN aus dem BEARBEITEN-Menü, oder drücken Sie [Strg]/⌘ + [T], um den Transformationsrahmen zu erhalten.

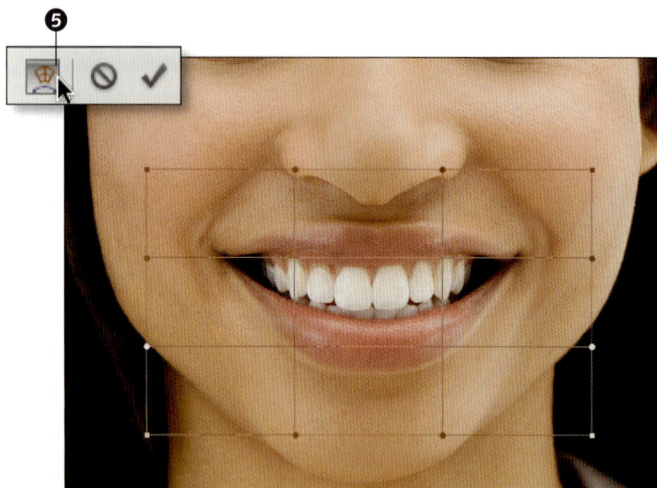

5 Verkrümmen-Option wählen

Eine einfache Skalierung des Mundes würde leicht zu Einpassungsschwierigkeiten führen.

Aktivieren Sie deshalb die Verkrümmen-Option ❺, die ein neunzelliges Raster über die Auswahl legt.

Mit diesem Raster können Sie den Mund nach Herzenslust verbiegen. Allerdings sollten Sie in Maßen und schrittweise vorgehen.

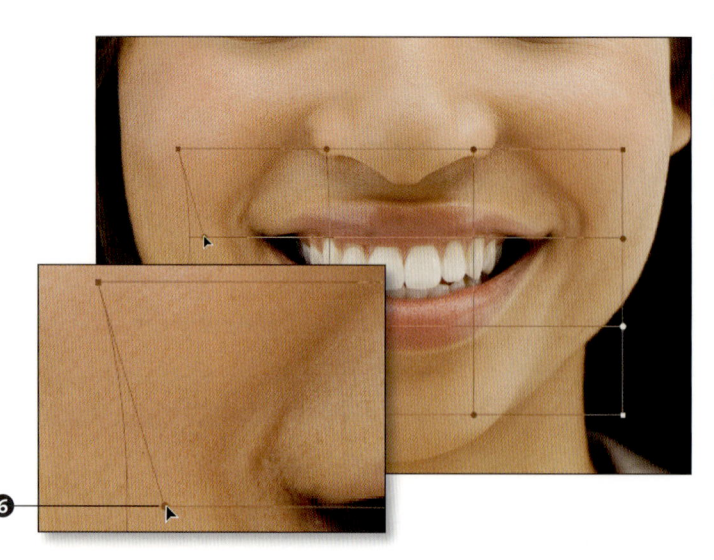

6 Von außen verkleinern

Ziehen Sie mit der Maus einen der äußeren Anfasser ❻ nach innen. So wird der Mund an dieser Seite nach innen »gedrückt«.

Außerdem können Sie Einfluss auf die Form des Mundes und die Platzierung der Mundwinkel nehmen, indem Sie den Anfasser nach oben bzw. unten ziehen.

Setzen Sie hier erst einmal nur vorsichtig an, und wenden Sie sich dann den anderen Anfassern zu.

202 Kapitel 6 | Fokus: Mund und Lippen

7 Gesamtproportionen ändern

Nacheinander können Sie jetzt alle acht Anfasser nach innen ziehen, um den Mund insgesamt zu verkleinern.

Wenn Sie dabei die unteren und oberen Anfasser gleichzeitig noch länger ziehen, korrigieren Sie auch die etwas voluminösen Lippen. Lassen Sie die Eckpunkte dort, wo sie sind. So wirkt die Einfügung in das Original harmonischer.

Mit einem Klick auf ⏎ wird die Transformation angewendet.

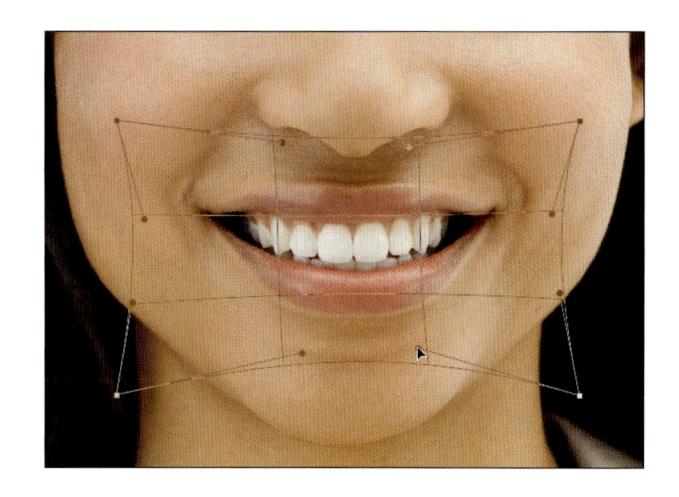

8 Details nacharbeiten

In der EBENEN-Palette können Sie durch Klick auf das Augensymbol die transformierte Ebene ein- und ausblenden und das Resultat begutachten. Wenn Sie noch Korrekturen an der Transformation vornehmen wollen, können Sie wieder durch Strg/⌘ + T und einen Klick auf die Verkrümmen-Option in das Verkrümmungsraster wechseln.

Passen Sie Details – wie z. B. den Übergang der Mundwinkel – besser hier noch einmal an, anstatt diese später zu retuschieren.

9 Übergänge retuschieren

Durch die Verkleinerung lassen sich unschöne Übergänge zum Original und doppelte Schatten nicht vermeiden – diese müssen Sie nachträglich retuschieren.

Legen Sie sich eine eigene Retusche-Ebene an, wählen Sie den Reparatur-Pinsel mit der Option ALLE EBENEN ❼, und retuschieren Sie dann mit nicht zu großer Werkzeugspitze störende Kanten weg.

Mehr zu den Retuschetechniken: Lesen Sie im Kapitel »Basisretusche« ab Seite 20 nach.

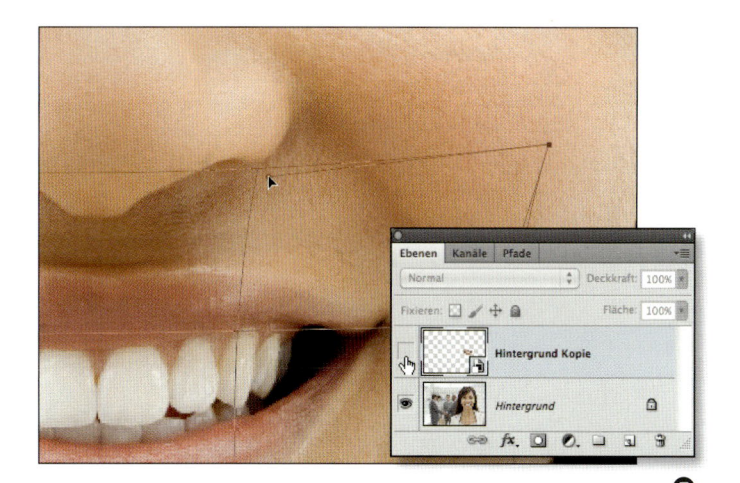

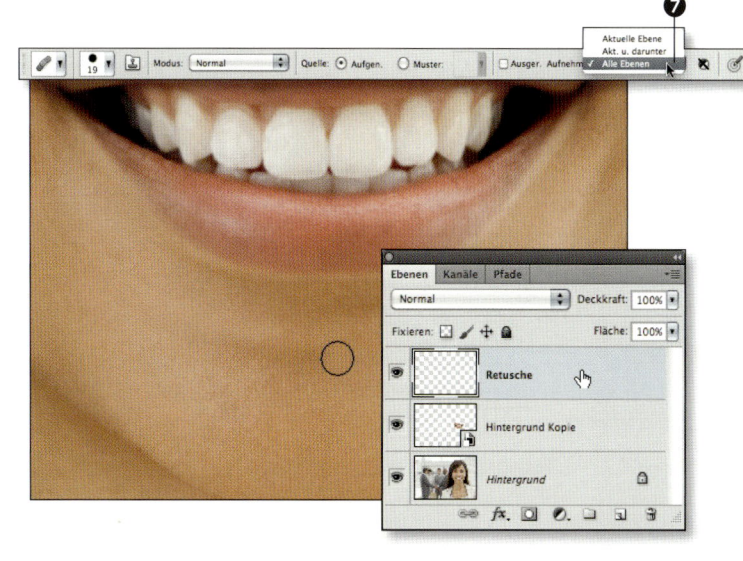

Zähne weißen

Strahlende Zähne durch gezielte Aufhellung und Entfärbung

Zähne zu entfärben gehört zu den Pflichtübungen bei der Porträtretusche. Das Beispiel auf diesen Seiten ist einer der härteren Fälle. Bei solch einem massiven Korrekturbedarf ist meist nicht mehr der Einsatz von Werkzeugen wie Abwedler oder Schwamm angezeigt, sondern eine Kombination verschiedener Einstellungsebenen, die man auf den Punkt genau steuern kann.

Aufgaben:
- Zähne aufhellen
- Gelbliche Verfärbung entfernen
- Wirkung abstufen

[Zahnweiß.jpg]

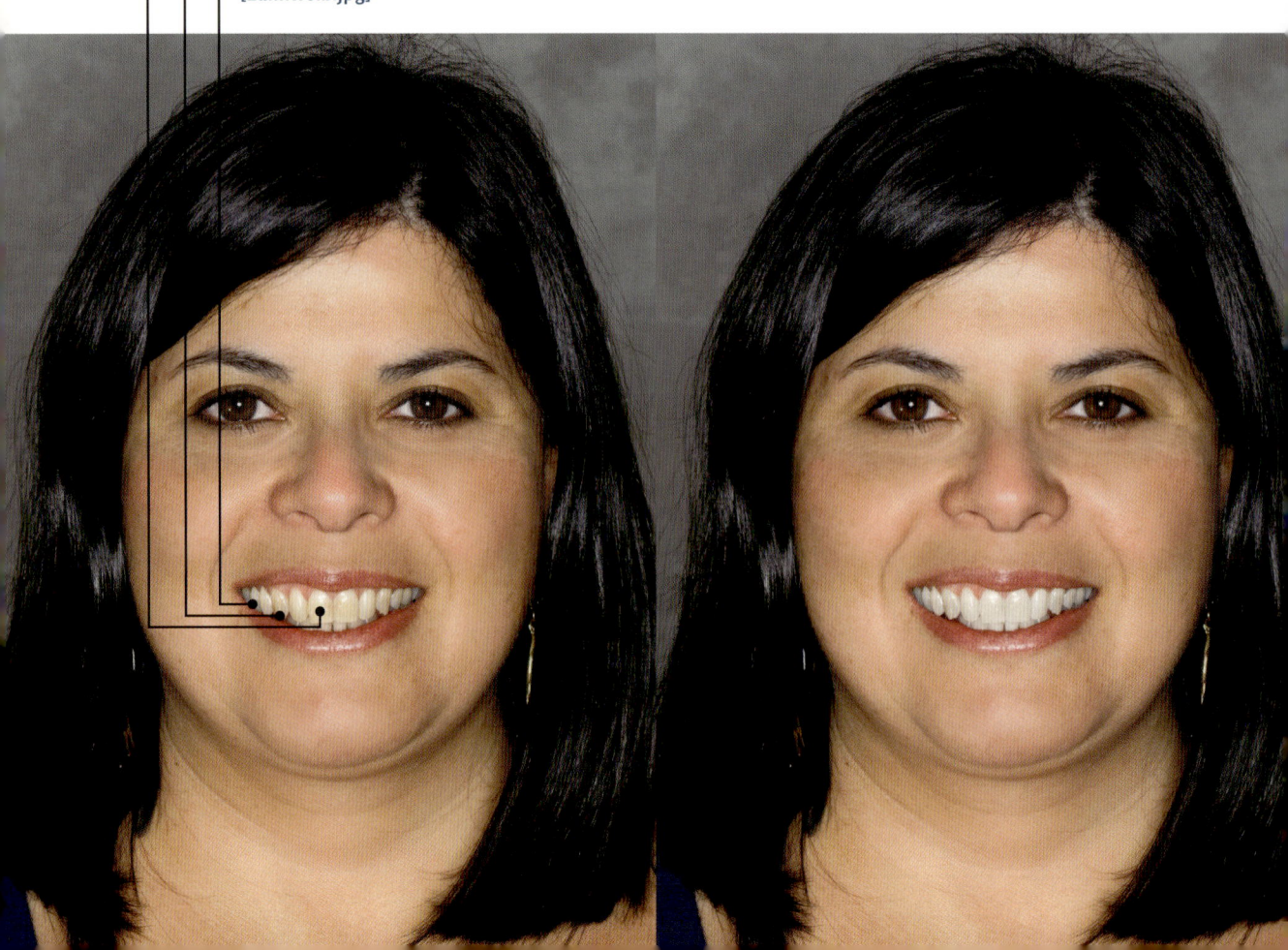

1 Das Schnellauswahlwerkzeug

Zunächst müssen die Zähne für die Korrektur ausgewählt werden. Nutzen Sie dazu das Schnellauswahlwerkzeug .

Wählen Sie in den Werkzeugoptionen eine Größe, die ungefähr einer Zahnbreite entspricht, so finden Sie eine gute Anfangsgröße für die Schnellauswahl.

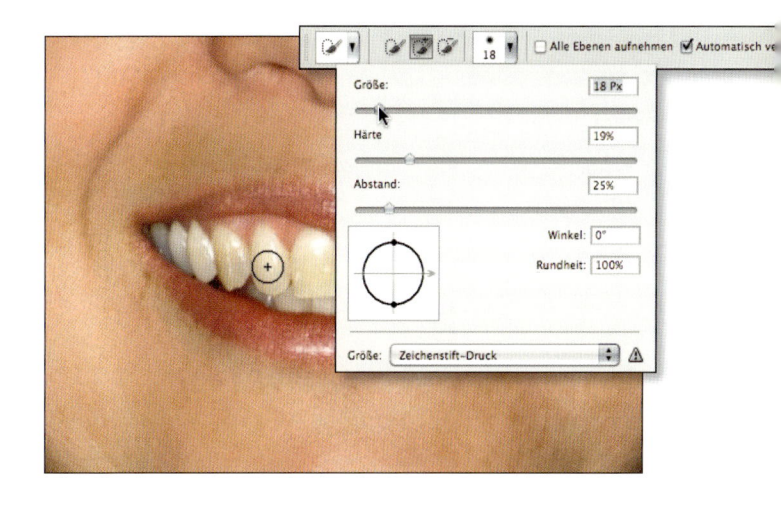

2 Zähne auswählen

Fahren Sie mit dem Werkzeug über die Zähne – automatisch werden ähnliche Tonwerte ausgewählt und die Auswahl erweitert.

So können Sie Stück für Stück alle Zähne auswählen. Falls das Schnellauswahlwerkzeug mal über das Ziel hinausschießt, ist das nicht schlimm. Das wird im nächsten Schritt korrigiert.

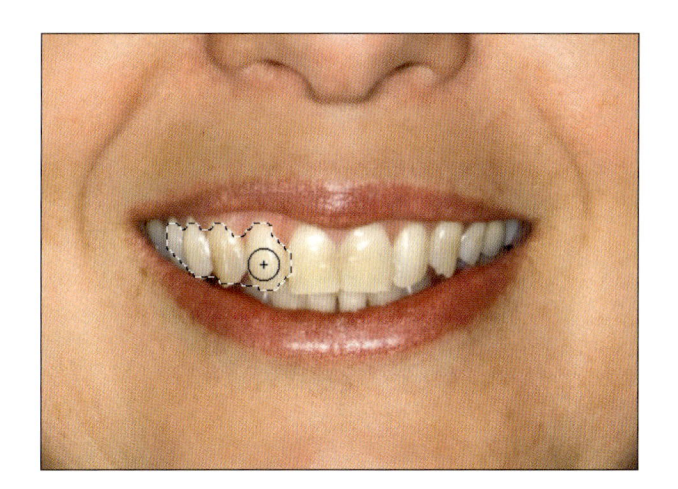

3 Auswahlkorrektur

Aktivieren Sie mit der [Alt]-Taste die »Minus«-Option ❶ dieses Werkzeugs, und streichen Sie damit über die Zonen wie das Zahnfleisch ❷, die wieder von der Auswahl abgezogen werden sollen.

Für eine genauere Auswahl sollten Sie den Werkzeugdurchmesser weiter verringern.

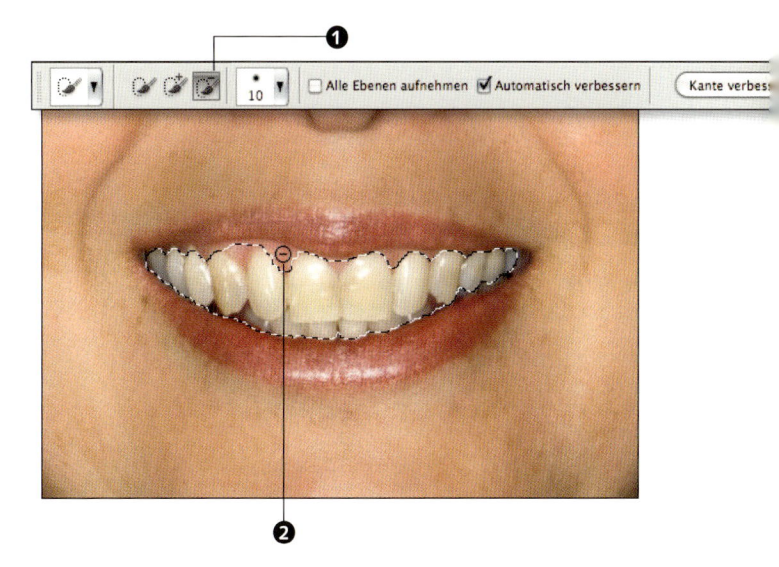

Kapitel 6 | Fokus: Mund und Lippen

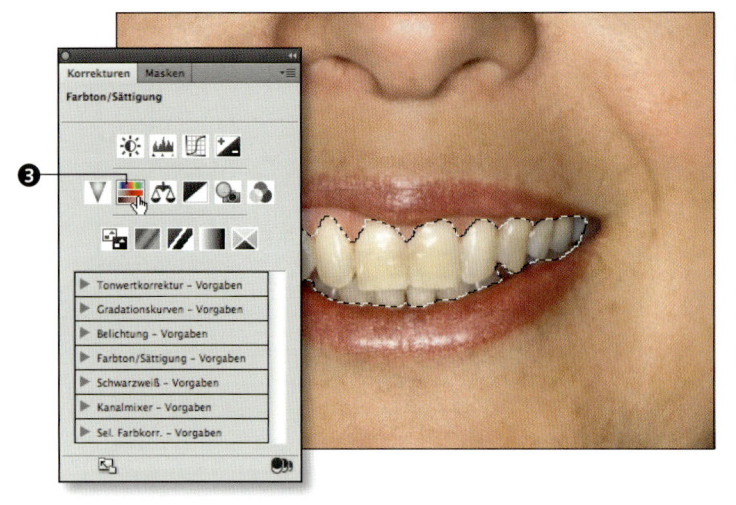

Korrekturen starten

4 Mit Ihrer finalen Auswahl starten Sie die Korrekturen über die Korrekturen-Palette, die Sie über das Menü Fenster öffnen können.

Wählen Sie dort die Funktion Farbton/Sättigung durch einen Klick auf das entsprechende Symbol ❸, um mit der Bearbeitung der Verfärbungen zu starten.

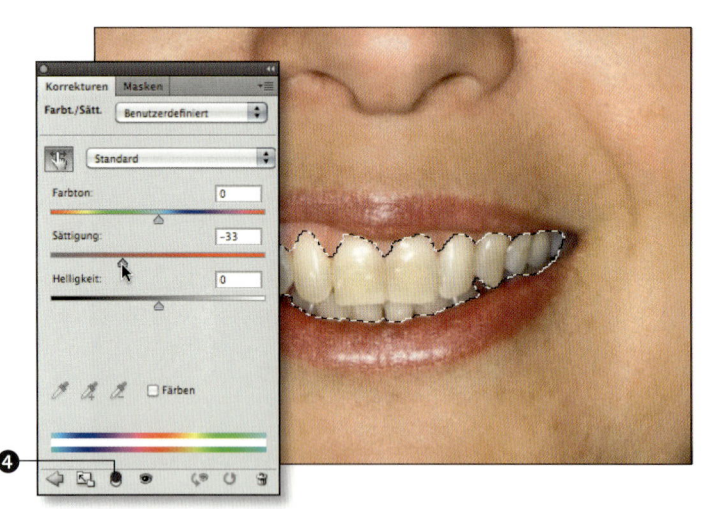

Verfärbung entsättigen

5 Über den Regler Sättigung verringern Sie den Farbanteil für den ausgewählten Bereich.

Übertreiben Sie hierbei nicht – die Zähne werden hier noch nicht weiß, sondern verlieren nur ihre Verfärbung. Ein Wert um –30 sieht zwar noch schmutzig aus, aber das wird gleich noch durch die Helligkeitskorrektur ausgeglichen.

Achten Sie darauf, dass an dieser Stelle die Schnittmasken-Option ❹ nicht aktiviert ist, denn die vorbereitete Auswahl ist ausreichend.

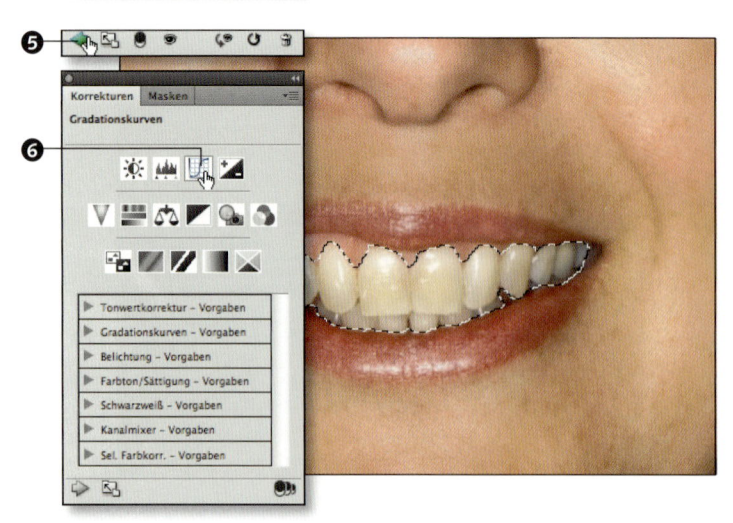

Helligkeit bearbeiten

6 Zeit für die zweite Korrektur: Über den Pfeil ❺ in der linken unteren Ecke gelangen Sie zurück in die Übersicht der Korrekturen-Palette.

Wählen Sie dort die Gradationskurven ❻, mit denen Sie einen spezifischen Tonwertbereich bearbeiten können.

7 Lichter fixieren

Im Arbeitsfenster GRADATIONSKURVEN stellen Sie zunächst zwei Dinge sicher: Aktivieren Sie diesmal die Schnittmasken-Option ❾. Sie stellt sicher, dass die folgende Korrektur nur dort wirkt, wo die vorangegangene Korrektur auch stattgefunden hat.

Nutzen Sie das Hand-Werkzeug ❼, und klicken Sie direkt im Bild auf eine helle Stelle im Zahn, die nicht weiter aufgehellt werden soll – so setzen Sie einen Fixpunkt ❽ auf der Gradationskurve.

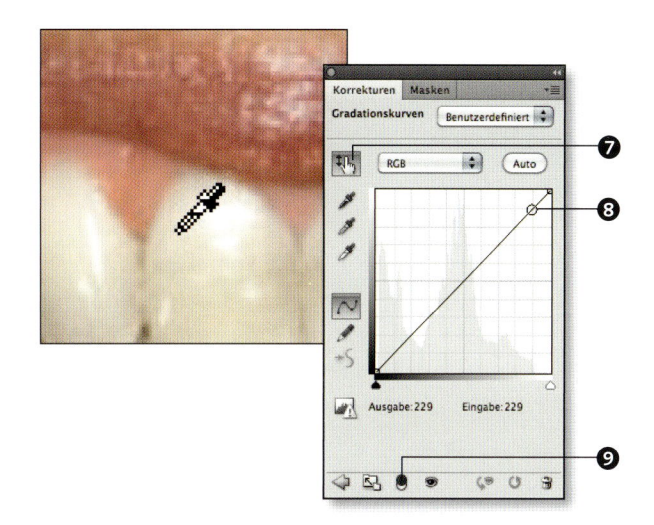

8 Helle Töne steigern

Jetzt ziehen Sie mit gedrückter Maustaste an einer Stelle des Zahnes, die zu dunkel ist, nach oben.

Gleichzeitig wird die Gradationskurve nach oben gezogen, und die hellen Tonwerte werden korrigiert. Die eben fixierten ganz hellen Lichter bleiben gesichert.

So hellen Sie die Zähne sanft und gleichmäßig auf, ohne dass zu grelle Weißtöne entstehen.

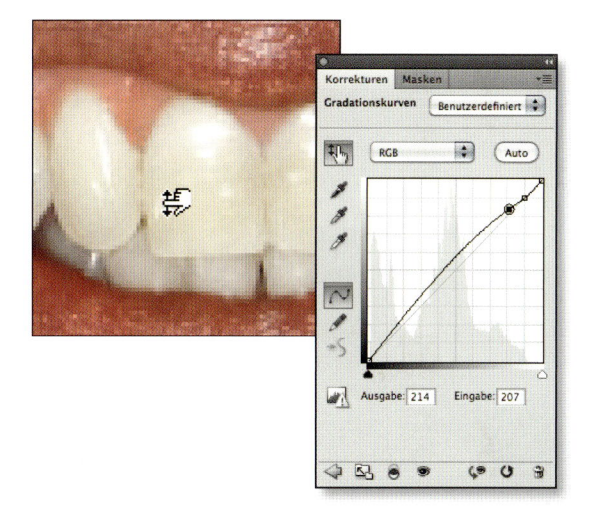

9 Rand abschatten

Die Zähne sind jetzt gleichmäßig aufgehellt – realistisch ist das nicht, denn zum Mundwinkel hin liegen die Zähne mehr im Dunkeln.

Wählen Sie deshalb das Pinsel-Werkzeug mit einer weichen Werkzeugspitze und schwarzer Vordergrundfarbe.

Mit einer geringen DECKKRAFT von ca. 85 % können Sie auf der noch aktiven Ebenenmaske die Randbereiche leicht maskieren und so die aufhellende Wirkung wieder ein wenig zurückfahren.

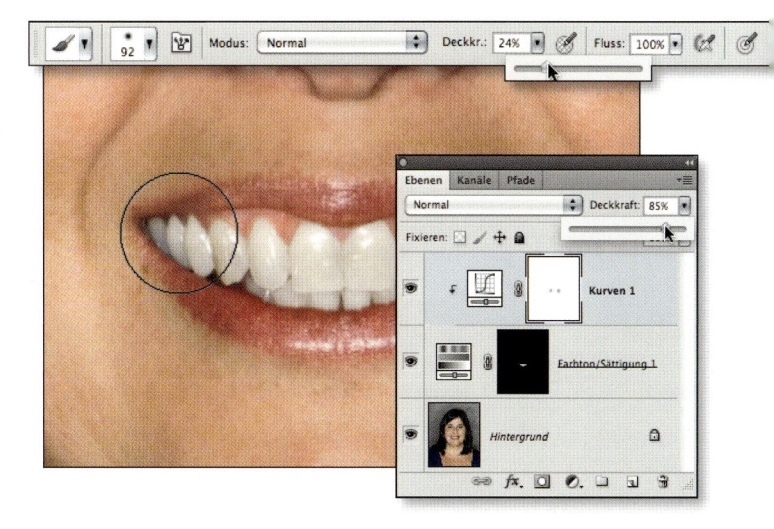

Kapitel 6 | Fokus: Mund und Lippen **207**

Lippenbewegung
Korrigieren Sie einen schiefen Mund

Funktionen wie der schon gezeigte VERFLÜSSIGEN-Filter sind reizvoll für die schnelle Verformung, zum Beispiel, um einen Mundwinkel zum Lächeln anzuheben. Grenzen an den Arbeitsbereich aber konkrete Bereiche an, die nicht verformt werden sollen, wie hier die Zähne an den Mund, ist man mit einer harten Auswahl und einer nachträglichen Transformation meist schneller am Ziel.

Aufgaben:
Mund neu formen
Oberlippe absenken
[Oberlippe.jpg]

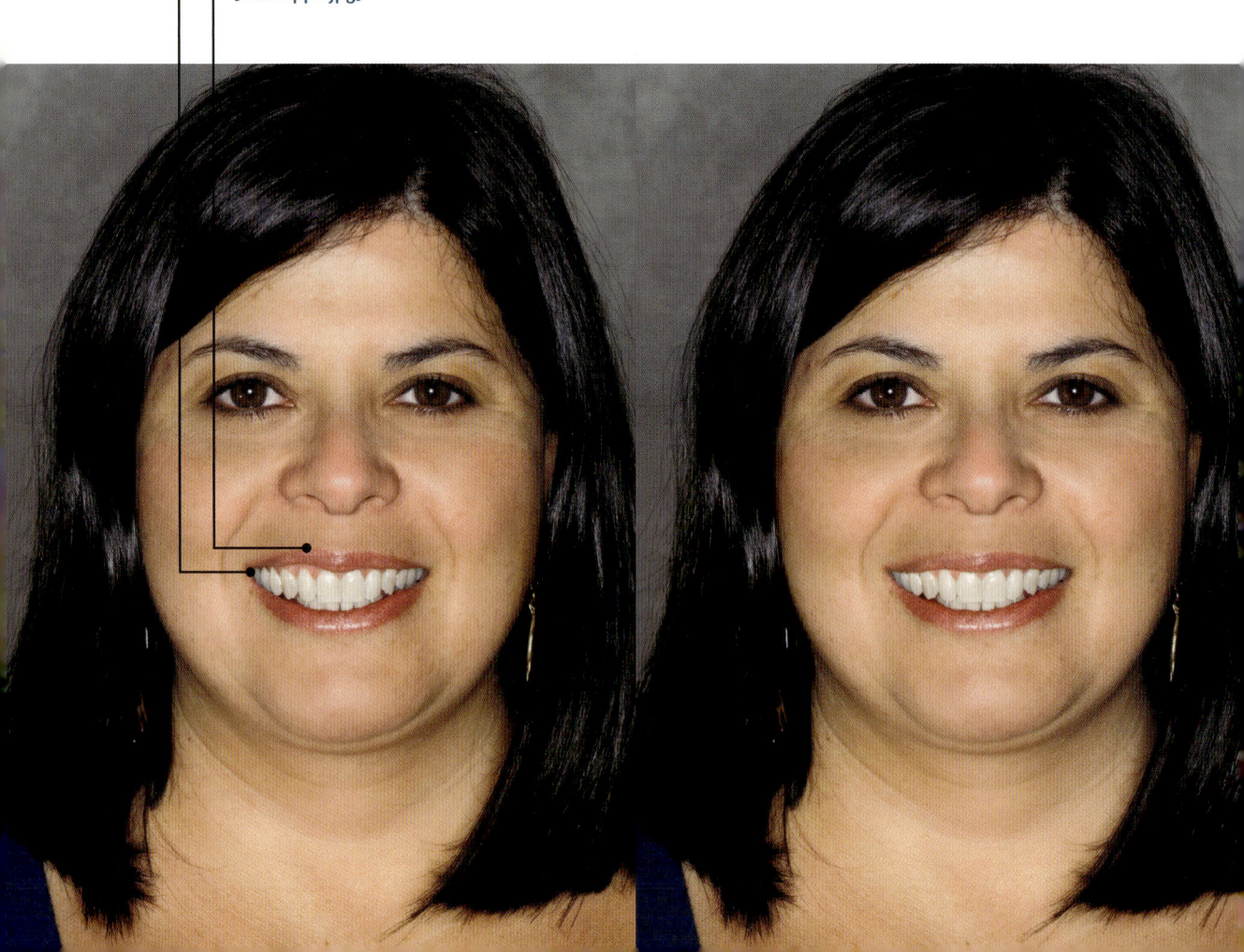

1 Das magnetische Lasso

Wählen Sie für die exakte Auswahl das magnetische Lasso ![], das sich seine Auswahlkante praktisch selbst sucht.

In den Optionen stellen Sie eine geringe BREITE ❶ (also die Zone, in der das Werkzeug nach der Freistellungskante sucht) von 6 Pixeln ein und wählen einen KONTRAST ❷ von ca. 10. So werden auch die geringen Kontraste zwischen Lippe und Zahnfleisch gefunden. Klicken Sie dann einmal unten an die Oberlippe, und führen Sie die Maus nach außen, damit die Freistellungskante gefunden wird.

2 Genaue und großzügige Auswahl

Wenn die entscheidende Kante an der Oberlippe durch das Werkzeug erstellt ist, können Sie großzügig die Haut oberhalb der Oberlippe in die Auswahl mit einbeziehen.

Die Auswahl wird in diesem Bereich eher willkürlich gesetzt, aber das ist für diesen Zweck in Ordnung.

Wenn das Werkzeug wieder am Ausgangspunkt angelangt ist, zeigt ein kleiner Kreis ❸, dass Sie die Auswahl hier durch einen Mausklick schließen können.

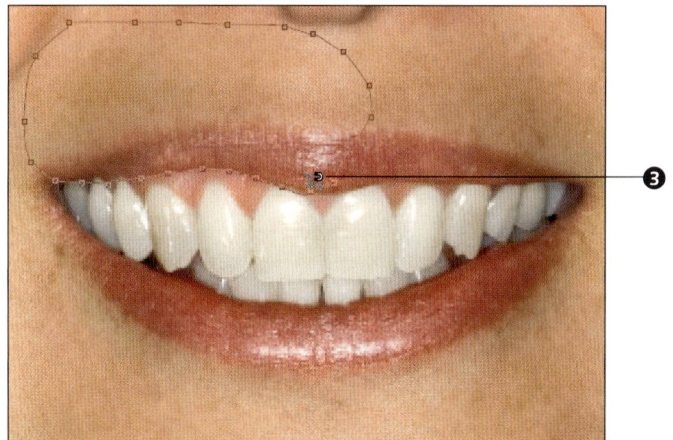

3 Ebene erstellen

Die Auswahl läuft jetzt unten exakt an der Lippenkante und oben im unstrukturierten Hautbereich – das ist wichtig, weil in diesem Bereich die nachher folgenden Pixelveränderungen durch die Transformation praktisch nicht sichtbar werden.

Diese Auswahl kommt diesmal ohne weiche Kante aus, kopieren Sie sie deshalb gleich über [Strg]/[⌘] + [J] auf eine neue Ebene.

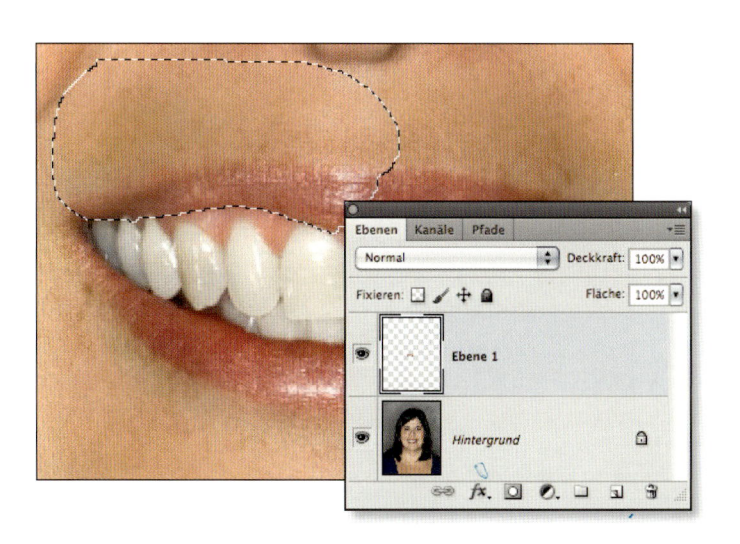

Kapitel 6 | Fokus: Mund und Lippen

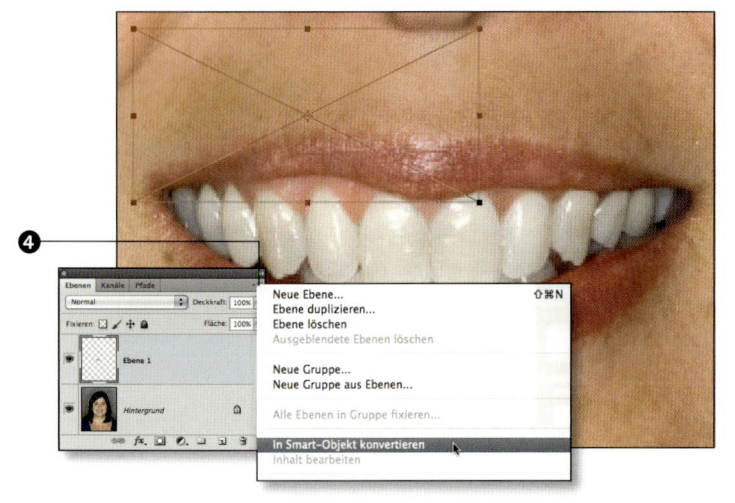

4 Smart-Objekt erstellen

Auch wenn die folgende Transformation wahrscheinlich nicht mehr überarbeitet wird, lohnt es sich immer, ein Smart-Objekt zu erstellen, um gegebenenfalls Änderungen durchführen zu können. Wählen Sie aus den Optionen der Ebenen-Palette ❹ In Smart-Objekt konvertieren. Über Strg/⌘ + T erhalten Sie den Transformationsrahmen zum Frei Transformieren.

Zu Smart-Objekten: Lesen Sie den Exkurs »Nicht-destruktive Techniken« auf Seite 252.

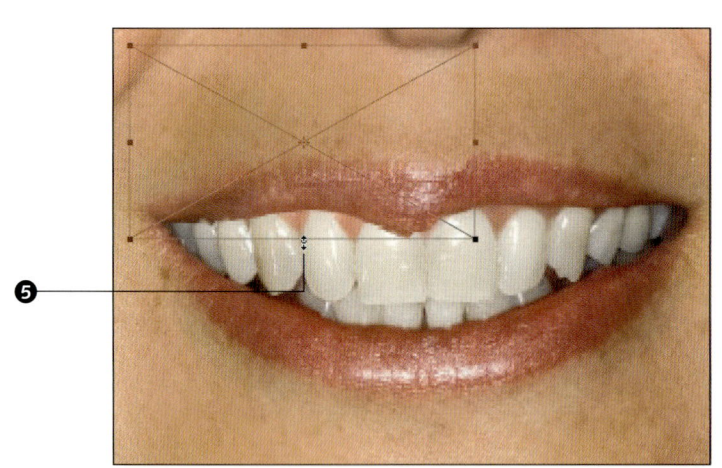

5 Lippe herunterziehen

Um die Lippe über das Zahnfleisch zu ziehen, müssen Sie jetzt einfach nur von unten aus skalieren: Ziehen Sie am unteren, mittleren Anfasser ❺ des Transformationsrahmens bis zum Rand der Zähne.

Die gleichzeitige vertikale Vergrößerung fällt in diesem geringen Maße nicht auf.

Da der obere Auswahlbereich stehen bleibt, müssen wir uns später auch nicht um das Kaschieren von Übergängen kümmern.

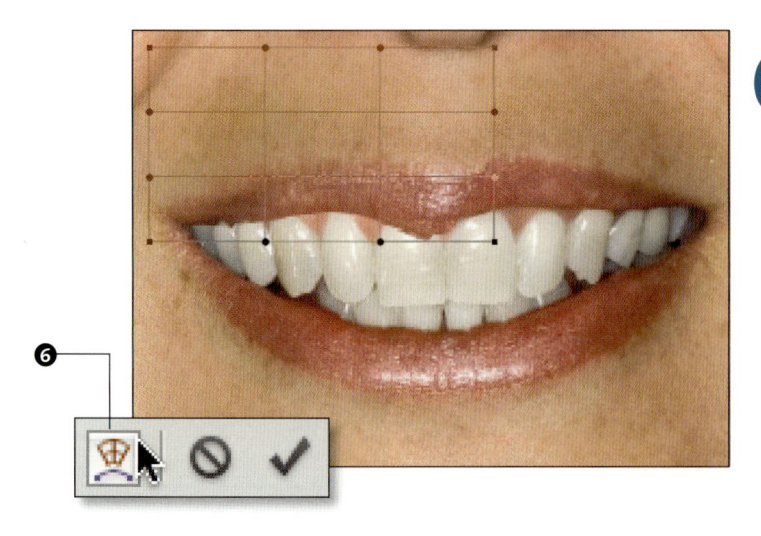

6 Korrekturgitter einblenden

Mit der Skalierung nach unten allein ist es aber nicht getan. Die seitlichen Übergänge zu den Lippen passen nicht mehr. Wählen Sie deshalb die Verkrümmen-Option über das entsprechende Symbol ❻ in der Optionsleiste, um ein Verkrümmungsgitter für die weitere Transformation zu erhalten.

210 Kapitel 6 | Fokus: Mund und Lippen

7 Ecke anpassen

Fassen Sie zunächst die untere, rechte Ecke ❼ des Gitters an, und ziehen Sie diese mit der Maus in Richtung Mitte der Oberlippe. Dadurch wird der transformierte Bereich wieder mit dem Original in Deckung gebracht.

Die vertikale Skalierung der restlichen Auswahl ändert sich dadurch nicht.

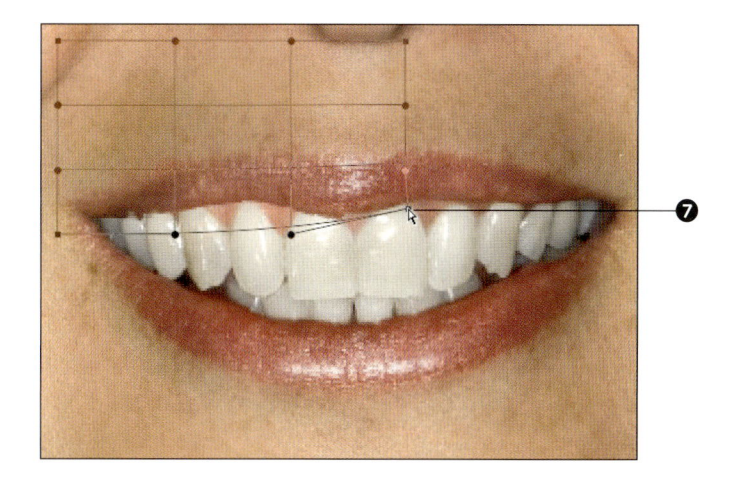

8 Form korrigieren

Um der Mundform nun wieder den richtigen Schwung zu geben, sollten Sie jetzt mit gedrückter Maustaste den Anfasserhebel ❽ der Ecke nach unten und in die Länge ziehen, bis sich der gewünschte Bogen ergibt.

Korrigieren Sie die Position der Ecke und die Krümmung abwechselnd, bis die Form zufriedenstellend ist.

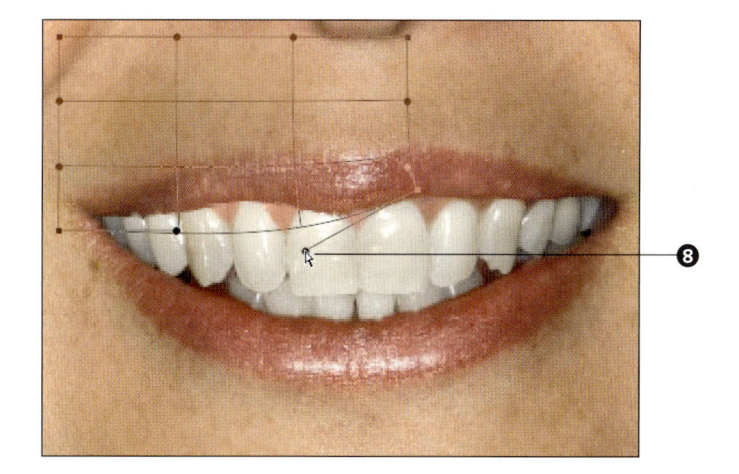

9 Mundwinkel anpassen

Genauso gehen Sie jetzt an der linken Ecke, also dem Mundwinkel, vor: Gleichen Sie die Ecke und den Schwung der Lippe an das darunterliegende Original an.

Die Skalierung der Lippe nach unten bleibt in der Auswahlmitte bestehen.

Wenn Sie mit dem Ergebnis zufrieden sind, bestätigen Sie die gesamte Transformation durch die ⏎-Taste.

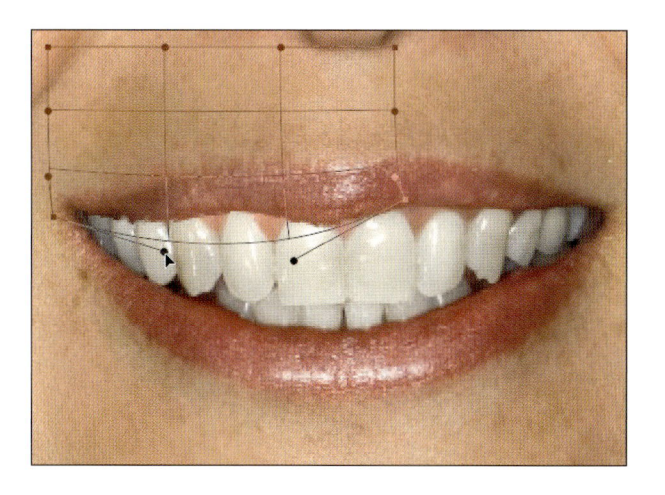

Perfekter Glanz

Reflexe auf den Lippen perfektionieren

Glänzende Lippen sind natürlich nur durch Reflexe sichtbar. Wenn Sie also nachträglich die glänzenden Lippen perfektionieren wollen, geht es zunächst um den Bau neuer Reflexe – falls die vorhandenen nicht ausreichen – und die Symmetrie der Reflexe auf den Lippen. Am einfachsten erreichen Sie dies über ein einfaches Duplizieren und die realistische Transformation des vorhandenen Reflexes.

Aufgaben:

Lippenreflex duplizieren

Weichen Übergang erzeugen

In Größe und Perspektive einpassen

[Lippen.jpg]

1 **Polygonauswahl**

Da die folgende Auswahl später mit einer sehr weichen Auswahlkante weiterverarbeitet wird, können Sie diesmal die Auswahl mit dem Polygon-Lasso ▼ starten.

Klicken Sie mehrfach, um den rechten Lippenreflex grob auszuwählen ❶, und schließen Sie dann die Auswahl durch einen letzten Klick auf den Ausgangspunkt.

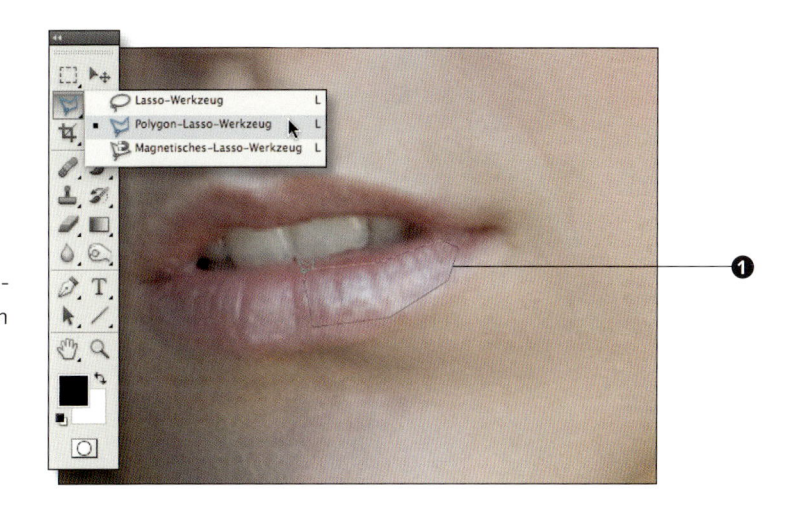

2 **Kante verbessern**

Wie bei (fast) jeder Auswahl folgt jetzt die Verbesserung der Auswahlkante über die Schaltfläche Kante verbessern aus der Optionsleiste. Aktivieren Sie im Arbeitsfenster eine weiße Auswahlvorschau ❷ über die Taste W. Wählen Sie dann einen hohen Abrunden-Wert um 60, eine Weiche Kante von 4 bis 5 Pixeln und – falls nötig – über Kante verschieben eine Vergrößerung der Auswahl, bis Sie einen weichen, abgegrenzten Reflex ausgewählt haben. Stellen Sie nun noch die Ausgabe auf Neue Ebene, und klicken Sie dann auf OK.

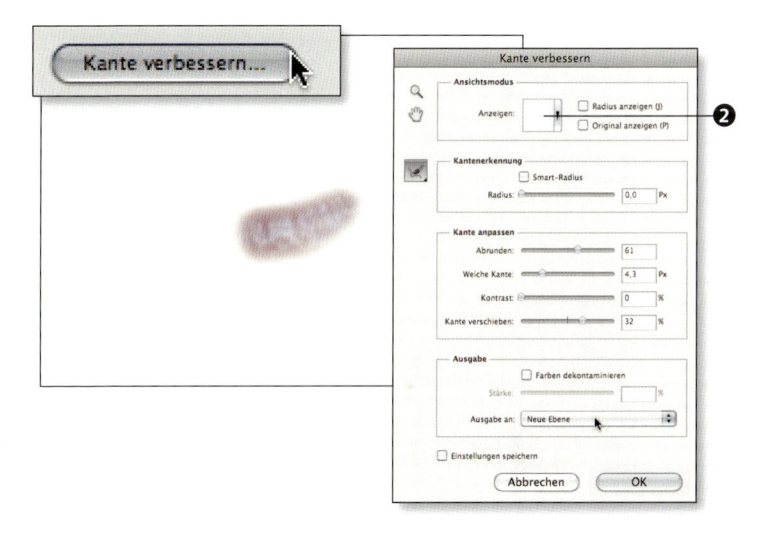

3 **Reflexebene anlegen**

Mit einem Klick auf das Augensymbol ist auch die Hintergrundebene wieder sichtbar. Wie bei jeder Transformation ist es auch diesmal schlau, wenn Sie für die Ebene wieder ein Smart-Objekt über Ebene • Smart-Objekte • In Smart-Objekt konvertieren anlegen.

Wählen Sie dann aus dem Bearbeiten-Menü den Befehl Frei Transformieren. Sie erhalten einen Transformationsrahmen ❸ um die Auswahl.

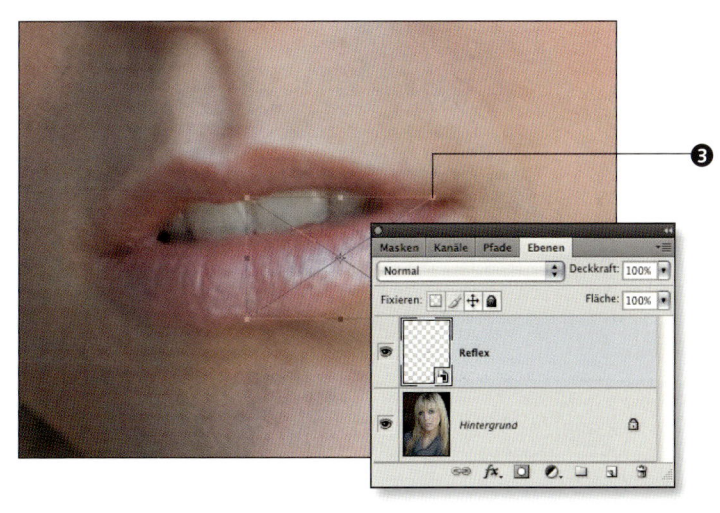

Kapitel 6 | Fokus: Mund und Lippen

4 Reflex spiegeln

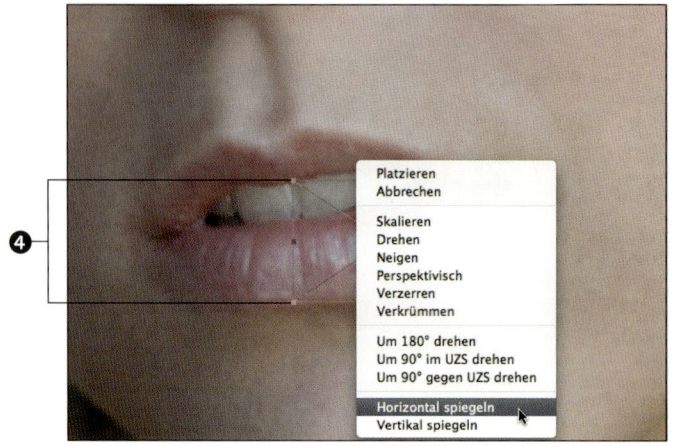

Der Transformationsrahmen dient nicht nur zum einfachen Skalieren an den Eckpunkten ❹ oder zum Rotieren der Auswahl.

Wenn Sie mit der rechten Maustaste in den Transformationsrahmen klicken, erhalten Sie die Liste aller verfügbaren Transformationen.

Wählen Sie HORIZONTAL SPIEGELN, um den Reflex seitenverkehrt anzuzeigen.

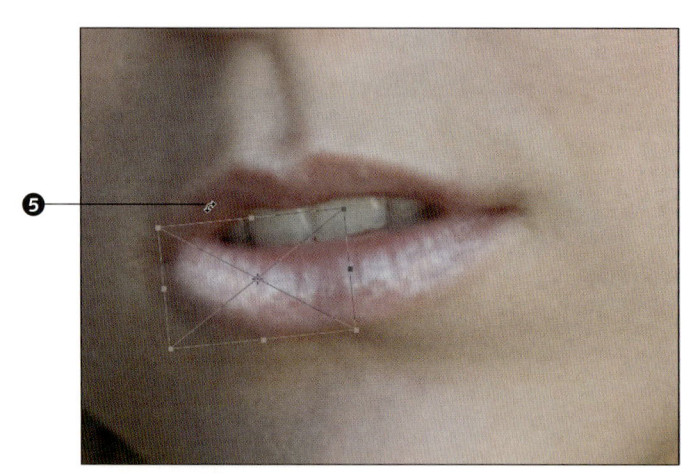

5 Drehung anpassen

Verschieben Sie dann den Transformationsrahmen auf die linke Seite der Unterlippe.

Passen Sie die Drehung an, indem Sie den Reflex knapp außerhalb des Transformationsrahmens ❺ mit gedrückter Maustaste drehen.

Verkleinern Sie den Reflex anschließend etwas, indem Sie von einem der Eckpunkte aus nach innen skalieren.

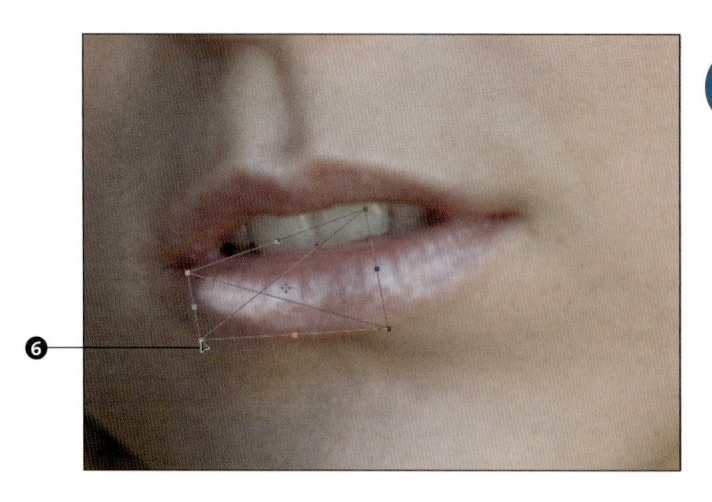

6 Perspektive ausnutzen

Der Reflex muss sich aufgrund der Perspektive nach hinten links etwas verjüngen. Wählen Sie – wiederum mit der rechten Maustaste – die Option PERSPEKTIVISCH. Ziehen Sie dann z. B. die untere der beiden linken Ecken des Transformationsrahmens ❻ nach oben. Sie werden beobachten, dass sich der Reflex nach links verjüngt.

Verschieben Sie gegebenenfalls den Reflex noch an die finale Position, und bestätigen Sie die Transformation durch die ⏎-Taste.

Lipgloss auftragen

Modulation und Kontrast verstärken

Perfektionieren Sie den Glanz der Lippen, indem Sie den eben erarbeiteten Reflex noch in der Modulation – also im Reflexverhalten – optimieren. Besonders gut geht dies mit einer Art Lichtebene, die durch eine überlagernde Schwarzweißumsetzung den Kontrast zwischen Licht und Schatten herauskitzelt.

Aufgaben:
- Lichtmodulation herausarbeiten
- Schwarzweißumsetzung als Lichtebene nutzen
- Wirkung in Stufen auftragen

[Lippen_2.jpg]

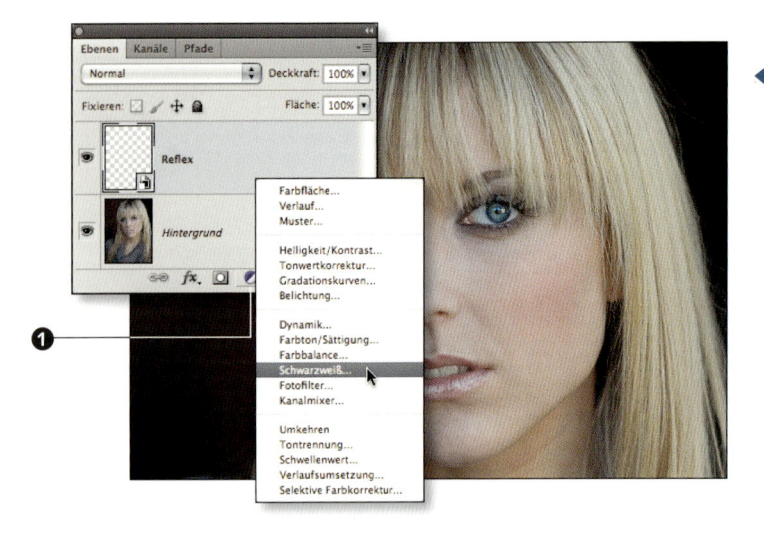

1 Lichtebene anlegen

Ausreichend Reflexe sind jetzt vorhanden. Um diese allerdings noch spannender herauszuarbeiten, werden Sie eine Beleuchtung mit Hilfe einer Schwarzweißebene vornehmen.

Halten Sie die [Alt]-Taste gedrückt, und wählen Sie aus dem Popup-Menü ❶ der Einstellungsebenen die Funktion SCHWARZWEISS.

Daraufhin öffnet sich ein Einstellungsfenster, mit dem Sie die Wirkung der nachfolgenden Bildkorrektur von vornherein steuern können.

2 Ebenenmodus festlegen

Im folgenden Fenster wählen Sie im Voraus den MODUS ❷ der resultierenden Einstellungsebene. Durch den Modus WEICHES LICHT wirkt sich die folgende Schwarzweißvariante des Bildes nur als aufhellendes bzw. abdunkelndes Licht aus, so dass auf eine sehr sanfte Art der Kontrast verstärkt und – durch andere Schwarzweißumsetzungen – auch noch variiert werden kann.

3 Im Motiv arbeiten

Sie werden sofort feststellen, dass sich das Vorschaubild durch die Überlagerung des Schwarzweißbildes im Kontrast verändert.

Dieser interessiert Sie jedoch nur im Mundbereich, den Rest werden wir später noch maskieren. Zoomen Sie sich an den Mund heran, und nutzen Sie im Arbeitsfenster SCHWARZWEISS das Hand-Werkzeug ❸, um direkt im Bild zu arbeiten.

4 Modulation herausarbeiten

Mit dem Hand-Werkzeug ziehen Sie direkt im Bild auf den Lippen mit gedrückter Maustaste in den Bereichen nach rechts, die heller werden sollen, und in den Bereichen nach links, die dunkler erscheinen sollen.

Sie erkennen, dass sich die Regler der entsprechenden Farbauswahl analog bewegen.

Durch eine gegenläufige Helldunkelsteuerung der Rot- und Magenta-Töne ❹ können Sie den Kontrast in den Lippen herausarbeiten.

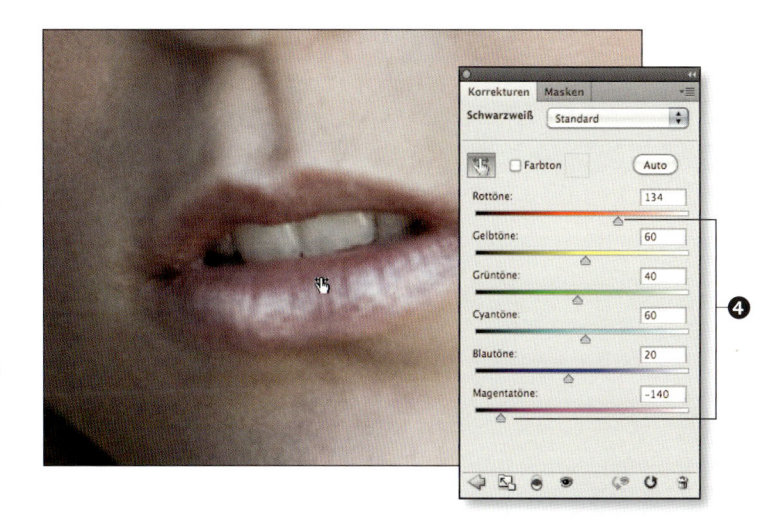

5 Wirkung einschränken

Die Kontraststeigerung durch die Schwarzweißebene wirkt sich noch auf das gesamte Motiv aus.

Wechseln Sie auf die EBENEN-Palette, und aktivieren Sie dort die Ebenenmaske ❺ der entstandenen Einstellungsebene. Kehren Sie diese durch [Strg]/[⌘] + [I] um, damit sie komplett schwarz ist und die Funktion vorerst wieder maskiert ist.

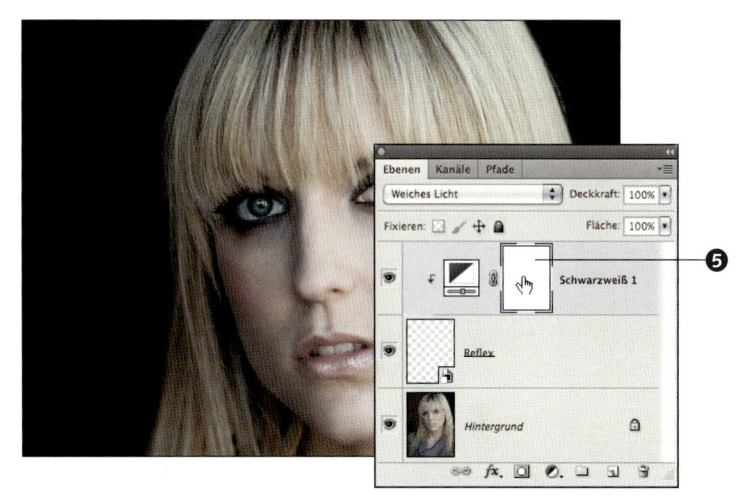

6 Lipgloss auftragen

Wählen Sie dann einen weichen Pinsel mit weißer Vordergrundfarbe, aber einer verringerten DECKKRAFT von ca. 50 %.

Malen Sie nun mit passender Werkzeuggröße über die Lippen, und tragen Sie so Stück für Stück die Wirkung der Einstellungsebene wieder auf.

Durch mehrfachen Auftrag erreichen Sie eine größere Modulation als durch einfachen Auftrag.

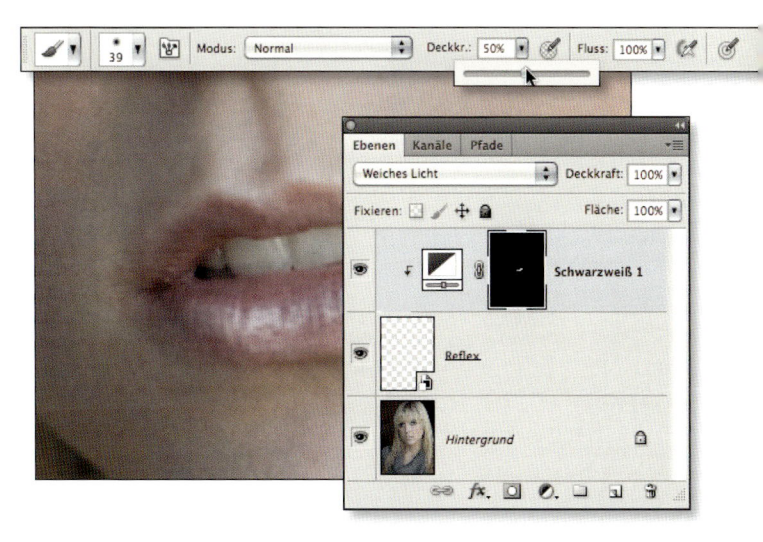

Kapitel 6 | Fokus: Mund und Lippen

Schimmernde Lippen

Bringen Sie den Lippenreflex zum Funkeln

Aufgaben:
Reflex auswählen
Weichzeichnung überlagern

[Lippenglanz.jpg]

Schimmernde Lippen erzeugen Sie ganz einfach durch eine Weichzeichnung. Damit diese aber auch an den richtigen Stellen passend dosiert wird, sehen Sie in diesem Workshop zuerst eine kombinierte Auswahltechnik für den Reflex und danach die Ausnutzung der Smartfilter-Technik für eine differenzierte Überlagerung der Weichzeichnung, die das Schimmern realistisch wirken lässt.

1 **Schnellauswahl**
Starten Sie mit dem Schnellauswahlwerkzeug , um die Lippen auszuwählen. Wählen Sie eine Werkzeuggröße, die etwas kleiner als die Oberlippe ist, und fahren Sie mit dem Werkzeug und gedrückter Maustaste über die Lippen.

Automatisch werden alle zusammenhängenden Farben und Tonwerte ausgewählt, die denen innerhalb der Werkzeugspitze entsprechen.

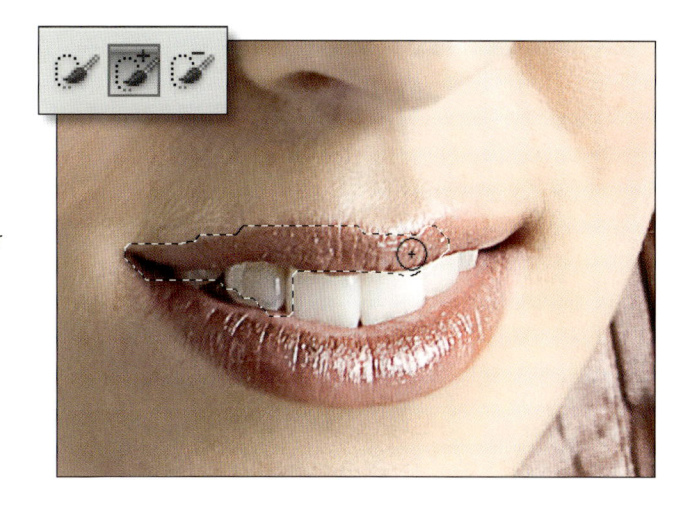

2 **Zähne heraushalten**
Durch die Reflexe in den Lippen sind auch hellere und weiße Tonwerte wie die Zähne ausgewählt worden.

Diese müssen Sie von der Auswahl abziehen: Wählen Sie einen etwas kleineren Werkzeugdurchmesser, und halten Sie die Alt-Taste gedrückt, während Sie mit der Maus über die Zähne fahren. In der Werkzeugmitte können Sie an einem kleinen Minuszeichen ❶ diese gegenläufige Funktion erkennen.

3 **Lichter auswählen**
Die Auswahl der Lippen war nur eine Grobauswahl. Innerhalb dieser Auswahl sollen jetzt die Reflexe ausgewählt werden.

Nutzen Sie dazu aus dem AUSWAHL-Menü den Befehl FARBBEREICH, und definieren Sie als AUSWAHL im Popup-Menü ❷ die LICHTER. Bestätigen Sie das Dialogfenster mit OK.

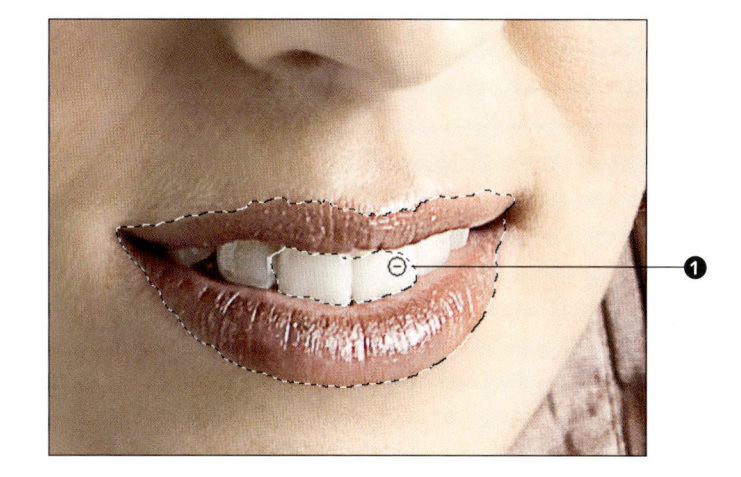

Kapitel 6 | Fokus: Mund und Lippen **219**

4 Auswahl ausweiten

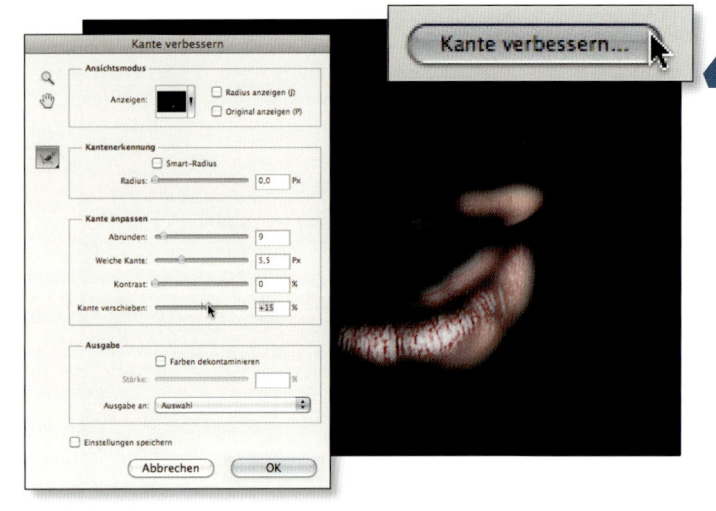

Aus der Lichterauswahl erstellen Sie jetzt wiederum eine großzügigere Auswahl, in der sich die Weichzeichnerwirkung, also der Schimmer, später ausbreiten kann.

Klicken Sie in der Optionsleiste des Programmfensters auf die Schaltfläche Kante verbessern. Im folgenden Arbeitsfenster nutzen Sie in erster Linie den Regler für Kante verschieben, um die Auswahl mit einem positiven Wert zu vergrößern. Durch eine zusätzliche Weiche Kante und leichtes Abrunden wird die Auswahl dann noch homogener.

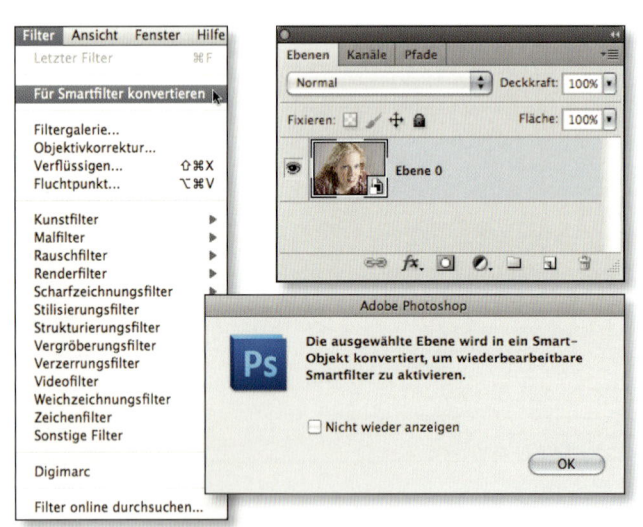

5 Smartfilter nutzen

Bevor Sie aus dem Filter-Menü einen Weichzeichnungsfilter auswählen, wählen Sie den Befehl Für Smartfilter konvertieren.

Im folgenden Fenster werden Sie darauf hingewiesen, dass jetzt ein Smart-Objekt erzeugt wird, das die Originaldaten schützt und den Filter später editierbar macht.

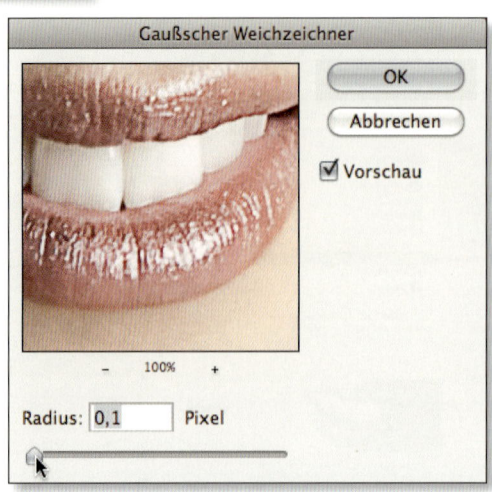

6 Weichzeichnung vorbereiten

Nun wählen Sie den Gaussschen Weichzeichner aus der Gruppe der Weichzeichnungsfilter des Filter-Menüs.

Den Wert für die Weichzeichnung setzen Sie erst einmal ganz herunter auf 0,1 Pixel. Denn die Stärke der Weichzeichnung steuern Sie erst, nachdem Sie den Überlagerungsmodus des Filters bestimmt haben.

Klicken Sie also jetzt schon auf OK.

7 Fülloptionen definieren

In der EBENEN-Palette sehen Sie jetzt die Smartfilter-Ebene, die automatisch bei der Filterung eines Smart-Objekts entsteht. Sie haben nun die Möglichkeit, die Wirkung des Filters vorzudefinieren.

Doppelklicken Sie auf das kleine Reglersymbol ❹. Dieses führt Sie zu den FÜLLOPTIONEN der Smartfilter-Ebene. Wählen Sie dort aus dem Popup-Menü MODUS ❸ die Option AUFHELLEN. Diese Option wird gleich dafür sorgen, dass die Weichzeichnung wie ein Schimmer über der Lippe liegt.

8 Weichzeichnung festlegen

Als Nächstes doppelklicken Sie auf den Filternamen ❺. So gelangen Sie erneut in das Arbeitsfenster des GAUSSSCHEN WEICHZEICHNERS.

Erhöhen Sie jetzt den Weichzeichnerwert auf ca. 2,5 Pixel. Im Vorschaufenster erkennen Sie, dass nur die hellen weichgezeichneten Pixel sichtbar das Originalbild überlagern. Das ist genau der Effekt, der zu den schimmernden Lippen führt.

9 Schimmer überlagern

Um die Stärke des Schimmers noch zu erhöhen, ändern Sie nicht den Wert für die Weichzeichnung, sondern stapeln mehrere Weichzeichnungsfilter übereinander.

Ziehen Sie in der EBENEN-Palette die Smartfilter-Ebene etwas nach oben, und halten Sie dabei die [Alt]-Taste gedrückt. So duplizieren Sie eine Ebene (das ist erkennbar an dem schwarzweißen Doppelpfeil ❻) und überlagern die Filterwirkung.

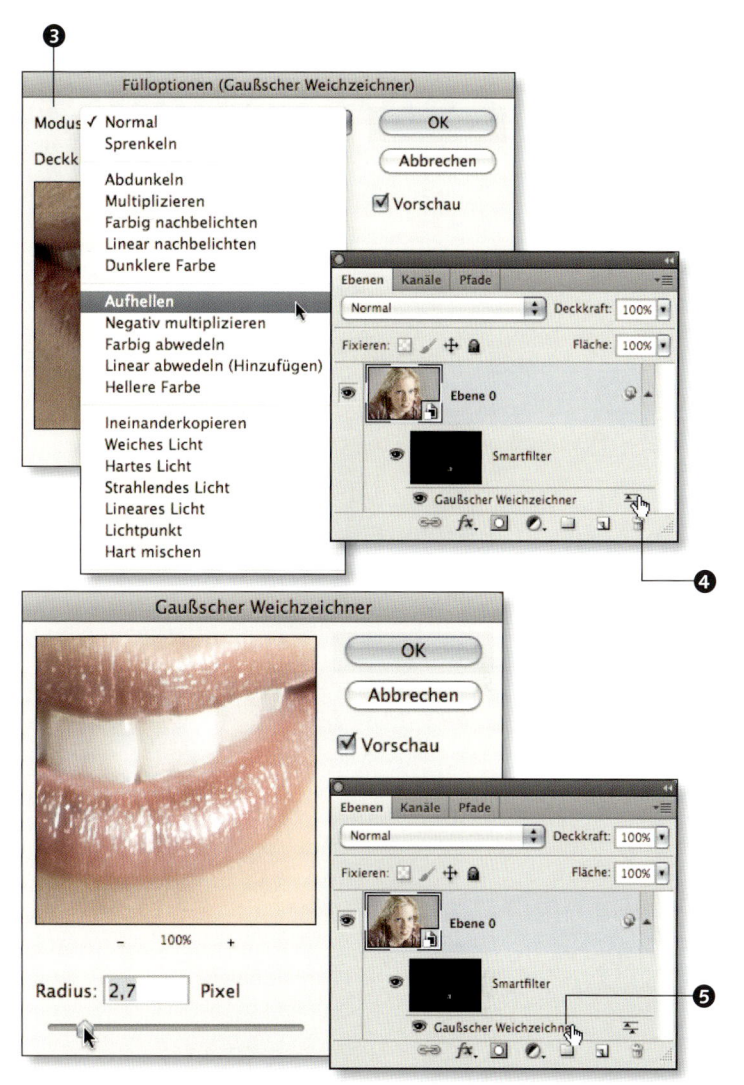

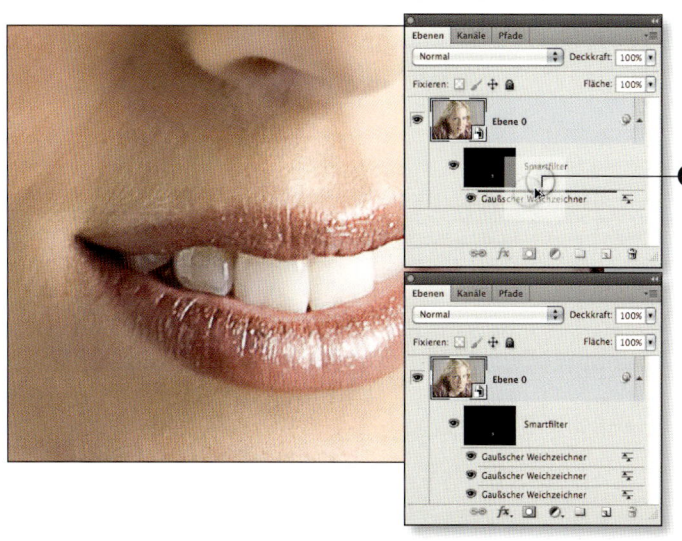

Kapitel 6 | Fokus: Mund und Lippen **221**

Fokus: Haare

Haare machen einen Großteil der Persönlichkeit aus. Deshalb werden sie gehegt und gepflegt und für die Aufnahme zurechtgemacht, frisiert oder aufwendig gestylt. Dennoch gibt es gerade bei Haaren viel Bedarf an Nachbearbeitung: egal ob dies die schlichte Betonung oder Änderung der Farbe ist oder aufwendige Retuschearbeiten, um zum Beispiel störende Haarsträhnen zu entfernen, Haare länger und dichter erscheinen zu lassen oder lichte Haaransätze mit neuem Haar zu kaschieren.

Alle diese Arbeiten haben eines gemeinsam: Es sind Aufgaben für ausgefeilte Werkzeuge, mit denen Sie sich stückweise und haarklein Ihrem Ziel nähern müssen.

Foto: iStockphoto, © aldra, Bild 4710462

Fokus: Haare

Digitale Haartönung **226**
   Haarfarbe per Pinselauftrag intensivieren

Vornehm ergrauen **230**
   Haare entfärben und natürlich einmontieren

Geheimratsecken verstecken **234**
   Digitale Haarverpflanzung

Haarsträhne entfernen 238
   Fleißarbeit mit Retuschewerkzeugen und Ebenen

Haarfall ändern 244
   Haare verdichten und formen

Blickpunkt Haare 248
   Der Hochpass-Filter hebt die Haarstruktur hervor

Digitale Haartönung

Haarfarbe per Pinselauftrag intensivieren

Aufgaben:
Gewünschte Haarfarbe auftragen
Haarfarbe intensivieren
Haaransatz ausarbeiten

[Farbe.jpg]

Bei der Haarfärbung verläuft die digitale Nachbearbeitung ähnlich wie in der Wirklichkeit. Sie wählen die Haarfarbe und tragen diese dann per Pinsel auf, während Sie andere Bereiche von vornherein schützen. Ein unsauberer Haaransatz wird dann nachträglich korrigiert. In der Bildbearbeitung nutzen Sie für die Einfärbung das Farbe-ersetzen-Werkzeug und für die nachträgliche Maskenkorrektur einen eigens erstellten Pinsel, mit dem Sie in Haarspitzengenauigkeit arbeiten können.

Foto: Phillipp Jeker, Modell: Anna Bee

1 **Arbeit vorbereiten**
Legen Sie sich zunächst eine Arbeitsebene an, auf der Sie die Haartönung vornehmen werden. Duplizieren Sie dafür die Hintergrundebene, indem Sie sie auf das Symbol für eine neue Ebene ❶ ziehen.

Wählen Sie dann das Farbe-ersetzen-Werkzeug aus der Werkzeugpalette.

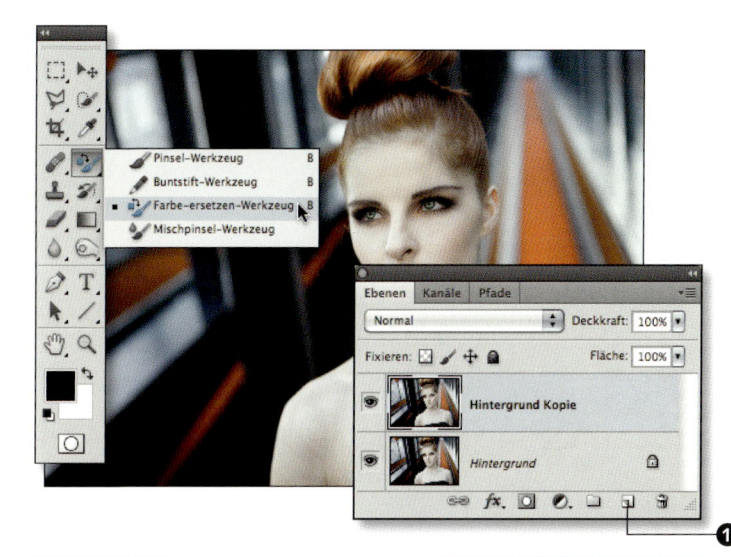

2 **Farbe und Pinselgröße einstellen**
Wählen Sie aus den Haaren einen intensiven Rostton aus, der als Tönungsfarbe dienen soll. Mit gedrückter Alt-Taste wird aus jedem Pinselwerkzeug die Pipette samt ihrem Farbring. Klicken Sie mit dieser mehrfach auf die Haare, bis Sie den Wunschfarbton als Vordergrundfarbe aufgenommen haben.

Mit gedrückter Alt + rechter Maustaste (Win) bzw. Ctrl + Alt-Taste (Mac) und durch Ziehen nach links bzw. rechts ändern Sie sehr schnell die Pinselgröße, durch Ziehen nach oben oder unten die Härte der Pinselspitze.

3 **Haare umfärben**
Der TOLERANZ-Wert ❷ in den Werkzeugoptionen steuert, welche Tonwerte umgefärbt werden. Maßgeblich sind dafür die Pixel, die sich jeweils unter dem Kreuz ❸ in der Werkzeugmitte befinden. Nur Pixel, die sich farblich innerhalb der angegebenen Toleranz befinden, werden mit umgefärbt.

Malen Sie jetzt mit dem Pinsel über die blasseren Haare. Diese werden umgefärbt, aber die Modulation – also die Helligkeitsunterschiede – wird beibehalten.

Kapitel 7 | Fokus: Haare

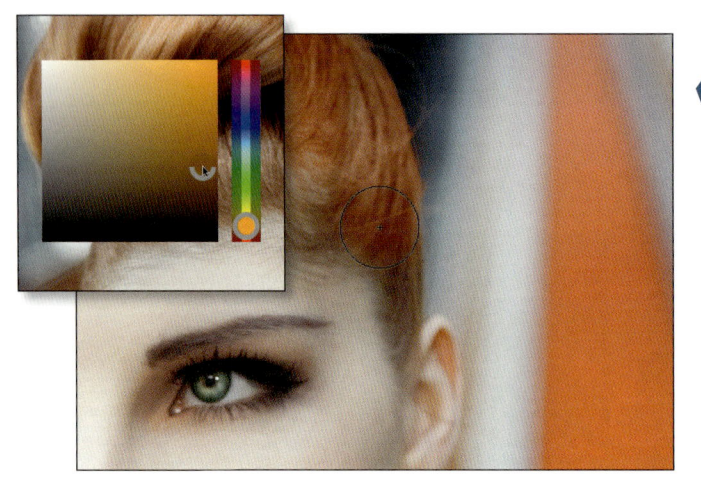

4 Schattierungen einbauen

Nehmen Sie die Einfärbung der Haare nicht nur mit einer Farbe vor, sondern nehmen Sie immer neue Farben auf, so dass die gefärbten Haare entsprechende Schattierungen aufweisen. Um den aufzunehmenden Farbton gleich anzupassen, halten Sie am besten ⇧ + Alt + rechte Maustaste (Win) bzw. Ctrl + Alt + ⌘ (Mac) gedrückt. Es öffnet sich der HUD-FARBWÄHLER, der ein Farbfeld auf Basis der aktuell ausgewählten Farbe anzeigt und in dem Sie Dunkelstufe und Sättigung variieren können.

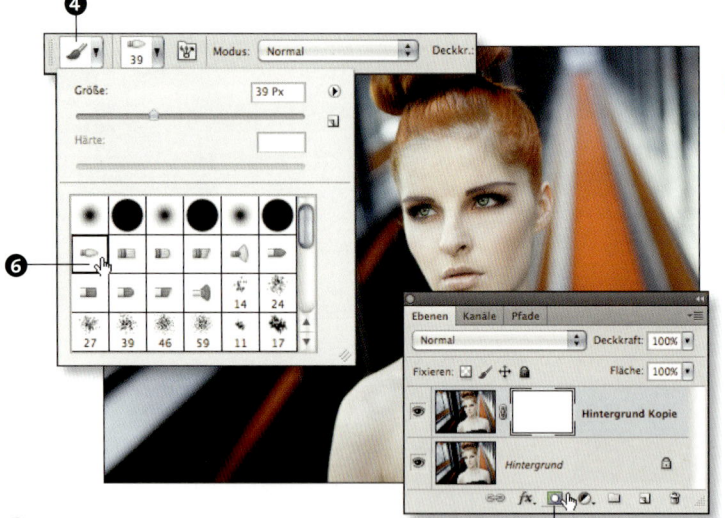

5 Maskierung vorbereiten

Obwohl das Farbe-ersetzen-Werkzeug ein Übermalen auf die Hautbereiche verhindert hat, wirkt der abrupte Farbübergang am Haaransatz noch sehr unnatürlich.

Deshalb werden wir hier noch einen besseren Übergang herstellen. Zuerst erstellen Sie dafür eine Ebenenmaske. Klicken Sie auf das entsprechende Symbol ❼ in der EBENEN-Palette.

Dann wählen Sie das Pinsel-Werkzeug und klicken in der Optionsleiste auf das Pinselsymbol ❹. Aus der Liste der Voreinstellungen wählen Sie eine »Borstenpinsel«-Spitze ❻.

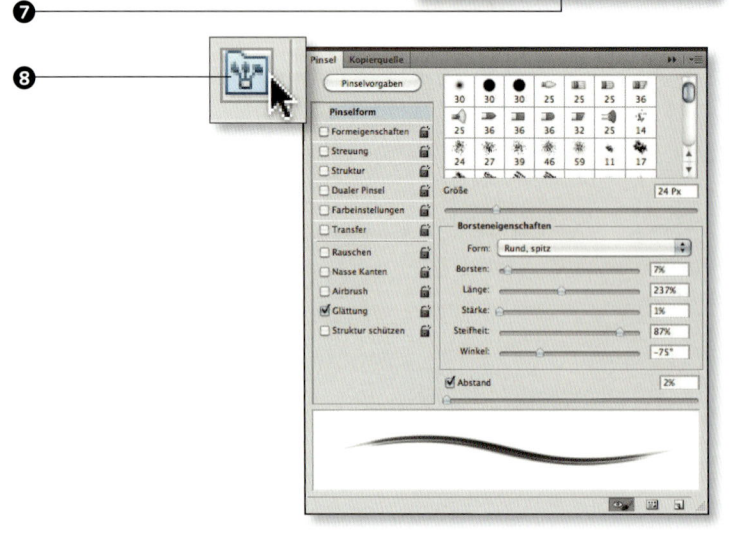

6 Pinsel einstellen

Die gewählte Pinselspitze ist unregelmäßig und deshalb besser geeignet als eine harte oder weiche, um den Haaransatz natürlich zu bearbeiten. Diese Pinselspitze können Sie aber noch optimieren.

Klicken Sie auf das Symbol für die Pinseloptionen ❽ in den Werkzeugoptionen, oder öffnen Sie die PINSEL-Palette über das FENSTER-Menü.

7 Formeigenschaften definieren

Klicken Sie zunächst auf eine RUND, SPITZE Borstenpinselform ❾. Diese in Photoshop CS 5 neu hinzugekommenen Pinselformen simulieren einen Pinselstrich natürlich und realitätsnah. Für unsere Aufgabe, Haare anzusetzen, eignen sie sich auch deshalb prima, da die Formen sich verjüngen. Optimal wäre hier natürlich der Einsatz eines Stifttabletts. Aber auch ohne lassen sich recht ansehnliche Ergebnisse erzielen. Stellen Sie eine kleine Pinsel-GRÖSSE ❿ ein, und bestimmen Sie die Anzahl der BORSTEN ⓫ und deren LÄNGE ⓬.

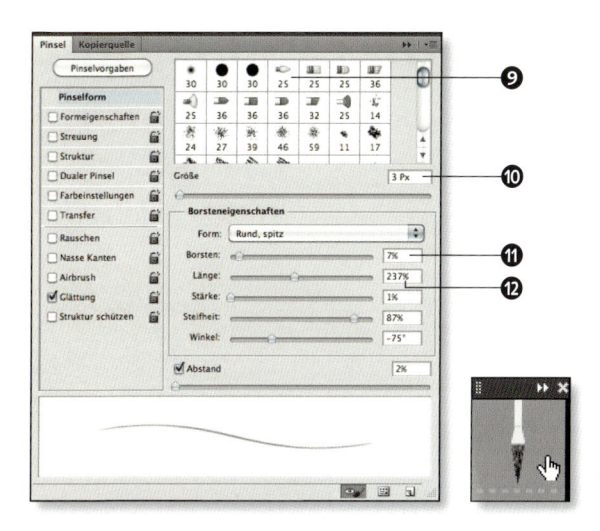

8 Haaransatz maskieren

Jetzt folgt die Fleißarbeit. Wählen Sie zunächst eine kleine Pinselgröße, und ziehen Sie dann mit schwarzer Vordergrundfarbe vom Haaransatz ganz viele kleine Pinselstriche auf der Maske auf. Strähne für Strähne wird so die gefärbte Ebene maskiert, und die originale Haarfarbe schaut wieder durch.

Klicken Sie mit der Alt-Taste auf die Ebenenmaske, um zu sehen, was Sie auf der Maske schon erstellt haben. Mit einem weiteren Alt-Klick sind Sie wieder in der normalen Ansicht.

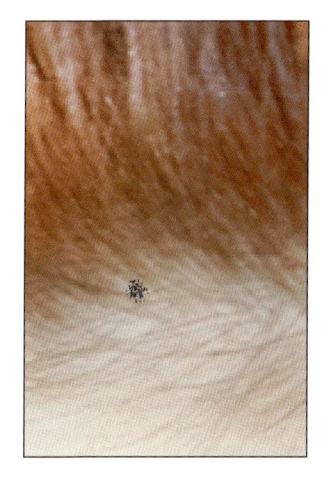

9 Haare später …

Nach einiger Fleißarbeit ist auf Ihrer Ebenenmaske eine strähnchenhafte Maskierung entstanden – und damit auch ein entsprechend natürlicher Übergang von den blassen zu den gefärbten Haaren.

Kapitel 7 | Fokus: Haare

Vornehm ergrauen

Haare entfärben und natürlich einmontieren

Aufgaben:
- Haare entsättigen
- Helldunkelkontrast verstärken
- Graue Strähnen in bestehende Haare überblenden

[Grau.jpg]

Ob nun graue Schläfen oder ein komplett ergrautes Haupt – die Retusche zu grauen Haaren erscheint auf den ersten Blick genauso simpel wie die im letzten Workshop vorgenommene Einfärbung. Allerdings bedeuten graue Haare mehr als den Verlust der Farbsättigung: Wenn Haare grau werden, geschieht das meist langsam und strähnchenweise. Außerdem ändern sich die Haarstruktur und das Reflexionsverhalten. Es warten also viele Aufgaben auf Sie…

1 Grobauswahl

Wählen Sie zuerst ganz grob die Haare aus. Diese Auswahl dient nur zur Vorbereitung, damit Sie die Korrekturschritte beurteilen können. Die Feinabstimmung erfolgt am Ende des Workshops.

Sie können dafür entweder mit dem Lasso oder mit dem Schnellauswahlwerkzeug arbeiten.

2 Farbton/Sättigung

Öffnen Sie die KORREKTUREN-Palette über das FENSTER-Menü, und klicken Sie auf die Funktion FARBTON/SÄTTIGUNG ❶.

Im folgenden Arbeitsfenster sollten Sie gleich darauf achten, dass die Schnittmaskenoption deaktiviert ist ❷ – also zwei Kreise anstatt einer Schnittmenge sichtbar sind.

Diese Funktion werden wir später noch brauchen. Bei einer aktiven Auswahl wie hier ist sie jedoch unnötig und wäre später auch hinderlich.

3 Haarfarbe entsättigen

Ziehen Sie jetzt den SÄTTIGUNG-Regler ganz nach links, um die Haare ganz zu entfärben.

Das sieht zwar im ersten Augenblick scheußlich und unnatürlich aus, aber die Arbeit ist ja noch nicht zu Ende.

Graue Haare sind meist auch heller als die ursprüngliche Haarfarbe. Ziehen Sie deshalb den HELLIGKEIT-Regler nach oben – in diesem Fall auf einen Wert von ca. 20.

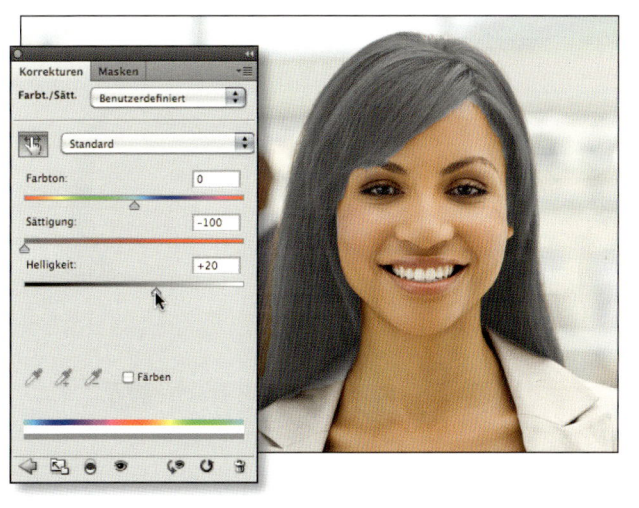

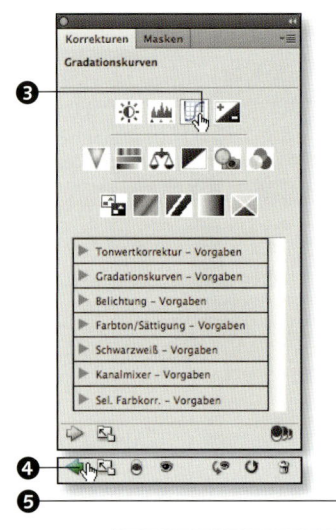

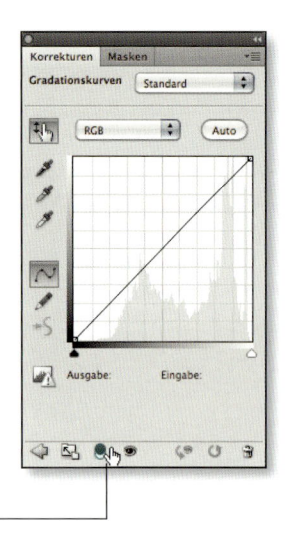

4 Zusätzliche Kontrastkorrektur

Das neue Grau wirkt noch sehr matt und flach. Der Kontrast muss also noch gesteigert werden. Es ist eine weitere Korrektur nötig.

Klicken Sie auf den Pfeil ❹ links unten im Arbeitsfenster. Dieser führt Sie zurück in die Übersicht der KORREKTUREN-Palette. Wählen Sie jetzt die GRADATIONSKURVEN ❸.

Aber Achtung: Aktivieren Sie diesmal die Option für die Schnittmaske ❺. Das bedeutet, dass die folgende Korrektur nur dort stattfindet, wo die erste Korrektur auch schon wirkt.

5 Weiße Strähnen erzeugen

In den GRADATIONSKURVEN sorgen Sie jetzt auf bewährte Art dafür, dass der Kontrast in den Mitteltönen aufgeteilt wird und sich neben hellgrauen auch weiße Haare einstellen.

Ziehen Sie mit der Maus die Gradationskurve in den Lichtern ❻ nach oben und in den Tiefen ❼ nach unten, bis sich wieder natürlich dichte Schatten und ein paar fast weiße Strähnen ergeben.

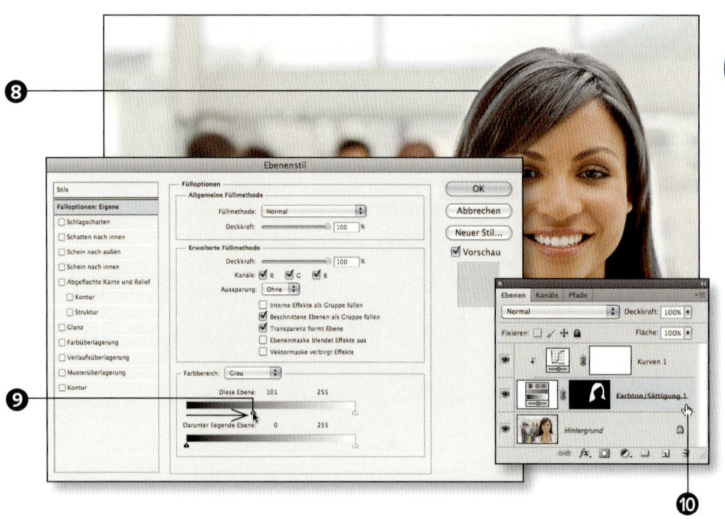

6 Korrekturbereiche ausblenden

Auch mit dem veränderten Kontrast wirken die grauen Haare noch wie ein Fremdkörper. Jetzt werden wir die Korrektur in Teilen der Haare wieder ausblenden. Dazu nutzen wir die FÜLLOPTIONEN, die Sie durch einen Doppelklick auf die Ebene ❿ öffnen.

Ganz unten unter FARBBEREICH steuern Sie, welche Tonwertbereiche der oberen Ebene wieder ausgeblendet werden: Schieben Sie den schwarzen Regler ❾ in Richtung der Grautöne, und beobachten Sie, wie die dunklen Töne der oberen Ebene ausgeblendet werden ❽.

232 Kapitel 7 | Fokus: Haare

7 Übergänge steuern

Die grauen Schattenbereiche werden jetzt noch etwas abrupt ausgeblendet. Diesen Übergang können Sie auch weicher gestalten: Ziehen Sie mit gedrückter Alt-Taste die linke Hälfte ⓫ des schwarzen Dreiecks wieder zurück. So bestimmen Sie die Zone, in der die Ausblendung fließend vorgenommen wird. Bestätigen Sie diese Änderung mit OK.

8 Neue Ebenenmaske aufbauen

Der Übergang der hellen grauen Haare in die dunklen Schatten der Originalhaarfarbe ist jetzt bestens vorbereitet.

Ihre grobe Auswahl vom Anfang sollten Sie nun noch einmal neu bearbeiten. Aktivieren Sie die untere Ebenenmaske ⓬, und öffnen Sie über ⇧+← den Befehl FLÄCHE FÜLLEN. Verwenden Sie hier als Füllfarbe SCHWARZ mit dem Füllmodus NORMAL und einer DECKKRAFT von 100 %. So decken Sie die Korrektur erst einmal wieder ab.

9 Langsame Ergrauung

Durch die vorgenommene Differenzierung in den FÜLLOPTIONEN benötigen Sie jetzt keine aufwendigen Werkzeuge mehr, um die grauen Haare realistisch aufzutragen.

Wählen Sie das Pinsel-Werkzeug mit einem weichen Borstenpinsel ⓮, weißer Vordergrundfarbe und einer DECKKRAFT von ca. 30 %. Passen Sie die Pinselgröße ⓭ immer wieder an, um strähnchenweise die grauen Haare hervorzumalen. Am stärksten sollte das am Haaransatz geschehen.

Borstenpinsel: Mehr dazu erfahren Sie im Workshop »Digitale Haartönung« auf Seite 226.

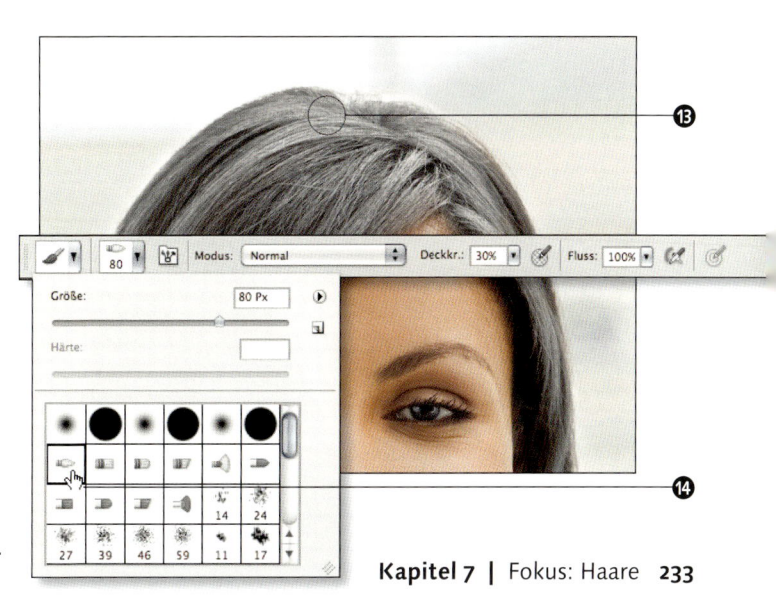

Kapitel 7 | Fokus: Haare 233

Geheimratsecken verstecken

Digitale Haarverpflanzung

Um kahle Stellen zu verdecken, kommt man nicht umhin, das Haupthaar mit einer Retusche oder einer Auswahlebene zu kopieren. Damit das Ergebnis allerdings realistisch wirkt und nicht auf den ersten Blick kopierte Haarteile zu erkennen sind, sollten Sie Möglichkeiten wie Transformation, Verkrümmung oder die Optionen der KOPIERQUELLE-Palette ausnutzen.

Aufgaben:

Kahle Stellen überlagern

Natürliche Haarstruktur retuschieren

[Geheimrat.jpg]

1 Retusche vorbereiten

Arbeiten Sie auch diesmal mit einer Retusche-Ebene, die Sie durch einen Klick auf das Ebenensymbol ❶ anlegen und anschließend benennen. Wählen Sie den Kopierstempel, eine weiche Pinselspitze, und aktivieren Sie die Option AUFNEHMEN • ALLE EBENEN.

Die Pinselgröße ändern Sie am schnellsten durch Ziehen nach links bzw. rechts, die Härte des Pinsels durch Ziehen nach oben oder unten, jeweils mit gedrückter ⌃ + ⌥-Taste (Mac) oder ⎇ + rechter Maustaste (Win).

2 Haare verpflanzen

Nehmen Sie mit gedrückter ⎇-Taste Haare aus dem vorderen Haaransatz auf ❷, und übertragen Sie diese auf die linke lichte Stelle.

Das Vorschaubild innerhalb des Werkzeugdurchmessers ❸ hilft Ihnen bei der genauen Platzierung.

Setzen Sie ruhig zwei- oder dreimal neu an, um unterschiedliche Haarstellen nach links zu übertragen.

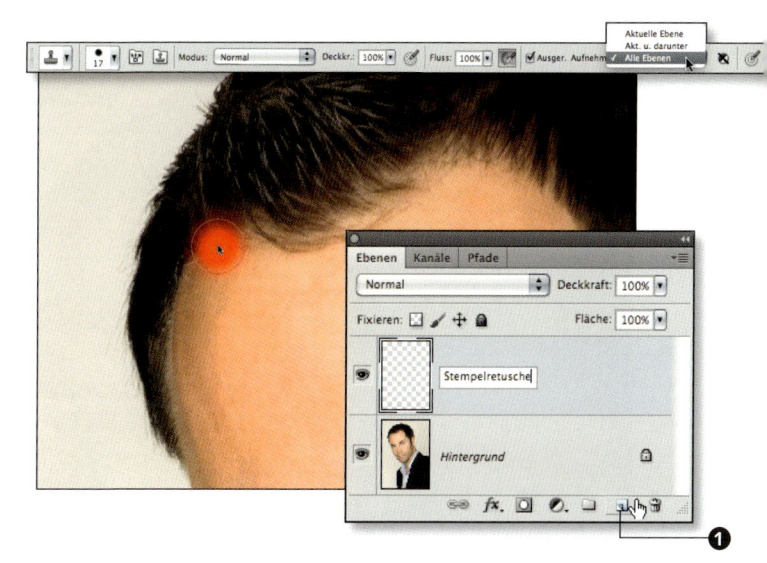

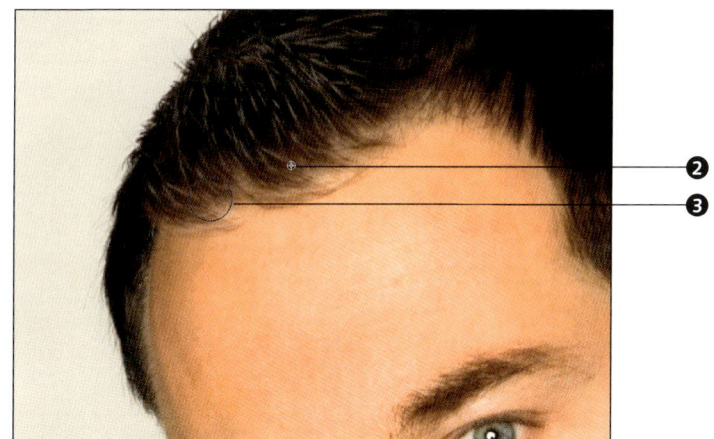

3 Ränder radieren

Es ist ziemlich wahrscheinlich, dass man Ihrer Retusche nach diesem Schritt noch ansieht, dass Sie die Haare einfach kopiert haben.

Nehmen Sie das Radiergummi-Werkzeug, und radieren Sie auf der Retusche-Ebene mit kleiner, weicher Werkzeugspitze ein paar der vorderen Haare weg – schon ist ein individueller Haaransatz entstanden.

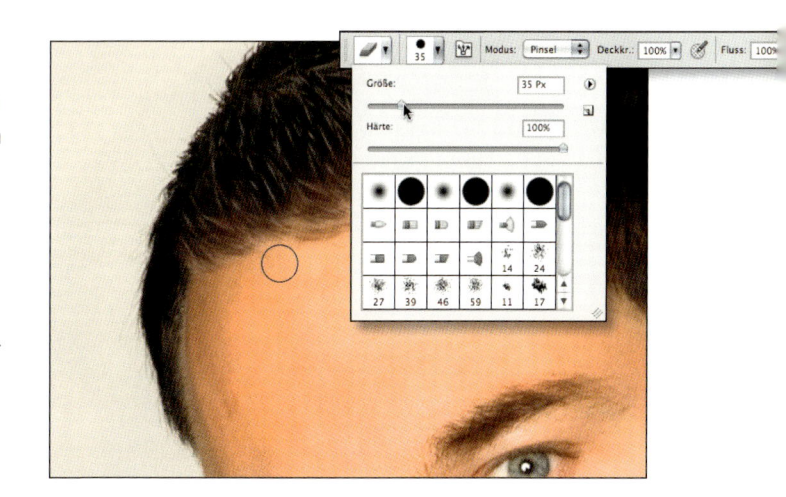

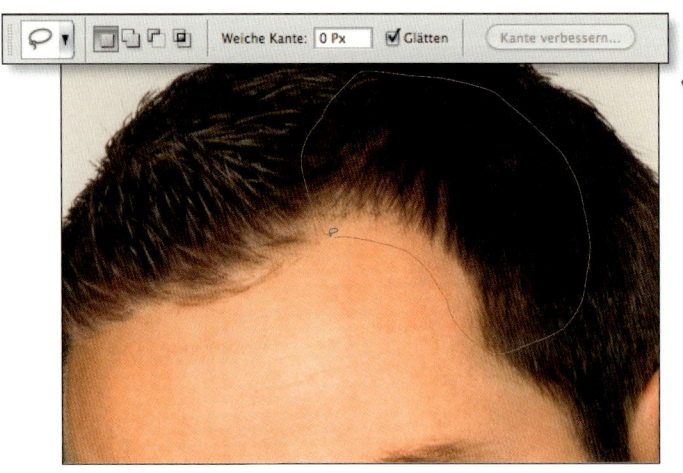

4 Haarstück auswählen

Der Geheimratsecke auf der rechten Seite ist mit einer Stempelretusche nicht so einfach beizukommen. Hier werden wir ein ganzes Haarstück verpflanzen.

Aktivieren Sie wieder die Hintergrundebene, und wählen Sie mit dem Lasso-Werkzeug ⌒ grob die hinten liegenden Haare aus. Eine weiche Kante müssen Sie nicht unbedingt einstellen, das wird nachher über eine Maske korrigiert.

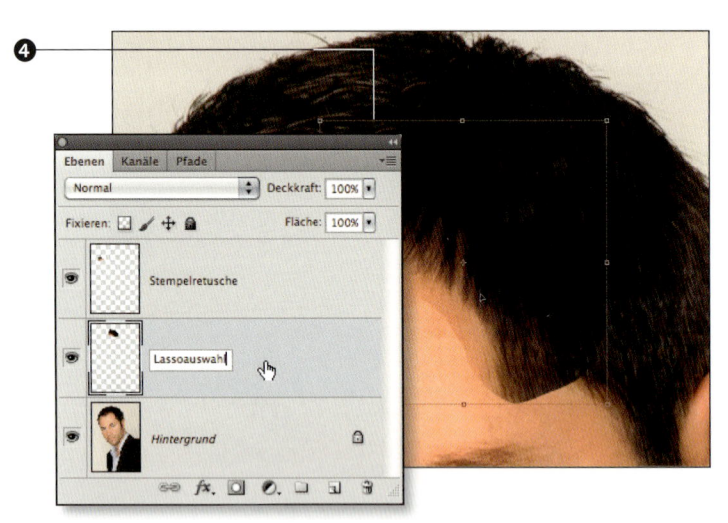

5 Haare auf Ebene kopieren

Diese Haare duplizieren Sie jetzt auf eine eigene Ebene. Am schnellsten geht das über den Kurzbefehl Strg/⌘ + J. Auch diese Ebene sollten Sie durch einen Doppelklick auf den Ebenennamen benennen.

Auf der neuen Ebene beginnen Sie jetzt mit der Transformation der Haare. Drücken Sie Strg/⌘ + T, um den Transformationsrahmen ❹ zu erhalten, und verschieben Sie die Auswahl ein wenig nach vorn in die Stirn.

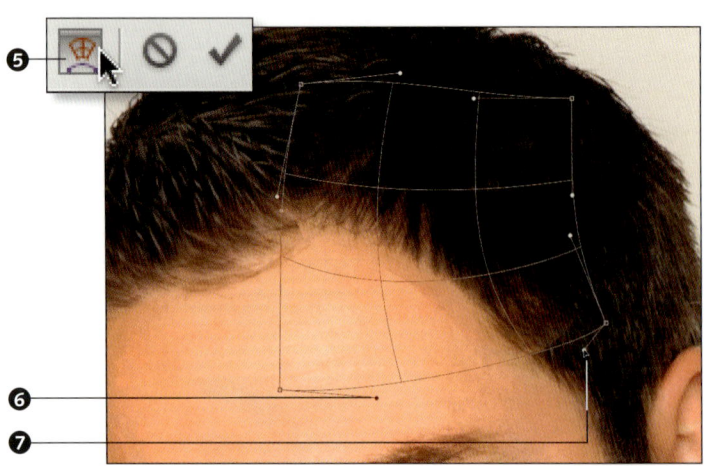

6 Haarteil anpassen

Natürlich muss die Form am Haaransatz anders aussehen. Deshalb aktivieren Sie auch gleich die Verkrümmen-Option über die entsprechende Schaltfläche ❺.

Biegen Sie die Haarauswahl in erster Linie an den unteren Anfassern ❻ und ❼ in eine geradere Form. Spielen Sie dabei mit allen Eckpunkten und Anfassern herum, bis sich eine ideale Form ergibt.

Falls es einmal ganz danebengeht, können Sie die Transformation mit Esc abbrechen und wieder von vorn anfangen.

7 Übergänge maskieren

Die Übergänge sind noch etwas unelegant, aber das können Sie mit einer Ebenenmaske sehr schnell verfeinern.

Klicken Sie auf das Ebenenmaskensymbol ❽ in der EBENEN-Palette, um für die aktive Ebene eine Maske zu erzeugen.

Malen Sie dann mit kleiner, weicher Pinselspitze und schwarzer Vordergrundfarbe an den Rändern der Auswahl, um sie weicher zu gestalten.

8 Haarretusche ergänzen

Der Haaransatz sieht jetzt schon besser aus, aber eine Frisur ist das noch nicht.

Klicken Sie auf die erste Retusche-Ebene, um weitere Haare per Stempelretusche auf diese Ebene zu kopieren.

Wechseln Sie wieder zum Stempelwerkzeug , und nehmen Sie mit gedrückter [Alt]-Taste diesmal einen Bereich aus dem hochgegelten Haarschopf vorn ❾ auf.

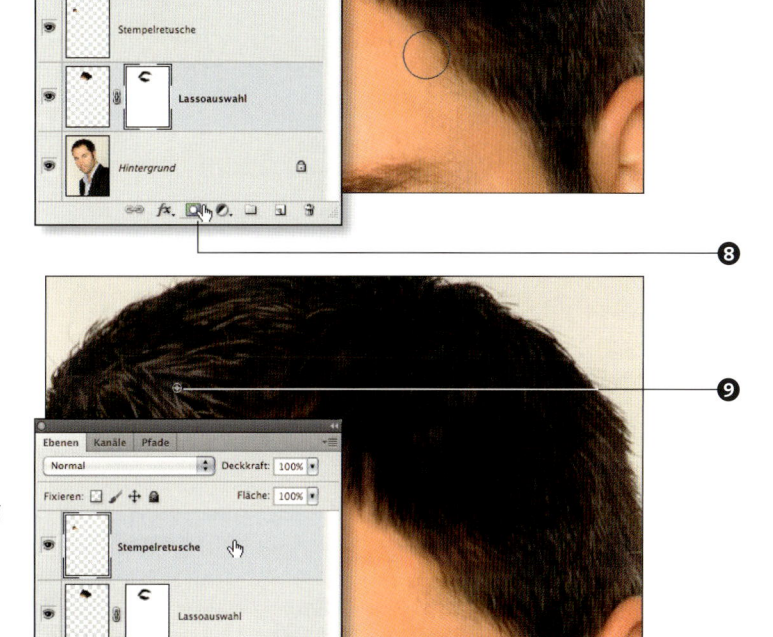

9 Größe und Richtung variieren

Würden Sie diese Haare jetzt 1:1 stempeln, wäre dies sofort als Kopie ersichtlich. Öffnen Sie deshalb die KOPIERQUELLE-Palette über das FENSTER-Menü. Geben Sie in den Feldern B und H ⓫ einen Skalierungswert von ca. 90 % und einen Winkel ⓬ von ca. 35° ein. Der Werkzeugdurchmesser zeigt Ihnen wieder die diesmal verkleinerte und gedrehte Kopie der Haare ❿.

Auf diese Art und Weise können Sie mit verschiedenen Skalierungs- und Rotationswerten einzelne Strähnen kopieren.

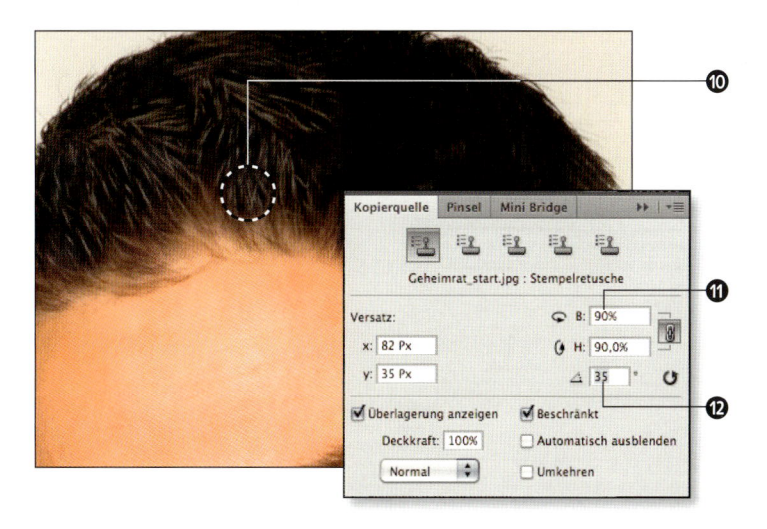

Kapitel 7 | Fokus: Haare **237**

Haarsträhne entfernen

Fleißarbeit mit Retuschewerkzeugen und Ebenen

Aufgaben:
Details retuschieren
Farb- und Tonwerte einpassen
Motivteile ersetzen
Hautflächen ausbessern

[Haarsträhne.jpg]

In diesem Workshop wartet einige Arbeit auf Sie. Störende Haarsträhnen sind nicht mit ein paar Mausklicks entfernt. Vielmehr müssen Sie verschiedenste Techniken und deren Werkzeugoptionen wie Deckkraft, Pinselspitze oder Überlagerungsmodi miteinander kombinieren, um eine realistische Einpassung in fein schattierte Hauttöne zu erreichen. Die Kombination dieser Techniken zeige ich Ihnen in diesem Workshop – die Arbeit müssen Sie dann trotzdem selbst machen.

Foto: iStockphoto, © aldra, Bild 4710462

1 Erste Ausbesserungsarbeiten

Beginnen Sie mit der Ausbesserung größerer Flächen. Das Ausbessern-Werkzeug nimmt Ihnen dabei eine Menge Arbeit ab. Allerdings arbeitet es nicht auf einer leeren Retusche-Ebene. Deshalb beginnen Sie Ihre Bearbeitung mit einer Kopie der Hintergrundebene ❶.

Umrahmen Sie mit dem Ausbessern-Werkzeug einen ersten Retuschebereich. Wählen Sie diesen nicht zu groß, sondern arbeiten Sie Stück für Stück mit kleinen Flächen.

2 Auswahlquelle ausbessern

Nach dem Loslassen der Maustaste ist eine Auswahl erstellt. Sie dient als Quelle der Reparatur – aktivieren Sie daher in den Werkzeugoptionen QUELLE ❷ als AUSBESSERN-Bereich. Ziehen Sie jetzt mit gedrückter Maustaste diese Auswahl auf einen neuen Bereich (das Ziel) mit homogener Hautstruktur, der die »neue Haut« liefert.

Lassen Sie sich nicht dadurch stören, dass der Zielbereich farblich und in den Tonwerten unpassend erscheint. Dies wird automatisch korrigiert, sobald Sie die Maus loslassen.

3 Effektives Flickwerk

Diesen Vorgang wiederholen Sie jetzt mehrfach mit anderen Auswahlen und auf neuen Gesichtsbereichen. Stück für Stück erledigen Sie so den Großteil der Flächenretusche. Vermeiden Sie es, mit diesem Werkzeug zu nah an Randbereiche (wie die Augen, den Mund oder den Haaransatz) zu kommen. Der Automatismus des Werkzeugs würde sonst versuchen, einen fließenden Übergang zu diesen dunkleren oder andersfarbigen Bereichen zu erstellen. Für die Rand- und Detailarbeit sind andere Werkzeuge zuständig.

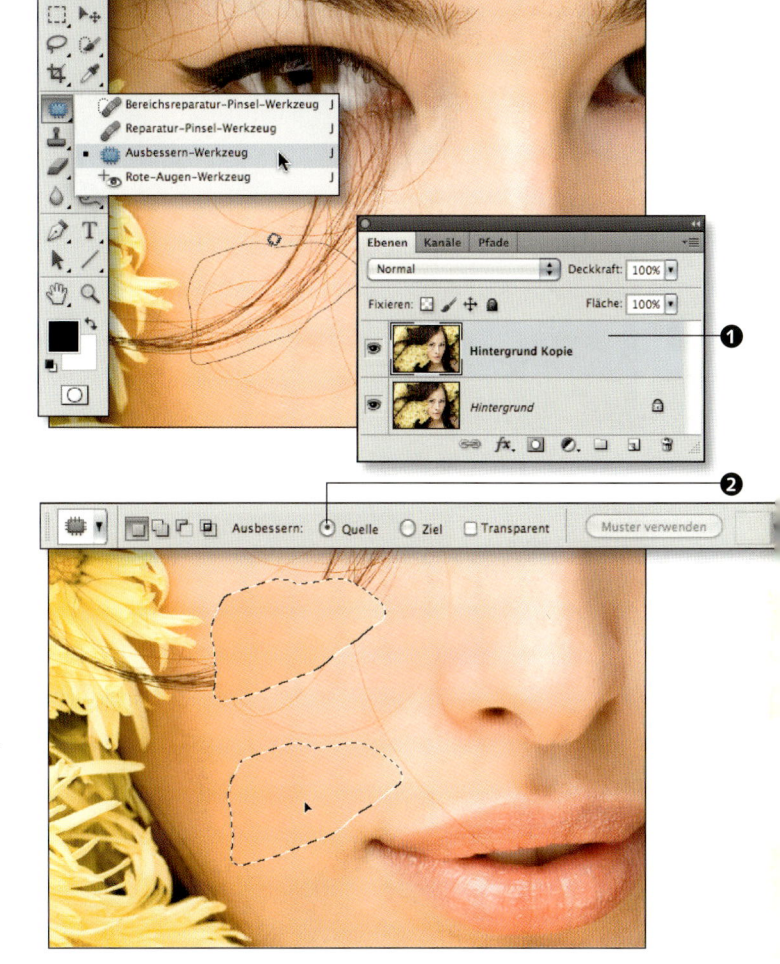

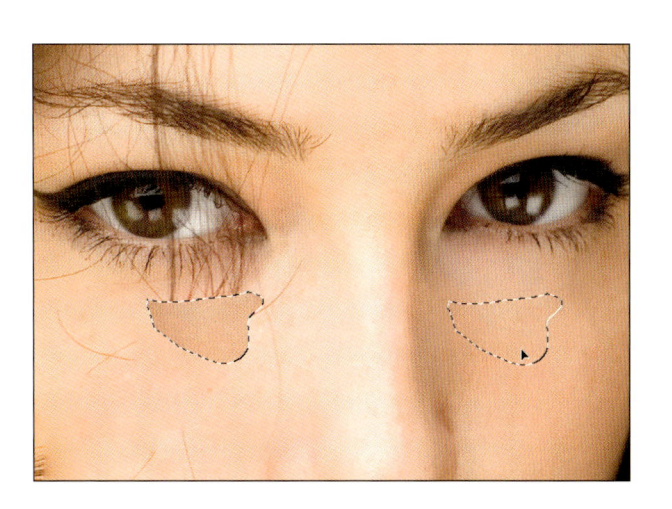

Kapitel 7 | Fokus: Haare

4 Reparaturebene anlegen

Jetzt folgt die Arbeit im Kleinen. Dazu können Sie ein Werkzeug nutzen, das das Prinzip der Ausbesserung – also das Verrechnen von kopierten und zu reparierenden Bereichen – mit dem Ausbessern-Werkzeug gemeinsam hat: das Reparatur-Pinsel-Werkzeug .

Legen Sie sich für alle folgenden Arbeiten eine neue, leere Ebene an, die Sie durch einen Doppelklick auch gleich benennen sollten.

5 Werkzeug anpassen

Wenn Sie von vornherein verhindern möchten, dass Reparaturzonen dunkler als die umgebende Haut erscheinen, wählen Sie MODUS: AUFHELLEN ❸. Aktivieren Sie außerdem AUFNEHMEN • AKT. U. DARUNTER ❹, um auf der leeren Ebene arbeiten zu können.

Mit gedrückter Ctrl + Alt -Taste (Win) bzw. Alt +rechter Maustaste (Win) und durch Ziehen nach links bzw. rechts ändern Sie sehr schnell die Pinselgröße, durch Ziehen nach oben oder unten die Pinselhärte ❺.

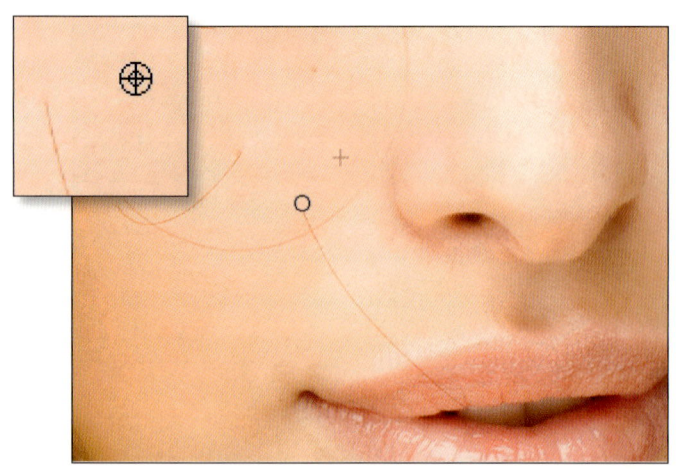

6 Feinarbeit

Nehmen Sie dann mit gedrückter Alt -Taste einen sauberen Hautbereich auf, und übertragen Sie diesen auf ein einzelnes Haar.

Mit immer wieder wechselnden Kopierbereichen reparieren Sie dann stückweise alle Haare, die sich in homogener Umgebung befinden.

Der Reparatur-Pinsel sorgt für die Einpassung der Farb- und Tonwerte.

240 Kapitel 7 | Fokus: Haare

7 Kritische Randbereiche

Für die kritischen Bereiche wie Übergänge oder Ränder gibt es seit Photoshop CS 5 für das Bereichsreparatur-Werkzeug die Option INHALTSSENSITIV ❼. Diese versucht, angrenzende Details so realistisch wie möglich zu halten. Dazu legen Sie eine etwas breitere Pinselgröße als die Haarbreite fest und fahren dem störenden Haar nach. Nicht erschrecken: Der grau-transparente Pinselstrich ❻ zeigt nur den Verlauf Ihrer Pinselfahrt. Nach Loslassen der Maustaste verschwindet dieser, und Photoshop berechnet an dessen Stelle die Ersetzungspixel.

8 Genaue Stempelarbeit

Für alle exakten Arbeiten an den Rändern, auf strukturierten Flächen (wie den Lippen) oder in engen Zonen (etwa zwischen den Wimpern) ist der Kopierstempel geeignet. Auch diesen können Sie auf den MODUS: AUFHELLEN ❽ stellen, um dunkle Kopierflecken zu verhindern. Außerdem arbeitet auch er bei der Retusche über ALLE EBENEN ❿. Reduzieren Sie zudem die DECKKRAFT ❾, um schrittweise zu retuschieren. Passen Sie jeweils die Werkzeuggröße und auch die weiche Kante an.

9 Übergänge reparieren

Die Arbeit mit dem Stempel ist am langwierigsten, denn Sie müssen wirklich jedes kleinste Detail überarbeiten, permanent Pinselgröße, weiche Kante und Deckkraft anpassen sowie ständig mit gedrückter Alt-Taste neue Kopierbereiche aufnehmen. Und auch am Schluss dieser vielen Retuschearbeiten ist das Ergebnis noch nicht perfekt: Der Kopierstempel hat trotz aller Einstellungsmöglichkeiten die Eigenschaft, die Bereiche sehr konkret zu kopieren. Die zu harten Übergänge sollten Sie noch mal mit dem Reparatur-Pinsel überarbeiten.

10 Farbretusche

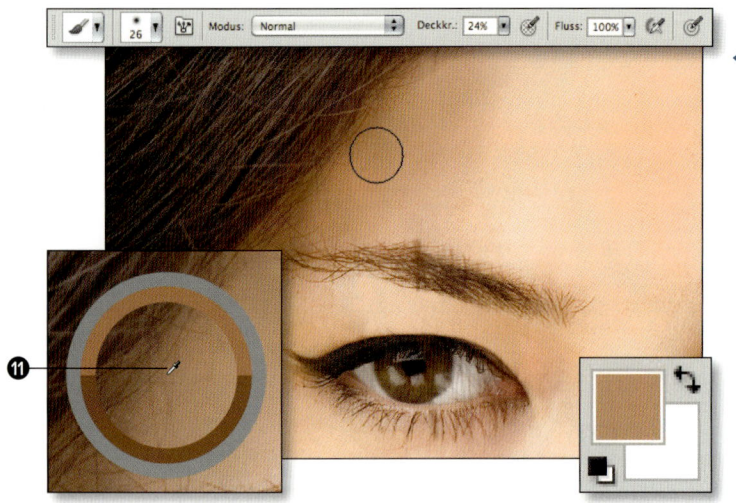

Manche Zonen (wie der Haaransatz an der Stirn) fügen sich nach der Bearbeitung mit Ausbessern-Werkzeug, Bereichsreparatur-Pinsel und Kopierstempel noch nicht richtig in die Umgebung ein. Nutzen Sie deshalb das Pinsel-Werkzeug mit einer geringen DECKKRAFT, und nehmen Sie mit gedrückter Alt-Taste und der Pipette samt Farbring ⓫ eine Hautfarbe aus der unmittelbaren Umgebung auf. Tragen Sie mit großer, weicher Pinselspitze und permanent wechselnder Vordergrundfarbe eine Art Make-up auf.

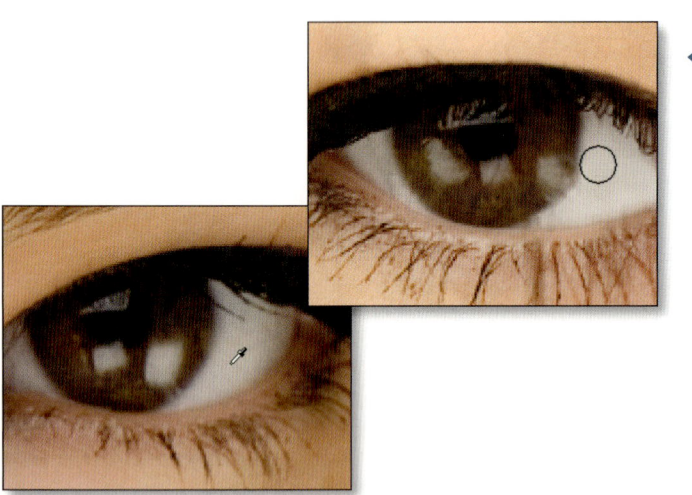

11 Augenweiß übermalen

Mit der gleichen Technik bearbeiten Sie das Augenweiß. Hier ist eine Retusche der Haare kaum möglich, weil der Arbeitsbereich zu klein ist.

Verkleinern Sie die Pinselgröße, und nehmen Sie mit gedrückter Alt-Taste verschiedene Weißtöne aus dem anderen Auge auf, die Sie dann überlagernd mit weicher Kante auf das linke Auge auftragen.

12 Augenbraue kopieren

Auf der Augenbraue findet die Retusche ihre Grenzen. Hier ist es extrem schwer, einzelne senkrechte Haare zu retuschieren, während die Haare der Augenbraue stehen bleiben.

Mit dem Lasso-Werkzeug wählen Sie deshalb die rechte Augenbraue als Ersatz aus. Achten Sie darauf, dass eine Ebene aktiviert ist, auf der die Augenbraue auch vorhanden ist ⓭. Kopieren Sie die Auswahl dann mit Strg/⌘+J auf eine eigene Ebene, und schieben Sie diese ganz nach oben ⓬.

242   Kapitel 7 | Fokus: Haare

13 Seitenverkehrt arbeiten

Durch die Tastenkombination [Strg]/[⌘] + [T] erhalten Sie den Transformationsrahmen. Schieben Sie diesen erst einmal mit der Maus nach links über die andere Augenbraue.

Mit der rechten Maustaste (oder gedrückter [Ctrl]-Taste) erhalten Sie dann das Pop-up-Menü mit den verschiedenen Transformationsmöglichkeiten, aus dem Sie HORIZONTAL SPIEGELN wählen.

14 Form anpassen

Die gespiegelte Augenbraue können Sie noch ein wenig durch Drehen anpassen, bevor Sie über das entsprechende Symbol ⓴ in den Werkzeugoptionen zur Verkrümmen-Option wechseln.

An dem erscheinenden Raster können Sie die Augenbraue über verschiedene Anfasser so verbiegen, bis sie eine natürliche Form für die linke Seite hat.

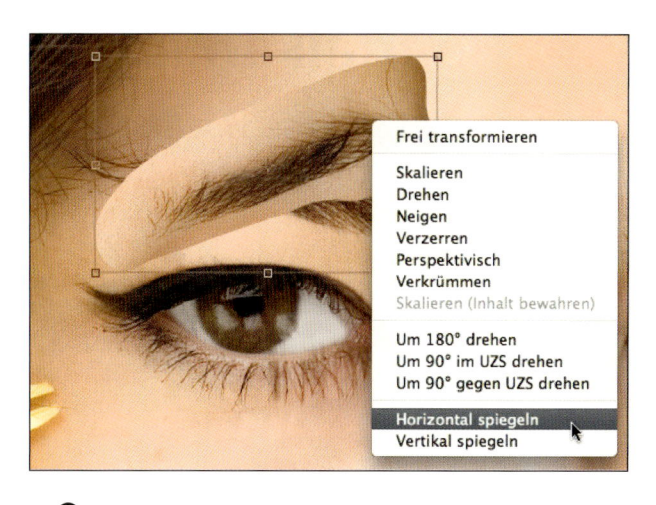

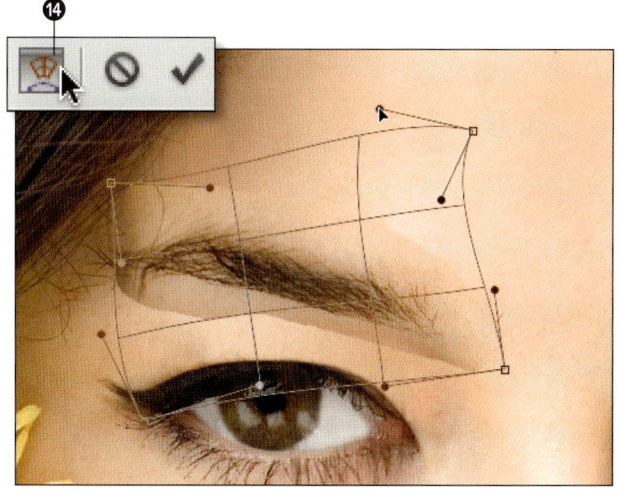

15 Maske für die Übergänge

Die erste Auswahlkante war noch recht grob. Die Übergänge der neuen Augenbraue zur umgebenden Haut verfeinern Sie jetzt durch eine Ebenenmaske.

Klicken Sie in der EBENEN-Palette auf das Maskensymbol ⓯, um die Ebenenmaske für die aktuelle Ebene zu erstellen. Mit dem Pinsel-Werkzeug, weicher Werkzeugkante und schwarzer Vordergrundfarbe malen Sie dann an den Übergängen, bis die Hautflächen ineinanderfließen.

Geschafft!

Haarfall ändern

Haare verdichten und formen

Auch in der Haarverlängerung entspricht die digitale Nachbearbeitung der realistischen Praxis. Werden in der Realität Haarteile eingesetzt, wird in der digitalen Retusche ein Haarteil kopiert und per Ebenentechnik wieder eingefügt. Um den Haarfall zu ändern, geht es allerdings in der digitalen Welt deutlich komplizierter zu: Anstatt einfach zur Bürste zu greifen, muss hier jedes Haar verkrümmt oder in Form gedrückt werden.

Aufgaben:
- Haare dichter machen
- Haarteile ineinander überblenden
- Haarfall formen

[Haarlang.jpg]

1. Haarteil auswählen

Zuerst wählen Sie ein passendes Haarteil für die Kopie mit dem Lasso 🅟 aus. Setzen Sie von vornherein die Weiche Kante ❶ in den Werkzeugoptionen auf ca. 24 Pixel, um gleich eine weiche Auswahl als Basis zu haben.

2. Auswahl auf Ebene kopieren

Über das Tastenkürzel [Strg]/[⌘] + [J] kopieren Sie die Auswahl auf eine neue Ebene.

Blenden Sie die Hintergrundebene zur Kontrolle durch einen Klick auf das Augensymbol ❷ in der Ebenen-Palette aus. Durch den gleichen Klick blenden Sie sie auch wieder ein.

3. Neue Haare platzieren

Jetzt kommt das Haarteil erst einmal an seinen richtigen Platz. Verschieben Sie den Inhalt der neuen Ebene mit gedrückter Maustaste an das untere Ende der Mähne.

Achten Sie hierbei schon darauf, dass sich dominante Strähnen im Haar sinnvoll fortsetzen ❸.

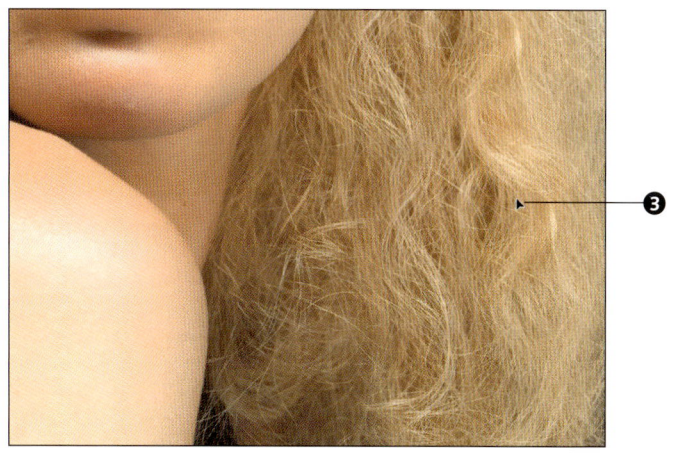

Kapitel 7 | Fokus: Haare

4 Haarfall ändern

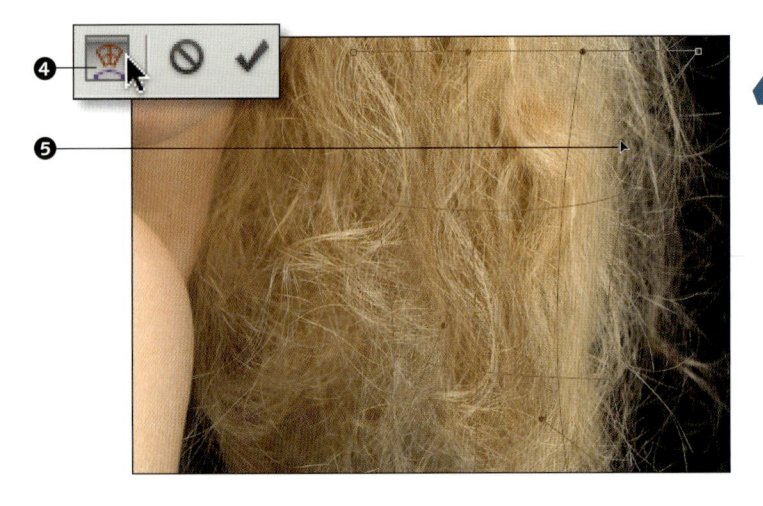

Dem verdoppelten Haarteil sieht man jetzt noch an, dass es eine Kopie der bestehenden Haare ist. Deshalb beginnen Sie mit dem Verformen.

Starten Sie mit ⌃Strg/⌘ + T die Transformation, und aktivieren Sie in der Optionsleiste gleich die Option zur Verkrümmung ❹.

Verbiegen Sie das eingeblendete Gitter an den Anfassern ❺ so weit, dass sich Form und Fall der Strähne ändern. Bestätigen Sie dies mit der ↵-Taste.

5 Haare verflüssigen

Noch weiter kommen Sie mit dem VERFLÜSSIGEN-Filter. Wählen Sie ihn aus dem FILTER-Menü.

In der ersten Ansicht sehen Sie nur die ausgewählte Ebene. Um das Haarteil in die Umgebung der bestehenden Haare vernünftig einpassen zu können, aktivieren Sie die Option HINTERGRUND EINBLENDEN, setzen die DECKKRAFT auf 100 % und achten darauf, dass der MODUS der Einblendung auf DAHINTER steht.

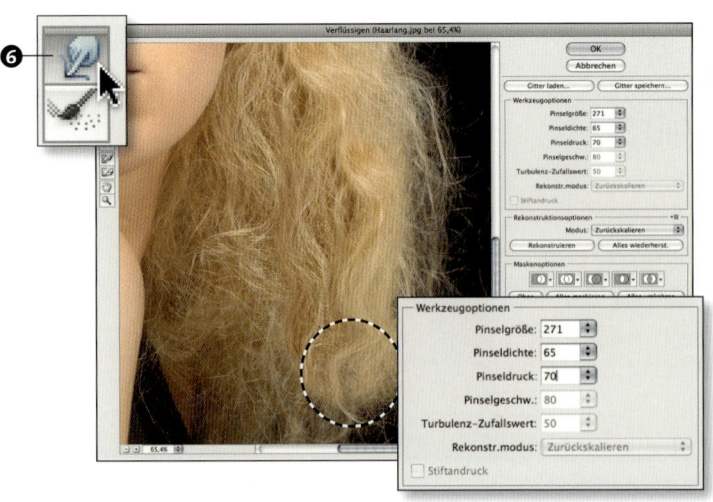

6 Strähnen bearbeiten

Zoomen Sie sich an den Haarbereich heran, und starten Sie mit dem Vorwärtskrümmen-Werkzeug ❻. Benutzen Sie eine PINSELGRÖSSE von ca. 250 Pixeln und eine vergleichsweise hohe PINSELDICHTE von 65, was einer geringen weichen Kante entspricht.

Auch der PINSELDRUCK sollte mit 70 % recht hoch gewählt werden, um gleich eine Wirkung sehen zu können. Verschieben Sie dann, mit der Mitte der Werkzeugspitze auf den Haarsträhnen, die Haare in die eine oder andere Richtung, um die Form zu ändern.

246 | Kapitel 7 | Fokus: Haare

7 Lockenstab einsetzen

Etwas rabiater arbeitet das Strudel-Werkzeug ❼. Auch dieses stellen Sie vorher mit hohen Werten ein. Die Geschwindigkeit sollte allerdings nur knapp über 50 liegen, damit Sie die Korrekturen langsam steuern können. Halten Sie dann die Maustaste an den Stellen gedrückt, an denen sich die Pixel unter dem Werkzeugdurchmesser im Uhrzeigersinn drehen sollen. Mit der Alt-Taste drehen Sie übrigens entgegen dem Uhrzeigersinn. Wenn die Wirkung an den Rändern zu stark ist, reduzieren Sie die PINSELDICHTE.

8 In die Umgebung einpassen

Nachdem auch die VERFLÜSSIGEN-Arbeit abgeschlossen ist, können Sie die neu geformten Haare noch etwas besser in die Umgebung einfügen: Doppelklicken Sie dafür auf die Ebene, um die FÜLLOPTIONEN steuern zu können.

Im FARBBEREICH ziehen Sie den schwarzen Regler der oberen Ebene ❾ nach rechts (so blenden Sie die dunklen Bereiche erst aus) und ziehen dann die linke Hälfte des Reglers ❽ mit gedrückter Alt-Taste zurück. So entsteht eine weiche Ausblendung.

9 Ein paar Haarteile später

Diese komplette Abfolge von Arbeitsschritten müssen Sie jetzt immer wieder mit neuen Auswahlen – also neuen Haarteilen – wiederholen.

So ergibt sich eine Kombination sich überlagernder Ebenen, die langsam für eine natürliche Steigerung der Haardichte sorgen.

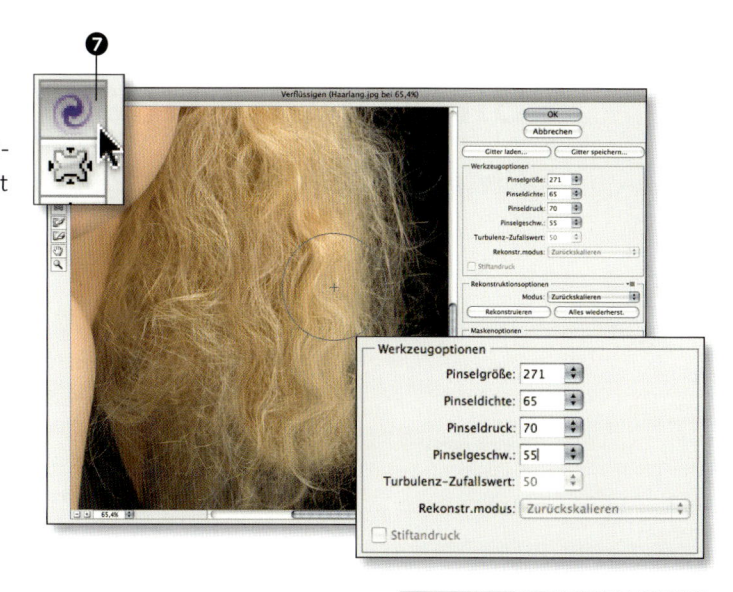

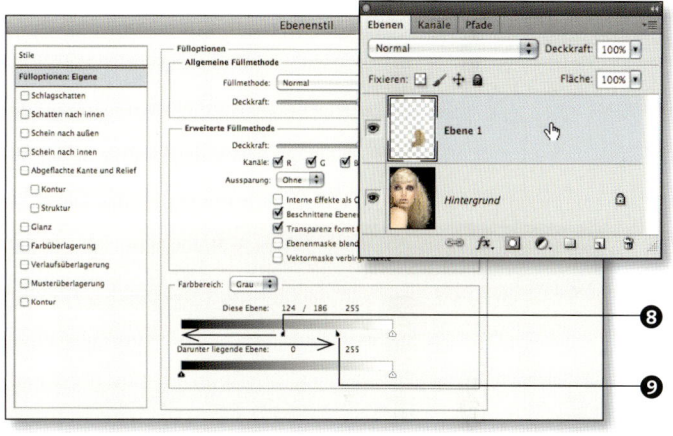

Blickpunkt Haare

Der HOCHPASS-Filter hebt die Haarstruktur hervor

Der HOCHPASS-Filter bietet eine sehr elegante Möglichkeit, um feine Strukturen herauszuarbeiten, und ist daher optimal, um den Haaren mehr Aufmerksamkeit zu geben. Der auf den ersten Blick skurrile Filter, der eine graue Fläche mit einigen Erhebungen als Resultat hat, erreicht seine wirkliche Stärke über den richtigen Verrechnungsmodus. Über die Smartfilter-Technik können Sie diesen jederzeit bestimmen.

Aufgabe:
Haardetails hervorheben

[Haar_SZ.jpg]

1 Smartfilter nutzen

Beginnen Sie mit der Umwandlung Ihrer Ebene in ein Smart-Objekt – so haben Sie gleich und jederzeit Zugriff auf alle Parameter, die die Wirkung des folgenden Filters noch beeinflussen können.

Wählen Sie aus dem FILTER-Menü FÜR SMARTFILTER KONVERTIEREN, und bestätigen Sie den folgenden Hinweis mit OK.

2 Der Hochpass-Filter

Wählen Sie dann aus der Filterliste unter SONSTIGE FILTER den HOCHPASS-Filter. Erschrecken Sie nicht: Dieser bügelt Ihr Bild fast vollständig platt und übergießt es mit einem einheitlichen Grau.

Allerdings werden die bestehenden Kontraste durch eine reliefartige Struktur hervorgehoben – das ist der Hochpass. Und diesen können Sie in der Stärke noch steuern.

Für eine feine Herausarbeitung der Haarstruktur wählen Sie geringe Werte, in diesem Fall von 2,5 bis 3 Pixeln. Klicken Sie auf OK.

3 Ebenen ineinanderkopieren

Die so entstandene graue Struktur werden Sie jetzt mit dem Originalbild überlagern. Doppelklicken Sie dazu auf das kleine Reglersymbol ❶ in der entstandenen Smartfilter-Ebene.

So öffnen Sie die FÜLLOPTIONEN der Smartfilter-Ebene – also die Steuerungsmöglichkeit für DECKKRAFT und Überlagerungsmodus. Wählen Sie als Modus INEINANDERKOPIEREN ❷ – sofort überlagert sich das eben noch sichtbare graue Relief mit dem Originalbild, und die Details werden sichtbar hervorgehoben.

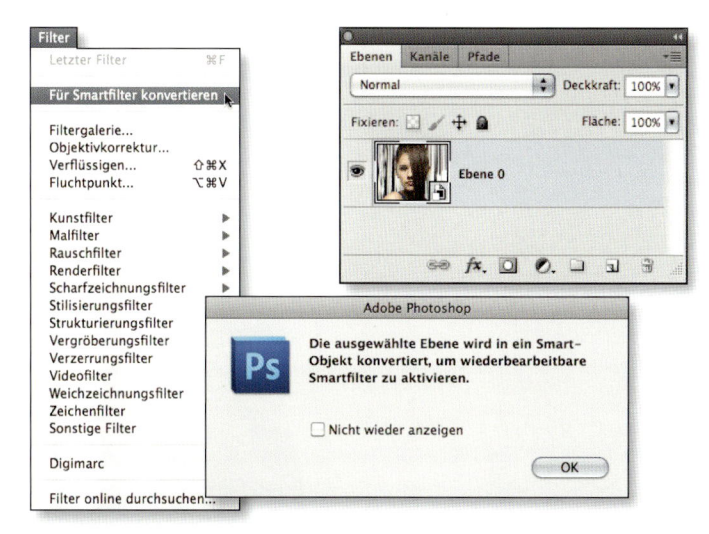

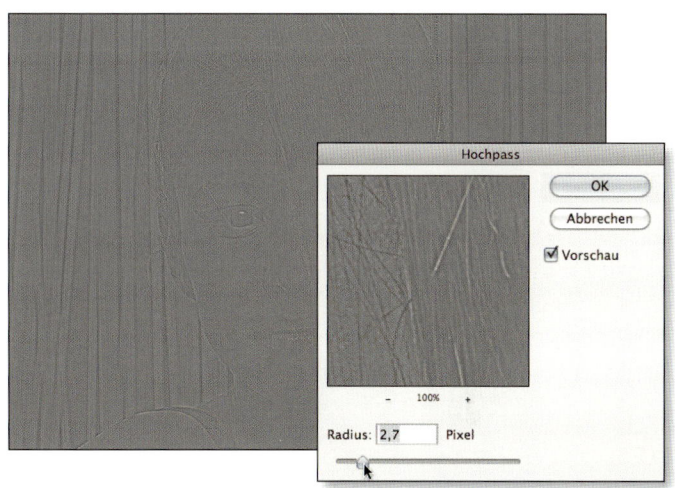

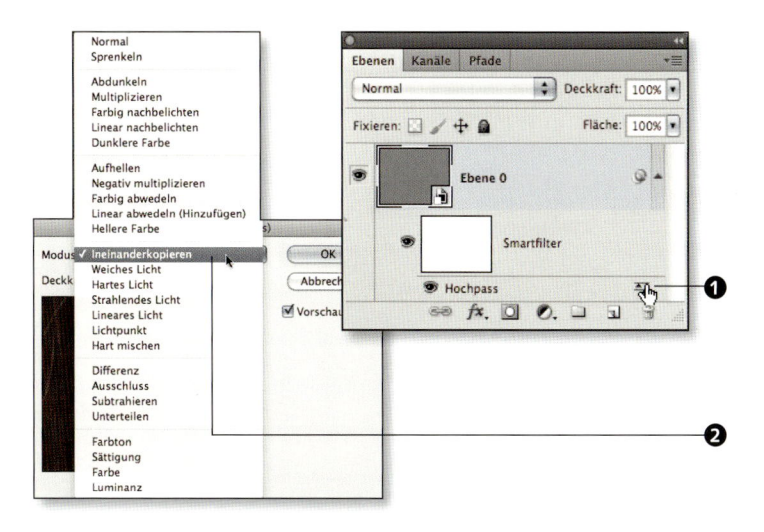

Kapitel 7 | Fokus: Haare **249**

Foto: Peter Wattendorff, Modell Cathrin Lange

TEIL III

Das Finishing

Langsam, aber sicher geht es ins Finale. Neben dem Pflichtkapitel über Scharf- und Weichzeichnungstechniken finden Sie in diesem Teil auch jede Menge Inspiration, Ihren Bildern einen besonderen Look zu verleihen.

Außerdem warten zahlreiche Profitechniken für die Freistellung von Haaren und den richtigen Umgang mit Smart-Objekten auf Sie.

Nicht-destruktive Techniken

Bildbearbeitung mit Smart-Objekten und Smartfiltern

Die nicht-destruktive Bildbearbeitung – also die Möglichkeit, in jeder Phase der Bildbearbeitung zum Original zurückzukehren und alle Bildkorrekturen bis ins Detail nachjustieren zu können – fängt schon weit vor den Smart-Objekten an.

Ebenen- und Maskentechniken gewährleisten schon seit vielen Photoshop-Generationen eine flexible Bildbearbeitung (siehe auch den Grundlagenexkurs auf Seite 76). Smart-Objekte sind seit der Version CS 2 verfügbar und binden den Inhalt einer oder mehrerer Ebenen mit vollen Bildinformationen in eine Smart-Objekt-Ebene ein.

Damit können Sie zum Beispiel eine mehrfache Skalierung, Transformation und Verkrümmung von Ebeneninhalten vornehmen, ohne dass die Bildqualität abnimmt.

Die Smart-Objekte hatten bis zur Version CS 3 ihre Grenzen bei der Anwendung von Filtern, die immer eine ultimative Veränderung der Bildpixel bedeuteten. Mit der Einführung der Smartfilter ist praktisch jeder Schritt der Porträtbearbeitung reversibel und editierbar, inklusive der Scharf- oder Weichzeichnung von einzelnen oder Gruppen von Ebenen sowie von versteckten Filtern, wie der Funktion TIEFEN/LICHTER.

Die Arbeit ohne Smart-Objekte

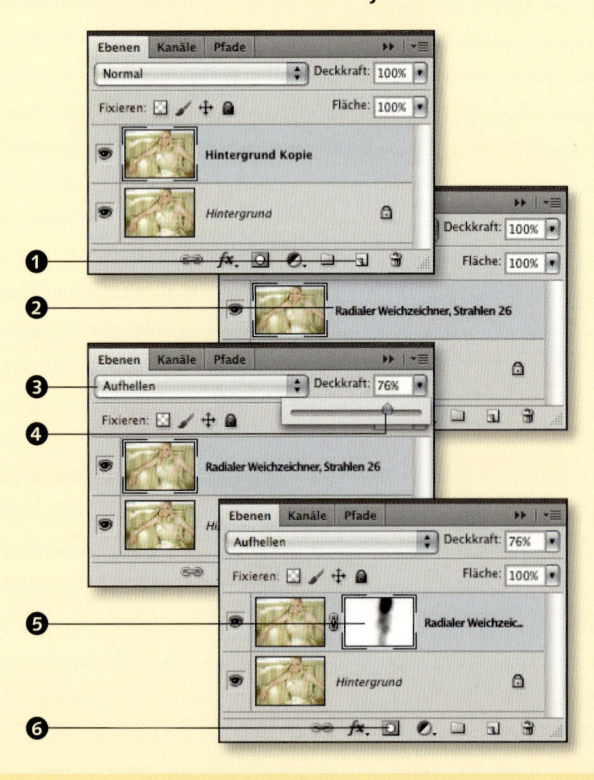

Ebenenkopie anlegen | Duplizieren Sie Ihre Ebene, indem Sie sie in der EBENEN-Palette auf das Symbol für eine neue Ebene ❶ ziehen.

Filter anwenden | Wählen Sie den gewünschten Filter, und benennen Sie die Ebene durch einen Doppelklick mit den Filterparametern ❷.

Deckkraft und Überlagerungsmodus | Der Überlagerungsmodus ❸ verrechnet die gefilterte Ebene mit dem Original. Die verringerte DECKKRAFT ❹ reduziert die Filterwirkung.

Maske nutzen | Durch einen Klick auf das Maskensymbol ❻ erstellen Sie eine Ebenenmaske ❺, die Sie mit dem Pinsel-Werkzeug und schwarzer Vordergrundfarbe zur Maskierung des Filters nutzen können.

Filterparameter ändern | Wenn Sie die Parameter ändern, müssen Sie tatsächlich von vorn anfangen. Hoffentlich haben Sie sich dafür alle Filtereinstellungen notiert.

Die Arbeit mit Smart-Objekten

Ein Smart-Objekt erstellen | Wählen Sie aus den Optionen der Ebenen-Palette ❼ die Funktion In Smart-Objekt konvertieren oder aus dem Filter-Menü Für Smartfilter konvertieren. Wenn Sie mehrere Ebenen oder eine Ebenengruppe aktiviert haben, werden alle Ebenen in einem Smart-Objekt zusammengefasst. Das kleine Symbol ❽ in der Ebenenminiatur zeigt ein Smart-Objekt an.

Filter anwenden | Jeder Filter, den Sie jetzt aus dem Filter-Menü benutzen, wird in der Smartfilter-Ebene ⓫ aufgelistet, die einer Einstellungsebene gleicht. Sie ist automatisch mit einer Ebenenmaske ausgestattet und lässt sich auch noch darüber hinaus modifizieren.

Deckkraft und Überlagerungsmodus | Ein Doppelklick auf das kleine Reglersymbol ⓬ öffnet ein Menü, in dem Sie die Filterwirkung durch Deckkraft ❿ oder einen Verrechnungsmodus ❾ modifizieren können.

Maske nutzen | Die Smartfilter können Sie in ihrer Wirkung durch automatisch vorhandene Ebenenmasken einschränken ⓮. Sie können auf ihnen z. B. mit den Pinsel-Werkzeugen und schwarzer Vordergrundfarbe wie gewohnt bestimmte Elemente maskieren.

Filterparameter ändern | Durch einen Doppelklick auf den Filternamen ⓯ gelangen Sie zurück in das Filter-Menü und können dort jederzeit die Einstellungen bearbeiten.

Inhalt bearbeiten | Um wieder zu der oder den Originalebenen zu kommen und sie einzeln bearbeiten zu können, klicken Sie einfach doppelt auf die Miniatur der Smart-Objekt-Ebene ⓭. Oder Sie wählen aus den Optionen der Ebenen-Palette Inhalt bearbeiten.

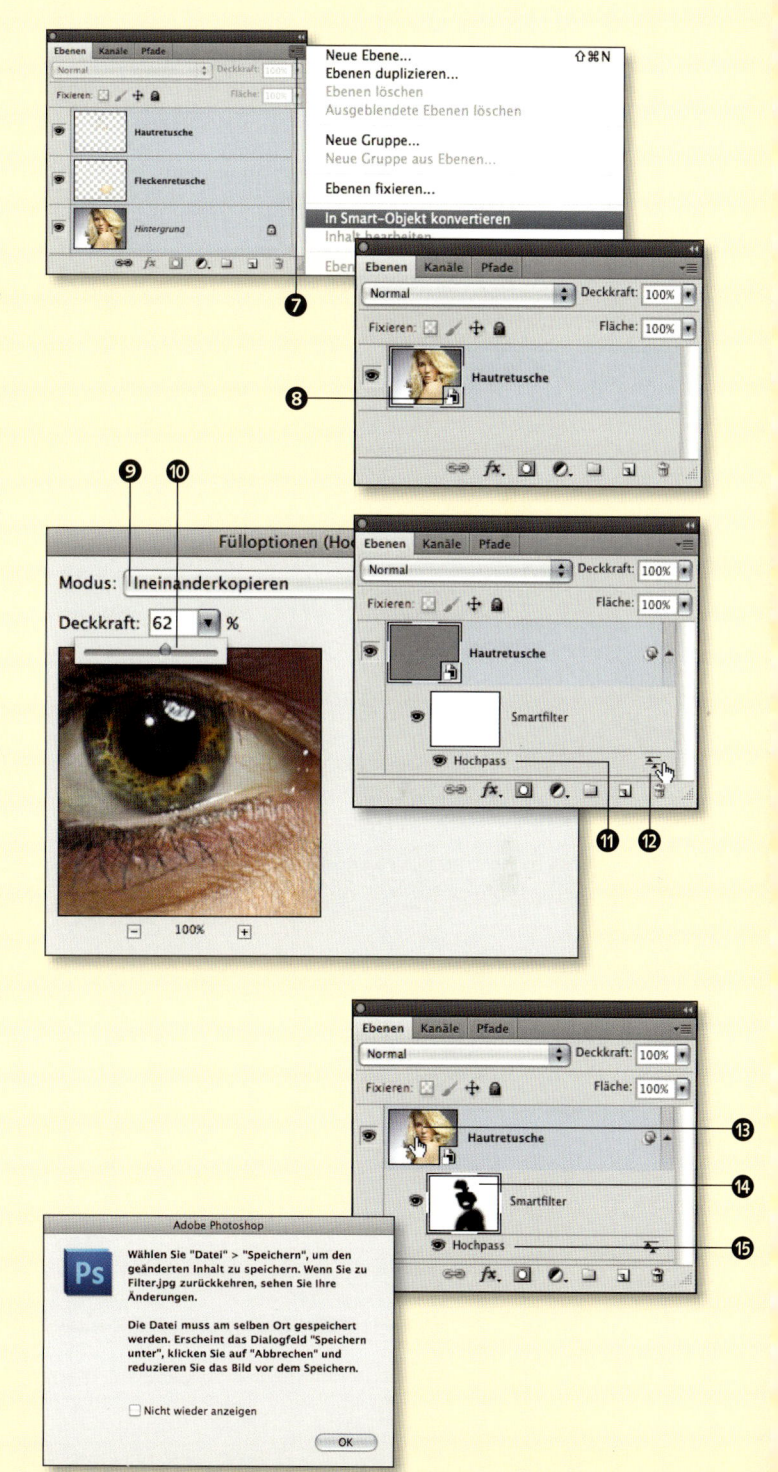

Grundlagenexkurs | Nicht-destruktive Techniken

Freistellen

Haare freistellen. Manchmal scheint es, als könnte man über dieses Thema ein ganzes Buch schreiben, so oft wird es erwähnt, und doch scheint es oft schier unlösbar zu sein. Dieses Kapitel hält sich nicht mit einer Litanei von Auswahlwerkzeugen auf, sondern versammelt die klassischen Aufgaben der Haarfreistellungen und ihre Lösungen. Dabei geht es um Screening-Techniken genauso wie um Arbeiten in den Kanälen und weitergehende Kanalberechnungen. Ein Schwerpunkt wird in weiteren Workshops auf die Perfektionierung der Kanten gelegt. Denn hier stellt sich die Situation ganz anders dar – je nachdem, ob Sie helle oder dunkle Haare freistellen müssen. Aber sehen Sie selbst.

Foto: iStockphoto, © mindundalk, Bild 3398827

Freistellen

Homogenen Hintergrund freistellen **258**
　　Einen Farbbereich auswählen und verfeinern

Freistellungskanten optimieren **262**
　　Die Maskenkante verfeinern und partiell weichzeichnen

Die smarte Kantenerkennung **266**
　　Die Rückkehr des Extrahieren-Filters

Farbsäume manuell überarbeiten **270**
　　Farbige Freistellungskanten per Hand umfärben

Farben dekontaminieren **272**
　　Neue Strategien gegen Farbsäume

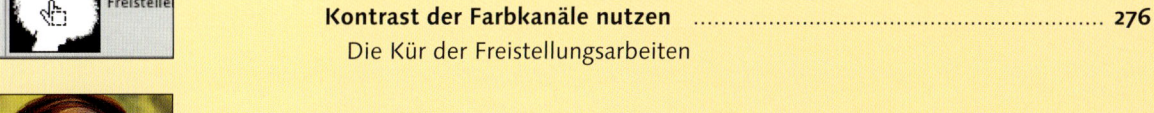

Kontrast der Farbkanäle nutzen 276
  Die Kür der Freistellungsarbeiten

Kanalberechnungen 280
  Ein schwieriges Wort für eine tolle Technik

Halbtransparentes Freistellen 284
  Mit den Fülloptionen gelingt die fließende Überblendung

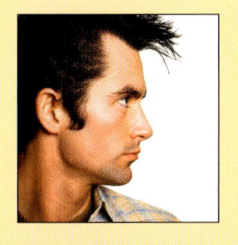

Auswahlen kombinieren 288
  Verschiedene Auswahltechniken durch Kanäle kombinieren

Lichtkanten einpassen 294
  Helle Freistellungskanten mit dem Hintergrund verrechnen

Tückisches Blond 298
  Bei blonden Haaren ist alles noch schwieriger – oder doch nicht?

Kapitel 8 | Freistellen 257

Homogenen Hintergrund freistellen

Einen Farbbereich auswählen und verfeinern

Aufgaben:
Farbbereich auswählen
Toleranz der Auswahl bestimmen
Maskierung aufbauen

[Farbauswahl.jpg]

Ob blauer Himmel, Bluescreen, Greenscreen oder andere gleichförmige Hintergründe – was für den Eingeweihten ganz einfach erscheint, ist für den Freistellungsnovizen ein Wunderwerk. Der Befehl FARBBEREICH beherrscht das Freistellen aber erst dann wirklich gut, wenn man seine Vorteile auch nutzt. Und dazu gehört, neben dem Addieren von Farbnuancen, auch die Auswahlvorschau, die die Auswahlkante im Voraus vor verschiedenen Hintergründen anzeigen kann.

1 Farbbereich auswählen

Auch wenn eigentlich die Haare freigestellt werden sollen, fällt es in diesem Beispiel doch leichter, den (fast) homogenen Hintergrund auszuwählen.

Zum Start Ihrer Farbauswahl wählen Sie aus dem AUSWAHL-Menü den Befehl FARBBEREICH.

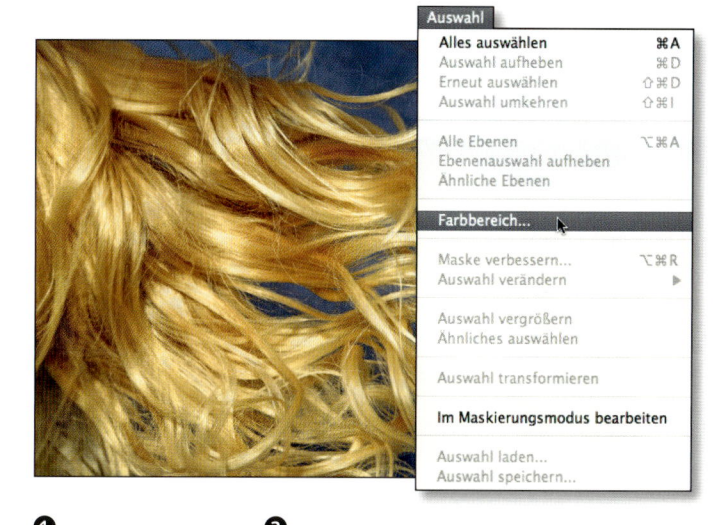

2 Hintergrundfarbe aufnehmen

Im folgenden Arbeitsfenster steht Ihnen automatisch eine Pipette ❷ zur Verfügung, mit der Sie auf die Hintergrundfarbe im Bild klicken, um diese auszuwählen.

Achten Sie übrigens bei diesem Beispiel darauf, dass die Option LOKALISIERTE FARBGRUPPEN ❶ deaktiviert ist. Hiermit können Sie die Farbauswahl auf einen lokalen Bereich begrenzen. Das ist in unserem Fall aber nicht gefordert – jetzt sollen alle vorhandenen blauen Bereiche ausgewählt werden.

3 Auswahlfarben erweitern

In der Mitte des Fensters wird Ihnen durch weiße Pixel angezeigt, welchen Bildbereich Sie durch die erste Farbauswahl schon ausgewählt haben.

Diese können Sie jetzt noch erweitern. Wählen Sie die Pipette mit dem Plussymbol ❸ – Sie können diese auch durch Halten von ⇧ aktivieren –, und klicken Sie in andere Blautöne im Hintergrund, die bisher noch nicht ausgewählt sind. Wer will, klickt direkt im Arbeitsfenster auf die schwarzen Bereiche.

Kapitel 8 | Freistellen

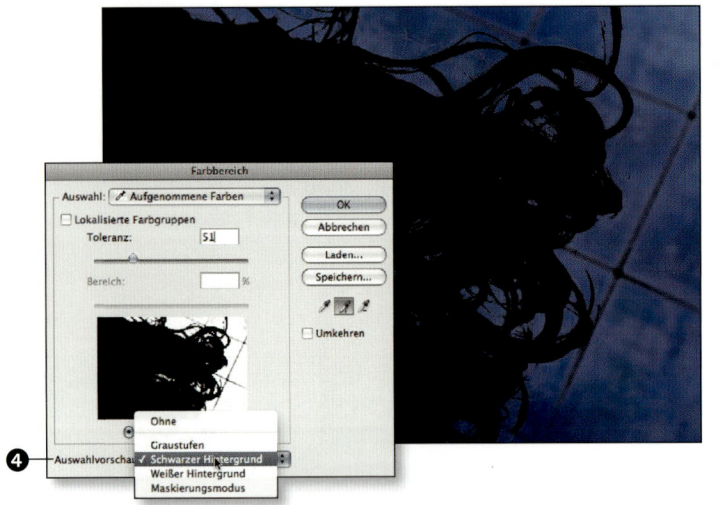

4 Auswahlvorschau wählen

Um die aktive Auswahl an den entscheidenden Rändern beurteilen zu können, wählen Sie eine AUSWAHLVORSCHAU ❹ aus dem Popup-Menü.

Mit SCHWARZER HINTERGRUND werden die Freistellungskanten an den Haaren deutlicher, und vor allem sehen Sie Details in der Fläche, die noch nicht ausgewählt sind und die Sie jetzt mit weiteren Klicks mit der Plus-Pipette zur Auswahl addieren können.

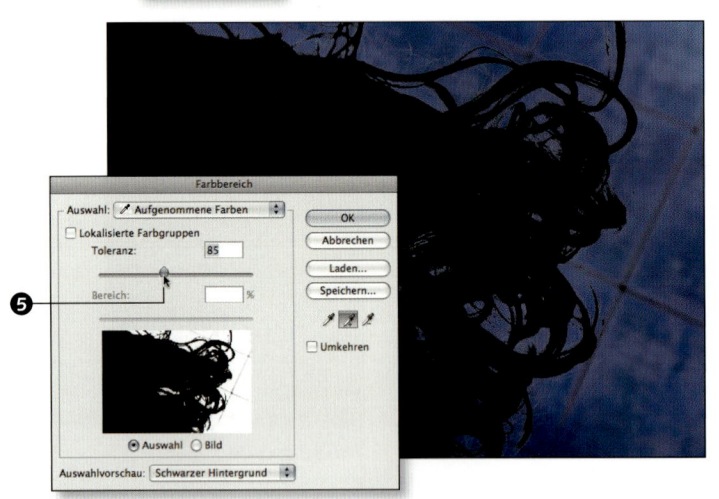

5 Toleranz erhöhen

Wenn die Auswahl weiterer Hintergrundfarben immer noch nicht zu einer homogenen Auswahlfläche geführt hat, erhöhen Sie die TOLERANZ ❺ der Auswahl.

So werden noch mehr ähnliche Blautöne ausgewählt, und es gibt in der Auswahl weniger Abrisse.

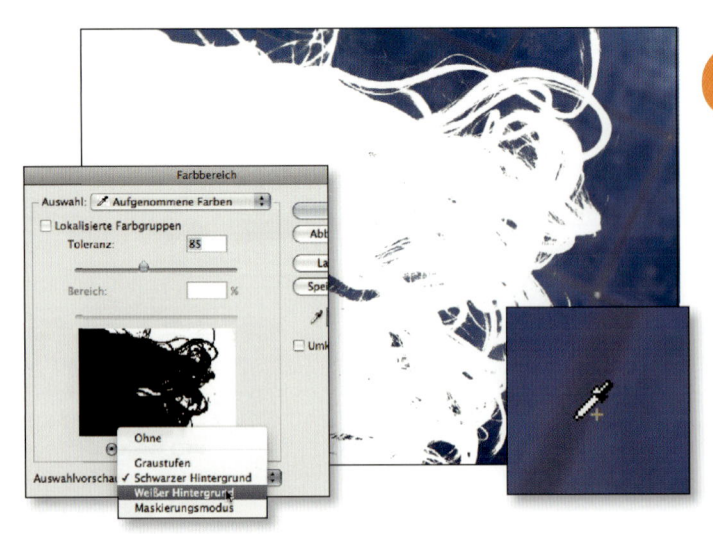

6 Auswahlvorschau wechseln

Was die Fugen des Fliesenhintergrundes betrifft, so ist es bei der momentanen Auswahlvorschau nicht klar, ob diese nicht ausgewählt oder einfach nur dunkel sind.

Wechseln Sie deshalb in der AUSWAHLVORSCHAU zu WEISSER HINTERGRUND. So erkennen Sie die nicht ausgewählten Bereiche diesmal an den weißen Pixeln.

Durch weitere letzte Klicks können Sie auch noch den Großteil dieser Zonen hinzufügen.

260 **Kapitel 8** | Freistellen

7 Freistellungsmaske erstellen

Viel weiter kommen Sie mit der Farbauswahl nicht. Verlassen Sie das Fenster also mit OK.

Öffnen Sie danach die MASKEN-Palette über das FENSTER-Menü. Klicken Sie auf das Maskensymbol ❻, um aus der aktiven Auswahl eine Ebenenmaske zu erstellen.

Falls Sie es noch nicht im Arbeitsfenster der FARBBEREICH-AUSWAHL gemacht haben, klicken Sie hier auch noch auf die Schaltfläche UMKEHREN ❼, um die Haare anstatt des Hintergrundes sichtbar zu machen.

8 Auswahl als Ebenenmaske

Wenn Sie die EBENEN-Palette einblenden, sehen Sie die eben erstellte Maske. Und wenn Sie das freigestellte Bild genau betrachten, werden Sie noch »Krümel« des Hintergrundes entdecken, die Sie jetzt besser auf dieser Maske korrigieren können.

9 Maske korrigieren

Ein Trick, um Unsauberkeiten der Farbauswahl sichtbar zu machen, besteht darin, nur die Maske einzublenden. Das erreichen Sie durch einen [Alt]-Klick auf das Ebenenmaskensymbol ❽.

Hier erkennen Sie dann graue oder weiße Pixel im Hintergrund, die Sie einfach mit einem harten Pinsel und schwarzer Vordergrundfarbe übermalen können.

So perfektionieren Sie die Maskenfläche. Auf den nächsten Seiten erfahren Sie, wie Sie die Maskenkante perfektionieren können.

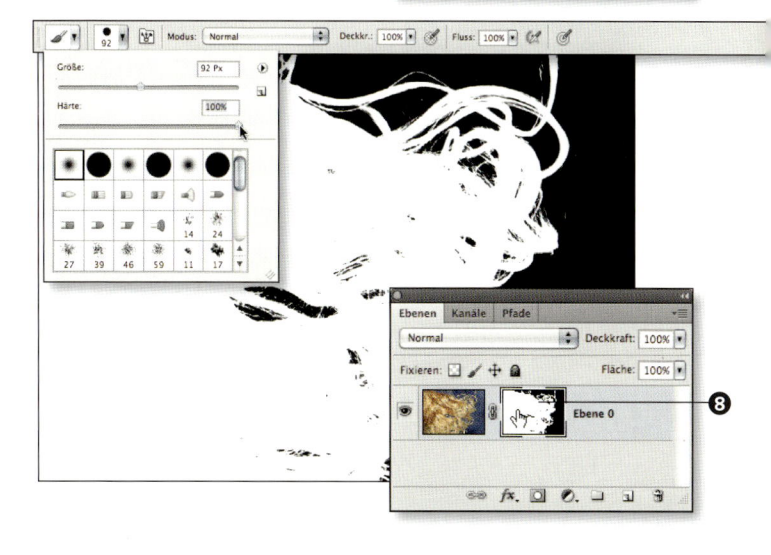

Freistellungskanten optimieren
Die Maskenkante verfeinern und partiell weichzeichnen

Aufgaben:
Kante glätten
Randauswahl überarbeiten
Weichzeichnung
zur Tiefenunschärfe
[Kante.psd]

Das Kritische an der Freistellung von Haaren sind natürlich die Randbereiche – die Übergänge von Haar zu Hintergrund, die teils durch Unschärfe, teils durch Auflösungsgrenzen gar nicht genau zu trennen sind. Deshalb müssen die Freistellungskanten nach der ersten Maskierung noch überarbeitet werden. Viele Möglichkeiten bietet die Funktion KANTE VERBESSERN, die in Photoshop CS 5 noch einmal an Funktionsumfang gewonnen hat. Manche Aufgaben – wie die Weichzeichnung – lassen sich aber besser manuell erledigen.

Foto: iStockphoto, © vasiliki, Bild 5827138

1 Maskenkante verbessern

Wenn Sie den vorangegangenen Workshop erfolgreich durchgearbeitet haben, liegt Ihnen jetzt eine freigestellte Ebene samt Ebenenmaske vor.

Es gibt nun zwei Wege für eine generelle Überarbeitung der Maskenkanten. Der erste führt Sie über das Auswahl-Menü und den Befehl Maske verbessern, der zweite – ab CS 4 verfügbare Weg – führt Sie über die Schaltfläche Maskenkante ❶ in der Masken-Palette in das gleiche Funktionsfenster.

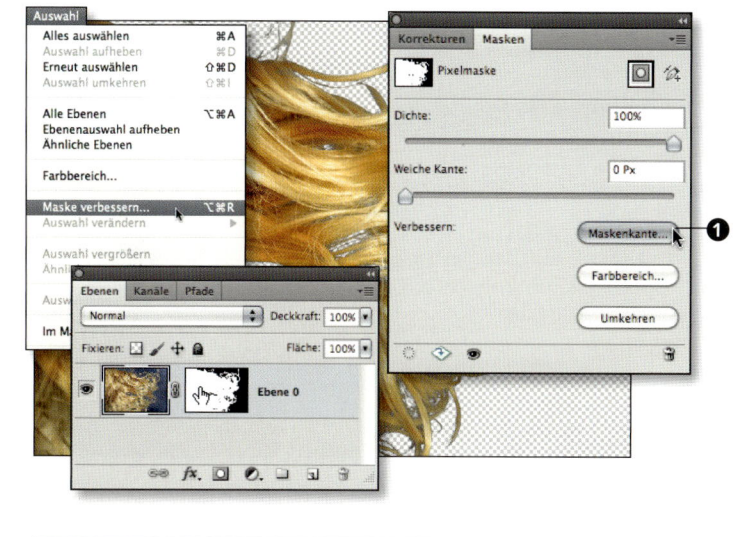

2 Der Ansichtsmodus

Seit Photoshop CS5 öffnet sich dieses Fenster mit »genullten« Werten – Sie können also gleich mit der Korrektur starten.

Wählen Sie zuerst einen passenden Ansichtsmodus aus dem Popup-Menü Anzeigen ❷. Auf schwarzem Hintergrund können Sie die Veränderungen der Kante gut beurteilen. Diese Ansicht können Sie auch schnell über die Taste B anwählen oder mit der Taste F die Ansichten durchlaufen.

3 Bitte keine weiche Kante

Eine weiche Kante wird gern eingesetzt, um nicht zufriedenstellende, grobe Kanten weichzuzeichnen und damit zu kaschieren.

Für eine so filigrane Aufgabe wie die Haarfreistellung ist das aber gänzlich ungeeignet, da die Weichzeichnung zu stark eingreift und die Auswahl auch bei schon geringen Werten gänzlich verschwommen aussieht.

Probieren Sie es gerne aus, aber setzen Sie dann den Weiche Kante-Wert wieder auf 0.

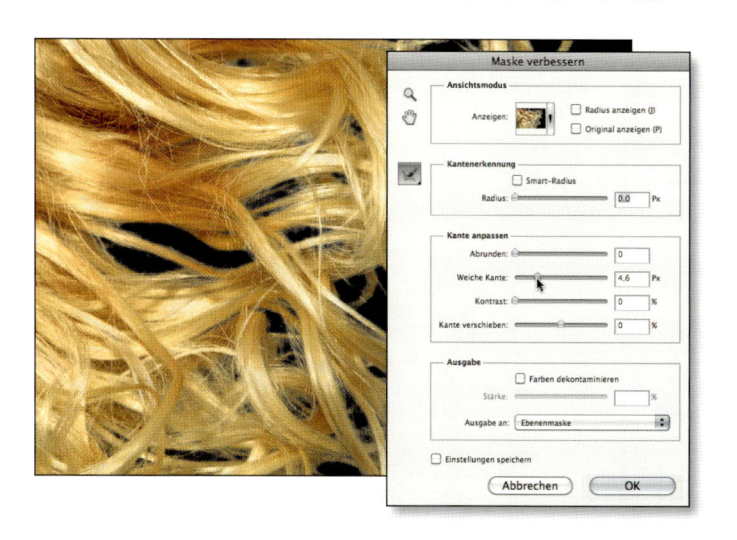

Kapitel 8 | Freistellen

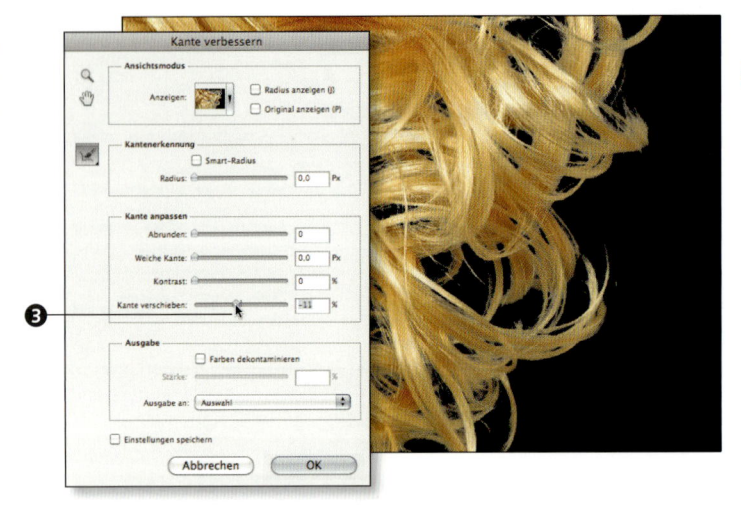

4 Auswahl verkleinern

Über den Schieberegler KANTE VERSCHIEBEN ❸ können Sie die Auswahl fließend verkleinern und die resultierende Wirkung durch die Auswahlvorschau genau beurteilen.

Schieben Sie den Regler um ca. –10 bis –15 % nach links. Die Auswahl verkleinert sich so gleichmäßig nach innen und verliert viele der störenden Randpixel – allerdings auch so einige Details.

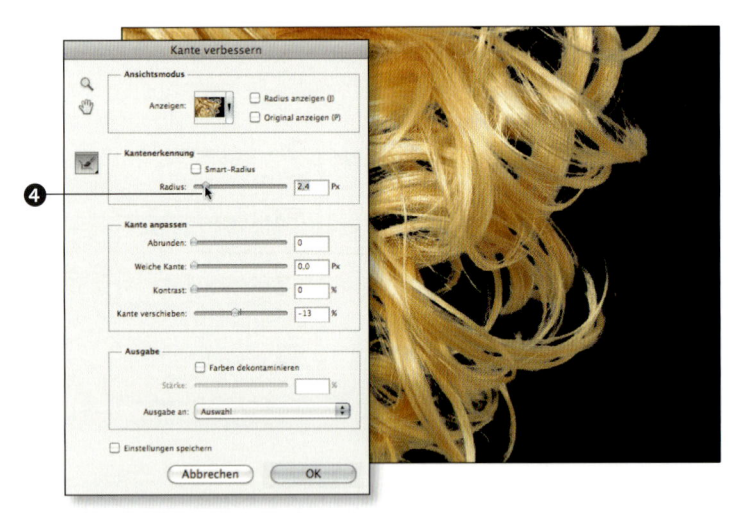

5 Kantenradius erweitern

Über den RADIUS-Regler ❹ von Photoshop CS 5 können Sie die Auswahlkante um einen Bereich erweitern, in dem dann automatisch der größte Kontrast gefunden wird.

Mit einem Wert um ca. 2,4 Pixel holen Sie bildwichtige Details in den Haarspitzen zurück, ohne wieder die gesamte Auswahl zu erweitern.

Tipp: Im Workshop »Farben dekontaminieren« auf Seite 272 lernen Sie noch andere Stärken dieser Funktion kennen.

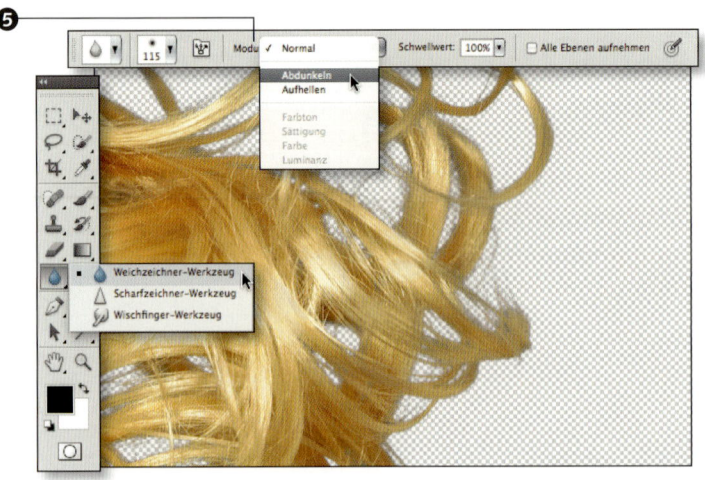

6 Individuelle Nachbearbeitung

Einige der fliegenden Haarspitzen befinden sich im Unschärfebereich. Für eine realistische Freistellung und spätere Einpassung in einen neuen Hintergrund müssen hier die Freistellungskanten auch weicher verlaufen. Wählen Sie dafür das Weichzeichner-Werkzeug. Wichtig: Stellen Sie den MODUS des Werkzeugs auf ABDUNKELN ❺. Erinnern Sie sich: Dunkle Pixel verkleinern die Auswahl. Werden also bei der Weichzeichnung nur dunklere Pixel erzeugt, kann durch die WEICHE KANTE nicht wieder der Hintergrund erscheinen.

7 Haarspitzen weichzeichnen

Fahren Sie dann mit angemessener Werkzeuggröße über die Haarspitzen, deren Maske Sie weichzeichnen wollen. Reduzieren Sie vorher in den Werkzeugoptionen den sogenannten SCHWELLWERT ❻, dann geht die Weichzeichnung in kleineren Schritten vonstatten.

Während Sie über die Haarspitzen malen, werden Sie feststellen, wie dort die Kante weicher wird, Sie aber nicht den unangenehmen Nebeneffekt haben, dass in der WEICHEN KANTE der Hintergrund sichtbar wird.

8 Arbeit bis in die Spitzen

Mit dem Weichzeichner-Werkzeug bearbeiten Sie jetzt jede Haarspitze im Unschärfebereich. Variieren Sie die Stärke der Maskenweichzeichnung durch die Anzahl der Pinselstriche.

Das ist sicher die langwierigste Arbeit, aber Sie werden durch feine, weichgezeichnete Kanten an den Haarspitzen belohnt.

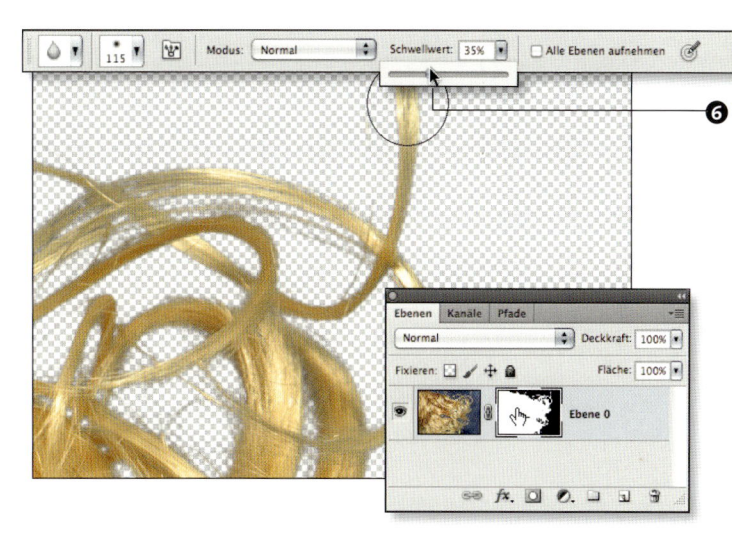

9 Kanten überprüfen

Um die Kanten noch genauer überprüfen zu können, sollten Sie spätestens jetzt die freigestellte Ebene vor einen Hintergrund setzen. Sie können sich dazu z. B. mit einer grauen oder weißen Ebene behelfen. Klicken Sie in der EBENEN-Palette auf das Symbol für eine neue Ebene ❼, und ziehen Sie diese dann unter die freigestellte Ebene. Über die gedrückte ⇧- und ⌫-Taste gelangen Sie in das Fenster FLÄCHE FÜLLEN. Wählen Sie hier WEISS als INHALT ❽ und eine DECKKRAFT ❾ von 100 %.

Kapitel 8 | Freistellen

Die smarte Kantenerkennung

Die Rückkehr des Extrahieren-Filters

Kennen Sie noch den Extrahieren-Filter? Er wurde geliebt und gehasst – die Wahrheit ist, dass er für bestimmte Freistellungszwecke gute Dienste leistete. In CS 4 war er auf einmal weg – in CS 5 taucht er als Smart-Radius und deutlich cleverer wieder auf. In diesem Workshop sehen Sie, wie Sie ihn sinnvoll und hilfreich verwenden können.

Aufgaben:
Person freistellen
Haarsträhnen ausarbeiten
Freistellungskante anpassen
[Haarsträhne.jpg]

1 Schnellauswahl

Wählen Sie das Schnellauswahlwerkzeug aus der Werkzeugpalette, um eine erste Auswahl zu erstellen.

Aktivieren Sie in den Werkzeugoptionen die Option AUTOMATISCH VERBESSERN ❶. Diese überarbeitet und glättet die Auswahl noch einmal. So werden die Auswahlkanten an Armen und Beinen glatter. Wählen Sie eine nicht zu große Werkzeuggröße, und ziehen Sie mit dem Schnellauswahlwerkzeug Stück für Stück über die gesamte Person.

2 Details verbessern

Sollte die Auswahl über das Ziel hinausschießen, können Sie diese Bereiche natürlich wieder von der Auswahl abziehen.

Um Auswahlen abzuziehen, wählen Sie entweder den entsprechenden Button ❷ in der Optionsleiste, oder Sie halten die [Alt]-Taste gedrückt. Sobald Sie ein Minus-Zeichen im Werkzeugdurchmesser sehen, können Sie zu viel ausgewählte Bereiche wieder abziehen. Verkleinern Sie die Werkzeugspitze, um auch kleinste Details abzuziehen.

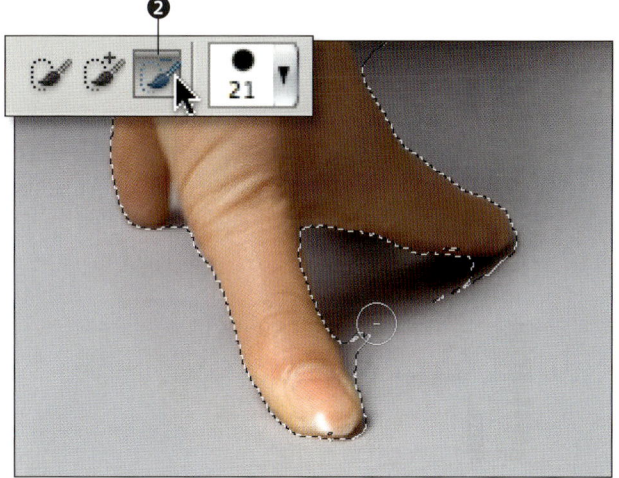

3 Kante verbessern

Achten Sie darauf, dass Sie die Beine und Arme akkurat ausgewählt haben. Die Auswahl der Haare sollte so knapp ausfallen, dass alle kritischen Bereiche, in denen sich Haare und Hintergrund mischen, noch außerhalb der Auswahl liegen.

Klicken Sie dann in der Optionsleiste auf die Schaltfläche KANTE VERBESSERN ❸, um dort die nächsten Funktionen zur Kantenverbesserung zu nutzen.

Die beste Vorschau

4 Sie sollten für die weitere Arbeit die Auswahlkante inklusive der Bilddetails genau erkennen können.

Klicken Sie in das Popup-Menü ANZEIGEN ❹, um einen geeigneten ANSICHTSMODUS zu wählen. Sie können auch durch wiederholtes Drücken der Taste F die verschiedenen Ansichtsmodi durchlaufen.

Der Modus AUF EBENEN (L) blendet den transparenten Hintergrund bei der vorläufigen Freistellung ein.

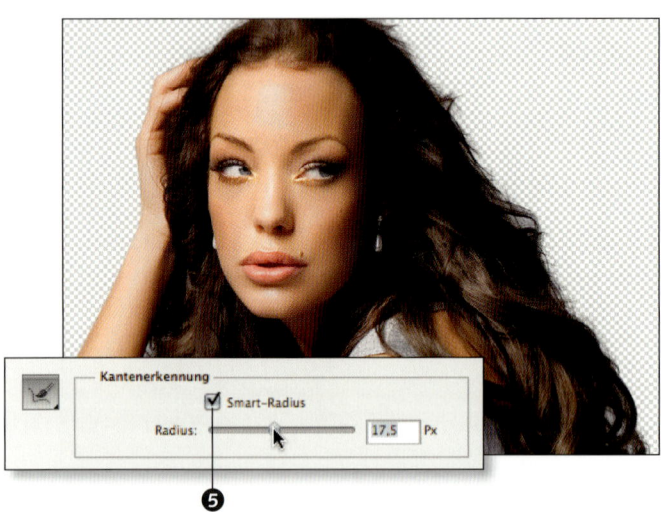

Smart-Radius aktivieren

5 Aktivieren Sie jetzt den SMART-RADIUS ❺, um die Haardetails herauszuarbeiten. Mit diesem legen Sie einen Auswahlbereich an der Freistellungskante an, indem die Freistellung optimiert wird.

Die Größe des Auswahlbereichs geben Sie über den RADIUS-Wert an. Ziehen Sie den Schieberegler auf einen RADIUS von ca. 15 bis 20 Pixel, so dass sich viele Haardetails schon ganz von alleine in die Auswahl einfügen.

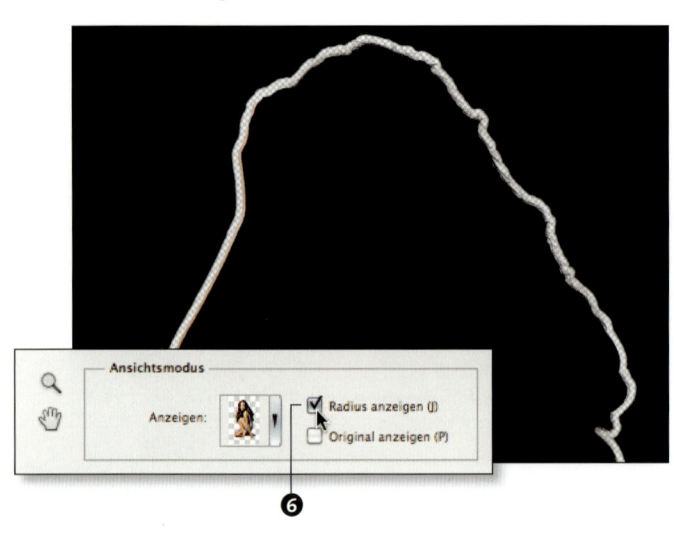

Freistellungszone anzeigen

6 Um zu verstehen, wie der SMART-RADIUS funktioniert, aktivieren Sie die Option RADIUS ANZEIGEN (J) ❻.

Ihnen wird eine schwarze Maske angezeigt, die am Rand der Auswahl eine Bearbeitungszone in Breite des RADIUS-Werts anzeigt. Innerhalb dieser Zone werden die größten Kontraste gesucht, und dort wird die Freistellungskante neu und detailliert gesetzt.

7 Manuelle Strähnchenarbeit

Deaktivieren Sie die Option RADIUS ANZEIGEN (J) wieder, um das Vorschaubild zu sehen. Neben dem SMART-RADIUS-Regler sehen Sie ein Pinsel-Werkzeug, das schon aktiv ist. Malen Sie mit dem Werkzeug am äußeren Rand der feinen Haardetails, um den Radiusbereich dort zu erweitern, wo sich jetzt noch Details außerhalb der Auswahl befinden.

Dort wird die Freistellung neu berechnet und damit noch differenzierter. So können Sie ganze Strähnen in die Auswahl mit einbeziehen oder überarbeiten ❼.

8 Kritische Bereiche

An den Freistellungskanten der Arme und Beine ist das Ergebnis nicht optimal, da hier durch den SMART-RADIUS ein viel zu weicher Übergang erzeugt wird. Auch das können Sie mit dem Pinsel korrigieren. Halten Sie die ⟨Alt⟩-Taste gedrückt – in der Werkzeugspitze erscheint ein Minus ❽, und der Pinsel arbeitet jetzt im SUBTRAHIEREN-MODUS. Malen Sie an den Freistellungskanten der Arme, Beine und der Kleidung entlang. So löschen Sie dort wieder den SMART-RADIUS.

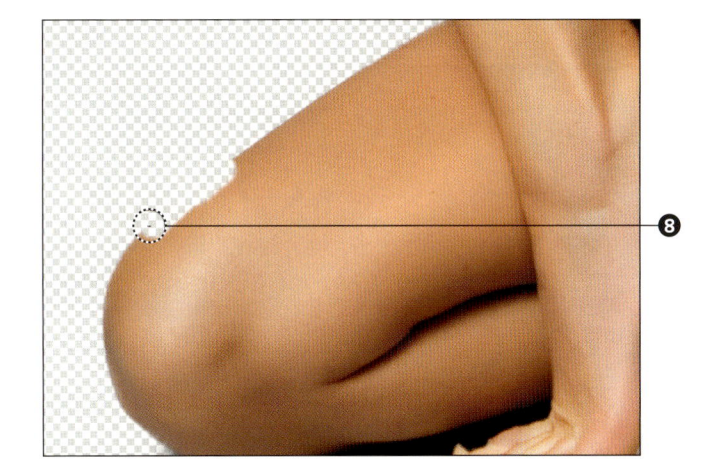

9 Perfekte Ebenenmaske

Aktivieren Sie erneut die Option RADIUS ANZEIGEN (J). In der Maskenvorschau sehen Sie deutlich, wie der Radius an den Haaren ganz individuell angepasst worden ist. An den anderen Kanten fehlt der Radius komplett.

Jetzt haben Sie die ideale Freistellung für jede Kante. Blenden Sie das gesamte Bild wieder ein, und wählen Sie im Bereich AUSGABE gleich die EBENENMASKE aus dem Popup-Menü ❾, so wird die Freistellung nach Klick auf OK in einer perfekten Maske umgesetzt.

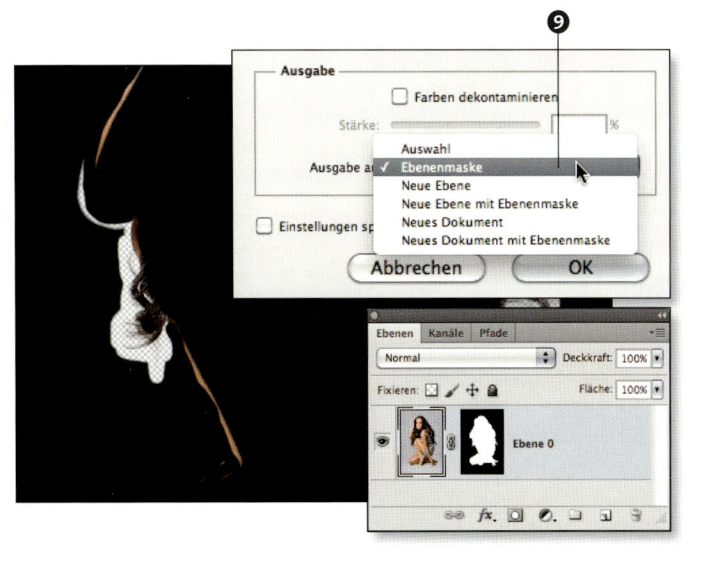

Kapitel 8 | Freistellen

Farbsäume manuell überarbeiten

Farbige Freistellungskanten per Hand umfärben

Aufgaben:
Haarfarben aufnehmen
Farbsäume umfärben
Resthaare schützen

[Kante.psd]

Es liegt in der Natur der Sache, dass bei einer Freistellung vor farbigem Hintergrund Reste der Hintergrundfarbe noch an den Haaren »kleben«. Das lässt sich gar nicht vermeiden, denn unsere kleinste Freistellungseinheit ist nun mal das Pixel und nicht eine Haaresbreite. Die CS 5-Funktion FARBEN DEKONTAMINIEREN – die Sie im nächsten Workshop auch kennenlernen werden – findet bei tückischen Motiven ihre Grenzen. In solchen Fällen – und wenn Sie noch in früheren Photoshop-Versionen arbeiten – bleibt also nur die Umfärbung. Das Farbe-ersetzen-Werkzeug ist der Profi für diese Aufgaben.

Foto: iStockphoto, © vasiliki, Bild 5827138

1 Arbeitsebene erstellen

Mit dem Werkzeug, das wir im nächsten Schritt benutzen werden, greifen Sie direkt in die Bildpixel ein. Duplizieren Sie also sicherheitshalber die freigestellte Ebene, indem Sie sie auf das Symbol für eine neue Ebene ❷ ziehen.

Blenden Sie dann die untere Haarebene durch einen Klick auf das Augensymbol aus ❶, weil sich sonst die Randpixel beider Ebenen überlagern würden. Wählen Sie für die folgende Arbeit das Farbe-ersetzen-Werkzeug aus der Werkzeugpalette.

2 Die Sache mit der Toleranz

Das Farbe-ersetzen-Werkzeug färbt mit der gewählten Vordergrundfarbe um, die Sie am besten gleich aus den Haaren aufnehmen. Halten Sie dazu die Alt-Taste gedrückt – das Werkzeug wird zur Pipette –, und klicken Sie auf eine durchschnittliche Haarfarbe. Achten Sie dann auf das Kreuz in der Mitte des Werkzeugs ❹: Mit diesem wählen Sie die Farben aus, die umgefärbt werden sollen. Die TOLERANZ ❸ bestimmt dabei, wie stark farblich ähnliche Bereiche mit geändert werden.

3 Haarfarben wechseln

Fahren Sie nun bei geringer TOLERANZ um 15 über die Farbsäume. Für ein realistisches Ergebnis sollten Sie ständig die Haarfarben mit Alt-Klick und mithilfe des Farbrings ❺ neu aufnehmen. Je nach Farben in den Farbsäumen ist es auch mal erforderlich, die TOLERANZ zu erhöhen oder abzusenken. Alles in allem geht auch diese Arbeit mit vielen kleinen Schritten voran, aber am Ende haben auch die Haarsäume eine natürliche Haarfarbe, ohne ihre feine Freistellungskante zu verlieren.

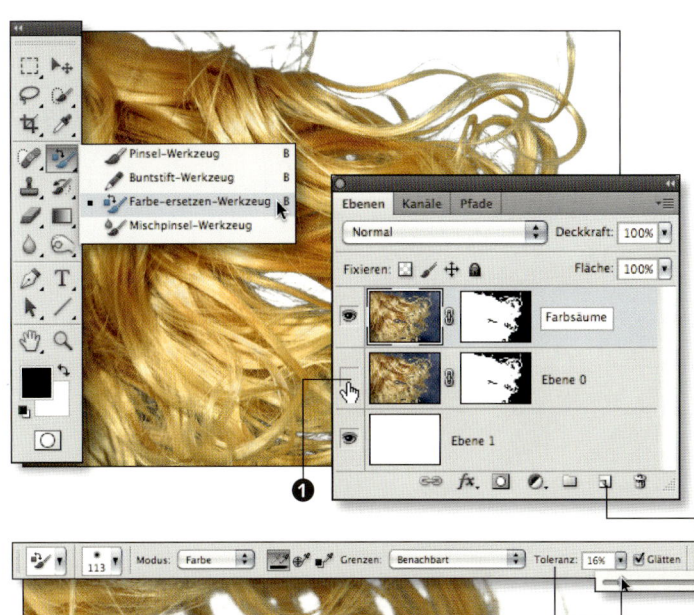

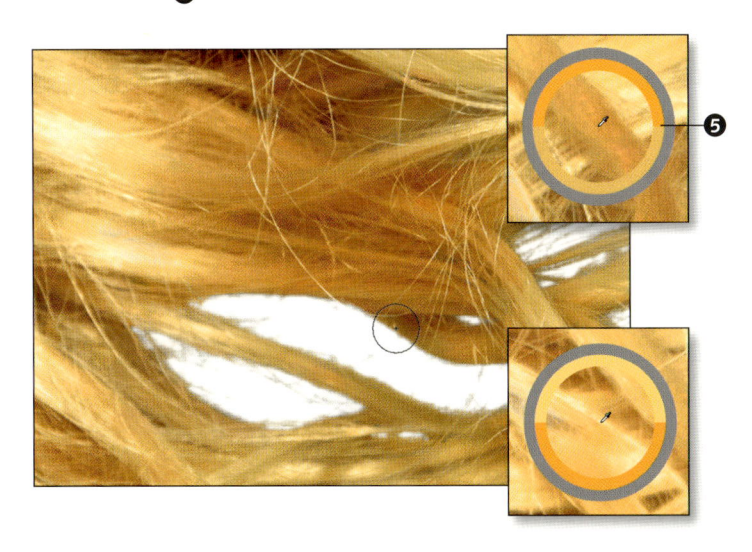

Kapitel 8 | Freistellen

Farben dekontaminieren

Neue Strategien gegen Farbsäume

Mit Photoshop CS 5 gibt es eine weitere Möglichkeit, sich den tückischen Farbsäumen zu nähern: In der überarbeiteten Funktion MASKENKANTE finden Sie eine Option, die auffällig andersfarbige Randpixel automatisch in der Haarfarbe einfärbt. Die Breite des Arbeitsbereichs können Sie noch über einen Schieberegler bestimmen. So ersparen Sie sich eine Menge manuelle Einfärbungsarbeit.

Aufgaben:
Farbige Randpixel umfärben
Freistellungskante anpassen
[Farbsäume.psd]

Foto: iStockphoto, © vasiliki, Bild 5827138

1 Eine noch nicht perfekte Maske

Vor der Kantenarbeit steht natürlich die Freistellung. Diese Arbeitsdatei wurde mit der Funktion FARBBEREICH, wie auf Seite 259 beschrieben, erstellt. Sie können jetzt natürlich einfach das Beispielbild öffnen.

Klicken Sie auf die Ebenenmaske des Bildes in der EBENEN-Palette, um gleich die Freistellungskante der Maske zu verfeinern.

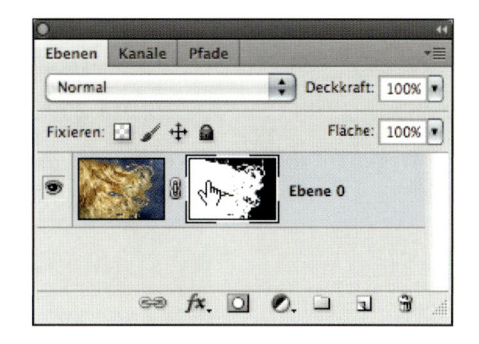

2 Maskenkante bearbeiten

Öffnen Sie über das Menü FENSTER die MASKEN-Palette, und klicken Sie auf die Schaltfläche MASKENKANTE ❶.

So kommen Sie in das Fenster MASKE VERBESSERN, das der Funktionsauswahl von KANTE VERBESSERN entspricht.

Jetzt lernen Sie eine weitere, mit Photoshop CS 5 neu hinzugekommene Funktion kennen.

3 Farben dekontaminieren

So heißt ein ganz neuer Ansatz zur Kantenverbesserung. Aktivieren Sie die Option FARBEN DEKONTAMINIEREN ❷.

Diese Funktion ändert nicht die Maske, sondern analysiert tatsächlich die Farbe in den Randpixeln und färbt diese mit umliegenden Farben um.

So erhalten Sie alle Details der Freistellung, ohne sie weiter verkleinern zu müssen.

4 Mehr ist mehr

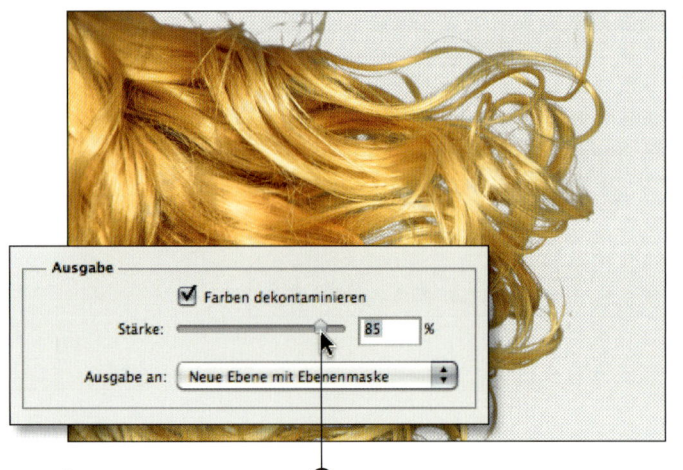

Bewegen Sie den STÄRKE-Regler ❸ nach rechts, um die Wirkung der Farbkorrektur noch weiter nach innen zu verlagern.

Hier können Sie selten etwas falsch machen. Achten Sie darauf, dass möglichst viele störende Randpixel eingefärbt werden, sich aber keine einfarbigen, plakativen Randflächen ergeben.

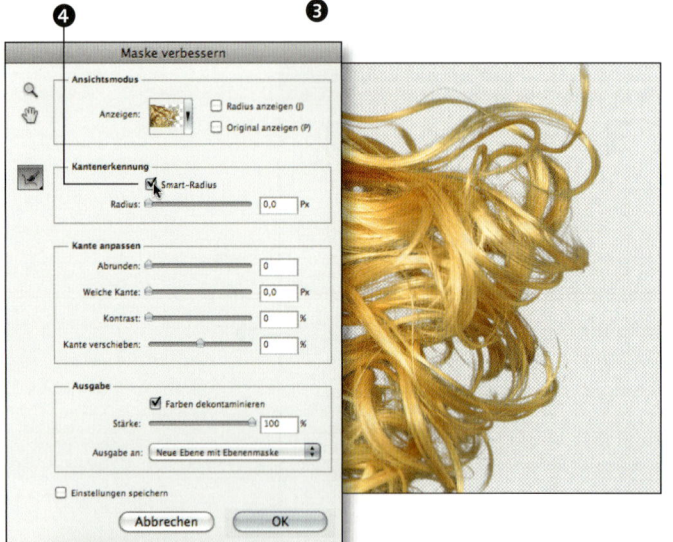

5 Joker: Smart-Radius

Die Funktion FARBEN DEKONTAMINIEREN führt – je nach Vorarbeit – schon sehr weit. Trotzdem sind an manchen Stellen aber noch farbige Hintergrundpixel sichtbar, und die Freistellungskante mancher Strähnen wirkt sehr plakativ. An diesen Kanten müssen Sie die Freistellung noch einmal überarbeiten. Aktivieren Sie dafür die Option SMART-RADIUS ❹. Diese addiert sich dann mit der Funktion FARBEN DEKONTAMINIEREN.

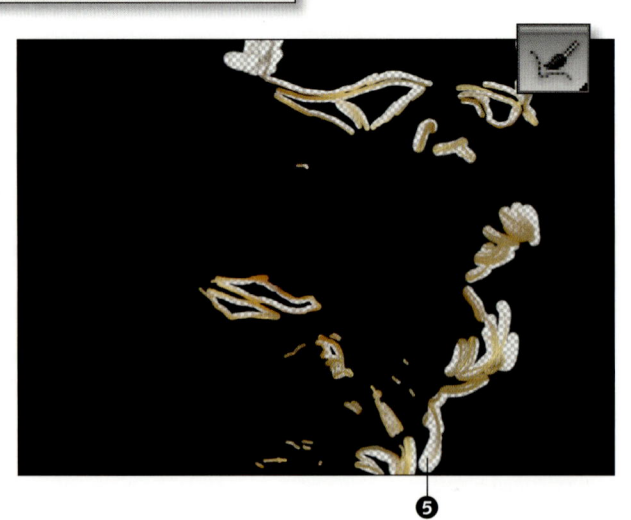

6 Kanten überarbeiten

Belassen Sie den RADIUS-Regler auf 0 Pixel, denn die Kanten sollen nicht pauschal überarbeitet werden.

Nutzen Sie aber das Pinsel-Werkzeug, das automatisch aktiviert ist. Malen Sie mit dem Pinsel über die Zonen, in denen sich noch dominante Hintergrundpixel zeigen. Malen Sie in den Haarspitzen so, dass auch außenliegende Details wieder markiert werden.

Zur Kontrolle können Sie sich über den Bereich ANSICHTSMODUS den RADIUS ANZEIGEN ❺ lassen.

274 Kapitel 8 | Freistellen

7 Details mit Farbe

In den markierten Bereichen wird die Freistellung neu berechnet, und die Freistellungsmaske zeigt dort mehr Details.

Die neue, detailliertere Auswahl wird dann gleichzeitig noch mit der Option FARBEN DEKONTAMINIEREN überarbeitet. So erstellen Sie aus den eben noch schweren Freistellungsrändern viel feinere Maskenkanten.

8 Als maskierte Ebene ausgeben

Werfen Sie jetzt noch einen Blick auf den Bereich AUSGABE. Nach dem Anwenden der Funktion FARBEN DEKONTAMINIEREN können Sie das Ergebnis nur als neue Ebene ausgeben. Diese Funktion überarbeitet nicht nur die Maske, sondern verändert auch Farben an den Original-Bildpixeln.

Belassen Sie es bei der Option NEUE EBENE MIT EBENENMASKE ❻, bevor Sie auf OK klicken. So bleibt Ihre Originalebene erhalten und wird nur ausgeblendet.

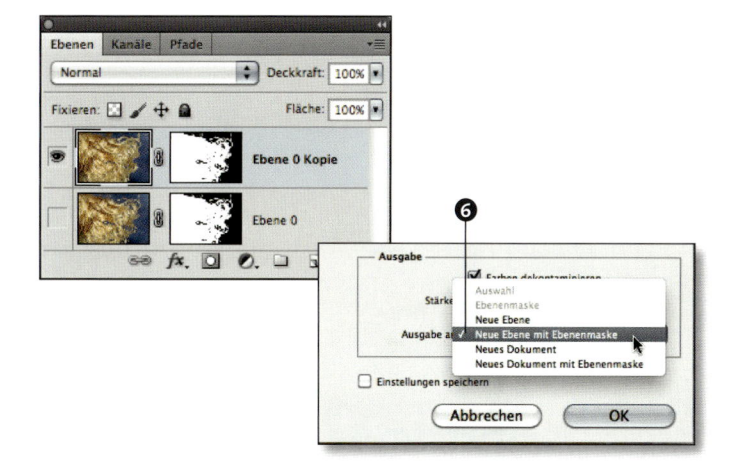

9 Hintergrundebene einziehen

Legen Sie eine neue, leere Ebene durch Klick auf das Ebenensymbol ❼ an. Über die Tasten ⇧ + F5 öffnen Sie das Dialogfeld FLÄCHE FÜLLEN. Verwenden Sie dort WEISS mit 100 % DECKKRAFT und den Modus NORMAL, und klicken Sie dann auf OK.

Die Randpixel bzw. deren Bearbeitung können Sie auf einer neuen, neutralen Ebene besser beurteilen.

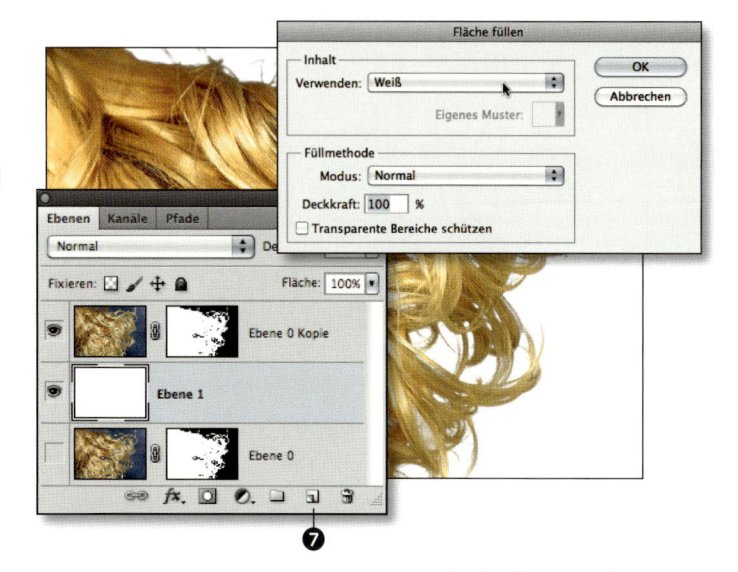

Kapitel 8 | Freistellen 275

Kontrast der Farbkanäle nutzen

Die Kür der Freistellungsarbeiten

Aufgaben:
Kontrastkanal nutzen
Freistellungskanal aufbauen
Ebenenmaske erstellen
[Kanal.jpg]

Wenn Werkzeuge nichts mehr nützen und eine Farbauswahl wegen zu geringer Unterscheidung von Haaren zu Hintergrund nicht zum Erfolg führt, sind die Kanäle gefragt. Denn die unterschiedlichen Farbinformationen, die in diesen Farbkanälen gespeichert sind, weisen naturgemäß andere Kontraste auf. Und so findet sich meistens ein Ausgangskanal, auf dessen Grundlage Sie durch Kontrast- und Tonwertkorrekturen schnell eine gute Basis für eine Freistellungsmaske erarbeiten können.

1 Start in der Kanäle-Palette

Für eine Arbeit in und mit den Kanälen starten Sie natürlich in der KANÄLE-Palette. Blenden Sie diese über das FENSTER-Menü ein.

In den Farbkanälen wird über Graustufen definiert, wie viel Farbinformation der Komponenten Rot, Grün und Blau im Bild enthalten ist. Diese Graustufenbilder können Sie auch für andere Zwecke nutzen.

2 Kontrastkanal suchen

Klicken Sie jetzt auf die Kanäle, damit diese einzeln eingeblendet werden. So erkennen Sie, welcher Kanal den größten Kontrast zwischen Haaren und Hintergrund aufweist.

Der Rotkanal eignet sich in diesem Beispiel nicht besonders: Sowohl die rotbraunen Haare als auch der beigebraune Hintergrund haben einen mittleren Rotanteil.

3 Passenden Kanal duplizieren

Anders ist das beim Grünkanal. Hier sind die Haare schon deutlich dunkler. Er bietet eine gute Basis für eine Freistellungsmaske.

Duplizieren Sie diesen Kanal über die Optionen der KANÄLE-Palette ❶. Benennen Sie ihn im folgenden Menü am besten gleich als »Freisteller«.

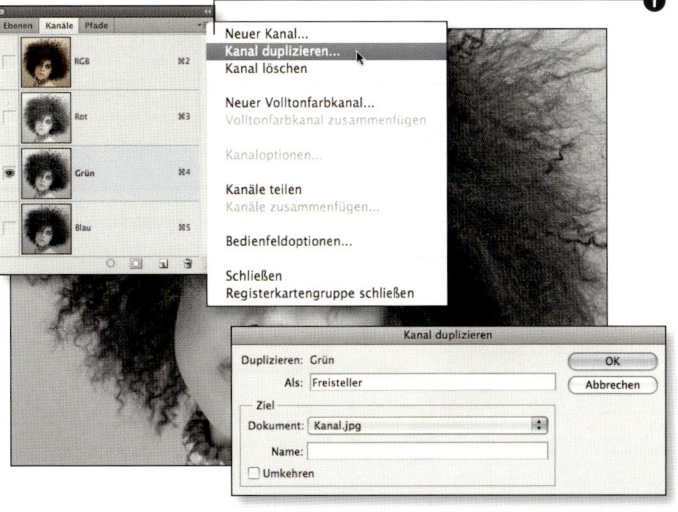

Kapitel 8 | Freistellen 277

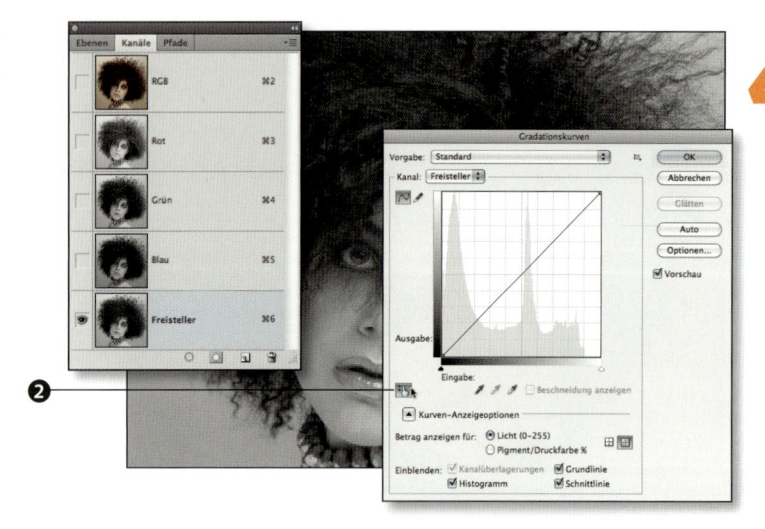

Kanalkontrast steigern

4 Ausgehend von dem duplizierten Kanal, starten Sie jetzt mit einer Kontrastkorrektur, die zum Ziel hat, die Trennung zwischen Haaren und Hintergrund noch mehr herauszuarbeiten.

Wählen Sie aus dem Menü BILD • KORREKTUREN • GRADATIONSKURVEN, und nutzen Sie dort das Hand-Werkzeug ❷, mit dem Sie im nächsten Schritt die Gradation direkt im Bild steuern werden.

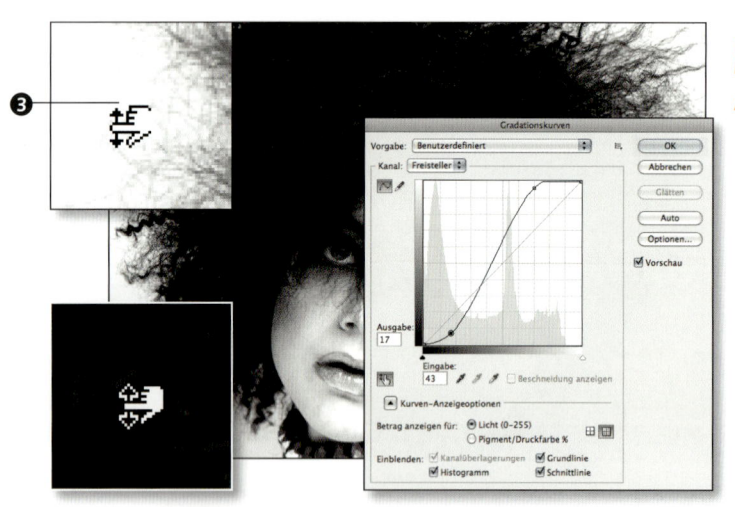

Kontrast an der Kante steuern

5 Setzen Sie mit dem Hand-Werkzeug direkt auf der Hintergrundfläche neben den Haaren an, und ziehen Sie mit gedrückter Maustaste den dann sichtbaren Regler ❸ nach oben, um die Tonwerte anzuheben – also heller zu machen. Direkt daneben, in den Haarspitzen, ziehen Sie auf gleiche Art den Regler nach unten, um die Haare noch weiter abzudunkeln. Analog dazu werden automatisch in der Gradationskurve Punkte gesetzt, wodurch eine steilere Gradation entsteht. Bestätigen Sie den Dialog anschließend mit OK.

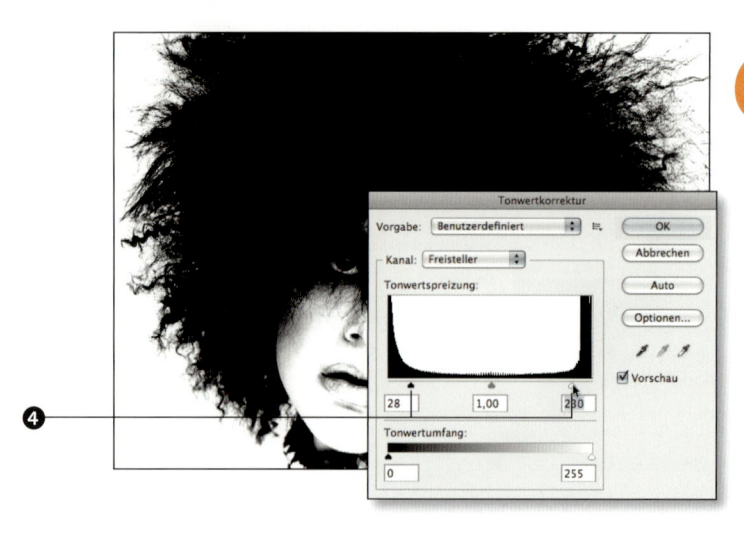

Tonwerte verringern

6 Jetzt müssen Sie die Tonwerte noch weiter reduzieren, um zum gewünschten Kontrast zu kommen. Im Moment sind noch zu viele Grautöne an den Kanten vorhanden: Die Maske wäre dort noch zu weich.

Wählen Sie die TONWERTKORREKTUR über BILD • KORREKTUREN, und ziehen Sie sowohl den schwarzen als auch den weißen Regler ❹ in die Mitte, damit mehr mittlere Tonwerte zu Schwarz und Weiß werden. Behalten Sie jedoch auch eine Zone mittlerer Tonwerte, sonst würde die Kante zu hart ausfallen.

7 Pinselarbeit

Die Trennung zwischen Vordergrund und Hintergrund an der Haarkante ist schon gut gelungen. Jetzt müssen nur noch die übrigen Gesichtsbereiche dem Vordergrund, also den Haaren, zugewiesen werden.

Nehmen Sie das Pinsel-Werkzeug, und stellen Sie eine harte Kante von 100 % ❺ ein, um die noch verbleibenden Teile des Gesichts mit schwarzer Vordergrundfarbe zu übermalen.

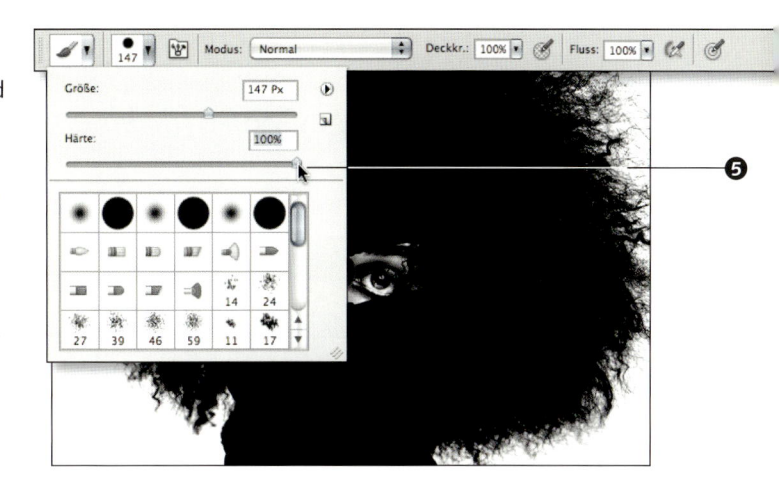

8 Freistellungskanal laden

Der Kanal ist jetzt so weit gut vorbereitet. Bevor Sie die Freistellungsmaske erstellen können, folgen aber noch mehrere Schritte in der KANÄLE-Palette: Zuerst kehren Sie den Kanal über [Strg]/⌘ + [I] um. So wird der Kopfbereich weiß und kennzeichnet damit die ausgewählten Bereiche. Klicken Sie dann auf den sogenannten Composite-, also den RGB-Kanal ❻, um das eigentliche Bild wieder einzublenden. Ein letzter Klick erfolgt mit gedrückter [Strg]/⌘-Taste auf den Freisteller-Kanal ❼, um dessen Auswahl zu laden.

9 Ebenenmaske erstellen

Bei aktiver Auswahl blenden Sie jetzt die MASKEN-Palette ein und klicken auf das Maskensymbol ❽. Dadurch wird sofort eine Ebenenmaske für die Freistellung erstellt, und die erste Voraussetzung für eine Montage ist erfüllt.

Photoshop-Anwender vor CS 4: Erstellen Sie die Ebenenmaske über das Maskensymbol ❾ in der EBENEN-Palette. Allerdings müssen Sie die Ebene vorher durch einen Doppelklick vom Hintergrund lösen.

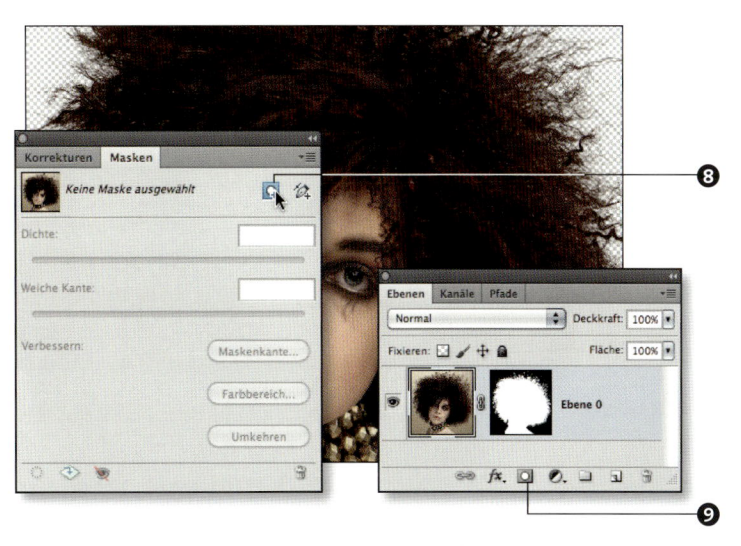

Kapitel 8 | Freistellen **279**

Kanalberechnungen

Ein schwieriges Wort für eine tolle Technik

Aufgaben:

Unterschiedliche Kanäle zu einem Kontrastkanal kombinieren

Schwierige Kanten nachbearbeiten

[Kanalberechnung.jpg]

Im vorangegangenen Workshop haben Sie gelernt, wie Sie auf Basis eines bestehenden Kanals eine Freistellungsmaske erstellen können. Nicht immer sind aber die Ausgangsvoraussetzungen so ideal wie im letzten Beispiel. Dennoch ist die Aufgabe nicht unlösbar, denn Ihnen bleibt noch die Möglichkeit, auch »halbideale« Kanäle miteinander zu einem nützlicheren Ganzen zu kombinieren. Die Technik dazu ist die Kanalberechnung.

1 Grün- oder Blaukanal?

Beginnen Sie auch hier in der KANÄLE-Palette. Klicken Sie auf die verschiedenen Farbkanäle, um eine geeignete Maskengrundlage zu finden.

Der ideale Kanal ist leider nicht dabei: Der Grünkanal ❶ trennt auf der linken Seite gut, aber auf der rechten Seite können die hellen Haarbereiche Schwierigkeiten machen. Der Blaukanal ❷ bildet die Haare schön dunkel ab, hat im Hintergrund aber zu viele dunkle Details.

2 Kanäle verrechnen

Kombinieren Sie deshalb beide Kanäle miteinander. Starten Sie vom Grünkanal aus, und wählen Sie aus dem Menü BILD • KANALBERECHNUNGEN. Stören Sie sich nicht daran, dass es auf den ersten Blick etwas kompliziert aussieht: Konzentrieren Sie sich auf die Popup-Menüs KANAL für QUELLE 1 und QUELLE 2. Ändern Sie den KANAL ❸ in QUELLE 2 auf BLAU. Als FÜLLMETHODE ❹ – also als Verrechnungsmodus – wählen Sie INEINANDERKOPIEREN. So verstärken sich sowohl die hellen als auch die dunklen Bildanteile. Klicken Sie dann auf OK.

3 Alpha-Kanal nochmals nutzen

In der KANÄLE-Palette ist jetzt ein weiterer, sogenannter Alpha-Kanal entstanden ❺. Benennen Sie diesen am besten gleich per Doppelklick um.

Der neu entstandene Kanal ist schon deutlich besser als Ausgangsbasis geeignet. Allerdings ist der Hintergrund links neben den Haaren noch zu unruhig. Erstellen Sie eine neue Kanalberechnung, in der Sie diesmal nur den neuen KANAL ❻ mit sich selbst verrechnen.

Als FÜLLMETHODE wählen Sie NEGATIV MULTIPLIZIEREN und verstärken so die hellen Bereiche.

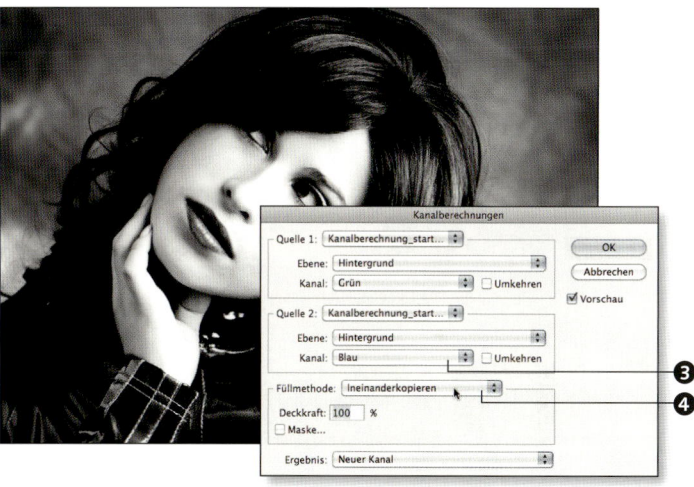

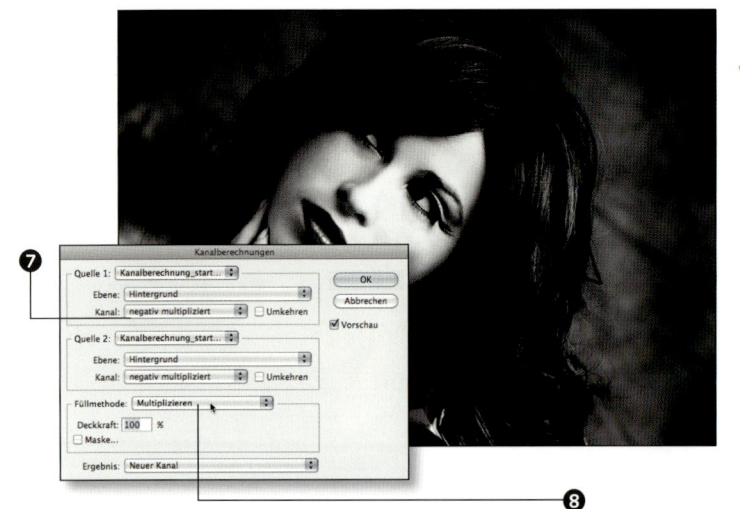

Dunkle Variante berechnen

4 Nachdem Sie nun den zweiten Sonderkanal erstellt haben, aktivieren Sie nochmals den ersten Alpha-Kanal ❼ und erstellen noch eine dunkle Variante in den Kanalberechnungen mit dem Modus Multiplizieren ❽.

Dieser ist in erster Linie dafür gedacht, die Haardetails am rechten Rand zulaufen zu lassen, damit diese nachher nicht noch mühsam korrigiert werden müssen.

Innenbereich auswählen

5 Die beiden eben entstandenen Kanäle teilen sich die Aufgabe, und deshalb werden wir sie in einem Kanal kombinieren.

Nehmen Sie das Polygon-Lasso-Werkzeug, und wählen Sie damit grob den Innenbereich des aktiven, zuletzt ausgewählten Kanals aus ❾. Gehen Sie dabei so weit wie möglich an die Haarkante heran, wählen Sie aber nur die Zonen aus, in denen garantiert noch kein Hintergrund auftaucht. Kopieren Sie diesen Bereich mit Strg/⌘ + C.

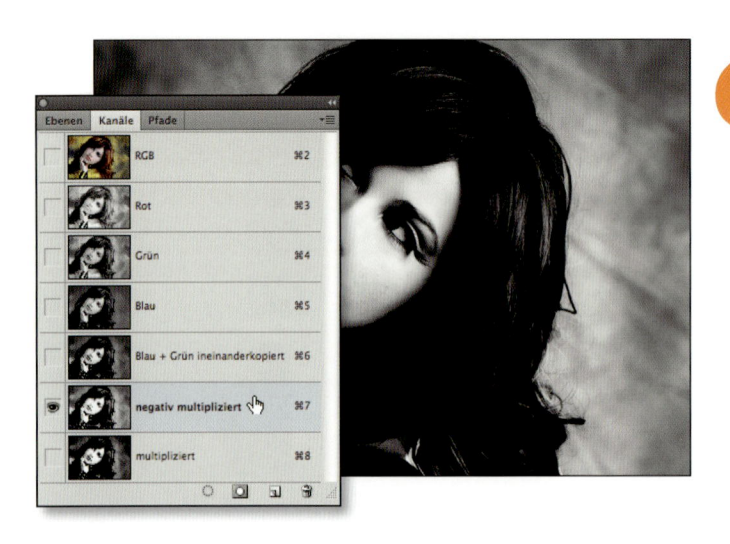

Kanäle kombinieren

6 Wechseln Sie dann auf den Kanal, der durch die Füllmethode Negativ multiplizieren entstanden ist. Fügen Sie dort durch Strg/⌘ + V den kopierten Bereich wieder ein.

So haben Sie den hellen Hintergrund des einen Kanals (Kanal negativ multipliziert) mit den geringen Haardetails des anderen Kanals (Kanal multipliziert) kombiniert.

So angepasst, wird der Kanal negativ multipliziert jetzt noch weiter zum Freistellungskanal ausgearbeitet.

7 Kanten nacharbeiten

Es gibt noch ein paar kritische Bereiche. Der dunkle Hintergrund links wird sich schwer von den Haaren trennen lassen.

Arbeiten Sie deshalb für diese Kanten vor: Benutzen Sie das Abwedler-Werkzeug, um den Hintergrund an der Stelle aufzuhellen. Stellen Sie in den Werkzeugoptionen als BEREICH die LICHTER ein, und arbeiten Sie sich mit einer BELICHTUNG um die 25 % langsam vor. Den dunklen Haaren kann das Werkzeug so nichts anhaben – Sie arbeiten wirklich nur die hellen Pixel weiter aus.

8 Maske vorbereiten

Da Sie jetzt schon bei der Werkzeugarbeit sind, können Sie auch gleich mit dem Pinsel-Werkzeug, das Gesicht und den Hintergrund maskieren.

Arbeiten Sie mit einer harten Kante ❿, und malen Sie mit schwarzer Vordergrundfarbe Person und Haare bzw. mit weißer Farbe den Hintergrund weiter zu. Halten Sie ausreichend Abstand zu der sensiblen Übergangszone von Haar zu Hintergrund. Hier erfolgt die Trennung über eine weitere Tonwertkorrektur.

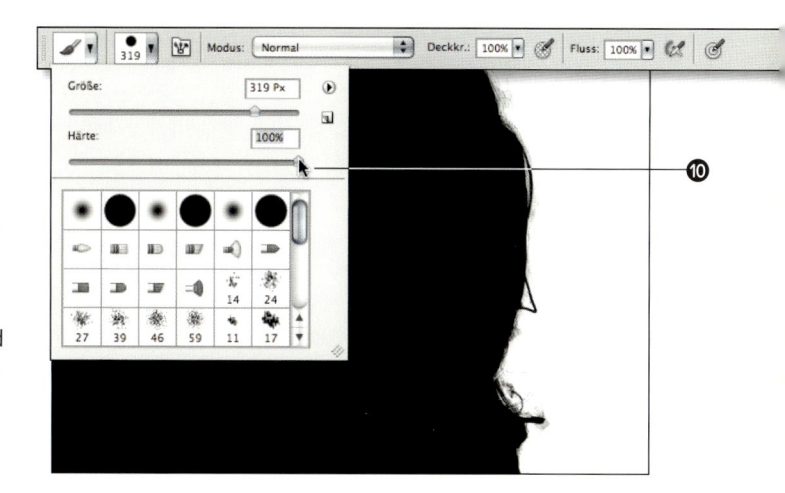

9 Letzte Tonwertkorrektur

Wählen Sie BILD • KORREKTUREN • TONWERTKORREKTUR. Hier sehen Sie schon im Histogramm der Tonwertspreizung, dass sich die verfügbaren Tonwerte auf die wenigen Kantenpixel beschränken. Sie müssen demnach den Schwarz- und Weißregler nur ein wenig zusammenschieben und den Mittelwertregler zur Aufhellung nach links korrigieren.

Zuletzt müssen Sie nur noch blättern: Was jetzt noch fehlt, entspricht Schritt 8 und 9 aus dem vorangegangenen Workshop.

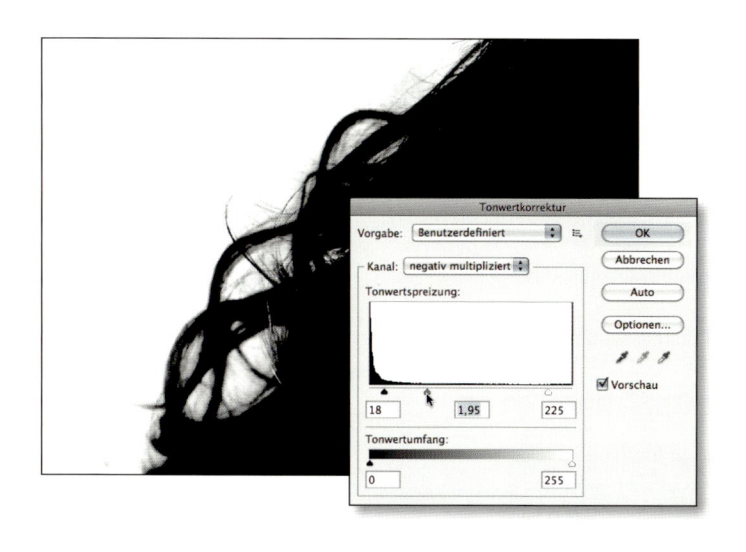

Halbtransparentes Freistellen

Mit den Fülloptionen gelingt die fließende Überblendung

Aufgaben:
Halbtransparente Auswahl
Grünen Farbbereich ausblenden
Auswahlebenen kombinieren
[Schleier.jpg und Fond.jpg]

Hochzeitsbilder nehmen in der Porträtfotografie einen nicht unerheblichen Anteil ein. Aufnahmen aus einer unromantischen Umgebung werden da gerne nachträglich auf einen neuen Hintergrund montiert. Wenn die Haare der Braut dabei von einem Schleier verhüllt sind, macht dies die Freistellungsaufgabe nicht unbedingt einfacher. In diesem Workshop sehen Sie, wie Sie mit einfachen Vorauswahlen und einer nachträglichen Überblendung der Farbbereiche diese Aufgabe ziemlich schnell bewältigen – gewusst, wie!

Foto: iStockphoto, © coreay Bild, 10191172

1 Vorder- und Hintergrund laden

In diesem Workshop kombinieren Sie Ihre Freistellung (»Schleier.jpg«) mit einem neuen Hintergrund (»Fond.jpg«). Am einfachsten und schnellsten geht das mit der Bridge.

Aktivieren Sie beide Ausgangsbilder mit gedrückter Strg/⌘-Taste, und wählen Sie innerhalb der Bridge aus dem Menü Werkzeuge • Photoshop • Dateien in Photoshop-Ebenen laden. Und genau das passiert dann auch.

2 Schnellauswahl

Am Anfang steht zunächst eine grobe Auswahl der Braut. Dazu können Sie ruhig das Schnellauswahlwerkzeug benutzen.

Fahren Sie mit dem Werkzeug über Person und Schleier, bis beides ausgewählt ist.

Die grobe Auswahl sollte Sie nicht stören. Das wird, wie gesagt, später gelöst.

3 Erste grobe Freistellung

Diese Auswahl wird jetzt über eine Maske freigestellt. Öffnen Sie dazu die Masken-Palette, und klicken Sie dort auf das Maskensymbol ❶. Sofort ist die Braut – vorerst noch grob – freigestellt, und der Hintergrund wird sichtbar.

Lesen Sie mehr über die Masken-Palette und ihre Optionen sowie über die alternativen Wege in CS 3 und früheren Photoshop-Versionen auf den Seiten 76–79.

Kapitel 8 | Freistellen

4 Ebene duplizieren

Die grob erstellte Auswahl werden wir jetzt auf zwei unterschiedliche Weisen überarbeiten, um dann am Schluss eine Kernauswahl der Person mit einer fließenden Auswahl für den Schleier kombinieren zu können.

Duplizieren Sie zuerst die Ebene, indem Sie sie auf das Symbol für eine neue Ebene ❸ ziehen. Laden Sie dann die eben erstellte Auswahl, indem Sie mit gedrückter [Strg]/ [⌘]-Taste auf das Maskensymbol ❷ klicken.

5 Auswahl verändern

Nicht erschrecken: Sie benutzen jetzt tatsächlich noch weiter das Schnellauswahlwerkzeug, um die obere Auswahl zu verkleinern.

Drücken Sie die [Alt]-Taste, so dass in der Werkzeugmitte ein Minus erscheint ❹, und fahren Sie dann über alle Bereiche, die nachher transparent auslaufen können – also um die eigentliche Person herum.

6 Im Maskierungsmodus

Sie haben es geahnt: Hier stößt das Schnellauswahlwerkzeug natürlich an seine Grenzen. Arbeiten Sie deshalb im Maskierungsmodus nach, den Sie durch einen Klick auf das Maskensymbol ❺ in der Werkzeugpalette aktivieren. Erweitern Sie jetzt mit dem Pinsel-Werkzeug, einer HÄRTE von ca. 75 % und weißer Vordergrundfarbe die Auswahlkante von Gesicht und Körper. Mit schwarzer Vordergrundfarbe maskieren Sie alle Bereiche, die später transparent ausgeblendet werden sollen.

7 Ebenenmaske überarbeiten

Den Maskierungsmodus verlassen Sie wieder über das gleiche Symbol in der Werkzeugpalette, oder Sie drücken einfach die Taste [Q]. Kehren Sie dann die Auswahl über [⇧]+[Strg]/[⌘]+[I] um, und stellen Sie sicher, dass die Ebenenmaske ❻ der oberen Ebene noch ausgewählt ist. Öffnen Sie über die gleichzeitig gedrückte [⇧]- und [←]-Taste den Befehl FLÄCHE FÜLLEN. Füllen Sie die Maske in der Auswahl mit 100 % Schwarz.

Die obere Ebene ist jetzt auf unkritische Bereiche ohne Schleier beschränkt.

8 Grün ausblenden

Wechseln Sie jetzt auf die mittlere, ursprüngliche Schleierebene. Mit einem Doppelklick öffnen Sie den Ebenenstil inklusive der FÜLLOPTIONEN und der darin befindlichen Funktion FARBBEREICH. Mit dieser Funktion können Sie Reste des grünen Hintergrundes ausblenden. Wechseln Sie im Popup-Menü auf GRÜN ❼. Der obere Verlaufsbalken ❽ repräsentiert alle Grüntöne dieser Ebene von dunkel bis hell. Schieben Sie das schwarze Dreieck ❾ so weit nach rechts, bis alle grünen Hintergrundpixel ausgeblendet sind.

9 Weiche Überblendung

Der Übergang muss natürlich fließend werden: Dazu halten Sie jetzt die [Alt]-Taste gedrückt und ziehen nur die linke Hälfte ❿ des kleinen, schwarzen Rechtecks wieder zurück.

So definieren Sie ein fließendes Ausblenden der Grüntöne.

Dieser Übergang ist unabhängig von einer Ebenenmaske, die Sie zusätzlich an den Rändern noch bearbeiten können, um die Randbereiche des Kleides vielleicht noch weicher auslaufen zu lassen.

Kapitel 8 | Freistellen 287

Auswahlen kombinieren
Verschiedene Auswahltechniken durch Kanäle kombinieren

Jetzt haben Sie schon so einige Auswahltechniken kennengelernt. Was tun Sie aber, wenn sich keine der Techniken für das ganze Motiv eignet? Dann müssen Sie die Auswahlen zwischenspeichern und am Schluss Ihre Zwischenergebnisse zu einer neuen Auswahl kombinieren. Auch hier hilft wieder die KANÄLE-Palette – wie, das sehen Sie auf den folgenden Seiten.

Aufgaben:
Haarfreistellung durch Kanalauswahl
Auswahl im Unschärfebereich
Kantenauswahl durch Werkzeuge
Sichern und Kombinieren von Auswahlen

[Auswahlkombi.jpg]

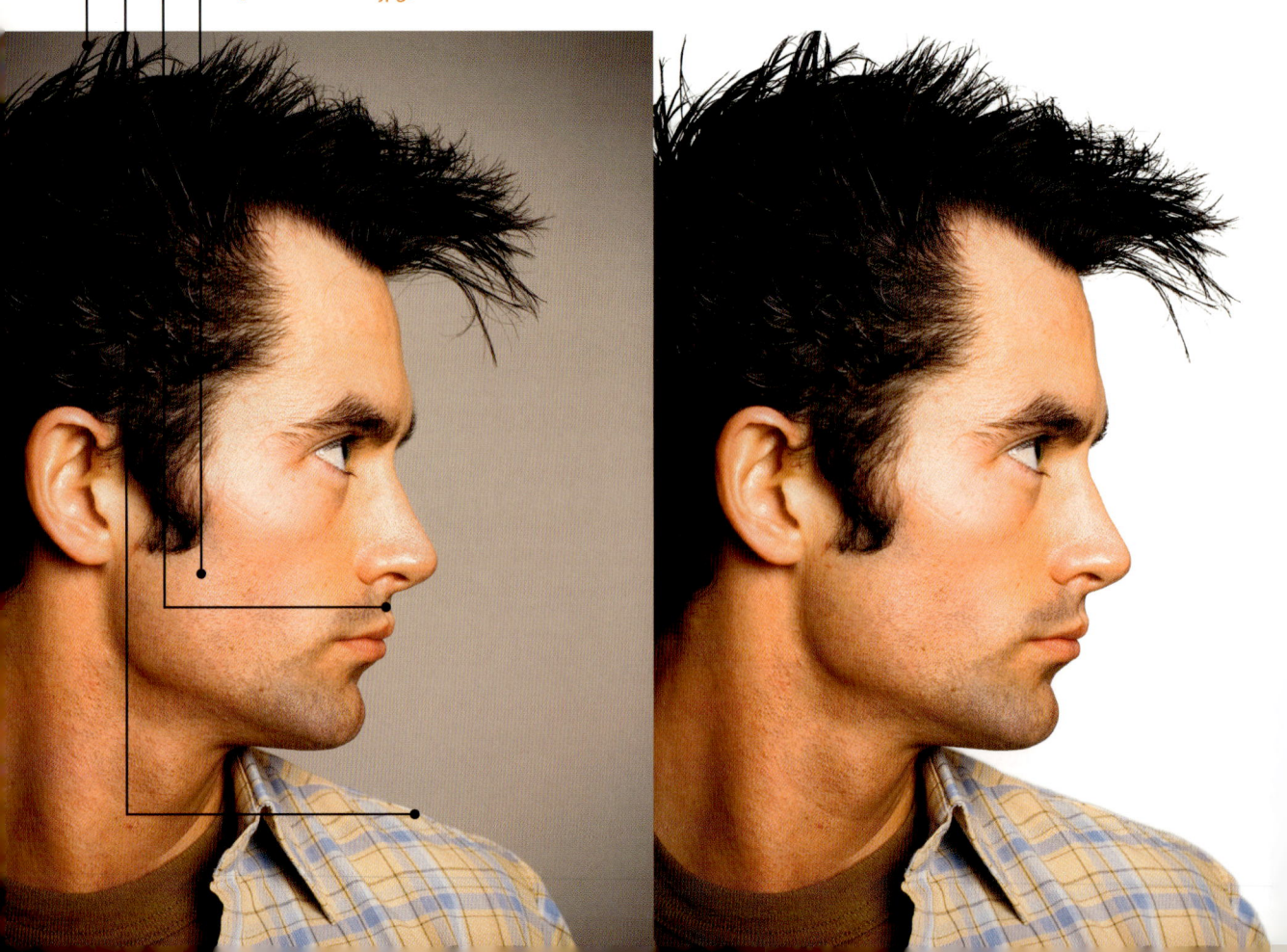

1 Kanal kopieren

Für die Haarauswahl nutzen Sie am besten wieder die Kanaltechnik. In diesem Motiv eignen sich fast alle Kanäle als Grundlage für einen Freistellungskanal. Ein guter Start ist der Blaukanal. Duplizieren Sie diesen in der KANÄLE-Palette, indem Sie ihn auf das Symbol ❶ ziehen.

2 Kontrast verstärken

Wie im Workshop »Kontrast der Farbkanäle nutzen« auf Seite 276 gezeigt, kombinieren Sie jetzt eine Kontraststeigerung in den GRADATIONSKURVEN mit einer weiteren TONWERTKORREKTUR, um die Tonwerte für den Kantenkontrast zu optimieren.

Steilen Sie zuerst die Gradation auf ❷, und ziehen Sie dann in der TONWERTKORREKTUR den Schwarz- und Weißregler so weit zusammen ❸, bis der Kontrast zwischen Haaren und Hintergrund abgegrenzt ist. Der Mittelwertregler steuert dann zusätzlich die Helligkeit.

3 Kanten optimieren

Der Schatten im Hintergrund ist problematisch, da er sehr nah an den Haarspitzen ist und daher eine exakte Trennung verhindert.

Nutzen Sie dafür das Abwedler-Werkzeug. Stellen Sie in den Werkzeugoptionen die LICHTER als Arbeitsbereich ein, und arbeiten Sie diesmal mit 100%iger BELICHTUNG.

Fahren Sie dann mit dem Werkzeug über die Haarspitzen, um den Hintergrund dahinter aufzuhellen und damit abzugrenzen.

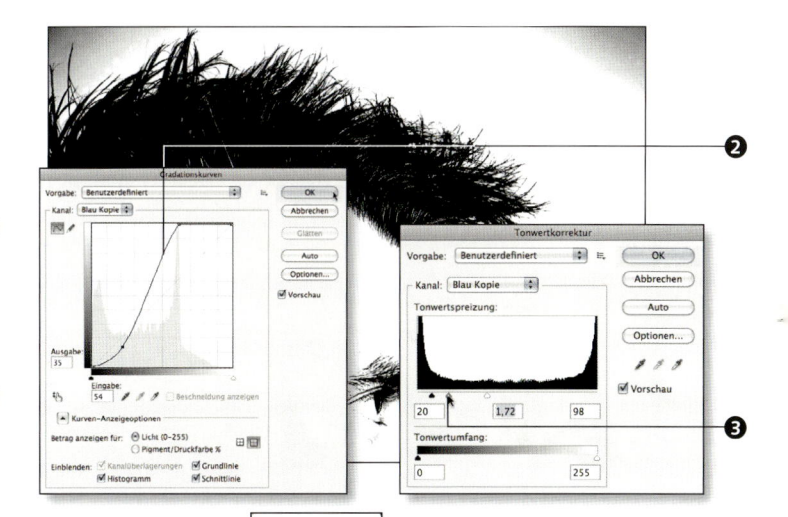

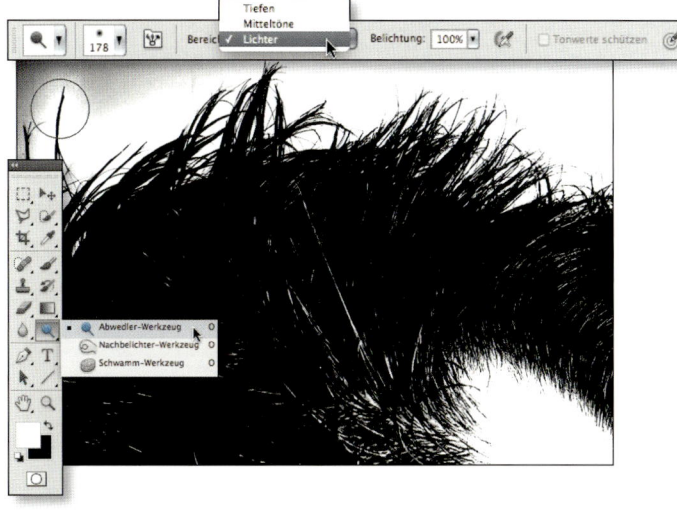

4 Maske zumalen

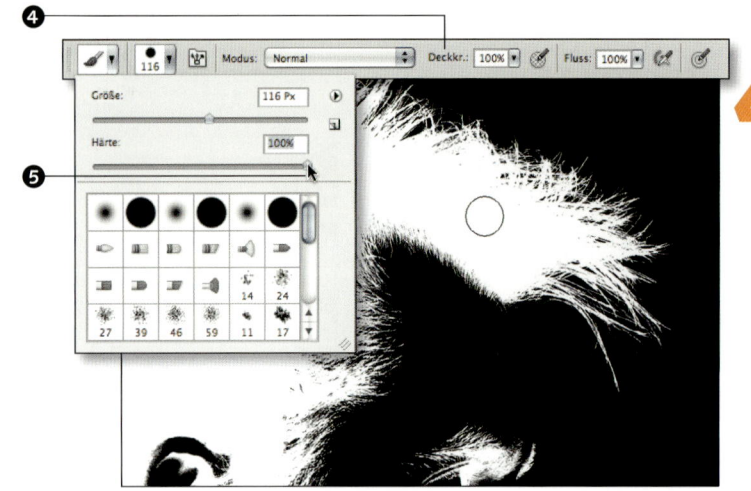

Jetzt sind die kritischen Kanten bearbeitet, und Sie können sich der restlichen Maske zuwenden. Bevor Sie diese mit dem Pinsel-Werkzeug in rein schwarze und weiße Zonen umwandeln, invertieren Sie den ganzen Kanal einmal über Strg/⌘ + I. So sind die späteren Auswahlbereiche jetzt schon weiß. Malen Sie mit einem harten Pinsel ❺ und 100%iger DECKKRAFT ❹ mit weißer Vordergrundfarbe die Haarfläche zu. Mit schwarzer Vordergrundfarbe maskieren Sie den Rest bis auf die Augenbrauen, die weiß bleiben.

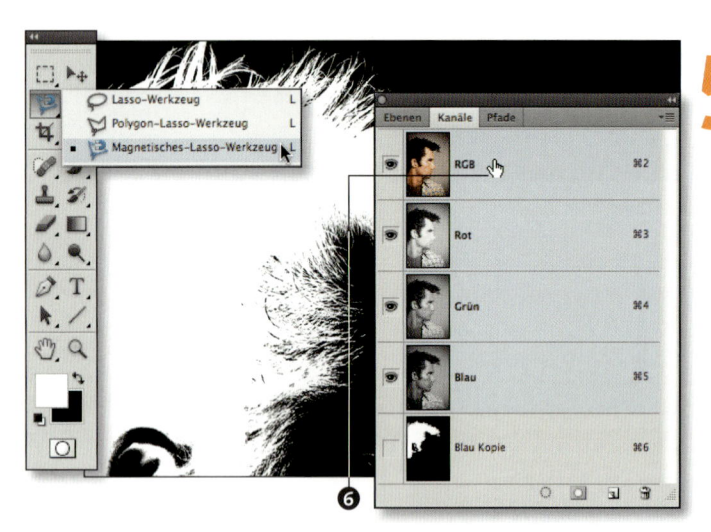

5 Kantenauswahl vorbereiten

Um das scharf abgegrenzte Gesicht auszuwählen, bietet sich das magnetische Lasso an, da es Kanten aufgrund des bestehenden Kantenkontrasts selbsttätig sucht.

Bevor Sie es aus der Werkzeugpalette wählen, aktivieren Sie aber zunächst in der KANÄLE-Palette wieder den RGB-Kanal ❻, um wieder auf dem Gesamtbild zu arbeiten.

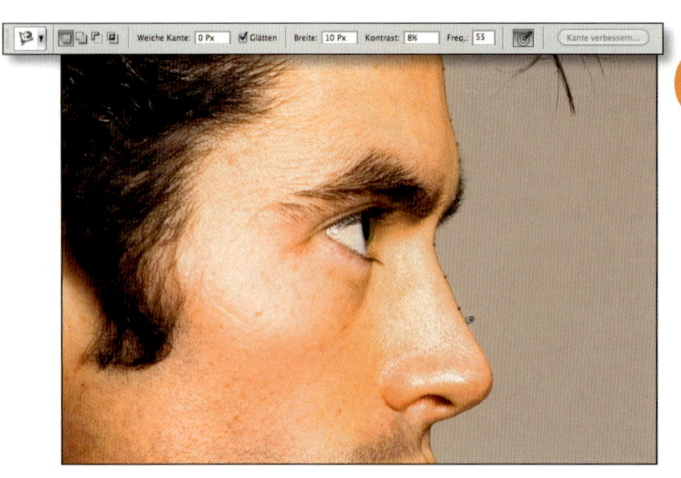

6 Das magnetische Lasso

Stellen Sie die Werkzeugoptionen auf eine BREITE von ca. 10 Pixeln – das ist die Auswahlzone, in der das Werkzeug nach dem größten Kontrast sucht. Der Bildkontrast an der Gesichtskante ist aber recht niedrig: Setzen Sie daher den KONTRAST ebenfalls auf unter 10 herab. Mit der FREQUENZ steuern Sie, wie viele Punkte für den Freistellungspfad gesetzt werden. Starten Sie mit einem mittleren Wert (ca. 55). Klicken Sie dann einmal auf den Stirnansatz und fahren das Gesicht mit dem Mauszeiger bis zum Kinn ab.

7 Zum Polygon-Lasso wechseln

Der Übergang von Kinn zu Kragen ist für das magnetische Lasso nicht gut zu meistern. Wechseln Sie daher mit gedrückter Alt -Taste beim nächsten Mausklick auf das Polygon-Lasso. So können Sie mit ein paar Klicks – bei immer gedrückter Alt -Taste – die Gesichtsinnenseite grob umrahmen und die Auswahl beim Ausgangspunkt an der Stirn wieder schließen ❼. Achten Sie darauf, dass Sie über den Haaransatz hinaus auswählen.

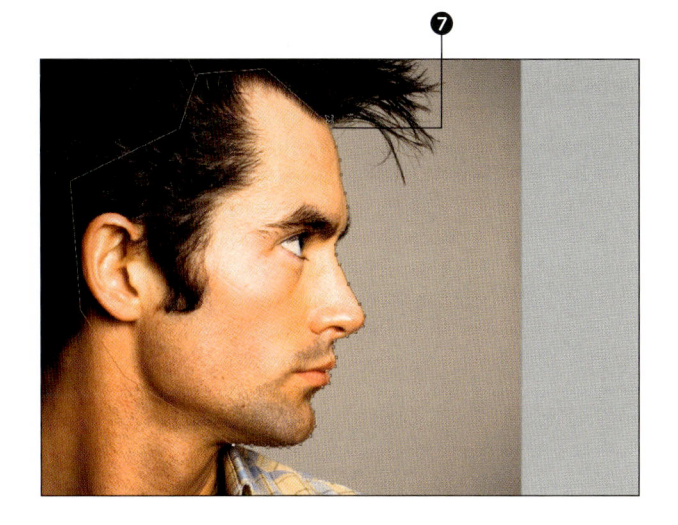

8 Auswahl erweitern und speichern

Wechseln Sie nun auf das Polygon-Lasso, und halten Sie die ⇧ -Taste gedrückt, um der bestehenden Auswahl weitere Bereiche hinzuzufügen. Umrahmen Sie grob mit ein paar Klicks den Rest der Person ❽. Lassen Sie aber die Hemdkante noch frei.

Speichern Sie diese Auswahl, indem Sie aus dem Auswahl-Menü den Befehl Auswahl speichern wählen. Benennen Sie die Auswahl, z. B. mit »Gesicht«. Die Auswahl wird damit als Alpha-Kanal gespeichert.

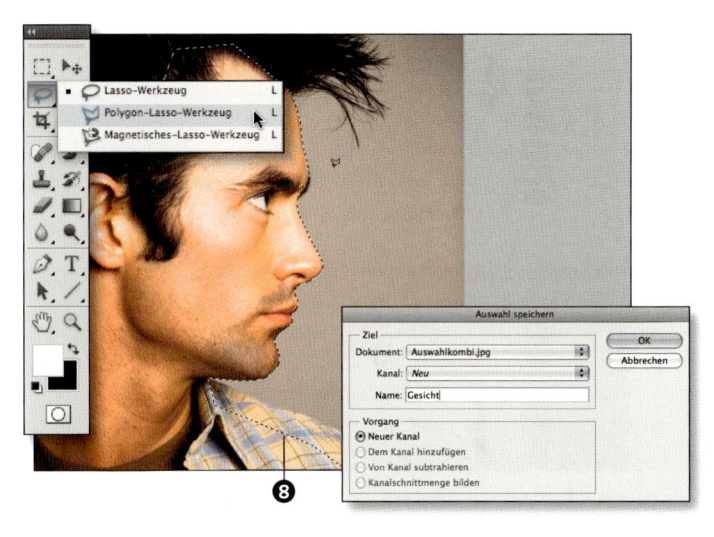

9 Mit der Schnellauswahl arbeiten

Für die Hemdauswahl bietet sich das Schnellauswahlwerkzeug an, das die wiederkehrenden Farben im Karomuster aufnehmen kann und ähnliche Farben in einer zusammenhängenden Fläche auswählt.

Fahren Sie mit einer nicht zu großen Werkzeugspitze über den Hemdbereich, bis er vollständig ausgewählt ist.

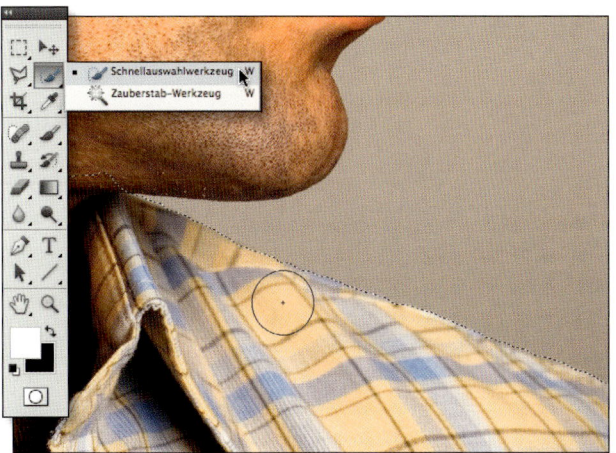

Kapitel 8 | Freistellen 291

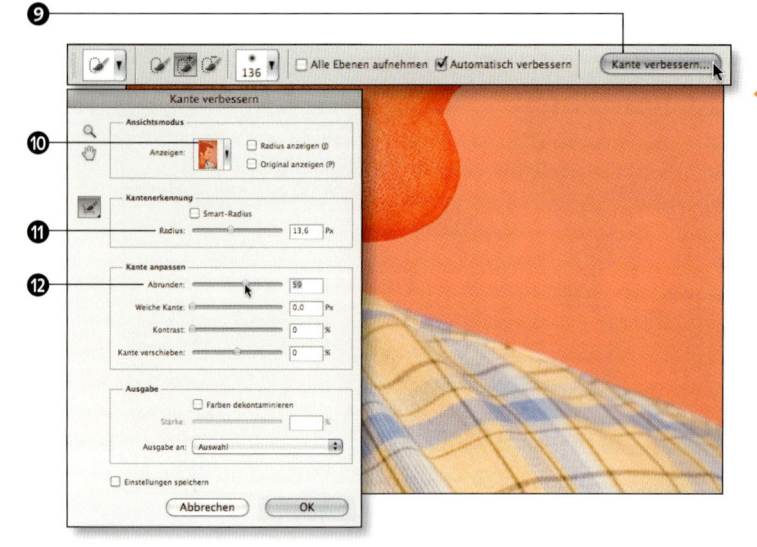

10 Auswahlkante verbessern

Um die Tiefenunschärfe an der Hemdkante nachzuempfinden, müssen Sie der Auswahl noch eine weichere Kante geben.

Klicken Sie in der Optionsleiste auf die Schaltfläche KANTE VERBESSERN ❾, und aktivieren Sie unter ANSICHTSMODUS • ANZEIGEN die Vorschau ÜBERLAGERUNG (V) ❿, um den Übergang von Vordergrund zu Hintergrund beurteilen zu können. Mit einem RADIUS ⓫ von ca. 13 Pixeln und einem ABRUNDEN-Wert ⓬ um 50 wird die Auswahl perfektioniert.

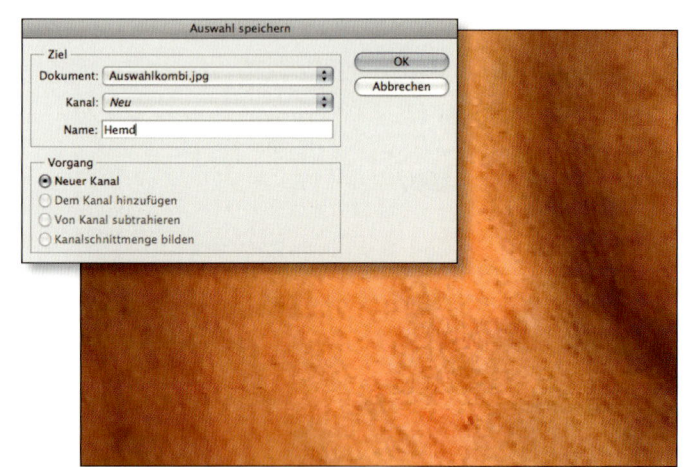

11 Weitere Auswahl speichern

Nachdem Sie das Arbeitsfenster mit OK verlassen haben, können Sie auch diese Auswahl wie in Schritt 8 beschrieben speichern.

Benennen Sie auch diese Auswahl (zum Beispiel mit »Hemd«), speichern Sie sie mit OK, und öffnen Sie anschließend die KANÄLE-Palette.

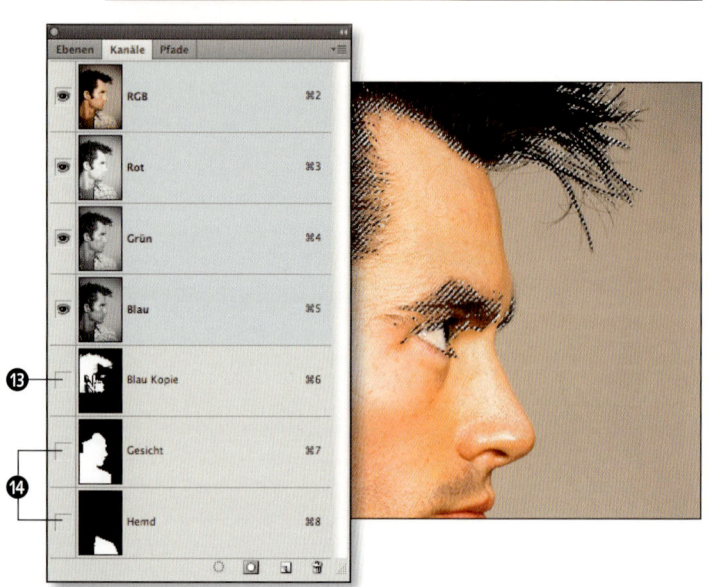

12 Auswahlen laden

In der KANÄLE-Palette sind alle drei Auswahlen ersichtlich: die Kanalkopie ⓭ genauso wie die beiden gespeicherten Auswahlen ⓮. Diese werden Sie jetzt kombinieren.

Klicken Sie mit gedrückter [Strg]/[⌘]-Taste auf einen der drei Kanäle. Dadurch wird die weiße und helle Pixelinformation als Auswahl geladen.

292   Kapitel 8 | Freistellen

13 Auswahlen addieren

Um alle gespeicherten Auswahlen zusammenzuführen, klicken Sie nacheinander auch auf die beiden anderen Kanäle und halten dabei die ⇧- und Strg/⌘-Taste gedrückt.

Im Ergebnis erhalten Sie eine Gesamtauswahl von Haaren, Gesicht und Hemd, inklusive der unscharfen, also halbtransparenten Bereiche. Oft offenbaren sich jetzt auch einige Unsauberkeiten und kleine fehlende Stücke in der Auswahl.

14 Im Maskierungsmodus

Im Falle von Unsauberkeiten korrigieren Sie diese am besten im Maskierungsmodus. Klicken Sie in der Werkzeugpalette auf das Maskensymbol ⓯, oder drücken Sie die Taste Q, um in den Maskierungsmodus zu wechseln.

Dort malen Sie mit schwarzem oder weißem Pinsel, je nachdem, ob Sie die Maske zumalen oder störende Maskenteile wegmalen wollen. Wenn die Maske perfekt ist, wechseln Sie wieder über das Maskensymbol oder die Taste Q in den Auswahlmodus.

15 Freistellungsmaske erstellen

Jetzt muss aus der mühsam erstellten Auswahl noch eine Freistellungsmaske – also eine Ebenenmaske – werden.

Öffnen Sie dafür die MASKEN-Palette, und klicken Sie bei aktiver Auswahl auf das Maskensymbol ⓰.

Ihre aus drei Kanälen kombinierte Auswahl wird so in eine Ebenenmaske umgewandelt.

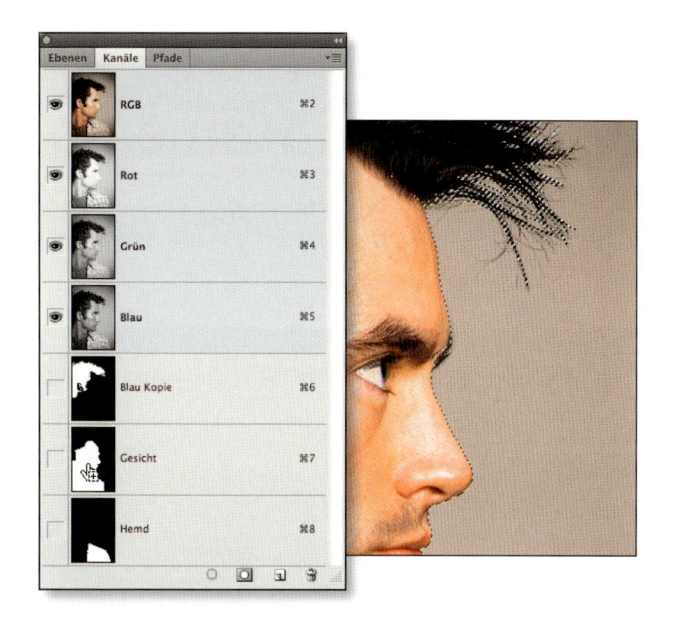

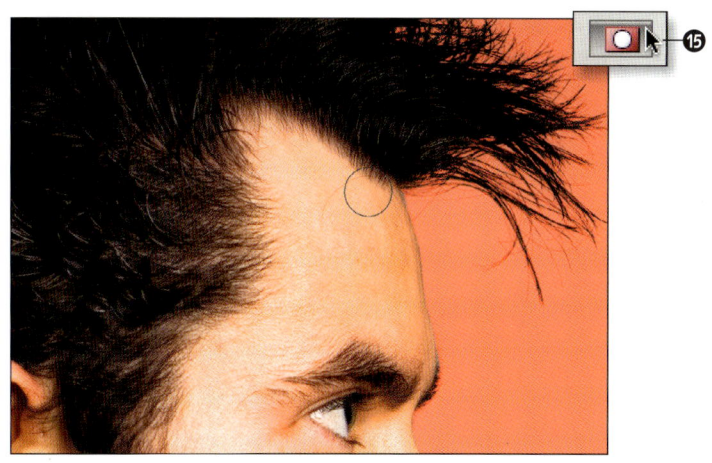

Kapitel 8 | Freistellen 293

Lichtkanten einpassen

Helle Freistellungskanten mit dem Hintergrund verrechnen

Aufgaben:

Helle Kanten überlagern

Obere Auswahl verkleinern

Partiell abdunkeln

[Freisteller.psd]

Die Stunde der Wahrheit schlägt, wenn das freigestellte Motiv auf einen neuen Hintergrund gesetzt wird, der sich in der Helligkeit stark vom ursprünglichen unterscheidet. Die Lösung hierbei ist nicht, die mühevoll erarbeitete Detailauswahl noch mehr zu verkleinern und damit Haare abzuschneiden. Legen Sie lieber mehrere Ebenen an, die durch unterschiedliche Überlagerungsmodi Aufgaben für verschiedene Haarteile übernehmen.

Foto: iStockphoto, © mindundalk, Bild 3398827

1 Hintergrundebene erstellen

Ziehen Sie das freigestellte Bild auf einen beliebigen dunklen Hintergrund, oder legen Sie eine einfarbige Hintergrundebene an.

Klicken Sie dafür auf das Symbol für eine neue Ebene ❶, und ziehen Sie diese unter die freigestellte Ebene. Klicken Sie dann auf das Vordergrundfarbfeld, und wählen Sie im sich öffnenden FARBWÄHLER eine dunkle, intensive Farbe – das macht es besonders schwer...

2 Hintergrund mit Farbe füllen

Über das Tastaturkürzel ⇧ + ⌫ öffnen Sie das Fenster FLÄCHE FÜLLEN.

Stellen Sie sicher, dass die Option TRANSPARENTE BEREICHE SCHÜTZEN ❷ nicht aktiviert ist, wählen Sie als INHALT die VORDERGRUNDFARBE, und füllen Sie über OK den Hintergrund mit der gewählten Farbe.

Da wird das Elend schon sichtbar: Die Reste des ursprünglichen hellen Hintergrundes sind natürlich noch in den transparenten Haarkanten enthalten und wirken hier unnatürlich.

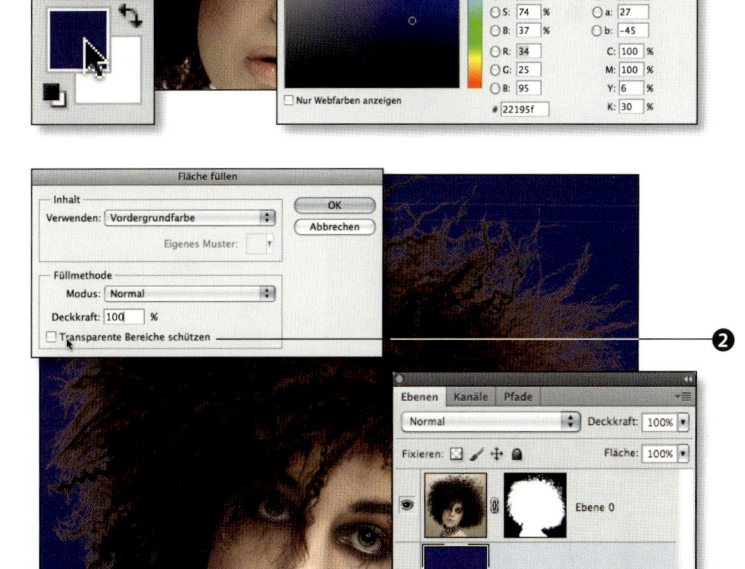

3 Aufgaben verteilen

Eine einfache Verkleinerung der Kanten würde hier nicht zufriedenstellen. Deshalb benötigen wir einen Kanal, der die Kanten bedient, und einen anderen Kanal für die nicht transparenten Anteile des Freistellers. Duplizieren Sie die Freistellerebene, indem Sie sie auf das Symbol für eine neue Ebene ❸ ziehen. Das macht zwar zunächst alles noch schlimmer, ist aber nur von kurzer Dauer. Benennen Sie am besten die Ebenen gleich durch einen Doppelklick. Die untere der beiden Ebenen wird für die Lichtkanten zuständig sein.

4 Haarspitzen überlagern

Die untere der beiden identischen Ebenen stellen Sie jetzt über das Popup-Menü ❹ in der EBENEN-Palette auf den Modus MULTIPLIZIEREN.

So sorgen die Pixel auf dieser Ebene nur für eine Abdunklung der darunterliegenden Ebene. Welchen Effekt das hat, werden Sie gleich sehen.

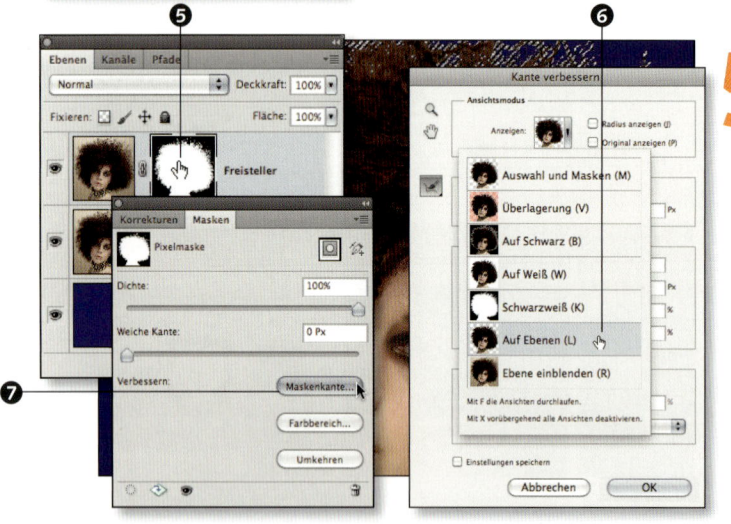

5 Ziel: Haarspitzen freilegen

Aktivieren Sie die obere Ebenenmaske ❺, und klicken Sie in der MASKEN-Palette auf die Schaltfläche MASKENKANTE ❼.

Stellen Sie zuerst die Vorschau AUF EBENEN (L) ❻ ein. Unser Ziel wird es gleich sein, diese Maske so weit zusammenzuziehen – also die Auswahl zu verkleinern –, bis die überlagernden Randpixel der darunterliegenden Ebene in den Haarspitzen zu sehen sind.

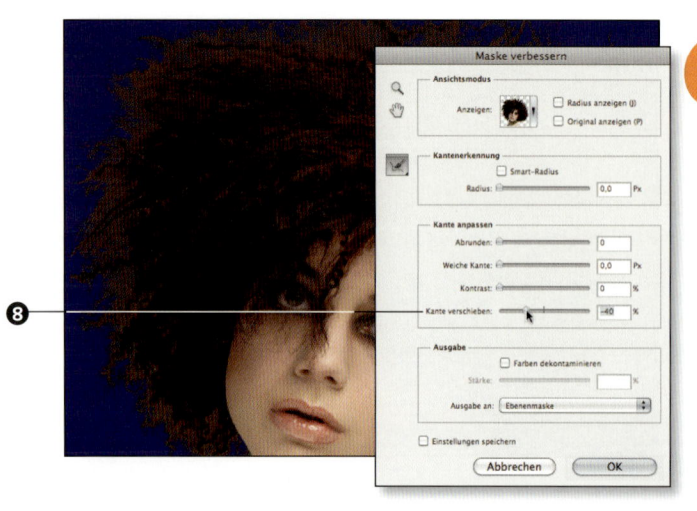

6 Auswahl verkleinern

Ziehen Sie die Auswahl – und damit die weißen Bereiche der Maske – über einen negativen Wert von ca. −40 % am Schieberegler KANTE VERSCHIEBEN ❽ zusammen.

So verkleinert sich die Auswahl der oberen Ebene, und es werden die abdunkelnden Randpixel der darunterliegenden Ebene sichtbar, die Sie in Schritt 4 erzeugt haben.

7 Übergang weichzeichnen

Trotzdem ist der Übergang der nicht transparenten Pixel der oberen Ebene zu den darunterliegenden Randpixeln noch nicht fließend.

Mit dem RADIUS ❾ zeichnen Sie nur diesen schmalen Kantenbereich weich und riskieren keine komplette Weichzeichnung der Maske. Sie können hier ruhig einen sehr hohen Wert von 60 bis 70 Pixeln benutzen, damit die Ebenen ineinanderfließen.

Verlassen Sie dieses Fenster durch OK.

8 Kritische Stellen nachbelichten

Für den oberen Teil der Haare sieht alles schon gut aus. In den unteren Haarspitzen flimmert es allerdings noch sehr – hier war der transparente Randbereich deutlich größer. Diesen Auswahlbereich müssen Sie also noch weiter verkleinern.

Benutzen Sie dazu das Nachbelichter-Werkzeug, und stellen Sie dessen Wirkungsbereich auf die LICHTER ❿, um die hellen Ränder der Maske an diesen Stellen nachzudunkeln.

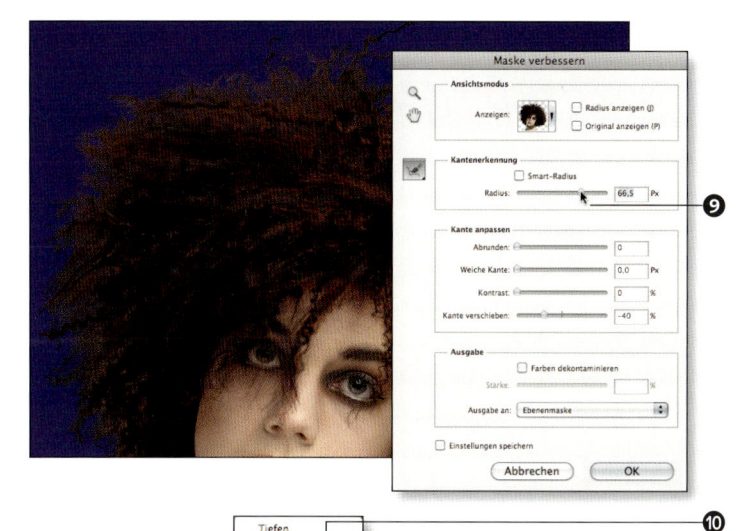

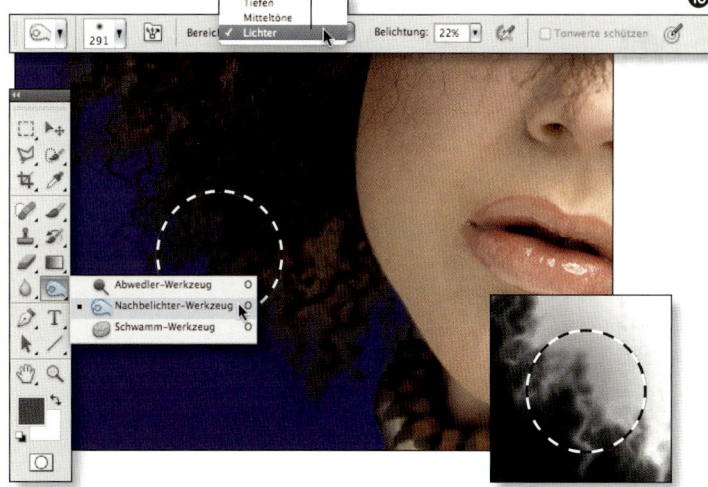

9 Den Hals retten

Die Haare passen sich jetzt schön in die Umgebung ein. Allerdings wird der Hals an den Maskenkanten jetzt auch überlagert. Korrigieren Sie das im letzten Schritt:

Duplizieren Sie die Lichtkantenebene, stellen Sie den Modus der neuen Ebene wieder auf NORMAL, und malen Sie auf der dazugehörigen Ebenenmaske ⓫ mit schwarzem Pinsel alles weg, was nicht zum Hals gehört. Schon passt das Gesamtbild.

Kapitel 8 | Freistellen 297

Tückisches Blond

Bei blonden Haaren ist alles noch schwieriger – oder doch nicht?

Blonde Haare haben besondere Eigenheiten, denn durch die transparente Haarstruktur wird deutlich mehr Licht oder Hintergrundfarbe durchgelassen und bleibt nachher an den Freistellungskanten »kleben«. Außerdem wechselt sich das helle Haar mit dunklen Schatten ab, was die Erstellung des Kontrastkanals nicht einfacher macht. Aber durch Kombination aller gelernten Techniken kommen Sie auch hier zum Ziel.

Aufgaben:
Kontrastkanal erstellen
Ränder verschwinden lassen
Überlagerung mit dem Hintergrund
Haarschatten integrieren

[blond.jpg]

1 Basiskanal suchen

Für diesen Workshop sollten Sie die anderen Workshops in diesem Kapitel schon einmal durchgearbeitet haben, denn jetzt laufen die Schritte etwas schneller ab.

Aber eins nach dem anderen: Zuerst wählen Sie aus der KANÄLE-Palette einen Basiskanal für die Freistellungsmaske.

Der Rotkanal bietet sich an, weil die blonden Haare hier sehr hell sind und die Schatten im Haar nicht ganz so stark sind.

2 Helle Pixel verstärken

Um die Haare inklusive der Schatten noch heller zu machen, nutzen Sie – ausgehend vom Rotkanal – die Kanalberechnungen aus dem BILD-Menü.

Wählen Sie als QUELLE 1 ❶ und QUELLE 2 ❷ den Rotkanal, und stellen Sie die FÜLLMETHODE auf NEGATIV MULTIPLIZIEREN ❸, um die hellen Anteile zu verstärken.

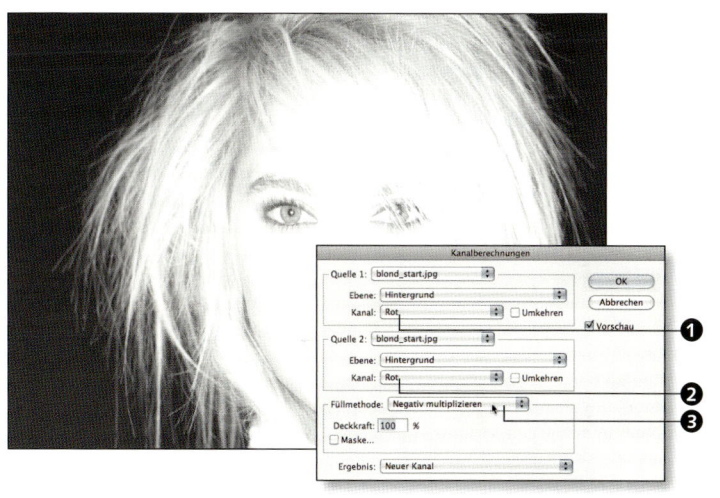

3 Pinselvorbereitung

Die Helligkeit im neu entstandenen Alpha-Kanal ist jetzt schon eine gute Ausgangsbasis. Malen Sie dennoch mit dem Pinsel-Werkzeug und weißer Vordergrundfarbe die Schatten im Haar zu, die nicht im Übergang von Haaren zu Hintergrund liegen. Das macht die folgende Kontraststeigerung einfacher.

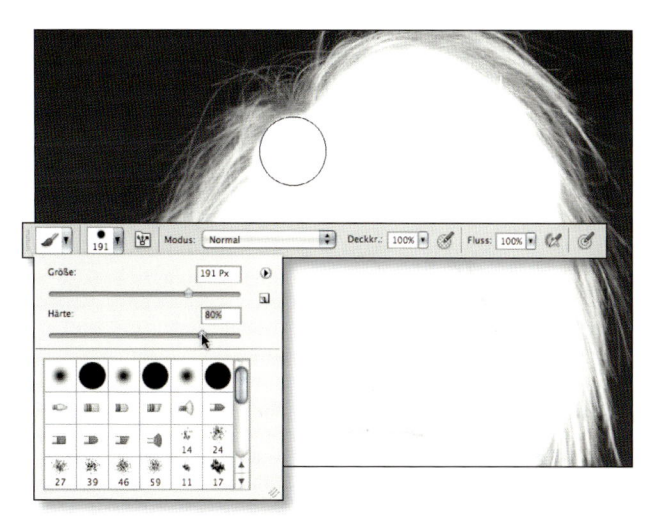

Kapitel 8 | Freistellen

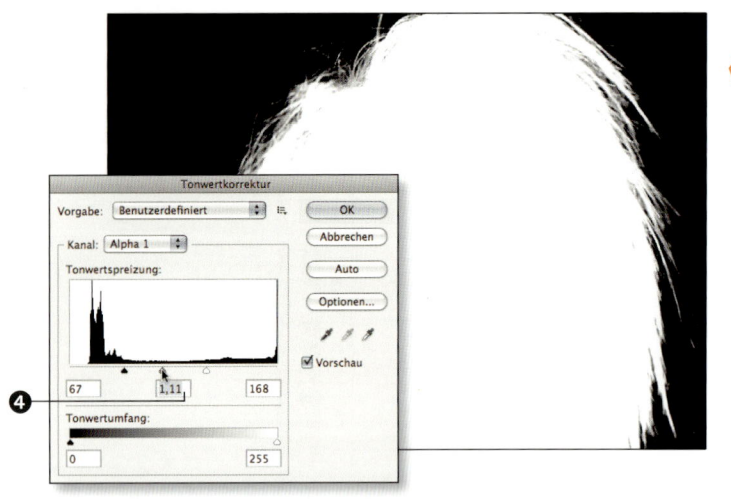

4 Tonwerte zusammenziehen

Aktivieren Sie die TONWERTKORREKTUR, um den Kontrast des Kanals zu steigern bzw. um den Tonwertumfang zur Abgrenzung der Haarkanten zu verringern.

Ziehen Sie dazu den Schwarz- und Weißregler so weit zusammen, bis die Flächen neben der Haarkante eindeutig schwarz und weiß erscheinen. Mit dem Mittelwertregler ❹ balancieren Sie die Grautöne an der Kante zwischen Schwarz und Weiß aus.

5 Auswahl erstellen

So vorbereitet, ist der Kanal eine gute Basis für die Freistellung. Klicken Sie in der KANÄLE-Palette auf den RGB-Kanal ❻, um das Gesamtbild wieder einzublenden.

Laden Sie dann mit einem ⌃Strg/⌘-Klick den erstellten Kanal als Auswahl ❼. Danach klicken Sie in der MASKEN-Palette auf das Maskensymbol ❺, um die Auswahl in eine Ebenenmaske umzuwandeln.

Das Zwischenergebnis macht nicht gerade Mut, aber wir sind ja noch nicht am Ende…

6 Hintergrund einfügen

Legen Sie jetzt eine neue, leere Ebene an, und füllen Sie sie mit einer eigenwilligen, nicht zu dunklen Hintergrundfarbe.

Ich habe dazu aus der Kleidung mit dem Pipette-Werkzeug 🖋 eine Vordergrundfarbe aufgenommen und mit dieser über die ⇧- und ⌫-Taste die Fläche gefüllt.

Über die Farbe kann man sich streiten, aber die Situation an der Freistellungskante wird jetzt wirklich prekär und damit zur echten Aufgabe.

7 Kantenebene erstellen

Jetzt kommen die eigentlichen Herausforderungen: Duplizieren Sie die freigestellte Ebene, und setzen Sie die untere der beiden auf den Modus NEGATIV MULTIPLIZIEREN ❽.

Diese Ebene ist für die blonden Haarspitzen zuständig, die sich jetzt hell mit dem Hintergrund verrechnen.

8 Haarspitzen freilegen

Wechseln Sie auf die Ebenenmaske ❾ der oberen Ebene. Diese Maske werden wir jetzt in den Randdetails stark abdunkeln – die Auswahl von außen her also verkleinern –, damit die hellen Haarspitzen der darunterliegenden Ebene sichtbar werden.

Benutzen Sie dafür das Nachbelichter-Werkzeug, das die LICHTER mit einer 100%igen BELICHTUNG, also ziemlich massiv, abdunkeln wird.

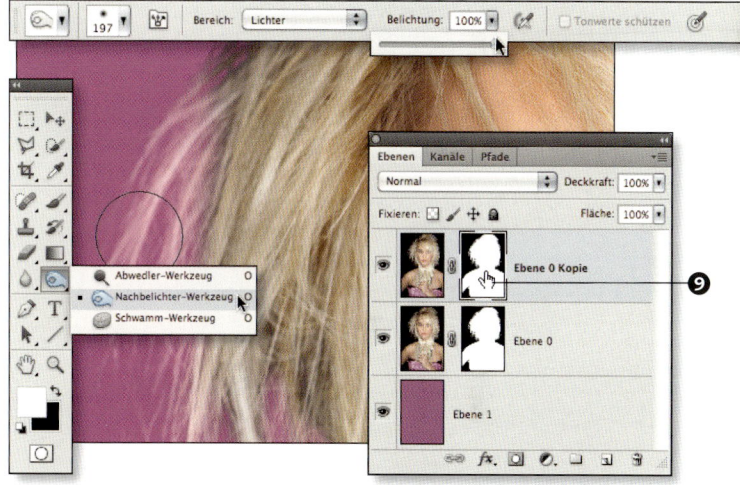

9 Die Arbeit ist getan

Mit ständig wechselnder Pinselgröße und Härte können Sie nach und nach mit dem Nachbelichter die Maske an den Rändern so weit abdunkeln, dass sich die hellen Haare aus der darunterliegenden Ebene ganz natürlich in den Rand einfügen.

Und damit ist Ihre Arbeit getan, und die blonde Freistellungsaufgabe ist bewältigt.

Der besondere Look

Jetzt sind Sie kurz vor dem Ziel. Die Standardretuschen und Belichtungskorrekturen sind pflichtbewusst erledigt, das Porträt ist perfektioniert, aber trotzdem fehlt noch etwas? Wenn Sie auf der Suche nach dem besonderen Etwas sind, möchte ich Ihnen im folgenden Kapitel Anregungen geben, wie Sie Ihre Porträts auf klassische Art und Weise, zum Beispiel durch Schwarzweißumsetzungen oder High-Key-Varianten veredeln können. Aber auch, wie Sie durch Kombinationen von Filtern, Korrekturen und Ebenentechniken einen ganz besonderen – ganz eigenen – Look entwickeln können, der leicht zu einem Markenzeichen werden kann.

Foto: Stefan Koch, Modell: Ursula Jenderko

Der besondere Look

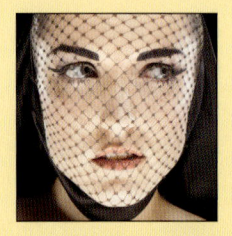

Kontrolliertes High-Key **306**
　Lichtdurchflutete Aufnahmen ohne ausfressende Lichter

Der Porzellanhauteffekt **310**
　Zarte, durchscheinende Haut mit Smartfiltern erzeugen

Zwischen Kontrast und Farbe **314**
　Ein schneller Weg zum besonderen Bild

Glamouröser Schein **316**
　Ein kühler Schimmer für den Diva-Look

Schwarzweiß: Die alte Schule 320
  Ein Schwarzweißbild aus den Helligkeitsinformationen entwickeln

Von Farbe zu Schwarzweiß 324
  Mit der SCHWARZWEISS-Funktion filtern Sie nach Wahl

Sepiatonung nach Wunsch 328
  Eine Tonung über Ebenen-Farbbereiche steuern

Coole Teiltonung 332
  Vergilbungseffekt durch partielle Einfärbung

Gestreutes Licht 336
  Lichtstrahlen und Körnung simulieren

Kapitel 9 | Der besondere Look

Kontrolliertes High-Key

Lichtdurchflutete Aufnahmen ohne ausfressende Lichter

High-Key-Umsetzungen sind besonders im Porträtstudio und bei Kosmetik-Beauty-Aufnahmen sehr beliebt. Leider wird ein High-Key oft durch schlichte Überbelichtung oder nachträgliches Aufreißen der hellen Tonwerte erzeugt. In diesem Workshop sehen Sie, wie Sie ein High-Key ohne Zerstörung der wertvollen Tonwerte herstellen.

Aufgaben:
Tonwerte aufhellen
Tonwertabrisse vermeiden
Intensive Details bewahren
Kippen der Farbe vermeiden

[Highkey.jpg]

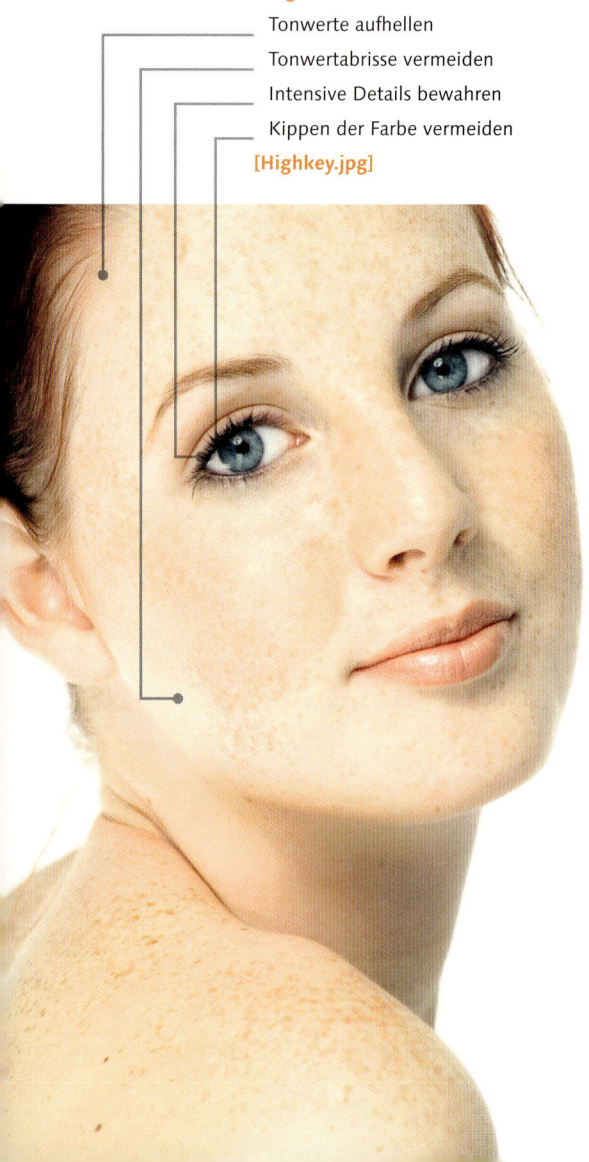

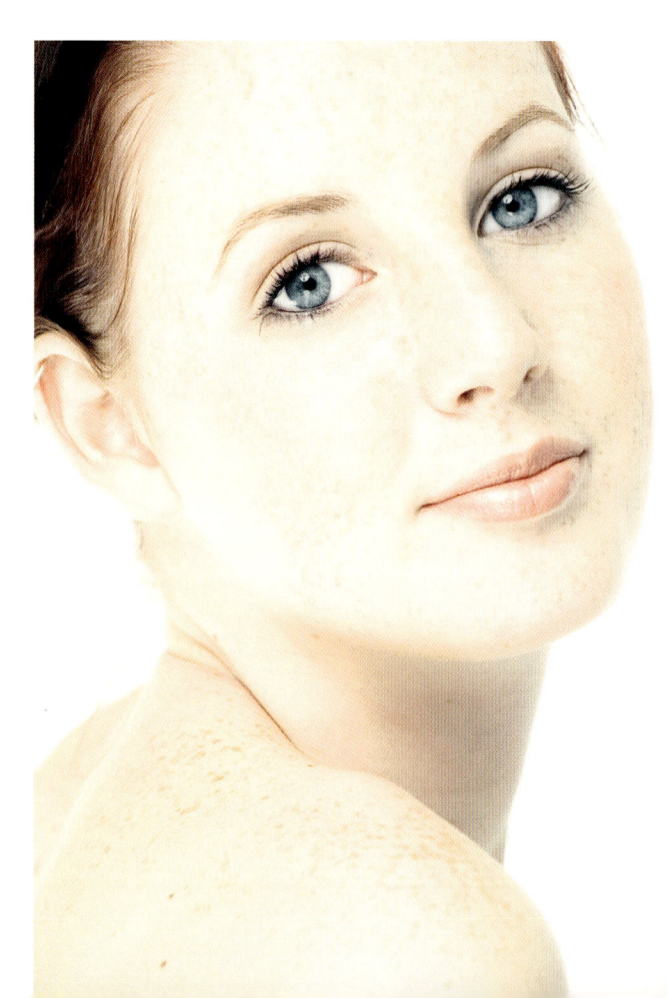

1 Tonwerte überprüfen
Bevor Sie ein High-Key-Bild angehen, überprüfen Sie doch mal die bestehenden Tonwerte. Öffnen Sie über das FENSTER-Menü das HISTOGRAMM. Hier wird Ihnen eine Statistik der Tonwerte von den Tiefen (links) bis zu den Lichtern (rechts) angezeigt. Kritisch wird es, wenn Tonwerte an der linken oder rechten Begrenzung »beschnitten« werden ❷. Über den KANAL ❶ wechseln Sie die Ansicht zwischen einer zusammengefassten RGB-Ansicht und einer differenzierten Statistik der Farbanteile.

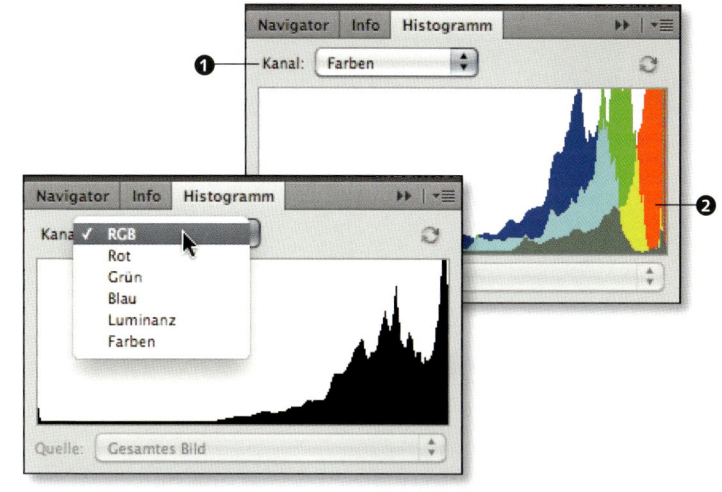

2 Start mit der Tonwertkorrektur
An dem Histogramm sehen Sie, dass die Lichter kritisch in den beschnittenen Bereich hineinzuragen scheinen. Das werden wir gleich genauer überprüfen.
  Zur Aufhellung der Tonwerte wählen Sie aus der KORREKTUREN-Palette die TONWERTKORREKTUR ❸.

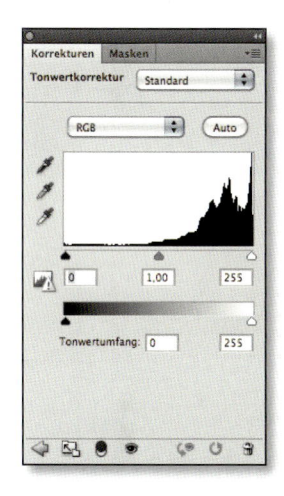

3 Lichter überprüfen
Bevor Sie Hand an die Tonwerte legen, überprüfen Sie, ob die Lichter wirklich beschnitten sind. Halten Sie dazu die ⌥-Taste gedrückt, und klicken Sie auf den Weißpunktregler ❹. Dadurch werden Ihnen durch weiße Pixel Bildbereiche angezeigt, die in allen drei Kanälen beschnitten sind – hier ist jedoch alles okay. Es zeigen sich wegen des hohen Rotanteils der Hauttöne nur ein paar rote Pixel. Wenn Sie nun das weiße Dreieck nach links ziehen, zeigen sich sofort die gefürchteten beschnittenen Lichter. Das ist also nicht der richtige Weg.

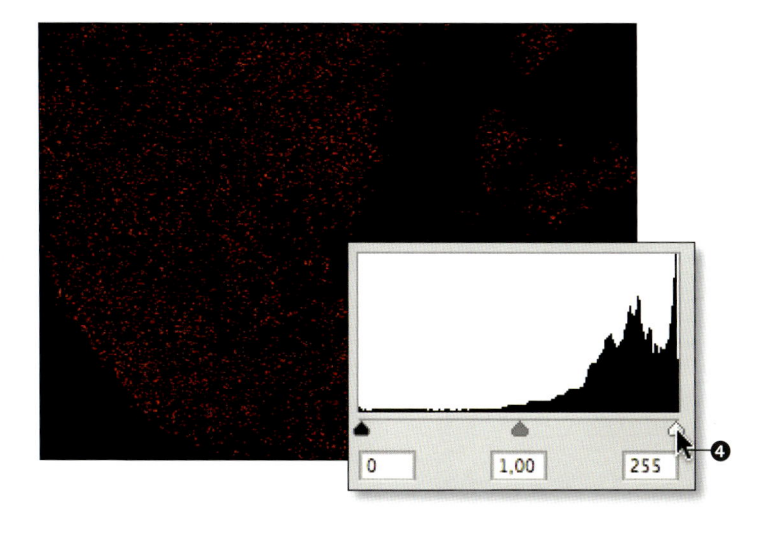

Kapitel 9 | Der besondere Look **307**

Mitteltöne aufhellen

4 Bearbeiten Sie stattdessen die Mitteltöne. Ziehen Sie den Mittelwertregler ❺ nach links in Richtung der wenigen dunklen Tonwerte.

Diese werden als neuer Mittelwert definiert, und so werden die gesamten Mitteltöne des Bildes aufgehellt.

Die Tonwertgrenzen in den Lichtern und Tiefen bleiben dabei allerdings erhalten.

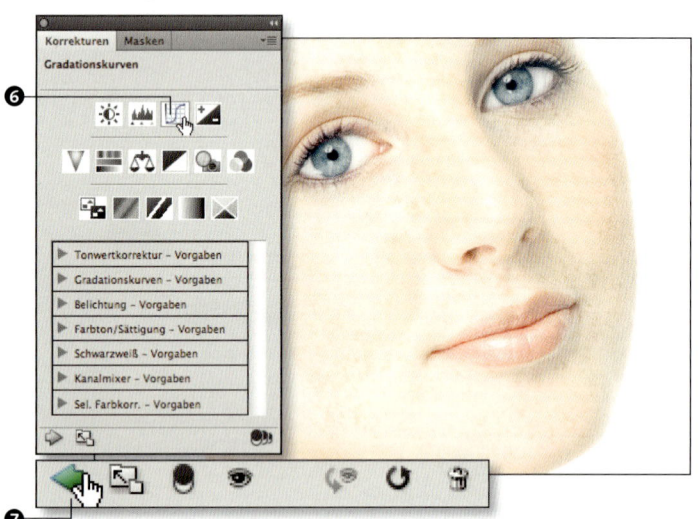

Gradationskorrektur hinzufügen

5 Das Bild ist jetzt heller geworden, hat allerdings auch an Kontrast verloren. Diesen können Sie jetzt über eine zusätzliche Kontrastkorrektur wieder herausarbeiten.

Wechseln Sie über den linken Pfeil ❼ in der unteren Leiste des Arbeitsfensters wieder zurück auf die KORREKTUREN-Palette, und klicken Sie dort auf das Symbol für die GRADATIONSKURVEN ❻.

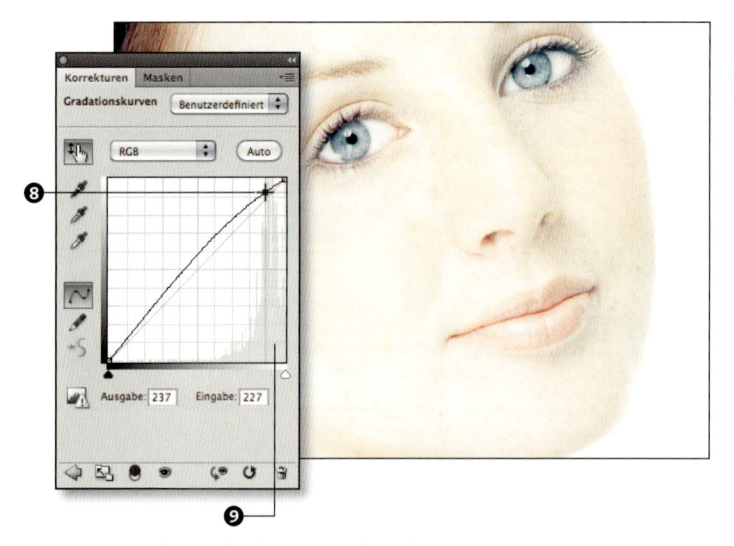

Lichter weiter aufhellen

6 Auch in den GRADATIONSKURVEN wird Ihnen ein Histogramm angezeigt ❾. Das macht es einfach, zu entscheiden, wo genau die Tonwerte für die Kontraststeigerung angezogen werden müssen.

Ziehen Sie zuerst die Kurve rechts in den Lichtern oberhalb der Histogrammspitze ❽ hoch. So werden die Lichter noch weiter aufgehellt.

Solange Sie allerdings nicht an »die Decke stoßen«, bleiben Ihre Tonwerte weiterhin in den geschützten Grenzen.

7 Erneute Lichterkontrolle

Machen Sie den Kontrolltest: Sie haben nun in den GRADATIONSKURVEN die Möglichkeit, mit dem Weißpunkt- und Schwarzpunktregler zu arbeiten und auch mit gedrückter [Alt]-Taste die beschnittenen Lichter oder Tiefen zu überprüfen.

Ein Klick mit gedrückter [Alt]-Taste auf den Weißpunktregler ❿ zeigt im Vorschaubild, dass auch die weitere Aufhellung keinerlei kritische Lichterzonen produziert hat.

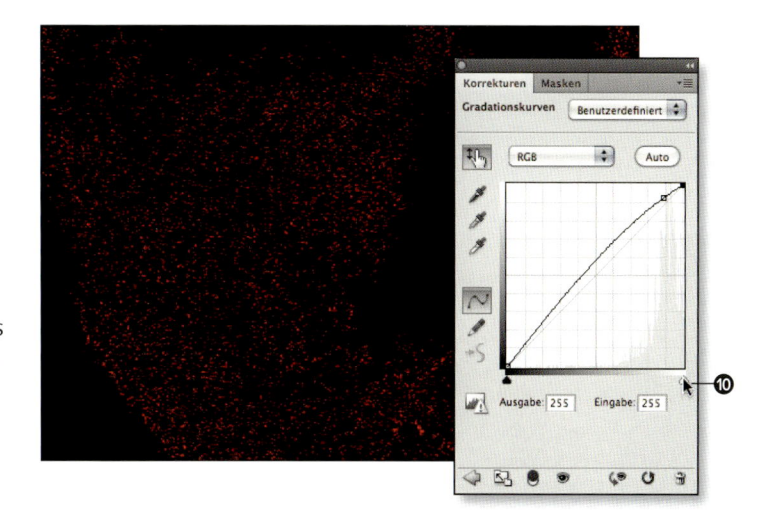

8 Schattendetails zurückholen

Der Kontrast ist aber in jedem Fall noch für die dunklen Details zu verstärken. Ziehen Sie die Kurve im unteren Tonwertbereich ⓫ weiter nach unten, bis die Tiefendetails in den Augen wieder satt erscheinen.

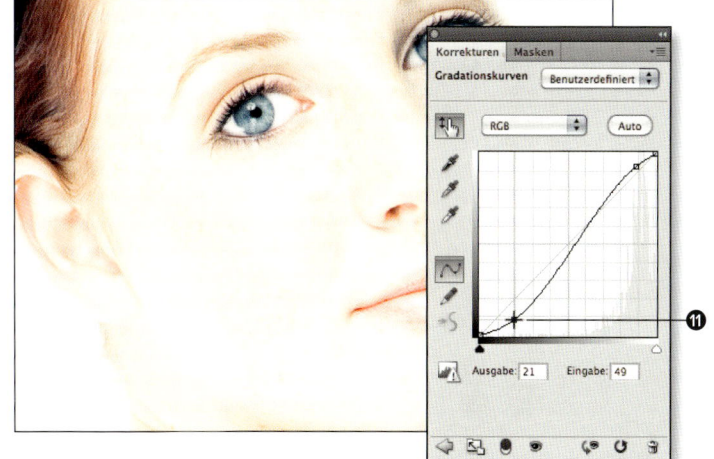

9 Farben stabilisieren

Bei der letzten Korrektur ist Ihnen sicher aufgefallen, dass auch die Farben durch die Kontrastkorrektur deutlich kräftiger wirken. Falls dies unerwünscht ist, können Sie nachträglich die Wirkung der Gradationskurvenkorrektur auf den Helldunkelkontrast beschränken.

Ändern Sie dazu in der EBENEN-Palette den Modus für die zuletzt entstandene, obere Einstellungsebene auf LUMINANZ ⓬. So erhält Ihre High-Key-Umsetzung die farbliche Neutralität zurück.

Kapitel 9 | Der besondere Look   309

Der Porzellanhauteffekt

Zarte, durchscheinende Haut mit Smartfiltern erzeugen

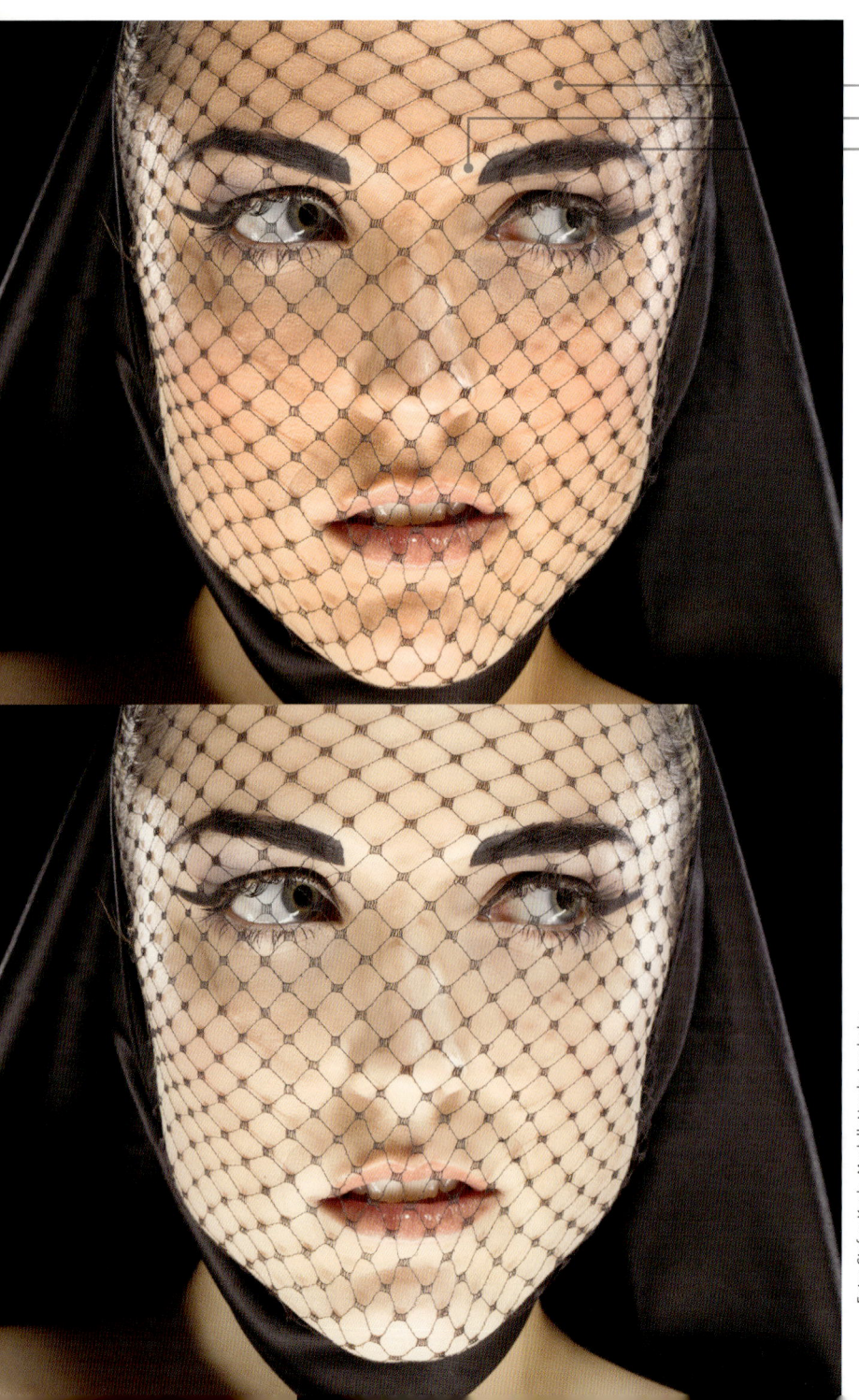

Aufgaben:

Hautdetails weichzeichnen
Helle, schimmernde Hauttöne
Tiefendetails maskieren

[Bleach.jpg]

Eine Porzellanhaut zu erstellen bedeutet nicht nur eine Aufhellung der Hauttöne, sondern auch eine sanfte Überlagerung, die die Hautstruktur glättet. Durch Ausnutzung von Überlagerungsmodi und Deckkrafteinstellungen der Smartfilter-Ebenen können Sie mit nur einer Weichzeichnereinstellung den Porzellanhauteffekt spielend erreichen. Mehr Aufmerksamkeit sollten Sie der Maskierung von Details gönnen. Dabei helfen Ihnen eine vorweg erstellte Luminanzmaske und die Ausnutzung des SCHWELLENWERTS im Filtermenü.

Foto: Stefan Koch, Modell: Ursula Jenderko

1 Filterarbeit vorbereiten

Die nachfolgende Arbeit lebt davon, dass Sie sie nachträglich noch feinjustieren. Deshalb müssen Sie mit editierbaren Smartfiltern arbeiten.

Voraussetzung dafür ist, dass Ihre Hintergrundebene in ein Smart-Objekt umgewandelt wird. Wählen Sie beispielsweise den Weg über die Optionen der EBENEN-Palette und dort den Befehl IN SMART-OBJEKT KONVERTIEREN ❶.

2 Maskierungsgrundlage suchen

Bevor Sie eine Weichzeichnung starten, sollten Sie dafür sorgen, dass diese nur helle Hautzonen betrifft. Eine solche Auswahl scheint auf den ersten Blick sehr komplex.

Öffnen Sie dazu die KANÄLE-Palette, und klicken Sie auf die einzelnen KANÄLE-Namen, damit diese jeweils sichtbar werden. Der Rotkanal ❷ bietet eine sehr gute Grundlage für eine Maske, weil die Haut mit einem hohen Rotanteil sehr hell wirkt und einen starken Kontrast zu den dunklen Details bildet.

3 Luminanzauswahl erstellen

Diese Kanalinformation kann jetzt 1:1 als Auswahl geladen werden. Vorher aktivieren Sie aber noch durch einen Klick den RGB-Kanal ❸, um das gesamte Bild wieder sichtbar zu machen.

Dann klicken Sie mit gedrückter `Strg`-Taste auf die Kanalminiatur ROT, um die entsprechende Auswahl zu laden.

Je heller die Pixel im Kanal sind, desto mehr wird von diesem Bildbereich ausgewählt.

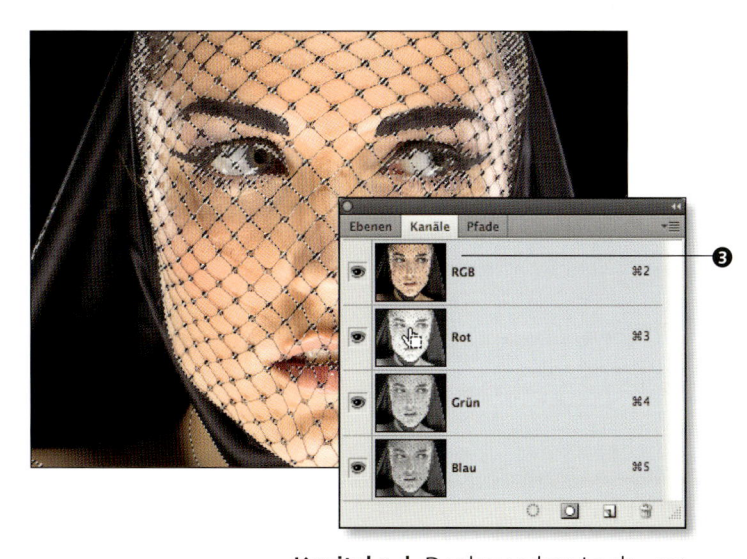

Kapitel 9 | Der besondere Look

4 Haut matter machen

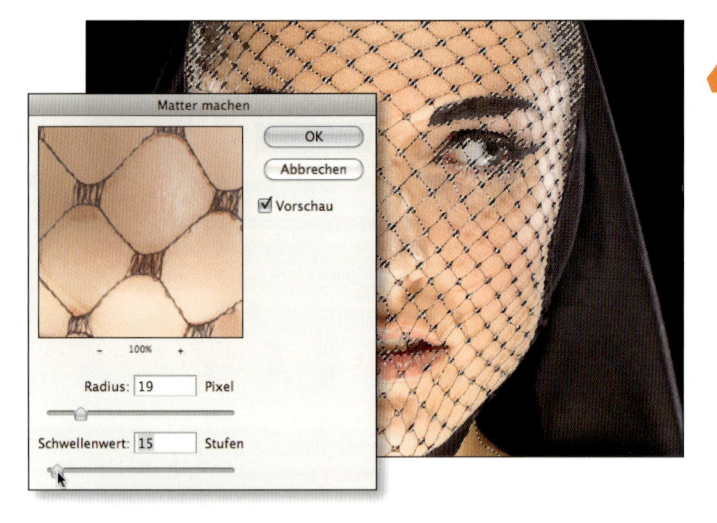

Mit dieser Auswahl wählen Sie aus dem Menü FILTER • WEICHZEICHNUNGSFILTER • MATTER MACHEN. Diese Weichzeichnung glättet die Haut sehr stark und ist daher als Überlagerungseffekt gut geeignet.

Um ein Ausweiten der Weichzeichnung auf die Details (wie das schwarze Netz) zu verhindern, sollten Sie den SCHWELLENWERT auf einen Wert von ca. 15 herabsetzen. Danach justieren Sie die Stärke der Weichzeichnung, bis eine gleichmäßige Glättung eingetreten ist.

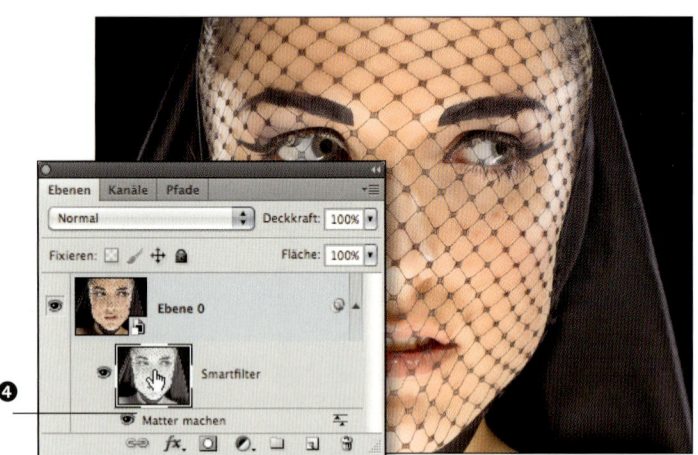

5 In der Ebenen-Palette

In der EBENEN-Palette ist jetzt eine Smartfilter-Ebene ❹ entstanden, deren Maske die Kanalauswahl von eben widerspiegelt. So findet die Filterwirkung wirklich nur in den hellen Masken- und damit Hautbereichen statt.

Um die Wirkung ganz aus den Tiefendetails herauszuhalten, sollten Sie den Kontrast der Maske aber noch verstärken. Dafür klicken Sie mit `Strg`/⌘ auf die Maske, um die Auswahl wieder zu laden.

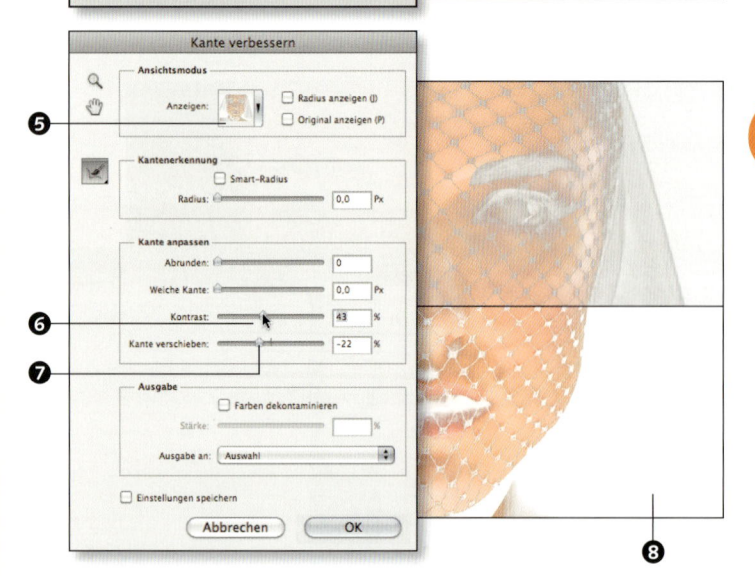

6 Filtermaske verstärken

Wählen Sie als Nächstes aus dem Menü AUSWAHL • KANTE VERBESSERN, und stellen Sie über die Taste `W` den ANSICHTSMODUS auf einen weißen Hintergrund ❺.

Um nun den KONTRAST der Maske zu erhöhen, schieben Sie den gleichnamigen Regler auf ca. 40% ❻ und verkleinern gleichzeitig die Auswahl etwas über den Regler KANTE VERSCHIEBEN ❼. Damit ist der Grauschleier aus der Maske verschwunden ❽. Schließen Sie den Vorgang und das Fenster mit OK ab.

312 Kapitel 9 | Der besondere Look

7 Weichzeichnung überlagern

Die kontrastreichere Auswahl ist nun sichtbar, allerdings noch nicht auf die Filtermaske übertragen worden. Wählen Sie deshalb AUSWAHL • AUSWAHL SPEICHERN und unter KANAL ❿ die EBENE 0 FILTERMASKE sowie unter VORGANG die Option KANAL ERSETZEN ❾.

Damit die Hauttöne nun nicht komplett »weggebügelt« werden, sollten Sie die Weichzeichnung transparent überlagern lassen. Doppelklicken Sie auf das kleine Reglersymbol, um in die FÜLLOPTIONEN zu gelangen, und stellen Sie die DECKKRAFT des Filters auf ca. 75 %.

8 Filter duplizieren

Zur transparenten Porzellanwirkung fehlt noch der aufhellende Schimmer. Dazu benutzen Sie einfach erneut den Weichzeichnungsfilter MATTER MACHEN.

Duplizieren Sie den bestehenden Filter, indem Sie die [Alt]-Taste gedrückt halten und die Filterebene nach oben schieben, bis eine dicke schwarze Linie ⓫ anzeigt, dass ein weiterer Filter eingefügt wird.

9 Einen hellen Schimmer erzeugen

Auch für diesen oberen Filter wechseln Sie über einen Doppelklick auf das Reglersymbol ⓭ in die FÜLLOPTIONEN (siehe Schritt 7).

Diesmal ändern Sie den MODUS ⓬ auf NEGATIV MULTIPLIZIEREN – damit verstärken sich alle hellen Bildpixel durch den Filter. Reduzieren Sie dann noch die DECKKRAFT auf ca. 50 %. So gestalten Sie die schimmernde porzellanähnliche Wirkung für die ausgewählten Hauttöne.

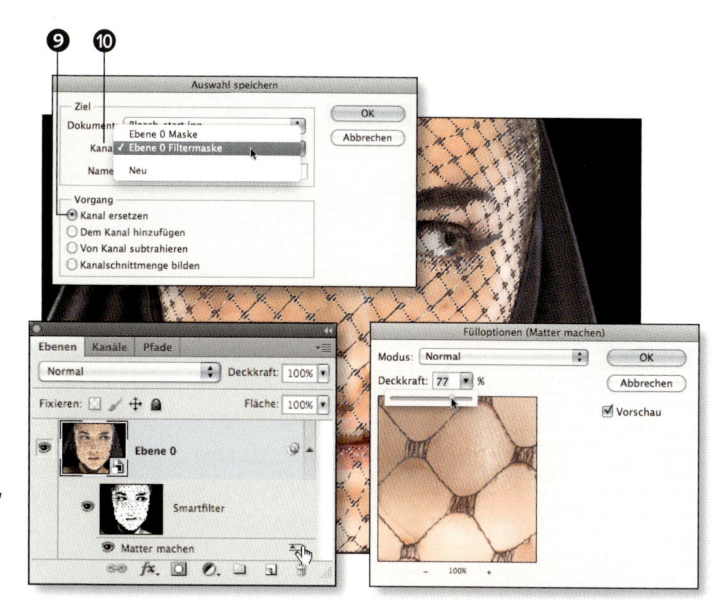

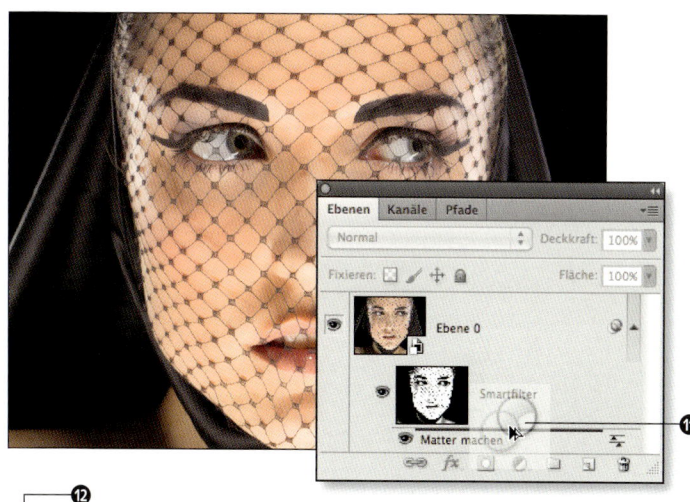

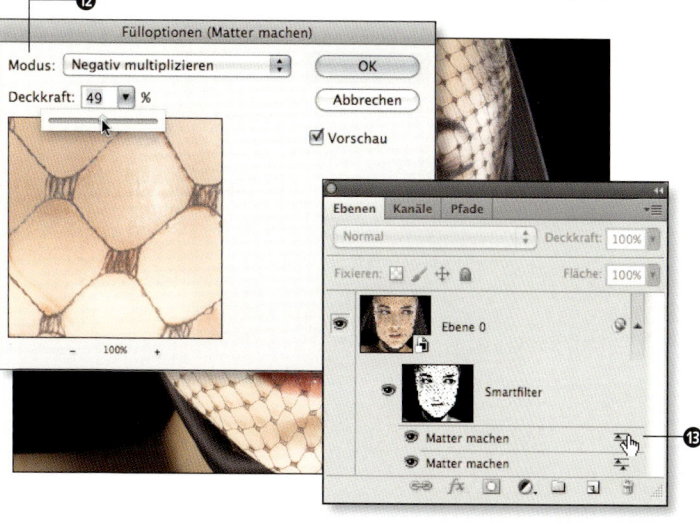

Kapitel 9 | Der besondere Look

Zwischen Kontrast und Farbe

Ein schneller Weg zum besonderen Bild

Einen besonderen Reiz haben People-Aufnahmen, die einen überzogenen Kontrast mit reduzierter Sättigung kombinieren. Natürlich gibt es viele Wege, eine solche Wirkung zu erzeugen. Ich möchte Ihnen in drei kleinen Schritten einen besonderen Effekt zeigen, der durch Überlagerung einer Schwarzweißebene zustande kommt.

Aufgaben:

Extremen Bildkontrast aufbauen

Farbsättigung durch Schwarzweißüberlagerung reduzieren

Ausgewählte Farben intensivieren

[Cross.jpg]

1 Ebenenüberlagerung vorbereiten

Beginnen Sie in der KORREKTUREN-Palette. Wenn Sie auf das Symbol für die SCHWARZWEISS-Funktion ❶ klicken, halten Sie gleichzeitig die Alt-Taste gedrückt.

Durch diesen Trick schaltet sich ein Fenster dazwischen, in dem Sie von vornherein den Überlagerungsmodus ❷ für die folgende Einstellungsebene wählen können.

Wählen Sie hier INEINANDERKOPIEREN, und klicken Sie auf OK.

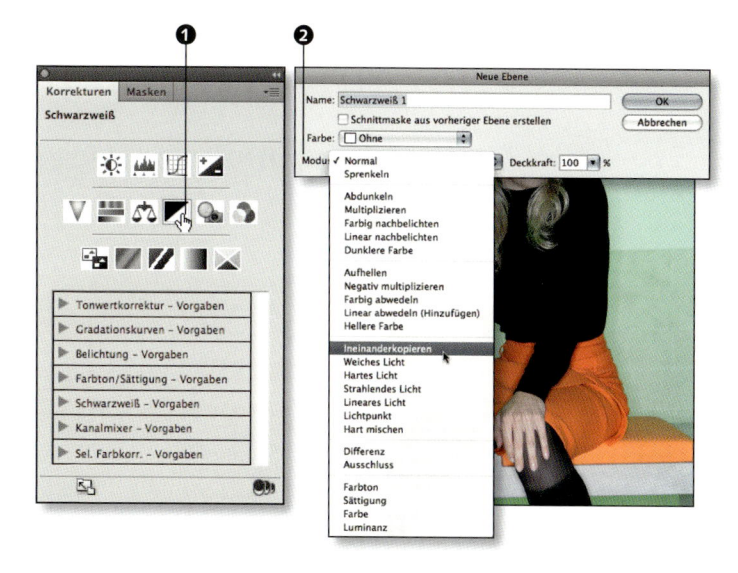

2 Schwarzweiß und Farbe

Schon beim Öffnen des SCHWARZWEISS-Arbeitsfensters können Sie die Wirkung des Modus INEINANDERKOPIEREN im Vorschaubild beurteilen: Durch das überlagerte Schwarzweißbild werden sowohl die Lichter als auch die Tiefen verstärkt, was gleichzeitig eine Entsättigung der Farben zur Folge hat. So ist es zwar ein spannendes Ergebnis, aber dieses können Sie noch motivgerecht anpassen.

Tipp: Mehr zur SCHWARZWEISS-Funktion finden Sie ab Seite 324.

3 Farbliche Schwerpunkte setzen

Durch die Schieberegler für die Farbsegmente können Sie die Gewichtung für die überlagernde Schwarzweißvariante bearbeiten. Ein dunklerer Ton im Schwarzweißbild hat eine Intensivierung von Farbe und Kontrast für dieses Farbsegment im Gesamtbild zur Folge. Hier habe ich durch eine Erhöhung der GELBTÖNE die Haut aufgehellt, und gleichzeitig durch eine Absenkung der ROTTÖNE die Lippen, die Wangen und vor allem den roten Rock betont. Für den noch stärkeren Kontrast wurden dann noch die GRÜNTÖNE etwas aufgehellt.

Kapitel 9 | Der besondere Look

Glamouröser Schein

Ein kühler Schimmer für den Diva-Look

Aufgaben:

Lichtschimmern überlagern
Kontrast verstärken
Kühle Farbtemperatur überlagern

[Glamour.jpg]

Es gibt viele Möglichkeiten, ein Porträt in eine abgehobene Stimmung zu versetzen. Anstatt auf altbewährte Rezepte zurückzugreifen, können Sie auch erst einmal in den bestehenden Filtern stöbern. Für den nebenstehenden Glamour-Effekt sind zwei intensive Weichzeichnerebenen inklusive eines kühlen Fotofilters verantwortlich. Wichtig bei so intensiven Filterausflügen: Duplizieren Sie die Originalebene auch bei dem Einsatz von Smartfiltern. So können Sie die Gesamtwirkung noch abstufen.

Foto: Oana Szekely, Modell: Ursula Jenderko

1. Doppeltes Smart-Objekt

Natürlich sollte eine Filterkombination nur auf ein Smart-Objekt angewendet werden. Starten Sie deshalb im FILTER-Menü mit dem Befehl FÜR SMARTFILTER KONVERTIEREN.

Duplizieren Sie die Smart-Objekt-Ebene gleich, indem Sie sie auf das Seitensymbol ❶ der EBENEN-Palette ziehen.

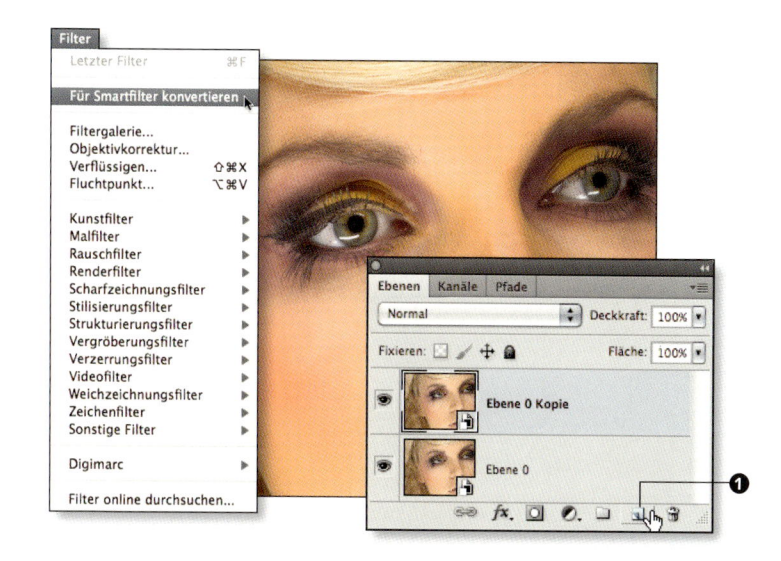

2. Von massiver Weichzeichnung …

Jetzt beginnen Sie mit der Weichzeichnung. Für einen schimmerartigen Effekt eignet sich am besten der klassische GAUSSSCHE WEICHZEICHNER, den Sie im FILTER-Menü unter den WEICHZEICHNUNGSFILTERN finden.

Arbeiten Sie hier mit hohen Werten zwischen 50 und 70 Pixeln, damit das Porträt völlig verschwommen wirkt.

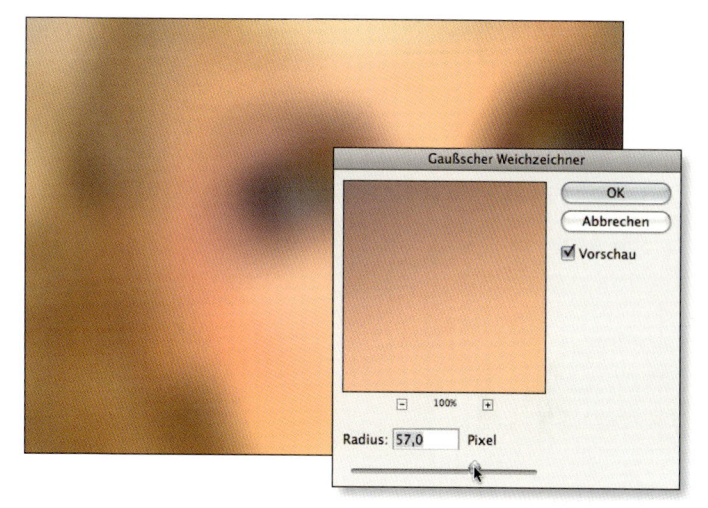

3. … zum leichten Schimmer

Typisch für eine Filterarbeit mit einem Smart-Objekt ist die entstandene Smartfilter-Ebene ❷. Über diese können Sie die Filterwirkung jetzt gleich mit dem Original verrechnen.

Über einen Doppelklick auf das Reglersymbol ❸ gelangen Sie in die FÜLLOPTIONEN des Filters. Setzen Sie hier den MODUS ❹ auf WEICHES LICHT. So werden sowohl die Tiefendetails als auch die hellen Hautflächen im Kontrast verstärkt, und eine leicht schimmernde Wirkung bleibt.

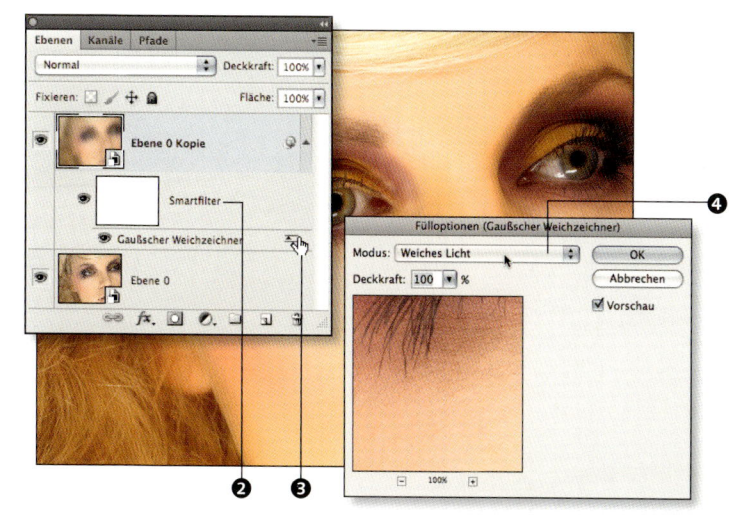

Kapitel 9 | Der besondere Look

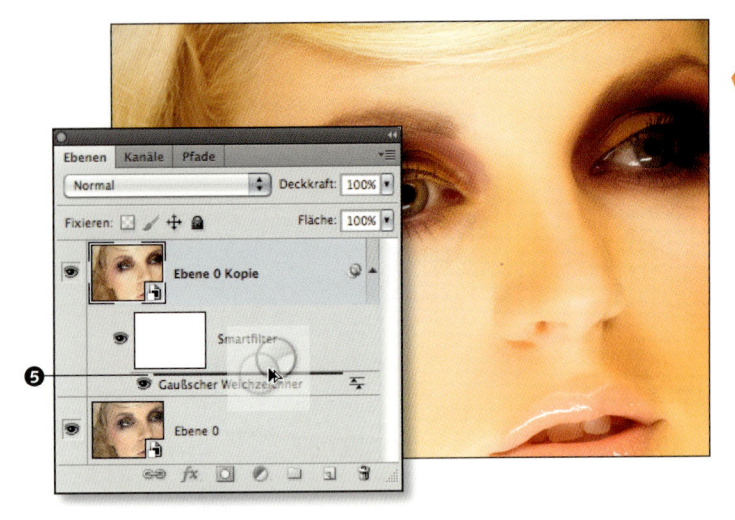

4 Filterwirkung verdoppeln

In diesem Workshop geht es um einen glamourösen Glow-Effekt, und dazu reicht der momentane Schimmer noch nicht aus.

Zurück in der EBENEN-Palette, duplizieren Sie diesen Filter samt Überlagerungsmodus, indem Sie ihn mit gedrückter ⟨Alt⟩-Taste nach oben ziehen, bis eine dicke schwarze Linie ❺ entsteht.

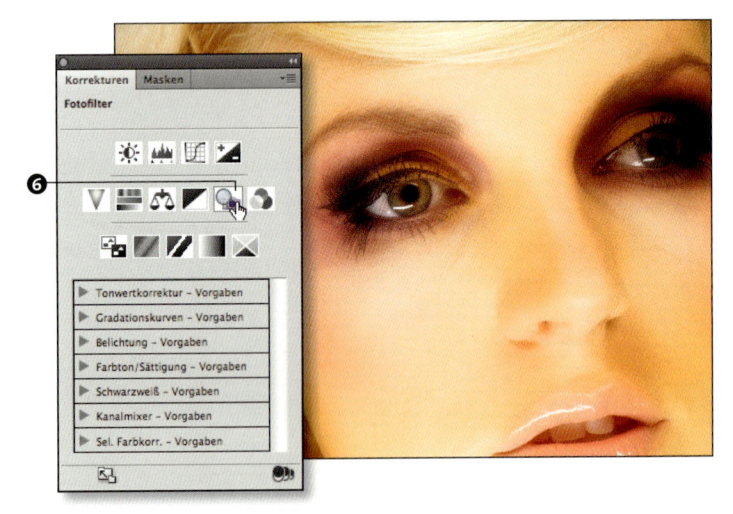

5 Fotofilter hinzufügen

Durch die erneute Überlagerung des Filters hat sich die warme Hautfarbe sehr verstärkt. Für die beabsichtigte Stimmung müssen wir also eine kalte Lichtstimmung hinzufügen.

Wählen Sie dafür aus der KORREKTUREN-Palette das Symbol für die Fotofilter ❻.

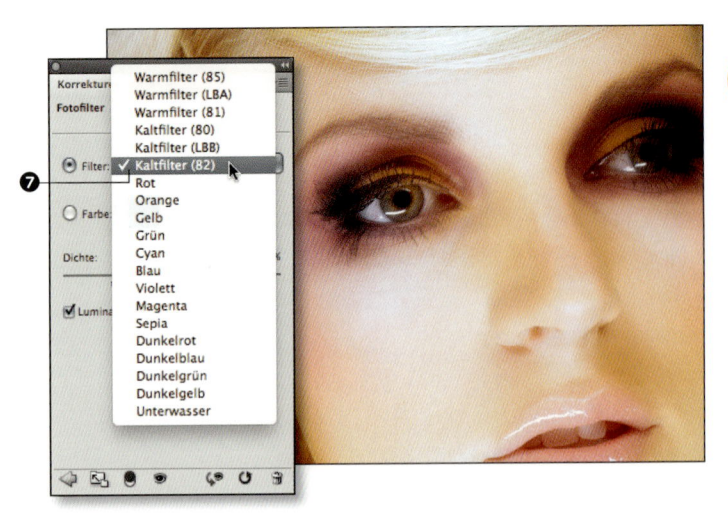

6 Kalte Stimmung hinzufügen

Aus dem Popup-Menü ❼ können Sie einen der in der Analogfotografie erprobten Filter wählen. In diesem Fall passt der cyanlastige KALTFILTER (82).

Die orangen Hauttöne werden so gleich abgekühlt und in eine porzellanartige Richtung korrigiert.

318 Kapitel 9 | Der besondere Look

7 Filterdichte festlegen

Mit der Dichte des Filters bestimmen Sie – genauso wie bei analogen Objektivfiltern – die Intensität der kalten Filterung. Erhöhen Sie die Standarddichte leicht auf einen Wert um 30 %. So wirkt auch der lilafarbene Lidschatten gleich viel intensiver.

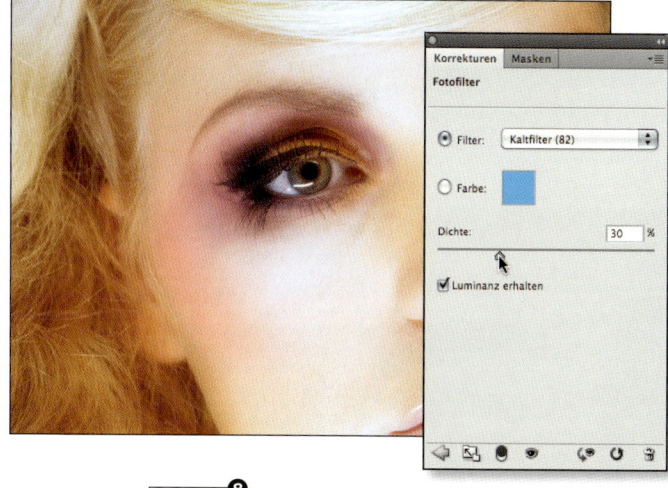

8 Effekte zusammenfassen

Alle Arbeitsschritte, die Sie bisher durchgeführt haben, sollten nur für die obere Smartfilter-Ebene gelten. Beschränken Sie deshalb die Fotofilterwirkung auf das oben liegende Smart-Objekt. Das geschieht durch eine sogenannte Schnittmaske, die Sie so erzeugen können: Entweder aktivieren Sie noch in der KORREKTUREN-Palette das Schnittmaskensymbol ❽ in der unteren Leiste, oder Sie klicken nachträglich in der EBENEN-Palette mit gedrückter Alt -Taste auf die Linie ❾ zwischen den beiden Ebenen.

9 Mit Originalbild kombinieren

Die Glamour-Wirkung ist jetzt erreicht. Nun können Sie diese noch mit dem ursprünglichen Originalbild abgleichen.

Verringern Sie den Wert für DECKKRAFT ❿ oder FLÄCHE der oberen Smart-Objekt-Ebene. Am besten fahren Sie sie erst auf 0 zurück und blenden die Korrektur dann langsam wieder ein, bis sie ihre gewünschte Intensität erreicht hat.

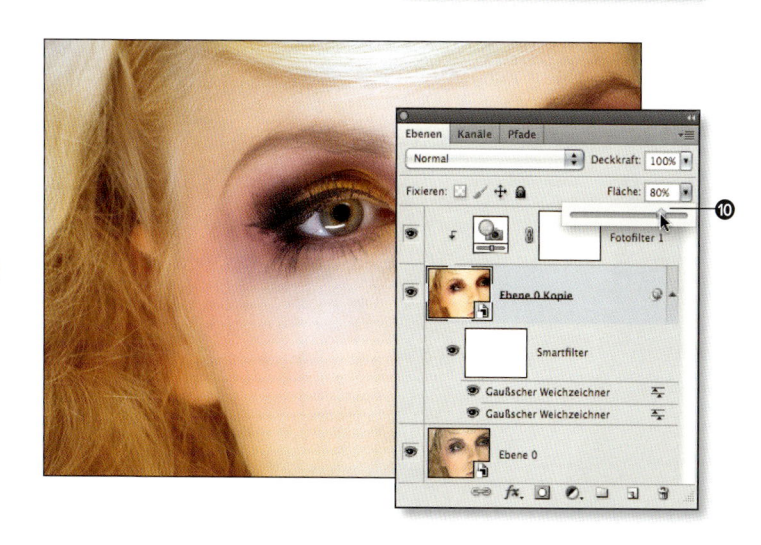

Kapitel 9 | Der besondere Look

Schwarzweiß: Die alte Schule
Ein Schwarzweißbild aus den Helligkeitsinformationen entwickeln

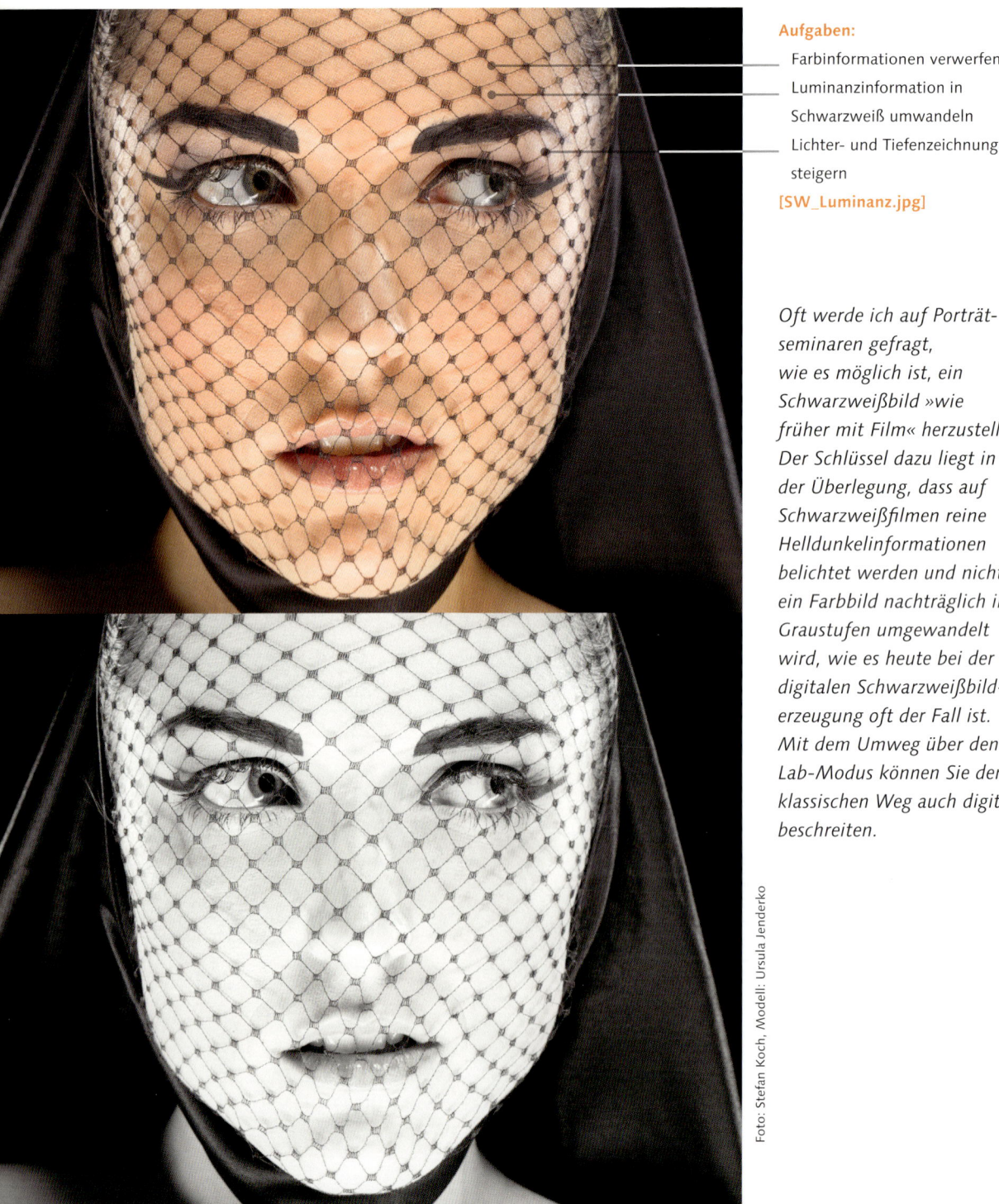

Aufgaben:
Farbinformationen verwerfen
Luminanzinformation in Schwarzweiß umwandeln
Lichter- und Tiefenzeichnung steigern
[SW_Luminanz.jpg]

Oft werde ich auf Porträtseminaren gefragt, wie es möglich ist, ein Schwarzweißbild »wie früher mit Film« herzustellen. Der Schlüssel dazu liegt in der Überlegung, dass auf Schwarzweißfilmen reine Helldunkelinformationen belichtet werden und nicht ein Farbbild nachträglich in Graustufen umgewandelt wird, wie es heute bei der digitalen Schwarzweißbilderzeugung oft der Fall ist. Mit dem Umweg über den Lab-Modus können Sie den klassischen Weg auch digital beschreiten.

Foto: Stefan Koch, Modell: Ursula Jenderko

1 **Der Sprung in den Lab-Modus**
Um die Helligkeitsinformationen Ihres Digitalbildes von den Farbinformationen zu trennen, ändern Sie zunächst den Modus im BILD-Menü auf LAB-FARBE.

2 **Den Helligkeitskanal lokalisieren**
Öffnen Sie über das FENSTER-Menü die KANÄLE-Palette. Hier zeigen sich die a- und b-Kanäle, die durch unterschiedliche Grauwerte die Farbwerte definieren.
Im Kanal HELLIGKEIT ❶ werden die Luminanzinformationen des Bildes isoliert. Klicken Sie auf diesen Kanal, um nur die Helligkeitsinformationen des Bildes anzuzeigen.

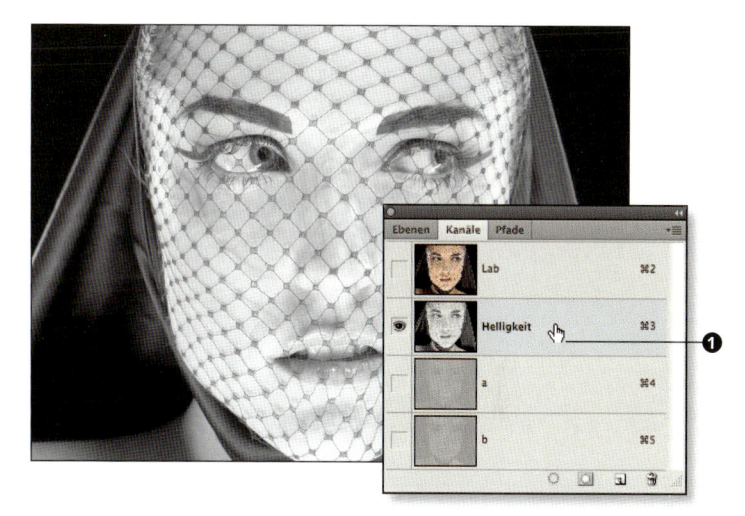

3 **Die Farbinformationen verwerfen**
Die Farbinformationen – und damit sind der a- und der b-Kanal gemeint – benötigen Sie nicht mehr. Ziehen Sie beide mit gedrückter Maustaste auf den Papierkorb ❷ der KANÄLE-Palette.
Mit dem Helligkeitskanal haben Sie jetzt eine gute Grundlage für die Weiterentwicklung Ihres Schwarzweißbildes.

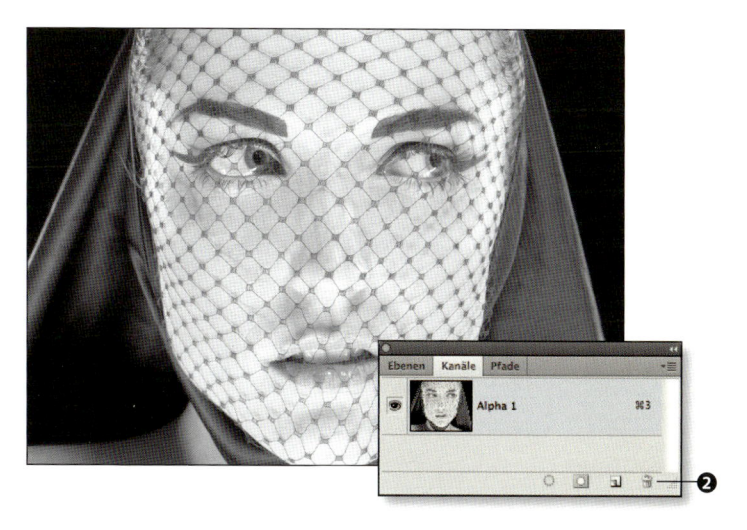

Kapitel 9 | Der besondere Look   **321**

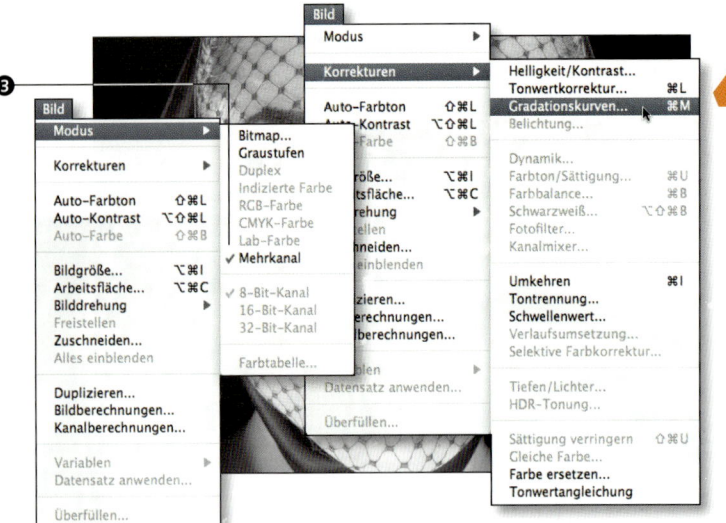

4 Ein Mehrkanal-Bild bearbeiten

Werfen Sie einen Blick in das Menü MODUS unter BILD: Durch das Löschen der Kanäle ist das Bild jetzt zu einem MEHR-KANAL-Bild ❸ geworden, was einfach nur heißt, dass es sich in keinem standardisierten Farbmodus mehr befindet.

Bildkorrekturen können hier nicht auf Ebenen angewendet werden. Die folgende Gradationskorrektur werden wir deshalb direkt auf dem Bild vornehmen.

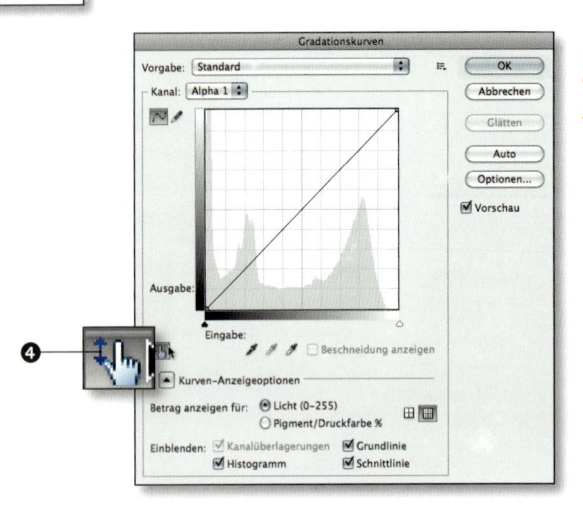

5 Die Gradation steuern

Genau wie mit der Wahl des Filmmaterials oder der Entwicklung können Sie jetzt die vorliegende Helligkeitsinformation noch durch eine Gradationssteuerung in ihrem Kontrastverhalten beeinflussen.

Öffnen Sie über das BILD-Menü und das Untermenü KORREKTUREN die GRADATIONS-KURVEN, und wählen Sie dort das Hand-Werkzeug ❹.

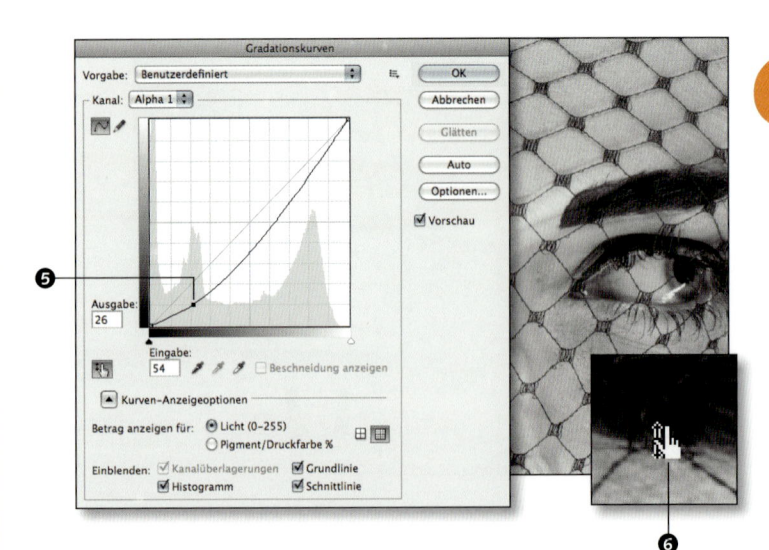

6 Tiefen intensivieren

Klicken Sie mit der Maus auf eine Bildstelle, die in der Schwarzweißumsetzung dunkler erscheinen soll.

Ziehen Sie mit gedrückter Maustaste das entstehende Reglersymbol ❻ nach unten. So senken Sie die GRADATIONSKURVE ❺ ab und intensivieren damit die Schatten. Anwender vor CS 4 halten die ⌈Strg⌉/⌘ gedrückt und klicken auf die zu korrigierende Bildstelle. Der entstehende Punkt auf der Gradationskurve kann dann dort heruntergezogen werden.

322 Kapitel 9 | Der besondere Look

7 Lichter heller machen

Genauso gehen Sie vor, um die Lichter deutlich aufzuhellen und so eine klare, fast durchsichtige Umsetzung der Hauttöne zu erreichen.

Klicken Sie mit der Maus auf einen hellen Hautton, und ziehen Sie den Regler mit gedrückter Maustaste nach oben.

Anwender vor CS 4 halten wieder die ⌃Strg/⌘-Taste gedrückt.

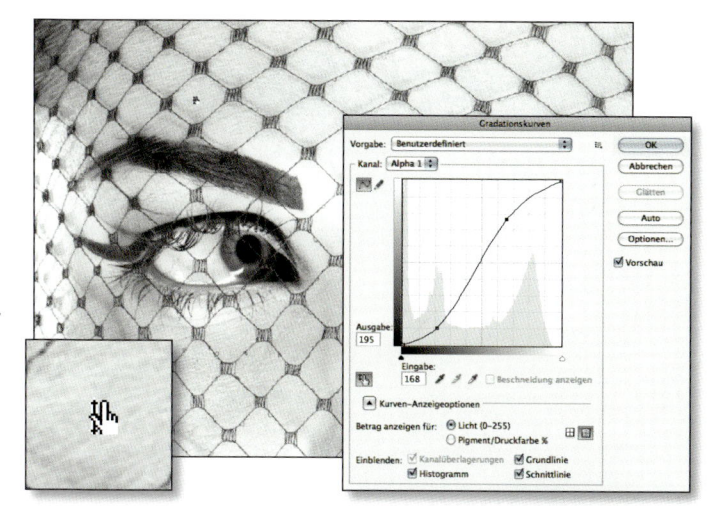

8 Mitteltöne justieren

Jetzt können Sie noch die Mitteltöne genauer festlegen. Fassen Sie diesmal direkt an der GRADATIONSKURVE ❼ an, um an dieser die Mitteltöne etwas nach oben zu verschieben und sie damit etwas aufzuhellen.

Auch die mit dem Hand-Werkzeug erstellten Punkte auf der GRADATIONSKURVE können Sie noch weiter justieren, um die letztendliche Gradation festzulegen.

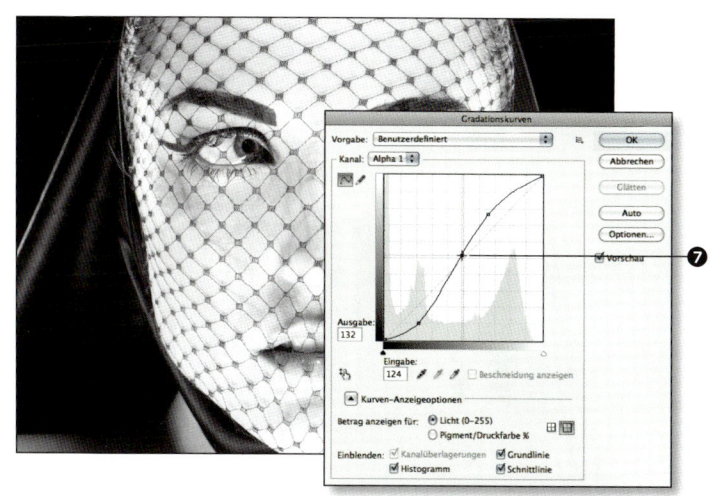

9 Ein Graustufenbild erzeugen

Am Schluss der Bearbeitung sollten Sie wieder in einen Standardbildmodus wechseln, der die Voraussetzung für eine Speicherung in Bildformaten wie JPEG oder TIFF ist.

Wechseln Sie den MODUS über das BILD-Menü auf GRAUSTUFEN ❽.

Tipp: Bei vielen Druckern erreichen Sie tiefere Schwärzen, wenn ein Farbbild vorliegt. Dazu müssten Sie das Bild in einem weiteren Schritt wieder in den Modus RGB-FARBE umwandeln.

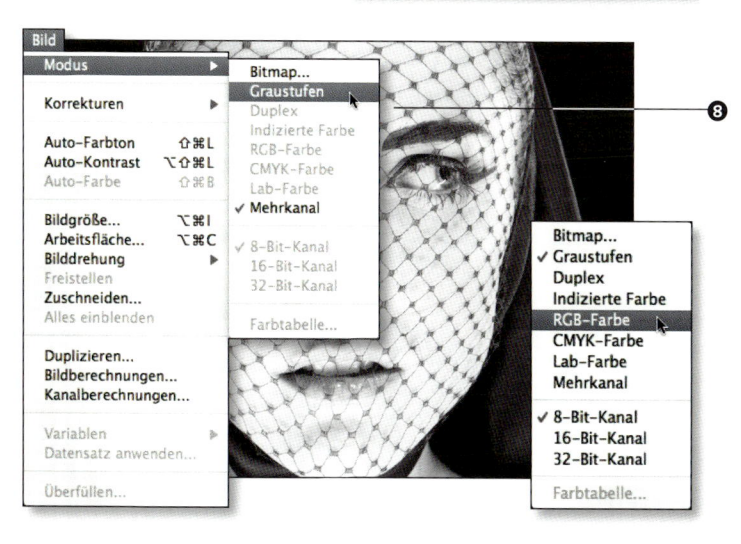

Kapitel 9 | Der besondere Look

Von Farbe zu Schwarzweiß

Mit der SCHWARZWEISS-Funktion filtern Sie nach Wahl

Eine reine Graustufenkonvertierung führt meistens eher zu einem grauen Einheitsbrei anstatt zu einem spannenden Schwarzweißbild. Mit der Funktion SCHWARZWEISS können Sie direkt im Bild die Umsetzung der Motivfarben in unterschiedliche Helligkeitswerte steuern und so Wirkungen von Schwarzweißfiltern miteinander mischen.

Aufgaben:
Nicht-destruktive Schwarzweißkonvertierung
Helligkeit von Farbsegmenten bestimmen
Hautton aufhellen
Schwarzweißkontrast steuern

[SW.jpg]

1 Korrektur-Ebene anlegen

Um eine Schwarzweißkonvertierung jederzeit noch weiter überarbeiten zu können, sollten Sie sie von der KORREKTUREN-Palette aus starten. So wird automatisch eine Einstellungsebene erstellt, die Sie später wieder überarbeiten können.

Klicken Sie in der KORREKTUREN-Palette auf das Symbol für die SCHWARZWEISS-Funktion ❶.

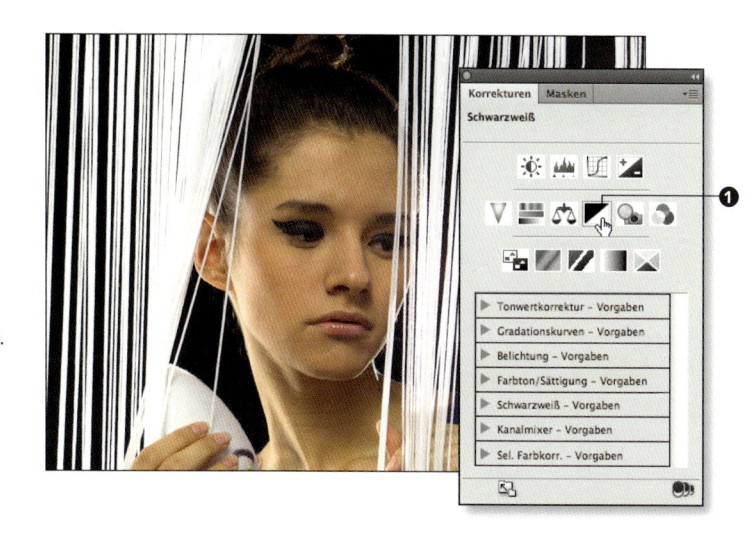

2 Die Funktion Schwarzweiß

Im sich öffnenden Arbeitsfenster sehen Sie Schieberegler für sechs verschiedene Farbsegmente. Über diese steuern Sie die jeweiligen Helligkeitsumsetzungen dieser Farbbereiche, ähnlich wie mit analogen Schwarzweißfiltern.

Das jetzt vorliegende Schwarzweißbild entsteht durch eine Standardfilterung ❷. Anstatt mit den Schiebereglern können Sie diese auch direkt im Bild verändern. Benutzen Sie dazu das Hand-Werkzeug ❸.

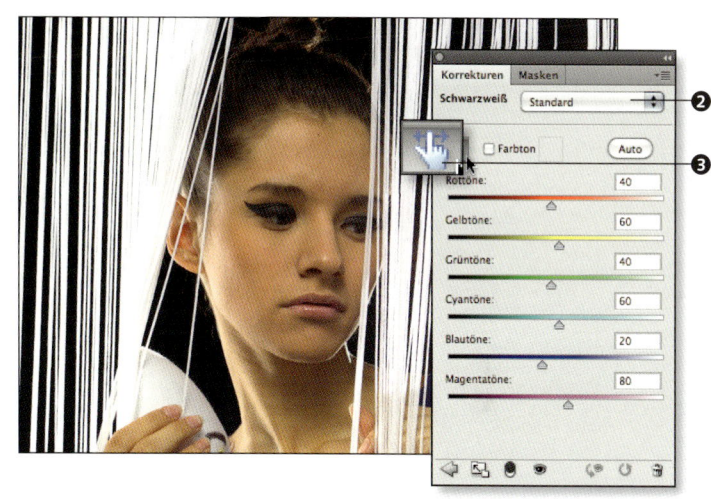

3 Ein Rotfilter für helle Hauttöne

Die Hauttöne vergrauen noch durch den ursprünglich hohen Farbanteil und sollten deutlich heller umgesetzt werden.

Klicken Sie im Bild auf das Gesicht, und ziehen Sie mit gedrückter Maustaste den entstehenden Regler nach rechts ❹, um diesen Farbbereich aufzuhellen.

Photoshop analysiert dabei den farblichen Schwerpunkt und erhöht in diesem Farbsegment die Helligkeit, was auch an der gleichzeitigen Bewegung des Reglers ROTTÖNE ❺ zu erkennen ist.

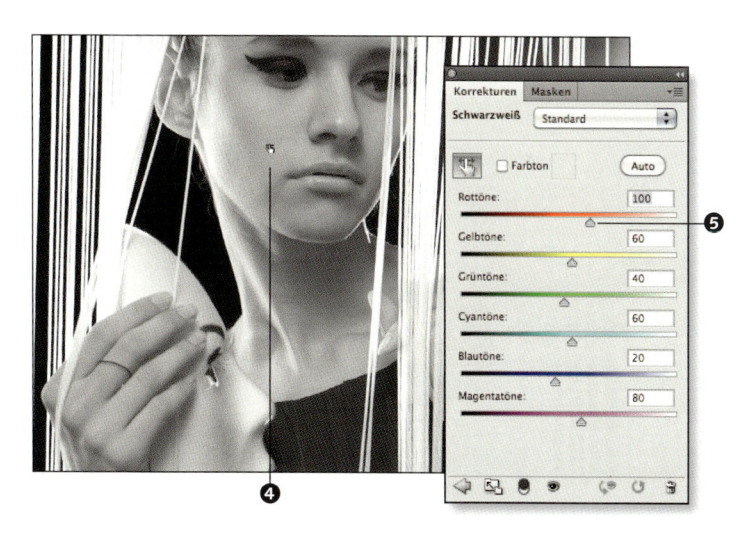

Kapitel 9 | Der besondere Look

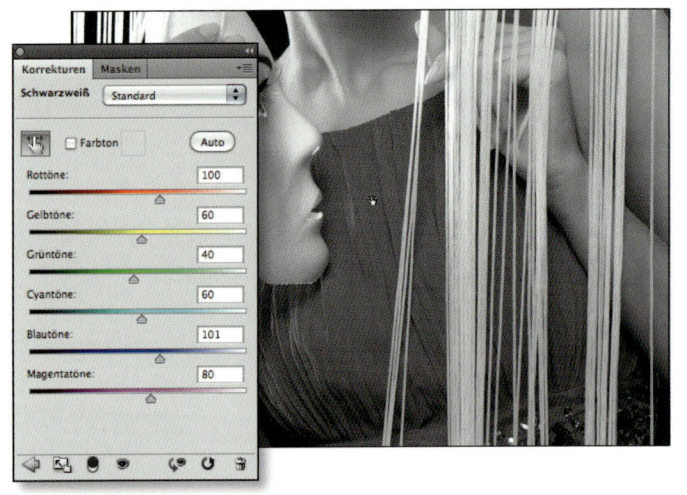

4 Motivfarben und Grautöne

Auf die gleiche Art können Sie auch jedes andere Farbsegment in der Graustufenumsetzung steuern. Ziehen Sie beispielsweise auch über dem blauen Kleid den Regler nach rechts, um hier mehr Helligkeit und damit Modulation zu bekommen.

5 Filterung nachjustieren

Natürlich können Sie die Filterung auch direkt an den Reglern vornehmen, zum Beispiel um die eben schon für die Hauttöne veränderten Rottöne nachzujustieren.

Manchmal ist es auch sinnvoll, die benachbarten Regler – wie zum Beispiel den Gelbtöne-Regler für die Hauttöne – zu nutzen, um Nuancen anzupassen.

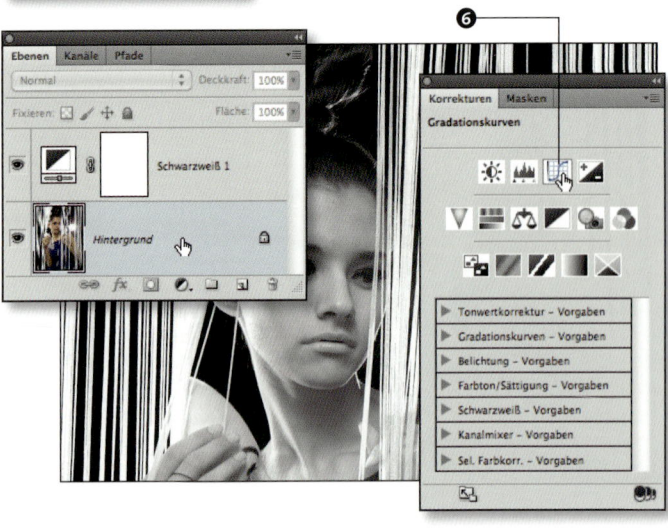

6 Grundkontrast überarbeiten

Wenn Ihre Filterung fertiggestellt ist, öffnen Sie die Ebenen-Palette. Dort sehen Sie die eben automatisch erstellte Einstellungsebene. Um jetzt dem Grundmotiv unter der Schwarzweißumsetzung noch etwas mehr Kontrast zu verleihen, aktivieren Sie zuerst in der Ebenen-Palette die Hintergrundebene. Die nächste Korrektur wird dann als Einstellungsebene unter der Schwarzweißumwandlung angelegt.

Wählen Sie aus der Korrekturen-Palette jetzt die Gradationskurven ❻.

7 Hellere Tonwerte

Auch die GRADATIONSKURVEN arbeiten seit der Version CS 4 mit dem Hand-Werkzeug.

Aktivieren Sie es auch hier durch einen Klick, und ziehen Sie dann mit gedrückter Maustaste auf dem Bild die Hauttöne »nach oben«, um sie dadurch noch heller zu machen.

Gleichzeitig wird die GRADATIONSKURVE steiler und damit der Kontrast stärker.

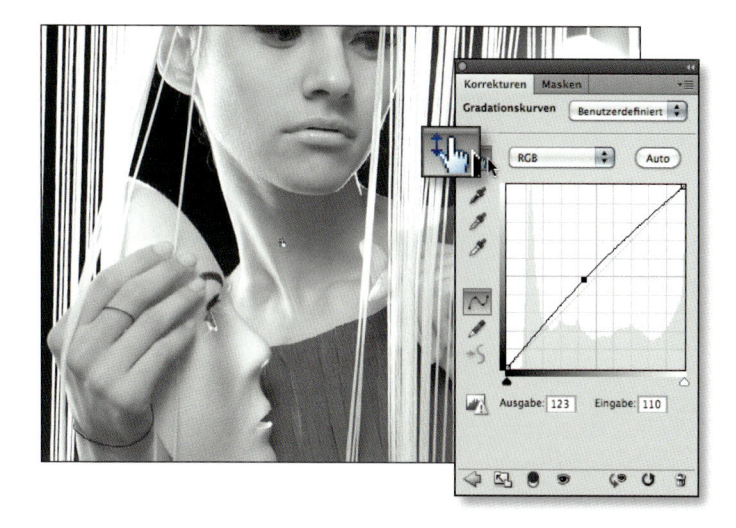

8 Tiefere Schatten erzeugen

Bewegen Sie dann den Mauszeiger auf einen Schatten, der noch mehr abgedunkelt werden soll, und ziehen Sie diesmal das Hand-Werkzeug mit gedrückter Maustaste nach unten.

Achten Sie darauf, dass die Tiefen nicht »absaufen« – also die GRADATIONSKURVE nicht den Boden berührt.

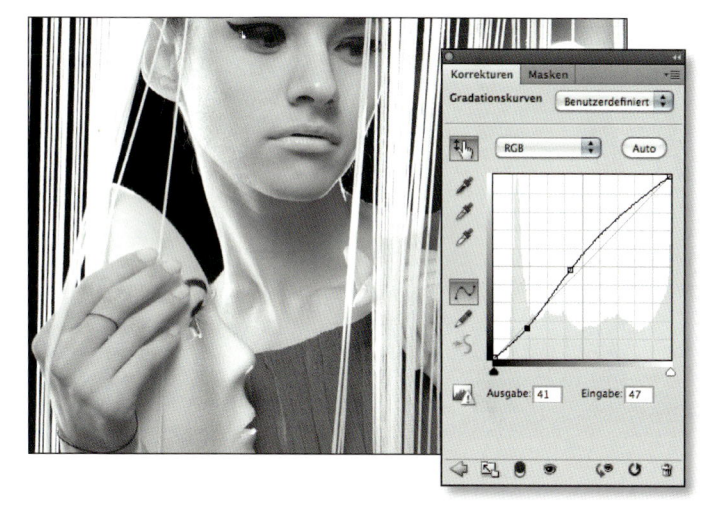

9 Das fertige Schwarzweißbild

Die Kombination beider Korrekturen hat ein ausgefiltertes, kontrastreiches Schwarzweißbild als Ergebnis.

Beide Korrekturen können Sie nachträglich jederzeit anpassen. Aktivieren Sie dazu nur die entsprechende Einstellungsebene in der EBENEN-Palette, und nehmen Sie gewünschte Änderungen in der KORREKTUREN-Palette vor.

Kapitel 9 | Der besondere Look

Sepiatonung nach Wunsch

Eine Tonung über Ebenen-Farbbereiche steuern

Aufgaben:
Farbige Ebene überlagern
Sättigung in Lichtern und Schatten differenzieren
Deckkraft und Füllfarbe variieren

[Tonung.jpg]

Ob Sepiatonung, Blautonung oder sonstige nachträgliche Kolorierung von Schwarzweißbildern: Alle Techniken erfreuen sich ungebrochener Beliebtheit. Für eine gute Tonung reicht es aber nicht, die Bilder einfach farbig zu überlagern oder über Funktionen wie FARBTON/SÄTTIGUNG gleichmäßig einzufärben. Die Kunst einer guten Tonung liegt im Abgleich der farblichen Intensität in Lichtern und Schatten. Die FÜLLOPTIONEN der Ebenenstile geben Ihnen dafür alle Möglichkeiten, inklusive eines späteren Farbwechsels.

Foto: Florian Dünker, Modell: Katja Mathes

1 Mit Farbe arbeiten

Die folgende Tonung eines Schwarz-weißbildes ist nur in einem Farbmodus möglich.

Klicken Sie auf das Vordergrundfarben-Feld ❶ in der Werkzeugpalette, um den Standard-Farbwähler zu öffnen.

Alternativ hierzu können Sie auch über dem Bild den HUD-FARBWÄHLER öffnen (siehe Schritt 2). Wählen Sie zuvor das Pipette-Werkzeug, und klicken Sie mit gehaltener ⇧ + Alt + rechter Maustaste (Win) bzw. Ctrl + Alt + ⌘-Taste (Mac) in das Bild.

2 Tonungsfarbe wählen

Solange Sie nun die Maustaste gedrückt halten, können Sie sowohl im großen quadratischen Feld ❷ die Dunkel- bzw. Sättigungsstufe des aktuellen Farbtons einstellen als auch einen völlig neuen Grundton aus dem Farbstreifen rechts ❹ wählen.

Für eine Sepiatonung wählen Sie zunächst eine orangebraune Grundfarbe aus. Schieben Sie den Farbring ❸ auf dem großen Feld in den gewünschten Sättigungsbereich. Die obere Hälfte des Farbrings zeigt dabei die zuletzt gewählte Farbe.

3 Farbebene anlegen

Legen Sie jetzt eine leere Ebene über der eigentlichen Bildebene an. Klicken Sie dafür einmal auf das Symbol für eine neue Ebene ❻.

Gleich danach ändern Sie über das Popup-Menü ❺ den Überlagerungsmodus in FARBE. So sorgen Sie von Anfang an für einen Einfärbungseffekt, wenn gleich Farbe auf die Ebene kommt.

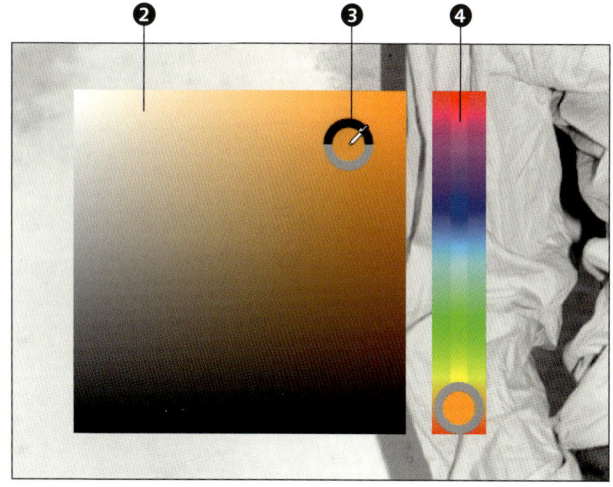

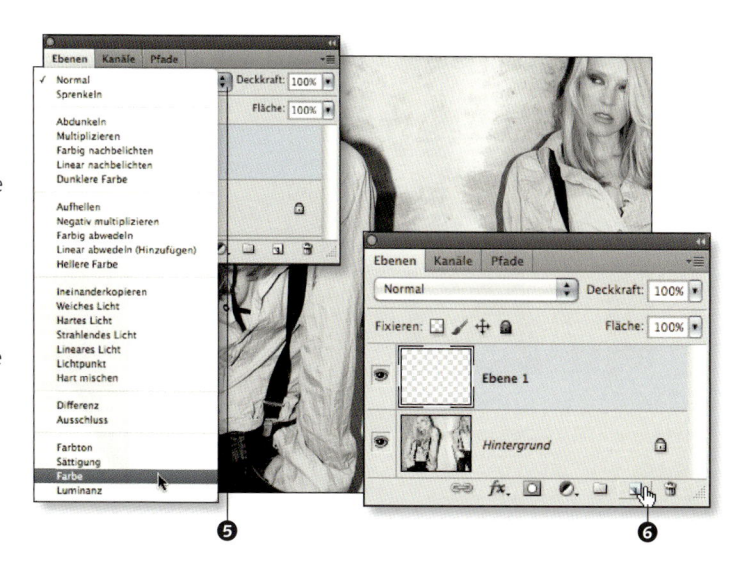

Kapitel 9 | Der besondere Look

4 Fläche füllen

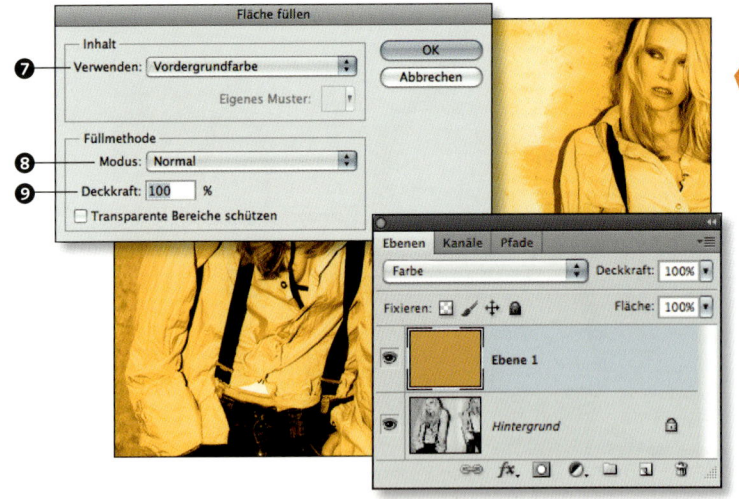

Wählen Sie aus dem Menü BEARBEITEN • FLÄCHE FÜLLEN, oder drücken Sie ⇧ + ⌫, um das Funktionsfenster FLÄCHE FÜLLEN aufzurufen. Dort wählen Sie unter VERWENDEN ❼ für die gewählte VORDERGRUNDFARBE den Modus NORMAL ❽ mit 100%iger DECKKRAFT ❾. Bestätigen Sie das mit OK, und erschrecken Sie nicht, denn die Farbe wirkt jetzt ohne weitere Einstellungen sehr massiv auf das Bild. Aber genau das schränken Sie in den nächsten Schritten wieder ein.

5 Die Ebenen-Fülloptionen

Durch einen Doppelklick auf die Ebene in der EBENEN-Palette öffnen Sie das Arbeitsfenster EBENENSTIL – klicken Sie dabei jedoch weder auf die Ebenenminiatur noch auf den Ebenennamen.

Hier können Sie die FÜLLOPTIONEN der Ebene festlegen und über die Farbbereichsregler ❿ eine Überblendung dieser Ebene in die darunterliegende definieren.

6 Lichter freilegen

Die zwei Farbbereichsregler symbolisieren die aktuelle und die darunterliegende Ebene. Die Verlaufsbalken ⓫ zeigen an, welche Tonwerte die obere Ebene und welche die untere Ebene überlagern.

Wenn Sie jetzt also für die darunterliegende Ebene den weißen Regler ⓬ in Richtung der Mitteltöne schieben, überlagert die farbige Ebene nicht mehr die Lichter – also die hellen Töne.

7 Farbe langsam einblenden

Natürlich ist der Übergang noch hart und unelegant. Aber Sie können sehr leicht eine weiche Überblendung zwischen eingefärbten und nicht eingefärbten Bereichen herstellen: Halten Sie die Alt-Taste gedrückt, um nur eine Hälfte des weißen Reglers ⓭ wieder zurück nach rechts zu ziehen. Weiten Sie die Spanne der beiden Reglerhälften so weit aus, bis eine angenehme, sanft einfließende Tonung entstanden ist.

Klicken Sie dann auf OK.

8 Gesamte Intensität steuern

Auch in der EBENEN-Palette können Sie jetzt noch die Gesamtwirkung weiter verfeinern.

Variieren Sie die DECKKRAFT ⓮ an dem entsprechenden Schieberegler, um die Tonung noch sanfter zu machen und die farbliche Dominanz noch weiter zurückzudrängen.

Damit ist die Sepiatonung perfektioniert und fertig.

9 Tonungsfarbe wechseln

Auf dieser Basis können Sie jederzeit leicht die Tonungsfarbe wechseln und von Ihrer Vorarbeit profitieren.

Suchen Sie sich eine neue Tonungsfarbe, wie in den Schritten 1 und 2 beschrieben, und wiederholen Sie Schritt 4, um die Ebene mit der neuen Farbe zu füllen.

Alle anderen Parameter (wie die FARBBEREICH- oder DECKKRAFT-Einstellungen) bleiben erhalten.

Kapitel 9 | Der besondere Look

Coole Teiltonung
Vergilbungseffekt durch partielle Einfärbung

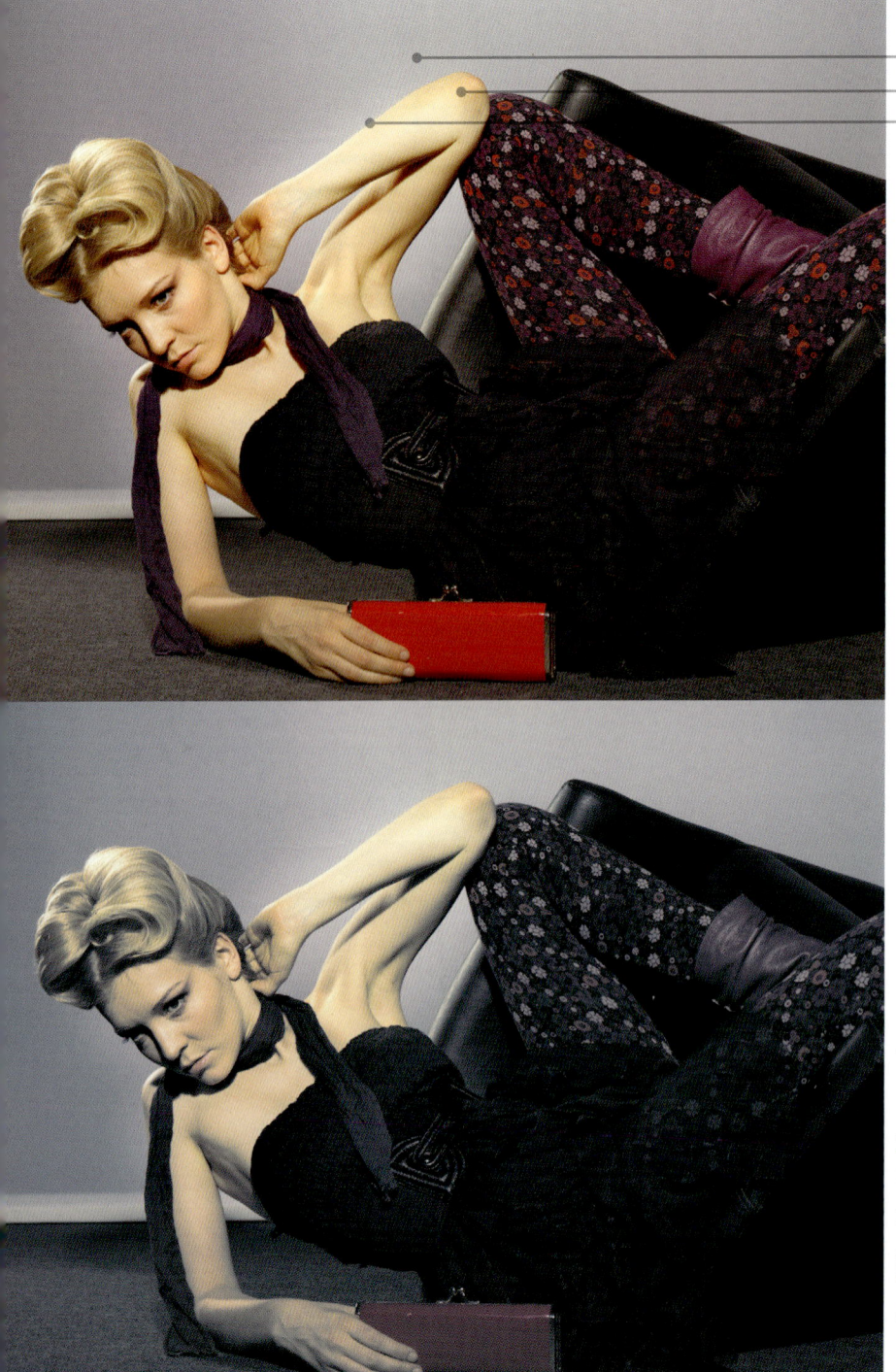

Aufgaben:
Bild kühl einfärben
Helle Hauttöne freilegen
Übergangsbereiche abgleichen
[Cool.jpg]

Eine Teiltonung muss nicht auf einem Schwarzweißbild basieren. Wenn Sie eine monochrome Einfärbung auf einem Farbmotiv anwenden, können Sie damit Lichtstimmungen und Vergilbungseffekte simulieren. Wichtig für die reale Wirkung sind die Farben der Hauttöne, die wieder freigelegt werden müssen. Neben den im vorangegangenen Workshop gezeigten FÜLLOPTIONEN bieten sich dabei Luminanzmasken an.

Foto: Phillipp Jeker, Modell: Katja Mathes

1 Farbtonkorrektur starten

Wählen Sie die Funktion FARBTON/SÄTTIGUNG ❶ aus der KORREKTUREN-Palette. In diesem Dialog können Sie die Einfärbung mit nur einem Klick vornehmen, und diese Funktion ist vor allem auch in allen Photoshop-Versionen verfügbar.

2 Monochrom einfärben

Aktivieren Sie im Arbeitsfenster FARBTON/SÄTTIGUNG die Option FÄRBEN ❷. Sofort wird das Bild mit einer beliebigen Farbe – zugegebenermaßen sehr grell – eingefärbt.

In den nächsten Schritten passen Sie diese Färbung jetzt an Ihr eigenes Vorhaben an.

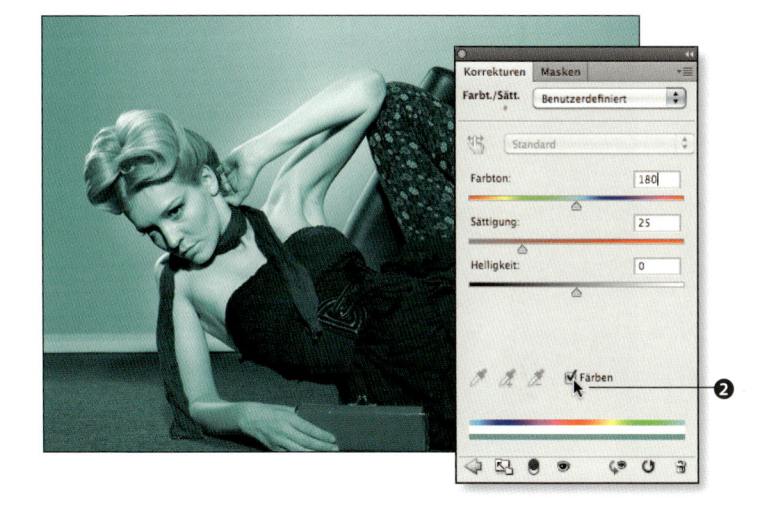

3 Farbe wählen

Ziehen Sie zuerst den FARBTON-Regler ❸ über die Farbskala, bis Sie die gewünschte Farbe erreicht haben.

Für den geplanten kühlen Look eignet sich ein Ton zwischen Cyan und Blau, zum Beispiel mit dem Wert 211.

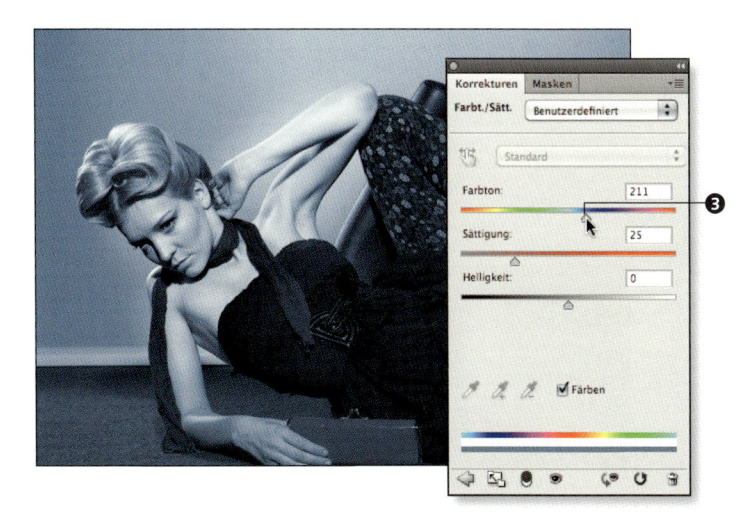

Kapitel 9 | Der besondere Look 333

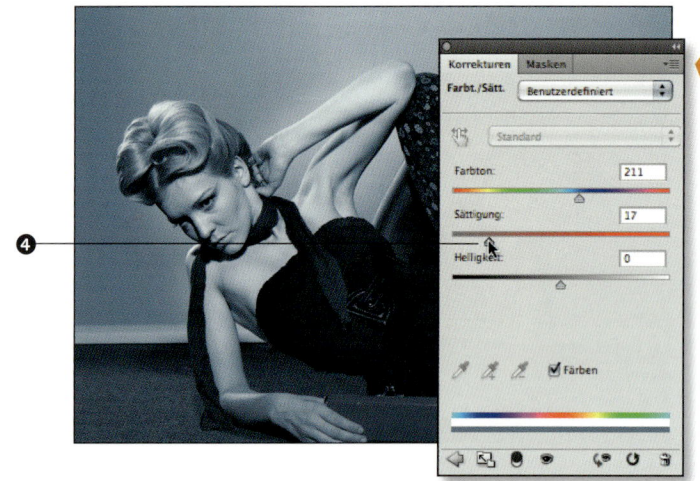

Sättigung bestimmen

4 Auch mit der neuen Farbe ist die Umsetzung noch zu grell. Verringern Sie deshalb den Wert für die SÄTTIGUNG ❹ auf ca. 15–20.

Orientieren Sie sich bei der Beurteilung an den Schatten des Bildes, denn in diesen wird später die Farbe in erster Linie zur Geltung kommen.

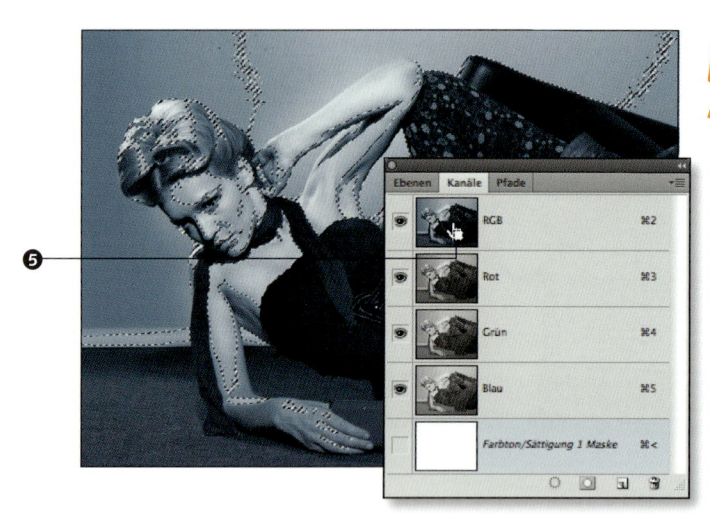

Luminanzauswahl erstellen

5 Die blaue Wirkung soll jetzt aus den Lichtern und hellen Hauttönen wieder herausgeholt werden. Um diese Bereiche einfach auswählen zu können, wechseln Sie in die KANÄLE-Palette.

Hier können Sie die Helldunkelverteilung des Bildes ganz leicht in eine Auswahl umwandeln. Klicken Sie mit gedrückter [Strg]/[⌘]-Taste auf die RGB-Kanäleminiatur ❺ – so wird die Luminanzauswahl erstellt.

Farbtonebene maskieren

6 Durch eine Luminanzauswahl werden die hellen Bildstellen entsprechend ihrem Helligkeitswert ausgewählt. Das sind genau die Stellen, die wir von der blauen Einfärbung befreien wollen. Wechseln Sie auf die EBENEN-Palette, und aktivieren Sie dort die Ebenenmaske durch einen Klick ❼.

Über die [⇧]- und [←]-Taste öffnen Sie die Funktion FLÄCHE FÜLLEN. Wählen Sie hier ein 100%iges SCHWARZ ❻ als Füllfarbe, und klicken Sie auf OK. Deaktivieren Sie die Auswahl mit [Strg]/[⌘]+[D].

7 Negative Maskierung

Durch das Füllen der Maske in den ausgewählten hellen Bildbereichen mit Schwarz ist eine Art Negativbild entstanden. So wird das Bild nur in den gewünschten Bereichen von der Blaufärbung ausgespart.

8 Variationen über Dichte

Als erste Möglichkeit für den Abgleich von gefärbten und ungefärbten Bereichen bietet sich die Masken-Palette an.

Wenn Sie die Dichte der Maske über den Regler ❽ verringern, erhöhen Sie wieder den Blauanteil für die hellen Bereiche, da die Maskierung »dünner« wird. Hiermit können Sie beliebig herumexperimentieren, da der Regler jederzeit wieder zurückgesetzt werden kann.

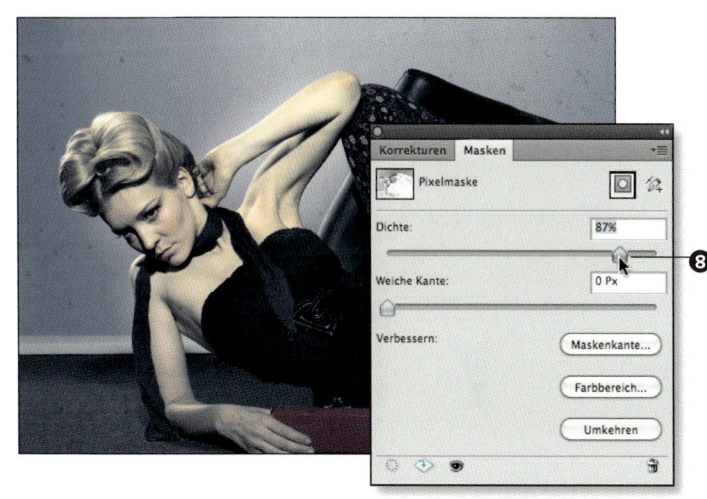

9 Maskierung verändern

Als zweite Möglichkeit bietet sich die Maske selbst an, indem Sie den Kontrast verstärken, also deren Grauanteil verringern.

Klicken Sie dafür in der Masken-Palette auf Maskenkante. Im folgenden Fenster wählen Sie zunächst eine geeignete Vorschau ❾. Hier bietet sich Auf Ebenen (L) an. Schieben Sie dann den Kontrast-Regler ❿ ein gutes Stück zur Mitte und verkleinern die Maske etwas über den Regler Kante verschieben ⓫. Sie sehen nun die Hautfarben wieder etwas bunter.

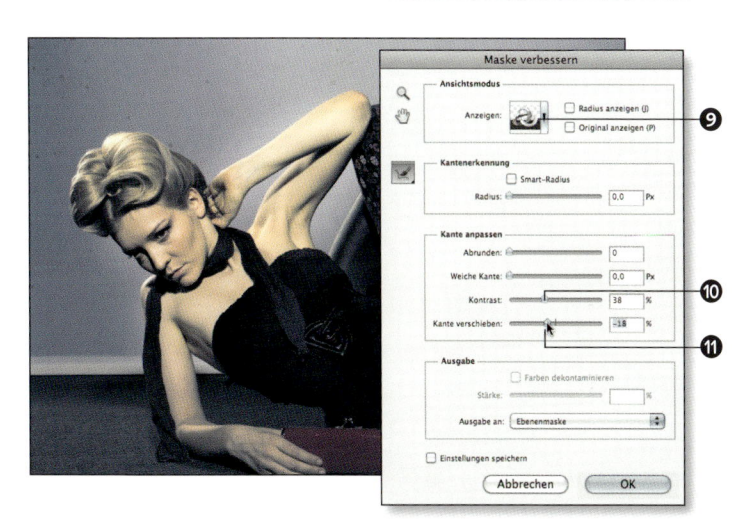

Kapitel 9 | Der besondere Look

Gestreutes Licht

Lichtstrahlen und Körnung simulieren

Aufgaben:
Lichtstrahlen sichtbar machen
Mit Licht durchfluten
Sanften Körnungseffekt einbauen
[Körnung.jpg]

Eine filmtypische Körnung kommt in der Digitalfotografie nicht mehr vor – höchstens ein lästiges Bildrauschen in den Tiefen. Eine Körnung in Bildern bei vermeintlich schwachen Lichtverhältnissen hat aber auch ihren besonderen Charme. Und es ist daher durchaus legitim, diese subtil in ein Bild zu montieren. Zusammen mit einem Weichzeichnungsfilter, der Lichtstrahlen simulieren kann, erhält Ihr Bild so eine ganz eigene, lichtdurchflutete Stimmung.

Foto: Peter Wattendorff, Modell: Cathrin Lange

1 Für Smartfilter vorbereiten

Sie kennen es ja schon – oder nicht? Eine Filterung sollte in Photoshop CS 5 am Besten mit dem Befehl FÜR SMARTFILTER KONVERTIEREN beginnen, der die Bildebene in ein Smart-Objekt ❶ umwandelt und spätere Änderungen der Filterparameter zulässt.

2 Strahlenförmig weichzeichnen

Wählen Sie aus den WEICHZEICHNUNGSFILTERN des FILTER-Menüs den RADIALEN WEICHZEICHNER. Aktivieren Sie darin die Option STRAHLENFÖRMIG ❷, um Lichtstrahlen durch strahlenförmige Weichzeichnung zu simulieren.

Stellen Sie eine Stärke von 25 bis 35 ein, und verschieben Sie den Mittelpunkt ❸ mit gedrückter Maustaste nach oben – ungefähr an die Position, an der sich im Bild das Gesicht befindet. Klicken Sie dann auf OK.

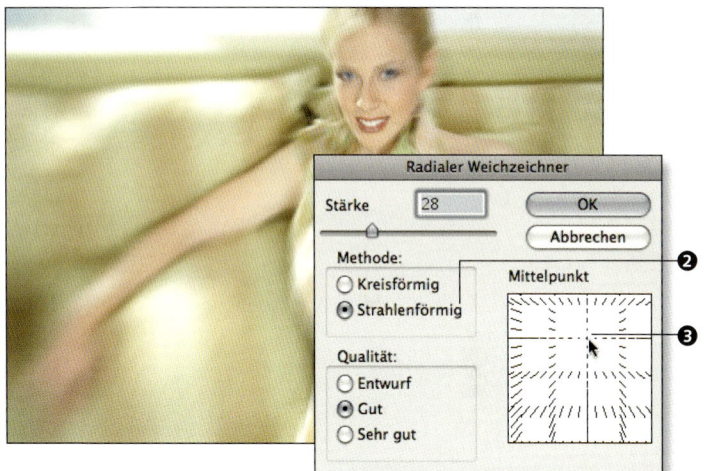

3 Filter überlagern

Nachdem Sie das FILTER-Fenster verlassen haben, ist in der EBENEN-Palette eine Smartfilter-Ebene entstanden. Hier könnten Sie beispielsweise auf den Filternamen ❹ doppelklicken, um in das FILTER-Menü zurückzukehren und den Mittelpunkt zu korrigieren.

Doppelklicken Sie dann auf das Symbol für die FÜLLOPTIONEN der Filterebene ❺. In den FÜLLOPTIONEN stellen Sie den MODUS ❻ auf NEGATIV MULTIPLIZIEREN. So überstrahlt der Filter das Original. Reduzieren Sie dann noch die DECKKRAFT auf 35–40 %.

Kapitel 9 | Der besondere Look

4 Rauschen hinzufügen

Die Störungsfilter heißen in Photoshop CS 5 alle RAUSCHFILTER. Darunter befindet sich auch der Filter RAUSCHEN HINZUFÜGEN…

Dieser beinhaltet viele Parameter, mit der man das Rauschen oder die Störung anpassen kann.

5 Filmkörnung simulieren

Stellen Sie eine GLEICHMÄSSIGE ❽, MONOCHROMATISCHE ❾ »Körnung« ein. Vermeiden Sie in diesem Fall die GAUSSSCHE NORMALVERTEILUNG, weil diese eher ein buntes Rauschen als eine typische Körnung produziert.

Mit der STÄRKE ❼ stellen Sie die Größe des »Korns« ein. Diese hängt natürlich von der Auflösung des Bildes ab. Bei diesem vergleichsweise niedrig aufgelösten Bild lag die Stärke bei ca. 8 %.

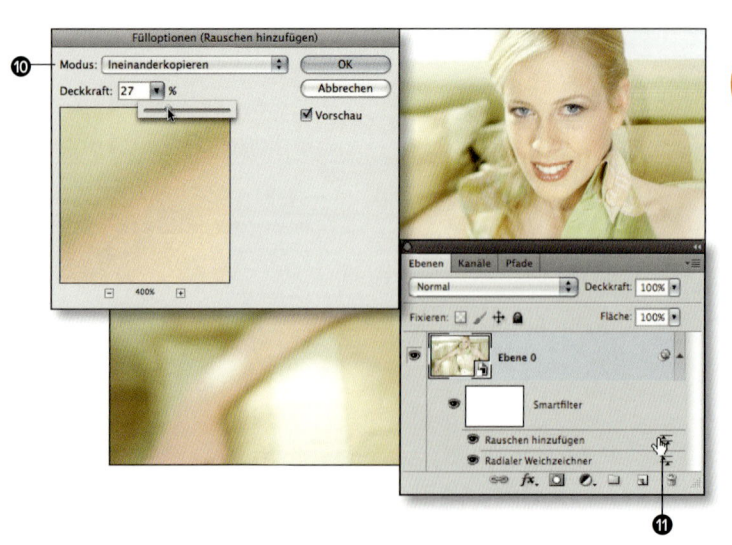

6 Rauschen überlagern

Auch diesen Filter werden Sie über die FÜLLOPTIONEN mit dem bisherigen Bild überlagern.

Doppelklicken Sie wieder auf das rechte Reglersymbol ⓫, und stellen Sie im folgenden Fenster den Modus auf INEINANDERKOPIEREN ❿. Dieser verstärkt sowohl die Lichter als auch die Tiefen mit der eingestellten Körnung.

Auch hier müssen Sie im Gegenzug die DECKKRAFT reduzieren, beispielsweise auf einen Wert um 25 %. Klicken Sie dann OK.

338 Kapitel 9 | Der besondere Look

7 Korngröße überarbeiten

Durch die Überlagerung wirkt die Körnung jetzt sehr zahm. Doppelklicken Sie deshalb auch noch einmal auf den Filternamen ⓬.

So gelangen Sie zurück in die Einstellungen des Filters RAUSCHEN HINZUFÜGEN und können hier eine deutlich höhere STÄRKE einstellen.

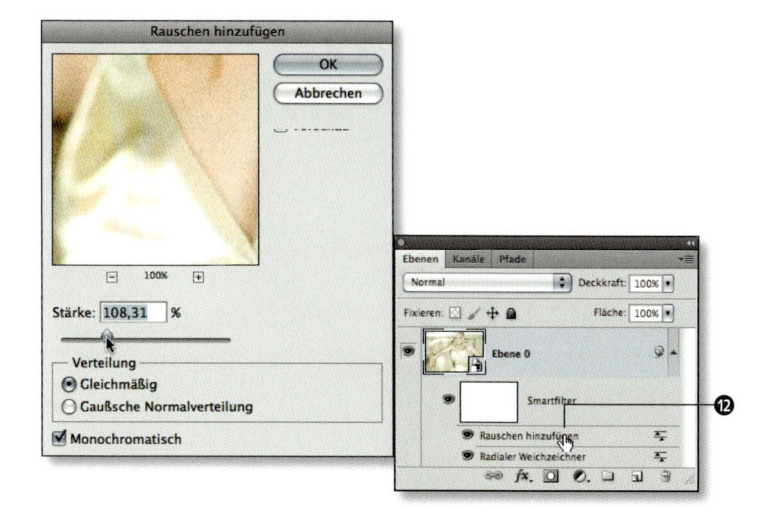

8 Gesicht freilegen

Auf dem Gesicht ist die Körnung gegebenenfalls zu stark. Nutzen Sie die Maske der Filterebene, um dies zu ändern.

Aktivieren Sie die Maske durch einen Klick auf das Maskensymbol ⓭, und malen Sie dann mit einem großen, weichen Pinsel 🖌 mit schwarzer Vordergrundfarbe und verringerter DECKKRAFT von ca. 30 %.

So können Sie die Körnungswirkung auf dem Gesicht langsam zurücknehmen.

9 Maskendichte verringern

Falls Ihnen die Maskierungsarbeit bei einer späteren Betrachtung als zu stark erscheint, können Sie sie insgesamt wieder zurückfahren:

In der MASKEN-Palette befindet sich der DICHTE-Regler ⓮, der die Maske ausdünnt und so die Wirkung der Körnung in den maskierten Zonen wieder verstärkt.

Kapitel 9 | Der besondere Look

Scharf- und Weichzeichnung

Mit der Scharfzeichnung stehen Sie im Finale. Denn die Scharfzeichnung folgt immer als letzte Detailüberarbeitung und Vorbereitung für die Ausgabe. Die Weichzeichnung hingegen kann schon in einer früheren Arbeitsphase einsetzen. Bei beiden Verfahren gilt es, zwischen der Stärke der Überarbeitung und der Bewahrung wichtiger Details abzuwägen. In diesem Kapitel sehen Sie verschiedenste Techniken für die unterschiedlichsten Scharf- oder Weichzeichnungsziele. Diese werden zum Ende hin immer komplexer und beschäftigen sich dann in erster Linie damit, wie Sie die Bearbeitung auf die gewünschten Zonen einschränken können. Smartfilter machen da alles möglich ...

Foto: Hilla Südhaus, Modell: Cathrin Lange

Scharf- und Weichzeichnung

Aller guten Dinge sind drei **344**
   Die Bedeutung der drei Regler im UNSCHARF MASKIEREN-Filter

Halbe Scharfzeichnung **346**
   Der SELEKTIVE SCHARFZEICHNER schärft nur eine Tonwerthälfte

Weiche Haut pudern **348**
   Tragen Sie die Weichzeichnung mit dem Pinsel auf

Hauttöne weichzeichnen **350**
   Der SELEKTIVE WEICHZEICHNER schützt Detailkontraste

Detailkontraste schärfen **354**
  Mit dem HOCHPASS-Filter die Detailschärfe erhöhen

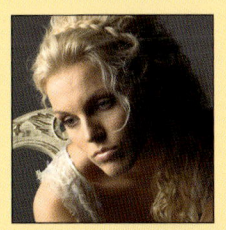

Konturen betonen **358**
  Eine Konturenmaske hilft bei der sanften Scharfzeichnung

Hautdetails bewahren **362**
  Wie Sie Haut weichzeichnen und Poren bewahren

Smarte Kombi **366**
  Kombinieren Sie Weich- und Scharfzeichnungen

Aller guten Dinge sind drei

Die Bedeutung der drei Regler im Unscharf maskieren-Filter

Der Unscharf Maskieren-Filter ist der klassische Scharfzeichnungsfilter. Sein Prinzip beruht auf der Kontrastverstärkung innerhalb kleiner Radien. Immer noch zu wenige Anwender nutzen aber die wirkliche Stärke des Filters. Die liegt im dritten Regler, Schwellenwert, begründet, der Ihnen gleichzeitig eine Maskierung der homogenen Hauttöne bietet – und damit eine perfekte Scharfzeichnung in drei Schritten.

Aufgaben:
Scharfzeichnung der Details
Haut schützen ohne Maske
[USM.jpg]

1 ### Radius festlegen

Starten Sie jeden Filter erst, nachdem Sie die Ebene über das FILTER-Menü FÜR SMARTFILTER KONVERTIERT haben. Wählen Sie dann aus dem FILTER-Menü den Eintrag SCHARFZEICHNUNGSFILTER • UNSCHARF MASKIEREN.

Im folgenden Fenster stellen Sie erst eine vergleichsweise hohe STÄRKE von 200 % und einen SCHWELLENWERT von 0 ein. Erproben Sie dann den RADIUS, innerhalb dem die Kontrastverstärkung stattfindet. Vermeiden Sie dabei Lichtkanten und Farbränder, die durch zu große Radien entstehen.

2 ### Stärke bestimmen

Mit dem passenden Radius – in diesem Fall liegt er knapp unter 2 Pixeln – legen Sie jetzt erst die tatsächliche Stärke fest. Reduzieren Sie sie auf einen Wert um 160 %, damit sich eine angemessene Kontrastverstärkung innerhalb des angegebenen Radius einstellt. Verschieben Sie gegebenenfalls den Ausschnitt ❶ im kleinen Vorschaufenster zur Beurteilung. Prüfen Sie die Scharfzeichnung nur an den Kontrastkanten, wie z. B. Wimpern. Die negativen Auswirkungen auf die Haut werden im nächsten Schritt korrigiert.

3 ### Schwellenwert nutzen

Vorhang auf für den SCHWELLENWERT: Er sorgt dafür, dass ähnliche Farben und Tonwerte von der Scharfzeichnung ausgeschlossen werden. Eine homogene Hautfläche können Sie damit praktisch komplett maskieren.

Der SCHWELLENWERT bezeichnet dabei den minimalen Tonwertabstand (von 0 bis 255), den Pixel haben müssen, um miteinander geschärft zu werden. Schon bei einem Wert von 9 sind die Hauttöne wieder geglättet, aber die Details noch scharfgezeichnet.

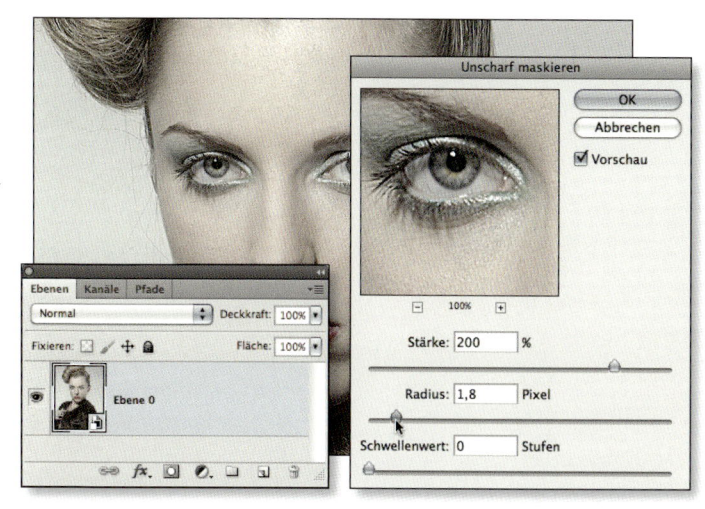

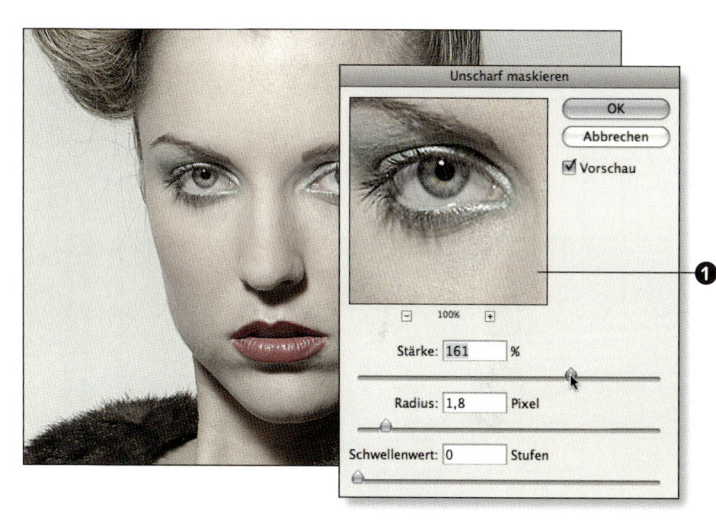

Halbe Scharfzeichnung

Der SELEKTIVE SCHARFZEICHNER schärft nur eine Tonwerthälfte

Der SELEKTIVE SCHARFZEICHNER offenbart eine Zusatzfunktion, sobald man die ERWEITERT-Option aktiviert: Mit einer Art eingebauter TIEFEN/LICHTER-Funktion kann dieser Scharfzeichnungsfilter bis zu einer ganzen Tonwerthälfte (Tiefen oder Lichter) von der Scharfzeichnung ausschließen. Die Steuerung erfolgt ganz einfach über einen TONBREITE-Regler. Aber sehen Sie selbst …

Aufgaben:
Scharfzeichnung der Tiefen
Helle Tonwerte nicht scharfzeichnen
[Haar_SZ.jpg]

1 Bekannte Scharfzeichnung

Den SELEKTIVEN SCHARFZEICHNER finden Sie natürlich unter den SCHARFZEICHNUNGSFILTERN im FILTER-Menü. Stellen Sie den ENTFERNEN-Modus auf GAUSSSCHER WEICHZEICHNER – das entspricht dem Algorithmus des UNSCHARF MASKIEREN-Filters.

Und entsprechend können Sie hier die Regler STÄRKE ❶ und RADIUS ❷ wie für den UNSCHARF MASKIEREN-Filter auf Seite 345 beschrieben verwenden. Der SCHWELLENWERT fehlt hier zwar, es gibt aber eine andere Möglichkeit, die Flächen zu schützen.

2 Lichter schützen

Aktivieren Sie die Option ERWEITERT ❸. In den dann erscheinenden Reitern klicken Sie auf LICHTER ❹, um die Scharfzeichnung in den Lichtern wieder zurückzudrängen.

Ziehen Sie den Regler VERBLASSEN UM einfach ganz nach rechts auf 100 %. Das bedeutet, dass die eingestellte Scharfzeichnung in den Lichtern nicht mehr sichtbar ist. Was genau die Lichter sind, bestimmen Sie im nächsten Schritt.

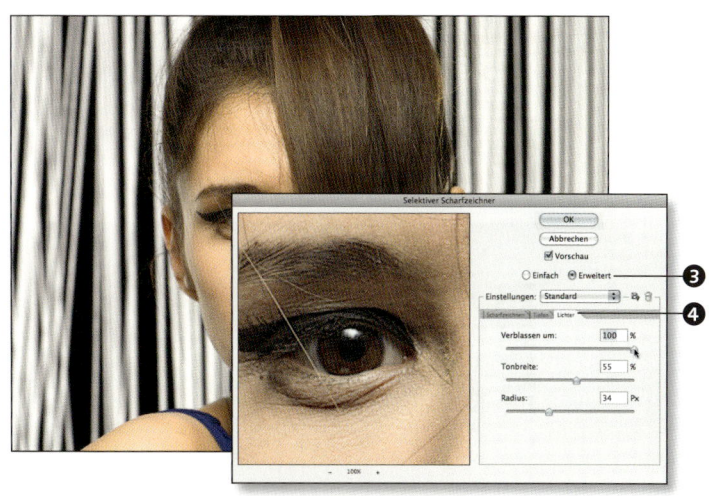

3 Tonbreite bestimmen

Mit der TONBREITE ❻ legen Sie fest, wie groß der Tonwertbereich ist, der von der Scharfzeichnung ausgegrenzt werden soll. Eine Tonbreite von 100 % würde bedeuten, dass alle hellen Tonwerte bis zur Tonwertmitte, also ein mittleres Grau, betroffen wären. Kleine Werte betreffen nur die Spitzlichter. Setzen Sie die TONBREITE mit Blick auf das Vorschaubild so hoch, bis die Scharfzeichnung in den Hauttönen wieder verschwunden ist.

Bei Bedarf können Sie danach den eigentlichen SCHARFZEICHNEN-Wert ❺ erhöhen.

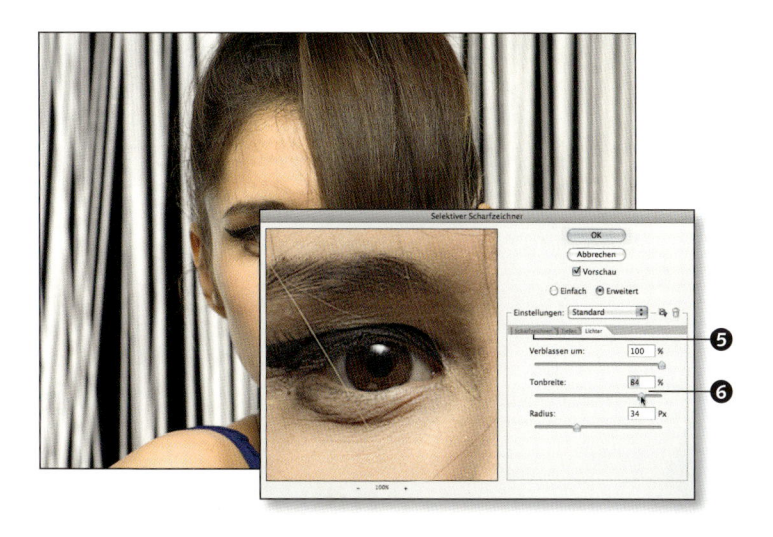

Kapitel 10 | Scharf- und Weichzeichnung

Weiche Haut pudern

Tragen Sie die Weichzeichnung mit dem Pinsel auf

Eine Weichzeichnung der Hauttöne bügelt zu schnell alles platt. Umso wichtiger ist es, mit Smart-Objekten zu arbeiten und deren Vorteile zu nutzen. Dazu gehört die Filtermaske, auf der man mit dem Pinsel-Werkzeug genau bestimmen kann, wo und in welcher Stärke die Weichzeichnung aufgetragen wird. Geht man so vor, kann man als Grundlage auch einen Filter benutzen, der massiv glättet.

Aufgaben:

Haut matt weichzeichnen

Weichzeichnung per Pinsel auftragen

Weichzeichnungsintensität abstufen

[weicheHaut.jpg]

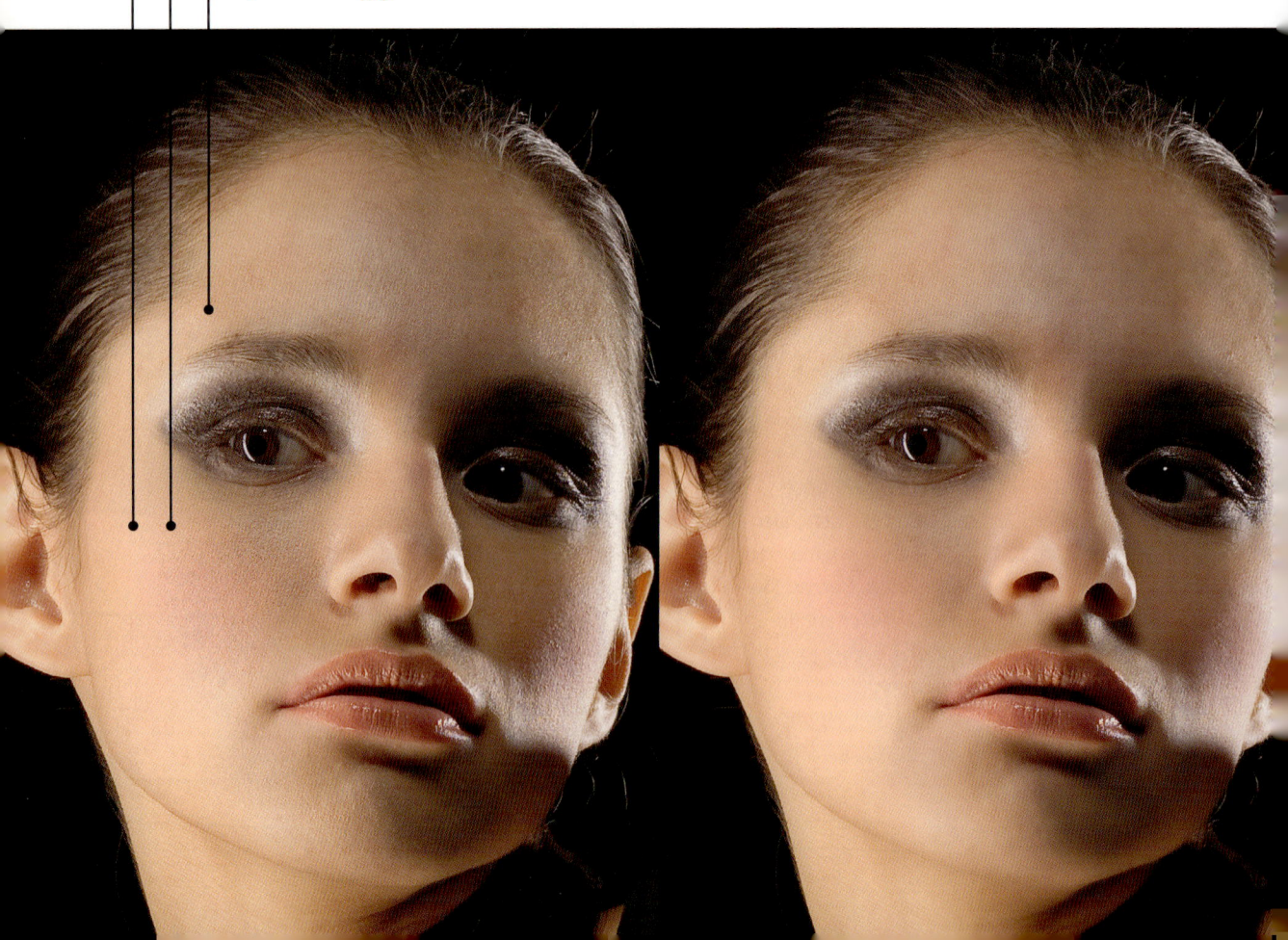

1 Matter machen

Wählen Sie zunächst aus dem FILTER-Menü FÜR SMARTFILTER KONVERTIEREN, bevor Sie dann aus den Weichzeichnungsfiltern den Filter MATTER MACHEN wählen. Auch dieser arbeitet – ähnlich dem UNSCHARF MASKIEREN-Filter – mit einem SCHWELLENWERT. Stellen Sie diesen auf einen Wert ein, der die Haut zwar massiv weichzeichnet, aber vor gewollten, kleinen Details (wie den Lichtreflexen auf der Wange rechts) haltmacht.

Aktivieren Sie die Vorschau, um die Wirkung im großen Vorschaubild beurteilen zu können.

2 Weichzeichnung bestimmen

Mit dem RADIUS bestimmen Sie nun die Stärke der Weichzeichnung.
Der Filter MATTER MACHEN glättet, indem er Ton- und Farbwerte angleicht. Über den oberen Schieberegler geben Sie an, innerhalb welchen Radius die Pixel angeglichen werden dürfen. Dieser sollte nicht zu hoch sein, um eine Modulation in der Weichzeichnung noch zu gewährleisten. Hier scheint ein Radius von 11 Pixeln passend.

Klicken Sie dann auf OK.

3 Weichzeichnung per Pinsel

Durch die Arbeit mit einem Smartfilter können Sie jetzt dessen Maske nutzen. Klicken Sie auf die Maskenminiatur ❶, um sie zu aktivieren, und kehren Sie sie mit [Strg]/[⌘] + [I] um, damit sie komplett schwarz ist.

Benutzen Sie dann einen großen, weichen Pinsel 🖌 mit weißer Vordergrundfarbe, und malen Sie mit geringer DECKKRAFT von 15 bis 20 % die Filterwirkung auf der Haut wieder hervor. Je öfter Sie malen, umso stärker wird die mattierende Wirkung wie mit einem Puder aufgetragen.

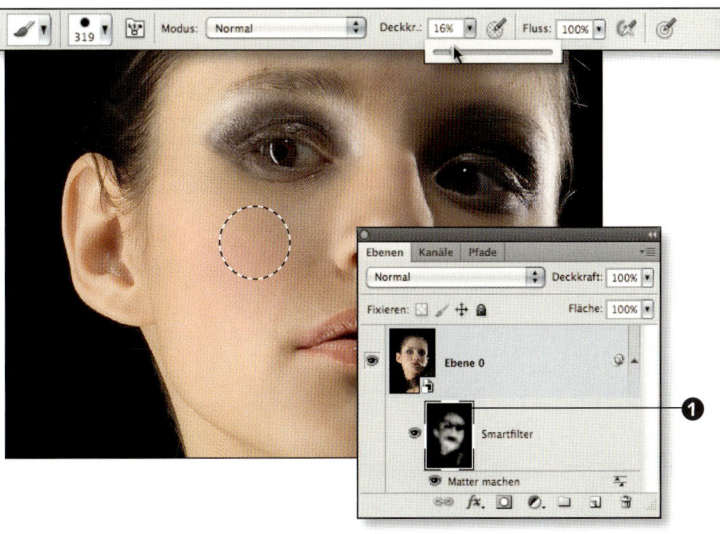

Kapitel 10 | Scharf- und Weichzeichnung

Hauttöne weichzeichnen

Der SELEKTIVE WEICHZEICHNER schützt Detailkontraste

Auch bei der Weichzeichnung geht es um die Trennung der weichzuzeichnenden Hauttöne von den Details wie Wimpern, Haaren oder hier der feinen Netzstruktur, deren Schärfe erhalten bleiben soll. Für diese Aufgabe nutzt auch der SELEKTIVE WEICHZEICHNER den SCHWELLENWERT und bietet so eine gute Grundlage für eine Feinmaskierung, etwa mit Luminanzmasken.

Aufgaben:
- Hauttöne weichzeichnen
- Detailschärfe erhalten

[selektiv.jpg]

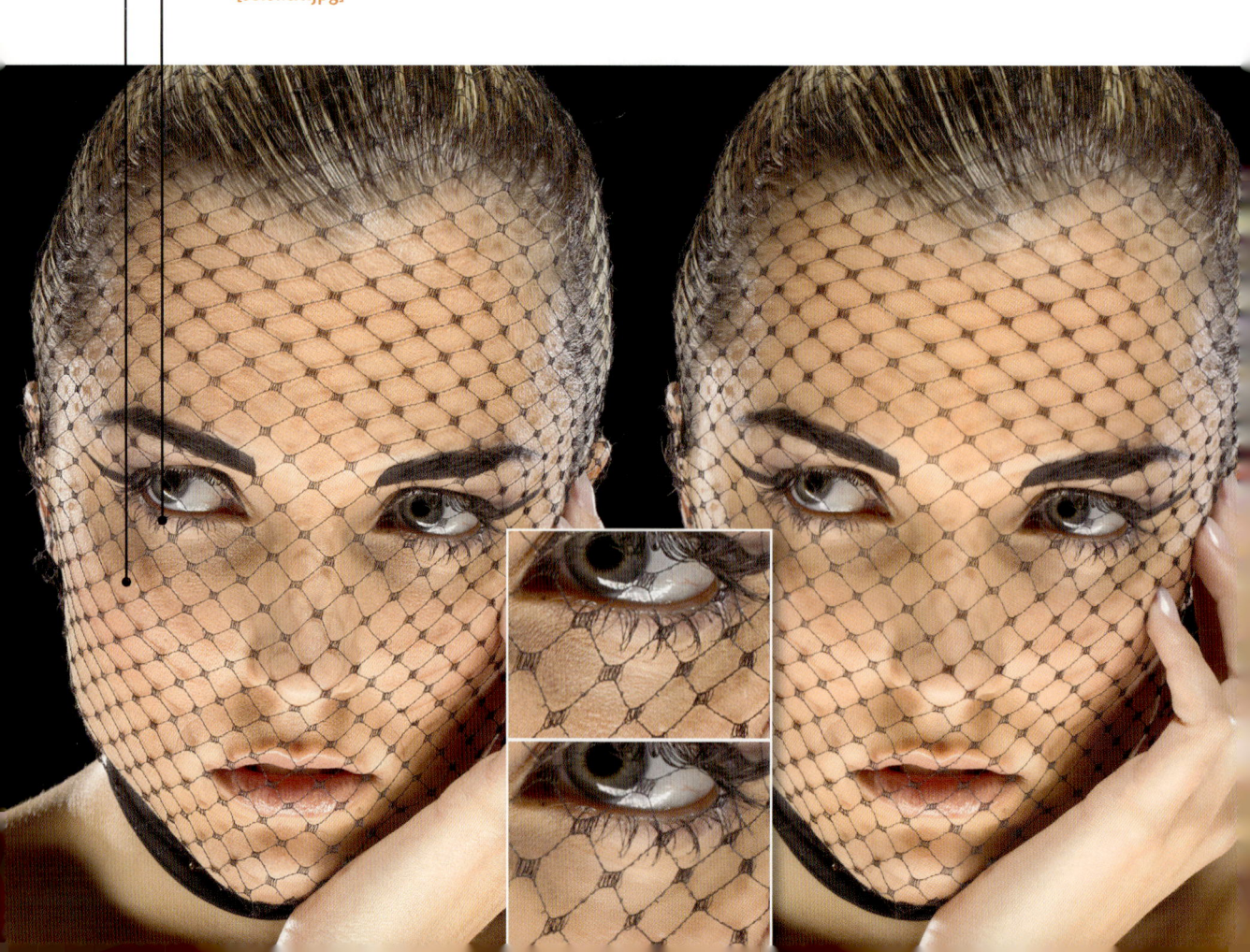

1 Smart filtern

Auch diese Filterung starten Sie natürlich auf Basis eines Smart-Objekts. Im Filter-Menü wählen Sie Für Smartfilter konvertieren, bevor Sie aus den Weichzeichnungsfiltern den Eintrag Selektiver Weichzeichner wählen.

2 Der Selektive Weichzeichner

Stellen Sie zunächst die Qualität im kleinen Vorschaufenster auf Hoch. Dies beeinflusst nur die Qualität des Vorschaubildes, ist aber wichtig, um die Vorschau genau beurteilen zu können.

Denn für diesen Filter wird keine Vorschau im Originalbild aufgebaut.

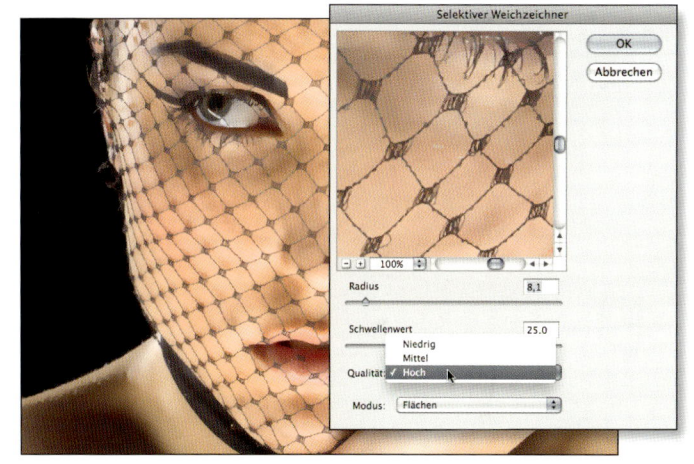

3 Schwellenwert definieren

Stellen Sie dann den Schwellenwert ein. Dieser definiert, wie ähnlich sich die Tonwerte sein müssen – also wie nah die Tonwerte aneinanderliegen –, um miteinander weichgezeichnet zu werden.

Alle Tonwerte außerhalb dieser Grenzen werden nicht mit weichgezeichnet. So stoppt die Weichzeichnung vor Kontrasten, wie beispielsweise den Wimpern und dem Netz.

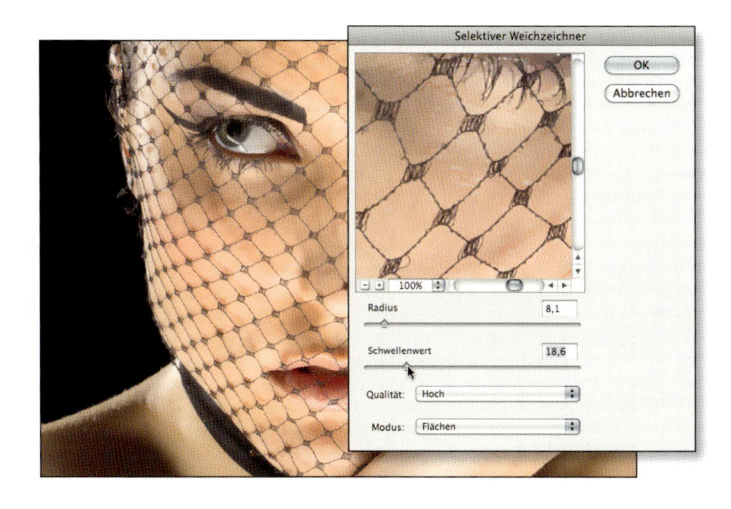

Kapitel 10 | Scharf- und Weichzeichnung

4 Radius bestimmen

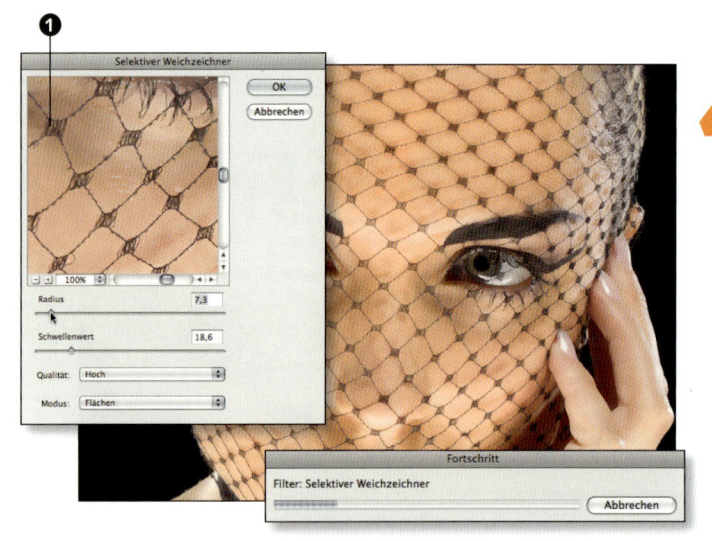

Zuletzt stellen Sie den RADIUS der Weichzeichnung ein. Er definiert die Größe des Bereichs, in dem sich die Weichzeichnung ausdehnen kann.

Stellen Sie ihn gerade eben so hoch ein, dass die rauhen Hautstellen geglättet werden. Verschieben Sie zur Überprüfung gegebenenfalls das kleine Vorschaubild ❶.

Bestätigen Sie dann mit OK. Jetzt müssen Sie sich etwas in Geduld üben, denn der FORTSCHRITT-Balken macht seinem Namen wirklich keine Ehre.

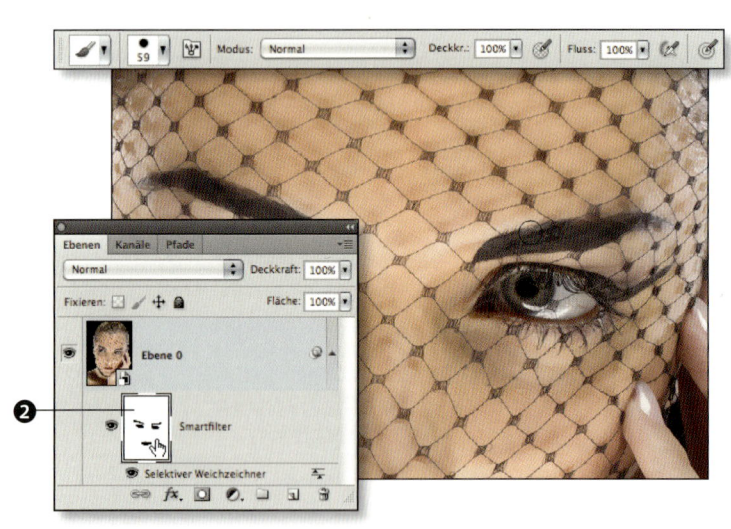

5 Filtermaske nutzen

Der SELEKTIVE WEICHZEICHNER hat jetzt alle Bereiche weichgezeichnet, die sich in einem jeweils ähnlichen Tonwertbereich befanden.

Das trifft leider auch Zonen, die gar nicht weichgezeichnet werden sollten, wie zum Beispiel die Augenbrauen oder die hellen Augenbereiche.

Nehmen Sie deshalb einen Pinsel mit weicher Pinselspitze, aktivieren Sie die Filtermaske ❷, und malen Sie diese Bereiche mit schwarzer Vordergrundfarbe wieder frei.

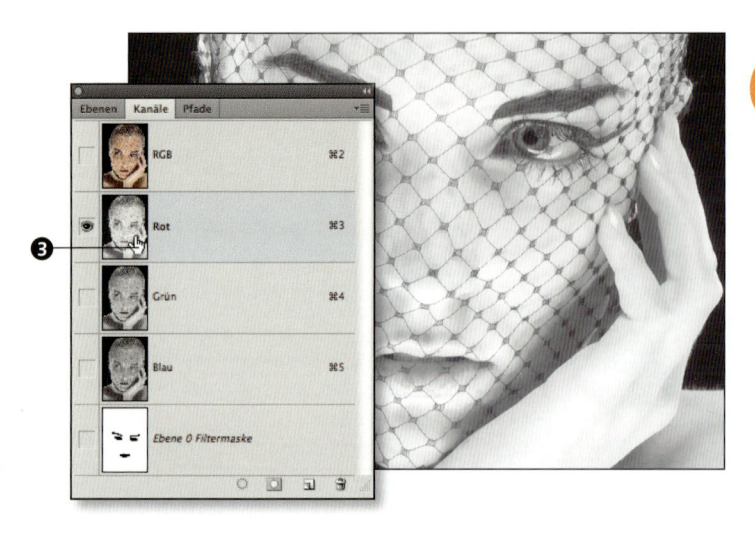

6 Maske verfeinern

Auch wenn der SELEKTIVE WEICHZEICHNER durch den SCHWELLENWERT die Tiefen schon gut von der Weichzeichnung ausgespart hat, gibt es doch noch mehrere dunkle Flächen, die besser nicht weichgezeichnet sein sollten.

Anstatt diese jetzt alle per Pinsel zu maskieren, erstellen Sie eine detaillierte Maske auf Basis eines Kanals. Öffnen Sie die KANÄLE-Palette, und wählen Sie durch Klick auf die Kanäleminiature den Kanal mit dem größten Kontrast aus – hier ist das der Rotkanal ❸.

352　Kapitel 10　|　Scharf- und Weichzeichnung

7 Kanalauswahl laden

Diesen Kontrast werden Sie jetzt als Auswahl laden, um mit der daraus resultierenden Maskierung die Lichter und Schatten zu trennen.

Klicken Sie zuerst wieder auf den RGB-Kanal ❹, um das Gesamtbild zu laden. Danach klicken Sie mit gedrückter [Strg]/[⌘]-Taste auf den Rotkanal und laden so die hellen Bereiche des Kanals (das sind in erster Linie die Hauttöne) als Auswahl. Diese Auswahl kehren Sie mit [⇧]+[Strg]/[⌘]+[I] noch um, und somit sind die dunklen Bereiche ausgewählt.

8 Auswahl füllen

Wechseln Sie auf die EBENEN-Palette, und stellen Sie sicher, dass Ihre Filtermaske aktiviert ist, wenn Sie über die [⇧]- und [←]-Taste die Funktion FLÄCHE FÜLLEN aufrufen. VERWENDEN Sie SCHWARZ als Füllfarbe, im MODUS: NORMAL und mit 100%iger DECKKRAFT. Klicken Sie dann auf OK.

In der Filtermaske ❺ sehen Sie jetzt – zusätzlich zu den in Schritt 5 maskierten Bereichen – ein Abbild des eben ausgewählten Kanals, das die Schatten im Bild aus der Weichzeichnung ausgrenzt.

9 Deckkraft des Filters verringern

Die Tiefen sind jetzt wegmaskiert, aber eine ganz pauschale Weichzeichnung ist auch für die Hauttöne nicht gut. Verringern Sie deshalb die DECKKRAFT des Filters ein wenig, um die ursprüngliche Hautstruktur ein wenig durchscheinen zu lassen.

Doppelklicken Sie dazu auf das Reglersymbol ❻ in der Smartfilter-Ebene, und reduzieren Sie in den FÜLLOPTIONEN die DECKKRAFT auf ca. 60%. Damit ist die selektive Weichzeichnung abgeschlossen.

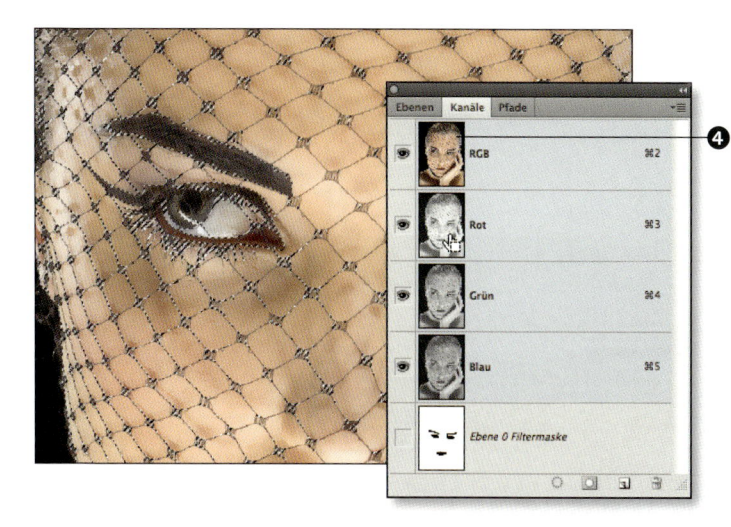

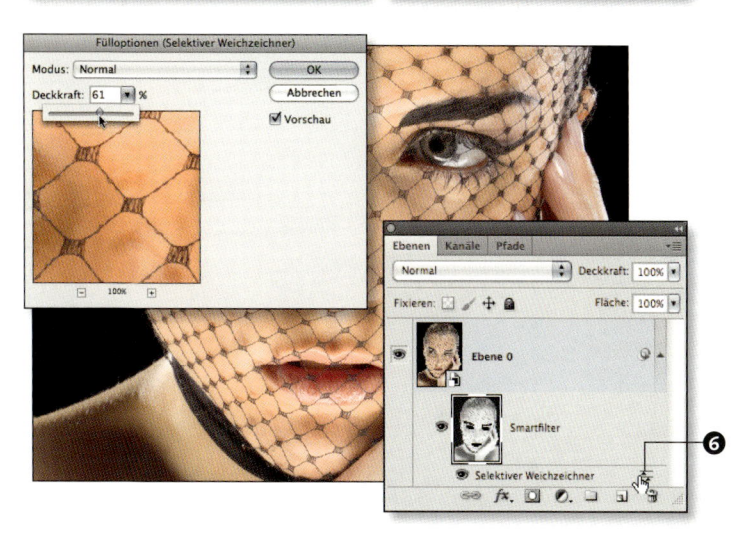

Kapitel 10 | Scharf- und Weichzeichnung

Detailkontraste schärfen

Mit dem HOCHPASS-Filter die Detailschärfe erhöhen

Aufgaben:
Details schärfen
Flächen beibehalten
[Hochpass.jpg]

Die nachfolgende Scharfzeichnungsart gehört zu meinen liebsten Techniken – nicht nur für Porträts. Der HOCHPASS-Filter arbeitet auf eine wunderbare Art und Weise die Details hervor und bietet so – kombiniert mit dem richtigen Überlagerungsmodus – eine wunderbare Scharfzeichnung, die ohne große Maskierungstechniken auskommt. Gerade gleichmäßig ausgeleuchtete Porträts lassen sich so im Handumdrehen schärfen.

Foto: iStockphoto, © aldra, Bild 4710462

1 Sonstige Filter
Auch hier starten Sie natürlich mit einem Smart-Objekt, um später die Filterparameter noch überarbeiten zu können. Wählen Sie daher aus dem Filter-Menü den Eintrag Für Smartfilter konvertieren.

Der Hochpass-Filter, den wir für diese Technik benötigen, findet sich etwas versteckt im Filter-Menü unter Sonstige Filter.

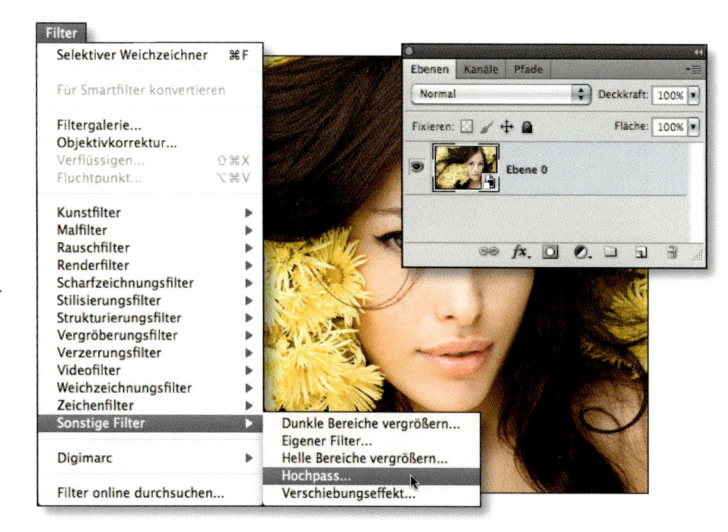

2 Hochpass erzeugen
Die Filterwirkung ist am Anfang etwas skurril: Alle Flächen werden in ein einheitliches Grau getaucht und bestehende Details durch eine Art Relief hervorgehoben.

Dieses wird später durch eine Überlagerung mit dem Originalbild für den erhöhten Detailkontrast sorgen.

Lassen Sie den Radius an dieser Stelle noch niedrig mit ca. 1 Pixel. Genau eingestellt wird er später. Verlassen Sie das Fenster mit OK.

3 Fülloptionen nutzen
Durch das Smart-Objekt ist jetzt eine Smartfilter-Ebene entstanden, in der man die Wirkung des Filters nachträglich bearbeiten kann.

Um den Filter vom Originalbild überlagern zu lassen, müssen Sie die Fülloptionen des Filters öffnen. Das können Sie über einen Doppelklick auf das Reglersymbol ❶ erreichen.

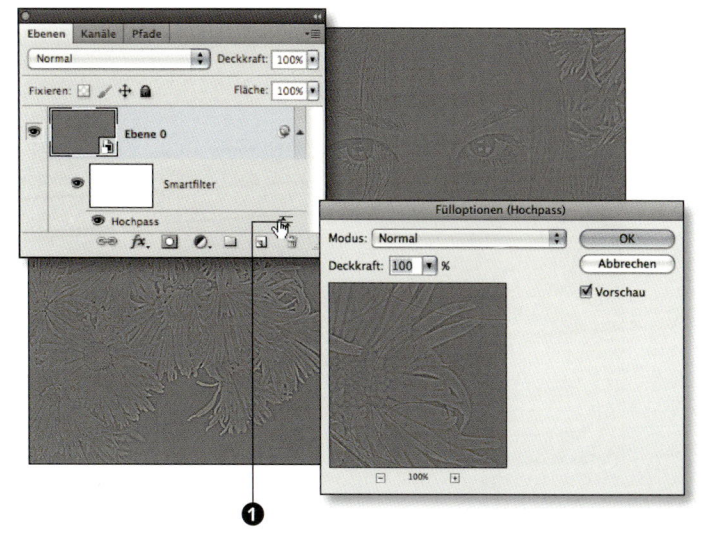

Kapitel 10 | Scharf- und Weichzeichnung   355

4 Überlagerungsmodus wählen

Ändern Sie in den FÜLLOPTIONEN den MODUS von NORMAL auf INEINANDERKOPIEREN. So verstärken sich sowohl die hellen als auch die dunklen Bilddetails mit dem Hochpassrelief.

Eine leicht höhere Detailschärfe können Sie jetzt schon erkennen, und diese wird gleich noch verstärkt.

Bestätigen Sie den Dialog mit OK.

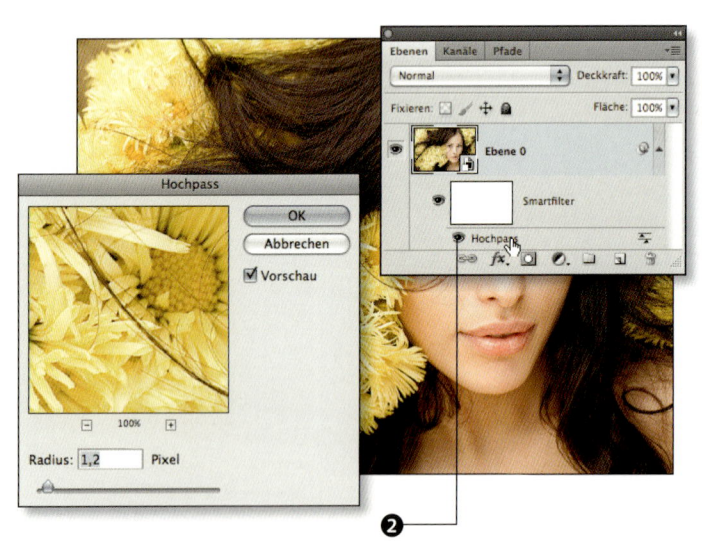

5 Filterparameter überarbeiten

Zurück in der EBENEN-Palette, geht es jetzt darum, die Werte des HOCHPASS-Filters zu erhöhen.

Um das Dialogfenster des Filters erneut zu öffnen, müssen Sie nur den Filternamen doppelt anklicken ❷. Sogleich öffnet sich das Dialogfenster mit den zuvor eingestellten Werten erneut, nur dass Sie jetzt im kleinen Vorschaufenster die Wirkung der Filterüberlagerung mit dem Original direkt überprüfen können.

6 Vorschaubereich bestimmen

Wählen Sie zur Beurteilung der Schärfe einen repräsentativen Ausschnitt wie zum Beispiel das Auge aus.

Klicken Sie dazu einfach im Bild mit dem entstehenden kleinen Quadrat ❸ auf das Auge, um es – ohne langwieriges Verschieben – im kleinen Vorschaufenster erscheinen zu lassen.

356 | **Kapitel 10** | Scharf- und Weichzeichnung

7 Detailschärfe festlegen

Ziehen Sie jetzt den RADIUS-Regler höher, bis die Details scharfgezeichnet sind. Bei diesem Motiv landen Sie dabei bei einem Wert von ungefähr 2,5 bis 3 Pixeln.

8 Flächen säubern

Bei einem deutlich höheren Radius können auch Details geschärft werden, die gar nicht schärfer werden sollen. Das können Sie entweder im Gesamtbild beurteilen – einfacher ist es aber, wenn Sie noch einmal über einen Doppelklick auf das Reglersymbol ❹ in die FÜLLOPTIONEN wechseln und den MODUS auf NORMAL setzen. So erkennen Sie schnell die kritischen Stellen. Zurück in der EBENEN-Palette, markieren Sie anschließend die Filtermaske und malen diese Stellen mit einem weichen, schwarzen Pinsel weg.

9 Geschärfte Details

Bereits nach diesen kleinen Korrekturen ist Ihr Porträt bis ins Detail geschärft. Die Haut hat durch den HOCHPASS-Filter keinerlei Schaden in Form unerwünschter Schärfung genommen.

Und falls Sie den Grad der Scharfzeichnung noch verändern wollen, ist Ihnen das jederzeit durch einen Doppelklick auf den Filternamen oder das Reglersymbol möglich.

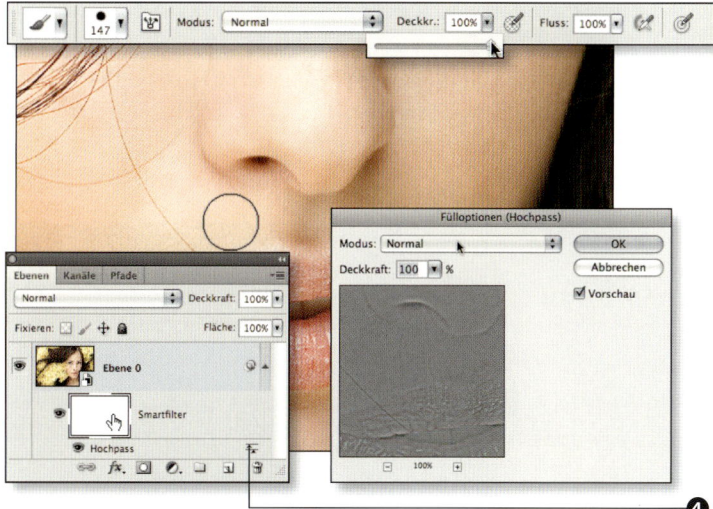

Kapitel 10 | Scharf- und Weichzeichnung 357

Konturen betonen

Eine Konturenmaske hilft bei der sanften Scharfzeichnung

Wenn die Scharfzeichnung unaufdringlich nur noch ein paar Licht- und Schattenkanten hervorarbeiten soll, bietet sich die Vorarbeit mit einer Konturenmaske an. Zur Erstellung müssen Sie zwar ein paar Umwege über verschiedene Filter beschreiten, aber danach arbeiten Sie nur auf den Konturen – ohne jegliche Nebenwirkungen.

Aufgaben:
Konturenmaske aufbauen
Konturen betonen
[Konturen.jpg]

1 Konturen finden

Ganz wichtig ist auch hier: Starten Sie auf Basis eines Smart-Objekts, bevor Sie aus dem FILTER-Menü unter den Stilisierungsfiltern KONTUREN FINDEN auswählen.

Grundlagenwissen zu Smart-Objekten:
Lesen Sie im Grundlagenexkurs »Nicht-destruktive Techniken« auf Seite 252 nach.

2 Zwischenergebnis

Wundern Sie sich nicht: Das Ergebnis sieht zwar auf den ersten Blick etwas absurd aus, aber es liefert genau das, was wir als Grundlage benötigen: Die Konturen des Bildes werden vor einem flächigen Hintergrund hervorgehoben.

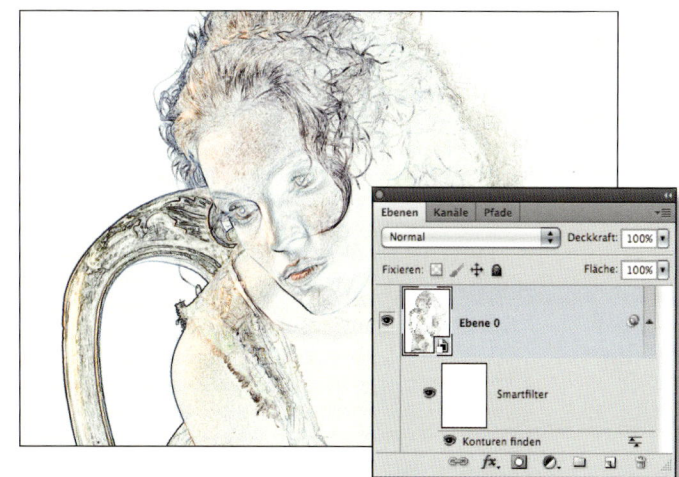

3 Konturen verstärken

Die gefundenen Konturen sind allerdings noch etwas dünn. Deshalb werden Sie diese jetzt noch ausweiten.

Da sich die Konturen dunkel vom Hintergrund abheben, können Sie gleich den nächsten Filter anwenden, um sie zu verstärken. Wählen Sie FILTER • SONSTIGE FILTER • DUNKLE BEREICHE VERGRÖSSERN.

Stellen Sie dort über den RADIUS eine Vergrößerung um maximal 3 Pixel ein. Alle Werte darüber hinaus führen zu einer zu starken Blockbildung.

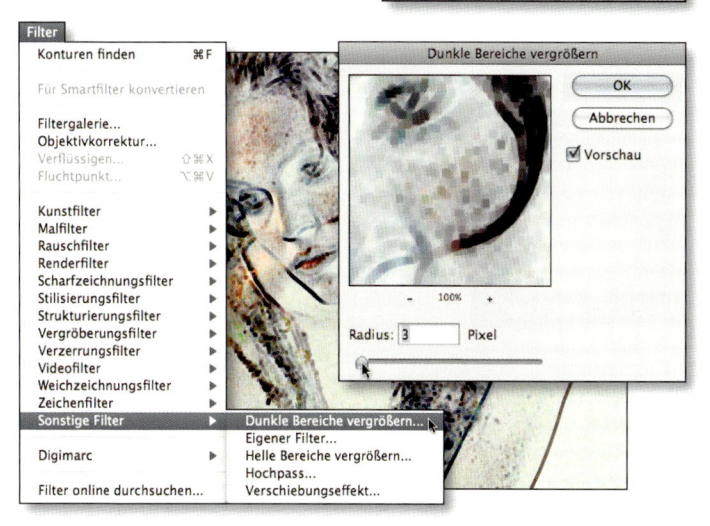

Kapitel 10 | Scharf- und Weichzeichnung 359

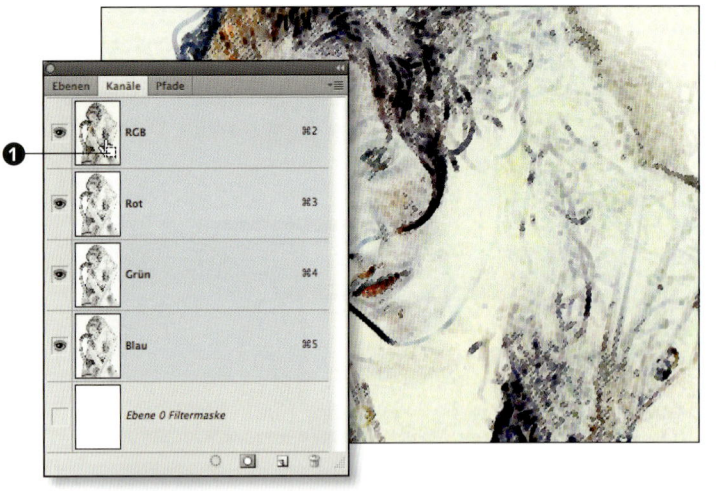

4 Konturenmaske aufbauen

Das bisher erzeugte Zwischenergebnis nehmen Sie als Basis für eine Auswahlvorbereitung.

Wechseln Sie in die KANÄLE-Palette, und nehmen Sie mit gedrückter `Strg`/`⌘`-Taste und Klick auf die RGB-Miniatur ❶ die Luminanzauswahl auf. So sind alle Pixel entsprechend ihrer Helligkeit mehr oder weniger ausgewählt. Je heller die Pixel dabei sind, umso stärker werden sie ausgewählt.

5 Filter löschen

Wechseln Sie zurück in die EBENEN-Palette, und ziehen Sie die komplette Smartfilter-Ebene auf das Papierkorbsymbol ❷. Die Filter haben ihre Schuldigkeit für die Auswahl getan. Die Auswahl bleibt bestehen.

Aber Achtung: Kehren Sie jetzt noch die Auswahl über `⇧`+`Strg`/`⌘`+`I` um. Denn ausgewählt sein sollen ja die vorhin gefundenen Konturen, also die dunklen Pixel.

6 Unscharf maskieren

Auf Basis dieser Auswahl wählen Sie den UNSCHARF MASKIEREN-Filter aus den SCHARFZEICHNUNGSFILTERN. Wählen Sie eine mittlere STÄRKE um 150 und einen RADIUS über 2 Pixel. Je nachdem, welche Vorarbeit Ihr Konturenfilter schon geleistet hat, können Sie den SCHWELLENWERT herunterfahren. In diesem Motiv ist ein niedriger SCHWELLENWERT von 8 Stufen angebracht.

Mehr zum Unscharf maskieren: Lesen Sie auf Seite 345 nach.

7 Konturenmaske nacharbeiten

Wenn die Konturenmaske noch zu viele Details auf den Hautflächen freigelegt hat, können Sie dies auch nachträglich einschränken. Die Basis für die Wirkung des Filters ist die Filtermaske. Diese machen Sie sichtbar, indem Sie mit [Alt] auf die Maskenminiatur klicken. Jetzt sehen Sie, wie die Konturen durch ihre hellen Pixel am meisten Scharfzeichnungswirkung durchlassen. Es zeigt sich aber auch, dass die Hautflächen mit ihrer größtenteils grauen Einfärbung noch einen großen Teil der Scharfzeichnung abbekommen.

8 Dunkle Bereiche vergrößern

Die Hautflächen sollen jetzt komplett maskiert werden. Nutzen Sie dazu die TONWERTKORREKTUR aus dem Menü BILD • KORREKTUREN. Ziehen Sie dort den Schwarzpunktregler ❸ stark in Richtung Mitteltöne, damit alle dunklen Graustufen zu Schwarz korrigiert werden. Mit einer zusätzlichen Verschiebung des Mittelwertreglers ❹ nach rechts dunkeln Sie die Töne noch weiter ab.

Zurück in der EBENEN-Palette können Sie durch einen weiteren [Alt]-Klick auf die Maske das Gesamtbild wieder einblenden.

9 Feinheiten maskieren

Damit haben Sie Ihr Ziel einer perfekten Konturenmaske fast erreicht: Die Konturen grenzen sich in der Maske weiß von den schwarzen Flächen ab. Die Scharfzeichnung beschränkt sich dadurch auf die Konturen.

Ein paar letzte Unsauberkeiten auf der Maske, die zu ungewollter Scharfzeichnung von Details führen, können Sie mit dem Pinsel und schwarzer Vordergrundfarbe auf der Maske nachträglich maskieren.

Kapitel 10 | Scharf- und Weichzeichnung

Hautdetails bewahren

Wie Sie Haut weichzeichnen und dabei Poren bewahren

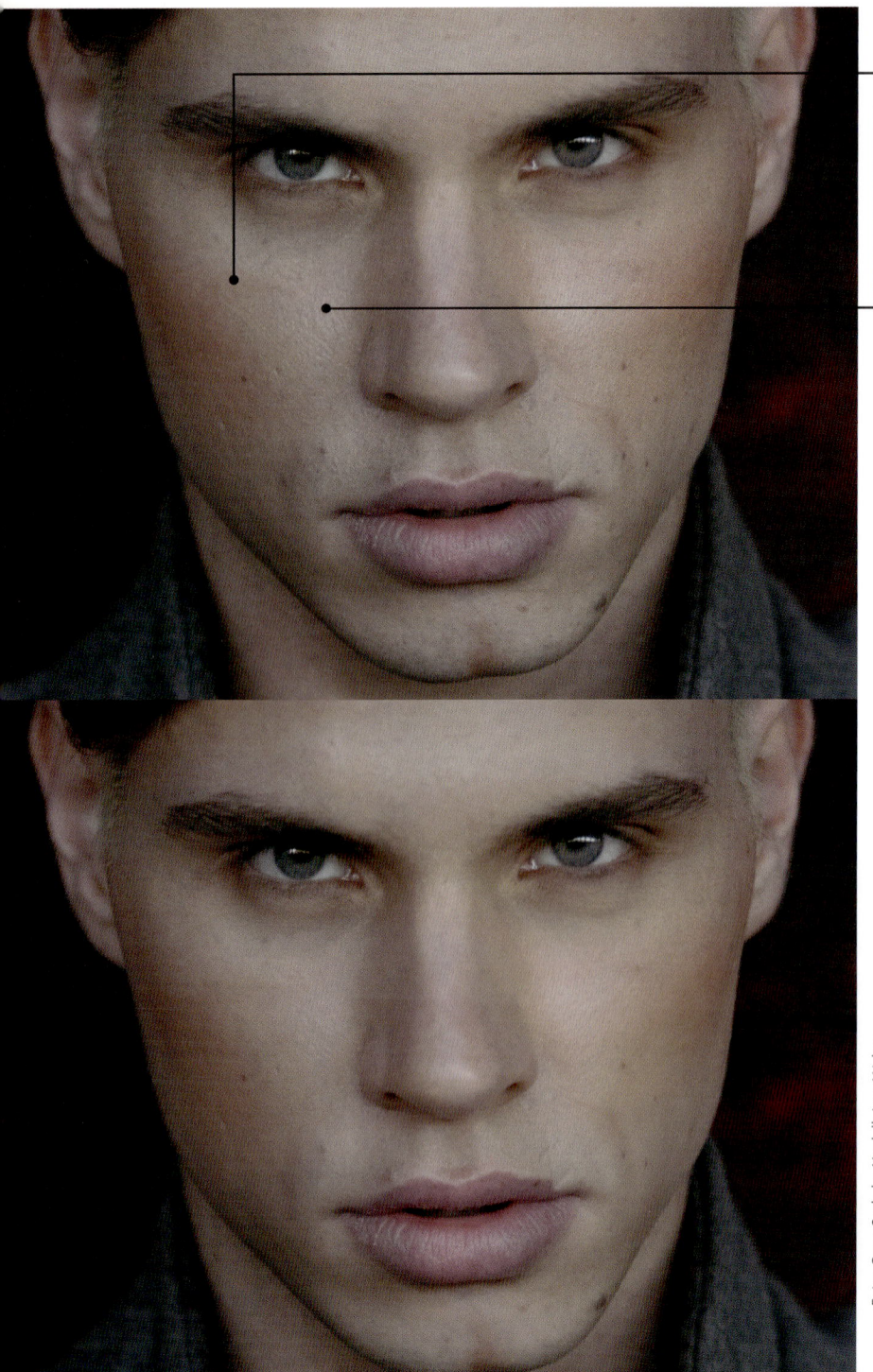

Aufgaben:
Haut matter machen
Poren sichtbar lassen
[Poren.jpg]

Jede Weichzeichnung hat einen Verlust der Details zur Folge. Oft ist dieser Detailverlust beabsichtigt. Wird er allerdings zu stark, sieht die Haut sehr schnell unnatürlich »glatt gebügelt« aus. Gerade die Hautporen laufen bei einer zu starken Bearbeitung schnell zu. In diesem Workshop lernen Sie, wie Sie die Weichzeichnung auf die unruhigen Mitteltöne beschränken und die Lichter- und Schattendetails retten, die in erster Linie in Poren sichtbar sind.

Foto: Oana Szekely, Modell: Lars Weber

1 Ebenenarbeit

Diese Technik ist eine der wenigen, für die Sie auch beim Einsatz der Smart-filter-Technologie noch eine Ebenenkopie benötigen.

Duplizieren Sie die Ebene, indem Sie sie auf das Seitensymbol ❷ in der EBENEN-Palette ziehen. Wandeln Sie die obere Ebene gleich danach über die Ebenenoptionen ❶ in ein Smart-Objekt um.

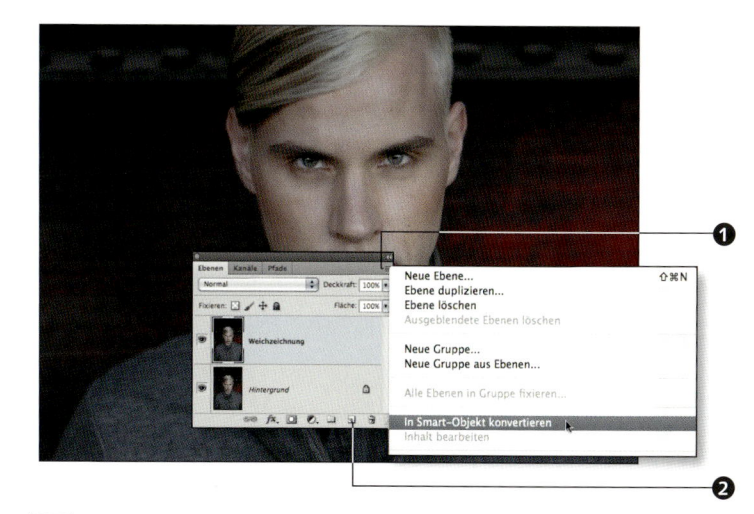

2 Matter machen

Die Weichzeichnung findet auf der oberen, also der Smart-Objekt-Ebene statt. Wählen Sie aus dem FILTER-Menü die WEICHZEICHNUNGSFILTER und dort den Filter MATTER MACHEN, der schon auf Seite 41 vorgestellt wurde. Erschrecken Sie nicht über die massive Weichzeichnung, diese wird ja später nur in kleiner Dosierung aufgetragen.

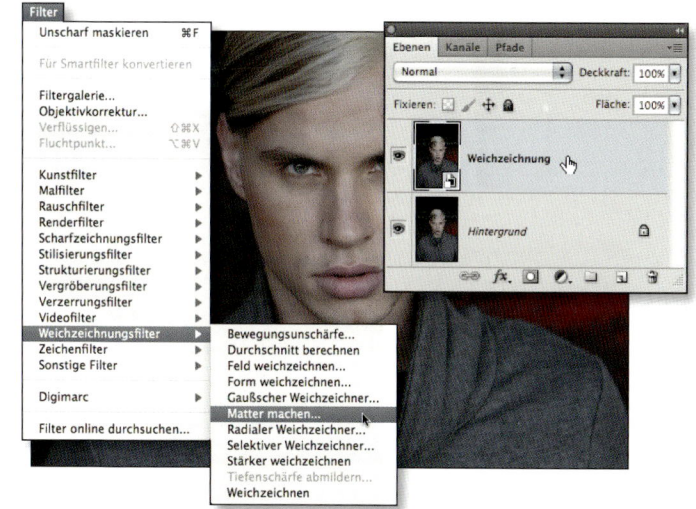

3 Schwellenwert einstellen

Starten Sie mit der Einstellung des SCHWELLENWERTES. Hier legen Sie fest, wie ähnlich sich Tonwerte sein müssen, um in Tonwert und Farbe angeglichen, also »matter gemacht« zu werden.

Suchen Sie einen Wert – ungefähr zwischen 10 und 15 Stufen –, in dem störende Hautdetails gerade eben in die Weichzeichnung einbezogen werden.

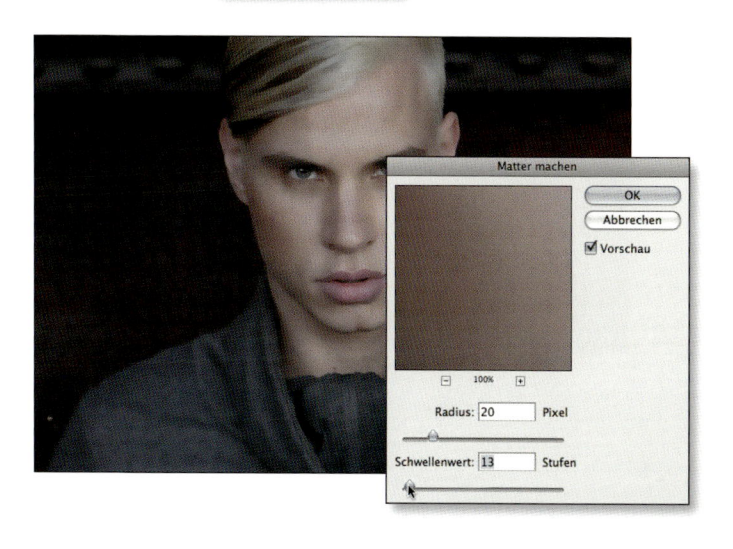

Radius eingrenzen

4 Jetzt modifizieren Sie die Stärke der Weichzeichnung. Dazu schränken Sie mit dem RADIUS die Zone ein, in der die Weichzeichnung um jedes Pixel herum stattfinden kann.

Ziehen Sie den Regler so weit herunter, bis die Haut gerade eben noch geglättet wird und keine Details hervortreten.

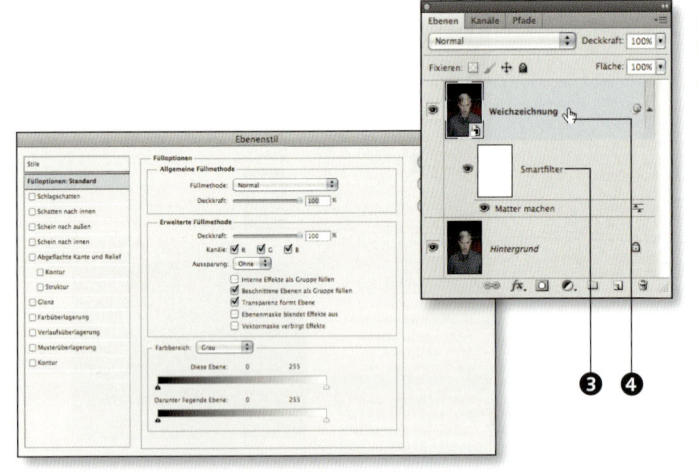

Überlagerung modifizieren

5 Wenn Sie das FILTER-Fenster verlassen haben, ist Ihre obere Ebene um die entsprechenden Smartfilter-Einstellungen reicher ❸.

Anstatt diese zu modifizieren oder zu maskieren, sorgen Sie jetzt erst einmal dafür, dass die Details aus der darunterliegenden Originalebene wieder hervortreten.

Doppelklicken Sie auf die obere Ebene ❹ – klicken Sie nicht auf den Namen oder die Miniatur –, und öffnen Sie so die FÜLL-OPTIONEN für die Ebene.

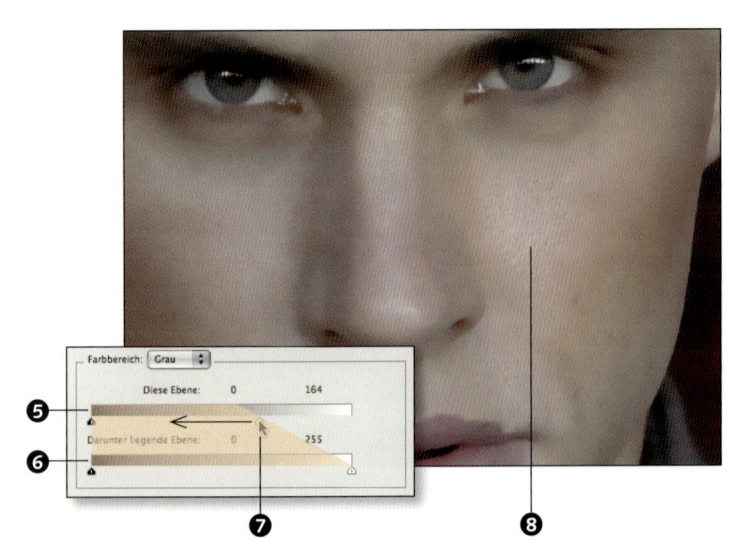

Lichter freilegen

6 Nutzen Sie die Farbbereichsregler, um zu bestimmen, welche Tonwertbereiche der oberen Ebene ❺ die untere ❻ überlagern dürfen.

Ziehen Sie dazu das obere weiße Dreieck ❼ in die Mitte, bis sich im Vorschaubild wieder erste helle Reflexe ❽ in den Hautporen zeigen.

7 Tiefendetails sichtbar machen

Als Nächstes gehen Sie genauso für die Tiefen vor: Ziehen Sie das obere schwarze Rechteck ❿ ebenfalls in die Mitte, bis sich die Details links in der Wange ❾ wieder zeigen.

So haben Sie die Sichtbarkeit der weichgezeichneten Ebene auf die Mitteltöne eingeschränkt. Zwar ist der Übergang noch etwas grob, aber das wird im nächsten Schritt optimiert.

8 Weichen Übergang herstellen

Um eine weiche Überblendung der ein- und ausgeblendeten Pixel der oberen Ebene in die untere herzustellen, werden Sie jetzt die eben verschobenen Regler teilen. Halten Sie dazu die Alt-Taste gedrückt, und ziehen Sie eine Seite der Regler heraus. So definieren Sie den weichen Übergangsbereich ⓫.

Mit Blick auf das Vorschaubild ziehen Sie anschließend die insgesamt vier entstandenen Regler so zusammen, dass die äußersten Hautdetails sichtbar sind, sich aber unmittelbar in die Weichzeichnung überblenden.

9 Weichzeichnung auftragen

Auf die Arbeit in den Farbbereichen weist nach Bestätigung durch OK in der EBENEN-Palette nichts mehr hin, aber die Wirkung ist sichtbar, und hier geht die Arbeit noch weiter.

Aktivieren Sie die Filtermaske ⓬, und kehren Sie diese über Strg/⌘+I um, so dass die Weichzeichnung erst einmal wieder komplett maskiert ist. Tragen Sie nun die Weichzeichnung mit einem weichen Pinsel, geringer DECKKRAFT und einer weißen Vordergrundfarbe stückweise wieder auf die Haut auf.

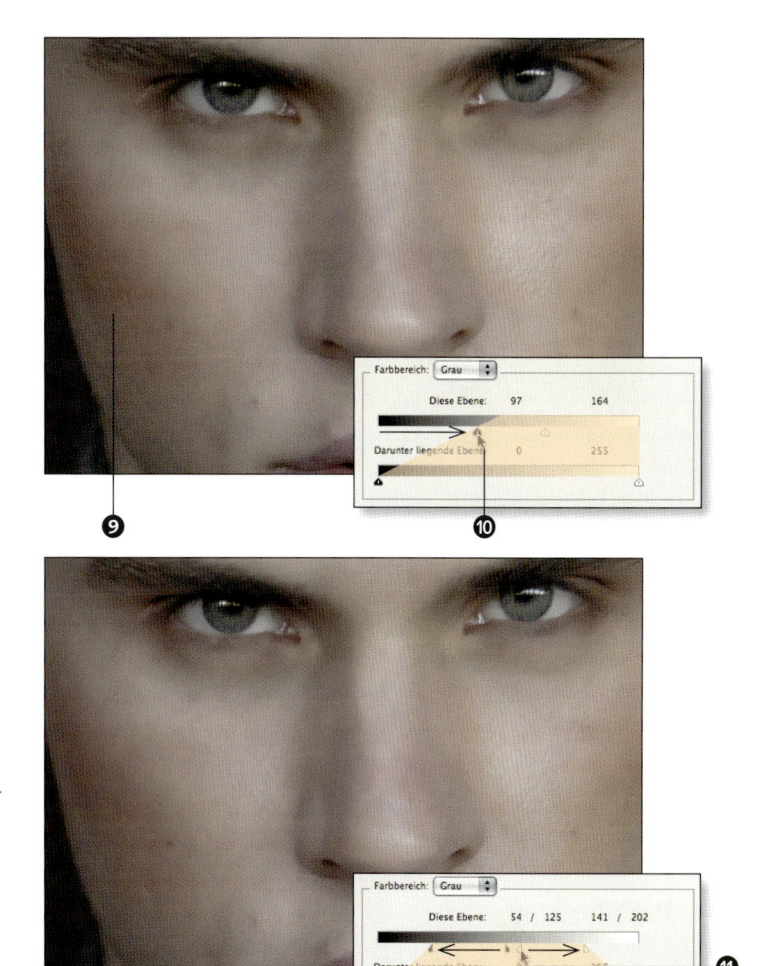

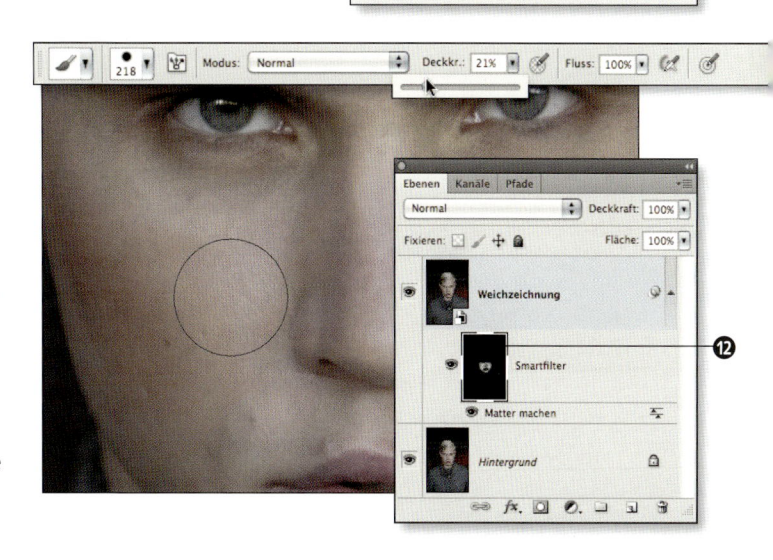

Kapitel 10 | Scharf- und Weichzeichnung

Smarte Kombi

Kombinieren Sie Weich- und Scharfzeichnungen

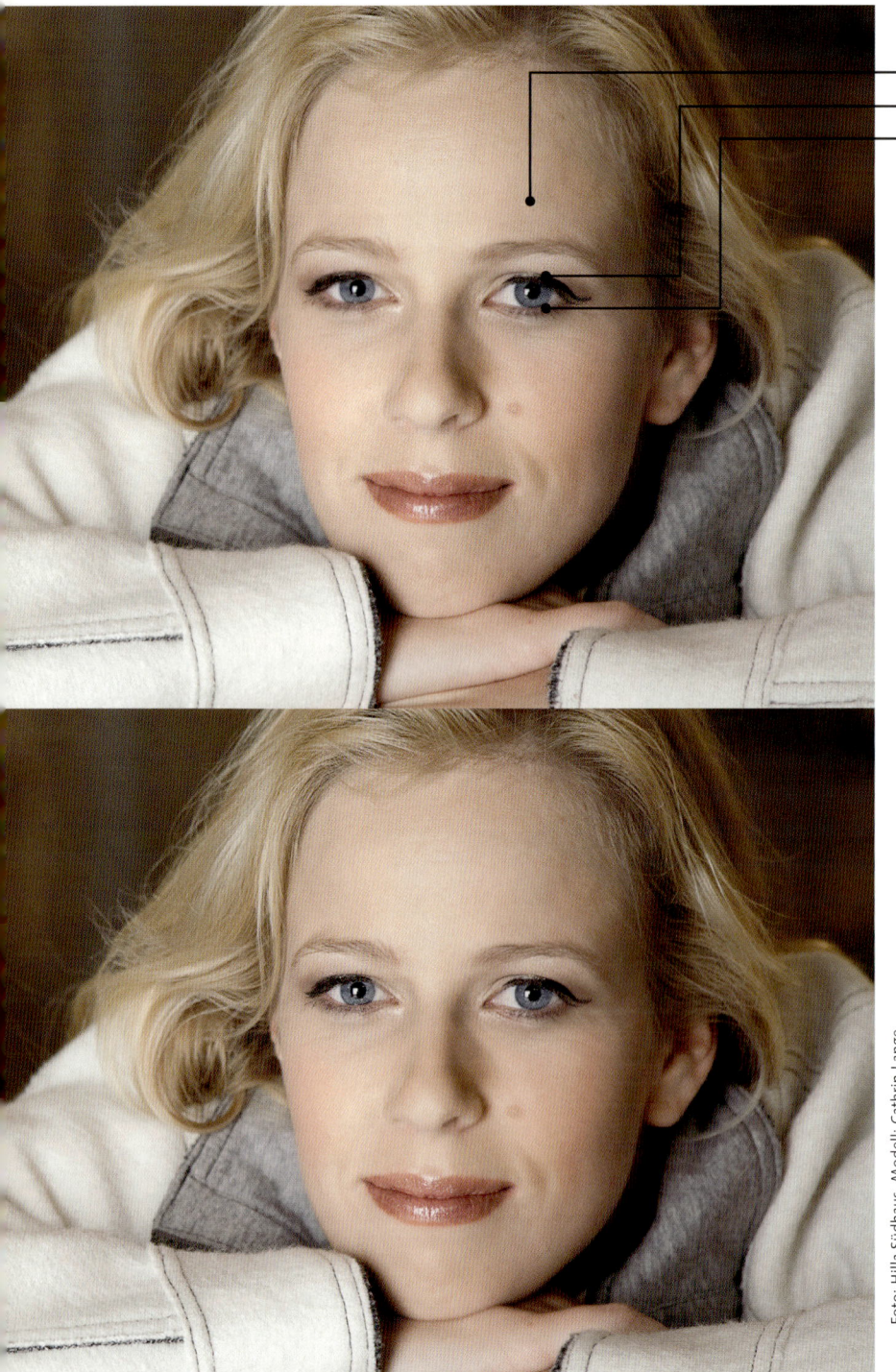

Aufgaben:
Haut weichzeichnen
Details scharfzeichnen
Ebenenmasken aufbauen

[Kombi.jpg]

Die Arbeit mit den Smartfiltern scheint schnell ein Ende zu finden, wenn man Filter mit verschiedenen Masken kombinieren möchte. Das ist nämlich bis inklusive zur Version CS 5 nicht möglich. Der Trick besteht dann darin, das Smart-Objekt quasi in einem neuen Smart-Objekt zu »verstecken«. So können Sie Weich- und Scharfzeichnungen inklusive verschiedener Masken miteinander kombinieren. Und natürlich können Sie jederzeit die Filter überarbeiten.

Foto: Hilla Südhaus, Modell: Cathrin Lange

1 Erstes Smart-Objekt

Beginnen Sie mit einer Smart-Objekt-Ebene, indem Sie im FILTER-Menü den Befehl FÜR SMARTFILTER KONVERTIEREN wählen.

Jetzt können Sie mit der Weichzeichnung der Hauttöne beginnen. Wählen Sie dazu aus den WEICHZEICHNUNGSFILTERN im FILTER-Menü den Eintrag GAUSSSCHER WEICHZEICHNER.

2 Weichzeichnung definieren

Im Dialogfenster des GAUSSSCHEN WEICHZEICHNERS ziehen Sie den RADIUS so hoch, bis eine gleichmäßige Weichzeichnung über dem Bild liegt.

Diese nützt bei Details, wie zum Beispiel den Augen, natürlich nichts. Aber um die genaue Positionierung kümmern wir uns im nächsten Schritt. In diesem Fenster können Sie jetzt erst einmal auf OK klicken.

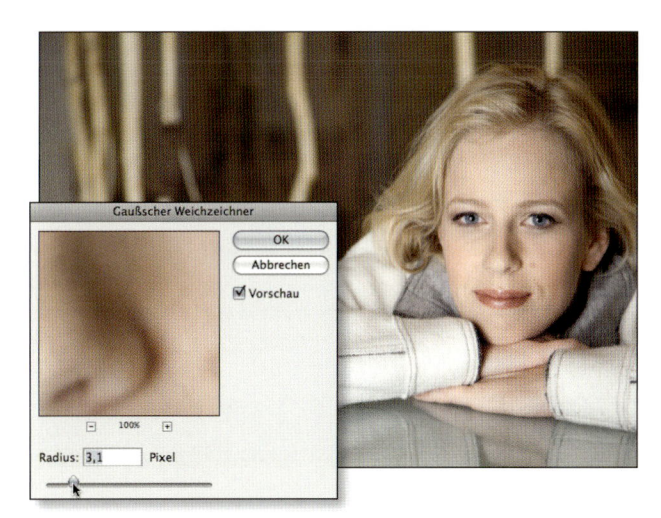

3 Weichzeichnung auftragen

In der EBENEN-Palette aktivieren Sie jetzt zunächst die Filtermaske ❶, um sie sogleich über [Strg]/[⌘] + [I] umzukehren.

Der Filter ist so deaktiviert. Jetzt wählen Sie das Pinsel-Werkzeug und eine große, weiche Werkzeugspitze. Mit weißer Vordergrundfarbe und einer geringen DECKKRAFT um 20% tragen Sie die Weichzeichnung behutsam wieder auf die Hautflächen auf.

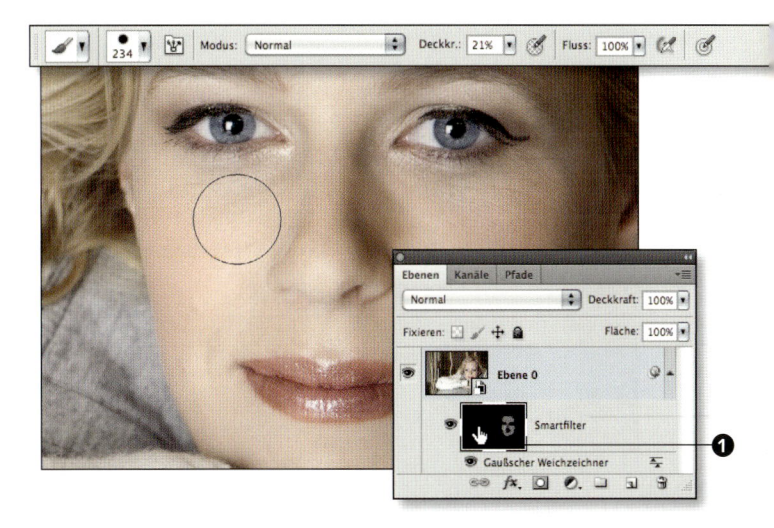

Kapitel 10 | Scharf- und Weichzeichnung

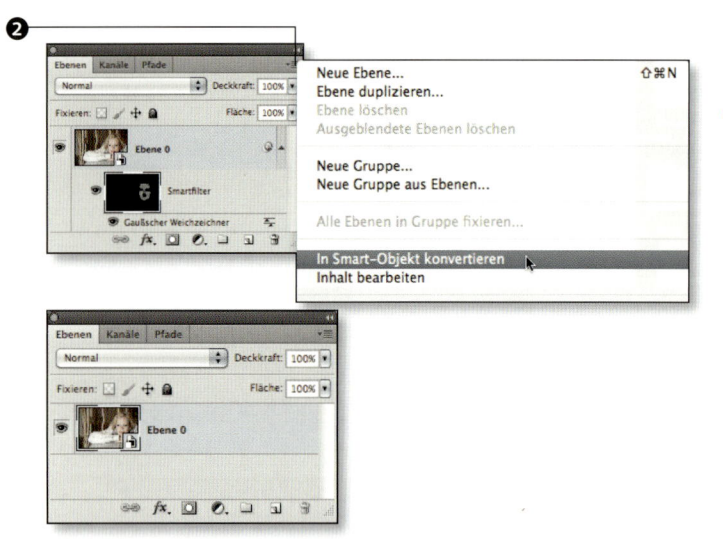

4 Neues Smart-Objekt erstellen

Als Nächstes sollte eigentlich die Scharfzeichnung folgen. Allerdings kann jede Smart-Objekt-Ebene nur eine Maske verwalten. Und es ist offensichtlich, dass die folgende Scharfzeichnung nicht die gleiche Maskierung nutzen kann wie die bestehende Weichzeichnung.

Deshalb müssen Sie zu einem Trick greifen: Aktivieren Sie die Ebene, und wählen Sie aus den Optionen ❷ der EBENEN-Palette IN SMART-OBJEKT KONVERTIEREN. So können Sie von einem neuen Smart-Objekt aus starten.

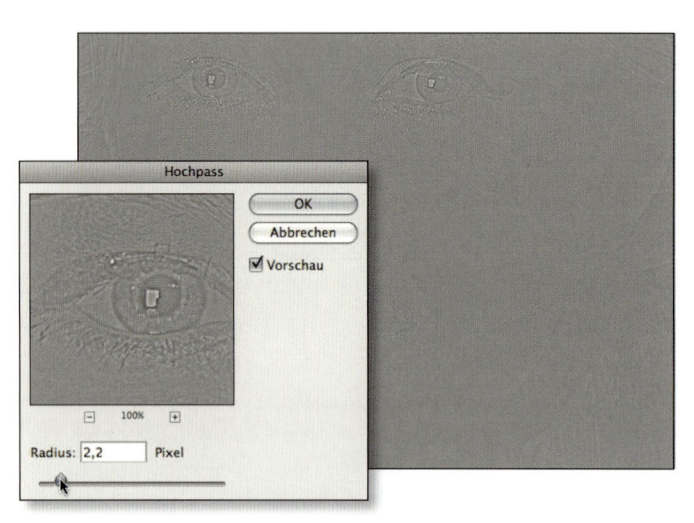

5 Hochpass-Filter anwenden

Wählen Sie den HOCHPASS-Filter aus dem FILTER-Menü SONSTIGE FILTER.

Stellen Sie einen RADIUS ein, der Sie die Konturen des Porträts deutlich erkennen lässt, aber nicht zu farbigen Rändern führt.

Nach der Bestätigung des Filters ist das Bild außer an den eben erstellten geringen Kontrasten jetzt einheitlich grau.

6 Ineinanderkopieren

Zurück in der EBENEN-Palette, klicken Sie doppelt auf das Reglersymbol ❸, das Sie in die FÜLLOPTIONEN der Filterebene führt.

Ändern Sie den MODUS auf INEINANDERKOPIEREN, um das HOCHPASS-Ergebnis mit dem Original zu überlagern.

Lesen Sie hierzu auch den Workshop
»Detailkontraste schärfen« auf Seite 354.

7 Details herausarbeiten

Auch diese Filtermaske wird nun wieder vollständig über ⌈Strg⌉/⌈⌘⌉+⌈I⌉ maskiert, bevor Sie mit weicher, weißer Pinselspitze, allerdings diesmal bei erhöhter DECKKRAFT von ca. 55 %, die scharfgezeichneten Details wie Augen, Augenbrauen, Mund und Haare hervorarbeiten.

8 Scharfzeichnung überarbeiten

Die Scharfzeichnungsparameter können Sie jederzeit überarbeiten. Doppelklicken Sie dazu einfach auf den Filternamen ❹, und verändern Sie mit dem RADIUS die Stärke der resultierenden Scharfzeichnung.

Die Parameter der Weichzeichnung scheinen dagegen verborgen – sie sind es aber nicht: Denn von jedem Smart-Objekt können Sie den Inhalt bearbeiten. Wie Sie das tun, erfahren Sie im nächsten Schritt.

9 Weichzeichnung überarbeiten

Am einfachsten geht das über einen Doppelklick auf das Smart-Objekt-Symbol ❺. Dadurch öffnet sich das ursprüngliche Smart-Objekt als temporäre Datei, die Sie in ihrem vorherigen Status – also mit einer Filterebene für die Weichzeichnung – weiterbearbeiten können. Auch hier geht das über einen Doppelklick auf den Filternamen ❻.

Nach der Bearbeitung müssen Sie diese temporäre Datei dann zunächst sichern und schließen, um die Änderungen in der eigentlichen Datei sehen zu können.

Kapitel 10 | Scharf- und Weichzeichnung

Foto: iStockphoto, © fmbackx, Bild 7557866

TEIL IV

Beauty-Projekte von A bis Z

Auf den vorangegangenen gut 360 Seiten haben Sie alles gelernt, was Sie an Techniken für die Beauty- und Glamour-Retusche benötigen. In den folgenden Profi-Workshops geht es jetzt um größere Aufgabenstellungen, die in mehreren Arbeitsetappen gelöst werden. Benutzt werden dabei die gelernten Techniken, aber auch spezifische Tricks für die Titelblattretusche, dynamische und coole Sportaufnahmen, die effektive Abarbeitung von Hochzeitsserien oder Verfremdungstechniken.

Beauty-Porträt

Phase 1: Modellierung
· Nasen- und Kinnform überarbeiten
· Mundwinkel anheben

Phase 3: Haut und Gesicht
· Hautfarbe entsättigen
· Transparente Haut- und Mitteltöne erzeugen
· Augenkontrast verstärken

Phase 2: Retusche
· Hautunreinheiten retuschieren
· Halsschatten aufhellen
· Fältchen mindern

Phase 4: Finish
· Haut weichzeichnen
· Details scharfzeichnen

Bauen Sie sich eine klare Strategie für die Beauty-Retusche auf. Zuerst sichern Sie Ihr Original – starten also für »destruktive« Arbeiten mit einer Ebenenkopie. Später können Sie über Einstellungsebenen und Smartfilter verschiedenste Retuschetaktiken kombinieren – ohne jemals den Blick auf das Original zu verlieren. Denn je besser das Originalfoto ist, desto mehr Finesse verlangen die Bearbeitungsphasen. So können Sie die angestrebte Bildwirkung noch mehr auf den Punkt steuern.

Foto: Peter Wattendorff, Modell: Cathrin Lange

Phase 1: Modellierung

Die Modellierung der Nase oder der Gesichtsform bedeutet nicht, dass die porträtierte Person verändert werden soll. Vielmehr werden dabei Unzulänglichkeiten von Lichtsetzung, Kamera- oder Aufnahmeposition ausgeglichen und das Gesicht wird in seinen Formen harmonisiert.

> **Basis-Workshops:**
> Seite 122: Gesichtsform ändern
> Seite 196: Bitte lächeln
> Seite 126: Nase verschönern

1 Die Sicherheitskopie

Die Arbeit mit dem VERFLÜSSIGEN-Filter ist nicht nachträglich editierbar, deshalb gehört sie auch an den Anfang der Bearbeitung.

In den späteren Phasen der Bearbeitung nutzen Sie dann Retusche- und Einstellungsebenen und bleiben so flexibel.

Duplizieren Sie auf jeden Fall die Hintergrundebene, um das Original zu sichern, und wählen Sie dann aus dem FILTER-Menü den VERFLÜSSIGEN-Filter.

2 Kinn vorwärts krümmen

Durch die Perspektive von oben treten die Wangenknochen nicht so stark hervor, und das Gesicht wirkt rundlicher, als es ist. Mit dem Vorwärts-krümmen-Werkzeug ❶ können Sie die Form ein wenig korrigieren.

Arbeiten Sie mit einer PINSELDICHTE ❷ und einem PINSELDRUCK ❸ von bis zu 50 für eine schrittweise Korrektur, und setzen Sie mit der Werkzeugmitte direkt an der Kinnkante ❹ an, um das Kinn an verschiedenen Stellen ein wenig schmaler zu machen.

374 | Kapitel 11 | Beauty-Projekte von A bis Z

3 Nasenspitze verkleinern

Auch die Nasenspitze wirkt etwas zu dominant und rundlich. Bearbeiten Sie diese mit dem Zusammenziehen-Werkzeug ❺.

Setzen Sie hierfür die PINSELDICHTE etwas hinauf, damit die Nase keine punktuellen Dellen durch das Zusammenziehen bekommt, und dafür die PINSELGESCHWINDIGKEIT ❻ noch etwas herunter, so dass Sie kontrolliert in kleinen Schritten arbeiten können. Klicken Sie mehrfach kurz an den Nasenrand, um die umgebenden Pixel zusammenzuschieben.

4 Lächeln anheben

Zuletzt wechseln Sie wieder zum Vorwärts-krümmen-Werkzeug und schieben mit einer verkleinerten PINSELGRÖSSE ❼ die Mundwinkel etwas nach oben, um das Lächeln noch etwas freundlicher zu machen.

Setzen Sie dabei mit der Werkzeugmitte nicht nur direkt am Mundwinkel an, sondern auch in der Umgebung, um die Mimik natürlich zu gestalten.

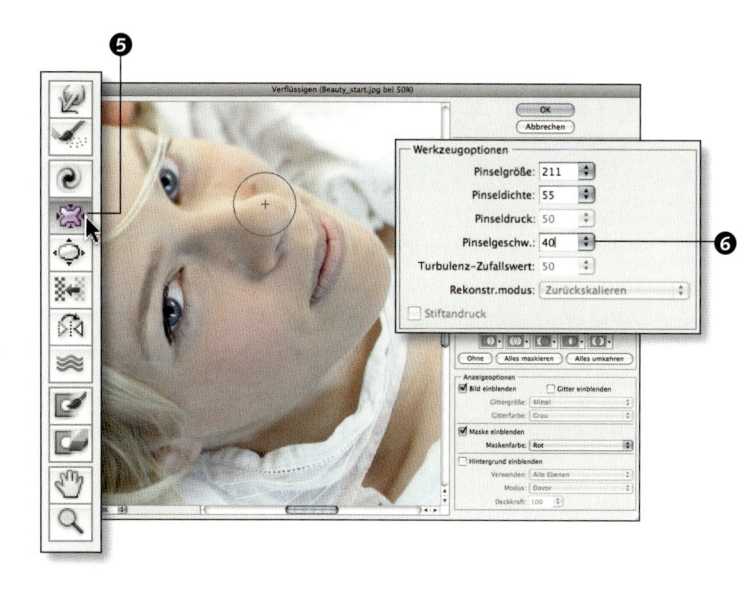

5 Vorher-nachher-Vergleich

Vergessen Sie nicht, Ihre Fortschritte mit dem Original zu vergleichen, denn oft schießt man mit diesem Filter über das Ziel hinaus.

Aktivieren Sie die Option HINTERGRUND EINBLENDEN ❽. Verwenden Sie dabei alle Ebenen im Modus DAVOR mit einer 100%igen DECKKRAFT. Nur so erhalten Sie durch Aktivierung und Deaktivierung eine Vorher- und Nachher-Ansicht.

Nach getaner Arbeit bestätigen Sie den Filter durch einen Klick auf OK.

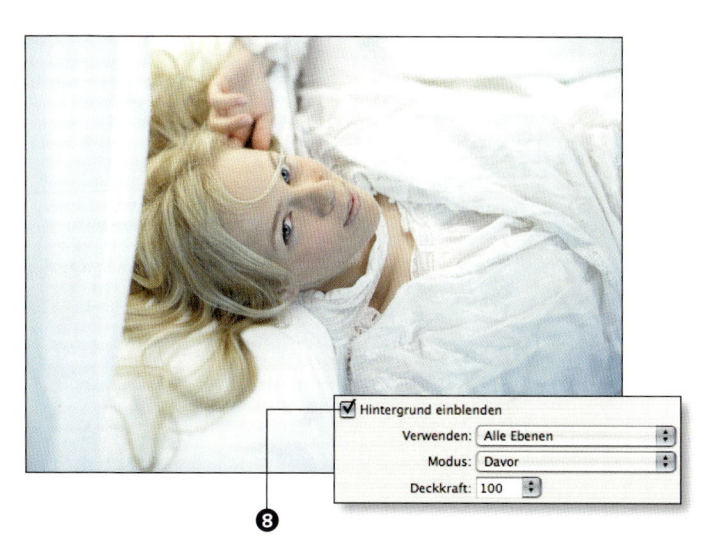

Kapitel 11 | Beauty-Projekte von A bis Z

Phase 2: Retusche

Und jetzt fängt schon die nicht-destruktive Arbeit an. Alles, was von diesem Punkt an folgt, lässt sich jederzeit durch Ebenen oder Smart-Objekte wieder am Original zurückverfolgen und korrigieren. Unter Ausnutzung der Werkzeugoptionen, wie Modus oder Deckkraft, arbeiten Sie in noch feineren Nuancen.

> ➔ **Basis-Workshops:**
> Seite 22: Erste Hilfe
> Seite 36: Sanfte Faltenkorrektur

1 Ebenenretusche

Legen Sie jetzt noch eine weitere Ebene an, und nennen Sie diese gleich »Retusche« ❷ – es werden noch mehr Ebenen folgen. Wählen Sie für die erste Retusche der Hautunreinheiten den Reparaturpinsel, und aktivieren Sie in den Werkzeugoptionen Alle Ebenen oder Akt. u. darunter ❶ – beide Optionen gewährleisten, dass Sie auf der leeren Ebene das unten liegende Motiv retuschieren können. Nehmen Sie mit der Alt-Taste einen sauberen Bereich auf, und reparieren Sie damit kleine Punkte und Pickel.

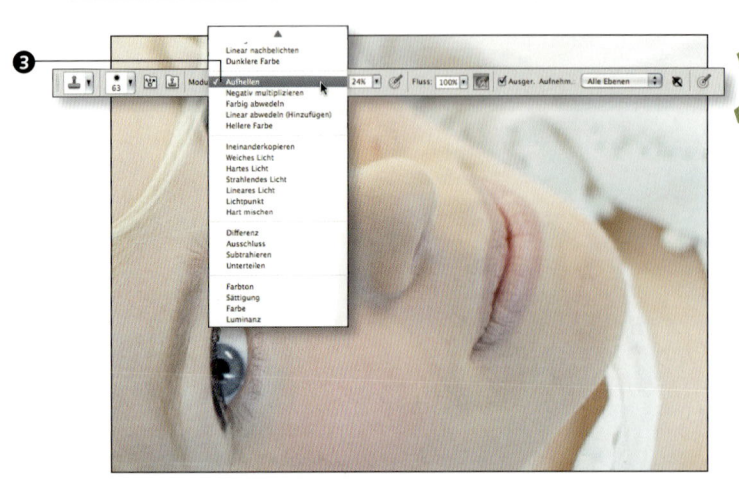

2 Falten und Muttermale aufhellen

Um Muttermale oder kleine Falten zu überlagern, sollten Sie nicht mit dem Reparaturpinsel arbeiten, denn diese sollen nicht vollständig überdeckt werden. Wechseln Sie zum Kopierstempel, und aktivieren Sie auch dort die Option Akt. u. darunter. Stellen Sie die Deckkraft auf ca. 25 %, um die Retusche nur leicht zu überlagern. Der Modus Aufhellen ❸ verhindert, dass Sie dunkle Flecken in helle Hautbereiche kopieren. Nehmen Sie mit Klick + Alt-Taste saubere Bereiche auf, und übertragen Sie diese.

376 Kapitel 11 | Beauty-Projekte von A bis Z

3 Schattenkorrektur aufbauen

Die dunklen Flächen am Hals können Sie auch vollständig durch Retusche überdecken, effektiver ist aber eine Vorarbeit durch Aufhellung.

Öffnen Sie über die KORREKTUREN-Palette die GRADATIONSKURVEN, nutzen Sie das Hand-Werkzeug ❹, und ziehen Sie mit gedrückter Maustaste auf dem Halsschatten ❺ die GRADATIONSKURVE nach oben. Jetzt wird zwar erst das ganze Bild heller, aber das ist gleich korrigiert.

4 Schatten aufhellen

Aktivieren Sie in der EBENEN-Palette die Maske ❻ der entstandenen Einstellungsebene, und kehren Sie sie über ⌃Strg⌃ + ⌃I⌃ um.

Malen Sie dann mit einem weichen Pinsel, weißer Vordergrundfarbe und geringer DECKKRAFT von ca. 15 % die Aufhellung langsam in den Schatten wieder hinein.

5 Hautfarbe überlagern

Auch mit der richtigen Helligkeit sind die Schatten farblich noch zu intensiv. Statt einer Farbkorrektur können Sie aber jetzt einfach wieder helle Hautbereiche mit dem Kopierstempel überlagern. Aktivieren Sie die Retusche-Ebene, und stellen Sie sicher, dass diesmal die Option ALLE EBENEN ❼ gewählt ist, damit auch die oben liegende Einstellungsebene mit einbezogen wird. Kopieren Sie dann wieder mit geringer DECKKRAFT und dem Modus AUFHELLEN Pixel aus den hellen Halsbereichen und der Stirn über den Schatten.

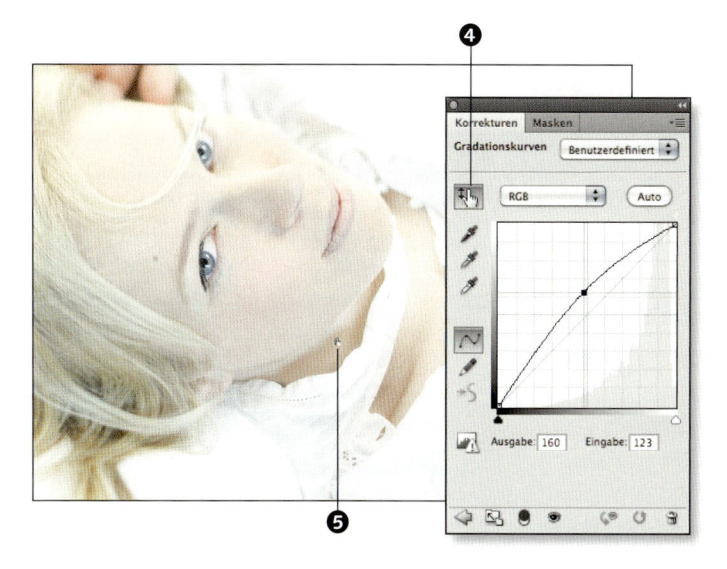

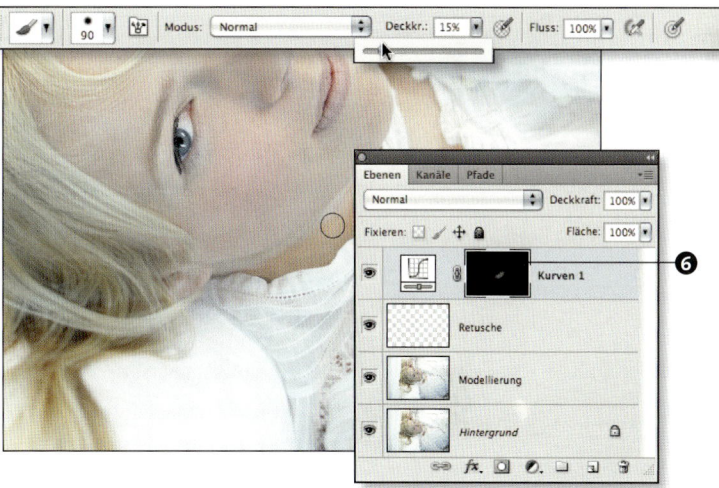

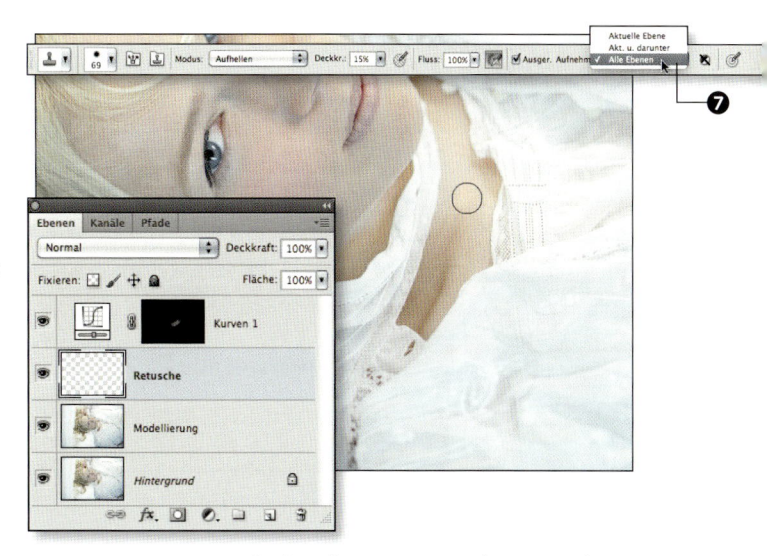

Kapitel 11 | Beauty-Projekte von A bis Z 377

Phase 3: Haut und Gesicht

Nach der Pflicht kommt jetzt die Kür: Sie geben der Aufnahme ein individuelles Gesicht, indem Sie Helligkeit und Farbigkeit des Porträts bewusst in eine Richtung steuern. In diesem Beispiel geht es darum, die helle, leicht transparente Stimmung des Bildes noch weiter zu betonen.

> **Basis-Workshops:**
> Seite 54: Hautrötungen mindern
> Seite 306: Kontrolliertes High-Key
> Seite 180: Augenkontrast verstärken
> Seite 72: Sensible Kontrastkorrektur

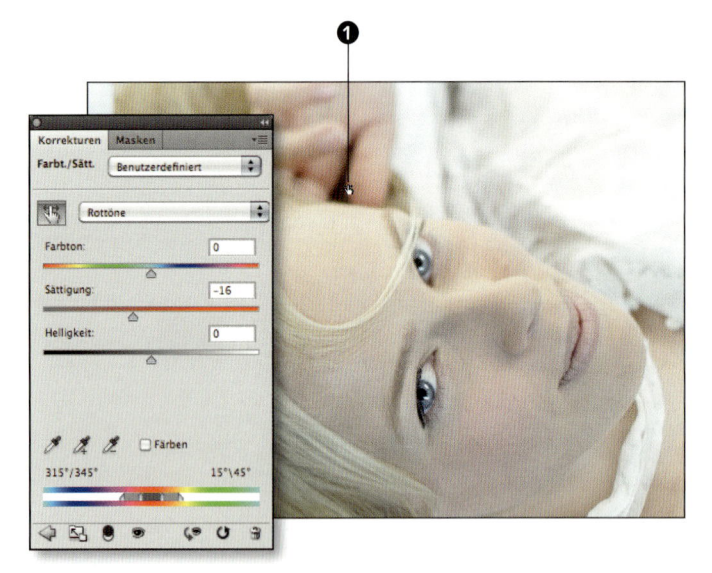

1 Rote Haut korrigieren

Immer wieder kommt es bei Porträtaufnahmen vor, dass Gesichtshaut oder Hände viel zu rot erscheinen. Hier können Sie selektiv die Sättigung entfernen.

Starten Sie von der obersten Korrekturebene, und wählen Sie aus der KORREKTUREN-Palette die Funktion FARBTON/SÄTTIGUNG. Nutzen Sie das Hand-Werkzeug, und ziehen Sie direkt im Bild in einem zu roten Hautbereich ❶, wie hier der Hand, mit gedrückter Maustaste den SÄTTIGUNG-Regler nach links.

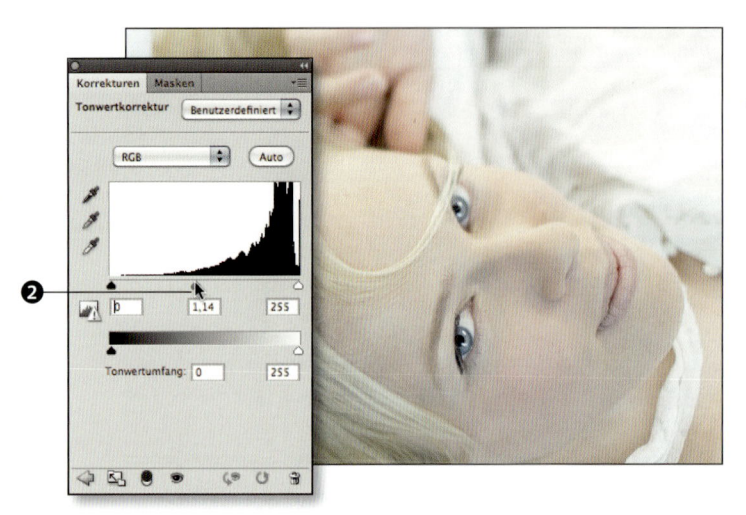

2 Haut aufklaren

Jetzt hellen Sie die Mitteltöne – und damit in erster Linie die Hauttöne – auf. Wählen Sie als Nächstes die TONWERTKORREKTUR aus der KORREKTUREN-Palette, und ziehen Sie den Mittelwertregler ❷ nach links auf einen Wert von ca. 1,15. So werden die dunkleren Mitteltöne in die Mitte verlagert, und das ganze Bild wird aufgehellt.

3 Tiefenzeichnung bewahren

Dann folgt eine Kontrastkorrektur mit den Gradationskurven, um die tiefen Töne in den Hautdetails wieder ein wenig zurückzuarbeiten.

Nutzen Sie auch hier das Hand-Werkzeug, und ziehen Sie mit gedrückter Maustaste in einem dunklen Detail die Kurve leicht nach unten ❸, bis die Schatten wieder satt sind. Korrigieren Sie dann direkt auf der Kurve die Lichter, indem Sie diese durch einen Punkt ❹ wieder auf die ursprüngliche Diagonale zurückziehen.

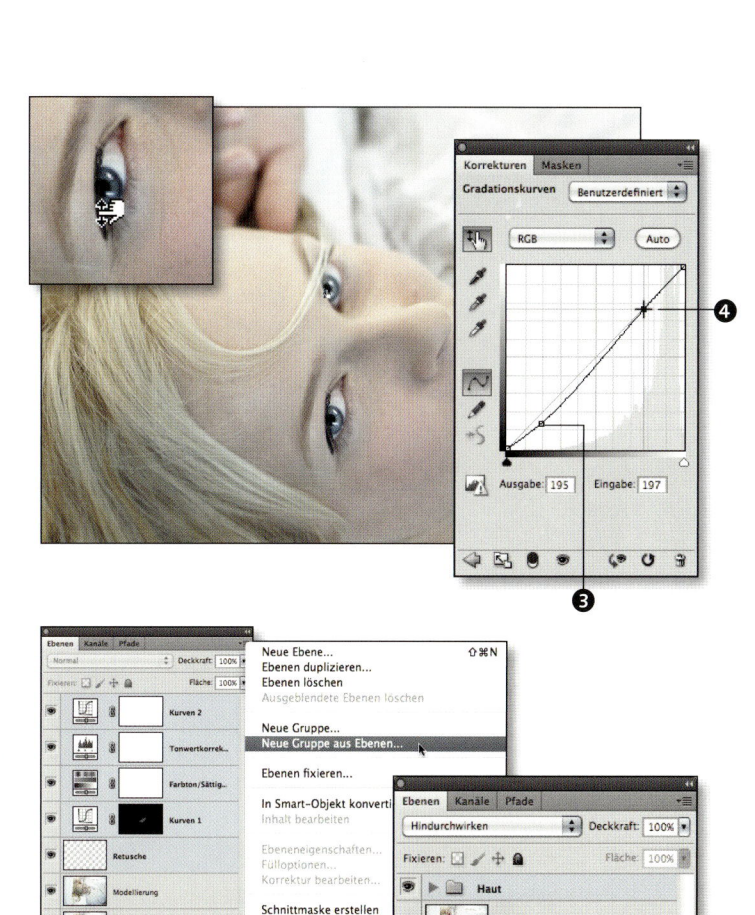

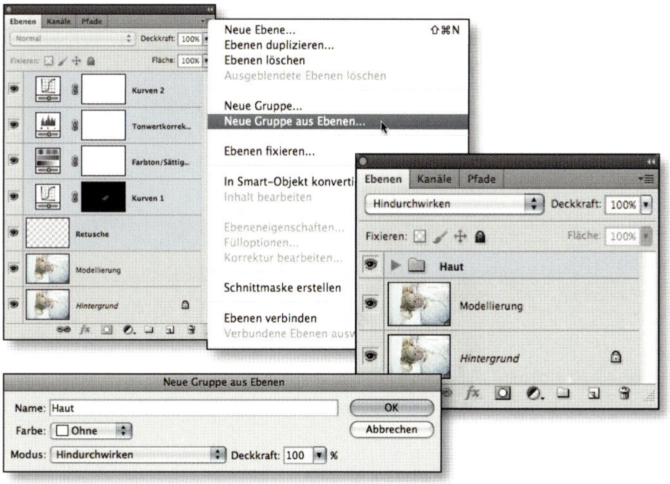

4 Korrekturen zusammenfassen

Jetzt haben sich für die Hautkorrekturen eine Menge Einstellungsebenen in der EBENEN-Palette angesammelt. Fassen Sie diese zusammen, um den Überblick nicht zu verlieren. Aktivieren Sie mit gedrückter ⇧-Taste alle Ebenen von der Retusche-Ebene bis zur obersten Einstellungsebene, und wählen Sie aus den Ebenenoptionen NEUE GRUPPE AUS EBENEN. Das geht auch über den Shortcut Strg+G. Vergessen Sie aber die eindeutige Benennung nicht.

5 Augen auswählen

Zum Schluss kommen die Sonderbehandlungen. Um diese beurteilen zu können, sollten Sie eine Auswahl erstellen.

Wechseln Sie über das Symbol in der Werkzeugpalette ❺ oder mit der Taste Q in den Maskierungsmodus, und markieren Sie mit mit dem Pinsel-Werkzeug mit mittlerer KANTENSCHÄRFE und wechselnder DECKKRAFT die Iris beider Augen und ein wenig das Augenweiß beider Augen. Wechseln Sie zurück in den Standardmodus, und kehren Sie die Auswahl mit Strg+I um.

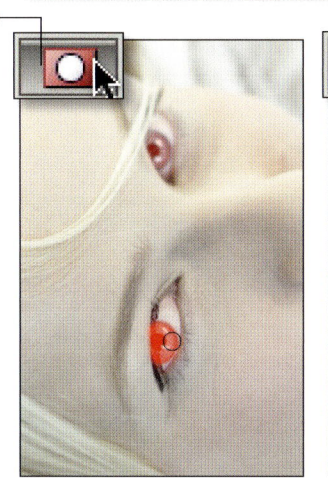

Kapitel 11 | Beauty-Projekte von A bis Z

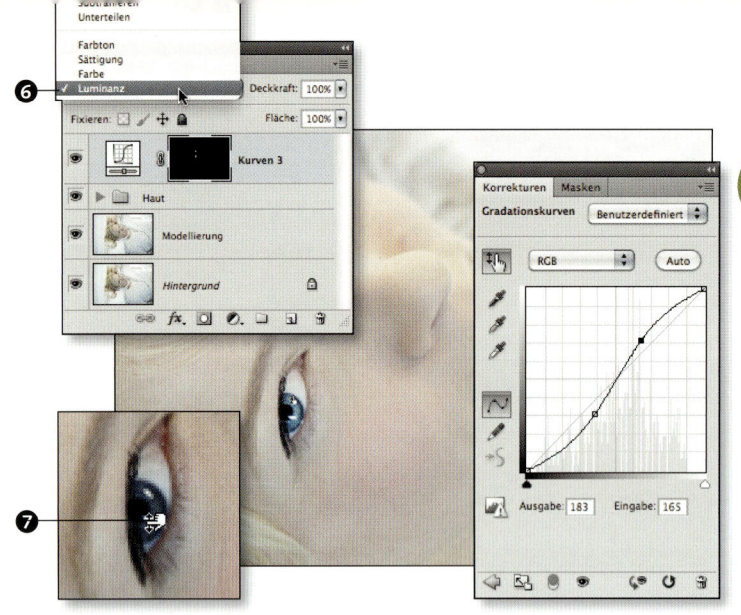

6 Augenkontrast verstärken

Auf Basis der Auswahl erfolgt jetzt eine GRADATIONSKURVEN-Korrektur nur in den Augen.

Nutzen Sie auch hier das praktische Hand-Werkzeug, um direkt im Auge die Korrektur zu steuern: Ziehen Sie an einem hellen Punkt der Iris ❼ die Kurve nach oben und an einem dunkleren Ton die Kurve nach unten, um den Kontrast zu steigern.

Falls dadurch die Augen farblich zu intensiv werden, können Sie nachträglich in der EBENEN-Palette den Modus für diese Einstellungsebene auf LUMINANZ ❻ setzen.

Phase 4: Finish

Zum Schluss folgt natürlich die Scharfzeichnung – aber in diesem Fall noch vorweg eine ganz leichte Weichzeichnung der Hauttöne. Beide Filter werden als Smartfilter eingesetzt und mit Ebenenmasken genau dosiert. Um verschiedene Filtermasken für ein Smart-Objekt einzusetzen, müssen Sie ein wenig tricksen – wie, das sehen Sie gleich.

> **Basis-Workshops:**
> Seite 348: Weiche Haut pudern
> Seite 354: Detailkontraste schärfen
> Seite 366: Smarte Kombi

1 Smart-Objekt anlegen

Mehrere Ebenen können Sie nicht gleichzeitig mit demselben Filter behandeln, deshalb ist spätestens hier ein Smart-Objekt gefragt.

Markieren Sie alle Ebenen von der ersten Modellierung bis zur letzten Einstellungsebene, und gruppieren Sie diese zunächst einmal über [Strg] + [G]. Vergessen Sie die Benennung nicht. Für diese Gruppe wählen Sie dann aus dem FILTER-Menü den Befehl FÜR SMARTFILTER KONVERTIEREN.

2 Weichzeichnung auftragen

Wählen Sie dann aus den Weichzeichnungsfiltern den Gaussschen Weichzeichner, und stellen Sie eine starke Weichzeichnung mit einem Radius von ca. 3 Pixeln ein. In der Ebenen-Palette aktivieren Sie dann die Filtermaske ❷ und kehren sie über [Strg]+[I] um. Mit einem großen, weichen Pinsel, weißer Vordergrundfarbe und geringer Deckkraft von ca. 10 % ❶ tragen Sie dann die Weichzeichnung ganz sanft über die Hauttöne auf. So können Sie auch die Bildränder weichzeichnen.

3 Hochpass-Filter für die Details

Um für den nächsten Filter eine andere Maske nutzen zu können – Sie wollen ja andere Stellen scharfzeichnen als die weichgezeichneten –, müssen Sie ein weiteres Smart-Objekt erstellen. Wählen Sie diesmal aus den Optionen der Ebenen-Palette In Smart Objekt konvertieren.

Jetzt kommt der Hochpass-Filter aus den Sonstigen Filtern zum Einsatz: Mit einem Radius von ca. 2 Pixeln arbeiten Sie die Details in Haaren und Augen hervor.

4 Überlagerungsmodus wählen

In der Ebenen-Palette muss der Hochpass-Filter mit dem Original überlagert werden. Doppelklicken Sie auf das Reglersymbol ❹ in der Smartfilter-Ebene. Stellen Sie in den Fülloptionen den Modus auf Ineinanderkopieren. Maskieren Sie danach alle vorher weichgezeichneten Bereiche mit weichem Pinsel und schwarzer Vordergrundfarbe in der Ebenenmaske ❸. Von hier aus können Sie jeden Parameter Ihrer Korrektur wieder bearbeiten. Wie das genau geht, können Sie auf Seite 253 nachlesen.

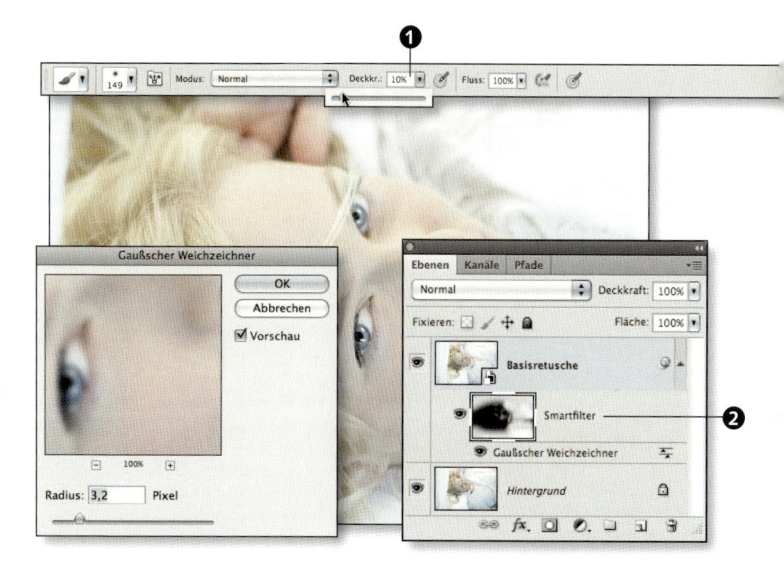

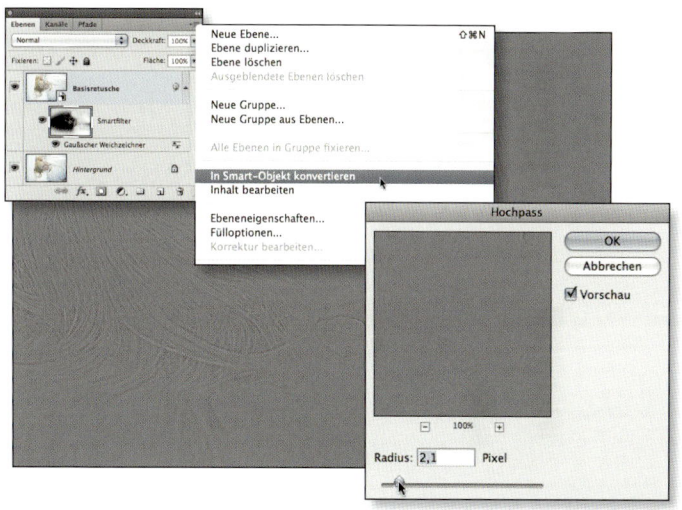

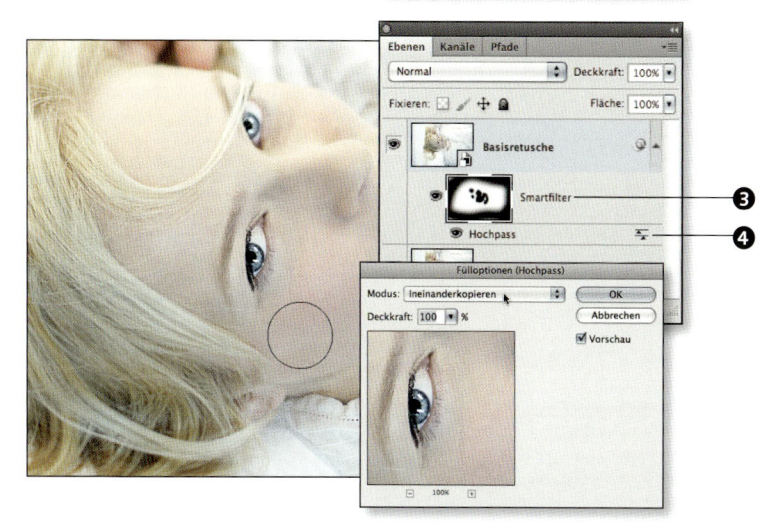

Kapitel 11 | Beauty-Projekte von A bis Z

Titelbildreife

Phase 4: Look gestalten
· Lichter-Weichzeichnung überlagern
· Kontrast steigern
· Sättigung zurücknehmen

Phase 5: Finale
· Scharfzeichnung von Details

Phase 1: »Chirurgische« Eingriffe
· Gesicht schmaler machen
· Augen vergrößern
· Mundform verändern

Phase 2: Retusche
· Härchen retuschieren
· Augenbrauen verschönern

Phase 3: Detailarbeit
· Kontrast in Augen und Lippen erhöhen

Ab jetzt ist alles erlaubt. Ein Porträt auf dem Titelblatt erhebt nicht mehr den Anspruch, den Porträtierten möglichst naturgetreu wiederzugeben. Hier geht es nur um die erste Wirkung, und dafür ist fast jedes Mittel recht.

In diesem Kapitel sehen Sie, wie ein Porträt auf gängige Gesichtsformen verschlankt, die Augen vergrößert und der Mund geformt wird. Nach viel notwendiger Detailarbeit folgt der besondere Look, mit dem das schon retuschierte Motiv dann titelbildreif wird.

Foto: iStockphoto, © fmbackx, Bild 7557866

Phase 1: »Chirurgische« Eingriffe

In der ersten Phase der Bearbeitung sind die Eingriffe rabiaterer Natur. Sie sollten deshalb auf jeden Fall alle Transformationen auf der Basis von Smart-Objekten durchführen. Nur so haben Sie bis zum Schluss die Option, die Stärke der Eingriffe noch zu optimieren.

> **Basis-Workshops:**
> Seite 122: Gesichtsform ändern
> Seite 164: Augen vergrößern II
> Seite 168: Augenbrauen formen

1 Untere Gesichtshälfte kopieren

Beginnen Sie mit einer großzügigen Auswahl der unteren Gesichtshälfte mit dem Lasso. Legen Sie die Auswahlkante dabei möglichst über unstrukturierte Bereiche, um die Übergänge später besser kaschieren zu können.

Über den Befehl KANTE VERBESSERN erstellen Sie eine weiche Auswahlkante und lassen über AUSGABE AN eine neue Ebene mit der Freistellung anlegen. Wählen Sie aus dem Kontextmenü der EBENEN-Palette den Befehl IN SMART-OBJEKT KONVERTIEREN.

2 Gesicht schmaler machen

Wählen Sie über [Strg]+[T] den Befehl FREI TRANSFORMIEREN, und aktivieren Sie die VERKRÜMMEN-Option ❶.

Verkrümmen Sie das entstandene Gitter an den Anfassern ❸ so weit nach innen, bis das Kinn deutlich schmaler geworden ist.

Korrigieren Sie an den inneren Zellen ❷ so weit, dass die Gesichtsmitte immer noch gerade verläuft. Bestätigen Sie dann die Transformation mit der [↵]-Taste.

3 Übergänge maskieren

An manchen Stellen ist der Übergang der beiden Ebenen nicht mehr fließend. Korrigieren Sie hier mit einer Ebenenmaske ❺.

Klicken Sie erst auf das Ebenenmaskensymbol ❹ in der EBENEN-Palette, und malen Sie dann mit schwarzer Vordergrundfarbe und weicher Pinselspitze 🖌 störende Bildstellen aus den Übergängen weg.

4 Originalmund rekonstruieren

Mit der unteren Gesichtshälfte ist auch der Mund kleiner geworden, das ist so nicht erwünscht.

Blenden Sie die obere Ebene kurz über das Augensymbol ❻ aus, aktivieren Sie die Hintergrundebene, und wählen Sie den Mund wieder mit dem Lasso großzügig aus. Auch hier sollten Sie die Kante weichzeichnen, bevor Sie die Auswahl auf eine neue Ebene kopieren.

5 Mund skalieren

Verschieben Sie die neue Ebene ganz nach oben ❽. Verschieben Sie den Mund mit dem Pfeilwerkzeug an die richtige Position, und wandeln Sie die Ebene in ein Smart-Objekt um. Transformieren Sie den Mund über ⌈Strg⌉+⌈T⌉ – passen Sie diesmal einfach nur die Größe an: Ziehen Sie den Mund an den seitlichen, mittleren Anfassern etwas breiter und an dem unteren, mittleren Anfasser ❼ etwas schmaler. Bestätigen Sie auch diese Transformation mit der ⌈↵⌉-Taste.

Kapitel 11 | Beauty-Projekte von A bis Z

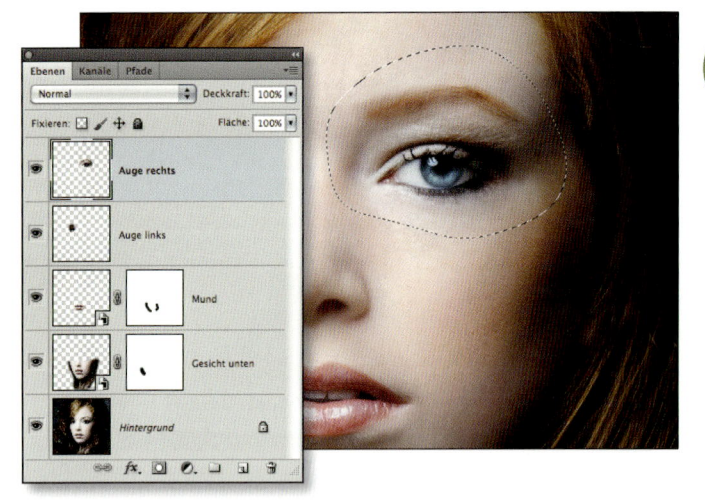

6 Augenebenen erstellen

Jetzt folgen noch die Augen. Auch diese sollen für den Titelbild-Zweck noch vergrößert werden. Wählen Sie also noch zweimal die Hintergrundebene aus, und kopieren Sie daraus jeweils mit einer weichen Auswahl das linke und das rechte Auge auf eine eigene Ebene. Wandeln Sie diese in Smart-Objekte um.

Achten Sie bei der Auswahl der Augenbereiche darauf, dass die Pupillen sich ungefähr in der Mitte der Auswahl befinden, um die folgende Vergrößerung zu erleichtern.

7 Augen vergrößern

Für beide Ebenen, also beide Augen, führen Sie jetzt nacheinander die folgende Transformation durch:

Aktivieren Sie erst über [Strg]+[T] den Transformationsrahmen und danach die VERKRÜMMEN-Option.

Starten Sie dann aus dem Popup-Menü der Optionsleiste mit der Vorgabe AUFBLASEN ❾. Reduzieren Sie den Wert für die BIEGUNG, also die Stärke des Aufblasens, auf ca. 13 % ❿.

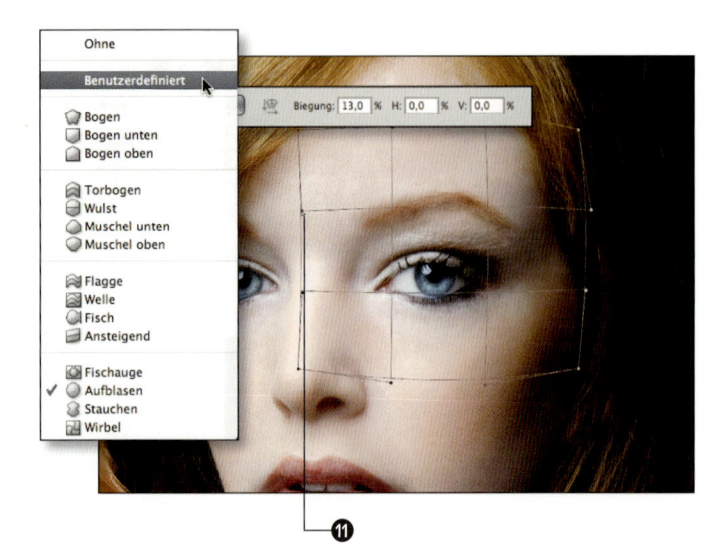

8 Augenform individuell anpassen

Das Aufblasen leistet zwar eine gute Vorarbeit, vergrößert die Form aber etwas unsensibel.

Ändern Sie deshalb die Verkrümmungsmethode im Popup-Menü auf BENUTZERDEFINIERT, und formen Sie mit den dann verfügbaren Anfassern das bereits »aufgeblasene« Auge aus.

Drücken Sie die Anfasser über der Nasenwurzel wieder gerade, ⓫ und ziehen Sie an den oberen Anfassern die rechte Augenbraue höher.

Phase 2: Retusche

Auch bei einer noch so guten Vorarbeit sind die Ansprüche an ein Titelbild hoch. Hier müssen auch noch die kleinsten störenden Härchen wegretuschiert werden. Und das ist mühsame Kleinstarbeit. Die Kunst liegt dabei in der Wahl des richtigen Werkzeugs – und manchmal auch der richtigen Werkzeugspitze.

> ➔ **Basis-Workshops:**
> Seite 22: Erste Hilfe
> Seite 76: Grundlagenexkurs:
>   A & O der Bildbearbeitung

1 Ebenenorganisation

Als Erstes sollten Sie die bisherigen Korrekturen zusammenfassen. Damit meine ich nicht, alle Ebenen auf eine zu reduzieren, sondern die Einstellungsebenen zur Übersicht in einem Ordner zu sortieren.

Aktivieren Sie mit der ⇧-Taste alle Einstellungsebenen, und wählen Sie aus den Ebenenoptionen NEUE GRUPPE AUS EBENEN.

Nach der Benennung verstecken sich alle Ebenen in diesem Ebenenset ❶.

2 Feine Stempelretusche

Legen Sie über dem Ebenenset eine neue, leere Ebene für die Retusche an. Wählen Sie den Kopierstempel, und erweitern Sie den Aufnahmebereich auf ALLE EBENEN. Kopieren Sie dann mit kleiner Werkzeugspitze ❷ und einer DECKKRAFT von ca. 25 % mit gedrückter Alt-Taste saubere Hautbereiche aus der Umgebung, um die feinen Haare unterhalb der Lippe in – zugegebenerweise mühsamer – Kleinstarbeit zu retuschieren.

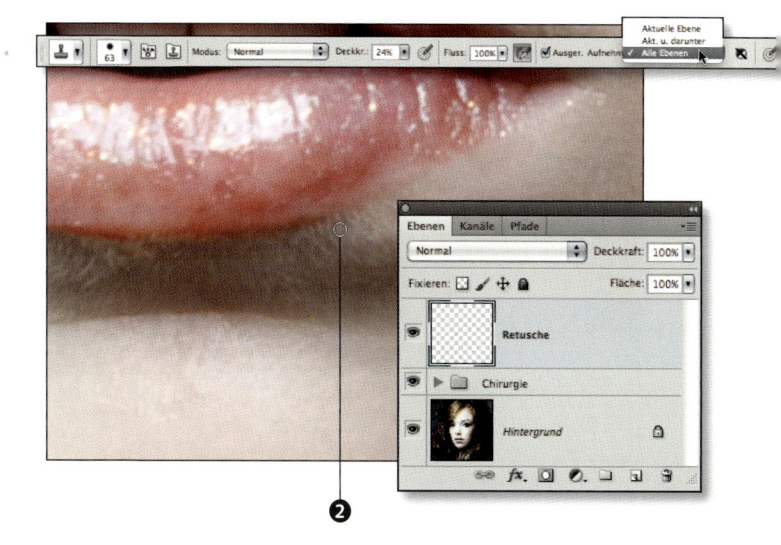

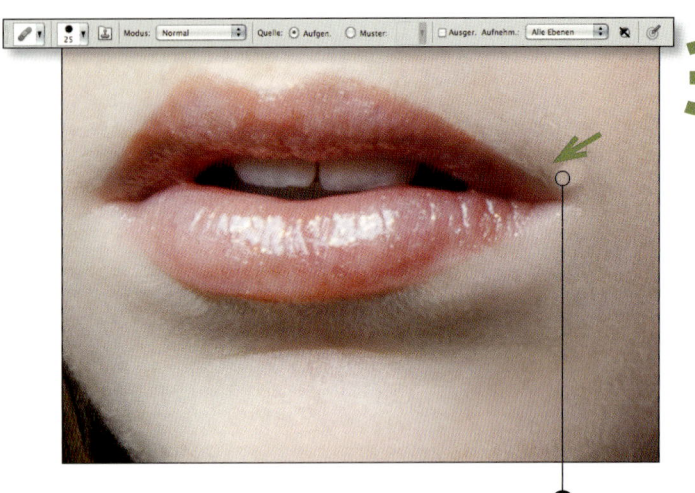

3 Ränder reparieren

Die einzelnen Härchen an der Oberlippe und am Kinn können Sie etwas leichter retuschieren. Wechseln Sie auf den Reparaturpinsel – auch für diesen wählen Sie die Option ALLE EBENEN. Hier können Sie die Auswahl der Quellbereiche mit der Alt-Taste großzügiger vornehmen, da der Reparaturpinsel die Farb- und Helligkeitsunterschiede ausgleicht. Allerdings ist die Korrekturrichtung entscheidend. Tragen Sie den Reparaturstrich immer von außen zu den Lippen hin auf ❸, um Verwischungen am Lippenrand zu vermeiden.

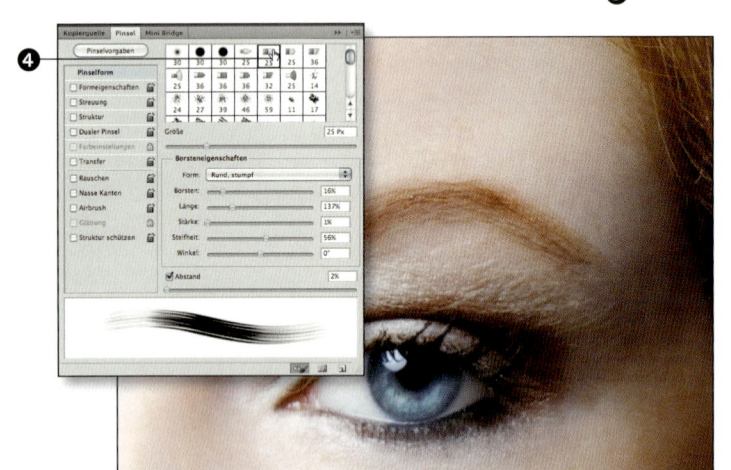

4 Augenbrauen nachziehen

Nach der mühsamen Retusche geht es um kosmetische Reparaturen an der etwas lückenhaften Augenbraue.

Stempeln Sie dafür bestehende Haare in die Lücken. Damit das nicht zu gemalt aussieht, wählen Sie dafür einen Borstenpinsel ❹ und stellen eine Werkzeuggröße von nur wenigen Pixeln ein.

Kopieren Sie dann mit der Alt-Taste einige dunkle Augenbrauenbereiche, die Sie auf die Lücken auftragen.

5 Härchen entfernen

Das Entfernen der wenigen Haare am Augenbrauenansatz ist dann wiederum weniger aufwendig.

Wechseln Sie hier erneut auf den Reparaturpinsel – und auf eine »reguläre« Pinselspitze. Nehmen Sie mit Klick + Alt-Taste helle Hautbereiche aus der Stirn auf, und überlagern Sie diese Härchen mit ein paar Pinselstrichen.

6 Augenbraue auswählen

Die rötlichen Haare der Augenbrauen wirken nicht mondän genug. Diese abzudunkeln setzt eine etwas trickreiche Auswahl voraus. Umrahmen Sie erst mit dem Lasso grob die Augenbraue, um eine Vorauswahl zu erstellen. Wechseln Sie dann in die KANÄLE-Palette, und lokalisieren Sie den Kanal mit dem größten Kontrast in diesem Bereich – den Blaukanal. Ziehen Sie die hellen Hautbereiche des Kanals von Ihrer bestehenden Auswahl ab – und zwar indem Sie mit [Strg]/[⌘]- und der [Alt]-Taste auf den Blaukanal ❺ klicken.

7 Haarfarbe entsättigen

Vergessen Sie nicht, den RGB-Kanal ❻ wieder zu aktivieren, bevor Sie mit der neuen Auswahl die Korrektur starten.

Wählen Sie die Funktion FARBTON/SÄTTIGUNG, und entsättigen Sie die Brauen um einen Wert von –40. Gleichzeitig können Sie die Helligkeit auch noch um –5 absenken.

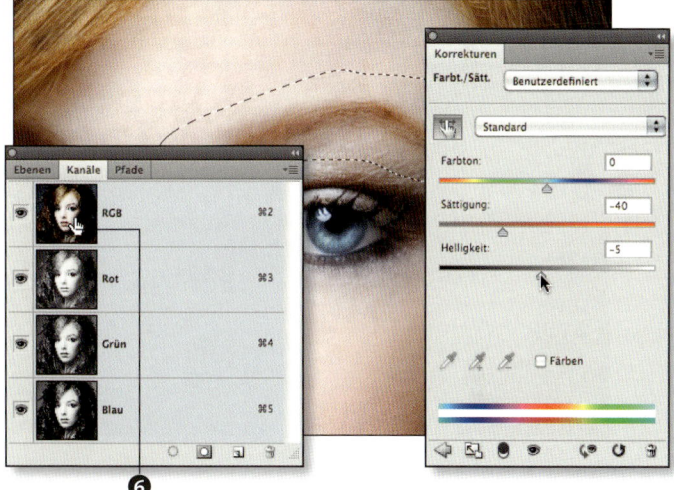

8 Brauen abdunkeln

Setzen Sie noch eine weitere Einstellungsebene bzw. Korrektur aus der KORREKTUREN-Palette ein. Aktivieren Sie gleich am Anfang die Ebenenoption SCHNITTMASKE ERSTELLEN ❼, damit die folgende Korrektur auch auf der vorherigen Auswahl stattfindet.

Ziehen Sie mit dem Hand-Werkzeug der GRADATIONSKURVEN die Tonwerte an den Brauen tiefer ❽, und korrigieren Sie dann wieder die Lichter ❾.

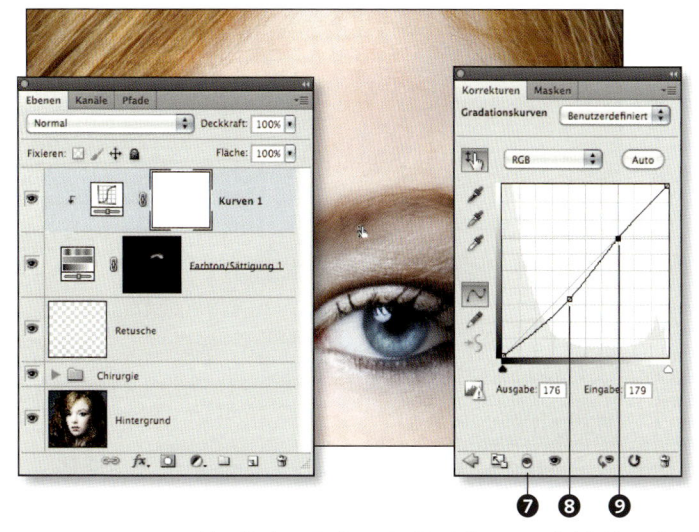

Kapitel 11 | Beauty-Projekte von A bis Z **389**

Phase 3: Detailarbeit

In diesem Abschnitt geht es um die Details, die das Bild zum Hingucker machen, also in erster Linie Mund und Augen. In den nächsten Schritten werden diese individuell im Kontrast angehoben. Dieser Kontrast wird auf die Helligkeitsinformationen beschränkt und später auch noch auf die Haare ausgeweitet.

> **Basis-Workshops:**
> Seite 215: Lipgloss auftragen
> Seite 180: Augenkontrast verstärken
> Seite 72: Sensible Kontrastkorrektur

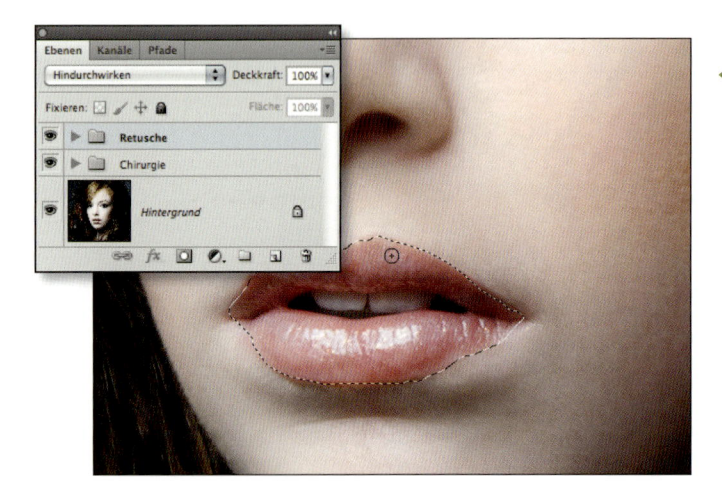

1 Lippen auswählen

Starten Sie auch hier wieder so, dass Sie erst einmal die Arbeit aus der letzten Phase aufräumen: Fassen Sie alle Retusche-Ebenen in einer neuen Gruppe zusammen.

Aktivieren Sie die darunterliegende Gruppe mit den Ergebnissen der verschiedenen Transformationen, und wählen Sie dann durch Ziehen mit dem Schnellauswahlwerkzeug die Lippen aus. Wo die Auswahl über die Lippenränder hinausgeht, ziehen Sie sie mit demselben Werkzeug und gedrückter Alt-Taste wieder ab.

2 Gradation aufsteilen

Auch diese Auswahl sollten Sie über die Funktion AUSWAHL • KANTE VERBESSERN mit einer leichten, weichen Kante versehen, bevor Sie die GRADATIONSKURVEN aus der KORREKTUREN-Palette wählen.

Nutzen Sie dort das Hand-Werkzeug und, ziehen Sie im Bild mit gedrückter Maustaste an einer hellen Lippenstelle ❶ die Gradation hoch und an einer dunklen die Gradation herunter. So steilen Sie die Gesamtgradation der Lippen auf.

3 Helligkeitskontrast

Den ebenfalls angestiegenen Farbkontrast können Sie in der entstandenen Einstellungsebene noch zurücknehmen.

Ändern Sie den Ebenenmodus auf LUMINANZ ❷. So wirkt sich die Kontrastkorrektur nur auf die Helligkeitsinformationen aus.

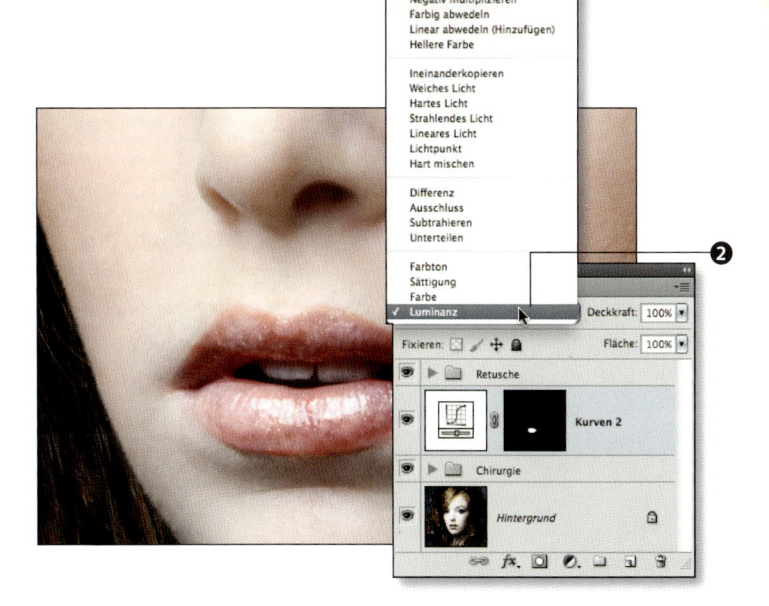

4 Kontrastbereich erweitern

Die vorbereitete Kontrastkorrektur können Sie jetzt noch auf andere Details, wie zum Beispiel die Augen, ausweiten.

Aktivieren Sie die Ebenenmaske ❹, und benutzen Sie einen weichen Pinsel mit weißer Vordergrundfarbe, um im Bereich der Augen die Kontrastkorrektur freizulegen ❸.

Wenn Sie die DECKKRAFT des Pinsels verringern, können Sie die Kontraststeigerung zwischen Mund, Augen und einzelnen Haarsträhnen besser abstufen.

5 Als Smart-Objekt verpacken

Nach dieser Korrektur können Sie alle Ebenen zusammen als SMART-OBJEKT verpacken. Denn als Nächstes soll ein erster Filter auf alle bisherigen Ebenen angewendet werden.

Aktivieren Sie alle Ebenen und Ebenengruppen, und wählen Sie aus dem FILTER-Menü den Befehl FÜR SMARTFILTER KONVERTIEREN.

Kapitel 11 | Beauty-Projekte von A bis Z

Phase 4: Look gestalten

Nach den ganzen Pflichtaufgaben und Detaileinsätzen geht es nun um die eigentliche Bildwirkung. Durch partielle Weichzeichnung und einen starken Kontrastaufbau gestalten Sie den eigenen Look des Bildes. Und über Ebenenmasken und deren Dichte verteilen Sie diesen Look über das Motiv.

> **Basis-Workshops:**
> Seite 152: Durchscheinende Hauttöne
> Seite 316: Glamouröser Schein
> Seite 314: Zwischen Kontrast und Farbe

1 Lichter weichzeichnen

Um die Weichzeichnung von vornherein auf die LICHTER zu beschränken, wählen Sie diese über das Popup-Menü der Funktion FARBBEREICH aus dem AUSWAHL-Menü aus.

Wählen Sie dann den GAUSSSCHEN WEICHZEICHNER aus den WEICHZEICHNUNGSFILTERN, und arbeiten Sie mit einer recht starken Weichzeichnung von 3 bis 5 Pixeln.

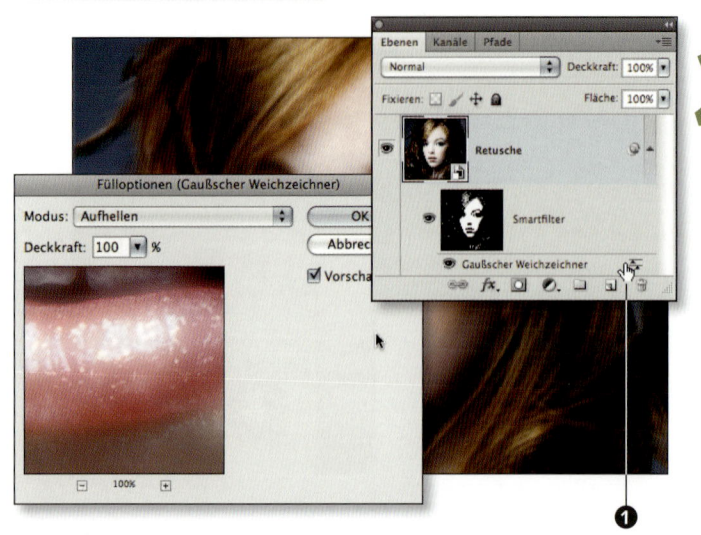

2 Transparenter Filter

In der EBENEN-Palette zeigt sich gleich die Smartfilter-Ebene, in der die LICHTER-Auswahl in eine Maske umgewandelt wurde. Die auf die Lichter beschränkte Weichzeichnung soll trotzdem noch sanfter wirken, und deshalb klicken Sie auf das Reglersymbol ❶ der Filterebene, um die FÜLLOPTIONEN zu öffnen.

Wählen Sie hier als Überlagerungsmodus AUFHELLEN, so werden die Details wieder sichtbar, und der Filter wirkt wie ein weicher Schimmer.

3 Verstärken und Einschränken

Jetzt folgen zwei gegenläufige Prozesse: Zuerst duplizieren Sie den Filter, indem Sie ihn mit gedrückter Alt-Taste in der EBENEN-Palette nach oben verschieben, bis eine dicke Linie erscheint. Sie können ihn auch verdreifachen, um die filigrane Wirkung noch zu verstärken. Sie sollten ihn allerdings in den flächigen Gesichtszonen wieder etwas maskieren, damit dort die Haut nicht zu »glatt gebügelt« wirkt. Malen Sie dazu mit großem, weichem Pinsel, schwarzer Vordergrundfarbe und einer DECKKRAFT von ca. 20 % mehrfach über die Haut.

4 Schwarzweißebene aufbauen

Als Nächstes folgt eine künstliche Lichtebene in Form einer Schwarzweißumwandlung, die zu einem starken Kontrast und einer gleichzeitigen Entsättigung der hellen Farben führen wird. Halten Sie bei der Erstellung der Einstellungsebene oder beim Klick auf die Funktion SCHWARZWEISS in der KORREKTUREN-Palette die Alt-Taste gedrückt, und setzen Sie den MODUS ❷ auf INEINANDERKOPIEREN. Im folgenden SCHWARZWEISS-Menü dunkeln Sie für den Hautkontrast die MAGENTATÖNE ab und hellen die GELBTÖNE auf.

5 Blickpunkt Gesicht

Zum Rand hin läuft das Bild in den Tiefen stark zu. Konzentrieren Sie deshalb die Wirkung auf das Zentrum.

Aktivieren Sie die Ebenenmaske, wählen Sie das Verlaufswerkzeug und einen radialen Verlauf ❸ von Weiß nach Schwarz. Ziehen Sie diesen Verlauf mit gedrückter Maustaste aus der Mitte des Gesichts zum Rand hin auf.

Die daraus resultierenden schwarzen Ränder maskieren am Bildrand die Korrekturwirkung.

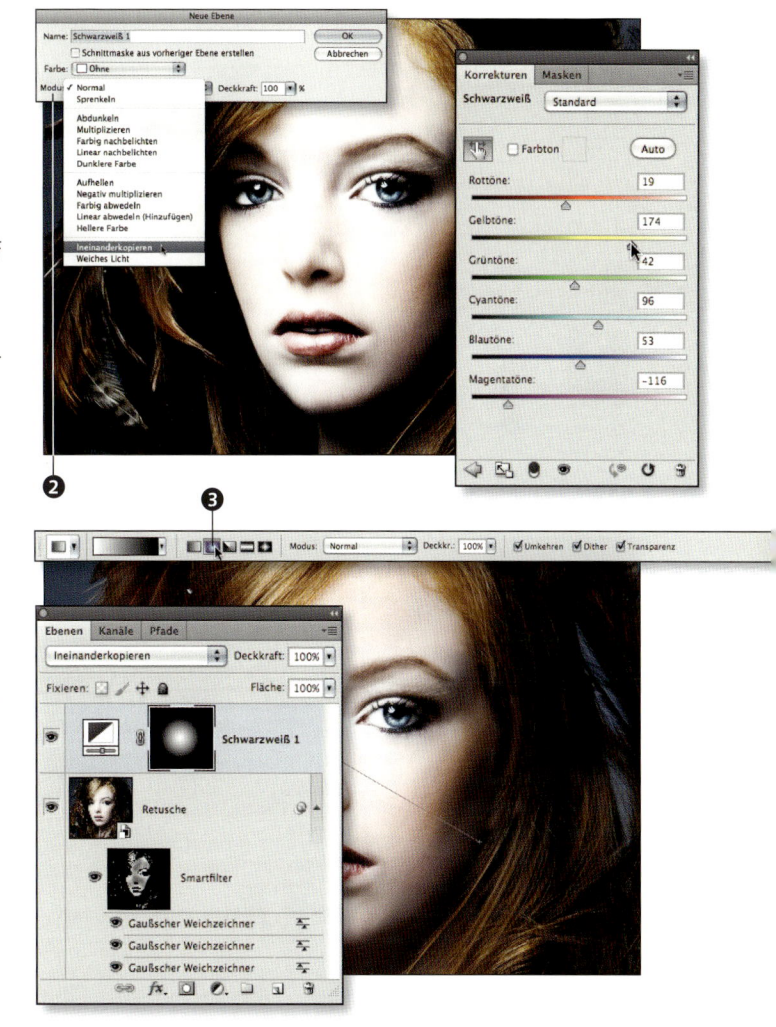

Kapitel 11 | Beauty-Projekte von A bis Z

6 Maskendichte verringern

Um die Wirkung in den Randbereichen wieder etwas zurückzuholen, müssen Sie nicht den Verlauf neu aufbauen, sondern reduzieren einfach die Maskendichte.

Öffnen Sie dazu die MASKEN-Palette, und ziehen Sie den DICHTE-Regler ❹ so weit nach links, bis sich die Kontrastwirkung wieder bis in die Ränder »schleicht«.

7 Deckkraft variieren

Wenn Sie den Filter zwischen Bildmitte und Rand ausgeglichen haben, können Sie ihn noch generell in der Stärke justieren.

Verringern Sie dazu die DECKKRAFT der Einstellungsebene ein wenig, bis die Wirkung in der Gesichtsmitte passt.

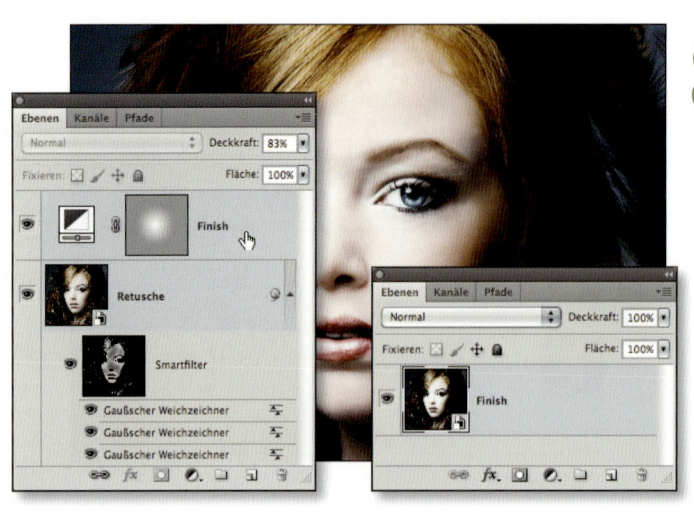

8 Aufräumen

Für die finale Scharfzeichnung benötigen Sie wieder ein Smart-Objekt, da Sie sonst die Ebenen nicht zusammen filtern können.

Geben Sie der oberen Ebene einen sinnvollen Namen, markieren Sie dann alle Ebenen in der EBENEN-Palette mit der ⇧-Taste, und wählen Sie aus dem FILTER-Menü FÜR SMART-FILTER KONVERTIEREN.

Phase 5: Finale

Zu jedem Finale gehört unter anderem die Scharfzeichnung und dieses Mal beschränkt es sich auch darauf. Das Wichtigste in diesen letzten Schritten ist, durch die Scharfzeichnung keine ausgewogenen Kontraste zu zerstören, sondern die Scharfzeichnung darauf zu beschränken, die bestehenden Details weiter herauszuarbeiten.

> **Basis-Workshops:**
> Seite 248: Blickpunkt Haare
> Seite 354: Detailkontraste schärfen
> Seite 252: Grundlagenexkurs:
> Nicht-destruktive Techniken

1 Der Hochpass-Filter

Wählen Sie für Ihre Smart-Objekt-Ebene aus den SONSTIGEN FILTERN den HOCHPASS-Filter.

Erstellen Sie hierin einen Kantenkontrast für eine spätere Überlagerung mit dem Original.

Achten Sie darauf, dass das Vorschaubild keine farbigen Ränder enthält, sondern nur ein Licht- und Schattenrelief aufbaut.

Dieses seltsam anmutende Graubild werden Sie gleich mit dem Original überlagern.

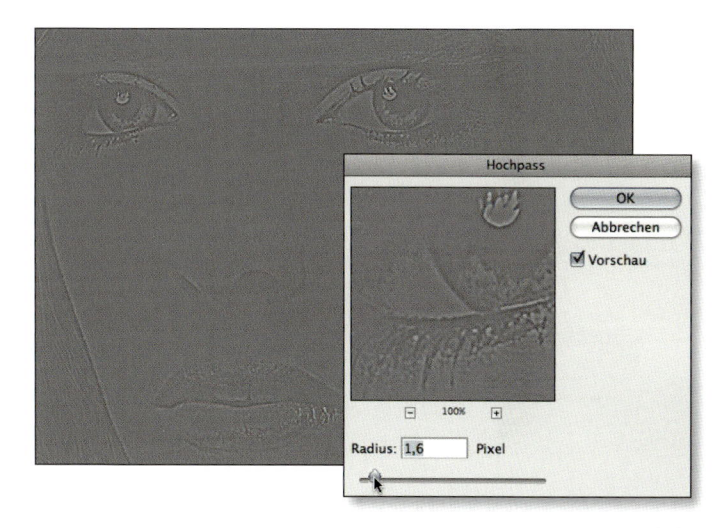

2 Scharfzeichnung im Detail

Doppelklicken Sie auf das Reglersymbol ❷ in der Filterebene, und öffnen Sie die FÜLLOPTIONEN des Filters.

Stellen Sie den Modus auf INEINANDERKOPIEREN, so verstärkt sich das eben noch sichtbare Relief mit dem Original und führt zu einer Scharfzeichnung im Detail. Die grauen Flächen wirken sich nicht aus.

Und wenn Sie jetzt noch Änderungen an den vorangegangenen Korrekturen in den Smart-Objekten ❶ vornehmen wollen, müssen Sie einfach doppelt auf sie klicken.

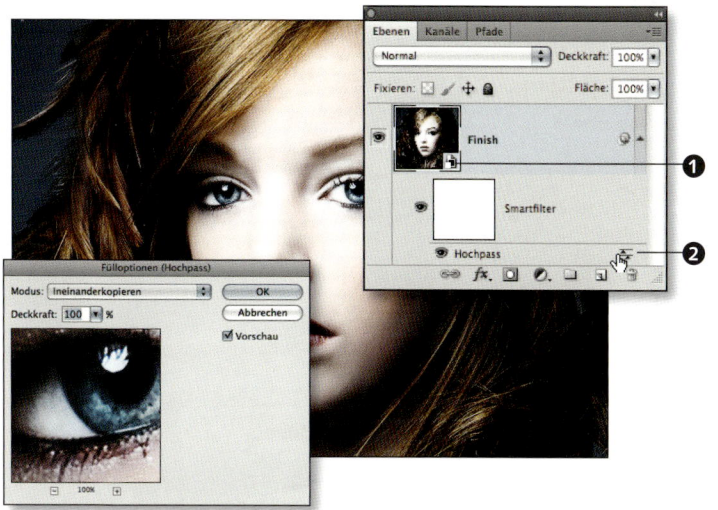

»Und ... Action!«

Phase 1: Maskenaufbau
· Vordergrund auswählen
· Auswahl als Maske speichern
· Kanalinformationen addieren

Phase 3: Streetlook
· Farben entsättigen
· Blautöne abdunkeln
· Kühlen Fotofilter nutzen
· Licht-Schatten-Kontrast verstärken

Phase 2: Szene erstellen
· Effekte über Hintergrund lagern
· Zoomeffekt durch Bewegungsunschärfe
· Rand abdunkeln

Phase 4: Modellieren
· Licht-Schatten-Wirkung verstärken
· Details scharfzeichnen

Zur Sportfotografie gehören Action und Bewegung. Und diese werden nicht nur im Foto festgehalten, sondern können in der Bildbearbeitung mit verschiedenen stilistischen Mitteln verstärkt werden. Dazu gehören natürlich die Betonung der Szene durch zusätzliche Bewegungsunschärfen, aber auch ein angepasster Gesamtlook über kombinierte Einstellungsebenen. Eine besondere Aufgabe ist dabei die Trennung der Effekte in Vordergrund und Hintergrund – was einen detaillierten Maskenaufbau voraussetzt.

Foto: iStockphoto, © Mlenny, Bild 3725797

Phase 1: Maskenaufbau

Um das Bild richtig inszenieren zu können, wird es öfter erforderlich sein, dass Vordergrund und Hintergrund getrennt voneinander bearbeitet werden. Sie kommen deshalb nicht umhin, eine Freistellungsmaske aufzubauen, auf die Sie immer wieder zurückgreifen können. Die Ihnen schon bekannten Freistellungswerkzeuge und -taktiken aus den vorangegangenen Kapiteln helfen Ihnen dabei.

> **Basis-Workshops:**
> Seite 288: Auswahlen kombinieren
> Seite 276: Kontrast der Farbkanäle nutzen

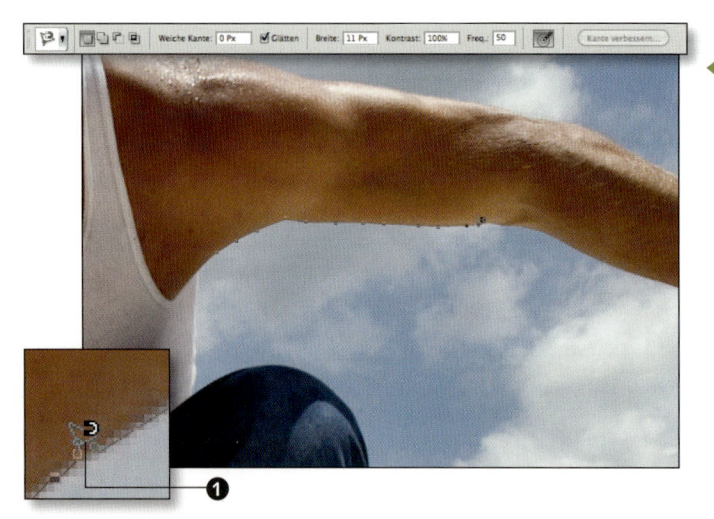

1 Kanten mit Werkzeug auswählen
Bis auf ein paar »haarige« Kleinigkeiten ist der Skateboarder gut vom Hintergrund abgegrenzt. Deshalb können Sie die Auswahl manuell mit der Zeichenfeder oder auch automatisiert mit dem magnetischen Lasso vornehmen. Klicken Sie mit dem magnetischen Lasso auf eine eindeutige Kante, und umfahren Sie mit dem Werkzeug den gesamten Skateboarder direkt an der Kante. Modifizieren Sie gegebenenfalls die Frequenz und die Toleranz, um die Punktedichte zu bestimmen. Schließen Sie die Auswahl am Anfangspunkt ❶.

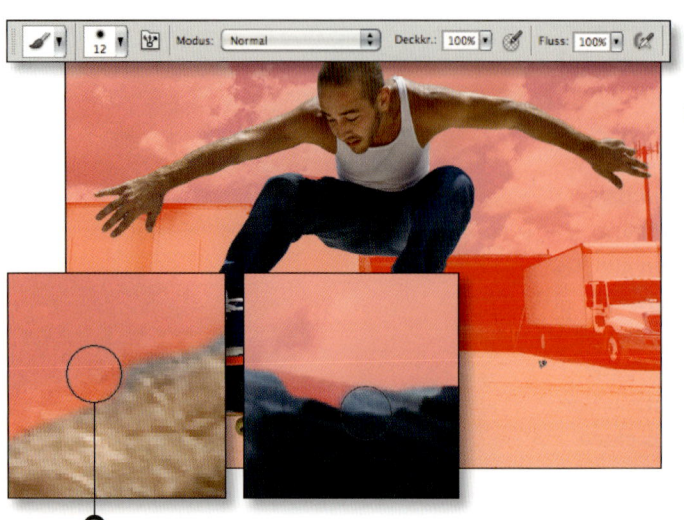

2 Korrektur im Maskierungsmodus
Natürlich hat das magnetische Lasso seine Schwächen und reißt auch gerne mal aus.
Das können Sie aber im Maskierungsmodus korrigieren, in den Sie mit der Taste [Q] wechseln. Bessern Sie dort mit schwarzer und weißer Vordergrundfarbe und einer nicht zu weichen Pinselspitze die Maske aus.
Übermalen Sie auch Details, die in den Hintergrund ragen, wie die Armbehaarung ❷, die Sie gleich über andere Wege in die Auswahl integrieren werden.

3 Auswahl speichern

Nachdem Sie – wiederum mit der Taste Q – zurück in den Standardmodus gewechselt haben, wählen Sie für die aktive Auswahl aus dem Menü AUSWAHL • AUSWAHL SPEICHERN.

Heben Sie die Auswahl auf, und benennen Sie sie. Diese wird dann dauerhaft als Alpha-Kanal ❸ gespeichert, auf den Sie jederzeit zurückgreifen können.

4 Kanalkopie bearbeiten

Zur Auswahl der feinen Details, zum Beispiel der Haare, duplizieren Sie den kontrastreichen Blaukanal ❼.

Erhöhen Sie dort über die Funktion TONWERTKORREKTUR aus dem Menü BEARBEITEN • KORREKTUREN den Kontrast, indem Sie den Schwarz- und Weißpunkt ❻ enger zusammenschieben. Die Balance zwischen Tiefen und Lichtern steuern Sie durch Bewegung des Mittelwertreglers ❺. Achten Sie dabei besonders auf die Kantendetails ❹, für die diese Auswahl gedacht ist

5 Maske nachbearbeiten

Die entstandene Kontrastmaske kehren Sie zunächst über Strg/⌘ + I um, damit die auszuwählenden Teile, also die Person, weiß sind.

Übermalen Sie dann alle Hintergrundbereiche mit schwarzem Pinsel und harter Spitze. Restliche schwarze Pixel in der Person müssen Sie nicht stören, denn für das vollständige Innere der Person haben Sie ja schon eine Auswahl gespeichert. Die jetzige dient nur für die Details am Auswahlrand.

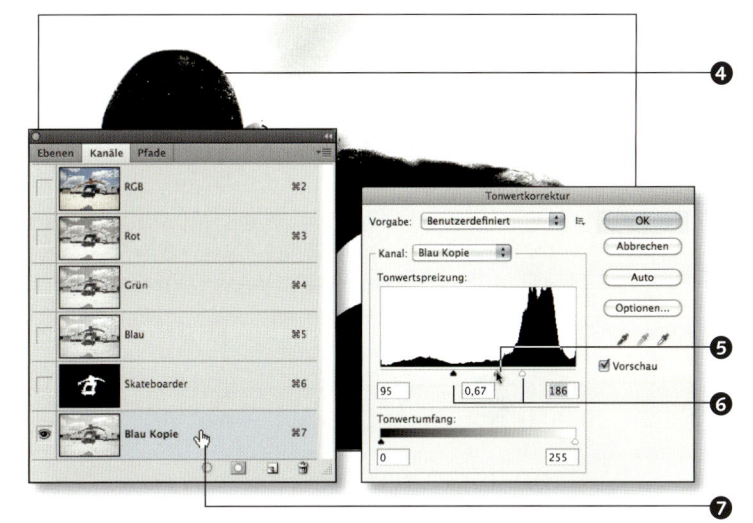

Kapitel 11 | Beauty-Projekte von A bis Z 399

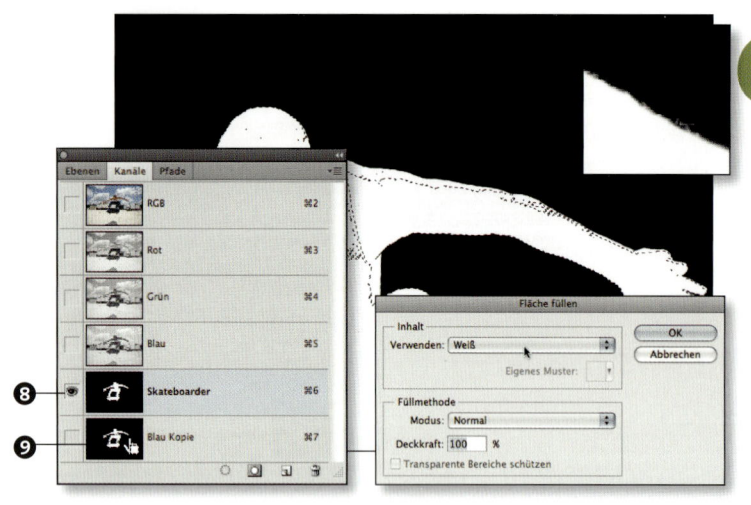

6 Masken kombinieren

Aktivieren Sie jetzt die erste gespeicherte Auswahl des Skateboarders durch Klick auf deren Miniatur in der KANÄLE-Palette ❽. Laden Sie die Detailauswahl ❾ dazu, indem Sie diesmal mit gedrückter [Strg]/⌘-Taste auf das zweite Icon klicken.

Die jetzt zusätzlich geladene Auswahl füllen Sie über den Befehl BEARBEITEN • FLÄCHE FÜLLEN zu 100 % mit Weiß. So haben Sie die ausgewählten Details in die gespeicherte Auswahl mit integriert und können den zweiten Alpha-Kanal löschen.

Phase 2: Szene erstellen

Mit der vorbereiteten Auswahl haben Sie eine gute Grundlage, um jetzt die Szenenstimmung im Hintergrund zu erzeugen. Auf Basis eines Smart-Objekts nutzen Sie verschiedene Filter und Überlagerungsmodi, um Bewegung und Dramatik in die Szene zu bringen.

> **Basis-Workshops:**
> Seite 336: Gestreutes Licht
> Seite 72: Sensible Kontrastkorrektur
> Seite 252: Grundlagenexkurs:
> Nicht-destruktive Techniken

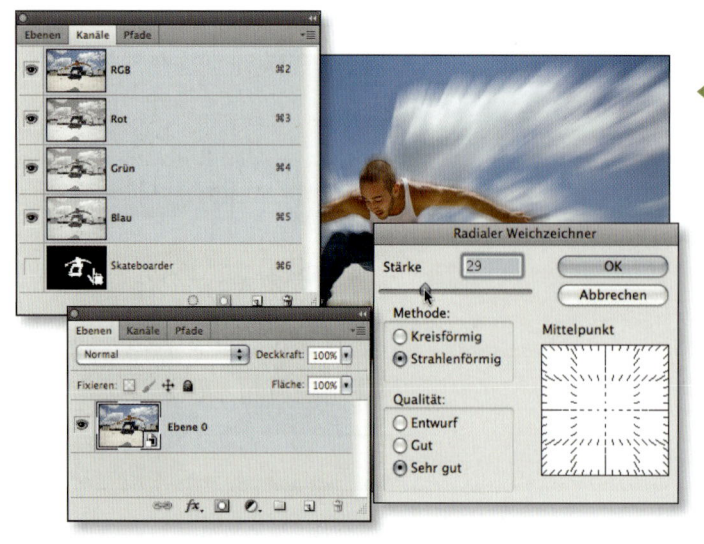

1 Zoomeffekt erstellen

Aktivieren Sie in der KANÄLE-Palette wieder den RGB-Kanal, laden Sie aber gleichzeitig mit gedrückter [Strg]/⌘-Taste die Auswahl aus dem vorbereiteten Kanal. Wechseln Sie zurück in die EBENEN-Palette, und wählen Sie aus dem FILTER-Menü FÜR SMARTFILTER KONVERTIEREN.

Wählen Sie dann den RADIALEN WEICHZEICHNER aus den WEICHZEICHNUNGSFILTERN, und stellen Sie bei der Methode STRAHLENFÖRMIG und eine STÄRKE von 20 bis 30 ein.

2 Hintergrund nachbelichten

In der EBENEN-Palette ist die Smartfilter-Ebene entstanden. Falls Ihnen der Zoomeffekt zu stark ist oder Sie den Mittelpunkt noch verschieben wollen, klicken Sie einfach doppelt auf den Filternamen ❶, um wieder zurück in das FILTER-Menü zu gelangen.

Um den Filter mit dem Original zu verrechnen, doppelklicken Sie auf das Reglersymbol ❷. In den erscheinenden FÜLLOPTIONEN wählen Sie den MODUS: LINEAR NACHBELICHTEN, um in erster Linie die Tiefen zu dramatisieren. Verringern Sie die DECKKRAFT auf ca. 60 %.

3 Beleuchtung setzen

Der folgende Filter soll noch mehr die Mitte des Bildes fokussieren. Wählen Sie aus den RENDERFILTERN die BELEUCHTUNGSEFFEKTE. Hier haben Sie nun viele Möglichkeiten, um auch spotartige Lichteffekte zu setzen. Für die Mittenbetonung genügt eine einfache Variante: Wählen Sie als LICHTART: STRAHLER mit einer weißen Lichtquelle ❸, setzen Sie die INTENSITÄT auf 10–15 und alle anderen Werte auf 0. Steuern Sie dann den UMGEBUNG-Regler ❹ in Richtung POSITIV auf einen Wert um 40, bis der Kontrast zwischen Mitte und Rand stimmig ist.

4 Ränder abdunkeln

Der so entstandene Lichteffekt soll allerdings in erster Linie die Ränder abdunkeln. Doppelklicken Sie deshalb auch für diesen Filter auf das Reglersymbol, und stellen Sie in den FÜLLOPTIONEN den Modus auf LUMINANZ.

Eine weitere Reduzierung der DECKKRAFT auf 60 % verringert die Wirkung auf die hinten liegende Bildmitte.

Die Person im Vordergrund ist ja schon durch die vorhin entstandene Filtermaske geschützt.

Kapitel 11 | Beauty-Projekte von A bis Z

Phase 3: Streetlook

In dieser Phase der Bearbeitung wird der generelle Look des Bildes weiter festgelegt. Der coole Streetlook wird durch eine Entsättigung der Farben, eine kalte Farbtemperatur und eine weitere Kontrastverstärkung durch eine Schwarzweißüberlagerung erzeugt. Der Wirkungsgrad der einzelnen Korrekturen wird dabei wieder durch Masken oder Farbbereiche gesteuert.

> **Basis-Workshops:**
> Seite 314: Zwischen Kontrast und Farbe
> Seite 54: Hautrötungen mindern
> Seite 76: Grundlagenexkurs:
>   A & O der Bildbearbeitung

1 Sättigung verändern

Zuerst wird das Bild allgemein entsättigt. Wählen Sie dazu aus der KORREKTUREN-Palette die Funktion FARBTON/SÄTTIGUNG, in der man global und in einzelnen Farbsegmenten arbeiten kann.

Verringern Sie die SÄTTIGUNG auf einen Wert von ca. –30.

2 Blautöne abdunkeln

Wechseln Sie dann im Popup-Menü auf die BLAUTÖNE ❶. Um den Himmel weiter zu dramatisieren, sollen diese explizit abgedunkelt werden. Verringern Sie die HELLIGKEIT um –30. So bekommt das ganze Bild eine kühlere Grundstimmung, ohne dass die Hauttöne darunter leiden müssen.

Sie können auch das Hand-Werkzeug ❷ im Himmel platzieren und den Regler mit gedrückter Maustaste nach unten ziehen. So bearbeiten Sie die Farben direkt im Bild.

3 Kühle Farbtemperatur wählen

Die kühle Stimmung können Sie noch durch einen erprobten Kaltfilter verstärken. Allerdings sollte dieser nur noch auf den Hintergrund wirken.

Laden Sie die bestehende Hintergrundauswahl, indem Sie die ⌃Strg/⌘-Taste drücken und auf die fertige Maske des Smartfilters ❹ klicken.

Wählen Sie dann aus der KORREKTUREN-Palette die FOTOFILTER und aus dem Popup-Menü ❸ einen KALTFILTER (82). Verringern Sie die DICHTE auf ca. 20 %.

4 Tiefen/Lichter-Modulation

Ebenfalls nur auf den Hintergrund soll jetzt eine weitere Kontrastverstärkung wirken. Dazu nutzen Sie eine überlagernde Schwarzweißebene. Halten Sie, während Sie die Funktion aus der KORREKTUREN-Palette oder aus der Liste der Einstellungsebenen wählen, die ⌃Alt-Taste gedrückt. In dem dann erscheinenden Fenster können Sie über die Schnittmasken-Option ❺ die Korrekturen auf die zuletzt benutzte Maske einschränken. Der Modus INEINANDERKOPIEREN sorgt für die farbige Kontrastverstärkung.

5 Lichter retten

Auch wenn bei den bisherigen Korrekturen die Bildstimmung im Vordergrund stand, vergessen Sie bitte nicht die Qualität Ihres Bildes, die durch die Tonwertgrenzen eingeschränkt ist. Blenden Sie sich zur Kontrolle das Histogramm ein, bevor Sie die DECKKRAFT der überlagernden Schwarzweißkorrektur so weit verringern, bis die Lichter nicht mehr am rechten Rand des Histogramms ❼ beschnitten werden. Klicken Sie auf das Warndreieck ❻, um das Histogramm nach einer Änderung zu aktualisieren.

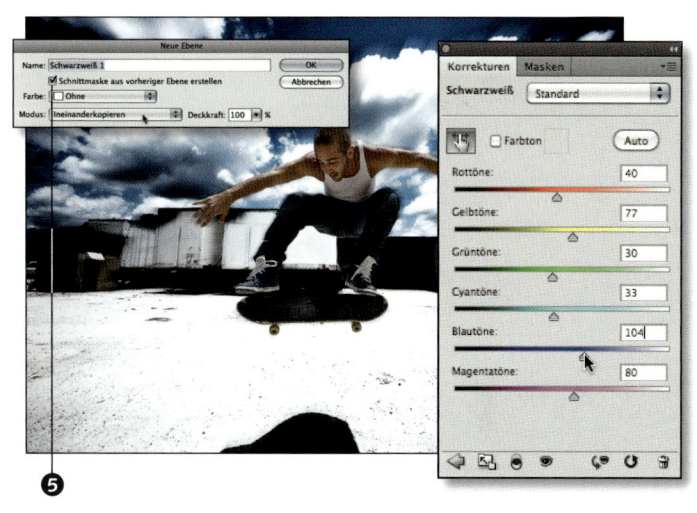

Kapitel 11 | Beauty-Projekte von A bis Z

Phase 4: Modellieren

Nachdem Sie sich ausgiebig mit der Ausgestaltung des Hintergrundes beschäftigt haben, geht es jetzt um die Motivmitte – also den Skateboarder im Vordergrund.

Die vorangegangenen Kontrastkorrekturen wären zu stark für die im Schatten liegenden Hauttöne gewesen, deshalb bekommen diese ihre eigene Licht-Schatten-Nachbehandlung und auch eine finale Schärfung.

> **Basis-Workshops:**
> Seite 114: Körperkonturen formen
> Seite 344: Aller guten Dinge sind drei

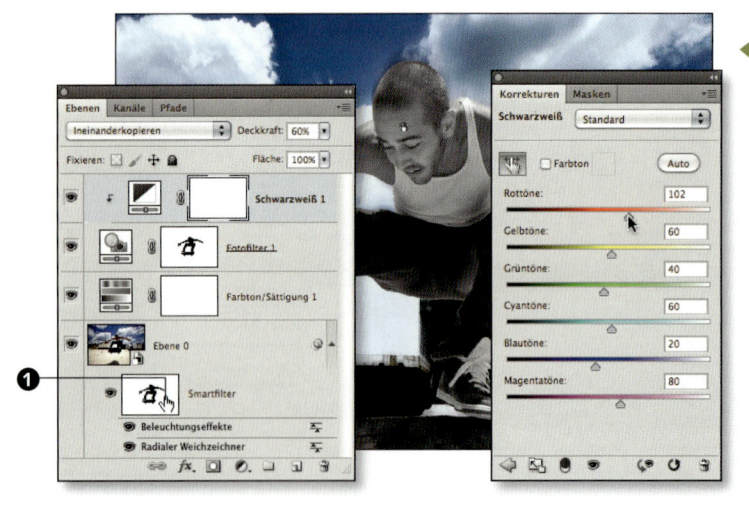

1 Licht-Schatten-Ebene erzeugen

Jetzt folgt noch eine Schwarzweißebene, doch diesmal für den Motiv-Mittelpunkt. Starten Sie von der obersten Einstellungsebene, und laden Sie noch einmal mit Klick + Strg/⌘-Taste die Auswahl aus der bestehenden Ebenenmaske ❶. Kehren Sie die Auswahl über Strg/⌘ + I um, und wählen Sie dann die SCHWARZWEISS-Funktion.

Aktivieren Sie das Hand-Werkzeug, und ziehen Sie damit direkt im Bild die Grautöne der Haut heller.

2 Weiches Licht

Dieses Schwarzweißbild wird jetzt durch einen Ebenenmodus überlagert. Allerdings nicht mit einem so intensiven Modus wie dem INEINANDERKOPIEREN, sondern durch WEICHES LICHT.

So entsteht eine Lichtebene, die die Grautöne der Schwarzweißumsetzung als Licht und Schatten überlagert.

3 Mit Licht malen

Differenzieren Sie jetzt die Maske, und gestalten Sie so die Körperformen mit Licht. Laden Sie zunächst mit der ⌘/Strg-Taste die Auswahl der aktuellen Maske, um gleich nur innerhalb dieser zu malen. Über Bearbeiten • Fläche füllen füllen Sie die Auswahl mit 60 % Schwarz. So bleibt nur noch eine leichte Lichtwirkung übrig. Dort, wo Sie die Licht-Schatten-Wirkung noch verstärken wollen, malen Sie dann mit weicher Pinselspitze und weißer Vordergrundfarbe die Wirkung stärker hervor.

4 Endergebnis zusammenfassen

Das Bild ist im Prinzip fertig. Es fehlt nur noch die finale Scharfzeichnung. Da diese über das Gesamtergebnis wirken soll, fassen Sie dieses erst zusammen.

Aktivieren Sie mit der ⇧-Taste alle Einstellungsebenen, und erstellen Sie über die Ebenenoptionen eine Neue Gruppe aus Ebenen ❷.

Diese aktivieren Sie dann noch einmal zusammen mit der Bildebene und wählen dann aus den Optionen In Smart-Objekt konvertieren.

5 Unscharf maskieren

Wählen Sie zuletzt den Filter Unscharf Maskieren aus den Scharfzeichnungsfiltern. Ziehen Sie den Schwellenwert so weit hoch, bis die Hautflächen geschützt sind, und justieren Sie dann Radius und Stärke – so, wie Sie es im Kapitel 10, »Scharf- und Weichzeichnung«, gelernt haben.

An den ursprünglichen Auswahlrändern kann die Scharfzeichnung etwas zu intensiv werden. Aktivieren Sie die entstandene Filtermaske ❸, und malen Sie mit dünner, schwarzer Werkzeugspitze über diese Kanten, um sie wieder unauffälliger zu machen.

Hochzeitsserie

Phase 1: Einzelaufnahmen anpassen
· Farbtemperaturen anpassen
· Warmen Hautton erzeugen

Phase 4: Serie bearbeiten
· Smartfilter-Einstellungen übertragen
· Einstellungsebenen kopieren
· Ebenenmasken individuell anpassen

Phase 2: Bildstimmung festlegen
· Hintergrund entsättigen
· Lichter herausarbeiten

Phase 3: Hochzeitslook
· Fokus durch Weichzeichnung verstärken
· High-Key-Wirkung aufbauen

Phase 5: Porträtfinish
· Hautunreinheiten verschwinden lassen
· Belichtungsunterschiede angleichen
· Details scharfzeichnen

Eine Hochzeitsserie hat ganz eigene Ansprüche. Natürlich muss man dem romantischen Anlass genauso gerecht werden wie den kritischen, hellen und weißen Tonwerten. Aber eine immer wiederkehrende Aufgabe ist, alle ausgefeilten Korrekturen, Filter und Effekte auf eine ganze Serie von Bildern zu übertragen – und das möglichst schnell. Wie das geht und wie Sie auch von Anfang an Ihre Bilder farblich passend machen, sehen Sie auf den nächsten Seiten.

Foto: iStockphoto, © Csondy,
Bilder 7686759, 7686987, 7690916, 7691057, 8286898

Phase 1: Einzelaufnahmen anpassen

Eine Serie von Hochzeitsfotos wird meist unter verschiedensten Aufnahmebedingungen gemacht: im Schatten, im Licht, in der Sonne, unter Bäumen, mit und ohne Aufheller… So kommt es unweigerlich zu Farbschwankungen – besonders in den Hauttönen, die als Erstes angepasst werden müssen.

> **Basis-Workshops:**
> Seite 56: Hauttöne angleichen
> Seite 68: Hautfarben übertragen

1 Serie öffnen

Öffnen Sie das erste Arbeitsbild und das Motiv, in dem die Hauttöne am angenehmsten sind.

Stellen Sie beide Fenster nebeneinander, und aktivieren Sie das Bild, in dem die Hauttöne korrigiert werden sollen. Öffnen Sie die GRADATIONSKURVEN über die KORREKTUREN-Palette.

2 Zielhautton aufnehmen

Doppelklicken Sie auf die Mittelwertpipette ❶, und öffnen Sie so den Farbwähler. Definieren Sie in diesem Fenster eine neue Zielfarbe für die Mitteltöne.

Klicken Sie dazu in das noch offene Referenzbild und dort auf einen angenehmen Hautton. Idealerweise ist dies ein Hautbereich mit einer Schattierung, die auch im aktuellen Bild vorhanden ist, wie zum Beispiel ein Schatten auf der Stirn. Schließen Sie dann das Fenster, nehmen Sie die neuen Zielfarben aber nicht als Standardfarben auf ❷.

3 Farbbalance korrigieren

Klicken Sie jetzt in Ihrem Korrekturbild auf eine ähnliche Bildstelle ❸. Sofort wird die darunterliegende Farbe an die neue Zielfarbe angepasst, und die gesamte Farbbalance des Bildes ändert sich.

Mit viel Glück ist Ihr Bild beim ersten Klick schon korrigiert. Meistens allerdings müssen Sie mehrfach auf Bildstellen klicken, bis die Farbe einigermaßen passt, und das Gesamtmotiv dann noch anpassen.

4 Nur Hauttöne korrigieren

Um die Korrektur auf die Hauttöne zu begrenzen und das umgebende Baumgrün zu erhalten, öffnen Sie die MASKEN-Palette und klicken auf die Schaltfläche FARBBEREICH.

Wählen Sie dann mit der Pipette und gedrückter ⇧-Taste mit mehreren Klicks im Vorschaubild die Hauttöne aus ❹, und grenzen Sie sie durch den TOLERANZ-Regler ein.

Sie sehen die Einschränkung der Korrektur auch gleich im Bild: Die ursprünglichen Grüntöne kehren zurück.

5 Stärke der Korrektur verringern

In der EBENEN-Palette können Sie die Korrektur jetzt noch durch die DECKKRAFT der Einstellungsebene anpassen. Vergleichen Sie dabei immer Ihr Ergebnis mit dem Referenzbild, damit die Ähnlichkeit der Hauttöne erhalten bleibt.

Kapitel 11 | Beauty-Projekte von A bis Z

Phase 2: Bildstimmung festlegen

Bei Hochzeitsaufnahmen ist nichts wichtiger als das Brautpaar. Ein Hintergrund kann deshalb auch zu stark wirken, wenn zum Beispiel seine Farben zu aufdringlich sind. In diesem Abschnitt sehen Sie verschiedene Mittel und Wege, um den Hintergrund dezenter – und damit schöner – zu machen.

> **Basis-Workshops:**
> Seite 314: Zwischen Kontrast und Farbe
> Seite 336: Gestreutes Licht

1 Hintergrundfarben auswählen

Starten Sie auf der oberen Einstellungsebene ❶ der aktuellen Datei, nicht auf deren Maske, und beginnen Sie mit einer Farbauswahl über das Menü AUSWAHL • FARBBEREICH.

Klicken Sie dann mehrfach mit gedrückter ⇧-Taste auf die Grüntöne im Hintergrund, und ziehen Sie den TOLERANZ-Regler so hoch, dass die Person im Vordergrund noch ausgespart bleibt. Klicken Sie dann auf OK.

2 Gelb-Grün-Spektrum entsättigen

Wählen Sie die Funktion FARBTON/SÄTTIGUNG aus der KORREKTUREN-Palette, und wählen Sie die GRÜNTÖNE aus dem Popup-Menü ❷ als Bearbeitungsbereich.

Ziehen Sie den Regler für die SÄTTIGUNG nach links auf einen Wert um –35. Erweitern Sie gleich danach den Arbeitsbereich auf die gelblichen Grüntöne, indem Sie den grauen Bereichsbalken ❸ weiter nach links aufziehen.

410 Kapitel 11 | Beauty-Projekte von A bis Z

3 Lichtebene überlagern

Verstärken Sie jetzt noch die Lichtwirkung des Hintergrunds. Bei der Auswahl der dafür notwendigen Funktion SCHWARZWEISS über die KORREKTUREN-Palette sollten Sie die ⌥Alt⌟-Taste gedrückt halten. So öffnet sich ein Zwischenmenü, in dem Sie von vornherein definieren, dass die folgende Korrektur als SCHNITTMASKE ❹ mit der vorherigen Ebene erstellt wird, also an den gleichen Bildstellen wirkt. Definieren Sie außerdem den Modus WEICHES LICHT ❺ für die Lichtwirkung vor.

4 Helligkeit anpassen

Die überlagernde Schwarzweißebene sorgt gleich für eine Verstärkung der Lichter und Schatten im Bild.

Um den Hintergrund leichter erscheinen zu lassen, müssen die Lichter deutlich überwiegen. Erhöhen Sie deshalb für die Schwarzweißumsetzung die Helligkeit im Grün- und Gelbbereich ❻ – also in den dominanten Farben des Hintergrundes.

5 Maske für Auswahl nutzen

In der aktuellen EBENEN-Palette sind schon zwei komplexe Ebenenmasken vorhanden, die Sie natürlich auch für weitere Korrekturen nutzen können.

Laden Sie in Vorbereitung auf die nächste Korrektur noch einmal die Hintergrundauswahl. Klicken Sie dazu mit gedrückter ⌥Strg⌟/⌘-Taste auf die Maske der Einstellungsebene FARBTON/SÄTTIGUNG ❼.

Kapitel 11 | Beauty-Projekte von A bis Z **411**

Phase 3: Hochzeitslook

Für die nächste Phase greifen Sie ein wenig in die Trickkiste, um erst den Fokus des Bildes durch eine radiale Weichzeichnung zu unterstreichen und dann diese zusammen mit einer weiteren Lichteraufhellung zu überlagern. So strahlen Ihnen die Weißtöne und damit die Braut entgegen.

> ➔ **Basis-Workshops:**
> Seite 336: Gestreutes Licht
> Seite 306: Kontrolliertes High-Key
> Seite 72: Sensible Kontrastkorrektur

1 Smart-Objekt weichzeichnen

Bevor Sie den Weichzeichnungsfilter auf die vorbereitete Auswahl anwenden, wandeln Sie die Hintergrundebene in ein Smart-Objekt um.

Aktivieren Sie die Ebene zuerst, und wählen Sie dann aus dem Filter-Menü die Weichzeichnungsfilter und dort den Radialen Weichzeichner.

Stellen Sie eine Stärke von über 10 für eine kreisförmige Weichzeichnung ein. Verschieben Sie den Mittelpunkt ❶ etwas nach rechts, damit das ruhige Zentrum über der Braut liegt.

2 Weichzeichnung überlagern

So soll die Weichzeichnung natürlich nicht bleiben. Doppelklicken Sie auf das Reglersymbol ❷ in der entstandenen Smartfilter-Ebene, um in die Fülloptionen des Filters zu wechseln.

Hier stellen Sie den Modus auf Aufhellen und reduzieren die Deckkraft auf ca. 45 %. Schon ist der verträumte Effekt fertig.

3 Luminanzauswahl erstellen

Als Nächstes sollen die hellen Töne des Brautkleides noch mehr schimmern. Aktivieren Sie die erste Hautton-Kurven-Korrektur ❸ in der EBENEN-Palette, um darüber die nächste Korrektur zu platzieren.

Nutzen Sie diesmal für die notwendige Vorauswahl eine Luminanzauswahl über die KANÄLE-Palette.

Klicken Sie mit gedrückter [Strg]/⌘-Taste auf den RGB-Kanal ❹, um die Helligkeitsinformationen als Auswahl zu laden.

4 Helle Töne anheben

Wählen Sie dann aus der KORREKTUREN-Palette die GRADATIONSKURVEN, und fixieren Sie zunächst einen Punkt in den Tiefen ❺, um diese nicht unnötig aufzuhellen.

Ziehen Sie dann die Tonwertkurve im oberen Drittel ❻ nach oben, bis die Weißtöne Ihnen entgegenstrahlen, aber noch nicht ausfressen – also keine Details verlieren.

5 Kontrast auf Helligkeit

Diese Kontrastkorrektur macht auch die Farben leuchtender – in diesem Fall ein unangenehmer Nebeneffekt.

Verändern Sie den Modus der Einstellungsebene daher nachträglich in der EBENEN-Palette auf LUMINANZ. So wirkt sich die Kontrastkorrektur nur auf die Helligkeitswerte aus.

Nun sind die Korrekturen vorerst abgeschlossen. Benennen Sie spätestens jetzt Ihre Korrekturebenen sinnvoll über einen Doppelklick.

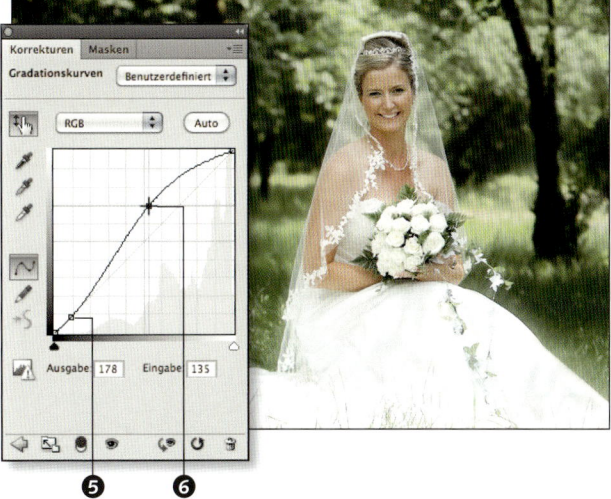

Kapitel 11 | Beauty-Projekte von A bis Z

Phase 4: Serie bearbeiten

Jetzt haben Sie die Grundkorrekturen abgeschlossen, die für alle Bilder gelten sollen. Übertragen Sie in den nächsten Schritten sowohl die Korrekturebenen als auch die Smartfilter, passen Sie die Ebenenmasken pro Motiv an, und justieren Sie gegebenenfalls die DECKKRAFT der Korrekturebenen.

> **Grundlagenexkurse:**
> Seite 76: A & O der Bildbearbeitung
> Seite 252: Nicht-destruktive Techniken

1 Smartfilter übertragen

Wenn Sie Korrekturen übertragen wollen, sollten Sie mit den Smartfiltern beginnen. Öffnen Sie die übrigen Bilder aus der Serie, stellen Sie die Fenster nebeneinander, und wandeln Sie bei allen die Hintergrundebene in ein Smart-Objekt um.

Ziehen Sie dann die Filterebene ❶ (nicht die Maske) per Drag & Drop aus der korrigierten Datei auf ein unkorrigiertes Bild. Die Wirkung des Filters sehen Sie sofort. Durch einen Klick auf den Pfeil in der EBENEN-Palette klappt sich auch die Filterebene ❷ aus.

2 Eigene Maske aufbauen

Die Maske ist noch leer, und sie wird jetzt auf ähnliche Art und Weise eingeschränkt wie bei dem ersten Motiv.

Wählen Sie AUSWAHL • FARBBEREICH, und wählen Sie mit der Pipette die Hintergrundfarbe aus. Aktivieren Sie diesmal die Option UMKEHREN ❸, um die Braut im Vordergrund auszuwählen. Nach dem OK wählen Sie aus dem Menü BEARBEITEN • FLÄCHE FÜLLEN. Füllen Sie den Vordergrund mit 100 % Schwarz, um dort den Filter zu maskieren.

3 Korrekturen übertragen

Jetzt folgen die Bildanpassungen per Einstellungsebene. Diese müssen Sie nicht einzeln in die neuen Dateien ziehen, sondern Sie können sie mit gedrückter ⇧-Taste alle auf einmal aktivieren und dann wieder per Drag & Drop in den neuen Dateien platzieren.

Natürlich passen die Ebenenmasken dann nicht mehr. Aktivieren Sie nacheinander alle Einstellungsebenen, und löschen Sie über die rechte Maustaste oder die Ctrl-Taste die Ebenenmaske ❹.

4 Bestehende Maske nutzen

Jetzt müssen für die einzelnen Ebenen die neuen Masken aufgebaut werden. Und das ist weniger aufwendig, als es sich anhört – es ist schon eine Menge Vorarbeit geleistet. Blenden Sie alle Ebenen ohne Maske, außer der untersten, aus. Laden Sie dann die Auswahl aus der Smartfilter-Maske mit gedrückter Strg/⌘-Taste ❺. Erstellen Sie für die untere Einstellungsebene eine Maske durch Klick mit der Alt-Taste auf das Maskensymbol ❻. So wird der vorher ausgewählte Hintergrund maskiert.

6 Luminanzauswahl erstellen

Und so arbeiten Sie sich stückweise nach oben durch die Einstellungsebenen vor.

Nutzen Sie für die Erstellung der Ebenenmasken bestehende Masken oder Prinzipien, die Sie in diesem Workshop schon kennengelernt haben, wie Farb- oder Luminanzauswahlen.

So führt auch schon die nächste Ebene wieder in die Kanäle-Palette, in der Sie die notwendige Luminanzauswahl erstellen.

Kapitel 11 | Beauty-Projekte von A bis Z

Phase 5: Porträtfinish

Nachdem alle Bilder durch den gleichen Korrekturprozess gelaufen sind, geht es um individuelle Anpassungen. Dazu gehören die Detailretusche genauso wie partielle Aufhellungen, die auch am Anfang einer Einzelbildbearbeitung stehen können. Am Schluss folgt aber auf jeden Fall die Scharfzeichnung über das auskorrigierte Gesamtmotiv.

> **Basis-Workshops:**
> Seite 22: Erste Hilfe
> Seite 172: Augenschatten aufhellen
> Seite 344: Aller guten Dinge sind drei

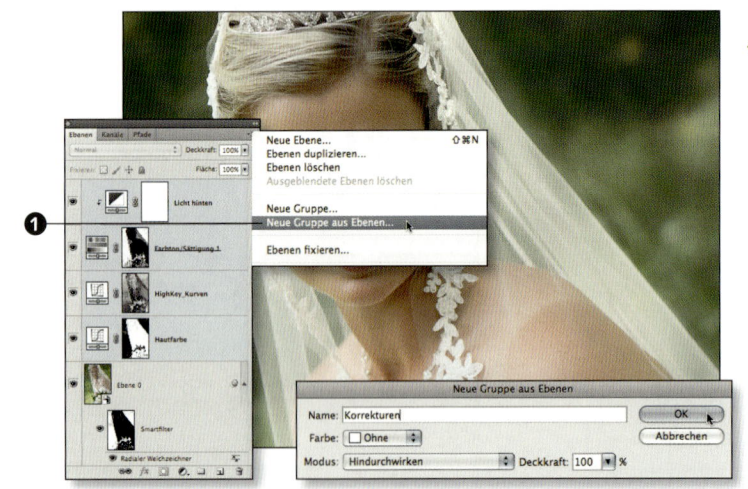

1 Korrekturen zusammenfassen

Nach der Erstellung der übrigen Ebenenmasken sollten Sie die Korrekturen in einer Gruppe zusammenfassen. Wählen Sie den entsprechenden Befehl für die ausgewählten Einstellungsebenen aus den Optionen der EBENEN-Palette ❶, und benennen Sie die Gruppe.

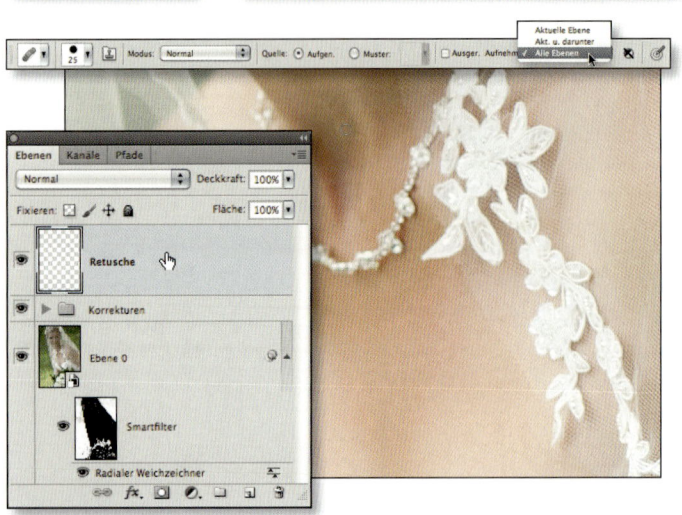

2 Retusche-Ebene anlegen

Jetzt folgen erst noch ein paar individuelle Schritte für jedes Motiv. Falls es noch Retuschebedarf gibt, legen Sie oberhalb der Korrekturgruppe eine neue, leere Ebene an und wählen den Reparaturpinsel. Aktivieren Sie in den Werkzeugoptionen ALLE EBENEN, um auf der leeren Ebene arbeiten zu können, und nehmen Sie mit der Alt-Taste die Retuschebereiche auf, mit denen Sie kleine Fehler reparieren wollen.

3 Lichtebene erstellen

Eine weitere mögliche Korrektur ist die partielle Aufhellung von Schattenbereichen.

Legen Sie sich dafür auf folgendem Weg eine Lichtebene an: Erstellen Sie eine neue, leere Ebene, und füllen Sie diese über BEARBEITEN • FLÄCHE FÜLLEN mit 50 % GRAU ❸. Setzen Sie den MODUS der Ebene auf WEICHES LICHT ❷.

Hier malen Sie jetzt mit einem Pinsel von sehr geringer DECKKRAFT um 10 % und weißer Vordergrundfarbe über die Bereiche, die aufgehellt werden sollen.

4 Smart-Objekt anlegen

Um zum Abschluss einen Scharfzeichnungsfilter über das Gesamtbild legen zu können, müssen Sie alle Ebenen noch einmal als Smart-Objekt zusammenfassen, denn nur so haben Sie die Option, die Korrekturen nachträglich überarbeiten zu können.

Aktivieren Sie alle Ebenen mit der ⇧-Taste, und wählen Sie aus den Optionen der EBENEN-Palette IN SMART-OBJEKT KONVERTIEREN.

5 Scharfzeichnen

Für das Smart-Objekt wählen Sie als letzten Filter UNSCHARF MASKIEREN aus den SCHARFZEICHNUNGSFILTERN.

Um die Hauttöne zu schützen, sollten Sie hier von vornherein einen hohen SCHWELLENWERT ❹ zwischen 10 und 15 Stufen wählen.

Entsprechend fällt die STÄRKE für die Scharfzeichnung der übrigen Tonwerte höher aus und kann auch über 150 % liegen.

Kapitel 11 | Beauty-Projekte von A bis Z **417**

Pro-Aging

Phase 2: Farbe des Alters
· Haare ergrauen lassen
· Matte Gesichtsfarbe erzeugen

Phase 3: Zeichen der Zeit
· Hautstruktur verstärken
· Bestehende Falten nachzeichnen

Phase 1: Folgen der Schwerkraft
· Wangen fallen lassen
· Schlupflider erzeugen
· Negative Gesichtszüge herstellen

Jemanden künstlich altern zu lassen, ist eine spannende Aufgabe. Vergleichsweise einfach ist es, sich Bilder ähnlicher, aber deutlich älterer Personen zu suchen und deren Gesichtszüge überlagern zu lassen. Zur Herausforderung wird diese Aufgabe aber, wenn Sie das steigende Alter nur aus den vorhandenen Gesichtszügen konstruieren sollen. Mit Photoshop-Mitteln müssen Sie dann biologisch und physisch Jahre überbrücken und dabei Gesichtszüge fallen, Falten tiefer werden, Haut verblassen und Haare ergrauen lassen.

Foto: Getty Images, Bild SS33073

Phase 1: Folgen der Schwerkraft

Im Laufe der zweiten Lebenshälfte verliert die Haut an Spannung und folgt deshalb schlicht der Schwerkraft. Die Symptome sind hängende Gesichtszüge. Diese können Sie mit dem VERFLÜSSIGEN-Filter vorweg nehmen, indem Sie einfach der Bewegung nach unten folgen.

> **Basis-Workshops:**
> Seite 122: Gesichtsform ändern
> Seite 130: Proportionen ausgleichen

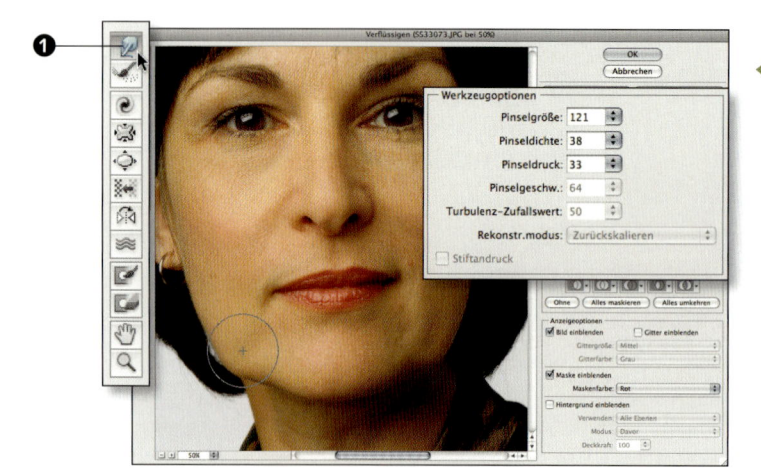

1 Haut erschlaffen lassen

Arbeiten Sie auf einer Ebenenkopie, wenn Sie diese massiven Eingriffe vornehmen. Wählen Sie den VERFLÜSSIGEN-Filter, und nutzen Sie darin das Vorwärts-krümmen-Werkzeug ❶.

Stellen Sie einen geringen PINSELDRUCK und eine geringe PINSELDICHTE von 30 bis 40 ein, und ziehen Sie mit mehreren kurzen Bewegungen auf beiden Seiten die »Hamsterbacken« nach unten.

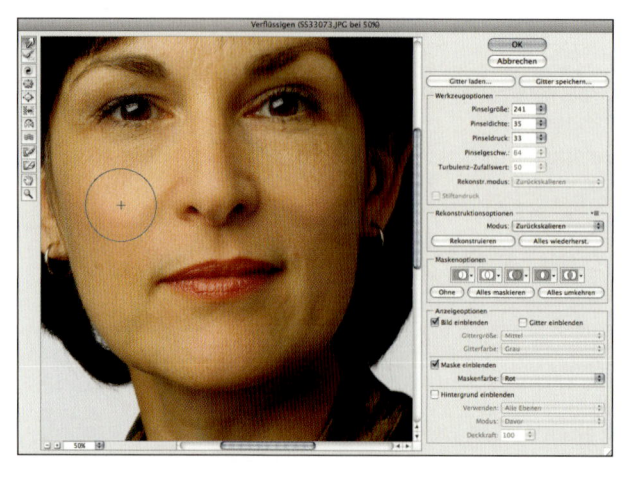

2 Wangen fallen lassen

Auf die gleiche Art und Weise und mit immer wieder angepasster Pinselgröße verfahren Sie an den Wangenknochen. Auch hier schieben Sie die Haut mit kurzen Bewegungen weiter abwärts. Dadurch verstärkt sich dann auch die Wangenfalte.

Sie können der Bewegung an der Wangenfalte mit dem Werkzeug folgen und diese so ebenfalls weiter nach unten ziehen.

3 Mundwinkel absenken

Im Laufe der Jahre fallen die Mundwinkel auch oft nach unten – ob das an der Schwerkraft oder an den allgemeinen Lebensumständen liegt, sei dahingestellt. Jedenfalls lösen Sie diese Aufgabe im VERFLÜSSIGEN-Filter mit dem gleichen Werkzeug.

Setzen Sie auch hier außerhalb der Mundwinkel ❷ an, um die gesamten Gesichtszüge zu beeinflussen.

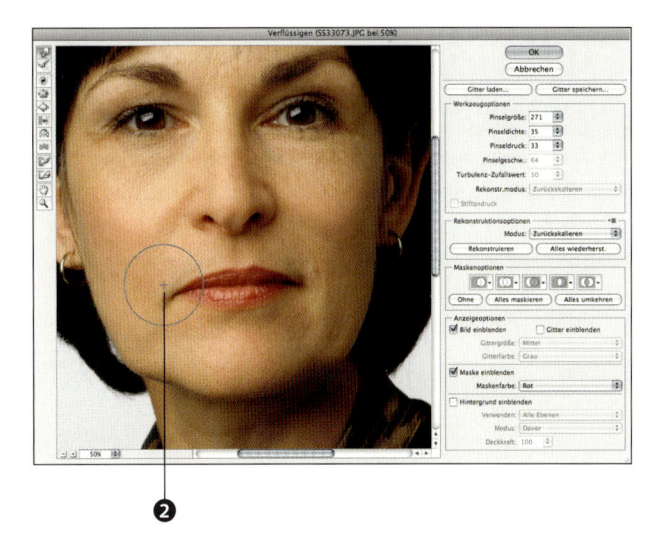

4 Schlupflider erzeugen

Es ist überall das gleiche Spiel: Schlupflider entstehen, weil sich die Lider im Laufe der Jahre etwas absenken.

Auch dies ist eine Aufgabe für das Vorwärtskrümmen-Werkzeug, allerdings mit deutlich verkleinertem Werkzeugdurchmesser.

Klicken Sie mit der Werkzeugmitte mehrfach in beide Oberlider, und ziehen Sie sie in kleinen Bewegungen etwas weiter nach unten.

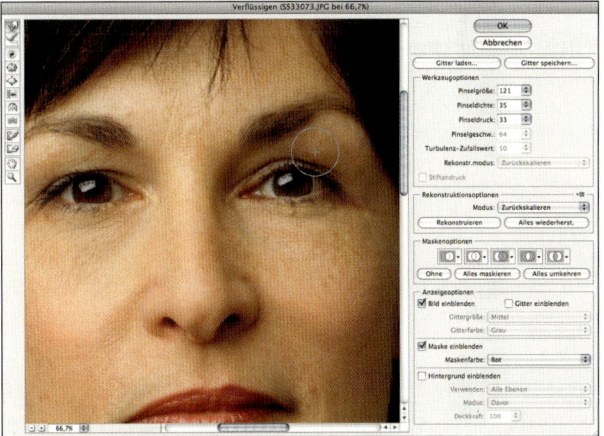

5 Lider schwerer machen

Unterstützen Sie den Schritt von eben noch etwas, indem Sie die Haut über der oberen Augenhöhle schwerer erscheinen lassen.

Wechseln Sie dazu zum Aufblasen-Werkzeug ❸, und klicken Sie bei ähnlich niedrigen Werkzeugeinstellungen, aber einem wieder vergrößerten Durchmesser ein paarmal knapp oberhalb der Lider, um den Bereich darüber dicker erscheinen zu lassen.

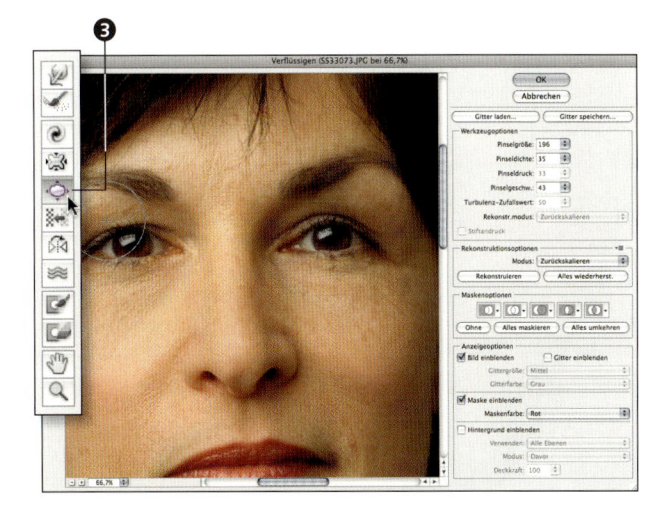

Kapitel 11 | Beauty-Projekte von A bis Z   421

Phase 2: Farbe des Alters

In der vorangegangenen Phase haben Sie den äußeren Rahmen gesetzt, um jetzt mit Farbe und Kontrast das Altern zu beschleunigen. Neben der natürlichen Ergrauung gehört dazu auch der Verlust einer frischen Gesichtsfarbe. Beides sind Aufgaben für klassische Bildkorrekturen.

> **Basis-Workshops:**
> Seite 54: Hautrötungen mindern
> Seite 230: Vornehm ergrauen
> Seite 280: Kanalberechnungen
> Seite 294: Lichtkanten einpassen

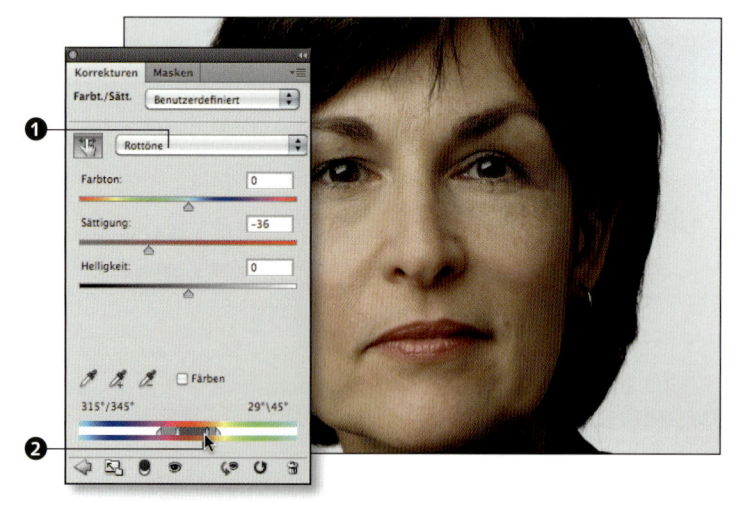

1 Hauttöne entsättigen

Starten Sie mit der ersten Korrektur über die Funktion FARBTON/SÄTTIGUNG. Wählen Sie die ROTTÖNE ❶ als Arbeitsbereich, und verringern Sie die SÄTTIGUNG deutlich auf ca. –35. Vergrößern Sie den Wirkungsbereich auch auf die Orangetöne, indem Sie den grauen Balken an der Farbskala ❷ nach rechts ziehen. So werden sämtliche Hauttöne jetzt deutlich blasser.

2 Maske nutzen

Da sich in dem Bild noch deutlich mehr Bereiche befinden, die in den orangeroten Farbbereich fallen, sollten Sie diese maskieren. Aktivieren Sie die Maske in der EBENEN-Palette, und malen Sie einfach alle Bereiche außer der Haut mit schwarzer Farbe und weicher Pinselspitze von der Korrektur frei.

Oder Sie füllen die gesamte Maske mit Schwarz und malen die Hautbereiche mit weißer Vordergrundfarbe wieder frei.

3 Haarauswahl vorbereiten

Das Ergrauen der Haare wird nun etwas komplizierter. Falls Sie es noch nicht getan haben, beschäftigen Sie sich vorher mit dem Freistellen-Kapitel (ab Seite 256).

Wechseln Sie in die KANÄLE-Palette, und lokalisieren Sie den Kontrastkanal für die Haare – in diesem Fall ist das der Rotkanal. Duplizieren Sie diesen, und wählen Sie BILD • KORREKTUREN • GRADATIONSKURVEN. Aktivieren Sie das Hand-Werkzeug, und ziehen Sie im Haar die Tonwerte herunter ❸ und in der Haut hoch. So steigern Sie den Kontrast ❹.

4 Maske perfektionieren

Verringern Sie durch einen weiteren Schritt noch die Tonwerte: Mit der TONWERTKORREKTUR ziehen Sie den Weißpunkt in Richtung Mitte ❺, um die hellen Grautöne zu verlieren. Der Kontrast zwischen den Haaren und der Umgebung ist so gut herausgearbeitet. Arbeiten Sie jetzt die Maske aus, indem Sie mit dem Pinsel, harter Pinselspitze und abwechselnd weißer und schwarzer Vordergrundfarbe alle anderen Details auf der Maske übermalen ❻. Zum Schluss kehren Sie die Maske mit ⌃Strg/⌘ + I um ❼.

5 Auswahl korrigieren

Aktivieren Sie erst wieder den RGB-Kanal, bevor Sie mit gedrückter ⌃Strg/⌘-Taste die Auswahl aus der erstellten Maske laden ❾.

Die folgende Korrektur findet nur auf den Haaren statt. Wechseln Sie zunächst zur Übersicht der KORREKTUREN-Palette, und wählen Sie daraus die Funktion DYNAMIK ❽.

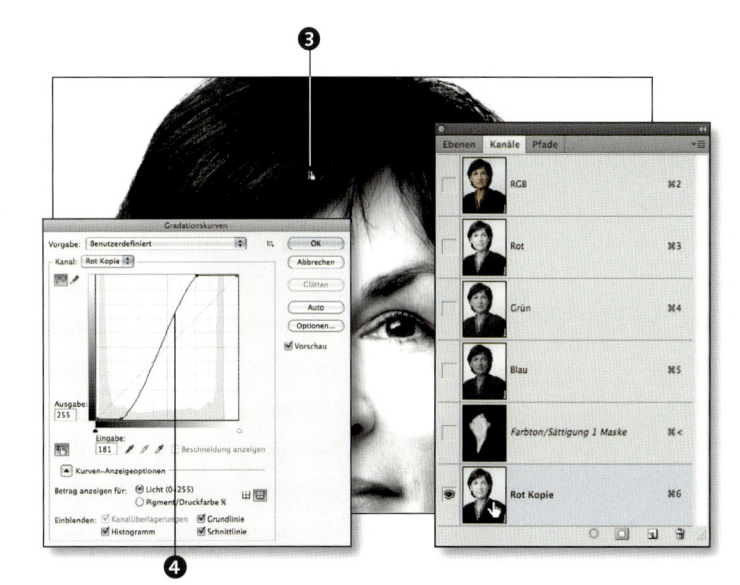

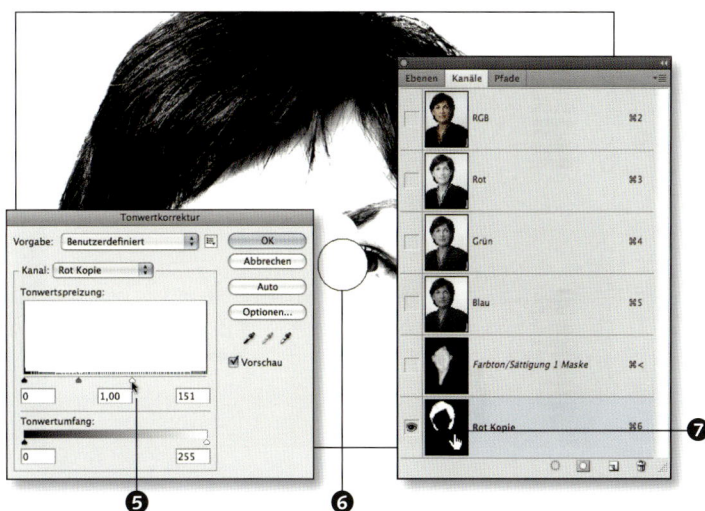

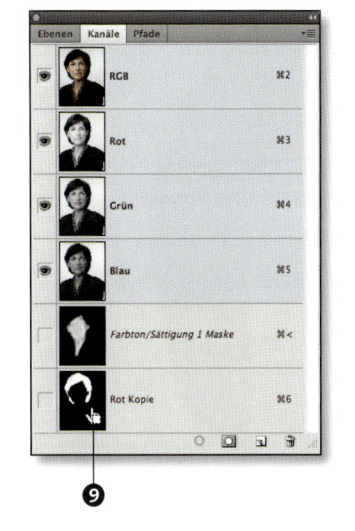

Kapitel 11 | Beauty-Projekte von A bis Z   **423**

6 Sättigung herausziehen

In diesem Arbeitsfenster finden Sie die lineare Sättigungskorrektur. Ziehen Sie den Regler für die SÄTTIGUNG ganz auf 0. So sind die Haare ganz schnell ohne Farbe – und damit schwarz, aber noch nicht grau …

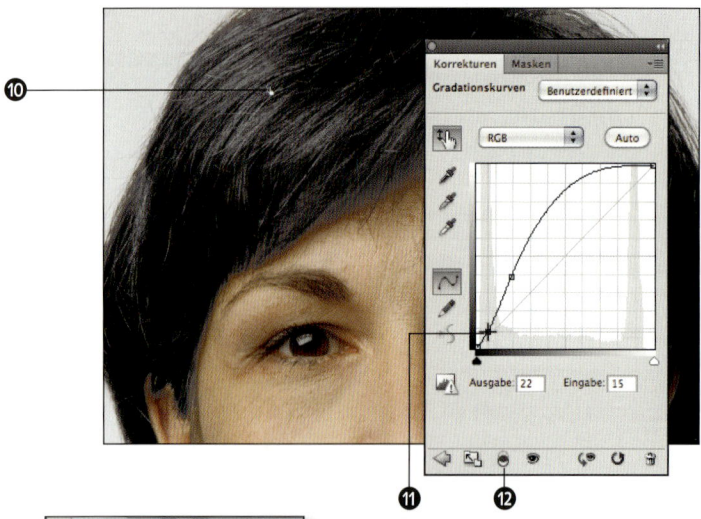

7 Weiße Haare erzeugen

Wechseln Sie über die KORREKTUREN-Palette in die GRADATIONSKURVEN. Aktivieren Sie dort gleich die Schnittmasken-Option ⓬, damit auch diese Korrektur die vorbereitete Maske nutzt.

Arbeiten Sie mit dem Hand-Werkzeug, und ziehen Sie im Bild in den hellen Haaren ⓾ die GRADATIONSKURVE so weit hoch, bis weiße und graue Haare entstehen. Ziehen Sie dann direkt in der Kurve die Tiefen ⓫ wieder ein Stück herunter, um den Tiefenkontrast wiederherzustellen.

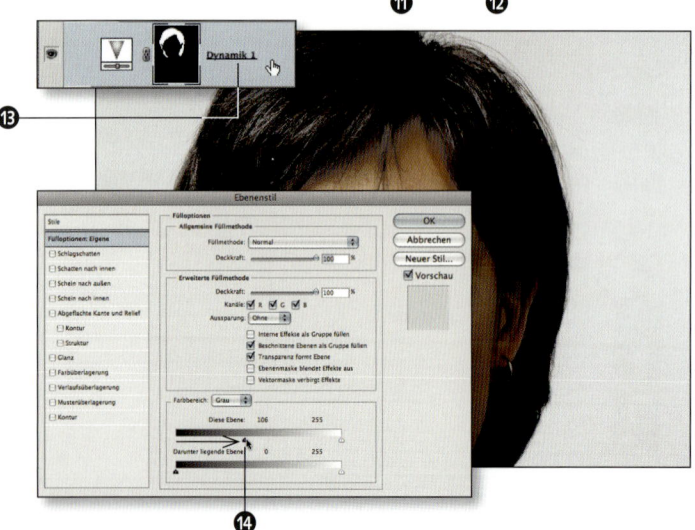

8 Original-Schatten einblenden

Wenn die grauen Haare fertig sind, zeigt sich, dass die Vorauswahl noch nicht gut genug war. Die Ränder wirken künstlich, weil auch die Schatten und dunklen Tiefen entfärbt sind. Deshalb müssen Sie die korrigierten Teile in das Original überblenden: Die Schatten aus den original Haaren sollen wieder sichtbar sein. Doppelklicken Sie auf die DYNAMIK-Korrektur ⓭, die die Maske enthält, und ziehen Sie unter FARBBEREICH den oberen, schwarzen Regler ⓮ in die Mitte, bis die Tiefen der oberen Ebene nicht mehr zu sehen sind.

424   Kapitel 11 | Beauty-Projekte von A bis Z

9 Weichen Übergang gestalten

Die natürliche Haarfarbe hat sich in den Tiefen wieder durchgeschummelt, und von der eigentlichen Korrektur ist nicht mehr viel übrig … Aber keine Angst: Das war erst der erste Schritt.

Ziehen Sie jetzt mit gedrückter Alt-Taste nur die linke Hälfte des schwarzen Reglers **15** wieder zurück – so entsteht ein weicher Übergang zwischen den oberen Korrekturen und der darunterliegenden Ebene.

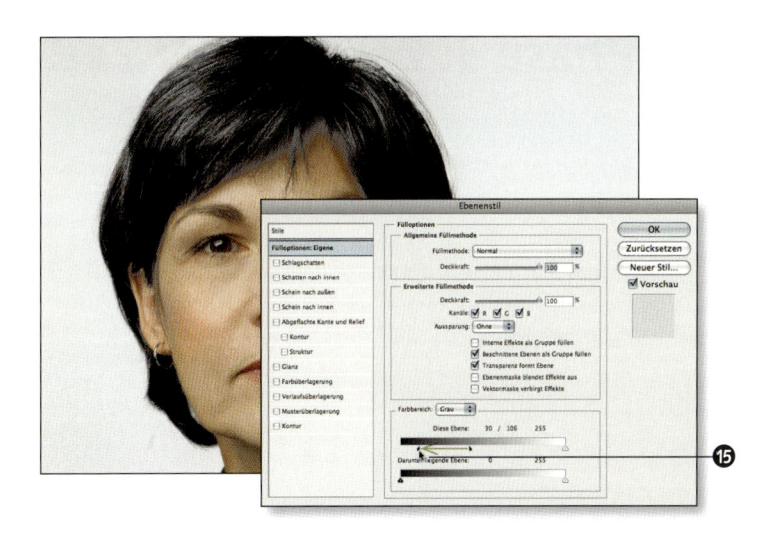

10 Maske nachbelichten

Nachdem Sie die Arbeit in den Farbbereichen abgeschlossen haben, geht es jetzt noch um die Optimierung der Schattenränder.

Machen Sie die Haarmaske sichtbar, indem Sie mit gedrückter Alt-Taste auf das Ebenenmaskensymbol **17** klicken. Verkleinern Sie dann die Maske, indem Sie mit dem Nachbelichter-Werkzeug die MITTELTÖNE **16** abdunkeln.

Sie können auch durch einen weiteren Klick + Alt-Taste das Bild wieder sichtbar machen, aber trotzdem die Ränder auf der Maske weiter perfektionieren.

Das ging zu schnell? Dann vertiefen Sie noch einmal die Techniken mit den auf Seite 422 genannten Basis-Workshops. Und arbeiten Sie dieses Beispiel ein weiteres Mal durch.

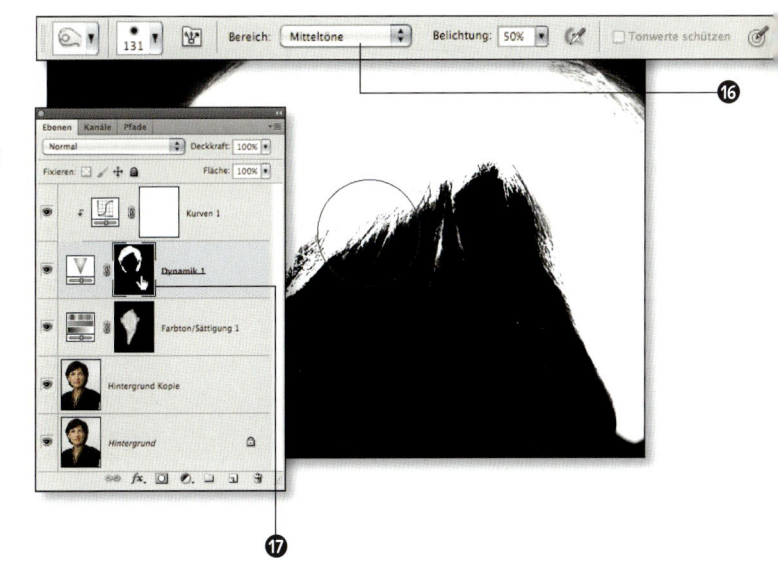

Kapitel 11 | Beauty-Projekte von A bis Z

Phase 3: Zeichen der Zeit

Zum Schluss geht es noch um die kleinen Gemeinheiten, die die Zeichen der Zeit unweigerlich dokumentieren. Falten und Fältchen können Sie auf zweierlei Art verstärken: Sie können durch eine Auswahl der Tiefendetails das Original abdunkeln, und Sie können die Falten einzeln aufmalen. In dieser Phase sehen Sie eine Kombination aus beidem.

> **Basis-Workshops:**
> Seite 280: Kanalberechnungen

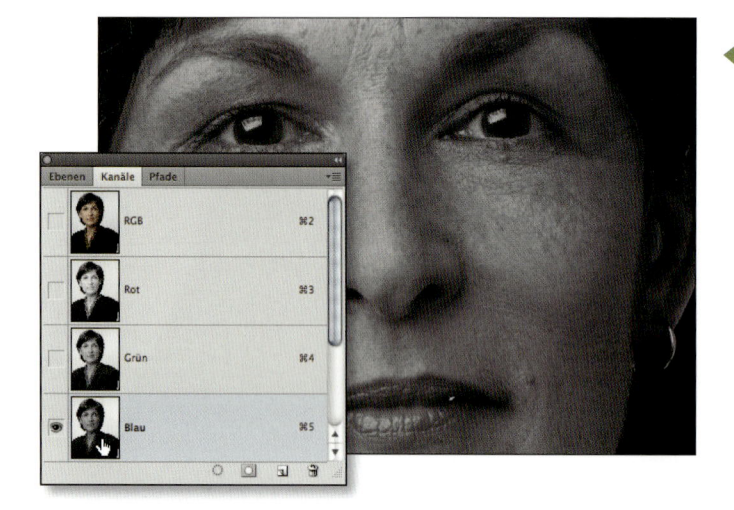

1 Kontrastkanal finden

Achten Sie darauf, dass Sie in der EBENEN-Palette von der obersten Ebene aus starten, und beginnen Sie dann Ihre Arbeit in der KANÄLE-Palette.

Lokalisieren Sie dort den Kanal, in dem die vorhandenen Falten und Hautstrukturen am stärksten zutage treten – hier ist es der Blaukanal. Allerdings befinden sich all diese Strukturen im mittleren Graubereich.

Deshalb starten Sie mit einer Kanalberechnung, um durch Verrechnungsmodi die Details noch mehr herauszuholen.

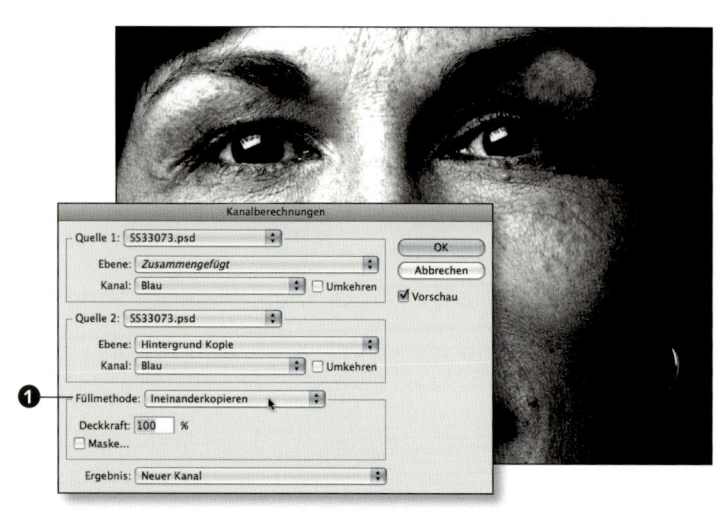

2 Kanalberechnungen

Lassen Sie den Blaukanal aktiv, und wählen Sie aus dem BILD-Menü die KANALBERECHNUNGEN.

Hier ist der Blaukanal automatisch als QUELLE 1 und QUELLE 2 eingesetzt. Sie wählen jetzt noch die FÜLLMETHODE ❶, um den Kanal mit sich selbst zu verrechnen.

Durch INEINANDERKOPIEREN werden sowohl die dunklen als auch die hellen Anteile verstärkt. Klicken Sie auf OK, so entsteht als Ergebnis automatisch ein neuer Alpha-Kanal.

3 Vom Kanal zur Auswahl

Den gesteigerten Kontrast können Sie jetzt noch durch eine TONWERTKORREKTUR aus dem Menü BILD • KORREKTUREN verstärken. Ziehen Sie dort den Schwarz- und Weißregler ❷ in Richtung Mitte, um noch mehr Grautöne zu verlieren. Das Ergebnis invertieren Sie noch über [Strg]/[⌘] + [I] – so befinden sich die ehemals dunklen Falten jetzt im hellen Auswahlbereich. Aktivieren Sie wieder das Gesamtbild über einen Klick auf den RGB-Kanal, und laden Sie die Auswahl des Kanals mit einem Klick + [Strg]/[⌘]-Taste ❸.

4 Geduldsarbeit: Falten abdunkeln

Die geladene Auswahl sorgt jetzt dafür, dass Sie nur auf den ausgewählten dunklen Details arbeiten können. Blenden Sie die Auswahl über [Strg]/[⌘] + [H] aus – sie bleibt trotzdem aktiv.

Erstellen Sie dann eine neue, leere Ebene, und setzen Sie diese auf den Modus WEICHES LICHT ❹.

Auf dieser Ebene malen Sie jetzt mit Pinseln feinsten Durchmessers ❺ und geringer DECKKRAFT von 10 bis 15 % die einzelnen Falten nach und dunkeln so die bestehenden ab.

5 Tiefen der Falten variieren

Nach einiger Zeit hat sich die Geduldsarbeit ausgezahlt, und ein feines Netz nachgemalter Fältchen intensiviert die bestehenden Falten. Durch wechselnde DECKKRAFT können Sie die Intensität einzelner Falten variieren.

Wenn Ihnen die Gesamtwirkung noch zu schwach ist, so duplizieren Sie die neue Faltenebene ❼. Dadurch verstärkt sich die Schattenwirkung. Durch Veränderung der DECKKRAFT ❻ dieser Ebene können Sie die Gesamtwirkung noch weiter justieren.

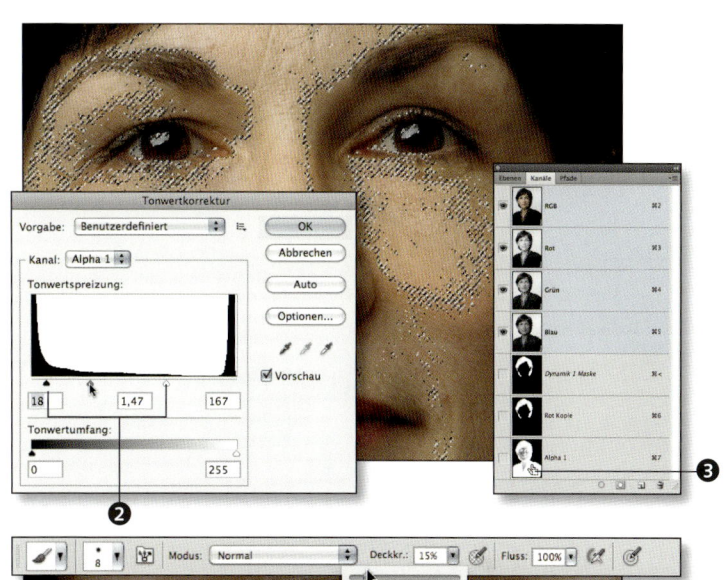

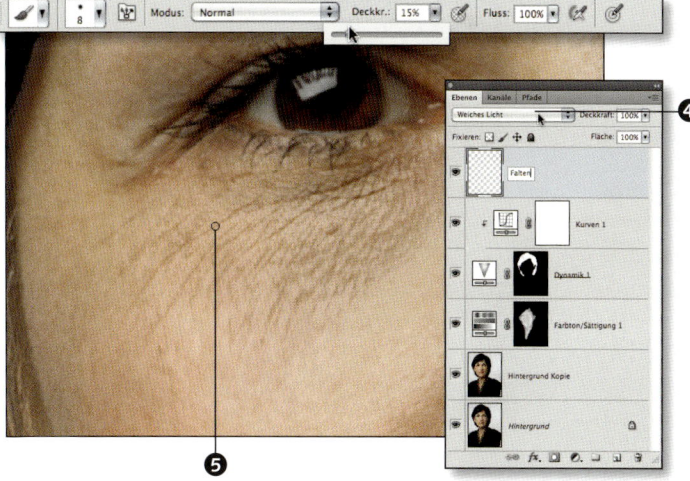

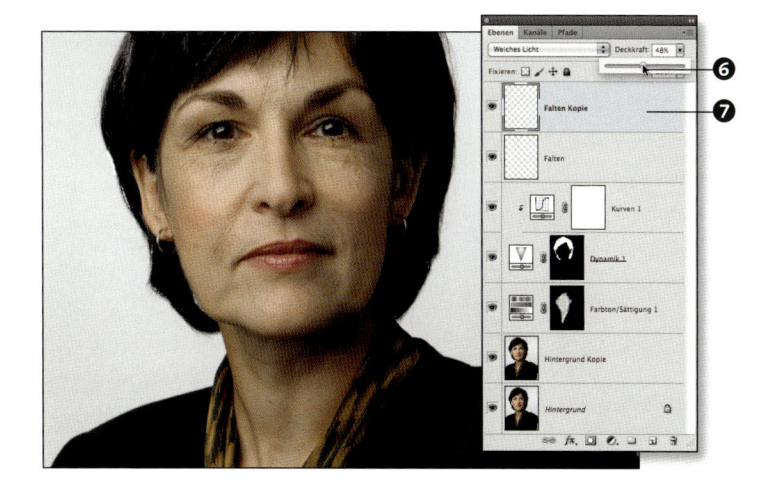

Kapitel 11 | Beauty-Projekte von A bis Z

»Maske, bitte«

Phase 1: Deformation
· Auge anschwellen lassen
· »Dicke Backen« machen
· Schlechte Laune erzeugen

Phase 2: Veilchen & Co.
· Gesichtsfarbe bleichen
· Hauttöne partiell abdunkeln
· Violette Färbung überlagern

Phase 3: Tückische Details
· Gerötete Augen
· Geplatzte Adern
· Geprellte Lippen

Porträtretusche bedeutet nicht nur, Makel zu entfernen und Menschen schöner zu machen. Für redaktionelle Aufgaben – zum Beispiel im medizinischen Bereich – muss man auch schon mal Hübsches hässlicher machen, Makel verstärken oder Leiden malen, wo keines da war. Für den Porträtierten ist das eine weniger zeitaufwendige und natürlich schmerzfreie Alternative. Der Bildbearbeiter hingegen muss sehr »destruktiv« wirken. Und sicher – bei manchen ganz gemeinen Details – auch mal über seinen Schatten springen.

Phase 1: Deformation

Auch bei einer Retusche gegen die Schönheit starten Sie zuerst mit den groben, diesmal im wörtlichen Sinne destruktiven Arbeitsschritten. Die Arbeit im VERFLÜSSIGEN-Filter produziert durch den wechselseitigen Einsatz des Aufblasen- und Vorwärts-krümmen-Werkzeugs diverse Schwellungen, die natürlich die Grenze der Realität nicht überschreiten sollten.

> **Basis-Workshops:**
> Seite 130: Proportionen ausgleichen
> Seite 122: Gesichtsform ändern
> Seite 160: Augen vergrößern I
> Seite 126: Nase verschönern

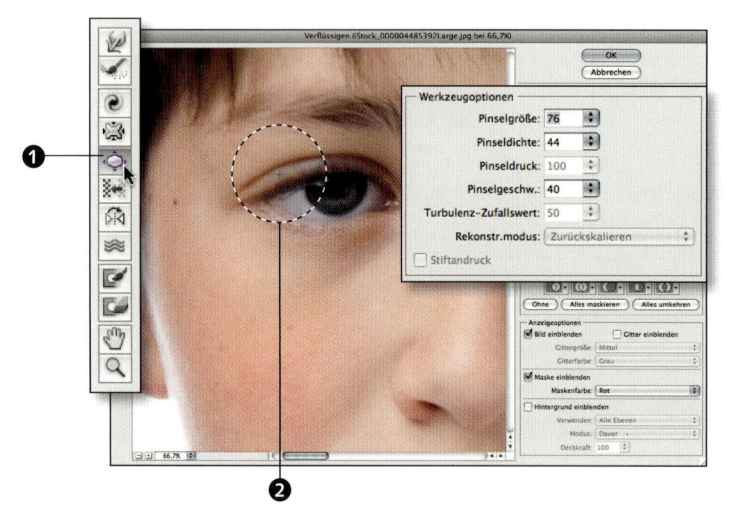

1 Lid anschwellen lassen

Starten Sie mit einer Ebenenkopie, und wählen Sie dann VERFLÜSSIGEN aus dem FILTER-Menü.

Dort nutzen Sie als Erstes das Aufblasen-Werkzeug ❶. Achten Sie darauf, dass die PINSELDICHTE und der PINSELDRUCK unter 50 liegen, damit Sie kontrolliert und mittenbetont arbeiten können.

Klicken Sie dann mit der Mitte des Werkzeugs genau auf das Oberlid ❷ – und zwar an verschiedenen Stellen mehrfach hintereinander. So schwillt das Lid Stück für Stück mehr an.

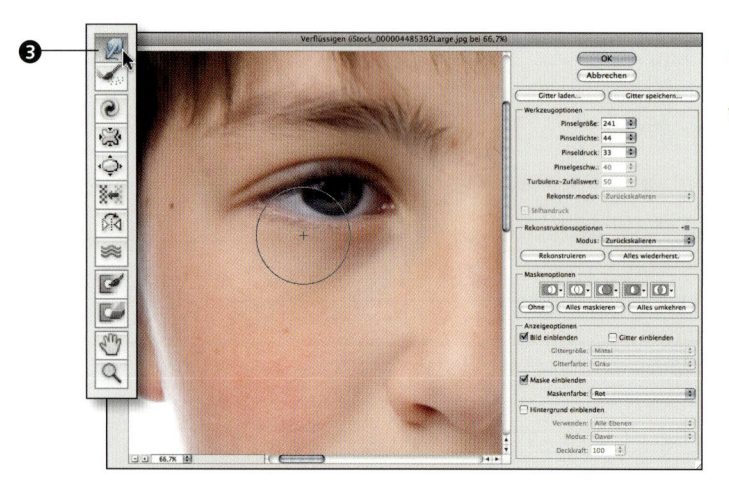

2 Haut zusammenschieben

Wechseln Sie zum Vorwärts-krümmen-Werkzeug ❸. Hiermit können Sie die angeschwollenen Bereiche in die gewünschte Richtung schieben.

Setzen Sie unterhalb des Lides an, und schieben Sie in kleinen Schritten das Lid von außen ein wenig in das Augeninnere.

Danach können Sie auch das Unterlid noch einmal mit dem Aufblasen-Werkzeug dicker machen.

3 Auge rekonstruieren

Durch die doch sehr krassen Eingriffe ist auch das Augeninnere deformiert worden. Der Augapfel sollte jedoch in alter Größe innerhalb des deformierten Auges sichtbar sein.

Wählen Sie deshalb das Rekonstruktionswerkzeug ❹, stellen Sie einen kleinen Durchmesser ein, und malen Sie mehrfach über das Augeninnere, bis die Pupille wieder rund ist und direkt am unteren Lid liegt.

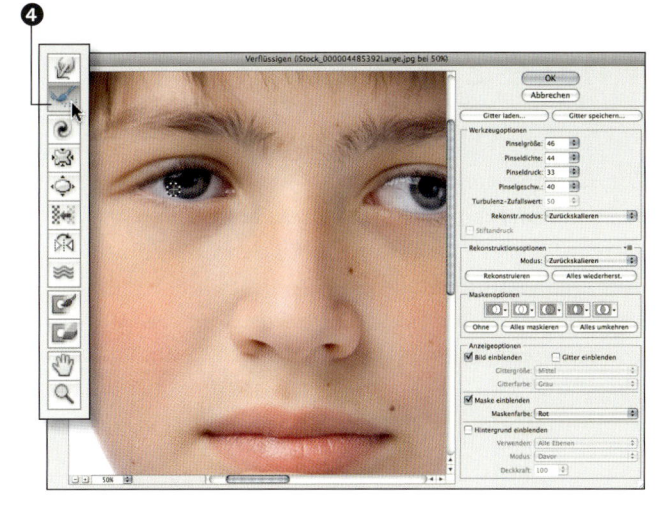

4 »Dicke Backen« machen

Mit den gleichen Werkzeugen können Sie jetzt weitere Gesichtszonen anschwellen lassen.

Benutzen Sie für den Wangenbereich zuerst das Aufblasen-Werkzeug mit einem deutlich größeren Durchmesser, und korrigieren Sie die Richtung dann mit dem Vorwärts-krümmen-Werkzeug.

Zoomen Sie sich bei der Arbeit aus dem Bild hinaus und wieder hinein, um die Gesamtwirkung besser beurteilen und nacharbeiten zu können.

5 Nase und Lippen deformieren

Auf die gleiche Art und Weise kommen dann noch die Nase und die Lippen dran. Hier hat in erster Linie das Vorwärtskrümmen-Werkzeug seinen Einsatz, mit dem Sie der Nase eine kleine Delle verpassen und die Mundwinkel herunterziehen können. So passt auch der Gesichtsausdruck zur Bildsituation.

Mit dem Aufblasen-Werkzeug können Sie zum Schluss noch die Lippe an der linken Seite etwas dicker machen und auch den Nasenrücken etwas anschwellen lassen.

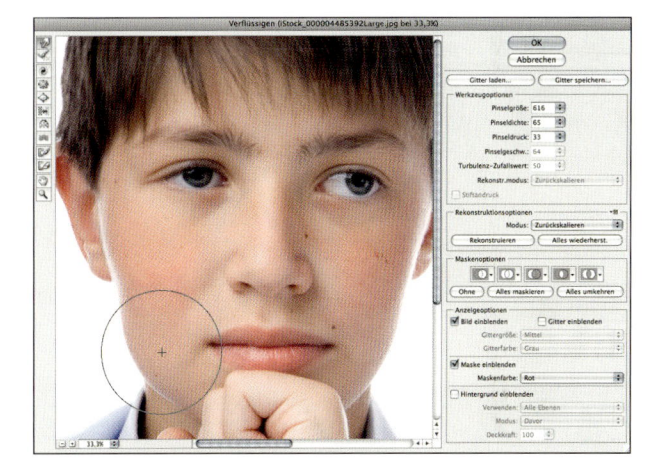

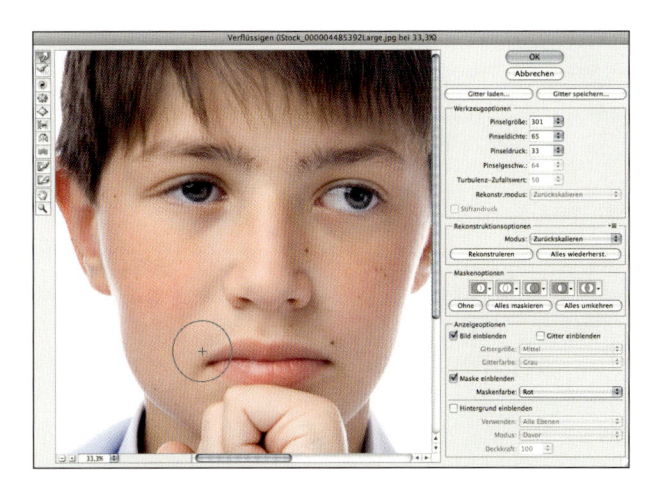

Phase 2: Veilchen & Co.

Um die Schwellungen zu Prellungen zu machen, muss jetzt Farbe ins Spiel kommen. In den nächsten Schritten sehen Sie, wie Sie auf den angeschwollenen Bereichen Farbe überlagern, bis sich der gewünschte Veilchen-Effekt einstellt. Als Vorarbeit müssen Sie diese Bereiche über Masken und eine Tonwertkorrektur abdunkeln.

> **Basis-Workshops:**
> Seite 188: Lidschatten auftragen
> Seite 54: Hautrötungen mindern

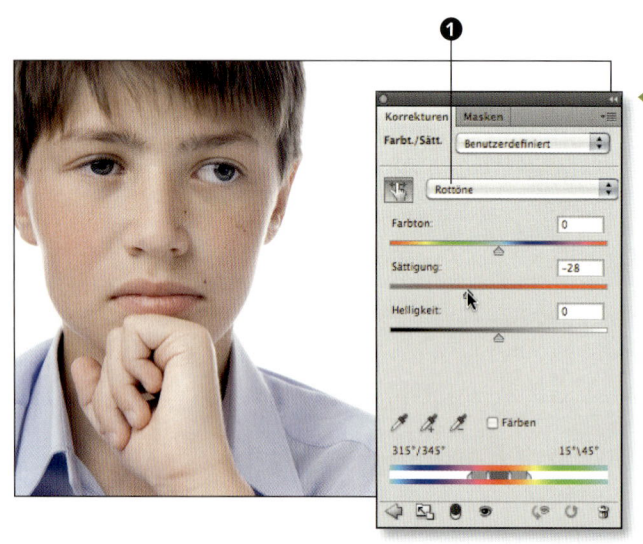

1 Fahle Gesichtszüge

Starten Sie damit, die Haut allgemein etwas blasser zu machen. Nutzen Sie dafür die Funktion Farbton/Sättigung.

Wählen Sie die Rottöne ❶ als Arbeitsbereich, und verringern Sie die Sättigung auf ca. –25. Mit den Gesichtsrötungen verschwindet die gesunde Gesichtsfarbe, und ein fahler Gesichtsausdruck entsteht.

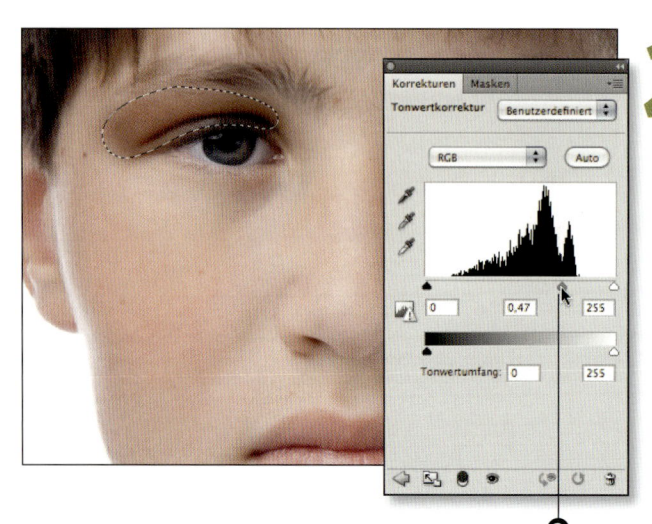

2 Veilchen abdunkeln

Wählen Sie grob mit dem Lasso das obere Lid aus – den genauen Wirkungsbereich steuern Sie später über eine Maske.

Wählen Sie dann über die Korrekturen-Palette die Tonwertkorrektur, und ziehen Sie dort den Mittelwertregler ❷ deutlich nach rechts auf einen Wert von ca. 0,45. So werden die Mitteltöne abgedunkelt.

3 Prellungen verteilen

Die erste Auswahl war noch etwas grob – maskieren Sie die Ebenenmaske ❸, nachdem Sie sie aktiviert haben, indem Sie mit weichem Pinsel und schwarzer Vordergrundfarbe die Korrektur über dem Lid zunächst wieder wegmalen.

Dann malen Sie mit weichem, weißem Pinsel und wechselnder DECKKRAFT die Korrektur auf die Schwellungen auf.

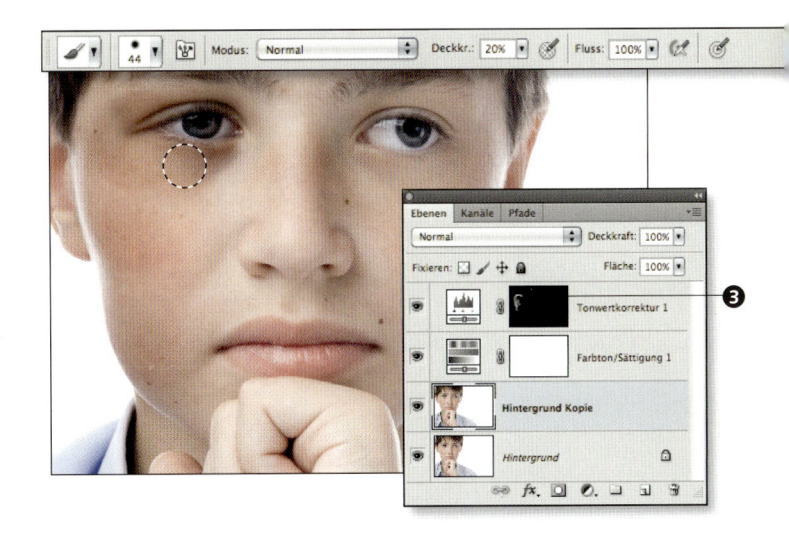

4 Purpurne Einfärbung

Jetzt fehlt noch die typische Veilchenfarbe. Legen Sie eine weitere Einstellungsebene über die KORREKTUREN-Palette an. Wählen Sie dabei die Funktion FARBTON/SÄTTIGUNG. Aktivieren Sie das Schnittmaskensymbol ❼, damit diese Korrektur auf den gleichen Bereichen wie die letzte Korrektur wirkt. Aktivieren Sie dann die Option FÄRBEN ❻, um die Flächen gleichmäßig zu tonen. Verringern Sie jedoch die SÄTTIGUNG ❺ auf ca. 15–20, und wählen Sie aus dem FARBTON-Regler ❹ eine rotviolette Färbung.

5 Schatten vertiefen

Damit das Ganze nicht zu gleichmäßig wirkt, können Sie natürlich auch die neue Ebenenmaske zur partiellen Maskierung nutzen.

Außerdem können Sie Schatten vertiefen, indem Sie eine neue Ebene anlegen, diese auf den Modus MULTIPLIZIEREN ❽ stellen und mit dem Pipette-Werkzeug eine Farbe aus den bestehenden Schwellungen aufnehmen. Mit dem Pinselwerkzeug tragen Sie diese mit einer geringen DECKKRAFT um 5 % partiell auf die Schattenbereiche der Schwellungen auf ❾.

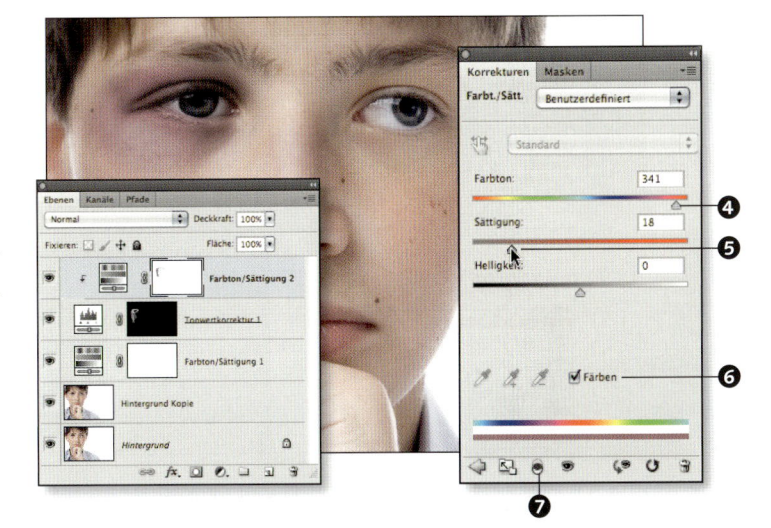

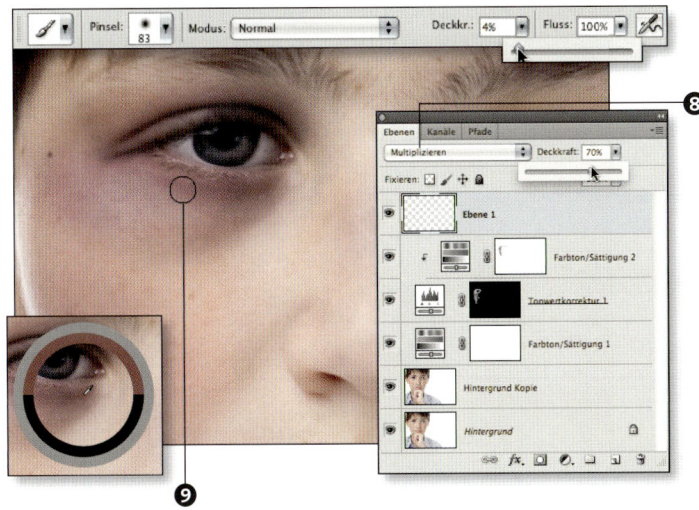

Kapitel 11 | Beauty-Projekte von A bis Z

Phase 3: Tückische Details

Das Gesamtbild stimmt jetzt. Für den realistischen Effekt fehlen aber jetzt noch ein paar Details, wie geplatzte Äderchen oder rot unterlaufene Augen. Wenn Sie nicht über ausgeprägte illustrative Fähigkeiten verfügen, können Sie dafür bestehende Flecken und Makel in der Haut durch Abdunklung und Farbüberlagerung verstärken.

> **Basis-Workshops:**
> Seite 215: Lipgloss auftragen
> Seite 226: Digitale Haartönung

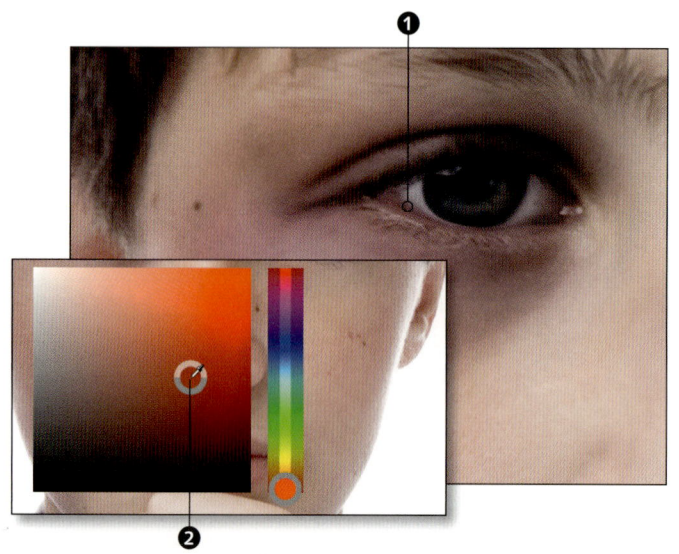

1 Rot unterlaufene Augen

Nutzen Sie die im letzten Schritt erstellte Ebene auch für die nächsten Eingriffe. Um die Augenränder intensiv rot zu überlagern ❶, wechseln Sie nur Vordergrundfarbe und Pinselspitze. Öffnen Sie den HUD-Farbwähler direkt über dem Bild mit gedrückter ⇧ + Alt + rechter Maustaste (Win) bzw. Ctrl + Alt + ⌘-Taste (Mac), und verschieben Sie über den Farbkreis die violette Farbe aus den letzten Schritten in eine intensivere, hellere Richtung ❷. Mit kleiner Werkzeugspitze malen Sie dann über das Augenlid, bis es gerötet ist.

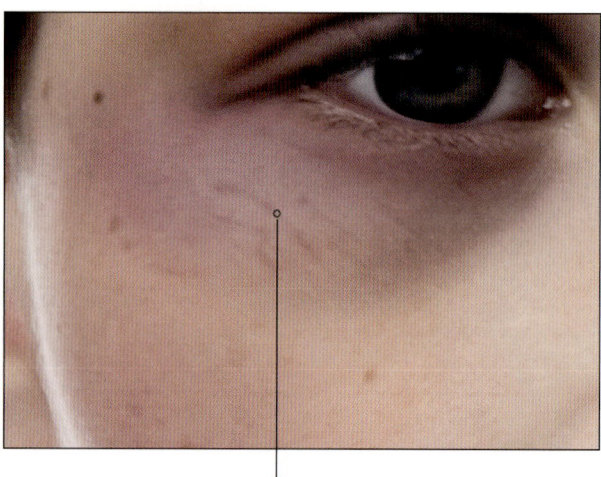

2 Flecken und Kratzer

Auf die gleiche Art und Weise können Sie die Haut noch um ein paar Macken und Kratzer »bereichern«.

Malen Sie dabei erst über bestehende Hautflecken, um diese zu intensivieren, und verbinden Sie dann noch kleinere Flecken durch ein paar Striche mit einer ganz dünnen Pinselspitze ❸.

So entstehen langsam feine Kratzer.

3 Lippenprellung vorbereiten

Ziehen Sie mit dem Lasso oder der Schnellauswahl eine Auswahl um die geschwollene Lippenseite.

Wählen Sie dann die GRADATIONSKURVEN über die KORREKTUREN-Palette, und ziehen Sie die Kurven im Mitteltonbereich herunter, bis sich die Lippen abgedunkelt haben.

Klicken Sie dann gleich auf den Pfeil ❹ im Arbeitsfenster, um die nächste Korrektur anzuschließen.

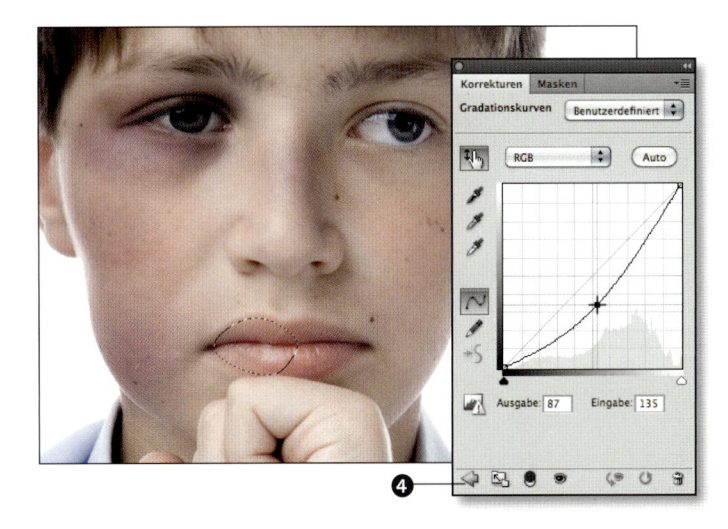

4 Dunkle Tönung

Als nächste Korrektur für den gleichen Bereich wählen Sie FARBTON/SÄTTIGUNG. Aktivieren Sie gleich das Schnittmaskensymbol ❺, um den gleichen Bereich weiter zu bearbeiten.

Verringern Sie die SÄTTIGUNG und die HELLIGKEIT um ca. −5 bzw. −10, und verändern Sie leicht den FARBTON-Regler nach links, so dass sich die jetzt matte rote Färbung ein bisschen mehr ins Violette korrigiert.

5 Prellung per Pinsel auftragen

Wechseln Sie in die EBENEN-Palette. Die Maske der Kurvenebene ❻ bestimmt die Sichtbarkeit der Korrektur. Aktivieren Sie diese Maske, und maskieren Sie mit einem schwarzen Pinsel alle bisherigen Lippenkorrekturen. Wählen Sie dann eine weiße Vordergrundfarbe, eine geringe DECKKRAFT von 10 % und einen der neuen Borstenpinsel mit kleinem Durchmesser. Malen Sie so erst kleine Details hervor, und perfektionieren Sie diese mit wechselnden Pinselspitzen ❼ und Deckkrafteinstellungen.

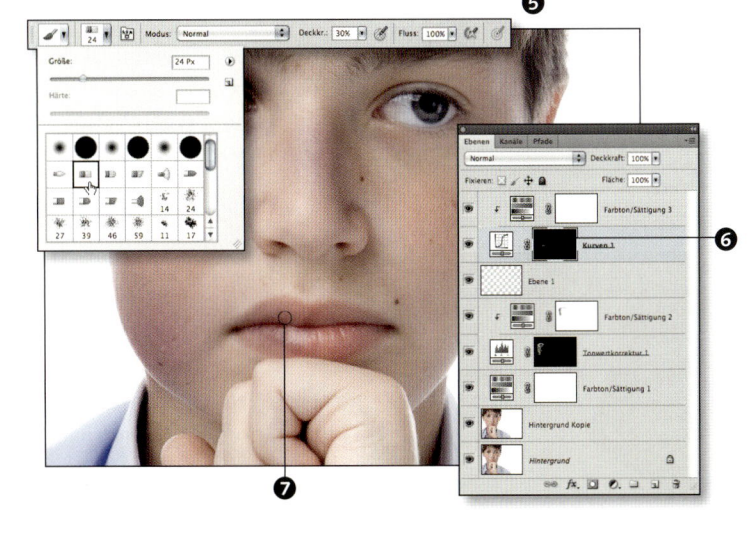

Kapitel 11 | Beauty-Projekte von A bis Z

Bildnachweis und Dank

Dieses Buch habe ich zusammen mit **Alexandra Rauhut** als Lektorin vom Konzept bis zur letzten Seite gemeinsam realisiert. Dank ihrem Themengespür ist es, wie ich denke, eine runde Sache geworden. Danke dafür!

Dieses Buch wäre aber nichts ohne hochwertiges Bildmaterial. Deshalb freue ich mich sehr, dass ich das Bildmaterial der Finalisten des *adf Shooting Star Contest* verwenden durfte. Neben den Fotografen, die ich nachfolgend noch einmal vorstelle, bedanke ich mich bei **Katja Mathes**, **Ursula Jenderko**, **Anna Bee**, **Julia Kaygorodova** und **Lars Weber**. Vor allem aber danke ich **Rolf Nachbar**, der als begleitender Fotograf den Anstoß gab, und natürlich bei **Daniela Swoboda** vom adf, die die umfangreiche Organisation gewohnt professionell abwickelte. Mein letzter Dank geht an die Sopranistin **Cathrin Lange**, deren Bilder von **Hilla Südhaus** und **Peter Wattendorff** das Portfolio abrundeten.

Hilla Südhaus

Das Thema von Hilla Südhaus sind authentische, lebendige Fotografien von Menschen: »Neben dem persönlichen Kontakt sind Bilder das stärkste Element der zwischenmenschlichen Verständigung. Ebenso wie die individuelle Ausprägung des Einzelnen in der Kommunikation wirkt, muss auch sein Abbild die Einzigartigkeit der Person zeigen.« Deshalb ist Authentizität die oberste Maxime ihrer Arbeit.
www.hilla-suedhaus.de

Peter Wattendorff

Nach seiner Ausbildung zum Theatermaler und seinem Wirken in Berlin, Münster und Basel studierte Peter Wattendorff Visuelle Kommunikation mit Schwerpunkt Fotografie. Er war Gründungsmitglied des Atelier 4+, Büro für Gestaltung, und wurde BFF-Junior-Mitglied. Seit 1998 besteht das *Fotostudio Wattendorff* in Münster mit Schwerpunkt People-, Image- und Werbekampagnen. Er erhielt Auszeichnungen und Agenturverträge mit den Bildagenturen *Corbis* und *picture-press*. Heute arbeitet Peter Wattendorff mit seinem Fototeam national und international.
www.wattendorff.de

Philipp Jeker

Philipp Jeker wurde in Basel in der Schweiz geboren. Nach seiner Ausbildung als Grafiker lebte und arbeitete er in Barcelona, wo sich die Fotografie mehr und mehr zu seiner Passion entwickelte. Nach mehreren Jahren als freier Grafiker für diverse Werbeagenturen begann 2006 seine Laufbahn als selbstständiger Fotograf. Philipp Jeker ist Mitglied im *VFG Verein fotografischer Gestalter*.
www.philippjeker.com

Oana Szekely

Oana Szekely beendete ihre fotografische Ausbildung im Jahr 2005 in Augsburg mit der besten Gesellenprüfung im Land Bayern. Später wurde sie mit ihren Arbeiten Vize-Bundessiegerin. Im März 2008 gewann sie mit ihrem Beitrag den Wettbewerb der Fachzeitschrift *Photographie* zum Thema »Beauty – Glanz und Glamour«, im Oktober 2008 den ersten Platz beim *Shooting Star Contest* des adf und im April 2009 den *G&J Photo Award* in der Kategorie »People Lifestyle« zum Thema »Party at Home«.
www.oanaszekely.com

Michael Waldau

Michael Waldau liebt Bilderwelten, die sich zwischen einer sich inszenierenden und einer inszenierten Wirklichkeit bewegen und bei genauerem Hinsehen Rätsel aufgeben. Bei vielen seiner Bilder wird die ältere Schreibweise von »Photographie« wörtlich genommen, da er mittels einer Taschenlampe und Langzeitbelichtung bildwichtige Details, unter Wahrung der natürlichen Lichtstimmung, nachzeichnet.
waldau.meinatelier.de

Stefan Koch

Nach seiner Gesellenprüfung arbeitete Stefan Koch mehrere Jahre als fester Werbefotograf in Nürnberg. Danach studierte er Kommunikationsdesign mit Schwerpunkt Fotografie. Er erhielt viele Auszeichnungen, darunter den 3. Preis der *Volkswagen Photo Competition 2005*. Von 2004 bis heute nahm er an diversen Ausstellungen teil, unter anderem am *Epson Digital Portrait Contest 2004*, *hARTbeat* im Kunstmuseum Celle und *Hannover goes Fashion*.
www.stefankoch.info

Florian Dünker, Fotograf

www.florian-duenker.com

Die DVD zum Buch

Der Inhalt der DVD-ROM zum Buch ist auf drei Hauptordner mit den Namen BEISPIELBILDER, DEMOVERSION und VIDEO-TRAINING aufgeteilt. Im Folgenden ein kurzer Einblick in die einzelnen Ordner:

Ordner »Beispielbilder«

Sie finden auf der DVD zum Buch alle Beispielbilder aus den Workshops. Welches Beispielbild zu einem Workshop gehört, wird Ihnen im Buch immer ganz vorn in der jeweiligen Einleitung eines Workshops in roter Schrift und eckigen Klammern angezeigt. Die Bilddatei finden Sie dann auf der DVD im Ordner BEISPIELBILDER.

Aufgaben:
– Hautschatten herausarbeiten
– Lichtreflexionen verstärken

[Koerperkonturen.jpg]

Ordner »Demoversion«

In diesem Ordner finden Sie eine nach Installation 30 Tage lang gültige Testversion von Photoshop CS 5. Diese Programmversion ist vollständig nutzbar, und Sie können alle Beispiele in diesem Buch damit nachbauen. Falls auf Ihrem Rechner bereits eine Testversion von Photoshop CS 5 installiert war, so ist eine erneute Installation einer Testversion leider nicht mehr möglich.

Um Photoshop CS 5 unter Windows zu installieren, kopieren Sie den Ordner DEMOVERSION • WINDOWS auf Ihre Festplatte, und doppelklicken Sie anschließend auf die Datei »Photoshop_12_LS4.exe« im Ordner WINDOWS, um die Testversion zu entpacken und zu installieren.

Arbeiten Sie mit Mac OS X, gehen Sie in den Ordner DEMOVERSION • MAC und klicken dort auf die Datei »Photoshop_12_LS4.dmg«. Wenn das *Disc Image* entpackt ist, doppelklicken Sie auf die Datei »Adobe Photoshop CS 5« und dann auf »Setup.app«. Danach startet die Installation. Wenn Sie Photoshop CS 5 installieren, wird auch Adobe Bridge als Testversion installiert.

Bitte beachten Sie, dass sich Photoshop CS 5 und Adobe Bridge als zwei eigenständige Programme auf Ihrem Rechner installieren und als solche auch über den Ordner PROGRAMME gestartet werden können.

Sie finden im Ordner DEMOVERSION außerdem eine Testversion der Filter Nik Color Efex.

Ordner »Video-Training«

In diesem Ordner finden Sie ein über einstündiges Video-Training mit einem kompletten Retuscheprojekt mit Adobe Photoshop CS 5. Erleben Sie darin die Autorin Maike Jarsetz als Trainerin in Wort und Bild: In 9 Lektionen zeigt sie Ihnen, wie Sie ein Glamour-Porträt kreieren.

Perfekte Glamour-Retusche [01:16 Std.]
1. Gesichtsform anpassen [11:40 Min.]
2. Augen verschönern [08:38 Min.]
3. Augenbrauenform korrigieren [06:41 Min.]
4. Kleine Mängel entfernen [05:52 Min.]
5. Augenbrauenfarbe ändern [09:29 Min.]
6. Mund und Augen korrigieren [07:48 Min.]
7. Schimmernde Haut erzeugen [10:16 Min.]
8. Porzellan-Look erzielen [07:19 Min.]
9. Smart aufzeichnen [08:32 Min.]

Die Video-Lektionen auf dieser DVD sind ein Auszug aus dem Video-Training »Das Photoshop-Training für digitale Fotografie: People & Porträt« (ISBN 978-3-8362-1578-7, Gesamtlaufzeit ca. 8 Stunden, Preis 39,90 Euro). Systemvoraussetzungen: Windows 7, Windows Vista und Windows XP bzw. Mac OS X ab 10.1, mit DVD-Laufwerk, Auflösung 1024 x 768 Pixel, mind. 512 MB RAM.

Um das Video-Training zu starten, öffnen Sie einfach den Ordner Video-Training, und klicken Sie doppelt auf die Datei »Start.exe«.

Sollten Sie Probleme bei der Verwendung des Video-Trainings haben, so finden Sie Hilfe unter *www.galileodesign.de/hilfe/Videotrainings_FAQ*

Viel Erfolg beim Lernen am Bildschirm!

Index

A

Abwedler-Werkzeug 31
Alter simulieren 419
Arbeitsfenster vergrößern 78
Aufblasen-Werkzeug 108
Augen 156
  Augenfarbe 184
  Augenkontrast 180
  Augenringe 176
  Augenschatten 172
  Eyeliner 186
  Lidschatten 188
  strahlender machen 178
  vergrößern 160, 164, 386
  Wimpern 186
Augen betonen 30, 178
Augen formen 386
Augen röten 434
Augen vergrößern 160, 164, 386
Augenbrauen bearbeiten 388
Augenbrauen formen 168
Augenfarbe ändern 184
Augenkontrast verstärken 180
Augenringe retuschieren 176
Augenringe verringern 306, 314, 324
Augenschatten aufhellen 172
Ausbessern-Werkzeug 14, 15
  Falten retuschieren 24
  Haut retuschieren 27
  Ränder retuschieren 111
Auswahl
  als Ebenenmaske 261
  Farbbereich 259
  halbtransparente 284
  Kante verbessern 57, 89, 267
  laden 292
  optimieren 267
  skalieren 90
  speichern 291, 399
  verbessern 79
  verkrümmen 91
  weich 79
Auswahlen kombinieren 288

B

Basiskorrektur Haut 44
Basisretusche 18

Bauch retuschieren 110
Beauty-Retusche 373
Bereichsreparatur-Pinsel-Werkzeug 14, 15
  inhaltssensitiv 15
  Hautunreinheiten retuschieren 23
Bewegungsunschärfe 397
Blautonung 328
Blitzreflex 26
Borsteneigenschaften 17
Borstenpinsel 17, 228, 388, 435
Brust vergrößern 106

D

Dateien in Photoshop-Ebenen laden 285
Dekolleté verschönern 106
Detailschärfe erhöhen 354
Diva-Look 316
Doppelkinn verstecken 140

E

Ebenen-Palette 76
Ebenenmodus
  Farbe 71
  Luminanz 73
  Weiches Licht 115
Ebenenoptionen 77
Ebenenset erstellen 387
Einstellungsebene anlegen 77
Eyeliner simulieren 186

F

Falten
  aufhellen 36
  retuschieren 24
  verstärken 426
Faltenschatten abmildern 36
Farbbalance korrigieren 409
Farbbereich
  auswählen 259
  Fülloptionen 232
  Haare freistellen 259
Farbe-ersetzen-Werkzeug 14, 184
  Farbsäume umfärben 271

Farben dekontaminieren 273
Farbfeld 61
Farbfelder-Palette 117
  Farbfelder hinzufügen 61
Farbkorrektur im Lab-Modus 50
Farbon/Sättigung 232
Farbpalette 61
Farbring 61, 63, 147, 227, 271
Farbsäume in Masken 270
Farbstich ausgleichen 48
Filter
  dunkle Bereiche vergrößern 359
  Hochpass 355, 381
  Konturen finden 359
  Matter machen 349
  Selektiver Scharfzeichner 346
  Selektiver Weichzeichner 350
  Unscharf maskieren 344
Fotofilter 318, 403
Freistellen
  fließende Überblendung 284
  Haare 254
Freistellungskante
  Farbsäume 270
  mit Hintergrund verrechnen 294
  optimieren 262
Frei transformieren
  Augen vergrößern 166
  horizontal spiegeln 214
  Mund formen 202
  schlanker machen 92
  Übergangsbereich anpassen 87
  Verkrümmen 91, 95, 103, 166
Fülloptionen
  Farbbereich 287
Für Smartfilter konvertieren 253

G

Gaußscher Weichzeichner 153, 317
  Fülloptionen 153
Geheimratsecken verstecken 234
Gesicht
  Lichteffekte setzen 148
  Proportionen ausgleichen 130
  spiegelsymmetrisch 136
  zum Leuchten bringen 148
Gesicht verschlanken 384
Gesichtsform ändern 122

Gesichtshaare retuschieren 387
Gesichtshälften harmonisieren 136
Glamour-Look 392
Glamour-Retusche 382
Glamour-Schein 316
Gleiche Farbe 68
Gradationskorrektur 308
Gradationskurve
    im Lab-Modus 51
    Lichter fixieren 207
    Mittelwertpipette 48
Graustufen 323

H

Haare 222
    dichter machen 244
    entfärben 230
    ergrauen 230, 424
    Fall ändern 244
    Geheimratsecken verstecken 234
    Locken erzeugen 247
    Struktur betonen 248
    umfärben 227
    verpflanzen 235
    weiße Strähnen 232
Haare ergrauen lassen 230, 424
Haare freistellen 254
    blondes Haar 298
    homogener Hintergrund 258
    neuer Hintergrund 294, 300
    über Farbkanäle 276
    Übergang weichzeichnen 297
Haarfarbe intensivieren 226
Haarsträhne entfernen 238
Haarstruktur hervorheben 248
Haarteil erstellen 236
Halbtransparentes Freistellen
    halbtransparentes 284
Hand-Werkzeug 78
    automatisch auswählen 51, 55, 78
Haut
    aufklaren 50
    Farbkorrektur 50
    Farbstich entfernen 48
    in Schwarzweiß anpassen 325
    Kontrastkorrektur 73
    kühler Schimmer 316
    Porzellaneffekt 310

transparent weichzeichnen 152
    weichzeichnen 348, 350
Hautfarben
    erneuern 68
    harmonisieren 56
Hautflecken 26
Hautkratzer hinzufügen 434
Hautrötungen mindern 54
Hautstruktur glätten 40
Hautton
    analysieren 52
    aufklaren 32
    durchscheinend 152
    Referenzfarbton 58
    schimmernd 152
    weichzeichnen 40
Hauttöne angleichen 56
    Gleiche Farbe 68
    mit Hauttonreferenz 62
Hauttöne anpassen 408
Hauttöne entsättigen 422, 426, 427
Hauttonreferenz erstellen 62
Hautunreinheiten 22
Haut weichzeichnen
    Details bewahren 362
High-Key 306
Histogramm-Palette 76
Hochpass-Filter 354, 381, 395
    Haarstruktur betonen 248
Hochzeitsbilder 406
    Schleier freistellen 284
Hochzeitslook 412
HUD-Farbwähler 60, 61, 64, 185,
    228, 329, 331, 434

I

Inhaltsbewahrendes Skalieren 86
Inhaltssensitiv 15
Iris
    Augenfarbe ändern 184
    Kontrast verstärken 180

K

Kaltfilter 403
Kanal
    duplizieren 277

Helligkeit 321
    Kontrast steigern 278
Kanalberechnungen 280
Kante verbessern 57, 79, 89, 201
    Ausgabe an neue Ebene 69, 90,
        102, 201
    Ausgabe an neue Ebene mit
        Ebenenmaske 275
    Kante verschieben 201
Kinn
    Doppelkinn verstecken 140
    formen 122, 131
    Kinnschatten ausbessern 141
Kinnfalten ausbessern 140
Kleiderfalten retuschieren 111
Kontrast
    Augen betonen 390
    Lippen hervorheben 390
Kontrast erhöhen 314
Kontrastkanal
    für Freistellungen 277
    Kanten nacharbeiten 283
    über Kanalberechnungen 280
Kontrastkorrektur
    Haut 73
Konturen betonen 358
Konturen finden (Filter) 359
Konturenmaske 358
Kopfform verändern 135
Kopierquelle aufnehmen 111
Kopierquelle-Palette 16, 112
    horizontal spiegeln 16
    vertikal spiegeln 16
Kopierstempel 14
    Falten aufhellen 37
Körnung simulieren 336
Körper
    Lichtsetzung bearbeiten 116
    modellieren 96, 100
    Proportionen formen 95
    schlanker machen 92
    strecken 84
Körperformen modellieren 100
Körperhaltung aufrichten 88
Körperkonturen herausarbeiten 114
Körperteile formen 96
Korrekturen-Palette
    Vorgaben 77

L

Lab-Modus 321
Lächeln anheben 375
Lächeln formen 196
Lichtebene
    manuell erstellen 117
    per Schwarzweißversion 115
Lichter
    auswählen 219
    aufhellen 31
    überprüfen 307
Lichtreflexe verstärken 117
Licht setzen 30
Lichtstrahlen simulieren 336
Lid deformieren 430
Lidschatten auftragen 188
Lipgloss auftragen 215
Lippen 192
    Kontrast verstärken 215
    Reflexe 212, 218
    voller machen 199
Lippen deformieren 431
Lippenform korrigieren 208
Lippenglanz 212, 218
Luminanzauswahl 311, 413
Luminanzmaske 350

M

Makel hinzufügen 429
Maske
    einblenden 261
    Smart-Radius 268
Maskenaufbau 398
Maskenkante
    verbessern 263
    weichzeichnen 262
Masken-Palette 76
Maske verbessern 273
    Farben dekontaminieren 273
    Masken-Palette 273
Maskierung
    mit weichem Verlauf 85
    nachbearbeiten 86
Maskierungsmodus 79, 85, 398
Matter machen 41, 312, 349
    Details bewahren 363
Mehrkanal-Bild 322

Mittelwertpipette
    Referenzfarbton festlegen 58
Modellieren
    Gesichtsform 122
    Körperformen 100
    Körperteile 96
Modus
    Graustufen 323
    Mehrkanal-Bild 322
    RGB-Farbe 323
Mund 192
    Lippgloss 215
    Proportionen verändern 200
    schiefen korrigieren 208
    Zähne weißen 204
Mund formen 385
Mundwinkel absenken 421
Mundwinkel anheben 196

N

Nase
    begradigen 128
    verkleinern 126, 375
Nicht-destruktive Bearbeitung 252

P

Pickel 22
Pinseleigenschaften definieren 229
Pinsel-Palette 17, 228
    Borstenpinsel 17
Pinselretusche 14
Pinsel-Werkzeug 14
Pipette-Werkzeug 147
    Farbe aufnehmen 61
    Farbring 63, 433
Porzellanhaut 310, 378
Prellungen erzeugen 432
Proportionen ändern 84
Proportionen ausgleichen 130
Protokollpinsel 29

R

Radialer Weichzeichner 337, 400, 412
Rauschen hinzufügen 338
Referenzfarben speichern 60

Rekonstruktionswerkzeug 99
Reparaturpinsel-Werkzeug 14
Retusche
    Haut 376
    Werkzeuge 14
Retuscheebene, Deckkraft verringern 39
Retuschewerkzeuge 14
    Ausbessern-Werkzeug 15
    Bereichsreparaturpinsel-Werkzeug 14, 15
    Kopierstempel-Werkzeug 14
Rouge auftragen 146

S

Scharfzeichnung 340, 395
    Detailkontraste 354
    Konturen betonen 358
    Lichter schützen 347
    Tonwerte beschränken 347
Schatten
    aufhellen 32
    intensivieren 117
Schatten aufhellen 377
    Augen 172
    Augenringe 176
Schlanker machen 92, 110
Schlupflider erzeugen 421
Schnellauswahlwerkzeug 101
    Automatisch verbessern 267
Schnittmaske 78
Schulter formen 91
Schwarzweiß aus Helligkeitsinformationen 320
Schwarzweißfilter 325
Schwarzweißfunktion 315, 324
Schwarzweiß-Umsetzung
    als Lichtebene 215
    Kontraste verstärken 215
Schwellungen hinzufügen 430
Selektiver Scharfzeichner 346
Selektiver Weichzeichner
    Haut weichzeichnen 350
Sepiatonung 328
Serienkorrektur 414
Skalieren, unproportional 84
Smartfilter 253, 380
    maskieren 35
    überarbeiten 175

Smart-Objekt
- *erstellen* 253
- *speichern* 253
- *transformieren* 94

Smart-Radius 268, 274
- *aktivieren* 274

Sportfotografie 397
Stempelretusche 14
Streetlook 396, 402

T

Teiltonung 332
Tiefen/Lichter 33
- *Schwarz beschneiden* 175

Tonung 328
- *Farbbild* 332
- *Farbe wählen* 329
- *Farbe wechseln* 331
- *Intensität steuern* 331

Transformation
- *korrigieren* 103
- *Maskenkorrektur* 105

Transformieren mit Bezugspunkt 138
Transparenz (Haut) 378

U

Überlagerungsmodus 77
Unscharf maskieren 344, 405

V

Veilchen simulieren 432
Verflüssigen-Filter 96, 106, 420, 430
- *Aufblasen-Werkzeug* 162
- *Augen vergrößern* 162
- *Haare formen* 246
- *Hintergrund einblenden* 129
- *Mund formen* 197
- *Pinseldichte* 98
- *Pinseldruck* 98
- *Pinselgeschwindigkeit* 108
- *Zusammenziehen-Werkzeug* 109

Vergilbungseffekt 332
Verkrümmen 91
- *Aufblasen-Option* 166

Verlaufswerkzeug 393
Verzerrungsfilter
- *Weiches Licht* 149

Vorschau (Auge) 78
Vorwärts-krümmen-Werkzeug 97

W

Wangen formen 122, 131
Weiche Auswahl 79
Weiches Licht (Filter) 149
Weiche Überblendung 287
Weich- und Scharfzeichnungen
  kombinieren 366
Weichzeichner-Werkzeug
- *Maskenkante verfeinern* 264

Weichzeichnung 340
- *Detailkontraste schützen* 350
- *Hautdetails bewahren* 362

Weichzeichnungsfilter
- *Matter machen* 312

Weißabgleich an Hauttönen 48
Weißpunktregler 307
Wimpern betonen 186

Z

Zähne weißen 204
Zielgerichtet-korrigieren-Werkzeug
  automatisch auswählen 51,
  55, 78
Zoomeffekt 400

Photoshop

Maike Jarsetz
Das Photoshop-Buch für digitale Fotografie
Aktuell zu Photoshop CS5

- Das erfolgreichste Lösungsbuch zu Photoshop
- Fotos bearbeiten Schritt für Schritt – mit Vorher-nachher-Technik
- Mit Lösungsbildern und über 1 Stunde Video-Lektionen auf DVD

Maike Jarsetz ist ausgebildete Fotografin, Grafikdesignerin, Beraterin und Trainerin. Sie ist Adobe Certified Expert für Photoshop, InDesign und Illustrator.

Mit diesem Buch lösen Sie Ihre Fotoprobleme, denn dieses Buch behandelt Photoshop so, wie auch Fotografen damit umgehen: Es stellt das Bild und die damit verbundenen Bearbeitungsfragen in den Vordergrund und zeigt, welche Möglichkeiten Photoshop bietet, und wie Sie es effizient einsetzen. Die Schritt-für-Schritt-Anleitungen können Sie direkt mit den Beispielbildern von der Buch-DVD nacharbeiten: »learning by doing« unter Anleitung der Fotografin und Photoshop-Expertin Maike Jarsetz! Es wird der gesamte fotografische Workflow behandelt: von der Bildorganisation über die Fehlerkorrektur und Optimierung bis hin zur Stilisierung und schließlich zur Ausgabe der Fotos.

520 S., mit DVD, 39,90 €, ISBN 978-3-8362-1647-0
www.galileodesign.de/2433

▶ Video-Training

Profitechniken von Maike Jarsetz

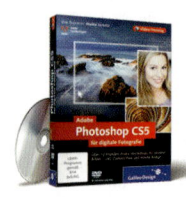

Tipp: Kostenlose Probe-Lektionen im Web!

Maike Jarsetz
Adobe Photoshop CS5 für digitale Fotografie

Suchen Sie nach schnellen Wegen, um Schärfe, Belichtung und Farbe zu korrigieren? In diesem Training zeigt Ihnen die Photoshop-Expertin Maike Jarsetz Film für Film, wie Sie alles aus Ihren Bildern herausholen. Lernen Sie direkt am Bildschirm, wie Sie RAW-Dateien entwickeln, HDR-Bilder erstellen und die wichtigsten Photoshop-Funktionen für Fotografen optimal nutzen können.

2 DVDs, Windows und Mac, 133 Lektionen, 12 Stunden Spielzeit, 39,90 €,
ISBN 978-3-8362-1577-0
www.galileodesign.de/2369

Neu

Maike Jarsetz
Das Photoshop-Training für digitale Fotografie: People und Porträt

So werden Ihre Porträtfotos perfekt! Mehr Ausdruck und Schönheit, feinerer Teint und bessere Proportionen – in diesem Training zeigt Ihnen die Foto-Expertin Maike Jarsetz die ganze Kunst der Porträtretusche. Schauen Sie einfach zu und lernen Sie, wie Sie mit Photoshop Haut und Haar retuschieren, Gesichter verschönern, Figurprobleme lösen und Ihre Peoplefotos optimal finishen.

DVD, Windows und Mac, 80 Lektionen, 8 Stunden Spielzeit, 39,90 €, ISBN 978-3-8362-1578-7
www.galileodesign.de/2370

»www.photoshop-profis.de
Der wöchentliche Photoshop-Podcast von Galileo Design

Lightroom & Aperture

Maike Jarsetz
Das Lightroom-Buch für digitale Fotografie

- Lightroom meistern – Schritt für Schritt
- Einen eigenen Foto-Workflow mit Lightroom aufbauen
- RAW-Fotos perfekt entwickeln, ausgeben und präsentieren

466 S., 2010, komplett in Farbe, mit DVD, 39,90 €, ISBN 978-3-8362-1601-2
www.galileodesign.de/2366

István Velsz
Adobe Photoshop Lightroom 3 – Das umfassende Handbuch

- Vom Import über die RAW-Entwicklung bis zur Ausgabe in Web und Print
- Alle Funktionen und Einstellungen im Detail erklärt
- DVD mit RAW-Beispielbildern und Testversion von Lightroom

700 S., komplett in Farbe, mit DVD und Referenzkarte mit Tastenkürzeln, 49,90 €, ISBN 978-3-8362-1600-5
www.galileodesign.de/2365

Torsten Kieslich
Einstieg in Lightroom 3

378 S., 2010, mit DVD, 29,90 €
ISBN 978-3-8362-1599-2
komplett in Farbe
www.galileodesign.de/2364

Michael Claushallmann
Aperture 3
Das Training für den Foto-Workflow am Mac

DVD, Mac und Windows, 9 Stunden Spielzeit, 39,90 €, ISBN 978-3-8362-1521-3
www.galileodesign.de/2276

Video-Training

Lernen durch Zuschauen und Mitmachen!

Zahlreiche Video-Trainings zu Photoshop, Aperture, Photoshop Elements und GIMP finden Sie auf unserer Website.

Maike Jarsetz
Adobe Photoshop Lightroom 3

- Das umfassende Training
- Alle Funktionen und Werkzeuge im Einsatz erklärt

DVDs, Windows und Mac,
9 Stunden Spielzeit, 39,90 €, CHF 59.90,
ISBN 978-3-8362-1584-8
www.galileodesign.de/2367

Kostenlose Video-Lektionen
» www.galileodesign.de/trailer

Digitale Fotopraxis: Setzen Sie Ihre Modelle richtig in Szene

Lars Ihring, Michael Papendieck
**Die Fotoschule in Bildern
Porträtfotografie**

260 S., 2009, mit DVD, 29,90 €
ISBN 978-3-8362-1457-5
www.galileodesign.de/2196

▸ Der visuelle Einstieg in die Porträtfotografie
▸ Porträts wirkungsvoll in Szene setzen
▸ Lernen am Bild: Licht, Gestaltung, Aufnahmedaten
▸ Motivierende Bildideen zum Nachfotografieren

Cora Banek, Georg Banek
**Das Fotoshooting-Buch
Menschen und Porträt**

▸ Live am Set: Lernen vom Profi in 28 Shootings
▸ Professionelle Peoplefotos: von der Idee zum fertigen Bild
▸ Fotopraxis pur

349 S., 2009, mit DVD, 39,90 €, ISBN 978-3-8362-1392-9
www.galileodesign.de/2097

Dieses Buch ist mehr als ein Bildband, es ist pure Fotopraxis: Hier sehen Sie nicht nur viele inspirierende Bilder, sondern Sie erfahren auch gleich, wie die Fotografen zu dem gezeigten Ergebnis gekommen sind, und wie Sie selbst die Bilder nachfotografieren können. Seite für Seite finden Sie dazu alle Aufnahmedaten, die Aufnahme- und Lichtsituation oder auch die Beschreibung der besonderen Bildidee. So lernen Sie nach und nach alle Aspekte der vielseitigen Porträtfotografie kennen; der ideale Einstieg ins Genre – Bild für Bild.

Cora Banek, Georg Banek
Digitale Fotopraxis. Menschen & Porträt

▸ Das umfassende Praxisbuch für den Einstieg
▸ Menschen gekonnt in Szene setzen
▸ Profi-Rezepte für die Bildbearbeitung
▸ Inkl. Live-Shooting und Video-Lektionen zur Porträtretusche auf DVD

Sie fotografieren gerne Menschen, fragen sich aber manchmal, wie Sie Ihren Porträtfotos einen ganz besonderen Ausdruck verleihen können? In diesem umfassenden Buch zeigen Ihnen die erfahrenen Porträtfotografen Cora und Georg Banek, wie Sie Ihren Blick für das Motiv Mensch schärfen und durch gezielte Bildgestaltung wirkungsvolle Aufnahmen erzielen können. Die Autoren veranschaulichen Ihnen anhand von vielen Beispielbildern die Wirkung von Perspektive, Anschnitt, Farbe, Schärfe, Bewegung, Lichtführung etc. Lernen Sie auch, wie Sie eigene Bildprojekte verwirklichen, Ihre Modelle vor der Kamera zielgerichtet anleiten und die Bildergebnisse anschließend mit Hilfe der Nachbearbeitung und sensiblen Porträtretusche noch weiter veredeln.

383 S., 3., akt. und erw. Auflage 2010, mit DVD, 39,90 €, ISBN 978-3-8362-1491-9
www.galileodesign.de/2232

Das Gesamtprogramm finden Sie unter » www.galileodesign.de/fotografie

Porträtfotografie im Studio

fotocommunity EDITION

Oliver Gietl
Fotografieren im Studio

229 S., 2009, mit DVD, 39,90 €
ISBN 978-3-8362-1410-0
www.galileodesign.de/2123

- Exzellente Bilder im Studio aufnehmen
- Mit vielen Beispiel-Shootings und Tipps fürs Heimstudio
- Inkl. Tipps für die Nachbearbeitung mit Photoshop und Lightroom

Dieses Buch führt Sie Schritt für Schritt in die Geheimnisse der Studiofotografie ein! Sie starten mit einem umfassenden Überblick über die Studiotechnik: Welche Blitzanlagen gibt es, welche Leistung ist die richtige, welche Lichtformer gibt es und wann setzt man sie am besten ein? Viele Beispielprojekte zeigen Ihnen, wie Sie konkrete Lichtsituationen einrichten können – arbeiten Sie mit den »Klassikern« Low und High Key, oder leuchten Sie ein Glamourshooting perfekt aus. Schließlich bekommen Sie auch noch Tipps zur Nachbearbeitung Ihrer Bilder.

Kostenlose Video-Lektionen im Web!

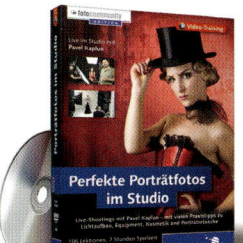

Kostenloser Video-Workshop im Web!

Neu

Video-Training

Alexander Heinrichs
Digitale Fotopraxis. Fotografieren im Studio

- Studiotechnik lernen – anschaulich per Video
- Lichtaufbau und Lichtführung
- Professionelle Studio-Shootings live erleben

DVD, Win/Mac, 6 Std. Spielzeit, 39,90 €,
ISBN 978-3-8362-1626-5
www.galileodesign.de/2407

Video-Training

Pavel Kaplun
Perfekte Porträtfotos im Studio

- Mit einer Einführung in die Studiofotografie – zum Zuschauen
- Studiolicht und Blitzgeräte im praktischen Einsatz
- Mit Heimstudio-Tipps für kleine Budgets
- Professionelle Porträtretusche- und Composing-Techniken

DVD, Windows und Mac, 106 Lektionen, 7 Stunden Spielzeit, 49,90 €,
ISBN 978-3-8362-1488-9
www.galileodesign.de/2229

Christian Bartz
Blitzen mit Canon EOS Speedlites

Kreative Blitztechniken an zahlreichen Beispielen veranschaulicht

ca. 320 S., komplett in Farbe, 39,90 €
ISBN 978-3-8362-1500-8, ab Ende 02/2011
www.galileodesign.de/2263

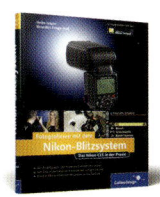

Benedikt Frings-Neß, Heike Jasper
Fotografieren mit dem Nikon-Blitzsystem

Der ideale Einstieg in die Blitzfotografie mit dem Nikon CLS!

ca. 300 S., komplett in Farbe, 39,90 €
ISBN 978-3-8362-1499-5, ab Ende 02/2011
www.galileodesign.de/2262

Der Name Galileo Press geht auf den italienischen Mathematiker und Philosophen Galileo Galilei (1564–1642) zurück. Er gilt als Gründungsfigur der neuzeitlichen Wissenschaft und wurde berühmt als Verfechter des modernen, heliozentrischen Weltbilds. Legendär ist sein Ausspruch *Eppur si muove* (Und sie bewegt sich doch). Das Emblem von Galileo Press ist der Jupiter, umkreist von den vier Galileischen Monden. Galilei entdeckte die nach ihm benannten Monde 1610.

Lektorat Alexandra Rauhut, Frank Paschen
Korrektorat Angelika Glock, Wuppertal
Herstellung Steffi Ehrentraut
Einbandgestaltung Klasse 3b, Hamburg
Satz Text & Bild, Michael Grätzbach, Kernen i. R.
Druck Himmer AG, Augsburg
Coverfoto André Schuster, plainpicture, Bild-Nr. p1050803

Dieses Buch wurde gesetzt aus der Linotype Syntax (9 pt/13 pt) in Adobe InDesign CS 4. Gedruckt wurde es auf mattgestrichenem Bilderdruckpapier (115 g/m^2).

Gerne stehen wir Ihnen mit Rat und Tat zur Seite:

alexandra.rauhut@galileo-press.de
bei Fragen und Anmerkungen zum Inhalt des Buches

service@galileo-press.de
für versandkostenfreie Bestellungen und Reklamationen

julia.bruch@galileo-press.de
für Rezensions- und Schulungsexemplare

Bibliografische Information der Deutschen Nationalbibliothek
Die Deutsche Nationalbibliothek verzeichnet diese Publikation in der Deutschen Nationalbibliografie; detaillierte bibliografische Daten sind im Internet über *http://dnb.d-nb.de* abrufbar.

ISBN 978-3-8362-1710-1

© Galileo Press, Bonn 2011
1. Auflage 2011

Das vorliegende Werk ist in all seinen Teilen urheberrechtlich geschützt. Alle Rechte vorbehalten, insbesondere das Recht der Übersetzung, des Vortrags, der Reproduktion, der Vervielfältigung auf fotomechanischem oder anderen Wegen und der Speicherung in elektronischen Medien. Ungeachtet der Sorgfalt, die auf die Erstellung von Text, Abbildungen und Programmen verwendet wurde, können weder Verlag noch Autor, Herausgeber oder Übersetzer für mögliche Fehler und deren Folgen eine juristische Verantwortung oder irgendeine Haftung übernehmen. Die in diesem Werk wiedergegebenen Gebrauchsnamen, Handelsnamen, Warenbezeichnungen usw. können auch ohne besondere Kennzeichnung Marken sein und als solche den gesetzlichen Bestimmungen unterliegen.

In unserem Webshop finden Sie unser aktuelles
Programm mit ausführlichen Informationen,
umfassenden Leseproben, kostenlosen Video-Lektionen –
und dazu die Möglichkeit der Volltextsuche in allen Büchern.

www.galileodesign.de

Galileo Design

Know-how für Kreative.